MUSÉE DE CLUNY
le monde médiéval

MUSEUM BARBERINI
POTSDAM

Einhorn

Das Fabeltier in der Kunst

Ausstellung:
Michael Philipp
Béatrice de Chancel-Bardelot

Kuratorische Assistenz:
Valentina Plotnikova

Katalog:
Michael Philipp
Béatrice de Chancel-Bardelot

Publikationen des Museums Barberini

Herausgegeben von
Béatrice de Chancel-Bardelot
Séverine Lepape
Michael Philipp
Nerina Santorius
Ortrud Westheider

Mit Beiträgen von
Barbara Drake Boehm
Adrien Bossard
Béatrice de Chancel-Bardelot
Séverine Lepape
Michael Philipp
Valentina Plotnikova
Annabelle Ténèze
Stefan Trinks
Ortrud Westheider

PRESTEL München · London · New York

In Zusammenarbeit mit GrandPalaisRmn, Paris

Inhalt

Essays

Katalog der ausgestellten Werke

Michael Philipp mit Beiträgen von Béatrice de Chancel-Bardelot, Séverine Lepape, Valentina Plotnikova, Ortrud Westheider

Dokumentation

Anhang

Vorwort

Das Einhorn ist einzigartig – selbst unter den Fabeltieren. Anders als das Einhorn sind die ebenfalls in der Bibel genannten Leviathan, Basilisk oder Behemoth heute kaum noch bekannt. Ein Schicksal, dass sie mit Greif und Harpyie – Protagonisten der antiken Mythologie – teilen. Ihre Existenz wurde spätestens in der Frühen Neuzeit verworfen, weil weder Beobachtungen noch Ausgrabungen ihr Bestehen belegten. Das gilt nicht für das Einhorn, das Marco Polo aus eigener Anschauung kannte und dessen Horn als Glanzstück fürstliche Wunderkammern zierte. Hundert Jahre brauchten die noch jungen Naturwissenschaften zwischen 1550 und 1650, um sich über gewichtige Augenzeugenberichte hinwegzusetzen, die berühmten Objekte als die Zähne des Narwals zu identifizieren und das Einhorn als Spezies auszuschließen.

Das Einhorn sprach Träume, Wünsche und Sehnsüchte der Menschen vom Indus über China und Japan bis nach Persien an, bevor es im christlichen Europa des Mittelalters Symbolkraft erhielt. Sich vom Glauben an das Einhorn zu trennen, fiel wohl deshalb so schwer, weil es eine Projektionsfläche für alles Positive war, weil es für Liebe, Unschuld und die Aufhebung der Gegensätze stand. Diesen Glauben aufzugeben, gleicht einer Initiationsgeschichte – einem Coming-of-Age der Menschheit.

Dieser Bedeutung entsprechend hat das Einhorn seine künstlerischen Interpretationen erfahren. Die Ausstellung *Einhorn. Das Fabeltier in der Kunst* widmet sich daher keinem beliebigen Tier, sondern einem substantiellen Thema der Kunstgeschichte. Es zieht sich durch die Jahrhunderte, nahm in immer neuen Kontexten und unterschiedlichsten Medien und Materialien Gestalt an. Zum ersten Mal wird dieses Thema im Überblick von der Antike bis zur zeitgenössischen Kunst erforscht und ausgestellt.

Mit dem Ausscheiden aus dem Reich der Tiere ist das Einhorn in das Reich der Phantasie übergegangen. Künstlerinnen und Künstlern kam schon immer sein Status des Außergewöhnlichen entgegen. Natürlichkeit und Unbezähmbarkeit des Einhorns boten ihnen Identifikationspotential. Seine Magie lag darin, dass es sich nicht herbeizwingen ließ – inkommensurabel wie die Kunst, die sie erschaffen wollten. So hält das Urbild des Unverfügbaren immer wieder neue künstlerische Anschlussmöglichkeiten bereit.

Michael Philipp, Chefkurator des Museums Barberini und Mitherausgeber der Schriftenreihe des Museums, verdanken wir die Idee, diesem Menschheitsthema nachzugehen. Am Museum Barberini hat er mit publikumsstarken Themenausstellungen Akzente gesetzt. 2023 zeigte er die Ausstellung *Sonne. Die Quelle des Lichts in der Kunst*. Wie das Einhorn-Projekt ging sie einem Motiv in der Vorstellungswelt der Menschen von der Antike bis zur zeitgenössischen Kunst nach. Seine Konzeption der Ausstellung zum Einhorn gleicht einer *catena aurea,* einer goldenen Kette. Zu allen zehn Kapiteln hat er Schriftquellen gehoben und interpretiert, die den historischen Kontext der Kunstwerke und ihre Verkettung vor Augen stellen: Quellentexte von antiken Schriftstellern, christlichen Theologen, Naturforschern und Medizinern der Frühen Neuzeit. Aus dieser Quellensammlung entstand eine Anthologie, ein vielstimmiges Geflecht aufeinander aufbauender Texte von Reisenden und Naturkundlern, von Kompilatoren, Mönchen, Ärzten und Dichtern vom Jahr 400 v. u. Z. bis zu Rainer Maria Rilke und Umberto Eco. Sie verzeichnen Sichtungen des Einhorns, huldigen ihm, überhöhen es in Marienliedern und Heldenepen. Sie zweifeln es an und dokumentieren schließlich seine Transformation zur Kunstfigur. Die fundierten Texte Michael Philipps zu den ausgestellten Werken gründen auf seinen seit 2019 andauernden Forschungen zu allen Bereichen der künstlerischen Rezeption des Einhorns. Sie bieten eine Fülle grundlegend neuer Einblicke in die Wirkungsgeschichte des Fabeltiers.

Die Auswahl der Werke hat Michael Philipp gemeinsam mit Béatrice de Chancel-Bardelot getroffen. Als Kuratorin am Musée de Cluny in Paris ist sie Expertin für die Tapisseriefolge *Die Dame mit dem Einhorn* (Kat. 123.1–6), die bis heute Rätsel aufgibt. Wir danken ihr für ihren neuesten Beitrag zu diesem unerschöpflichen Thema. Béatrice de Chancel-Bardelot kuratierte im Jahr 2018 die Ausstellung *Magiques licornes* im Musée de Cluny, wo sie die Grundlagen für das Verständnis des Einhorns in der Kunst des späten 15. Jahrhunderts lieferte. Dabei untersuchte sie dessen Wiederaufleben in Werken von Künstlern des 19. bis 21. Jahrhunderts und seine Bedeutung in der modernen Gesellschaft. Mit Annabelle Ténèze und Séverine Lepape war sie als wissenschaftliche Kuratorin an der Ausstellung *La Dame à la licorne. Médiévale et si contemporaine* im Musée Les Abattoirs in Toulouse im Jahr 2021 beteiligt. Sie zeigte, wie sich die zeitgenössische Kunst von mittelalterlichen Werken inspirieren lässt. Damit leistete Béatrice de Chancel-Bardelot wichtige Vorarbeiten für die aktuelle Ausstellung. Ihrem Engagement sind die zahlreichen Leihgaben aus französischen Sammlungen zu verdanken.

Das Musée de Cluny gehört zu den weltweit bedeutendsten Museen mittelalterlicher Kunst. Nach einer umfangreichen Renovierung wurde es im Mai 2022 wiedereröffnet und lädt Besucherinnen und Besucher ein, in einer einzigartigen Umgebung eine Zeitreise vom 1. bis zum 21. Jahrhundert zu unternehmen. Das aus dem 15. Jahrhundert stammende Herrenhaus der Äbte von Cluny, das an römische Bäder angebaut wurde, ist jetzt um einen zeitgenössischen Anbau angeordnet, der vom Architekten Bernard Desmoulin entworfen und 2018 eingeweiht wurde.

Dieses Kulturerbe beherbergt prestigeträchtige Sammlungen, die die enorme Vielfalt der mittelalterlichen Kunstproduktion veranschaulichen, darunter die weltweit bekannte Folge von sechs Wandteppichen *Die Dame mit dem Einhorn*. Die Faszination, die dieses Werk auf das Publikum, jung und alt, ausübt, motivierte das Musée de Cluny gemeinsam mit dem Museum Barberini, eine Ausstellung über das Einhorn in der Kunst im Lauf der Jahrhunderte zu organisieren. Eine der Aufgaben des Musée de Cluny ist es, die Kunst und die mittelalterliche Welt näherzubringen. Das Einhorn zählt zu den beliebtesten mittelalterlichen Motiven der Gegenwart. Daher ist es wichtig, dass das Museum einen Schlüssel zum Verständnis dieses Phänomens bereitstellt. In einer Gegenwart, in der die erfolgreichsten Start-ups als „Unicorns" bezeichnet werden und sich die anhaltende Faszination für das Außerordentliche in popkultureller Massenware Bahn bricht, ist diese Rückschau erhellend.

Die Aufsätze des Katalogs gehen zurück auf ein internationales Symposium, das im Juni 2024 im Museum Barberini stattfand. Wir danken neben Béatrice de Chancel-Bardelot und Michael Philipp auch Barbara Drake Boehm, Adrien Bossard, Stefan Trinks und Annabelle Ténèze für die wissenschaftliche Diskussion und ihre Beiträge. Valentina Plotnikova, wissenschaftliche Volontärin am Museum Barberini, hat als kuratorische Assistenz der Ausstellung maßgeblich zu ihrer Realisierung und zur Entstehung des Katalogs beigetragen.

Gemeinsam danken wir den zahlreichen Leihgebern für ihre Unterstützung, unter ihnen bedeutende Institutionen wie das Rijksmuseum in Amsterdam, die Uffizien in Florenz, das Victoria and Albert Museum in London, der Prado in Madrid, das Metropolitan Museum in New York, der Louvre in Paris und das Kunsthistorische Museum in Wien. Aus Museumssammlungen in Deutschland können wir auf Werke aus den Bayerischen Staatsgemäldesammlungen, den Staatlichen Kunstsammlungen Dresden sowie der Stiftung Preußischer Kulturbesitz zählen – von der allein fünf Museen und die Staatsbibliothek zu Berlin Leihgaben beisteuern. Wir freuen uns, dass uns auch kleinere Museen wie das Schloss Hinterglauchau oder das Naturalienkabinett Waldenburg ihre Objekte anvertrauen. Viele der ausgestellten Werke reisen sonst niemals oder nur sehr selten. Trotz der Wiedereröffnung der eigenen Institution trennt sich das Staatliche Museum Schwerin für unsere Ausstellung von einem seiner Hauptwerke. Die St. Gotthardtkirche in Brandenburg verleiht erstmals ihren Einhorn-Teppich, der mit Mitteln der Hermann Reemtsma-Stiftung, Hamburg, im Rahmen der Ausstellung restauriert wurde. Für das großzügige Entgegenkommen aller Beteiligten sind wir dankbar.

Die Bedeutung des gemeinsamen Projektes für Frankreich zeigt die Beteiligung des GrandPalaisRmn, der wichtigsten Vereinigung nationaler Museen des Landes. Wir danken ihrem Präsidenten Didier Fusillier für das Vertrauen. Das Einhorn ist als Signet und Ware heute kommerziell verfügbar geworden. Die tiefen Spuren, die es in der Kunstgeschichte hinterlassen hat, sind dagegen neu zu entdecken. Die Ausstellung in Potsdam und Paris lädt dazu ein. Sie ist zugleich eine Reise zur menschlichen Vorstellungskraft durch Räume und Zeiten.

Ortrud Westheider
Direktorin des
Museums Barberini
Potsdam

Séverine Lepape
Direktorin des
Musée de Cluny
Paris

Dank

Ludovic Abiven, Paris
Marion Ackermann, Berlin
Stijn Alsteens, Paris
Florence Amsbeck, Straßburg
Cédric Anjoujart, Le Havre
Christine Armstrong, London
Óscar Arroyo Ortega, Madrid
Sophie Astier, Versailles
Sylvie Aubenas, Paris
Lucile Audouy, Paris
László Baán, Budapest
Carmela Battista, Florenz
Florian T. Bayer, Eisenstadt
Pantixka Béguerie-De Paepe, Colmar
Nadia Benkaki, Paris
Isabel Bennasar Cabrera, Madrid
Marianne Besseyre, Paris
Hartmut Beyer, Wolfenbüttel
Annette Bhagwati, Zürich
Robert Blaizeau, Rouen
Gilles Blieck, Orléans
Catherine Blum, Paris
Barbara Drake Boehm, New York
Marion Böhl, Berlin
Achim Bonte, Berlin
Falko Bornschein, Erfurt
Eva Brachert, Mainz
Anne-Christine Brehm, Freiburg
Geneviève Bresc-Bautier, Paris
Bodo Brinkmann, Basel
Sven Brömsel, Berlin
Stephanie Buck, Dresden
Duncan Bull, Amsterdam
Jens Burk, München
Peter Burschel, Wolfenbüttel
Anne Camuset, Dijon
Baron Joseph de Cassagne, Paris
Jean-Gérald Castex, Paris
Philippe Charlier, Paris
Jean-Marc Chatelain, Paris
Laura Chaubard, Palaiseau
Wolfgang Cilleßen, Frankfurt am Main
Thierry Claerr, Paris
Nathalie Coilly, Paris
Alain Colas, Straßburg
Cécile Colonna, Paris
Thierry Crépin-Leblond, Paris
Romeo Pio Cristofori, Ferrara
Matthias Daenschel, Berlin
Angelica Daneo, Denver
Gabrielle Davidson, Amsterdam
Raphaëlle Déjean, Paris
Charlotte Denoël, Paris
Joost Depuydt, Antwerpen
Laurence des Cars, Paris
Jérôme Descoux, Valençay
Gilles Désiré dit Gosset, Montigny-le-Bretonneux
Gabriel Dette, München
Tanja Deutschländer, Hamburg
Virginie Devillez, Brüssel
Taco Dibbits, Amsterdam
Roger Diederen, München
Laurent Dierckens, Cambrai
Maria Guiseppina Di Monte, Rom
Anne Dion-Tenenbaum, Paris
Laura Donati, Florenz
Claude Doucet, Valençay
Catherine Drevet, Douai
Astrid Ducke, Salzburg
Bernd Ebert, Dresden
Anne Embs, Valençay
Kardinal Péter Erdő, Eztergom
Florence Ertaud, Montigny-le-Bretonneux
Miguel Falomir, Madrid
Matthias Farke, Neu Lüblow
Guillaume Fau, Paris
Agnès Faure, Paris
Christel Feghali-Sanguinetti, Paris
Karoline Feulner, Mainz
Myriam Fèvre, Dijon
Elena Filipovic, Basel
Lucie Fléjou, Paris
Sylvie Forestier, Grenoble
Maïder Fortuné, Paris
Louis Frank, Paris
Simon Franses, London
Paul Froment, Paris
Olivier Gabet, Paris
Raffael Gadebusch, Berlin
Jan Gadermann, Berlin
Laura Gálvez Alcolea, Madrid
Andreas Gamerith, Zwettl
Alice Gandin, Paris
Philippe Gellman, Paris
Jan Gerchow, Frankfurt am Main
Geertje Gerhold, Brandenburg
Robert Giel, Berlin
Bettina Giersberg, Basel
Sebastian Giesen, Hamburg
Wiebke Glöckner, Glauchau
Frédérique Goerig-Hergott, Dijon
Jutta Goetzmann, Freiburg
Emmanuelle Gondrand, Paris
Coline Gosciniak, Valenciennes
Cécile Gourhand, Paris
Yann Gravêthe, Paris
Isabelle Gui, Montigny-le-Bretonneux
Laurent Hablot, Paris
Vincent Haegele, Versailles
Valérie Haerden, Brüssel
Anita Haldemann, Basel
Angela Hampel, Dresden
Maren Härtel, Frankfurt am Main
Colin Harrison, Oxford
Nicolas Hatot, Rouen
Weihbischof Reinhard Hauke, Erfurt
Birgit Heide, Mainz
Miety Heiden, London
Christoph Heinrich, Denver
Michael Hering, München
Isa Hesse, Potsdam
Carolin Hilker-Möll, Berlin
Paul Hofmann, Berlin
Lilli Hollein, Wien
Max Hollein, New York
Jan de Hond, Amsterdam
Karsten Horn, Erfurt
Tristram Hunt, London
Hannah Iterbeke, Mechelen
Grit Jacobs, Eisenach
Olivier Jacquot, Paris
Jeanne-Marie Jandeaux, Paris
Irène Jourd'heuil, Orléans
Brigitte van Kann, Hamburg
Kirstin Kennedy, London
Peter Kerber, Wien
Hans-Ulrich Kessler, Berlin
Iris Kockelbergh, Antwerpen
Stephan Koja, Wien
Uwe Kolbe, Dresden
Ildikó Kontsek, Eztergom
Dagmar Korbacher, Berlin
Philipp Körner, Glauchau
David Kraemer, New York
Volker Krahn, Berlin
Frieso Lammertse, Amsterdam
Kathrin Lange, Potsdam
Georg Laue, München
Tomasz Łęcki, Posen
Annick Lemoine, Paris
Marianne Le Pommeré-Lemoine und Serge Lemoine, Paris
Anastasiya Levytska, Kyjiw
Bernard De Leye, Brüssel
S. D. Erbprinz Alois von und zu Liechtenstein, Wien
Véronique und Maximilien de Limburg Stirum, Brügge
Katrin Lindemann, Berlin
Chen Min Loh, Utrecht
Antoine Longuet, Valençay
Judy Lübcke, Berlin
Christina Ludwig, Dresden
Martyna Łukasiewicz de Espinosa, Posen
Bernhard Maaz, München
Emmanuelle Macé, Paris
Sabine Maffre, Paris
Philippe Malgouyres, Paris
Griffith Mann, New York
Annabelle Mathias, Paris
Craig McPhedran, Oxford
Yoeri Meessen, Den Haag
Ariane Mensger, Basel
Guido Messling, Wien
Benedicta Merveldt, Wiesentheid
Gudula Metze, Dresden
Christoph Metzger, Wien
Florian Meunier, Paris
Isaure de Montbron, Paris
Manuela Moscatiello, Paris
Philipp Mosch, Brandenburg
Olaf Mückain, Worms
Martina Müller-Wiener, Berlin
Franziska Nentwig, Eisenach
Martina Nibbeling-Wrießnig, Potsdam
Olaf Nicolai, Berlin
Christophe Niedziocha, Valençay
Victoria Noel-Johnson, Rom
Ruth Oberhand, Darmstadt
Cédric Oberlé, Straßburg
Massimo Osanna, Rom
Richard Ovenden, Oxford
Gilles Pécout, Paris
José Juan Pérez Preciado, Madrid
Angeline Peruch, Paris
Tobias Pfeifer-Helke, Gotha
Carmen de Piniés-Hassel, New York
Fabien Plazanet, Paris
Nathan Ponsot, Paris
Rémy Provendier-Commenne, Paris
Emilie Prud'hom, Paris
Carolin Quermann, Dresden
Peter Raue, Berlin
Heimo Reinitzer, Hamburg
Achim Reis, Bad Soden
Immanuel Reisiger, Berlin
Olivier Renaudeau, Paris
Thomas Richter, Braunschweig
Laura Ritter, Wien
Astrid Robin, Wien
Pieter Roelofs, Amsterdam
Anne Rossberg, Wien
Herbert W. Rott, München
Anne Rubach-Larsen, Berlin
Andrea Rudolph, Dresden
Katharina Rüppell, Bremen
Claudia Sachße, Heidelberg
Xavier Salmon, Paris
Gisa und Hans-Joachim Sander
Mar Sanz García, Madrid
Emese Sarkadi Nagy, Eztergom
Antje Scherner, Berlin
Astrid Scherp-Langen, München
Hans Jürgen Scheuer, Berlin
Kai-Uwe Schierz, Erfurt
Christoph Schmälzle, Bonn
Frank Schmidt, Bremen
Sebastian Schmidt, Regensburg
Katja Schmitz-von Ledebur, Wien
Mathilde Schneider, Rouen
Paul Graf von Schönborn-Wiesentheid, Wiesentheid
Carolin Schreiber, Berlin
Michael Schweller, Wien
Gero Seelig, Schwerin
Audrey Segard, Cambrai
Marie Siano, Paris
Daniel Slater, London
Yann Sordet, Paris
Virginie Spenlé, München
Lara Steinhäußer, Wien
Andrea Stockhammer, Salzburg
Fanny Stoye, Waldenburg
Monica Stucky-Schürer, Basel
Alexander Sturgis, Oxford
Johannes Szypulski OCist, Zwettl
Julia Tatrai, Budapest
Rickey Tax, Den Haag
Cécile Teinturier, Paris
Marion Tenbusch, Paris
Marie Cécile Thijs, Rotterdam
Ariane Thomas, Paris
Thomas C. Thulstrup, Kopenhagen
Susanne Thürigen, Nürnberg
Agnes Tieze, Regensburg
Timo Trümper, Gotha
Matthias Ubl, Amsterdam
Thorsten Valk, Bonn
Nathalie Vandeperre, Brüssel
Wim Verbaal, Gent
Catherine Verecken, Brüssel
Anne Verneuil, Valenciennes
Jean Vilbas, Douai
Charles Villeneuve de Janti, Paris
Ed van der Vlist, Den Haag
An Volckaert, Mechelen
Mio Wakita-Elis, Wien
Jeremy Warren, Oxford
Stefan Weber, Berlin
Stefan Weidle, Bonn
Michael Wellen, London
Nima Wermelinger, Paris
Karin Weyrich, Bad König
Mario Winzeler, Dresden
Jean-Marie Withofs, Munsterbilzen
Marc Zehntner, Basel
Luca Zimonyi, Versailles
Pirko Kristin Zinnow, Schwerin
Julia Zitzmann, Potsdam
Michaela Zöschg, London
Stephanie Zumbrink, Freiburg
und an viele andere

Leihgeber

Rijksmuseum, Amsterdam
Museum Plantin-Moretus, Antwerpen – UNESCO World Heritage Site
Rebecca Horn Moontower Foundation, Bad König
Historisches Museum Basel
Kunstmuseum Basel, Kupferstichkabinett
Staatliche Museen zu Berlin
Kunstgewerbemuseum
Kupferstichkabinett
Museum für Asiatische Kunst
Museum für Islamische Kunst
Skulpturensammlung und Museum für Byzantinische Kunst
Staatsbibliothek zu Berlin – Preußischer Kulturbesitz, Abteilung Handschriften und Historische Drucke
LVR-LandesMuseum Bonn
Evangelische St. Gotthardt- und Christuskirchengemeinde, Brandenburg an der Havel
Herzog Anton Ulrich-Museum, Braunschweig
Museen Böttcherstraße, Ludwig Roselius Museum, Bremen
Musées royaux d'Art et d'Histoire, Brüssel
Szépművészeti Múzeum – Museum of Fine Arts, Budapest
Le Labo – Cambrai, bibliothèque classée de l'agglomération de Cambrai
House of the Book, Den Haag
KB Nationale Bibliotheek, Den Haag
Denver Art Museum
Musée des Beaux-Arts de Dijon
Médiathèque Marceline Desbordes-Valmore, Douai
Staatliche Kunstsammlungen Dresden
Grünes Gewölbe
Kupferstich-Kabinett
Stadtmuseum Dresden, Museen der Stadt Dresden
Wartburg-Stiftung, Eisenach
Angermuseum Erfurt
Hohe Domkirche St. Marien zu Erfurt, Domkapitel
Keresztény Múzeum / Christliches Museum, Esztergom
Comune di Ferrara, Museo della Cattedrale
Gallerie degli Uffizi, Florenz
Musei del Bargello, Florenz
Esterházy Privatstiftung, Burg Forchtenstein – Esterházy Schatzkammer
Historisches Museum Frankfurt, Frankfurt am Main
Freiburger Münsterbauverein e. V., Freiburg
Friedenstein Stiftung Gotha
Deutsches Apotheken-Museum, Heidelberg
The Royal Danish Collection, Kopenhagen
Tate, London
Victoria and Albert Museum, London
Biblioteca Nacional de España, Madrid
Museo Nacional del Prado, Madrid
Landesmuseum Mainz
Médiathèque du Patrimoine et de la Photographie, Montigny-le-Bretonneux, département de la Photographie
Bayerische Staatsgemäldesammlungen – Sammlung Schack München
Bayerisches Nationalmuseum, München
Staatliche Graphische Sammlung München
Kerkfabriek Onze-Lieve-Vrouw-Tenhemelopnemingskerk, Munsterbilzen
The Library of The Jewish Theological Seminary, New York
The Metropolitan Museum of Art, New York
Germanisches Nationalmuseum, Nürnberg
The Ashmolean Museum, University of Oxford
The Bodleian Libraries, University of Oxford
École Polytechnique, Palaiseau
Bibliothèque historique de la Ville de Paris
Bibliothèque interuniversitaire de santé – pharmacie, Paris
Bibliothèque Mazarine, Paris
Bibliothèque nationale de France, Paris
Département des Estampes et de la Photographie
Département Littérature et Art
Département des Manuscrits
Département des Monnaies, Médailles et Antiques
Département Philosophie, Histoire et Science de l'Homme
Réserve des Livres rares et précieux
Frits Lugt Collection, Fondation Custodia, Paris
Musée de la Chasse et de la Nature, Paris
Musée de l'Armée, Paris
Musée de Cluny – musée national du Moyen Âge, Paris
Musée du Louvre, Paris
Département des Antiquités orientales
Département des Arts graphiques, Collection Edmond de Rothschild
Département des Objets d'art du Moyen Âge, de la Renaissance et des temps modernes
Musée national Gustave Moreau, Paris
Petit Palais, musée des Beaux-Arts de la Ville de Paris
Muzeum Narodowe w Poznaniu, Posen
Kunstforum Ostdeutsche Galerie, Regensburg
Ev.-Luth. Kirchgemeinde Remse-Jerisau
Castel Sant'Angelo – Direzione Musei Nazionali della Città di Roma, Rom
Musée Beauvoisine – Musée des Antiquités et Muséum d'Histoire Naturelle, Rouen
Residenzgalerie Salzburg
Staatliche Schlösser, Gärten und Kunstsammlungen Mecklenburg-Vorpommern, Schwerin
Bibliothèque nationale et universitaire, Straßburg
LIECHTENSTEIN. The Princely Collections, Vaduz – Wien
Syndicat Mixte du Pays de Valençay en Berry
Médiathèque Simone Veil, Valenciennes
Bibliothèque municipale de Versailles, Pôle Patrimoine
Museum Naturalienkabinett Waldenburg
Albertina, Wien
Kunsthistorisches Museum Wien
Gemäldegalerie
Kunstkammer
MAK – Museum für angewandte Kunst, Wien
Kunstsammlungen Graf von Schönborn, Wiesentheid
Herzog August Bibliothek, Wolfenbüttel
Museum Heylshof, Worms
Museum Rietberg, Zürich
Zisterzienserstift Zwettl, Stiftssammlungen

Maïder Fortuné
Marie Cécile Thijs, courtesy SmithDavidson Gallery
Galerie Bernard De Leye, Brüssel
S. Franses, London
Kunstkammer Georg Laue, München
Lucile Audouy, Paris
Privatsammlung – Adornes Estate, Brügge
Privatsammlung, Frankreich
Privatsammlung, New York
Privatsammlung, courtesy Sayn-Wittgenstein Fine Art, New York

und Privatsammler, die namentlich nicht genannt werden möchten

Essays

Die Existenz des Ungesehenen. Bild und Bedeutung des Einhorns in der europäischen Kunst

Michael Philipp

Während Arnold Böcklin an seinem Gemälde *Das Schweigen des Waldes* (Kat. 148) arbeitete, betrachtete ein kritischer Atelierbesucher das Bild. Er bemängelte die Gestaltung des Einhorns als „unmöglich und unwahr". Der mit Böcklin befreundete Maler und Graphiker Otto Lasius überliefert den Dialog zwischen Künstler und Kritiker: „‚Wie können Sie nur so etwas Unglaubliches malen,' sagte er zu Böcklin, ‚so hat doch nie im Leben ein Einhorn ausgesehen. Das Einhorn war ja doch ein Pferd mit einem Horne auf dem Kopf.' ‚So – haben Sie einmal eins gesehen?' fragte Böcklin lachend."[1]

Die Anekdote aus dem Jahr 1885 zeigt, dass es möglich ist, eine konkrete Vorstellung vom Aussehen des Einhorns zu haben, ohne je einem begegnet zu sein. Eine solche Imagination kann nur aus Darstellungen der bildenden Kunst kommen. Davon gibt es allerdings unzählige in allen Formen, Größen und Medien, und sie weisen eine erhebliche Variationsbreite auf.[2] Mit seinem gefleckten Fell, den sandfarbenen Fransen und großen Kuhaugen verkörpert Böcklins Einhorn eine ungewöhnliche Sonderform.

Dieser Beitrag untersucht zunächst die frühesten literarischen Zeugnisse von Gestalt und Charakter des Einhorns und ihren Einfluss auf seine unterschiedlichen Erscheinungsformen in künstlerischen Bildzeugnissen vom 9. bis ins 19. Jahrhundert. Da die meisten Autorinnen und Autoren, die seit dem 19. Jahrhundert Monographien zum Einhorn publizierten, aus den Bereichen Evolutionsbiologie, Journalismus, Theologie, Geschichte oder Philologie kamen, widmeten sie dem äußeren Erscheinungsbild des Tieres in seinen Variationen wenig Aufmerksamkeit.[3] Die Fülle des Materials erfordert eine Beschränkung auf das Einhorn Europas.[4]

In einem zweiten Abschnitt geht es um das Einhorn im Zusammenhang mit dem Konzept Fabeltier. Das Ungewisse, das mit empirisch nicht belegten Kreaturen verbunden ist, lässt der Phantasie weiten Raum. Im Vergleich mit anderen *creaturae fabulae* wie Basilisk, Drache oder Phönix lassen sich einige Besonderheiten des Einhorns aufzeigen, die seine Popularität und Wertschätzung begünstigten. Dabei spielten bildliche Darstellungen des Einhorns eine erhebliche Rolle. In Reiseberichten und Naturkunden der Frühen Neuzeit hatten sie Beweiskraft, während Skeptiker wie André Thevet oder Ambroise Paré am Ende des 16. Jahrhunderts auf die Bedeutung der Malerei für den Glauben an die Existenz des Einhorns wiesen.[5]
Der abschließende Teil untersucht die vielfältigen Themen- und Handlungsfelder, die das Einhorn im Lauf der Jahrhunderte zu bewirtschaften hatte. Ihre Zusammenschau erweist es als Träger vieler widersprüchlicher Eigenschaften. Die *coniunctio oppositorum* der Zuschreibungen ermöglichte Projektionen aller Art und bot vielfältige Anschlussmöglichkeiten.

In seinem Segen über die Stämme Israels sprach Moses von Joseph, seine Herrlichkeit sei wie die eines erstgeborenen Ochsen „und seine Hörner sind wie Einhörners Hörner" (Dtn 33,17).[6] Der Kirchenlehrer Ambrosius, im 4. Jahrhundert Bischof von Mailand, fragte in einer Auslegung dieser Stelle, wie sich Moses das Einhorn vorgestellt habe, „da Einhörner selbst unter den Tiergenerationen nicht zu finden sind, wie die Kundigen sagen".[7]

Ob sich an dieser Stelle bereits ein Zweifel an der Existenz des Tieres ausdrückt – eine These, die das Einhorn spätestens seit dem 16. Jahrhundert begleitete und bis ins 19. Jahrhundert anhielt –, sei dahingestellt. Andere Autoren besaßen jedenfalls eine konkrete Vorstellung seines Äußeren. So hatte Ktesias von Knidos, der als Arzt am Hof des persischen Königs Artaxerxes II. Mnemon lebte, bereits um 400 v. u. Z. das Einhorn beschrieben. In Indien gebe es einhörnige wilde Esel, „die so groß wie Pferde und sogar noch größer sind; sie haben einen weißen Körper, einen purpurnen Kopf und dunkelblaue Augen".[8] Über vierhundert Jahre später gab der römische Gelehrte Plinius der Ältere in seiner umfangreichen *Historia naturalis* (Naturkunde) eine andere, präzisere Beschreibung des Einhorns, das er ebenfalls in Indien lokalisierte. Es sei „am Körper dem Pferde, am Kopf aber dem Hirsch, an den Beinen dem Elefanten, am Schwanz dem Eber ähnlich".[9]

– 2 –
Italienisch: *Nashorn und Einhorn*, 1587–1630,
in: Petrus Candidus Decembrius: *De omnium animalium natura* (Über die Natur der Tiere), 1460, fol. 41r,
Biblioteca Apostolica Vaticana, Vatikanstadt

– 1 –
Südniederländisch nach einem französischen (?) Entwurf: *Das Einhorn in Gefangenschaft*, 1495–1505, aus der Serie *Einhorn-Jagd*,
The Metropolitan Museum of Art, New York

Davon abweichend charakterisierte der nicht näher identifizierte Autor Physiologus aus Alexandria nicht lang nach Plinius, im 2. oder 3. Jahrhundert, das Einhorn als „kleines Tier", das „einem Zicklein" ähnele.[10] Weiter äußerte er sich nicht zum Aussehen des Einhorns, aber diese knappe Bemerkung des einflussreichen Tierinterpreten führte dazu, das Einhorn bis ins 19. Jahrhundert, auch wenn es in Pferdegestalt auftrat, mit einem Ziegenbart auszustatten (Abb. 1; Kat. 25, 99, 129 u. ö.). Auch die häufige Darstellung als Paarhufer geht auf den Physiologus zurück.

Diese frühen Beschreibungen blieben über Jahrhunderte maßgeblich für bildnerische Darstellungen des Einhorns. Am genauesten folgte Maerten de Vos in seinem monumentalen Einhorn-Portrait von 1572 einer literarischen Vorlage. Seine Kombination aus Elementen von Pferd, Elefant, Hirsch und Eber weist auf eine genaue Plinius-Lektüre (Kat. 10). Die nur von Ktesias geschilderte purpurrote Farbe des Kopfs realisierte ein unbekannter Zeichner, der im Zeitraum 1587–1630 das im 15. Jahrhundert entstandene Tierbuch *De omnium animalium natura* (Über die Natur der Tiere) des italienischen Humanisten Petrus Candidus Decembrius illustrierte (Abb. 2).[11] Dieses Einhorn hat die Gestalt eines Pferdes und, wie Ktesias ebenfalls geschrieben hatte, ein weißes Fell. Decembrius hatte die Farbe als die des Buchsbaums, also ein warmes Nussbraun, gekennzeichnet. Bei Plinius steht keine Farbangabe. Den knappen oder fehlenden Informationen entsprechend findet sich in den frühesten kolorierten Darstellungen, den Bestiarien des 13. bis 15. Jahrhunderts wie den frühen Wirkteppichen, das Einhorn mit weißem, grauem, braunem, sogar blauem Fell und gelegentlich auch weißen Punkten (Abb. 3; Kat. 13, 65).

Das herausragende Charakteristikum des Einhorns, das zugleich seine Bezeichnung ist, haben die antiken Autoren nicht näher beschrieben. Der Physiologus hatte für das wesentliche Merkmal nur einen kurzen Satz übrig: „Ein einzig Horn hat es, mitten auf dem Haupte."[12] Plinius war etwas genauer, er schrieb, dass ein „zwei Ellen langes schwarzes Horn mitten auf der Stirne hervorragt".[13] Am detailliertesten hatte sich Ktesias zum Horn geäußert. Seiner

– 3 –
Verschiedene Einhorn-Varianten des 13.–17. Jahrhunderts

Obere Reihe, von links nach rechts:

Süddeutsch: *Einhorn,* in: *Aquarelle von Säugetieren [...],* 17. Jahrhundert, S. 25, Zentralbibliothek Zürich

Englisch (Salisbury?): *Einhorn,* in: *Bestiarium,* 1240–1250, fol. 15r, British Library, London

Oberrheinisch (Basel): *Sechs symbolische Tiere* (Detail), um 1440, Wartburg-Stiftung, Eisenach (Kat. 14)

Spanisch: *Fliese mit Einhorn-Dekor,* spätes 15. Jahrhundert, Museum Folkwang, Essen

Mittlere Reihe, von links nach rechts:

Südfranzösisch: *Einhorn,* in: *Pontifikale des Guillaume Durand,* um 1357–1360, fol. 232, Bibliothèque Sainte-Geneviève, Paris

Englisch (Salisbury?): *Einhorn,* in: *Bodley-Bestiarium,* um 1230–1240, fol. 22r, The Bodleian Libraries, University of Oxford (Kat. 28)

Oberrheinisch (Basel): *Wilde Männer und Fabeltiere* (Detail), um 1430–1440, MAK – Museum für angewandte Kunst, Wien (Kat. 65)

Deutsch: *Einhorn,* Mitte 15. Jahrhundert, Museum Heylshof, Worms

Untere Reihe, von links nach rechts:

Englisch: *Einhorn,* in: *Aberdeen-Bestiarium,* um 1200, fol. 15r, The Sir Duncan Rice Library, University of Aberdeen

Englisch: *Einhorn,* in: *Bestiarium der Anne Walshe,* 1400–1425, fol. 13r, Det Kgl. Bibliotek, Kopenhagen

Französisch (Paris): *Kalenderseite März,* in: *Stundenbuch,* 15. Jahrhundert, fol. 3v, Österreichische Nationalbibliothek, Wien

David Kandel: *Dattelpalme mit Einhorn,* in: Hieronymus Bock: *Kreutterbuch,* Straßburg 1565, S. 345

– 4 –
Niederländisch (Utrecht): *Einhorn,*
in: Jacob van Maerlant: *Der naturen bloeme* (Die Blüte der Natur), um 1350–1375, fol. 55v,
Leiden University Libraries

Meinung nach ist es „eine Elle lang“ und farblich gegliedert: „Die Basis des Horns, zur Stirn hin, ist etwa zwei Zoll lang ganz weiß; der obere Teil, die Spitze des Horns, ist leuchtend purpurrot; der mittlere Teil ist schwarz.“[14] Zu den Beschreibungen dieser drei Autoren, in einem Zeitraum von etwa sechshundert Jahren entstanden, kamen später nur wenige Spezifizierungen des Äußeren hinzu. Der Kompilator Gaius Iulius Solinus etwa orientierte sich in seiner Kosmographie *Collectanea rerum memorabilium* (Sammlung denkwürdiger Dinge) am Anfang des 3. Jahrhunderts im Eintrag zum Einhorn an Plinius, ergänzte aber: „Ein Horn ragt aus seiner Stirn hervor, von wunderbarem Glanz und mit einer Länge von 4 Fuß, so spitz, dass alles, was es angreift, durch seinen Schlag leicht durchstoßen wird.“[15]

Petrus Candidus Decembrius fabulierte sogar von einer Länge von „sieben Fuß oder mehr“, das wären über zwei Meter. Diese kaum praktisch vorstellbare Größenangabe untermauerte er mit dem dreisten Hinweis, „so habe ich es selbst an einem toten Exemplar in Pavia und Neapel gesehen“.[16] Die

– 5 –
Byzantinisch: *Frau mit Einhorn,*
in: *Theodoros-Psalterium,* 11. Jahrhundert, fol. 124v,
British Library, London

Spannbreite der Längenangaben zwischen etwa 45 und 200 Zentimeter spiegelt sich in den unterschiedlichen Darstellungen des Einhorns. Dabei kann in isolierten Repräsentationen, etwa in den frühen Bestiarien, das Horn eine phantastische Dimension erhalten (Abb. 4); Szenen mit anderen Tieren oder Menschen zeigen es zumeist in einer „realistischen“ Länge.

Über die Form des Horns geben die Quellen keine Auskunft. Bei der frühesten Darstellung einer illuminierten Handschrift, dem *Berner Physiologus* von etwa 830 (Abb. S. 39), ist das Horn kurz und sichelförmig, eine seltene Ausprägung, die sich in Albrecht Dürers Eisenradierung *Die Entführung auf dem Einhorn* von 1516 wiederfindet (Kat. 91). In Illuminationen früher Psalter kann das Horn lang und gebogen auftreten wie im *Pantokrator-* oder *Theodoros-Psalterium* im 9./10. und 11. Jahrhundert (Abb. 5) oder in frühen Bestiarien.

Auch die Ausrichtung des Horns hat eine große Variationsbreite. Es kann senkrecht nach oben stehen, waagrecht oder geschwungen nach vorn zeigen, rückwärtig

– 6 –
Süddeutsch: *Steigendes Einhorn,*
Ende 12./Anfang 13. Jahrhundert,
Bayerisches Nationalmuseum, München

– 7 –
Englisch: *Einhorn*, in: *Rochester-Bestiarium*, 1230–1240, British Library, London

gebogen oder – häufig im 13. und 14. Jahrhundert – frontal nach unten zeigen (Abb. 6). Zumeist haben die Hörner eine glatte Oberfläche. Erst um das Jahr 1230 findet sich die Ausprägung des geriefelten Horns, das die Form des aus dem Kiefer ragenden Zahns des Narwals aufnimmt, der bis in die Frühe Neuzeit als das Horn des Einhorns galt. Zu den frühesten Beispielen gehören das Einhorn im *Bodley*- und das im *Rochester-Bestiarium* (Kat. 28; Abb. 7; Abb. S. 40).[17] Vielleicht sind die sägeblattartigen Kerbungen in Einhorn-Darstellungen des 13./14. Jahrhunderts eine Ableitung der spiraligen Struktur des Narwalzahns (Kat. 84).

Nichts Sicheres in der Wissenschaft

Ein nahezu durchgehendes Moment der antiken Quellen fand kaum Resonanz in den europäischen Bildern vom Einhorn. Ktesias hatte das Tier als schnell und stark beschrieben, niemand könne es lebendig fangen. Für Plinius galt das Einhorn als „wildestes Tier“,[18] für Solinus war es sogar das „entsetzlichste“ Untier, „ein Ungeheuer von schrecklichem Brüllen“.[19] In diese Charakterisierungen dürften auch Berichte über das Rhinozeros eingeflossen sein, eine Vermengung oder Verwechslung, die häufig vorkam. Noch Marco Polo, der seinen Reisebericht um 1300 verfasste, stellte angesichts des Rhinozeros, das er auf Sumatra gesehen hatte, fest: „Zum Ansehen ist es ausgesprochen häßlich. Diese Tiere haben mit unsern Einhörnern gar nichts gemein, von denen man ja erzählt, sie ließen sich von Jungfrauen einfangen. Von diesen Tieren ist in allen Beziehungen das Gegenteil zu sagen.“[20]

Dabei hatte bereits der Römer Claudius Aelianus in seiner zoologischen Schrift *De natura animalium* (Über die Natur der Tiere) im 2./3. Jahrhundert die Unterschiede zwischen dem Einhorn, das er als Wildesel beschrieb, und dem von ihm „Kartazonos“ (griech.: schwer gepanzert) genannten Rhinozeros getroffen.[21] Der Aspekt der Stärke und der Wildheit findet sich im Themenkreis der Wilden Leute im 15. und frühen 16. Jahrhundert (siehe Kat. 62–71), in Szenen, die das Einhorn im Kampf zeigen (siehe Kat. 73–77, 80–86 u. ö.) oder, reduziert auf das einzelne Tier, als springendes oder sprungbereites Einhorn (Kat. 99).

Als dominante Ausprägung des Einhorns entwickelte sich entgegen der antiken Quellen seine Charakterisierung als friedfertig, zutraulich und liebenswürdig. Diese Deutung geht auf den *Physiologus* zurück. In dieser christlichen Natur- und Symbollehre heißt es über das Verfahren, mit dem das Einhorn gefangen werden könne: „Man legt ihm eine reine Jungfrau, schön ausstaffiert, in den Weg. Und da springt das Tier in den Schoß der Jungfrau, und sie hat Macht über es, und es folget ihr, und sie bringt es ins Schloß zum König.“[22] Diese bis zu Marco Polo und in die Frühe Neuzeit einflussreiche Auffassung gilt als Ableitung einer altindischen Legende vom Einsiedler Rsyasrnga (Gazellenhorn), die im indischen Heldenepos *Mahabharata* (Die große Geschichte der Bharatas) erzählt ist.[23]

Der Gedanke vom Einhorn auf dem Schoß der Jungfrau hatte Konsequenzen für die Darstellung des Tieres. Selbst wenn es, wie der Physiologus schreibt, nur die Größe einer kleinen Ziege hätte, wäre eine Platzierung auf dem Schoß eine kaum zumutbare Belastung.[24] Dementsprechend selten finden sich solche bildlichen Repräsentationen (Abb. 8; Kat. 117, 119). Die Abwägung zwischen einer Verkleinerung des Einhorns auf die Größe eines Schoßhundes, die die Dignität des Tieres in Frage gestellt hätte, und der vom Physiologus betonten Zutraulichkeit und Nähe führte zu der Lösung, das Einhorn seinen Vorderlauf auf den Schoß der Jungfrau legen oder diese das Tier umarmen zu lassen (Kat. 32, 34, 36, 110, 112, 113, 116, 118, 122).

Sowohl Ktesias, vermittelt über seine antiken Rezipienten, als auch Plinius und der Physiologus galten bis ins 16. Jahrhundert als nicht hinterfragbare Autoritäten antiken oder christlichen Wissens. Ihre Ausführungen wurden bis in die Frühe Neuzeit gelesen und wieder und wieder in späteren Enzyklopädien und Naturkunden wiederholt. Die summarische, wenig detailgenaue Charakteristik des Einhorns ließ Künstlern Spielraum für die Ausformulierung ihrer jeweiligen Vorstellung. Bei aller Unterschiedlichkeit der zahlreichen Variationen blieb es doch immer anhand seines Alleinstellungsmerkmals identifizierbar: das einzelne Horn, das aus der Mitte seiner Stirn hervorragt.

Die voneinander abweichenden überlieferten Beschreibungen des Einhorns erschwerten es den Naturforschern der Frühen Neuzeit, das Einhorn in ihren Tierkunden zu behandeln. Der Zürcher Arzt und Gelehrte Conrad Gessner entschied sich für ein pragmatisches Verfahren. Im ersten Band seiner *Historia animalium* (Tiergeschichte) von 1551 ließ er alle antiken Autoren mit ihren unterschiedlichen Beschreibungen ausführlich zu Wort kommen.[25]

– 8 –
Raffael: *Junge Frau mit Einhorn*, um 1505/06, Galleria Borghese, Rom

– 9 –
Tobias Stimmer: *Einzug der Tiere in die Arche Noah*,
in: *Biblia sacra veteris et novi testamenti. Secundum editionem vulgatam*,
Basel 1578, S. 7

Den Eintrag zum Einhorn bebilderte er mit einem Holzschnitt (Kat. 44), der auf Illustrationen in den Reiseberichten von Bernhard von Breydenbach aus dem Jahr 1486 und Ludovico de Varthema von 1515 (Kat. 39, 40) zurückgeht.[26] Beide Darstellungen griffen Elemente der in Europa bekannten Einhorn-Charakteristik auf und schienen diese so zu bestätigen, denn sie behaupteten eine durch Augenzeugenschaft verbürgte Realitätstreue – eine neuartige Quelle von überzeugender Qualität. Gessner zeigte ein prächtiges, pferdeartiges Tier mit gespaltenen Hufen, wallender Mähne und großem spiralig gewundenen Stirnhorn. Er versah die Abbildung allerdings mit einem distanzierenden Kommentar, der seine Zweifel an der Authentizität der Darstellung ausdrückte: „Die Gestalt ist so, wie sie heute von Malern gemalt wird, darüber habe ich nichts Sicheres."[27]

Diese Skepsis gegenüber dem von ihm nicht Überprüfbaren ist eine ungewöhnliche Reflexion eines Wissenschaftlers der Frühen Neuzeit. Vorgänger und Zeitgenossen bildeten das Einhorn mit unhinterfragter Selbstverständlichkeit ab. Gessner hatte die bildliche Repräsentation des Einhorns aus zeitgenössischen künstlerischen Abbildungen in ein wissenschaftliches Werk übernommen. Von dort strahlte sie auf die Kunst der folgenden Zeit aus, wie ein Holzschnitt zur Arche Noah von Tobias Stimmer von 1578 zeigt (Abb. 9).[28] Die deutsche Übersetzung von Gessners Arbeit durch Conrad Forer, 1563 als *Thierbuoch* in Zürich erschienen, weist auf dem Titelblatt explizit darauf hin, die abgebildete wahre „Conterfactur" der Tiere sei „zuo Nutz und Guotem allen Liebhabern der Künsten, Artzeten, Maleren, Bildschnitzern, Weydleüten und Köchen gestelt".[29]

Ein fabelhaftes Tier

1661 erschien in Leipzig das Kompendium *Zoologia physica* (Zoologie) des Naturwissenschaftlers Johann Sperling, der drei Jahre zuvor verstorben war. Die posthume Edition des tierkundlichen Handbuchs verantwortete sein ehemaliger Schüler Georg Caspar Kirchmaier, wie Sperling Professor an der Universität Wittenberg.[30] Das Frontispiz von Johann Baptist Paravicinus zeigt den Gelehrten Sperling bei der Arbeit am Schreibtisch in einer Uferlandschaft, über der Gottvater schwebt und die mit Tieren aller Art – Fischen, Vögeln, Säugetieren und Insekten – erfüllt ist (Abb. 10). Auf der linken Seite steht eine weibliche Figur, die durch die Aufschrift *amor spectari* (Die Liebe des Schauens) als Allegorie des Gesichtssinns ausgewiesen ist.

Entgegen der damit betonten Bedeutung der Beobachtung – ein wesentliches Element frühneuzeitlicher Wissenschaft – finden sich neben Elefant, Löwe, Schnecke und Raupe einige Tiere, deren Existenz nicht durch Evidenz nachgewiesen ist: Im Wasser reißt der Leviathan sein schreckenerregendes Maul auf, links im Vordergrund hockt der geflügelte Basilisk, rechts steht das Einhorn, in einer Palme sitzt der Vogel Phönix. Diese Hinzufügungen finden ihre Entsprechung in einer textlichen Ergänzung zu den zoologischen Ausführungen Sperlings: Kirchmaier fügte sechs Abhandlungen aus seiner Feder an, die sich mit Basilisk, Einhorn, Phönix, Behemoth und Leviathan, Drachen sowie Spinnen beschäftigen. Eine Erklärung für die Auswahl dieser Tiere liefert das Titelblatt einer Einzelausgabe seiner Disputationen von 1736: *ad illustrandum varia scripturae sacrae loca*, wie sie an verschiedenen Stellen der Heiligen Schrift beleuchtet seien.[31]

Mit dieser Zusammenstellung nahm Kirchmaier eine Gruppierung vor, die heute unter der Bezeichnung Fabeltiere für diese Kreaturen – und viele weitere wie Greif, Drache oder Harpyie – verwendet wird.[32] In der Bibel oder antiken Naturkunden und der Mythologie genannte Tiere, deren Vorkommen nicht nachgewiesen war, gehörten selbstverständlich in mittelalterliche Bestiarien oder Enzyklopädien wie das im 13. Jahrhundert entstandene *Liber de natura rerum* (Buch über die Natur der Dinge) von Thomas de Cantimpré und seine Übersetzung durch Jacob van Maerlant ins Niederländische (Kat. 45–47). Ihre Existenz stellte niemand in Frage. Erst mit dem Aufkommen wissenschaftlicher Kriterien wie Empirie und Evidenz im 16. Jahrhundert keimten bei Naturforschern Zweifel an

– 10 –
Johann Baptist Paravicinus: *Frontispiz,* in: Johann Sperling: *Zoologia physica* (Zoologie), hrsg. von Georg Caspar Kirchmaier, 2. Aufl., Wittenberg 1669

nicht tatsächlich beobachtbaren Tieren auf. Conrad Gessner etwa führte in seiner *Historia animalium* über zwei Dutzend Geschöpfe auf, deren Existenz er in Abrede stellte. Das Einhorn gehörte nicht dazu. Allerdings platzierte Gessner die Einträge zu diesen Tieren innerhalb seiner alphabetischen Systematik; eine Klassifizierung als *bestiae fabulae* nahm er nicht vor.[33]

Wohl der erste Autor in Deutschland, der die Kategorie Fabeltiere explizit definierte, war der Gothaer Gymnasiallehrer Christian Richter, der 1797 die Abhandlung *Ueber die fabelhaften Thiere* veröffentlichte.[34] Er unterschied zwischen Fabelgeschöpfen, die „lediglich Geburten der Dichter-Phantasie" seien, und durch Berichte überlieferten Fabeltieren, denen reale Tiere zu Grunde lägen, „nur daß nicht bey jedem mit Gewißheit angegeben werden kann, welche".[35] Richter beschrieb unter anderen Sphinx, Chimäre, Drache, Greif und Phönix, die – dank der aufgeklärten Wissenschaft – jetzt aus der Naturgeschichte verbannt seien.

Einen Ausnahmestatus erkannte er dem Einhorn zu, „dessen Existenz noch von vielen jetztlebenden sehr schätzenswerthen Männern, vertheidigt wird".[36]

Aber nicht nur die noch um 1800 anhaltende Diskussion über seine Existenz begründet die besondere Stellung des Einhorns unter den Fabeltieren. In mindestens fünf Aspekten unterscheidet es sich von anderen dieser Gattung zugerechneten Geschöpfen: hinsichtlich seiner ästhetischen Erscheinung, religiösen Bedeutung, seines Verhältnisses zum Menschen, seiner sichtbaren Relikte und medizinischen Wirkung.

Die vier von Kirchmaier neben dem Einhorn genannten Fabeltiere der Bibel – Basilisk, Drache, Behemoth und Leviathan – fungieren dort als Vertreter des Bösen und Schlechten, als Instrumente der Rache oder als Symbole der Bedrohung und Quelle der Furcht. Der rächende Herr, so verkündete der Prophet Jeremia, werde „Schlangen und Basilisken unter euch senden" (Jer 8,17). „Im Lande der Trübsal und Angst" gebe es „feurige fliegende Drachen", heißt es bei Jesaja (Jes 30,6). Das Furchtbare des Leviathans schilderte Hiob: „Wenn er sich erhebt, so entsetzen sich die Starken, und vor Schrecken wissen sie nicht aus noch ein" (Hi 41,17).

Viele Fabeltiere sind hässlich und monströs, die negativen Zuschreibungen spiegeln sich in ihrem Äußeren wider. Hiob schilderte den Behemoth als angsteinflößendes, riesenhaftes Monster: „Seine Knochen sind wie eherne Röhren, seine Gebeine wie eiserne Stäbe" (Hi 40,18). Keinesfalls weniger unheimlich ist sein Leviathan: „Wer kann die Tore seines Rachens auftun? Um seine Zähne herum herrscht Schrecken" (Hi 41,6). Bei Jesaja heißt es, der Basilisk werde aus der Schlange kommen (Jes 14,29), in späteren Quellen wird er als unansehnliches, zischendes Mischwesen beschrieben, hahnenartig mit Krallenfüßen und geschupptem Schlangenschwanz. In der Offenbarung des Johannes erscheint als eines der Zeichen am Himmel „ein großer, roter Drache, der hatte sieben Häupter und zehn Hörner und auf seinen Häuptern sieben Kronen, und sein Schwanz fegte den dritten Teil der Sterne des Himmels hinweg und warf sie auf die Erde" (Apk 12,3–4). Bildliche Darstellungen dieser Gestalten schmückten die Schilderungen in vielen Steigerungsformen des Schrecklichen aus.

Ich bin das Einhorn

Mit solchen Ausgeburten des Hässlichen hat das Einhorn nichts gemein. Ob in Ziegen- oder Pferdegestalt, ob klein und niedlich oder groß und stattlich, selbst noch in seinem Auftritt als wildes Tier bleibt es eine edle, würdevolle und sympathische Erscheinung. Seine positiven Gefühle beim Anblick eines Einhorns notierte der Dominikaner Felix Fabri, der 1483/84 mit Bernhard von Breydenbach auf Pilgerreise im Heiligen Land unterwegs war: *ejus aspectus fuit nobis delectabilis* (sein Aussehen erfreute uns).[37] Der Missionar Jerónimo Lobo, der sich in den Jahren 1625–1634 in Äthiopien aufgehalten hatte, berichtete von einer Gruppe portugiesischer Soldaten, die sich dort über den Anblick eines Einhorns gefreut hätten: „Das Anschauen seiner Gliedmassen und Gestalt / erweckte bey ihnen sonderbares Belieben und Verwunderung."[38]

Entscheidend für die ästhetische Wirkung des Einhorns ist seine Gestalt *non contra naturam,* sie widerspricht nicht den allgemeinen Baugesetzen der Natur.[39] Seine Konstitution knüpft an vertraute Muster an und erscheint als möglich – anders als etwa beim Behemoth oder dem Leviathan. Diese realistische Potenz ermöglichte Künstlern, das Einhorn glaubhaft im Verband mit anderen Tieren zu zeigen. In profanen Narrativen geschah dies etwa bei *Orpheus bezaubert die wilden Tiere* (Kat. 25, 26), im religiösen Bereich in Szenen wie *Der Körper des heiligen Stephanus ist den Tieren ausgesetzt* (Kat. 24) oder Bildern der Arche Noah (Kat. 20, 21). Die privilegierte Stellung des Einhorns gegenüber allen anderen Fabeltieren zeigt auch seine Anwesenheit in Paradiesdarstellungen. Dort nimmt es häufig sogar eine herausgehobene Position nahe zum Schöpfer oder zu Adam ein (Kat. 16, 17). In den Paradies- oder Sündenfallszenen lässt sich das Einhorn in seiner Bedeutung als Christussymbol in Bezug auf die Heilsgeschichte deuten. Bei anderen Themen, bei denen es als Tier mit weiteren Tieren gezeigt ist, hat es keine erzählerische Funktion. Seine Hinzufügung brachte den Gemälden eine auratische Aufladung oder zumindest den Reiz des Exotischen.

Auch gegen die ausschließlich negativen Bestimmungen anderer Fabeltiere grenzt sich das Einhorn ab. Während sich Angst- und Wahnvorstellungen in diesen kanalisierten, war dem Einhorn in der christlichen Überlieferung eine grundlegend andere, positive Bedeutung beigegeben. Unter den Fabeltieren kommt allenfalls noch dem Phönix eine religiöse Qualität im Sinn der Heilsgeschichte zu. Über den legendären Vogel, der sich alle fünfhundert Jahre verjüngt, schreibt der Physiologus: „Der Phönix nimmt das Antlitz unseres Heilandes an. Hat er doch vom Himmel herab gebracht die beiden Schwingen voll Wohlgeruchs."[40] Gegenüber dieser physiognomischen Annäherung ist die Christusbeziehung des Einhorns allerdings ausgeprägter, wird es doch in einer gedanklichen Übertragung zum Sinnbild Christi. In seiner heilsgeschichtlichen Interpretation sah der Physiologus das Einhorn als Symbol für Christus, den „eingeborenen Sohn", wie es im Johannesevangelium in der Übersetzung Martin Luthers heißt (Joh 1,14). Im Griechischen lautet die Stelle *monogenes hyios,* in der *monókeros,* das griechische Wort für Einhorn, anklingt.

Das Einhorn kann auch durch eigene Sprachhandlung diese Bedeutung hervorheben, was für ein Fabeltier ungewöhnlich ist. Auf der Mitteltafel eines Marienaltärchens vom Anfang des 15. Jahrhunderts ist dem Einhorn das Spruchband „Unicorn sum. significoque deum" (Ich bin das Einhorn und bedeute Gott) zugeordnet (Kat. 32). Dort befindet sich das Tier im Schoß der Jungfrau, oberhalb der zentral platzierten Bildformel Maria mit dem Jesusknaben. Im Bildthema der Einhorn-Jagd im Hortus conclusus dient das Einhorn auch als Attribut der Jungfräulichkeit Mariens (Kat. 34–36).[41] Das gilt ebenfalls für die immer wieder gezeigte Gemeinschaft von Frau und Einhorn, die auf die Schilderungen des Physiologus zurückgeht. Mit der Platzierung im Schoß der Gottesmutter ist eine enge Interaktion verbunden, die sich auch in weltlicher Ausprägung im Italien des 15. und 16. Jahrhunderts in Szenen von emotionaler Intensität findet (Kat. 113, 115). Bei keinem anderen Fabeltier ist eine derart intime Beziehung zum Menschen denkbar.

Zum Merkmal der Fabeltiere gehört ihre nicht beweisbare Existenz. Zwar galt die Erwähnung in antiken Schriften oder der Bibel – Quellen mit höchster Autorität – bis in die Frühe Neuzeit als unhinterfragbar. Auch gab es seit Marco Polos Schilderung von etwa 1300 Reiseberichte oder überlieferte Aussagen Dritter, die Sichtungen von Fabeltieren, zumal in fernen Ländern, behaupteten und ihre Eigenschaften und Handeln lebensnah beschrieben. Aber ein von mehreren Augenzeugen bestätigter Bericht oder gar ein lebendes Exemplar eines Fabeltiers in Europa ist nicht dokumentiert – anders als etwa beim Nashorn Clara, das in den Jahren 1746–1758 auf Tourneen in mehreren Ländern zur Schau gestellt wurde.[42]

Unumstößliche Beweise für die Existenz von Basilisken, der Harpyie oder des Leviathans gab es nicht.[43] Das war beim Einhorn anders, galt doch bis um 1600 der aus dem Kiefer herausragende Zahn des Narwals als das Horn des Einhorns. Das sichtbare Vorhandensein dieser „Hörner", die ab dem 12. Jahrhundert nach Europa gelangten und in Kirchen in Brügge, Paris (Kat. 94), Utrecht oder Venedig ausgestellt waren, schien die Existenz des Einhorns zu belegen.[44] Vereinzelt kam dies auch beim Greif vor, etwa bei der sogenannten *Greifenklaue des heiligen Cuthbert* von 1575–1625, die aus dem Horn eines Steinbocks besteht (The British Museum, London). Die Seltenheit der Narwalzähne und die ästhetische Qualität der weißen, spiralig gewundenen Stäbe machte sie zu gesuchten Objekten fürstlicher Kunstkammern.

Während viele Fabeltiere als dem Menschen schädlich und gefährlich beschrieben wurden, hat das Einhorn die entgegengesetzte Ausrichtung. Die Wirkung seines Horns ist entgiftend und lässt sich zum Schutz des Menschen einsetzen. Der *Physiologus* des 14. Jahrhunderts schilderte, wie das Einhorn bei einem von Schlangengift verseuchten See durch den Einsatz seines Horns „die Wirkung des Giftes verschwinden" ließ.[45] Das Eintauchen des Horns ins Wasser findet sich in zahlreichen Einhorn-Darstellungen (Abb. 11; Kat. 10, 82, 121), eine Bildformel, die bis in die Emblematik des 17. Jahrhunderts[46] und zur bildlichen Tierenzyklopädie Jan van Kessels *Die vier Kontinente* von 1660 reicht (Kat. 43). Bereits Ktesias hatte um 400 v. u. Z. von Trinkgefäßen aus dem Horn des Einhorns berichtet, die vor Krämpfen, Epilepsie und Vergiftung schützten.[47] Diese Vorstellung, die sich in der Wissenschaft bis ins

– 11 –
Leonardo da Vinci:
Das Einhorn reinigt das Wasser, um 1478–1482,
The Ashmolean Museum, University of Oxford

16. Jahrhundert und im Volksglauben weit darüber hinaus hielt, lag der Anfertigung von Trinkpokalen aus Narwalzahn und, als Ableitung davon, Tischzierden und Kunstkammerstücken mit Einhorn-Darstellungen zu Grunde (Kat. 100–103, 106, 107). Das Pulver des Horns wurde als Heilmittel verkauft (Kat. 59, 60). Auf diese medizinische Bedeutung geht die Bezeichnung von weit über hundert Einhorn-Apotheken in Deutschland und Österreich zurück.[48] Apothekergefäße wurden mit Darstellungen vom Einhorn verziert (Kat. 57), Ladengeschäfte erhielten als Firmenzeichen die geschnitzte Nachbildung eines Pferdekopfs, dem ein Narwalzahn aufgesetzt wurde (Kat. 58). Kein anderes Fabeltier war in ähnlicher Weise positiv besetzt und lebensweltlich verankert.

Nicht nur hinsichtlich der Kriterien Gestalt, Religion, Interaktion, Manifestation und Heilwirkung unterscheidet sich das Einhorn von Basilisk, Drache oder Leviathan, sondern auch in der Vielschichtigkeit seiner Handlungsbereiche. Allerdings kamen dem Einhorn im Lauf der Jahrhunderte verschiedene, oft gegensätzliche Bedeutungszuschreibungen zu.

Bald zum Lob, bald zum Tadel

In einem der Psalmen Davids klagt der Sprecher über die Verlassenheit durch Gott. Er fleht um Unterstützung aus großer Gefahr: „Hilff mir aus dem Rachen des Lewen / Und errette mich von den Einhörnern" (Ps 22,22), lautet der Text in Martin Luthers Übersetzung von 1545. Der Verzweifelte erfährt das Einhorn, wie das Löwenmaul, als tödliche Bedrohung. Gegen eine solche negative Einschätzung steht als Ausdruck der Auszeichnung ein Vers aus dem 92. Psalm: „Aber mein Horn wird erhöhet werden / wie eines Einhorns / Und werde gesalbet mit frischem Ole" (Ps 92,11). Angesichts dieser ambivalenten Zuschreibungen in der Bibel notierte der Theologe Basilius, seit dem Jahr 370 Bischof von Caesarea: „Es wurde festgestellt, daß die Heilige Schrift den Vergleich mit dem Einhorn in doppelter Weise gebraucht, bald zum Lob, bald zum Tadel."[49]

So war bereits im 4. Jahrhundert die Doppeldeutigkeit des Einhorns ein Thema – ein zentraler Aspekt in der Wirkungsgeschichte des Tieres, der sich in der Nachantike weit über den Bereich der Religion entwickeln und auf die unterschiedlichsten Bereiche beziehen sollte. Diese Widersprüchlichkeit lässt sich in zahlreichen Gegensatzpaaren fassen, die sich in den von Basilius genannten Kategorien, Lob und Tadel, also positiv und negativ, formulieren lassen. Polaritäten sind etwa:

anmutig – überwältigend
friedsam – aggressiv
stark – schwach
heilbringend – bedrohlich
heilig – profan
keusch – erotisch
vertraut – exotisch

Solche Gegensatzpaare sind geeignet, die vielen, sich widersprechenden Zuschreibungen zu organisieren. Diese Polarität findet sich auch in den bildlichen Zeugnissen.

Das in der christlichen Kunst wichtige Thema Jungfrau und Einhorn charakterisiert das Tier als zugleich scheu und neugierig sowie zutraulich, häufig von niedlicher Anmutung. Im geschützten Hortus conclusus legt es die Vorderläufe auf den Schoß der Jungfrau (Kat. 34–36). Die Interaktion zeigt eine ungewöhnlich enge Verbindung von Mensch und Tier. Das Einhorn kann allerdings auch gegenteilig als imposant, abweisend und widerspenstig erscheinen, wie es Maerten de Vos in seinem Portrait schilderte (Kat. 10).

Neben die Polarität von Anmut und Überwältigung tritt die von Friedsamkeit und Aggression. Die antiken Quellen attestierten dem Einhorn Wildheit, Stärke und Mut als hervorstechende Eigenschaften. Claudius Aelianus sprach ihm auch Kampfkraft zu. Würden Einhörner gejagt, so schreibt er in seiner Tierkunde *De natura animalium,* ließen sie ihre Fohlen zurück, während sie „die Schlacht mit den Reitern suchen, die sie mit ihrem Horn angreifen. Nun ist die Stärke dieser Hörner so groß, daß nichts ihren Stößen widerstehen kann; vielmehr weicht alles zurück, oder, auch das mag sein, wehrt sich und wird dann zerschmettert."[50] Aquamanilen des 14. Jahrhunderts stellen die Wildheit des Einhorns heraus. Breitbeinig, mit aufgerissenem Maul, zottiger Mähne und aufgebauschtem Schweif steht das Tischgeschirr im Gegensatz zu seiner dienenden Funktion als Wasserspender für die Handwaschung (Kat. 62). Angriffslust zeigt es im Kampf gegen andere Tiere wie Elefanten oder Drachen (Abb. 12; Kat. 73–77, 80–82, 103). Ein später Reflex auf seine Laufgeschwindigkeit und Stärke ist die Benennung einer französischen Automarke Anfang des 20. Jahrhunderts, deren Logo ein aufsteigendes Einhorn zeigt (Kat. 144).

Zu den seltenen Fällen, in denen sich ein Einhorn gegen einen Menschen wendet, gehört das dritte Blatt in der Einhorn-Folge von Jean Duvet aus der Mitte des 16. Jahrhunderts bei dem sich das Tier gegen seine Gefangennahme wehrt (Kat. 130.3). Auch das Einhorn im Märchen „Das tapfere Schneiderlein" der Brüder Grimm ist für seine Aggressivität bekannt und gefürchtet (siehe Kat. 87). Dass es sich durch eine List des Schneiders fangen lässt, zeugt von seiner blinden Wut. Es steckt mit dem Horn in einem Baum fest, hinter den der Gegner beim Angriff rechtzeitig auswich. Ähnliche Fälle illustrieren auch Randglossen in illuminierten Manuskripten (Abb. 13). Während

– 12 –
Jean-Baptiste Théodon:
Ein Einhorn im Kampf mit einem Drachen, vor 1675,
Musée d'Île-de-France, Sceaux

– 13 –
Südfranzösisch (Toulouse?): *Einhorn und Bären im Kampf,*
in: Raimund von Peñafort: *Smithfield Decretals* (Dekrete Gregors IX.), 1375–1425, fol. 157r,
British Library, London

das Einhorn häufig tapfer und zumeist erfolgreich kämpft, ist es an anderer Stelle – ein weiteres Element seiner Ambiguität – nicht Sieger, sondern Opfer. In den Bestiarien des 11. bis 13. Jahrhunderts wird es von Lanzen, Schwertern, Äxten, Pfeilen oder Keulen eifriger Jäger erlegt, ein Sinnbild für die Passion Christi (Abb. 14; Kat. 28, 29). Minnekästchen des 14. Jahrhunderts, in denen wohl Liebes- oder Brautgaben aufbewahrt wurden, transponieren die Szene in die höfische Epik unerfüllter Liebe (Kat. 110). Die oft drastischen Schilderungen appellieren an das Mitgefühl der Betrachtenden.

Wird das Einhorn hier als schwach und unterlegen charakterisiert, steht es in der Heraldik als Symbol für Stärke. Dort erscheint es zumeist als Solitär. Spätestens seit dem 14. Jahrhundert sind Adelswappen mit Einhorn-Darstellung bekannt, wie ein Blatt der *Manessischen Liederhandschrift* aus der ersten Hälfte des 14. Jahrhunderts zeigt (Abb. S. 46). Narwalzähne als Horn des Einhorns waren Attribute geistlicher oder weltlicher Herrschaft. Herzog Philipp der Gute besaß das sogenannte *Ainkhürn-Schwert* aus dem zweiten Viertel des 15. Jahrhunderts, dessen Griff und Scheide aus Narwalzahn bestehen (Abb. S. 46). Kaiser Matthias ließ sich 1615 ein Zepter aus Narwalzahn fertigen (beide Kunsthistorisches Museum Wien, Weltliche Schatzkammer). Ein vom dänischen König Friedrich III. (reg. 1648–1670) in Auftrag gegebener Thron war aus zahlreichen Narwalzähnen konstruiert (Abb. S. 46). Er war bis 1840 bei der Krönungszeremonie im Einsatz. Ein Narwalzahn galt als der *Stab des heiligen Amor* (Kat. 95), und noch der Staatsmann und Diplomat Charles-Maurice de Talleyrand schmückte sich nach 1800 mit einem Zeremonialstab aus einem 90 Zentimeter langen Narwalzahn (Kat. 139). Als Ausstattungselement herrschaftlicher Atmosphäre ist das Einhorn – neben dem Löwen – ständiger Begleiter der Frau auf den Tapisserien der Folge *Die Dame mit dem Einhorn* von etwa 1500 (Kat. 123.1–6).

Das Einhorn auf dem Mond

Gegen das harmonische Miteinander von Jungfrau und Einhorn und gegen seine messianische Metaphorik steht das bedrohliche Einhorn in einer Erzählung aus *Barlaam und Josaphat,* in der es als Sinnbild des Todes den Menschen in den Abgrund treibt (Kat. 88, 89, Abb. S. 42). Als böser Aufhocker, als unheimlicher Dämon, springt es dem einsamen Wanderer von hinten auf die Schultern und drückt ihn nieder. Das literarische Motiv der verbreiteten Volkssage findet sich in einem Wasserspeier vom Freiburger Münster von etwa 1270 (Kat. 90).

Im gefährlichen Walddickicht hält sich das Einhorn bei den Wilden Leuten des 15. und frühen 16. Jahrhunderts auf, die es sogar reiten können (Kat. 66, 68–70). Dort steht es für ungezügelte Leidenschaft und Erotik und damit gegen die bürgerlichen Tugenden. Die Polaritäten von bürgerlich und außergesellschaftlich, von heilig und profan, von keusch und erotisch pointiert eine Zeichnung von um 1490, die vielleicht aus dem Oberrheingebiet stammt. Dort gesellt sich jeweils ein Einhorn einem unbekleideten Mädchen und einer Bürgerin in strenger Tracht zu (Kat. 112). Selbst im christlichen Kontext ist gelegentlich eine erotische Komponente unverkennbar.
Das Miteinander von Frau und Einhorn kann sinnliche Qualitäten annehmen, das Horn des Einhorns auch als Phallus gelesen werden (Abb. S. 40). Auch das beherzte Umfassen des Horns durch weibliche Hand lässt eine sexuelle Deutung zu (Kat. 29, 34, 112, 122, 132.1, 126.2).

Überwiegend aber steht das Einhorn im christlichen Hortus conclusus wie im profanen Ideal des Bürgertums für die Keuschheit. Im 15. Jahrhundert lässt sich das Einhorn in Illustrationen zu Petrarcas *Trionfi* (Triumphe) auf italienischen Hochzeitstruhen als Zugtier vor den Wagen der Castitas (Keuschheit) spannen (Kat. 125.1, 126.1). Nach 1500 reitet eine Frau als Allegorie der Keuschheit auf dem Einhorn (Kat. 127). Während es da den Siegesstolz der Tugend zeigt, wird es an anderer Stelle zum Opfer seiner Leidenschaft und lässt sich von der Frau an die Leine legen, wie es Leonardo da Vinci gezeichnet und nach diesem Vorbild Agostino Veneziano gestochen hat (Abb. 15, 16).[51] Um 1535–1540 griff Luca Longhi auf diese Bildformel zurück (Kat. 120).
Sie folgt der Vorstellung von Richard de Fournival, der sich um 1250 in seinem *Bestiaire d'amour* (Liebesbestiarum) als Einhorn sah, das dem weiblichen Reiz erlegen und von seiner Leidenschaft gefangen sei.

Kontrastierende Zuschreibungen betrafen nicht nur Erscheinungsbild, Verhalten und Charakter des Einhorns, sondern auch die Lokalisierung seines Vorkommens. Dabei handelt es sich nicht um explizite Widersprüche, sondern um unterschiedliche Vorstellungen. Während etwa Dario di Giovanni (?) oder ein venezianischer Meister eine europäisch gekleidete Frau in einer heimischen Landschaft mit dem Einhorn zeigten (Kat. 113, 115), lokalisierten im 15. Jahrhundert Illustrationen zu Erdbeschreibungen oder Reiseberichten das Tier in Indien, Äthiopien (Abb. 17), dem Heiligen Land oder Mekka (Kat. 39, 40). Maerten de Vos dachte sich das Vorkommen des Tieres sowohl in Afrika, wie die klischeehaften Hintergrundfiguren seines Einhorn-Portraits schließen lassen (Kat. 10), als auch in Amerika, wie eine von ihm entworfene Allegorie des Kontinents zeigt (Abb. S. 64).[52] Auch eine Landkarte im sogenannten *Atlas de Dauphin* von etwa 1538 (Kat. 41) und ein

– 14 –

Die Tötung des Einhorns in Bestiarien des 12.–15. Jahrhunderts

Obere Reihe, von links nach rechts:

Englisch (St. Albans?): *Einhorn-Jagd,* in: *Bestiarium,* Anfang 13. Jahrhundert, fol. 14r, The Bodleian Libraries, University of Oxford

Nordfranzösisch (Cambrai?): *Einhorn-Jagd,* in: *Bestiarium,* 1265–1280, fol. 4, Bibliothèque Marceline Desbordes-Valmore, Douai

Englisch: *Einhorn-Jagd,* in: *Worksop-Bestiarium,* um 1185, fol. 12v, The Morgan Library & Museum, New York

Englisch: *Tötung des Einhorns,* in: *Northumberland-Bestiarium,* um 1250–1260, fol. 11, The J. Paul Getty Museum, Los Angeles

Mittlere Reihe, von links nach rechts:

Nordfranzösisch: *Einhorn-Jagd,* in: *Bestiarium,* um 1260–1270, fol. 46r, British Library, London

Französisch (Paris): *Einhorn-Jagd,* in: Richard de Fournival: *Liebesbestarium,* 1300, fol. 14r, Bibliothèque nationale de France, Paris

Unbekannt: *Tötung des Einhorns,* in: Philippe de Thaon: *Bestiarium,* Anfang 14. Jahrhundert, fol. 15r, Det Kgl. Bibliotek, Kopenhagen

Petrus de Raimbaucourt: *Tötung des Einhorns,* in: Garnerus de Morolio (Schreiber): *Festtagsmissale,* 1323, fol. 149v, KB Nationale Bibliotheek, Den Haag

Untere Reihe, von links nach rechts:

Englisch: *Einhorn-Jagd,* in: *Bestiarium der Anne Walshe,* 1400–1425, fol. 5v, Det Kgl. Bibliotek, Kopenhagen

Englisch: *Tötung des Einhorns,* in: *Bestiarium,* Ende 13. Jahrhundert, fol. 18r, The Bodleian Libraries, University of Oxford

Flämisch/Rheinländisch?: *Tötung des Einhorns,* in: *Rothschild Canticles,* um 1300, fol. 51r, Beinecke Rare Book & Manuscript Library, Yale University, New Haven

Englisch (East Anglia): *Tötung des Einhorns,* in: *Ormesby-Psalterium,* 1280–1325, fol. 55v, The Bodleian Libraries, University of Oxford

– 15 –
Leonardo da Vinci: *Frau mit Einhorn,* um 1480,
The Ashmolean Museum, University of Oxford

– 16 –
Agostino Veneziano: *Frau mit Einhorn,* 1516

Kupferstich im Amerikabuch von Arnoldus Montanus, erschienen 1671 in Amsterdam, lokalisierten dort den Lebensraum des Einhorns (Kat. 42).

Die Situierung des Einhorns in noch unerforschten Gegenden, die ihm ein Refugium in weit entfernten Ländern sicherte, trotzte der Tatsache seiner Unauffindbarkeit in den bekannten Teilen der Welt. Als im 19. Jahrhundert alle Kontinente einigermaßen erschlossen waren, blieb als letzte Möglichkeit der Einhorn-Existenz nur der Mond. Der amerikanische Journalist Richard Adams Locke berichtete 1835 in einer Artikelserie in der New Yorker Zeitung *The Sun* von Beobachtungen des Astronomen John Herschel, der in Südafrika mit einem enormen Spiegelteleskop Lebewesen auf dem Mond entdeckt haben soll. Unter den gesichteten Tieren hätte sich auch das Einhorn befunden: „Es war bläulich bleifarben, von der Größe einer Ziege, mit Kopf und Bart wie diese, und einem einzigen, ein wenig nach vorn gekrümmten Horne“. Die Gegend, in der dies als munter geschilderte Tier lebte, erhielt den Namen „Thal des Einhorns“.[53] Lockes Rückgriff auf das Einhorn ist mehr als ein Kuriosum innerhalb seiner sonderbaren Lügengeschichte. Es zeigt die auch im 19. Jahrhundert anhaltende Vorstellung vom Einhorn als Symbol für das Exotische, das Fremde, die Ferne und damit als selten und kostbar.

Dem Unerreichbaren nachjagen

Die Polaritäten der Bedeutungen des Einhorns lassen sich nicht in einer umgreifenden Zusammenschau auflösen. Sie bleiben als *coniunctio oppositorum,* als Miteinander der Gegensätze, bestehen, ebenso wie die Multidimensionalität symbolischer Aufladung.

Das Einhorn ist ein Paradebeispiel für Aby Warburgs Konzept der Wanderungsprozesse kultureller Formen und Motive über Zeiten und Räume, das er unter dem Begriff „Bilderfahrzeug“ fasste.[54] Metaphorisch kann das Einhorn als Zugtier dieses Wagens gesehen werden, dessen Fracht über die Jahrhunderte wechselte. In der Antike galt es als stärkstes, unbesiegbares Tier. Als Christussymbol war das Einhorn Ausdruck der Transzendenz und Erlösungsvorstellung, als Allegorie der Keuschheit Sinnbild für Reinheit, als wildes Tier stand es für das Ideal der Freiheit, als aggressives Wesen verkörperte es irrationale Ängste.

Diese Projektionen folgten kulturgeschichtlichen Entwicklungen und endeten mit dem Wandel des christlichen im 16., mit dem Nachlassen des allegorischen Bilddenkens im 18. Jahrhundert. Allerdings blieben sie im kollektiven Bildgedächtnis verankert. Der Doppelstatus als Imago und Phantasma – als real vorhandenes Bild und als bloße Vorstellung – blieb bestehen.

Die so lange Zeit anhaltende Attraktivität des Einhorns lag auch an seiner ansprechenden Erscheinung als seltenes und edles Wesen, dessen Stirn von einem einzelnen, auf wunderbare Weise in sich gedrehten Horn gekrönt ist. Diese ungewöhnliche Ästhetik kann als Zeichen der Auserwähltheit verstanden werden. Sie dürfte eine der

– 17 –
Robinet Testard: *Tiere in Äthiopien und Indien,*
in: *Le Secret de l'histoire naturelle,* um 1480–1485, fol. 20r,
Bibliothèque nationale de France, Paris

Grundlagen für sein Wiederauftauchen am Ende des 19. Jahrhunderts – und seine bis heute anhaltende Faszination – sein. Eine andere Voraussetzung lag in seiner Zugehörigkeit zur Welt des Imaginären.

Das Habitat des Einhorns in der künstlerischen Phantasie hatte schon der Rostocker Mediziner Peter Lauremberg 1637 in seiner *Acerra philologica* (Philologisches Weihrauchkästchen) betont und auf die Unabhängigkeit seiner Erscheinung von empirischen Beweisen hingewiesen: „Was nicht in der Natur ist / können Mahler und Poeten auff ihre Art darin machen: die setzen dem Pferde Flügel an (als *Pegaso*) und Hörner forn am Kopff (als dem Einhorn) wie es ihnen nur beliebet."[55]

Bereits rund fünfzehn Jahre vor dem Gemälde *Das Schweigen des Waldes* hatte Arnold Böcklin ein Einhorn gemalt – in seinem um 1871 entstandenen Werk *Heiliger Hain* (Kat. 146). Es zeigt bildfüllend ein Wäldchen, vor dem in einer grasbewachsenen Senke zwei monumentale Opferschalen auf goldenen Schäften stehen. Zwischen ihnen liegt so unvermittelt wie selbstverständlich ein Einhorn. Seine magische Erscheinung ist zugleich vertraut und doch geheimnisvoll, zugleich säkular und spirituell.[56]

Mit dieser Auratisierung inszenierte Böcklin das Einhorn als Symbol des Besonderen, des Außeralltäglichen. Diese Präsenz des Rätselhaften lässt sich als Reflex auf den Rationalismus und technischen Fortschritt des 19. Jahrhunderts verstehen. Die Tendenz der Intellektualisierung, die das Ende des 19. Jahrhunderts bestimmte, bezeichnete der Soziologe Max Weber 1917 als „Entzauberung der Welt", als die Annahme, es ließen sich „alle Dinge – im Prinzip – durch *Berechnen beherrschen*".[57] Das Einhorn hatte nie zu den verfügbaren Elementen gehört, von den ältesten Quellen, die es in fernsten Gegenden lokalisierten und seine Scheu hervorhoben, bis zu dem unerklärlichen Geschöpf in Böcklins heiligem Hain.

In seiner Tierkunde hatte Aelianus um das Jahr 200 geschrieben, die Einhörner könnten derart schnell laufen, dass, „um es dichterisch auszudrücken, sie jagen zu wollen das Unerreichbare zu verfolgen heißt".[58] Mit diesem literarischen Vergleich hatte der spätantike Autor, ohne es beabsichtigt zu haben, ein zentrales Moment der neuzeitlichen Auffassung im Verhältnis von Mensch und Einhorn formuliert. Damit ist eine dialektische Konstellation beschrieben: Das Einhorn, niemals gesehen in der rationalen Welt, existiert. Aber es ist nicht zu fassen – außer in der Kunst. Und dort kann es die unterschiedlichsten Gestaltungen annehmen.

Das Einhorn als Verkörperung des Unfasslichen und damit auch des Unverfügbaren macht auch Rainer Maria Rilkes Vers aus den *Sonetten an Orpheus* deutlich, das Einhorn sei „das Tier, das es nicht giebt".[59] In einem Brief vom Juni 1923 führte der Dichter weiter aus, im Einhorn möge „alle Liebe zum Nicht-Erwiesenen, Nicht-Greifbaren, aller Glaube an den Wert und die Wirklichkeit dessen, was unser Gemüt durch die Jahrhunderte aus sich erschaffen und erhoben hat", gerühmt sein.[60]

Das in der Welt der Ratio unsichtbare und ungesehene Einhorn existiert, in welcher Ausgestaltung auch immer. In diesem Sinn hatte sich Böcklin gegen den eingangs angeführten Atelierbesucher gewandt, der am Einhorn im Gemälde *Das Schweigen des Waldes* gemäkelt hatte. Er entgegnete dem Kritiker: „Wenn der Maler nicht malen darf, was ihm einfällt und wie's ihm ums Herz ist, dann ist's besser, man hängt die ganze Kunst an den Nagel."[61] Das Denkbild Einhorn steht für poetische Wirklichkeit und künstlerische Phantasie.

Anmerkungen

1 Lasius 1903, S. 92.
2 Einhorn 1998, S. 397–592, versammelt weit über tausend von ihm „Denkmale" genannte Bildzeugnisse. Diese lassen sich um Hunderte ergänzen. Zahlreiche Abbildungen bei Faidutti 1996 sowie auf seinem laufend fortgeführtem Blog zum Einhorn: https://faidutti.com/blog/licornes, aufgerufen am 20.12.2024.
3 Nur Lise Gotfredsen (geb. 1929), die an der Universität Aarhus lehrte, war Kunsthistorikerin. Ihre Monographie *Enhjørningen* erschien zuerst 1992 auf dänisch, 1999 in englischer Übersetzung (Gotfredsen 1999).
4 Zum nicht-europäischen Einhorn siehe Kat. 1–8, 74, 83, 85, 86 sowie den Beitrag von Adrien Bossard im vorliegenden Band, S. 26–37. – Nahezu alle Monographien über das Einhorn weisen ein Kapitel zu diesem Aspekt auf, siehe etwa Shepard 1930, S. 90–100; Beer 1977, S. 67–73; Einhorn 1998, S. 29–52, 67–73; Gotfredsen 1999, S. 10–18; Gerritsen 2011, S. 11–25.
5 Siehe die Anthologie „Die Spur des Einhorns", S. 344–369; siehe auch Anm. 55, Peter Lauremberg 1637 zur Malerei. Zu Ambroise Paré siehe auch Kat. 54.
6 So Martin Luther in seiner Übersetzung von 1545; spätere Bibelausgaben ersetzten „Einhorn" etwa durch „Wildstier". Die King-James-Bibel (London 1611) verwendet den Begriff „unicorn".
7 Ambrosius: *De benedictionibus patriarcharum* 1,11, *Patrologia Latina* 14, 691 („cum ipsum unicornuum inter generationes ferarum, ut periti aiunt, non inveniatur"). Zu dieser Stelle siehe auch Einhorn 1998, S. 367.
8 Ktesias von Knidos in der Überlieferung des Photius: *Photius. Bibliothèque*, Bd. 1: *„Codices" 1–84*, hrsg. und übers. von René Henry, Paris 1959, S. 143 f., hier S. 143; aus dem Französischen übersetzt von Céline Véronique Marten.
9 C. Plinius secundus d. Ä.: *Naturkunde*, 8. Buch: *Zoologie. Landtiere*, hrsg. und übers. von Roderich König in Zusammenarbeit mit Gerhard Winkler, München 1976, S. 65 (31, 76).
10 *Der Physiologus. Tiere und ihre Symbolik*, übers. von Otto Seel, 6. Aufl., Zürich [u. a.] 1992, S. 35 f.: Vom Einhorn, hier S. 35.
11 Siehe Italienisch: *Hund, Nashorn und Einhorn*, 1587–1630, in: Petrus Candidus (Pier Candido Decembrio): *De omnium animalium natura*, Urb. lat. 276, fol. 41r, Bibliotcca Apostolica Vaticana, Vatikanstadt; Abb. in: Candidus 1993, S. 22.
12 Physiologus 1992 (wie Anm. 10)
13 Plinius 1976 (wie Anm. 9), S. 65 (31, 76).
14 Photius 1959 (wie Anm. 8), S. 143.
15 Gaius Iulius Solinus: *Wunder der Welt*, lateinisch und deutsch, eingeleitet, übers. und kommentiert von Kai Brodersen, Darmstadt 2014, S. 301.
16 Candidus 1993, S. 22.
17 Siehe *Bodley-Bestiarium*, MS Bodley 764, fol. 22r, The Bodleian Libraries, University of Oxford; *Rochester-Bestiarium*, Royal MS 12 F XIII, fol. 10v, British Library, London.
18 Plinius 1976 (wie Anm. 9), S. 65.
19 Solinus 2014 (wie Anm. 15), S. 301.
20 Marco Polo: *Il milione. Die Wunder der Welt*, übers. aus altfranzösischen und lateinischen Quellen von Elise Guignard, 4. Aufl., Zürich 1986, S. 294.
21 Siehe Aelian: Die Natur der Tiere, in: Hörisch 2005, S. 36 f.
22 Physiologus 1992 (wie Anm. 10), S. 35. – Das lateinische *sinus* kann sowohl Schoß als auch Brust bedeuten; letzterer Lesart folgen Physiologus-Redaktionen, die von einer Lactatio schreiben („et nutrit illud animal"), die selten bildlich gezeigt wird, siehe Einhorn 1998, S. 66, 75, 81, 194 f., 278 f., 371, Abb. 126 aus einer lateinischen Handschrift des 12. Jahrhunderts (The Bodleian Libraries, University of Oxford).
23 Siehe etwa Einhorn 1998, S. 43–46. Der Text der Legende bei Hörisch 2005, S. 12–18.

[24] Zur Größe des Einhorns in den unterschiedlichen Redaktionen des *Physiologus* siehe Einhorn 1998, S. 77, 81, 87.

[25] Zu Gessner siehe u. a. Leemann-van Elck 1935; Gmelig-Nijboer 1977; Riedl-Dorn 1989; Fischel 2009; Bamforth 2010; Leu 2016; Blair 2017; Truitt 2017.

[26] Zu Breydenbach siehe u. a. Mainz 1992; Niehr 2001; Timm 2006; Ross 2014; Bakker 2018; zu Varthema u. a. Gerritsen 2007b.

[27] Conrad Gessner: *Historia animalium,* Bd. 1, Zürich: Christoph Froschauer 1551, S. 689: „Figura hæc talis est, qualis à pictoribus ferè hodie pingitur, de qua certi nihil habeo." Aus dem Lateinischen übersetzt von Michael Philipp.

[28] Zum allgemeinen Einfluss Gessners auf die Kunst siehe Ruoss 2019; dort S. 227 und 299 über Stimmers Holzschnitt.

[29] Conrad Gessner: *Thierbuoch, das ist ein kurtze Bschreybung aller vierfüssigen Thieren, so auff der Erden und in Wassern wonend, sampt jrer waren Conterfactur [...],* übers. von Conrad Forer, Zürich: Christoph Froschauer 1563 – zum Einhorn dort fol. 35v–39r: Von dem Einhorn. Die Einhorn-Abbildung fol. 35v („Unicornis") ist ohne den relativierenden Kommentar Gessners wiedergegeben. – Weitere Ausgaben in deutscher Sprache erschienen 1606 in Heidelberg bei Andreas Cambier und – stark verändert von Georg Horstius – unter dem Titel *Gesnerus redivivus auctus et emendatus. Oder: Allgemeines Thier-Buch* 1669 bei Wilhelm Serlin in Frankfurt am Main.

[30] Siehe Johann Sperling: *Zoologia physica posth[umus],* hrsg. von Georg Caspar Kirchmaier, Leipzig: Johannes Berger 1661.

[31] Georg Caspar Kirchmaier: *Disputationes zoologicae de Basilisco, Unicornu, Phoenice, Behemoth & Leviathan, Dracone ac Aranea. Von dem Basilisken, Einhorn, Phoenix, Behemoth, Leviathan, Drachen und der Spinnwebe,* Jena: Friedrich Ritter 1736, Titelblatt.

[32] Zum Konzept Fabeltier siehe Zajadacz-Hastenrath 1971; siehe auch die monographischen Publikationen Kiel 1985; Schöpf 1988; Riedl-Dorn 1989; Cherry 1997; Müller 1999; Nigg 1999; Mode 2005; Reichholf 2012; Reyer 2021. Zum Fabeltier im Nahen Osten siehe *Dragons, monsters and fabulous beasts,* Ausst.-Kat. Bible Lands Museum Jerusalem, 2004 (ohne Erwähnung des Einhorns).

[33] Zu Gessners Umgang mit Fabeltieren siehe Gmelig-Nijboer 1977, S. 97–120, zum Einhorn dort S. 98 f., 103f., 116 f., 119; siehe dazu auch Leu 2016, S. 204–208. – Auch der Mediziner Andrea Bacci sprach in seinem 1573 erschienenen *Discorso dell'alicorno* (Abhandlung vom Einhorn) von einigen Tierarten als „fauolose", als fabelhaft, darunter Phönix und Basilisk, das Einhorn nahm er allerdings aus, siehe S. 353.

[34] Christian Richter: *Ueber die fabelhaften Thiere. Ein Versuch,* Gotha: Justus Perthes 1797. – Möglicherweise war Richter der Erste, der im Deutschen den Begriff Fabeltier verwendete; das Stichwort findet sich nicht in: Jacob und Wilhelm Grimm: *Deutsches Wörterbuch,* Bd. 3, Leipzig 1862. In Sp. 1217 wird bei „Fabelwesen" ein Zitat Johann Gottfried Herders aus dessen dritter Sammlung der *Zerstreuten Blätter* (Kapitel „Von der Aesopischen Fabel") erwähnt. – Zum Auftreten des Einhorns in Tierfarbeln wie in Ulrich von Pottensteins *Buch der natütlichen Weisheit* siehe Einhorn 1998, S. 328–335; siehe im vorliegenden Band Abb. S. 351 und Kat. 140.

[35] Richter 1797 (wie Anm. 34), S. 11. – Ausführlich widmeten sich der Frage nach realen Vorbildern für das Einhorn Evolutionsbiologen, etwa Lavers 2010, passim, oder Reichholf 2012, S. 173–222.

[36] Richter 1797 (wie Anm. 34), S. 10. – Über das Einhorn dort S. 29–55.

[37] *Fratris Felicis Fabri Evagatorium in Terræ Sanctæ, Arabiæ et Egypti peregrinationem,* hrsg. von Konrad Dieterich Haßler, 3 Bde., Stuttgart 1843–1849, hier Bd. 2, S. 442; aus dem Lateinischen übersetzt von Michael Philipp.

[38] Jerónimo Lobo: Von dem berühmten Einhorn / wo es zu finden / und wie es gestaltet sey, in: ders: *P. Hieronymi eines Jesuiten in Portugal / Neue Beschreibung und Bericht [...],* Nürnberg: Christoff Gerhard 1670, S. 30–39, hier S. 37.

[39] Nach Gmelig-Nijboer 1977, S. 119 f., war dieses Kriterium auch für Conrad Gessners Kategorisierung entscheidend.

[40] Physiologus 1992 (wie Anm. 10), S. 15.

[41] Zur Bedeutung des Einhorns im Christentum siehe den Beitrag von Stefan Trinks im vorliegenden Band, S. 38–47, sowie Kat. 27–38. – Zur Mystischen Einhorn-Jagd siehe u. a. Wyss 1960; Kretzenbacher 1978; Lechner 1978; Henning 1999; Wischnewsky 2011; Manuwald 2014; Hubmann-Fellner 2021; Bornschein 2023; siehe auch Weitbrecht 2018.

[42] Siehe Clarke 1986, S. 47–68.

[43] Zu den im späten Mittelalter Natternzungen genannten fossilen Haifischzähnen siehe Molitor 2008; mitunter wurden diese auch als Drachenzähne bezeichnet.

[44] Zum Horn des Einhorns siehe u. a. Schönberger 1935/36; Faidutti 1996, Bd. 1, S. 284–365; Pontbriand 2008; Cordez 2012; Pluskowski 2017; Dectot 2018; Spary 2019; zu den Narwalzähnen in Utrecht: Van Vlierden 1989.

[45] Treu 1981, S. 44.

[46] Siehe etwa die Radierung von Hendrik Hondius nach Antonio Tempesta: *Non vi sed virtute* (Nicht durch Gewalt, sondern durch Tugend), 1610, Blatt 1 aus der Serie der *Tierkämpfe.*

[47] Siehe Photius 1959 (wie Anm. 8), S. 143 f.

[48] Siehe Gutmann 1967–1971. – Zur medizinischen Bedeutung des Einhorn-Horns siehe Kat. 52–61 sowie neben der monographischen Einhorn-Literatur u. a. Miller 1960/61; Caesar 1989; Graumann 1995; Arnold 2003; Jackson 2004; Gerritsen 2007a; Fischer/Cossu Ferra Fischer 2011, am ausführlichsten mit vielen Quellen Duffin 2017.

[49] Basilius von Caesarea: *Homilia in Psalmos,* 28,6, Übersetzung zit. n. Einhorn 1998, S. 366 („Observatum est autem, Scripturam in utramque partem similitudine unicornis uti, modo cum laude, modo cum vituperatione").

[50] Aelian 2005 (wie Anm. 21), S. 37.

[51] Zum Kupferstich von Agostino Veneziano siehe Philipp 2021. Zum Einhorn bei Leonardo siehe jetzt Dressen 2024.

[52] Julius Goltzius nach Maerten de Vos: *Allegorie von Amerika,* aus der Serie *Die vier Kontinente,* 1560–1590.

[53] Richard Adams Locke: *Neueste Berichte vom Cap der guten Hoffnung über Sir John Herschel's höchst merkwürdige astronomische Entdeckungen, den Mond und seine Bewohner betreffend* [1836], hrsg. von Peter Graf, Berlin 2017, S. 64, 66. – Erstmals im Zusammenhang mit der Einhorn-Forschung und ausführlich dazu Roling/Weitbrecht 2023, S. 155–158.

[54] Siehe [Andreas Beyer u. a.]: Bildbewegungen nach Aby Warburg. Zur Einführung, in: *Bilderfahrzeuge. Aby Warburgs Vermächtnis und die Zukunft der Ikonologie,* hrsg. von Andreas Beyer u. a., Berlin 2018, S. 9–12.

[55] Peter Lauremberg: Einhorn, in: ders.: *Acerra philologica. Das ist: Dritte hundert außerlesener / nützlicher / lustiger und denckwürdiger Historien und Discursen [...],* Rostock: Johann Hallervord 1637, S. 206.

[56] Schlussüberlegen in Untersuchungen zum Einhorn behandeln überwiegend eine gegenwärtige Perspektive; die Frage der künstlerischen Auffassung steht nicht im Vordergrund, gleichwohl sind dortige Überlegungen auch in das vorliegende Fazit eingegangen; siehe u. a. Beer 1977, S. 194–204: Das wirkliche Einhorn; Einhorn 1998, S. 365–368 und 373–386: Ausblick; Gerritsen 2011, S. 213–218: De eenhoorntraditie herbeschouwd; Roling/Weitbrecht 2023, S. 11–19 u. ö.

[57] Max Weber: Wissenschaft als Beruf [1917], in: ders.: *Schriften 1894–1922,* ausgew. und hrsg. von Dirk Kaesler, Stuttgart 2002, S. 474–513, hier S. 488; Hervorhebung im Original.

[58] Aelian 2005 (wie Anm. 21), S. 37. – Aelianus verwendet im griechischen Original „metathein akihita", eine sprichwörtliche Redewendung, in der Übersetzung als „dichterisch" bezeichnet, die wörtlich „das Unerreichbare verfolgen" meint. Ich danke der Byzantinistin Nike Koutrakou für den Hinweis und Martina Nibbeling-Wrießnig für die Vermittlung des Kontakts.

[59] Rainer Maria Rilke: O dieses ist das Tier, das es nicht giebt, in: ders.: *Die Sonette an Orpheus. Zweiter Teil,* in: ders.: *Gedichte 1910 bis 1926,* hrsg. von Manfred Engel und Ulrich Fülleborn, *Werke. Kommentierte Ausgabe in vier Bänden,* hrsg. von Manfred Engel u. a., Bd. 2, Frankfurt am Main 1996, S. 258. Die Anthologie Hörisch 2005 hat Rilkes Vers als Buchtitel.

[60] Brief von Rainer Maria Rilke an Gräfin Margot Sizzo-Noris, 1.6.1923, in: ders.: *Die Briefe an Gräfin Sizzo 1921–1926,* erw. Neuausg., hrsg. von Ingeborg Schnack, Frankfurt am Main 1977, S. 65–68, hier S. 67.

[61] Lasius 1903, S. 92.

Ein fremdartiger Glücksbote. Das chinesische Einhorn *Qilin*

Adrien Bossard

Chinas Vorstellungswelt ist reich an Phantasiewesen von unterschiedlichster Gestalt und Bedeutung.[1] Vier dieser Wesen bilden eine kanonische Gruppe und hatten bereits in altchinesischen Texten als die „Vier heiligen Tiere" (*Siling* 四靈) einen festen Platz. Das *Buch der Riten* (*Liji* 禮記) aus der zweiten Hälfte des 1. Jahrtausends v. u. Z. zählt zu dieser Gruppe das *Qilin* 麒麟, den Phönix, die Schildkröte und den Drachen. In diesem Essay geht es um das Qilin, das ursprünglich ein Horn auf der Stirn hatte und – nach Meinung mancher Beobachter zu Unrecht – als chinesisches Einhorn bezeichnet wird. Sein Name setzt sich im Chinesischen aus zwei Schriftzeichen zusammen. Beide beinhalten das Piktogramm für Hirsch (*lu* 鹿), das jeweils im linken Teil jedes Logogramms zu erkennen ist und einen semantischen Anhaltspunkt für das körperliche Erscheinungsbild des Wesens liefert.[2] Im Chinesischen kommt also – anders als beim französischen *licorne/ unicorne,* dem englischen *unicorn* oder dem deutschen Einhorn – in der Bezeichnung des Tieres das *eine* Horn nicht zum Tragen.

Das vollkommenste Geschöpf unter den behaarten Tieren

Zum ersten Mal wird das Qilin im *Buch der Lieder* (*Shijing* 詩經) erwähnt, einer Sammlung von Gedichten aus dem 11. bis 5. Jahrhundert v. u. Z. Die einschlägige Passage hat keinen gezielt beschreibenden Charakter, aber sie nennt die Attribute des Qilin (Hufe, Stirn und Horn). Zudem wird das Tier mit der Gestalt des guten Herrschers in Verbindung gebracht.[3] Gegen Ende des 4. Jahrhunderts v. u. Z. stellte der Philosoph Mengzi (Menzius) das Qilin auf die höchste Stufe der Vierbeiner – so wie er den Phönix zum höchsten Vertreter der Vogelwelt erklärte. Auch dem Berg Tai (Tai Shan), den Flüssen und den Meeren sprach er den höchsten Rang unter ihresgleichen zu. Der Berg Tai überrage die Hügel und Ameisenhaufen, und die Flüsse und Meere stünden auf einer höheren Stufe als Wasserlachen und Rinnsale.[4]

Im 2. Jahrhundert v. u. Z. wird im *Gongyang-Kommentar* (*Gongyang zhuan* 公羊傳) ausgeführt, das Geschöpf besitze ein gütiges Wesen (*renshou* 仁獸), die Gestalt eines Rhinozeros und ein mit Fleisch überwachsenes Horn. Zwar sei es ein wehrhaftes Tier, verletze aber niemanden.[5]
Im 1. Jahrhundert v. u. Z. wird das Qilin in den *Aufzeichnungen der Riten des älteren Dai* (*Da Dai Liji* 大戴禮記) als vollkommenstes Geschöpf unter den behaarten Tieren bezeichnet. Als Herren der anderen Tierklassen werden genannt: für die gefiederten Tiere der Phönix, für die gepanzerten die Schildkröte und für die geschuppten der Drache; der höchste Rang unter den beseelten Lebewesen gebührte dem Heiligen.[6]

Eine ausführliche Beschreibung des Qilin liefert der *Garten der Sprüche* (*Shuoyuan* 說苑), eine Sammlung mehrerer kurzer Erzählungen, zusammengetragen von dem kaiserlichen Archivar Liu Xiang 劉向 (77–6 v. u. Z.). Darin werden dem Qilin der

Körper eines Hirschs, der Schwanz eines Ochsen und am Kopf ein Horn mit abgerundeter Spitze zugeschrieben. Neben dem Aussehen wird in der Passage auch das Wesen des Qilin beschrieben, das mitfühlend, rechtschaffen und des Tieres würdig sei. Dass das Qilin so selten vorkommt, wird damit erklärt, dass es grundsätzlich nicht in Herden lebe, kein Wandertier sei und sich nur an ebenen Orten aufhalte, an denen es sich sicher fühle.[7]

Nach dem *Shuowen jiezi* 說文解字, einem Zeichenlexikon aus dem 2. Jahrhundert, bezeichnet das Schriftzeichen *qi* 麒 ein gutmütiges Tier mit Hirschkörper, Ochsenschwanz und Horn, das röhrt wie ein Hirsch.[8] Das Zeichen *lin* 麟 steht für eine große Hirschkuh, deren Röhren sich von dem des männlichen Hirschs nicht unterscheidet.[9] Das Wort Qilin ist also eine Kombination aus der Bezeichnung für das Männchen (*qi*) und für das Weibchen (*lin*). Das damit bestimmte Wesen hat somit aktiven Anteil an der Harmonie der sich gegenseitig ergänzenden Kräfte *Yin* 陰 und *Yang* 陽.[10] In Zheng Xuans 鄭玄 (127–200) Subkommentar zum *Mao-Kommentar der Oden* (*Mao shi zhuan jian* 毛詩傳箋), ebenfalls im 2. Jahrhundert verfasst, kehrt die Beschreibung des an der Spitze mit Fleisch überzogenen Qilin-Horns in abgewandelter Form wieder. Ferner heißt es in der entsprechenden Passage, das Tier stelle seine Kraft zur Schau, setze sie aber nicht ein.[11]

Dieser kurze Überblick über die altchinesischen Quellen, in denen das Qilin erwähnt wird, vermittelt einen Eindruck, wie sich die textliche Darstellung des Phantasiewesens im Lauf der Zeit wandelte. Diese Entwicklung zog sich über viele Jahrhunderte hin. Dabei wurde die Vorstellung, die man sich von ihm machte, einerseits punktuell präzisiert, andererseits bewegte sie sich innerhalb eines Korpus, das sich mit der Zeit verfestigte und kanonischen Charakter annahm. Das Qilin ist ein Mischwesen, in dem allerdings nur recht wenige Tiere vereint sind. Sein bestimmendes Merkmal und Erkennungszeichen ist das Horn. In diesem Stadium seiner Entwicklungsgeschichte trägt es weitaus weniger monströse Züge als der Drache, in dem sich mehr unterschiedliche Lebewesen mischen.

– 2 –
Chinesisch: *Figur (Qilin). Schaf mit Stachel auf der Stirn*, 206 v. u. Z. – 220, The British Museum, London

Angriffsbereit in der Grabkammer

Um den Beginn unserer Zeitrechnung hatte sich in den Texten eine feste Vorstellung von Gestalt und Charakter des Qilin etabliert, die in der materiellen Kultur des damaligen China bildlich umgesetzt wurde. Die wichtigste Rolle spielten dabei die Qilin-Abbildungen auf hufförmigen Goldmünzen, die auf Befehl des Kaisers Han Wudi 漢武帝 (reg. 141–87 v. u. Z.) geprägt wurden, nachdem dieser in einem glückverheißenden Traum ein weißes Qilin und ein himmlisches Pferd gesehen haben wollte. Die Geldstücke, die im Zusammenhang mit diesem guten Omen für den Herrscher geschaffen wurden, werden als „goldener Qilin-Huf" *linzhijin* 麟趾金 und „goldener Pferdehuf" *matijin* 馬蹄金 bezeichnet.

Während der Han-Dynastie (206 v. u. Z. – 220) fand das Wesen auch Eingang in die Bildsprache der chinesischen Kunst, wobei nur wenige Artefakte erhalten sind. Eines davon ist ein Bronzespiegel aus der Östlichen Han-Dynastie (25–220) (Abb. 1). Auf dessen Rückseite sind vier Qilins in Begleitung von vier glückverheißenden Gestalten zu sehen. Alle sind in der gleichen dynamischen Körperhaltung dargestellt – im Galopp und mit nach hinten gewendetem Kopf – und haben ein einzelnes Horn, an dem sie zu erkennen sind. Durch die Verknüpfung mit Schriftzeichen wie 吉 (*ji*, günstig), 和 (*he*, harmonisch) oder auch 宜 (*yi*, Glück bringend) wird die Glückskraft des Gegenstandes betont.

Während der Han-Dynastie entstanden auch Bronzefiguren, die das Qilin mit einem am Ende abgerundeten Horn darstellen (Abb. 2).[12] Waren diese Figuren der Versuch, die textlichen Beschreibungen Zheng Xuans des an der Spitze mit Fleisch umwachsenen Qilin-Horns ins Dreidimensionale umzusetzen? Das ist keineswegs sicher, aber dass

– 1 –
Chinesisch: *Spiegel mit vier Qilins*, frühes 2. / frühes 3. Jahrhundert, Cleveland Museum of Art

– 3 –
Chinesisch: *Einhorn*, 25–220,
Musée national des arts asiatiques – Guimet, Paris

es eine Entsprechung zwischen diesen Bronzefiguren und den geschnitzten Flachreliefs und Wandmalereien in Gräbern der Östlichen Han-Dynastie gibt, ist offensichtlich. In Yanzibu, Teil der Stadt Pizhou in der Provinz Jiangsu, wurde 1982 in der Grabstätte von Miao Yu 缪宇 (gest. 151) ein Flachrelief entdeckt, das ein Pferd mit einem am Ende abgerundeten Horn zeigt. Die über dem Tier eingravierten Zeichen *qilin* 騏驎 lassen keinen Zweifel, welches Tier dargestellt wurde.[13]

In der gleichen Epoche wurden im Rahmen einer für die Provinz Gansu im Nordwesten Chinas typischen Bestattungstradition Einhorndarstellungen aus Holz geschaffen. Da keine Textquellen vorliegen, wäre es gewagt, sie eindeutig als Qilins einzustufen, zumal einige von ihnen, wie die erhaltenen Bemalungen zeigen, augenscheinlich mit Flügeln und Schuppen versehen waren (Abb. 3; siehe auch Kat. 3), was nicht mit den kanonischen Beschreibungen des Wesens übereinstimmt. Andere Figuren, die im Provinzmuseum Gansu aufbewahrt werden, sind vollflächig mit Voluten und verschiedenen Farben wie Schwarz, Rot und Gelb verziert. Alle diese Figuren zeigen einen pferdeähnlichen Vierbeiner mit einem langen, spitzen Horn an der Stirn eines mehr oder weniger realistisch dargestellten Kopfes. Seine Körperhaltung strahlt eine zugespitzte Dynamik aus: Der Kopf ist so weit nach vorn geneigt, dass das Horn waagrecht steht. Das Horn findet am anderen Ende des Körpers eine Entsprechung in einem langen, gestreckten Schwanz, während die Beine eine energische Vorwärtsbewegung andeuten.

Diese Gruppe von Einhörnern in angriffsbereiter Pose gehört zu einem größeren Korpus bemalter Grabskulpturen aus Holz, die andere Tiere wie Pferde und Rinder zeigen. Aber es ist wahrscheinlich, dass sie innerhalb der Grabstätte eine besondere Rolle spielten und Eindringlinge vertreiben und die vom Verstorbenen ins Jenseits mitgenommenen Güter beschützen sollten. Darstellungen dieser Einhorn-Variante gibt es auch aus Bronze, wie ein 1956 in Xiaheqing entdecktes Beispiel zeigt, das sich heute im Provinzmuseum Gansu befindet. Die dortige Kultur war wegen der Verkehrsströme aus Europa für fremde Einflüsse offen, sodass das einheimische Kunsthandwerk zu sonderbaren Geschöpfen inspiriert wurde und die Region am Rand des Han-Reiches eine spezielle Variante des Einhorns hervorbrachte.[14]

Das Einhorn mit zwei Hörnern

In den achthundert Jahren nach dem Sturz der Han-Dynastie ist keine nennenswerte Weiterentwicklung in der Darstellung des Qilin erkennbar. Mit dem Beginn der Song-Dynastie (960–1279) wurde sein Erscheinungsbild jedoch komplexer und verfestigte sich anschließend erneut, um bis in die Gegenwart fortzubestehen. 1088 berichtet Shen Kuo 沈括 in seinen *Pinselunterhaltungen am Traumbach* (*Mengxi bitan* 夢溪筆談),[15] während der Zhihe-Periode (1054–1056) habe es in der Provinz Jiaozhi, im heutigen Vietnam gelegen, ein Qilin mit einem Horn gegeben. Es sei so groß wie eine Kuh und sein Körper mit großen Schuppen bedeckt gewesen.[16]

Bestätigt wird diese neue Charakteristik drei Jahrhunderte später in der *Abhandlung über die fünf Wandlungsphasen* (*Wuxing zhi* 五行志). Sie war Teil der *Geschichte der Yuan* (*Yuan Shi* 元史), die unter der Leitung von Song Lian 宋濂 verfasst und 1369/70 veröffentlicht wurde. In dieser Abhandlung wird berichtet, im vierten Regierungsjahr der Zhida-Periode (1311) habe in Datong in der Provinz Shanxi eine Kuh ein Kalb zur Welt gebracht, das mit seiner unbehaarten Haut und seinen grünen/blauen[17] und gelben Schuppen einem Qilin geähnelt habe.[18] Vor dem Hintergrund, dass diese offizielle Geschichte über die Yuan-Dynastie (1271–1368) von der nachfolgenden Ming-Dynastie (1368–1644) stammte, ist es sicher kein Zufall, dass ausgerechnet gut fünfzig Jahre vor dem Sturz des aus der Mongolei stammenden Herrschergeschlechts ein Qilin in Erscheinung trat: Das Tier fungierte als Vorbote und kündigte an, dass das Mandat des Himmels an eine neue Kaiserlinie übergehen würde.

In früheren Texten war von Schuppen nie die Rede gewesen. Diese neue Auskunft über das Erscheinungsbild des Wesens wurde ab dem 14. Jahrhundert in künstlerischen Qilin-Darstellungen aufgegriffen und hielt sich bis in die Gegenwart in den meisten Darstellungen und auf allen Bildträgern wie auf einem Briefbeschwerer in Form eines Qilin aus dem 15. Jahrhundert (Abb. 4). Das kleine Objekt zeigt das Wesen in kauernder Stellung und in der Gestalt, die sich während der Ming-Dynastie etabliert hatte: mit Hirschkörper, Horn,

– 4 –
Chinesisch: *Briefbeschwerer in Form eines Qilin*,
15. Jahrhundert,
The Metropolitan Museum of Art, New York

– 5 –
Chinesisch: *Großer Teller mit einem Qilin,* um 1350,
Rijksmuseum, Amsterdam

– 6 –
Chinesisch: *Teller mit Phönix und mythischem Qilin,* 1678–1688,
The Metropolitan Museum of Art, New York

Kinnbart und dem Schwanz eines Ochsen. Eine weitere Darstellung findet sich in der chinesischen Enzyklopädie *Gesammelte Illustrationen der drei Reiche* (*Sancai tuhui* 三才圖會) von 1609, die beschriftete Abbildungen von Motiven aus den Reichen des Himmels, der Menschen und der Erde enthält. Eines dieser Motive ist ein Qilin mit Drachenkopf, das statt eines langen Schwanzes ein struppiges Borstenbüschel aufweist. Ein ähnliches Qilin ist auf einer Bildplatte aus Cloisonné-Emaille abgebildet, die in der Regierungszeit des Kaisers Wanli 萬曆 (reg. 1573–1620) geschaffen wurde.[19] Der Phönix, der das Qilin begleitet, und der Blumenschmuck machen das Ensemble ikonographisch zu einem eminent glückverheißenden Motiv. Alle drei genannten Darstellungen enthalten ein Element, das erst ab der Yuan-Dynastie zu beobachten ist: Der Körper des Qilin ist mit stilisierten Flammen versehen, die es als Wundertier ausweisen.

Um die Mitte des 14. Jahrhunderts kam es zu einer weiteren Veränderung, die von Bedeutung ist, weil sie einmal mehr die Entsprechung zwischen dem europäischen und dem chinesischen Einhorn fraglich erscheinen lässt: Das Qilin erhält nämlich ein zweites Horn. In späteren Darstellungen setzt sich dieses neue Erscheinungsbild allmählich durch. Das älteste im Lauf der Recherche zu diesem Artikel gefundene Qilin mit zwei Hörnern prangt in der Mitte eines großen blau-weißen Porzellantellers (Abb. 5). Er entstand um 1350 gegen Ende der Yuan-Dynastie und zeigt inmitten des reichen Pflanzendekors das am ganzen Körper geschuppte Tier in einer nach links gerichteten Bewegung. Aus seinen Beinen steigen vier Flammen auf, eine fünfte schlägt aus dem Rücken. Über die Nackenpartie fällt eine Mähne aus stilisierten Wellen. Hinzu kommt ein kleiner Kinnbart. Der pferdeähnliche Gesamteindruck wird durch den Schwanz und die Hufe verstärkt. Am Kopf trägt das Qilin zwei schlanke Hörner mit jeweils drei Enden.

In der Folge machte das mythologische Wesen weitere Entwicklungen durch. Sein Kopf wurde einem Drachenkopf immer ähnlicher, wie zahlreiche Darstellungen belegen – so auf einem Porzellanteller im *Famille verte*-Stil von 1678–1688 (Abb. 6). Der Tellerspiegel ist mit zwei Qilins und zwei Phönixen bemalt, die sich in einer felsigen Landschaft mit einem Nadelbaum befinden, während auf dem in Bildfelder unterteilten Tellerrand reale Tiere und Phantasiewesen in unterschiedlichen Umgebungen dargestellt sind. Die Qilins haben unverkennbar Drachenköpfe mit folgenden Merkmalen: zwei Hörner, struppige Mähne, zwei dünne abstehende Bartsträhnen, runde hervorstehende Augen, offenes Maul mit herausgestreckter Zunge. Die gleiche – und letzte – Version des Qilin erscheint auf den Kalksteinreliefs am Eingangstor des Grabmals von General Zu Dashou 祖大壽 und seinen Söhnen, das im Dorf Yongtai in der Nähe von Peking errichtet wurde (Abb. 7). Diese monumentalen Darstellungen aus

– 7 –
Chinesisch: *Relief am Eingangstor des Grabmals von General Zu Dashou und seinen Söhnen,* 1656,
Royal Ontario Museum, Toronto

– 8 –
Chinesisch: *Weihrauchgefäß in Form eines Phantasiewesens (Qilin),* 17./18. Jahrhundert, Cantor Arts Center, Stanford University

– 10 –
Shen Du: *Qilin/Giraffe auf einer Schriftrolle,* 1414, Nationales Palastmuseum, Taipeh

dem Jahr 1656 bestätigen, dass in der Zeit der Qing-Dynastie der Körper des Drachen und der des Qilin gleichbedeutend waren.

Eine dreidimensionale Darstellung ist ein auf das 17./18. Jahrhundert datiertes Weihrauchgefäß in Form eines Qilin aus Cloisonné-Emaille (Abb. 8). Dieses Gefäß ist eine skulpturale Umsetzung der oben beschriebenen Darstellungen. Dabei lebte das Qilin mit einem Horn in der Kunst jener Epoche fort. Sein Erscheinungsbild blieb weiterhin variabel, wie eine sonderbare Porzellanskulptur zeigt: Auch nachdem auf seinem Körper Schuppen aufgetaucht waren, changierte das Qilin weiterhin im Spannungsfeld zwischen seiner Ursprungsgestalt und seiner Angleichung an den Drachen (Abb. 9).

Ebenso erstaunlich ist, dass der Entwicklungsweg des Qilin – immerhin das vollkommenste behaarte Lebewesen – nach fast zweitausend Jahren damit endete, dass sich seine Form dem Drachen anglich, dem vollkommensten Vertreter der geschuppten Kreaturen. Diese neue Gestalt des Phantasiewesens lässt sich übrigens wegen seiner beiden Hörner nur noch schwer als Einhorn bezeichnen. Aus dem Hirschwesen mit einem Horn wurde am Ende ein Drache mit Hirschkörper. Als das chinesische Kaiserreich endete, war das Qilin kein Einhorn mehr.

Göttliches Wunderzeichen oder Ungeheuer

Das europäische Einhorn gilt nicht als Ungeheuer, weil es ausschließlich aus Komponenten von Vierbeinern besteht.[20] Zwar ist und bleibt es heikel, bei der Charakterisierung chinesischer Gegenstände mit abendländischen Begriffen zu operieren. Aber das Qilin ist im Gegensatz zum europäischen Einhorn der Kategorie von Lebewesen zuzurechnen, die das lateinische Wort *monstrum* beschreibt: göttliches Wunderzeichen oder Ungeheuer und Scheusal.[21] Im Chinesischen ist das Qilin ein *shou* 獸 – ein Tier. Dieses Wort kommt auch in dem Begriff *zhenmushou* 鎮墓獸 vor, der als Grabwächter fungierende Mischwesen bezeichnet. Das Qilin ist ein Lebewesen, das nicht natürlich ist und das Herannahen eines bedeutenden Mannes oder einer Zeit des Friedens und des Wohlstands ankündigt.[22] Sein Erscheinen ist ein Omen, das besagt, bald werde eine vorausschauende Regierung auf den Plan treten.

Die Ursprünge dieser Symbolik, die während der gesamten chinesischen Geschichte bestehen blieb, waren mit einer Episode aus dem Leben des Konfuzius (um 551 – um 479) verknüpft, von der die *Frühlings- und Herbstannalen* (*Chunqiu* 春秋) berichten. Diese Chroniken wurden der Überlieferung zufolge im frühen 5. Jahrhundert v. u. Z. von Konfuzius verfasst und in zwei Werken kommentiert: im *Kommentar des Zuo* (*Zuo zhuan* 左傳), der

– 9 –
Chinesisch: *Figur. Qilin,* 1750er Jahre, Hallwylska museet, Stockholm

– 11 –
Qilong Cheng: *Qilin mit einer Jadetafel im Maul,*
in: Wu Jiamo: *Schul- und Hausgespräche des Konfuzius,*
Bd. 1, 1589, Harvard Library, Cambridge, MA

auf das 4. Jahrhundert v. u. Z. datiert und Zuo Qiuming 左丘明 zugeschrieben wird, sowie im *Gongyang-Kommentar* (*Gongyang zhuan* 公羊傳), der während der Regierungszeit des Kaisers Han Jingdi 漢景帝 (reg. 157–141 v. u. Z.) fertiggestellt wurde.

In den *Frühlings- und Herbstannalen* wird berichtet, im 14. Jahr der Regierungszeit des Herzogs Ai (481 v. u. Z.) habe man bei einer Jagd im Westen ein *lin* gefangen.[23] Laut dem *Kommentar des Zuo* hatte Konfuzius die Gelegenheit, das Tier zu untersuchen und sein Wesen zu bestimmen.[24] Der *Gongyang-Kommentar* beschreibt die intensiven Gefühle, die das Lin bei dem weisen Mann auslöste. Außerdem wird das Lin darin als ein wohlwollendes Tier beschrieben, das nur auftauche, wenn es einen [wahren][25] König gebe.[26]

Seit der Han-Dynastie wurde das Erscheinen des Lin unterschiedlich gedeutet: Mal konnte der Tod des Tieres bedeuten, dass den Zhou nach der Zeit der Frühlings- und Herbstperioden (770–481 v. u. Z.) das Mandat des Himmels entzogen wird; mal kündigte der Tod des Lin den Tod des Konfuzius an – der 479 v. u. Z. starb, also zwei Jahre danach. Dann wieder war das Lin das Zeichen, dass Konfuzius das Mandat erhielt, in den *Annalen* die Grundsätze des wahren Königs niederzulegen. Mal war das Lin ein Omen, dass in der Zukunft ein wahrer König erscheinen würde; mal war das Lin nichts weiter als ein Tier und kein Zeichen für irgendetwas.[27] Omen oder nicht – auf jeden Fall ist das Qilin mit der Gestalt des Konfuzius verbunden, weil es sowohl bei dessen Geburt als auch kurz vor seinem Tod in Erscheinung trat. Im weiteren Sinn steht das Wesen sowohl mit dem Weisen als auch mit der guten Regierung in Zusammenhang, deren Ende oder Beginn es ankündigt.

Diese Legitimierung der herrschenden Macht ist ein entscheidendes Element der Symbolik, die sich um das Wesen rankt. Am 20. September 1414 soll sich sogar ein Qilin in Peking aufgehalten haben, das Yang Chi 楊敕 aus seiner Botschaft im Königreich Bengalen, im Norden des indischen Subkontinents, mitgebracht haben soll.[28] Der Herrscher dieses fernen Reiches soll das Tier als Geschenk an den chinesischen Kaiser geschickt haben. Am kaiserlichen Hof löste der Gedanke, die Herrschaft des Yongle 永樂 (reg. 1402–1424) werde durch die glückverheißende Erscheinung legitimiert, Begeisterung aus, zumal der Kaiser unter stürmischen Bedingungen an die Macht gelangt war. Tatsächlich handelte es sich bei dem Mitbringsel um eine Giraffe[29] von der afrikanischen Westküste – ein Tier, das im Reich der Mitte damals unbekannt war und von Shen Du 沈度 (1357–1434) in mehreren Darstellungen festgehalten wurde.[30] Eine Fassung trägt eine lange kalligraphische Inschrift, die die glückverheißende Funktion des Tieres bekräftigt (Abb. 10). Ebenfalls am Kaiserhof – allerdings während der Qing-Dynastie – beschloss 1662 Kaiser Kangxi 康熙 (reg. 1661–1722), den Löwen als Zeichen für den höchsten militärischen Offiziersrang durch das Qilin zu ersetzen. Dieses Emblem wurde bis zum Ende des Kaiserreichs im Jahr 1911 beibehalten.

Seltsamkeiten in Ost und West

Wie erwähnt taucht auch bei der Geburt des Konfuzius ein Qilin auf, wie in den *Schul- und Hausgesprächen des Konfuzius* (*Kongzi jiayu* 孔子家語)[31] berichtet wird. Diese Schrift stammt aus der Frühzeit der Han-Dynastie – wobei die heute bekannte Fassung im 3. Jahrhundert entstand – und ist eine Sammlung von Unterhaltungen des Konfuzius mit verschiedenen Gesprächspartnern. In der illustrierten Fassung von 1589, zusammengestellt und gedruckt von Wu Jiamo 吳嘉謨, wird das Qilin dargestellt, wie es der Mutter des Konfuzius mit einer Jadetafel im Maul gegenübertritt (Abb. 11). In der linken oberen Bildecke befinden sich die vier Schriftzeichen *lin tu yushu* 麟吐玉書, wörtlich: „Das Lin spuckt das Jadebuch aus“. Damit kündigt das Tier die Geburt eines außergewöhnlichen Kindes an, dessen Schicksal mit dem Schreiben verknüpft sein würde. Von dieser Szene gibt es in der chinesischen Kunst zahlreiche Darstellungen.[32]

Anknüpfend an diese phantastische Erscheinung vor der Geburt des Konfuzius bedeutet der Ausdruck *qilin song zi* 麒麟送子 „Das Qilin bringt einen Sohn“. Dabei versteht sich von selbst, dass dem Sprössling eine außergewöhnliche Laufbahn verheißen wird. Dieser Sinnspruch fand Eingang in viele Darstellungen – etwa in Neujahrsbildern, auf denen das ersehnte Kind auf dem Phantasiewesen reitet (Abb. 12).

– 12 –
Chinesisch: *Neujahrsbild mit dem mythischen Qilin, das einen Sohn bringt,* Anfang 20. Jahrhundert, The Metropolitan Museum of Art, New York

– 13 –
Chinesisch: *Kinderjacke*, 1915,
Victoria and Albert Museum, London

– 14 –
Chinesisch: *Der taoistische Unsterbliche Zhongli Quan*,
1662–1722,
Cleveland Museum of Art

Das gleiche Motiv ziert auch eine Jacke, die 1915 in der Provinz Shangdong von den chinesischen Nachbarn einer europäischen Familie für deren Tochter angefertigt wurde (Abb. 13).[33] Dies ist ein Indiz dafür, dass die Bedeutung des Motivs nicht festgelegt war.

Als konfuzianisches Geschöpf ist das Qilin auch mit taoistischen und buddhistischen Gestalten verknüpft, wobei der chinesische Synkretismus den Übergang von Motiven von einer Religion in eine andere zuließ. Eine kleine Statue aus *Famille verte*-Porzellan aus der Regierungszeit des Kaisers Kangxi stellt den mythologischen, unsterblichen Taoisten Zhongli Quan 鍾離權 dar, dessen Gewand mit dem Bild eines Qilin versehen ist (Abb. 14). Auch auf dem Rückenteil eines taoistischen Priestergewandes (*jiangyi* 降衣) aus der Regierungszeit von Kangxi ist in einem der sechs aufgestickten Medaillons ein Qilin zu erkennen.[34] Dieser Teil des Gewandes zeigt ein kosmisches Diagramm, das bei religiösen Zeremonien für die versammelten Gläubigen sichtbar war.

In buddhistischen Darstellungen wurde das Qilin zum göttlichen Reittier. Das zeigt eine dreiteilige Elfenbeinschnitzerei aus der Zeit zwischen dem 12. und 14. Jahrhundert im Metropolitan Museum of Art in New York.[35] Eine der drei Figuren stellt Buddha Shakyamuni auf einer Lotusblüte sitzend dar, die ihrerseits auf dem Rücken eines Qilin aufliegt. Eine Figur aus *Famille rose*-Porzellan aus dem 18. Jahrhundert stellt einen Luohan dar, einen Buddha-Schüler,[36] der auf einem Qilin sitzt (Abb. 15).

– 15 –
Chinesisch: *Luohan auf einem Qilin sitzend*, 1723–1760,
Cantor Arts Center, Stanford University

Jenseits allen Symbolgehalts wurde das mit Bedeutung aufgeladene Qilin-Motiv gelegentlich auch zweckentfremdet, wie eine weiße Figur aus Dehua-Porzellan aus dem frühen 18. Jahrhundert belegt (Abb. 16). Sie zeigt einen Europäer, der in der Haltung einer buddhistischen Gottheit auf dem Rücken des Phantasiewesens sitzt. Hier begegnen sich die Seltsamkeit Asiens und die Seltsamkeit Europas.

Ein phantastisches Universum voller Tiere

Das Qilin mit seinem variablen Erscheinungsbild ist nicht immer leicht zu identifizieren, und nicht jedes Tier mit einem einzelnen Horn ist ein Qilin. Während der Han-Dynastie wurden mitunter auch Pferde mit einem Horn dargestellt, das als Zierde der Vorderseite des Zaumzeugs diente.[37] Eine Skulptur aus glasierter Terrakotta, die wohl während der Tang-Dynastie (618–907) entstand, stellt ein Phantasiewesen mit Löwenkörper, Rückenkamm, Hufen und einem wellenförmigen Horn auf dem Kopf dar, der im Übrigen katzenhaft anmutet (Abb. 17). Abgesehen von Horn und Hufen entsprechen diese Merkmale nicht gerade der Charakteristik eines Qilin. Gleichwohl wird es so bezeichnet.[38] Allerdings dürfte es sich eher um ein Grabwächterwesen (*zhenmushou*) handeln, wie sie häufig in Grabkammern zu deren Schutz aufgestellt wurden.

Im Provinzmuseum von Gansu gibt es ein Terrakotta-Einhorn aus der Zeit der Nördlichen Wei-Dynastie (386–535). Die Flügel an den Schultern des Tieres deuten darauf hin, dass es sich nicht um ein Qilin handelt. Bezeichnet wird es als *dujiaoshou* 獨角獸, was so viel bedeutet wie „Tier mit einzelnem Horn". Zur Präzisierung wurde jedoch der Begriff *Xiezhi* 獬豸 hinzugefügt.[39] Ein Xiezhi oder *Zhi* 廌 ist eine Art chinesisches Einhorn,[40] das aber keine Flügel hat. Es handelte sich vielmehr um einen Bock mit einem einzelnen Horn, der die Gabe besaß, Lüge von Wahrheit zu unterscheiden, und daher Gao Yao 皋陶, dem Justizminister des legendären Kaisers Shun 舜, als Prozessgehilfe zu Diensten war. Dennoch sind Xiezhi-Darstellungen oft schwer von denen des Qilin zu unterscheiden (Abb. 18). Gleiches gilt für andere Phantasiewesen. Auch das *Bixi* 辟邪 kann mit dem Qilin verwechselt werden. Das Bixi ist eine

– 18 –
Chinesisch: *Schachtel mit Qilin und Xiezhi,* 1522–1566, Philadelphia Museum of Art

– 16 –
Chinesisch: *Europäer auf dem Rücken eines Qilin,* um 1700–1710, Musée national Adrien Dubouché, Limoges

– 17 –
Chinesisch: *Grabfigur eines sitzenden Qilin,* Anfang 8. Jahrhundert, National Museum of Asian Art, Smithsonian Institution, Washington, D. C.

– 19 –
Chinesisch: *Weihrauchgefäß in Form eines Luduan,* nach 1573 – vor 1644, Palastmuseum, Peking

geflügelte Chimäre mit zwei Hörnern, langem Schwanz und geschupptem Löwenkörper. Häufig wurde das Bixi zusammen mit seinem einhörnigen Pendant, dem *Tianlu* 天禄, dargestellt.

Ein weiteres Tier, das bisweilen schwer vom Qilin zu unterscheiden ist, ist das geschuppte und geflügelte Drachenpferd *Longma* 龍馬. Das *Baize* 白泽 ist ein Phantasiewesen mit Drachenkopf und zwei Hörnern, dem Körper eines Löwen sowie geschuppten Schultern und Flanken. Ihm wurde nachgesagt, die Menschensprache zu beherrschen und jedes Lebewesen verstehen zu können. Die Darstellungen des Baize sind identisch mit denen von Qilins mit zwei Hörnern – mit dem einzigen Unterschied, dass es keine Hufe, sondern mit Krallen bewehrte Pranken besitzt. Das *Luduan* 甪端 ist dem Qilin unter formalen Aspekten und mit Blick auf den Symbolgehalt ähnlich (Abb. 19). Das glückverheißende mythologische Wesen hat einen großen Löwenkörper, nur ein Horn und Bärentatzen. Es kann gewaltige Entfernungen zurücklegen, jede beliebige Sprache sprechen, die Zukunft vorhersagen, dem Guten zum Leben verhelfen und Böses töten. Das Luduan tritt in Erscheinung, wenn erleuchtete Herrscher regieren.

Nicht alle chinesischen Einhörner sind also Qilins. Diese haben nicht nur eine variable Gestalt, sondern sind Teil eines phantastischen Universums voller Tiere, die bestimmte Merkmale mit dem Qilin teilen. Das macht es umso schwerer, sie zu identifizieren.

Adaptionen ausserhalb Chinas

Im Lauf seiner langen Geschichte trat China mit benachbarten Zivilisationen in Interaktion, sodass sich seine kulturellen Vorstellungen – mit lokalen Adaptationen – in Ländern wie Korea, Vietnam und Japan ausbreiteten und dauerhaft etablierten. Lange blieben diese Länder durch das chinesische Schriftsystem und somit auch durch die klassischen Texte miteinander verbunden. Vor diesem Hintergrund ist es nicht erstaunlich, dass das Qilin auch in der Bildwelt dieser Länder seinen Platz hat, zumal es in seiner Ursprungszivilisation eine so große Bedeutung hatte.

In Korea reichen die Berichte über das Qilin bis in die Zeit der Drei Königreiche zurück (57 v. u. Z. – 668). Qilins erscheinen in den Wandmalereien aus Goguryeo ebenso wie auf Tonziegeln aus Silla. Während der Goryeo-Zeit (918–1392) wurde der Name des Wesens als Benennung für Paläste verwendet. Als Gestalt mit großer Symbolkraft zierte das Qilin den Deckel von Weihrauchgefäßen aus Seladon. Eines davon wird als Nationalschatz Nr. 65 im Kansong Art Museum bei Seoul aufbewahrt, ein anderes gehört zur Sammlung des Koreanischen Nationalmuseums (Abb. 20).

– 20 –
Koreanisch: *Weihrauchgefäß mit Qilin,* 12. Jahrhundert, Koreanisches Nationalmuseum, Seoul

In der Joseon-Dynastie (1392–1910) war die Verwendung von Qilin-Darstellungen höhergestellten Schichten der koreanischen Gesellschaft vorbehalten. Das galt etwa für die Mandarin-Quadrate, die – dem chinesischen Vorbild folgend – von kaiserlichen Beamten als Teil ihrer Kleidung getragen wurden. In skulpturaler Form erscheint das Tier auf dem steinernen *saritap* (*stūpa*) am Eingang zum Hoeamsa-Tempel in Yangju von 1347 als Sinnbild für den Einklang der buddhis-tischen Kunst und der konfuzianischen Weltsicht.

In Vietnam trägt das Fabelwesen den Namen *Kỳ lân* und war mit Sicherheit seit dem Ende des 1. Jahrtausends v. u. Z. in der einheimischen Bildsprache präsent. In dieser Zeit etablierte sich das chinesische Kaiserreich dauerhaft in der Region. Der chinesische Einfluss blieb auch in den Zeiten stark, als dieses Gebiet unabhängig war. Offiziell übernommen wurde das Modell des kaiserlichen China – insbesondere die chinesischen Beamtenprüfungen – während der Späteren Lê-Dynastie (1428–1788). Dabei blieb es auch unter der Nguyễn-Dynastie (1802–1945). Häufig wurde das Kỳ lân mit buddhistischen Gottheiten in Verbindung gebracht und fand in der Architektur Verwendung: in steinerner Form vor Palastgebäuden und Gotteshäusern oder in Tonform auf den dazugehörigen Dächern (Abb. 21).

In Japan heißt das Wesen *Kirin* und nahm, nachdem es vom Festland dorthin gelangt war, einen wichtigen Platz im Bestiarium der Inselgruppe ein. Eines der ältesten Artefakte ist ein Spiegel im Stil der Tang-Dynastie, der in Nara gefunden und auf die Heian-Zeit (794–1185) datiert wird. Der Spiegel ist mit zwei Phönixen und zwei Tieren verziert, die als Kirin eingeordnet werden (Abb. 22). Durch den Austausch mit

– 21 –
Vietnamesisch: *Phönix und Kỳ lân auf dem Dach der Königlichen Bibliothek*, 1805, Zitadelle von Huế

dem chinesischen Kaiserreich entwickelte sich das Bild des Kirin in der japanischen Kunst in vielfältiger Form weiter. Manche Darstellungen griffen die von China nach Japan gelangten Formen unmittelbar auf; in andere flossen einheimische Elemente ein. Dies zeigt etwa ein *Sitzendes Kirin* aus dem 18. Jahrhundert, das als Netsuke, ein Knebel zum Befestigen von Gegenständen am Gürtel, diente (Kat. 5).

Während zu jener Zeit das chinesische Qilin meist mit zwei Hörnern und Drachenkopf dargestellt wurde, gaben die japanischen Kunsthandwerker dem Wesen andere Gestalten. Auch Katsushika Hokusai 葛飾北斎 stellte in seinem *Großen Bilderbuch von allem (Banmotsu ehon daizen zu* 万物絵本大全図) seine Sicht des Phantasiewesens vor. Zwei Entwurfszeichnungen aus der Zeit zwischen 1820 und 1840 zeigen Kirins – eines mit nur einem Horn und eines mit zwei Hörnern.[40] Obwohl zur damaligen Zeit die geschuppte Version die Norm war, stellte Hokusai das Tier mit Fell dar. Die zweite Zeichnung ist mit einer Inschrift versehen: „Ich lehne die Bilder des Kirin ab, wie es seit den alten Zeiten dargestellt wurde. Die Bilder, die Ähnlichkeit mit Drachen haben, sind nicht korrekt."[42] Mit dieser Aussage brachte der japanische Künstler die Komplexität des Motivs auf den Punkt.

Von Nordkorea bis nach Hollywood

Welchen Platz nimmt das fernöstliche Qilin in der globalisierten Kultur des 21. Jahrhunderts ein? Diese wurde lange vom Westen dominiert, aber inzwischen führt international auch an China mit seiner kulturellen Vielfalt kein Weg mehr vorbei. Das Gleiche gilt für Korea, dessen Musik und Serien derzeit in Mode sind. Die chinesische und die koreanische Kultur haben zwar noch nicht die gleiche Popularität erreicht wie die japanische, erobern aber mehr und mehr ihren Platz in den Nachrichten und der Popkultur. Nachdem sie vor dreißig Jahren nur oberflächlich rezipiert und karikiert oder falsch verstanden wurden – oder im Fall Koreas schlicht nicht vorkamen –, nehmen sie mittlerweile immer konkretere Gestalt an und bekommen die Relevanz, die ihrer ursprünglichen Bedeutung entspricht. In diesem Zusammenhang kommt das Qilin – im chinesisch beeinflussten Teil der Welt eines der Fabelwesen par excellence – zwar seltener vor als der Drache, tritt aber bisweilen prägnant in Erscheinung.

Im November 2012 hatte das Qilin dank einer Meldung der nordkoreanischen Nachrichtenagentur (KCNA) einen bemerkenswerten Auftritt in den Weltnachrichten. KCNA hatte berichtet, dass in Moranbong

– 22 –
Japanisch: *Spiegel mit zwei Phönixen und zwei Kirins*, 794–1185, Nationalmuseum, Tokio

unweit der Hauptstadt Pjöngjang die Höhle Kiringul entdeckt worden sei. Kiringul – wörtlich: die Höhle des Qilin – war der Ort, an dem dasjenige Qilin hauste, auf dem einst König Dongmyeong 동명 geritten war, der im 1. Jahrhundert v. u. Z. das Königreich Goguryeo gegründet hatte. Die nordkoreanische Regierung wertete die Entdeckung als Beweis dafür, dass Pjöngjang die historische Hauptstadt Koreas und das heutige Regime der Erbe des uralten Königreichs sei – eine moderne Instrumentalisierung des Phantasiewesens, die an dessen althergebrachte Bedeutung anknüpft, denn das chinesische Einhorn stand in engem Zusammenhang mit der Legitimierung von politischer Macht. Die Meldung aus Nordkorea wurde in der internationalen Presse verbreitet. Die Abbildung, mit der die britische Tageszeitung *The Guardian* ihren Artikel zum Thema verknüpfte, war allerdings ein Fehlgriff: Sie zeigt ein westliches Einhorn, dessen Horn an der Spitze hell erstrahlt, in einem reißenden Bach.[43] Dies beweist, dass der Bildredakteur des *Guardian* mit dem Qilin nicht vertraut war.

Umso bekannter ist das fernöstliche Geschöpf bei Liebhabern der japanischen Küche, denen beim Restaurantbesuch Flaschen und Dosen der japanischen Biermarke Kirin begegnen. In den 1860er Jahren – nachdem sich Japan nach zwei Jahrhunderten Isolationismus erzwungenermaßen wieder geöffnet hatte – gründete der gebürtige Norweger und spätere Wahlamerikaner William Copeland in Yokohama die Spring Valley Brewery. 1885 wurde die Brauerei von der Japan Brewery Company aufgekauft. 1907 wurde sie in Anlehnung an das 1888 auf den Markt gebrachte Kirin Lager in Kirin Brewery Company umbenannt. Nach eigenem Bekunden hatte die Marke das Kirin als Symbol für eine friedliche Welt gewählt, weil sie allen Menschen Freude und Glück wünsche.

Die japanische Kultur brachte mehrere Ausprägungen des Einhorns oder des Kirin/Qilin hervor – in den 1970er und 1980er Jahren das von Tezuka Osamu 手塚治虫 erdachte Einhorn-Baby Unico, das ein blau-rosa Fell und die Fähigkeit besitzt, alle Lebewesen glücklich zu machen. Von 1991 bis 2019 setzte Ono Fuyumi 小野不由美 in ihrer Romanreihe *Die zwölf Königreiche* (*Jūni Kokuki* 十二国記), illustriert von Yamada Akihiro 山田章博 und zwischen 2002 und 2023 als Anime-Adaption umgesetzt, das Kirin in Szene: In der vom alten China inspirierten Welt, in der die Romane angesiedelt sind, wählen Kirins die Herrscher eines jeden Königreichs und stehen ihnen zur Seite. In Gestalt der Figur Arceus ist das Kirin auch im Pokémon-Universum vertreten. Ebenso in der Manga-Serie *Naruto*: Dort ist Kirin der Name einer Blitzentladungstechnik, die Uchiha Sasuke – einer der Hauptcharaktere – entwickelt hat.

Durch Videospiele wie *Monster Hunter* oder *Final Fantasy XIV* und internationale Blockbuster hat das Qilin weltweit einen Platz in der Popkultur erobert. In *Shang-Chi and the Legend of the Ten Rings* aus dem Jahr 2021 taucht gegen Ende der Filmhandlung ein grünliches Qilin auf, das der geschuppten Version der Qing-Dynastie mit Drachenkopf ähnlich ist und fliegen kann. Eine wichtige Rolle spielt das Qilin – ebenfalls gegen Ende – in dem Film *Phantastische Tierwesen. Dumbledores Geheimnisse* aus dem Folgejahr: Es kann erkennen, ob ein Mensch reinen Herzens ist, und wählt deshalb aus, wer als „Supreme Mugwump" (in der deutschen Fassung: als „ganz hohes Tier") den Vorsitz der Internationalen Zauberervereinigung übernimmt. Es hat Ähnlichkeit mit einem Reh, Schuppen und zwei lange, dünne Barthaare. Im Film ist es ein seltenes, aus China stammendes Wesen.

Somit hielt das Qilin, das vor mehr als zweitausend Jahren in rätselhaften altchinesischen Texten das Licht der Welt erblickte, kürzlich in Hollywood Einzug. Das sonderbare Geschöpf, das seine Form so oft gewandelt hat, hat also nichts von seiner Faszination verloren. Es behauptet sich – ebenso wie der chinesische Drache und der chinesische Phönix – als Pendant zu seinem westlichen Verwandten und entwickelt auch weiterhin neue Fähigkeiten und Erscheinungsbilder.

– 23 –
Chinesisch: *5-Yuan-Münze mit Qilin und Einhorn*, 1997

Ein chinesisches Markenzeichen

Das Qilin ist der fremde Cousin des europäischen Einhorns. Das Gleiche gilt, wenn man die Blickrichtung wechselt, auch umgekehrt. Dass die beiden sich ähneln, steht außer Frage. In vielen Punkten unterscheiden sie sich jedoch, und das chinesische Fabelwesen entfernt sich mit seinen jüngsten Entwicklungsschritten nachdrücklich von seinem europäischen Verwandten. Abgesehen von ihrer außergewöhnlichen Faszinationskraft, die sich aus ihrer Fremdartigkeit speist, ist ihre wichtigste Gemeinsamkeit wohl die, dass sie symbolisch und ikonographisch in ihren jeweiligen Kulturen eine so große Bedeutung haben. Sie nehmen einen prominenten Platz in einem Bestiarium ein, das immerhin Hunderte von Kreaturen umfasst, und entwickelten sich zu prägenden Gestalten voller Bedeutung und Geschichte. Sie wurden zu Emblemen zweier Zivilisationen am östlichen und westlichen Ende von Eurasien. Diese Botschaft wollte China wohl mit seinen Serien von Yuan-Münzen vermitteln, die von 1994 bis 1997 geprägt wurden und auf der einen Seite ein westliches Einhorn, auf der anderen Seite ein Qilin zeigen (Abb. 23).

Aus dem Französischen übersetzt von Andreas Bredenfeld

1 Für eine allgemeine geschichtliche Darstellung der chinesischen Mischwesen siehe Danielle Elisseeff: *Hybrides chinois. La quête de tous les possibles,* Paris 2011. Siehe auch Rall-Niu 1980; in der monographischen Literatur zum Einhorn finden sich ebenfalls Hinweise auf das Qilin, siehe etwa Beer 1977, S. 67–72; Gotfredsen 1999, S. 10–18; Gerritsen 2011, S. 17–19.

2 Qilin kann auch mit dem Zeichen für „Pferd" geschrieben werden: 騏驎. Diese Schreibung ist jedoch weniger gängig.

3 麟之趾，振振公子，於嗟麟兮。麟之定，振振公姓，於嗟麟兮。麟之角，振振公族，於嗟麟兮。

4 麒麟之於走獸，鳳凰之於飛鳥，太山之於丘垤，河海之於行潦，類也。

5 麟者，仁獸也。何注：『狀如麕，一角而戴肉，設武備而不為害，所以為仁獸也。』

6 毛蟲之精者曰麟，羽蟲之精者曰鳳，介蟲之精者曰龜，鱗蟲之精者曰龍，裸蟲之精者曰聖人。

7 故麒麟麇身、牛尾，圓頂一角，含仁懷義，音中律呂，行步中規，折旋中矩，擇土而踐，位平然後處，不群居，不旅行，紛兮其有質文也，幽閒則循循如也，動則有儀容。

8 仁獸也。麇[麇]身牛尾，一角。从鹿其聲。

9 大牝鹿也。从鹿粦[粦]聲。

10 Siehe Laure Schwartz-Arenales: Des animaux des quatre directions et de leurs métamorphoses, in: *Genèse de l'empire céleste. Dragons, phénix et autres chimères / The Beginning of the World, According to the Chinese. Dragons, Phoenix and Other Chimera,* Ausst.-Kat. Fondation Baur, Musée des arts d'Extrême-Orient, Genf 2020, S. 128–181, hier S. 158.

11 麟角末有肉，示有武不用。

12 Ein weiteres Beispiel befindet sich in der Arthur M. Sackler Gallery des National Museum of Asian Art, Smithsonian Institution, Washington, D. C., Inv.-Nr. S2012.9.2744.

13 Siehe Chen Li: *Han Dynasty (206 B – AD 220). Stone Carved Tombs in Central and Eastern China,* Oxford 2018, S. 78.

14 Siehe die Präsentation des Einhorns im Musée national des arts asiatiques – Guimet in Paris nach dessen Erwerbung: Activités du musée national des Arts asiatiques – Guimet, in: *Arts asiatiques* 46 (1991), S. 128 f.

15 Die Übersetzung des Titels folgt der französischen Übersetzung „ruisseau de rêve", siehe Zhang Chao: Miscellanées historiques (Chine), in: *Encyclopédie des historiographies. Afriques, Amériques, Asies,* hrsg. von Nathalie Kouamé, Éric P. Meyer und Anne Viguier, Bd. 1, Paris 2020, S. 1235–1242.

16 至和中，交趾獻麟，如牛而大，通身皆大鱗，首有一角。

17 *Qing* 青 ist eine chinesische Farbbezeichung.

18 至大四年，大同宣寧縣民滅的家，牛生一犢，其質有鱗無毛，其色青黃，類若麟者，以其鞹上之。

19 Musée national des arts asiatiques – Guimet, Paris, Inv.-Nr. EO 2123.

20 Siehe Michel Pastoureau: Des animaux pour rêver, in: Lens 2023, S. 14–21, hier S. 16.

21 Siehe Joseph Maria Stowasser: *Lateinisch-deutsches Schulwörterbuch,* Prag 1894, S. 671. Den Begriff Ungeheuer verwendet auch Roel Sterckx: *The Animal and the Daemon in Early China,* Albany 2002, S. 221.

22 Siehe Maurice Louis Tournier: *L'Imaginaire et la symbolique dans la Chine ancienne,* Paris 1991, S. 50.

23 十有四年，春，西狩獲麟。

24 十四年，春，西狩於大野，叔孙氏之車子鉏商獲麟，以為不祥，以賜虞人，仲尼觀之，曰，麟也，然後取之。

25 In Anlehnung an Joachim Gentz: The Past as a Messianic Vision. Historical Thought and Strategies of Sacralization in the Early Gongyang Tradition, in: *Historical Truth, Historical Criticism, and Ideology. Chinese Historiography and Historical Culture from a New Comparative Perspective,* hrsg. von Helwig Schmidt-Glintzer, Achim Mittag und Jörn Rüsen, Leiden und Boston 2005, S. 227–254, hier S. 238.

26 何以書？記異也。何異爾？非中國之獸也。然則孰狩之？薪採者也。薪採者則微者也，曷為以狩言之？大之也。曷為大之？為獲麟大之也。曷為為獲麟大之？麟者仁獸也。有王者則至，無王者則不至。有以告者曰：有麇而角者。孔子曰：孰為來哉！孰為來哉！反袂拭面，涕沾袍。

27 Siehe Joachim Gentz: Gongyang zhuan, Father of Chinese Historiography, in: *Zuozhuan and Early Chinese Historiography,* hrsg. von Yuri Pines, Martin Kern und Nino Luraghi, Studies in the History of Chinese Texts, Bd. 17, Leiden 2024, S. 244–288, hier S. 264.

28 Siehe Kathlyn Liscomb: How the Giraffe Became a Qilin. Intercultural Signification in Ming Dynasty Arts, in: *The Zoomorphic Imagination in Chinese Art and Culture,* hrsg. von Jerome Silbergeld und Eugene Y. Wang, Honolulu 2016, S. 341–378, hier S. 349.

29 Im Japanischen tragen sowohl die Giraffe als auch das Einhorn Qilin den Namen Kirin.

30 Siehe James C. Y. Watt: The Giraffe as the Mythical Qilin in Chinese Art. A Painting and a Rank Badge in the Metropolitan Museum, in: *Metropolitan Museum Journal* 43 (2008), S. 111–115.

31 是以四海承風，暢於異類，鳳翔麟至，鳥獸馴德。

32 Eine davon ist ein blau-weißer Porzellanteller aus der Regierungszeit von Kangxi (1661–1722), Victoria and Albert Museum, London, Inv.-Nr. C.774-1910.

33 Victoria and Albert Museum, London, Inv.-Nr. FE.12-1986.

34 Cleveland Museum of Art, Inv.-Nr. 42.8.296.

35 The Metropolitan Museum of Art, New York, Inv.-Nr. 34.26.1a,b–3a,b.

36 Die Luohan – auch Arhat genannt – waren die ersten Schüler Buddhas.

37 So bei einer Bronzefigur in der Arthur M. Sackler Gallery des National Museum of Asian Art, Smithsonian Institution, Washington, D. C., Inv.-Nr. S2012.9.2829.

38 Ein weiteres Objekt befindet sich im Boston Museum of Fine Arts, Inv.-Nr. 50.1772.

39 Siehe die Online-Sammlung des Historischen Museums Shaanxi, https://www.sxhm.com/collections/detail/8332.html, aufgerufen am 28.10.2024.

40 Siehe Jeannie Thomas Parker: *The Mythic Chinese Unicorn,* Victoria 2013.

41 The British Museum, London, Inv.-Nr. 2020,3015.90 und 2020,3015.94.

42 古ク画キ傳ル麒麟非トス 龍ヱ[?]寄ル圖ハ非也 貘一名銃馨

43 Siehe Helen Pidd: Unicorn Lair „Discovery" Blamed Partly on Mistranslation, in: *The Guardian,* 5.12.2012, https://www.theguardian.com/world/2012/dec/05 north-korea , aufgerufen am 16.1.2025.

„Und wurde uns zum Horn des Heils“. Das Einhorn in der christlichen Kunst

Stefan Trinks

Ähnlich unmöglich, wie die Nicht-Existenz des Einhorns zu beweisen, scheint es zu zeigen, auf welch verschlungenen Wegen das seit der assyrisch-indisch-chinesisch-mongolisch-griechischen Antike weitverbreitete und vertraute Tier in die christliche Kunst kam und welche unterschiedlichen Bedeutungen es in dieser einnimmt. Und nicht zuletzt: ob sich seine Symbolik und die Darstellungsweise in den zehn Jahrhunderten des Mittelalters signifikant verändert haben. Den Versuch einer Übersicht sollen drei Kapitel gewährleisten, die erstens das Einhorn als „*heil*iges Tier“ behandeln, sodann seine Aspekte als „un*heil*iges Tier“ und schließlich das „*heil*ende Tier“ mit seinen apotropäischen, das heißt Unheil abwehrenden Kräften wie seinem Horn, das mittelalterlichem Glauben zufolge Gift neutralisieren konnte, und seinem heilenden Blut.[1]

Das Einhorn begleitet den Menschen von seinem ersten Tag an auf Erden, wie eine Miniatur zu einer Handschrift von Flavius Josephus' im 1. Jahrhundert verfassten *Jüdischen Altertümern* von 1475 mit Gottes Schöpfung im rund eingehegten Paradies zeigt, auf der es sich wie selbstverständlich unter den Geschöpfen tummelt (Kat. 15).[2] An insgesamt acht Stellen nennt die Bibel das Einhorn; vier davon sind positiv, vier negativ konnotiert.[3] Einschränkend gilt, dass es sich bei keiner der acht Stellen um das Einhorn im engen Sinn handelt, da die hohe Dichte des Monoceros in der Bibel auf eine Falschübersetzung des hebräischen Wortes *re'em* für ein wildes, einhörniges Tier zurückzuführen ist – wohl das Rhinozeros oder ein wilder Stier, der seit der assyrischen Kunst ikonographisch nahezu immer im Profil dargestellt wurde und in dieser Perspektive nur ein Horn zu besitzen schien. Martin Luther hingegen übersetzte in seiner Bibelübertragung die acht in Rede stehenden Stellen durchgängig mit „Einhorn“, so dass sich dem Reformator der biblische Segen des Tieres auch weit über das Mittelalter hinaus verdankt.

Ein heiliges Tier. Das Einhorn als Symbol für Christus

In den positiven Bibelerwähnungen wird das Pseudo-Einhorn als „freidig“ im Sinn von kühn beschrieben (Num 23,22), doch auch als enorm stark gegen seine Feinde. Im Christus präfigurierenden Psalm 92 heißt es: „Aber mein Horn wird erhöht werden / wie das eines Einhorns / und werde gesalbt mit frischem Öl“ (Ps 92,11). Die Durchsetzung des Einhorns als christliches Symbol seit der Spätantike lief über die Zitierung und Interpretation solcher Bibelstellen durch Theologen, Enzyklopädisten und populäre Tiergeschichten. Das Einhorn galt nicht nur als bemerkenswertes Tier, das heidnische Autoren beschrieben hatten, sondern als Symbol für Christus.[4]

Zusätzlich zur alttestamentlichen Basis der Gleichsetzung des Einhorns mit Christus im Psalm vertritt einer der vier Kirchenväter, Ambrosius von Mailand, im 4. Jahrhundert die Meinung, die Worte *unicornis* und *unigenitus* klängen annähernd gleich, womit zwischen dem „Einhorn“ und Christus als „eingeborenem Sohn“

Mariens eine Beziehung bestehen müsse.[5] Während die Rezeption dieser klanglichen Assoziation bei Ambrosius überschaubar bleibt, erfährt sie ab den Jahren um 620 eine Verbreitung in ganz Europa. In dieser Zeit entstanden die zwanzigbändigen *Etymologiae* (Ursprünge) des westgotischen Bischofs Isidor von Sevilla, die verbreitetste Realenzyklopädie des Mittelalters, die mit Tausenden von Abschriften in nahezu jeder Klosterbibliothek vorhanden war.[6] Isidor bekräftigte nicht nur die etymologische Abkunft des in die Jungfrau Maria „eingeborenen" Einhorns Christus, er machte das christologische Tier auch wie andere Fabelwesen durch die weite Verbreitung seiner Schrift in allen Ländern Europas populär.[7]

Noch wichtiger als die genannten Bibelstellen und Isidor war für die weite Verbreitung des Einhorns im Mittelalter jedoch das Buch *Physiologus,* griechisch für „Der Naturkundige". Es wurde in zahllosen lateinischen und volkssprachlichen Abschriften bis weit in die Frühe Neuzeit in ganz Europa konsultiert. Die griechische Urschrift mit einer christlich-allegorischen Deutung der in der Antike bekannten Tierwelt – nach Ktesias, dem griechischen Naturforscher aus dem 4. Jahrhundert v. u. Z., Aristoteles, Plinius dem Älteren mit seiner zitatgesättigten *Naturgeschichte* sowie den Wissenschaftsautoren Aelianus und Solinus[8] – entstand Ende des 2. Jahrhunderts wahrscheinlich im ägyptischen Alexandria, das früh christlich geprägt war. Es existieren drei unterschiedliche Fassungen und von der Wende des 14. zum 15. Jahrhundert diverse Stufen von Redaktion.[9] Bei einer Edition des 4. Jahrhunderts galt fälschlich der Kirchenlehrer Basilius von Caesarea als Autor, weshalb ihre Autorität besonders groß war – diese Fassung besitzt sogar zwei Kapitel zum Einhorn.

Da der Text des *Physiologus* grundlegend für die Ausprägungen des mittelalterlichen Einhorn-Bildes ist, sei hier die gesamte Stelle aus der Urfassung in einer an älterem Deutsch orientierten Übersetzung zitiert:

> Und wird erhöhet werden, sagt der Psalmist, mein Horn wie das des Einhorns. Der Physiologus sprach vom Einhorn, daß es eine solche Eigenart habe: Ist ein kleines Tier, ähnelt einem Zicklein, hat aber einen gar scharfen Mut. Nicht vermag der Jäger ihm zu nahen darum daß es große Kraft hat. Ein einzig Horn hat es mitten auf dem Haupte. Wie aber wird es gefangen? Man legt ihm eine reine Jungfrau, schön ausstaffiert, in den Weg. Und da springt das Tier in den Schoß der Jungfrau, und sie hat Macht über es, und es folget ihr und sie bringt es ins Schloß zum König. Dies nun wird übertragen auf das Bildnis unseres Heilands. Denn es wurde auferweckt aus dem Hause David das Horn unseres Vaters, und wurde uns zum *Horn des Heils*. Nicht vermochten die Engelsgewalten ihn zu bewältigen, sondern er ging ein in den Leib der wahrhaftig und immerdar jungfräulichen Maria, und das Wort ward Fleisch, und wohnete unter uns.[10]

In einer griechischen Version des *Physiologus* aus dem 14. Jahrhundert endet die Beschreibung des Einhorns mit einem Hinweis auf die heilende Wirkung seines Horns. Zur Überlistung des Tieres wird eine Jungfrau in den Wald gesetzt:

> Wenn es aber die Frau allein (dort) ruhen sieht, kommt es heran, springt auf sie zu und reibt sich an ihren Knien, und während die Frau es besänftigt, schläft es ein. Dann fesselt sie es mit dem Strick und bringt es weg und überführt es. Das *monokeros* aber wacht auf und kann nicht mehr gehen, weil es mit dem Strick überwältigt ist. Viel geschunden, stößt es das Horn ab und läuft davon; und da nehmen die Jäger das Horn an sich. Es ist nämlich als Heilmittel gegen die Schlange nützlich.[11]

Die christusähnliche Passion des Tieres wird in der geschilderten Fesselung mit Stricken wie an der Geißelsäule und den Worten „viel geschunden" betont. Auch der Schlaf des alttestamentlichen Heroen Samson, einer im Mittelalter häufig aufgerufenen Präfiguration Christi, im Schoß der Delila und der Verlust seiner Kraft durch das Schneiden seiner Haare wie beim Einhorn durch den Abwurf seines Horns, mögen Vorlagen für die Gleichsetzung Christi mit dem mystischen Tier gewesen sein.

Die älteste erhaltene Einhorn-Illustration in einer aufwendig illuminierten *Physiologus*-Ausgabe findet sich im sogenannten *Berner Physiologus* von etwa 830 unter der Kapitelüberschrift „De animale unicornium" (Über das Tier Einhorn) (Abb. 1). Die Handschrift in akkurater karolingischer Minuskel ist – wie die Gesichter zeigen – vom *Utrechter Psalter* (Universiteitsbibliotheek Utrecht) von kurz nach 800 geprägt.[12] In einer von stilisierten Bäumen und Pflanzen bestandenen Landschaft vor dunkelblauem, wohl nächtlichem Hintergrund bewegt sich das Einhorn einen Abhang herab. Es wurde vom Miniaturisten in Größe, gebogenem Horn und dem durch kleine Zotteln angezeigten Fell einer kleinen Ziege ähnlich gestaltet.

– 1 –
Französisch (Reims): *Jungfrau und Einhorn,* in: *Berner Physiologus,* um 830, fol. 16v, Burgerbibliothek Bern

Es wird in Empfang genommen von einer stoffreich verhüllten Frau, die beide Arme parallel ausstreckt, um – so viel lässt sich trotz Schadstelle in der Miniatur sagen – das Einhorn mit ihren Händen am Maul zu berühren, vielleicht um es zuzuhalten. Zwei Deutungen dieser seltenen Ikonographie lassen sich denken: Zum einen schreibt der Physiologus, die Stimme des Einhorns sei unangenehm, wörtlich heißt es oft sogar „hässlich“. Die zweite Interpretation ist pragmatischer: Da die zentrale Aussage der *Physiologus*-Stelle, die Jungfrauengeburt beziehungsweise das Fangen des sonst nicht zu erjagenden Einhorns, nicht dargestellt ist und das Horn noch keineswegs im Schoß der züchtig bekleideten Jungfrau auf dem Bild ruht, sondern vielmehr hoch aufgerichtet ist, könnte die Geste der Frau mit den um die Schnauze des Tieres gelegten Händen auch eine Art Führung des Fabelwesens repräsentieren.

Die Grundform der Einhorn-Allegorie ist ein Einhorn als Symbol für den sündenfreien Christus, das in den Schoß der Maria im Hortus conclusus trotz Horn ohne Penetration eingeht, weil es dem *Physiologus*-Text zufolge lediglich sein Haupt und Horn in den Schoß der Jungfrau bettet. Das geht nicht immer friedvoll und asexuell vonstatten, wie es etwa der Theologe Konrad von Megenberg in der Einhorn-Interpretation in seinem 1348–1350 entstandenen *Buch der Natur* andeutet:

> Das Tier bedeutet unseren Herrn Jesus Christus, der war zornig und böse über die Hoffärtigkeit der Engel und über den Ungehorsam der Menschen auf Erden, bevor er Mensch wurde. Den fing die hochgelobte Jungfrau Maria mit ihrer keuschen Reinheit in der Wüste dieser sündhaften Welt, als er vom Himmel in ihren keuschen, reinen Schoß sprang.[13]

Eine theologisch inspirierte Illumination zeigt sich in einem englischen Bestiarium aus der ersten Hälfte des 13. Jahrhunderts (Abb. 2), auf der ein Häscher in Kettenhemd zwar seine Lanze in die deutlich artikulierten Rippen des Einhorns auf Höhe der Seitenwunde Christi rammt. Das Tier weist jedoch auch ein leicht erigiertes Geschlecht auf, und die unbekleidete Jungfrau verhüllt ihr Geschlecht, wohin der Blick des Einhorns gerichtet ist, wie eine antike *Venus pudica* mit der Hand.

Erotische Aspekte betonen auch zahlreiche Minnesänger in lustvoller Brechung der vorgeblichen Keuschheit des Tieres unter dem Topos der „Liebesjagd“,[14] wie es die sogenannten *Rothschild Canticles* mit einer splitternackten, vor dem Tier tanzenden Jungfrau ausführen (Abb. S. 349).[15] Auch die Illumination eines in Delft entstandenen Stundenbuchs von 1480–1490 (Abb. 3) lässt sich erotisch interpretieren. Vor der Pforte des umzäunten Gartens finden sich die vom Physiologus beschriebenen Jagdhunde, die es hetzen, und der Erzengel Gabriel, der als Jagdtreiber in ein Horn stößt, wodurch die Metapher der jungfräulichen Geburt im Bild verdoppelt ist (siehe Kat. 34–36). Indem der Verkündigungsengel Gabriel erscheint, wird verdeutlicht, dass das Zu-Tode-Hetzen und die auf diese Szene folgende Tötung des Sohnes durch einen Lanzenstich Gottvaters Wille sind, der links im Hintergrund aus dem brennenden Dornbusch, einem weiteren Jungfräulichkeitssymbol, dem Geschehen beiwohnt.

– 3 –
Niederländisch (Delft):
Mystische Einhorn-Jagd im Hortus conclusus,
in: *Stundenbuch nach Geert Grote,* Schreiberin
Geertrudt van Doetinchem, 1480–1490, fol. 11v,
Fitzwilliam Museum, Cambridge

– 2 –
Englisch: *Tötung des Einhorns,*
in: *Rochester-Bestiarium,* 1230–1240, fol. 10v,
British Library, London

In einem Breviar aus der Diözese Konstanz, zwischen 1476 und 1478 entstanden, löst sich die Ikonographie des Einhorns vom Schoß der Jungfrau und verabsolutiert die Gleichsetzung Christus und Einhorn (Abb. 4). Der anzukündigende Heiland der Hirtenverkündigung, die am unteren Ende der Seite dargestellt ist, steht als goldglänzendes Einhorn auf einem Berg – wie sonst der strahlende Stern von Bethlehem am Himmel steht. Er wird von oben wie das Vlies Gideons des Alten Testaments von Tautropfen beregnet, ohne nass zu werden. Parallel zeigt die Initialminiatur den Stall von Bethlehem, in dem Maria das jungfräulich geborene Christuskind anbetet.

– 4 –
Süddeutsch oder nördliche Schweiz:
Einhorn auf dem Berg in der Verkündigung an die Hirten,
in: *Brevier der Diözese Konstanz. Winterteil*, 1476–1478,
fol. 87v, Dr. Jörn Günther Rare Books AG, Basel

Bei dem größten erhaltenen Einhorn-Altar des Mittelalters von etwa 1420–1430 im Erfurter Dom ist die Darstellung der Kreuzigung auf den linken Seitenflügel gerückt, das Einhorn im Schoß der Gottesmutter aber flächenmäßig doppelt so groß in das Zentrum gesetzt (Abb. 5). Die Figur der Maria und das Einhorn sind weit monumentaler als die wimmelnde Kreuzigung daneben.[16] Beide sind durch das Gold als Reinheitsfarbe der Transzendenz durch einen großen Scheiben-Nimbus und das goldene Fell bereits optisch verbunden. Die zentrale Szene wird umringt von der symbolischen Zahl von zusammen zehn Heiligen und Jungfrauen sowie musizierenden Engeln und den Stiftern, nämlich Bischöfen und Äbtissinnen. Damit kein Zweifel bleibt, dass die Einhorn-Inkarnation wie in der Verkündigung geschieht, sendet Gottvater aus den Wolken seinen eingeborenen Sohn.

Die Jungfrau greift zärtlich in die Kinnbartpartie des Einhorns, ähnlich wie die Muttergottes sonst das Christuskind berührt. Auch ist wieder der Erzengel Gabriel mit Horn, Spruchband und der Hundemeute zu sehen, mit goldenen Davidsternen auf dem nachtblauen Gewand, die möglicherweise – wie es viele Schriftquellen dieser Zeit explizit antijüdisch ausführen – an die Juden als angebliche Gottesmörder erinnern sollen.[17]

Das Geschehen findet in einem Hortus conclusus mit einem Zaun aus Weidengeflecht statt,[18] der selbst als Ausweis der Keuschheit von Maria dient und mit weiteren bildlichen Jungfräulichkeitsmetaphern wie bestimmten Marienblumen angefüllt ist, die ein Engel wie das Röslein auf der Weide abschneidet, oder mit Marienallegorien aus dem Hohelied Salomos wie dem „versieg(el)ten Brunnen“, aus dessen Rohren kein Wasser fließt, obwohl er als *Fons vitae* mit Wasser gefüllt ist.

Wahrscheinlich ebenfalls aus Erfurt stammt das Tafelbild *Mariä Verkündigung in der Allegorie der Einhorn-Jagd* aus der zweiten Hälfte des 15. Jahrhunderts (Kat. 34).[19] Die Allegorien für die jungfräuliche Empfängnis, brennender Dornbusch und Gideons Vlies, flankieren das Einhorn,[20] das hier mit Spuren der Passion, nämlich mit nach der Hetzjagd heraushängender Zunge, gezeigt wird.

Noch unklar ist, warum sich die höchste Dichte an mittelalterlichen Einhorn-Darstellungen auf Tafelbildern und Altären in Thüringen findet. Vielleicht liegt es an der starken Marienverehrung in dem Landstrich, der gleichzeitig ein Kerngebiet der deutschen Mystik mit Meister Eckhart und anderen war. Martin Luther, der in Erfurt studiert und im Dom die Priesterweihe erhalten hatte, konnte auf eine lange Tradition und Vertrautheit mit der Einhorn-Allegorese bauen, wenn er 1532 in seiner Wittenberger Predigt über das Gleichnis vom verlorenen Schaf (Lk 15,3–7) im Sinn seiner Lehre von Gnade und Vergebung der Sünden gegen das Gesetz und die Vorstellung, durch gute Werke das Seelenheil zu erlangen, mit einer ungewöhnlichen Parallelisierung Christus als anarchisches Einhorn beschreibt:

> Nun ist Christus auch ein wenig eigensinnig und zeigt eben hier, dass er unregiert und aller Dinge ungebunden sein will. Wie man auch überall im Evangelium sieht, dass ein sonderlicher Eigensinn in dem Mann steckt, der doch sonst so ein friedlicher, williger und dienstbereiter Mann war, wie er auf Erden sonst kein zweites Mal zu finden ist. Aber wenn sie auf ihn zukommen mit Gesetzen und wollen ihn beherrschen, dann ist alle Freundschaft aus und sie stoßen und prallen damit zurück, als ob man auf einen Amboss schlagen würde. […] Aber wenn es um Gottesgesetz oder Menschengesetz geht, so will er [Christus] absolut ungebunden sein, und ist wie ein Einhorn, von welchem man sagt, dass man es nicht könne lebendig fangen, man hetze und jage es, wie man wolle; erstechen, schießen und töten

– 5 –
Thüringisch (Erfurt): *Mystische Einhorn-Jagd im Hortus conclusus*,
Mitteltafel des Einhorn-Altars, um 1420–1430,
Dom St. Marien, Erfurt

> lässt sich's wohl, aber fangen lässt sich's nicht. Also tut er auch, ob man gleich mit Gesetzen an ihn herantreten will und ihn schlägt, so leidet er doch nicht daran, sondern reißt hindurch wie durch ein Spinnengewebe und liest ihnen dazu einen guten Text.[21]

Weit treffender als alle anderen Tierallegorien von Christus etwa als Löwe oder Pelikan, der sich die Brust für seine Brut aufreißt, oder Phönix, der aus der Asche ersteht (Kat. 32), war das Einhorn unbändige und gleichzeitig nicht zu bändigende animalische und ambivalente Kulmination. Sie war ebenso unergründlich wie das göttliche Geheimnis der Opferung des eigenen Sohnes für das Heil der Menschen als zentraler Punkt des christlichen Glaubens.

So liegt auf einer Miniatur des englischen *Northumberland-Bestiariums* von um 1250–1260 das von der Longinus-Lanze auf Höhe der Seitenwunde Christi durchbohrte Einhorn mit geschlossenen Augen, stark blutend und wohl tot im Schoß der Jungfrau wie sonst in Pietà-Darstellungen der tote Christus im Schoß seiner Mutter (Abb. 6). Als zusätzliche Analogien zu einem Vesperbild hat der Miniaturist der Jungfrau ein langes Gewand in der Marienfarbe Blau und schmerzverzerrte Gesichtszüge verliehen. Zudem erhält das hoch aufragende „Kreuzes"-Horn eine visuelle Parallele in dem Schwert des zweiten Häschers, das sich in das Einhorn bohrt.

Das unheilige Tier

Das Gegenteil hierzu sind die Gefilde des unheiligen Tieres, das Künstler und Rezipienten mindestens so stark interessiert hat wie das keusche, dadurch bisweilen aber auch etwas brave und langweilige, weil monothematische „heilige" Einhorn. Eine Erzählung aus der christlich adaptierten buddhistischen Legendensammlung *Barlaam und Josaphat* schildert die Verfolgung eines flüchtenden Mannes durch ein Einhorn als Sinnbild des Todes (Kat. 88, 89).[22] Im griechischen *Barberini-Psalter* der Biblioteca Vaticana von um 1110 (Abb. 7) wird es unmissverständlich mit *thanatos*, Tod, bezeichnet.[23] Überhaupt schildern die byzantinischen Psalter vermehrt die dunklen und abgründigeren Seiten des Tieres, wenn im *Pantokrator-Psalter* das Einhorn wie der Christusknabe an der Brust der Jungfrau genährt wird.[24]

Das Einhorn kann nicht gebändigt werden und ist zudem unberechenbar. Die Bibelstelle in Hiob 39,9–12 fragt daher rhetorisch:

> Meinst du, das Einhorn werde dir dienen und werde bleiben an deiner Krippe? Kannst du ihm dein Seil anknüpfen, die Furchen zu machen, daß es hinter dir brache in Tälern? Magst du dich auf das Tier verlassen, daß es so stark ist, und wirst es dir lassen arbeiten? Magst du ihm trauen, daß es deinen Samen dir wiederbringe und in deine Scheune sammle?

Ebenso einhornkritisch sind die Bilder zu dem im Mittelalter als Vorwegnahme der Kreuzigung angesehenen Psalm 22: „Mein Gott, mein Gott, warum hast du mich verlassen? [...] Hilf mir aus dem Rachen des Löwen, und errette mich von den Einhörnern" (Ps 22,2 und 22). Diese Stelle illuminiert etwa der *Stuttgarter Psalter*, der in den Jahren 820 bis 830 in Saint-Germain-des-Prés entstanden ist.[25] Er zeigt

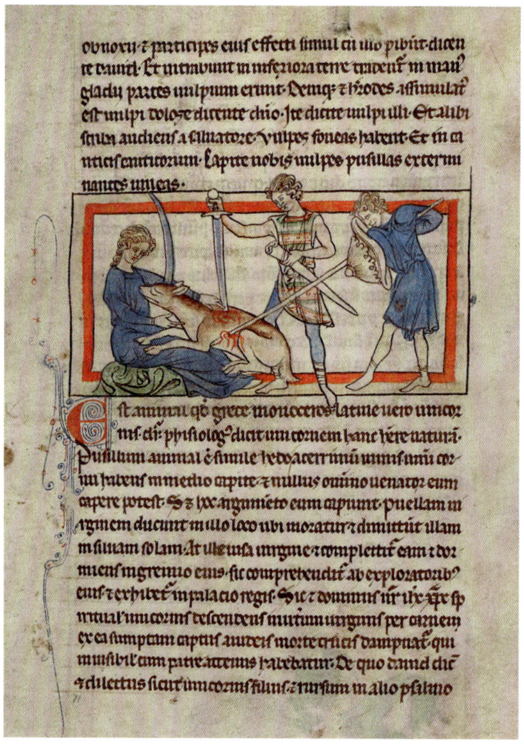

– 6 –
Englisch: *Tötung des Einhorns*,
in: *Northumberland-Bestiarium*, um 1250–1260, fol. 11,
The J. Paul Getty Museum, Los Angeles

– 7 –
Byzantinisch: *Einhorn als Sinnzeichen des Todes*,
in: *Barberini-Psalter*, um 1100, fol. 237v,
Biblioteca Apostolica Vaticana, Vatikanstadt

ein ungewöhnliches Bildformular für eine Kreuzigung (Abb. 8). Selten sind schon die beiden Engel, die mit dem Überschuss ihres Gewandes den Kreuzquerbalken wie mit textilen Schilden zu schützen versuchen. Der „gute" römische Hauptmann und Longinus, die Christus als den wahren Gottessohn erkennen, stehen mit ihren Lanzen auf der linken Seite, während üblicherweise nur der blinde Longinus den Lanzenstich in die rechte Körperseite Christi vollführt. Auch die gewöhnlich drei Legionäre, die am Fuß des Kreuzes um den ungeteilten Rock Christi würfeln, sind durch nur zwei ersetzt, die keine Würfel in Händen halten und von denen nicht sicher erscheint, ob sie mit dem erhobenen Messer nicht doch die Tunika des Heils zerteilen. Am gravierendsten verändert ist die Kreuzigung durch die Zugabe eines fauchenden Löwen und eines Einhorns, das im gestreckten Galopp auf den Gekreuzigten zuspringt, über einen Kelch unter dem Leib und mit gesenktem Haupt und Horn. Der Löwe ist das ambivalenteste Tier der christlichen Symbolik, da er sowohl Christus als auch das Gegenteil, den Teufel, verkörpern kann, gefolgt vom Einhorn, das Christus, aber auch dämonische Gewalten zu repräsentieren vermag.[26]

Bei der Szenerie handelt es sich nicht um eine Kreuzigungsdarstellung gemäß der Evangelien, sondern um ihre typologische Vorausschau in den Psalmen. Diese wurden in karolingischer Zeit König David zugeschrieben, womit die Erhebung eines „Horns des Heils" aus dem Haus David im Sinn einer legitimierenden Genealogie noch deutlicher wird.[27] Hier aber wird das Einhorn wenig schmeichelhaft als diabolischer *adversarius Christi,* als sein Widersacher, gekennzeichnet.

Entgegen dem Psalmentext versuchte der karolingische Buchmaler eine Ehrenrettung. Obwohl das Einhorn den Psalmen zufolge die Verfolgten bedrängt, hier verkörpert durch den Gekreuzigten, setzte der Illuminator das Tier parallel zu Longinus, der eigentlich mit seiner Lanze sticht, und die erwartete Eintrittsstelle auf die Höhe der schon beigebrachten Seitenwunde. Mit dem Goldkelch unter dem Einhorn, mit dem üblicherweise Ekklesia als Verkörperung der Kirche das kostbare Blut aus der Wunde auffängt, ergibt sich eine ekklesiologische Lesart des Bildes – nicht jedoch des Psalmentextes –, die das Einhorn zu einem unverzichtbaren Heilsvollstrecker werden lässt.

– 9 –
Jan Baegert: *Die Versuchung des heiligen Antonius* (Detail), Antonius-Altar, Innenseite rechter Flügel, um 1510, St. Viktor, Xanten

Weniger leicht positiv zu wenden ist das Einhorn im Bild *Die Versuchung des heiligen Antonius* des in Wesel geborenen Malers Jan Baegert von um 1510 (Abb. 9).[28] Mit weiteren dämonischen Kräften und Unwesen bedrängt es den Heiligen aufs Äußerste. Das gesenkte Horn bohrt sich mit der Spitze bereits leicht in die Seite und Mönchskutte des asketischen Eremiten. Das braune Fell, die Schlappohren und das hundeähnliche Äußere des Kopfes scheinen in eine kynologische Richtung zu weisen, jedoch ist das Tier ein Paarhufer und das Horn der Ikonographie der Einhörner entlehnt. Diese negative Konnotation des doch überwiegend positiv gesehenen Fabeltieres weist den Maler Baegert als Kenner der Psalmen aus. Er übernimmt die für das Christentum verewigte dunkle Seite des Einhorns, färbt es dunkelbraun ein und zeigt damit schon im Äußeren an, dass es sich nicht um ein reinweißes und gutes Einhorn handelt. Der Künstler verstand, dass es Schönheit nicht ohne die Präsenz ihrer Antagonisten Grässlichkeit und Schrecken gibt.[29]

Da das Einhorn, neben der parallel laufenden Narwalzahn-Ikonographie als maritimes Wesen (Kat. 45–47), überwiegend als Wild- und Waldtier beschrieben wurde,

– 8 –
Französisch (Paris, Saint-Germain-des-Prés): *Kreuzigungsszene mit Löwe und Einhorn* (Detail), in: *Stuttgarter Psalter,* 820–830, fol. 27r, Württembergische Landesbibliothek, Stuttgart

finden sich im 15. Jahrhundert auch viele Wilde Männer und Wilde Frauen mit Einhorn (Kat. 65–71).[30] Eine solche Allianz aus unheiligem und unzüchtigem Treiben und dem Einhorn zeigt Albrecht Dürers 1516 entstandene Eisenradierung *Die Entführung auf dem Einhorn* (Kat. 91). Dort entführt ein sogenannter Wilder Mann der Spätgotik mit langen lockigen Haaren und derbem Bart in der Tradition der antiken Raptus-Gruppen eine Nackte auf einem Einhorn.[31] Dass das Einhorn ein williger Vollstrecker des Vergewaltigers ist, zeigt sich darin, dass der Wilde Mann seine Hand in der Mähne des Tieres hat und von diesem dennoch nicht abgeworfen wird.

Das Einhorn wirkt nicht nur wild, sondern mit dem weit aufgerissenen Auge auch dem Wahnsinn nahe. Derartige verhexte und verrückte Pferde gestaltete Dürers Schüler und Freund Hans Baldung Grien in mehreren Holzschnitten mit Wald- und Wildpferden nach dem Vorbild des Meisters. Dies ist auch an den ungezügelten Locken der Mähnen im Holzschnitt *Wilde Pferde* zu sehen (Abb. 10). Sie erinnern an die aus antiken Darstellungen bekannte, *anastolé* genannte Frisur Alexanders des Großen. Der Begriff bezeichnet eine in der Mitte der Stirn wie ein Horn aufstehende Haartolle, die als Pathosformel Entschlossenheit und physische Energie verkörpert. Diese Haartracht wird oft auch auf die ähnlich hochragende Stirnmähne von Alexanders mythischem Ross Bukephalos übertragen.[32] Auch der in der antiken Mythologie bewanderte Baldung verwendete sie für seine wilden Pferde, deren Mähnen vergleichbar aufwallen.

Baldungs Familienwappen zeigt – ebenso wie das Wappen seiner Geburtsstadt Schwäbisch Gmünd – das Einhorn. Er bereitete seine Darstellung mit den aufflatternden Tüchern der Helmzier sorgfältig in subtilen Zeichnungen vor (Abb. 11).[33] Der Künstler wäre nicht der anspielungsreiche Zyniker, der er war,[34] würde nicht der nackte Putto vom vollständigen Wappenbild, der zaghaft mit der Hand den Helmfederbausch wie Zaumzeug befühlt, beim Versuch des Zähmens recht unbeholfen aussehen. Er wird von dem übermächtigen Tier zur Hälfte in den Schatten gestellt und zusätzlich piekst das Einhorn auf dem Schild optisch in sein kleines Geschlechtsteil.[35]

Auf einem Wandteppich von um 1500–1510 sitzt eine bis auf die blanken Brüste am ganzen Körper behaarte Wilde Frau in offener Landschaft auf einem Stein und krault mit ihrer Linken hingebungsvoll dem Einhorn die Mähne (Abb. S. 50). Die rechte Hand umschmiegt zärtlich sein Horn, was das Tier ausweislich seines zufrieden-verklärten Gesichtsausdrucks zu genießen scheint. Die sexualisierte Geste erinnert daran, dass das Horn seit der griechischen Antike eine Metapher für das männliche Geschlecht war. In der Berührung des Horns des Jupiter-Stieres durch die geraubte Europa hatten schon antike Satiriker etwas Sexuelles gesehen.[36]

Die Wilde Frau verschmilzt durch ihre Sitzposition mit den gestreckten und überkreuzten Beinen körperlich mit dem Einhorn und wirkt für den weiteren wenig jungfräulichen Verkehr mit dem Tier bereit. Dieser Eindruck wird durch ein Spruchband über ihrem Kopf mit einer Feier des Lebens sowie Tier- und Pflanzenallegorien im Hintergrund verstärkt: Dort dringt etwa ein Buntspecht mit seinem Schnabel-Horn in einen Baum ein, zwei Singvögel schnäbeln aufgeregt flügelschlagend in der Luft, die rotgoldenen Früchte eines Granatapfelbaumes platzen vor Üppigkeit auf und können dadurch auch als sexuelles Symbol verstanden werden. Schließlich durchfließt ein milchigsatter Wasserstrom aus einem Felsen ein Brunnenhaus davor, in wohl gesuchter Analogie zum Marienbrunnen der Lauretanischen Litanei und der Einhorn-Altäre.

Das heilende Tier. Brunnenreiniger, Apotheker und Wappenzier

Den Innereien des Einhorns, seinem Blut, Pulvern aus verschiedenen anderen Teilen des Einhorns, vor allem aber seinem Horn wurde das gesamte Mittelalter hindurch heilende Kraft zugeschrieben (Kat. 52–61). Mit dem allegorisch am Kreuz erhöhten Horn als Jesus aus dem Haus Davids, das im Leben der Menschen alles „Gift" neutra-

– 10 –
Hans Baldung Grien: *Wilde Pferde*, 1534

– 11 –
Hans Baldung Grien: *Entwurf für das Wappen der Familie Grien*, um 1544, The British Museum, London

– 12 –
Badisch: *Einhorn kämpft gegen Löwen,* Taufstein, um 1100, Stadtkirche Freudenstadt

lisieren könne, und dem heilstiftenden Blut des Christus-Einhorns sind zwei zentrale Metaphern der messianischen Erlösungsikonographie auf das Einhorn übertragen. Der christliche Wunderheilungsglaube konnte sich abermals auf den weit verbreiteten *Physiologus*-Text berufen. Dort heißt es:

> Aber in jenen Gegenden ist ein großer See, und da sammeln sich die wilden Tiere, um zu trinken. Ehe jedoch die Tiere versammelt sind, kriecht die Schlange heran und speit ihr Gift in das Wasser. Die Tiere nun spüren das Gift und wagen nicht zu trinken; und da warten sie auf das Einhorn, und das kommt, und stracks geht es in das Wasser und schlägt mit dem Horn ein Kreuz, und damit macht es die Kraft des Giftes zunichte, und da es von dem Wasser trinkt, trinken auch all jene anderen Tiere.[37]

Auf einem flämischen Wandteppich von 1495–1505 ist die vom Physiologus geschilderte Szene des „Ein Kreuz schlagen mit dem Horn und Reinigen des Wassers" dargestellt (Abb. S. 61).[38] Während im Hintergrund zwölf Jäger über mögliche Fangweisen des Tieres diskutieren, beugt sich im Vordergrund das weiße Einhorn, auf seinen Vorderläufen kniend, weit vor und taucht mit der Spitze seines Horns in das aus dem Brunnenbecken fließende verseuchte Wasser und purifiziert es hierdurch. Noch warten die anderen exotisch-paradiesischen Vierbeiner wie Löwen, Geparden und Hyänen ab, dass der Segensgestus des Einhorns sein Heilswerk vollbringt und das Gift aus dem Wasser schwindet; symbolträchtig blühen um den Wasserlauf Pflanzen wie Salbei, Ringelblumen oder auch Orangen, die nach mittelalterlichem Glauben apotropäisch gegen Vergiftung wirken.

Von solchen Visualisierungen des *Physiologus*-Textes existierten im Mittelalter Hunderte von Exempla. Aber dort, wo im christlichen Bereich die quasirituelle Reinigung des Wassers von dämonischen Kräften am ausgeprägtesten ist, in Baptisterien, finden sich nur wenige Beispiele. Vielleicht, weil hier die „naturalistische" Szene der Taufe Christi in den Wassern des Jordans verständlicher war.

Das bislang als frühester Beleg für die apotropäische Reinigung des Taufwassers identifizierte Taufbecken ist der Taufstein von Freudenstadt, der aus Sandstein besteht und um 1100 entstanden ist (Abb. 12). Die umlaufende Inschrift besagt *Evomit infusum homo cervus ab angue venenum* (Wie der Hirsch speit der Mensch das von der Schlange eingeflößte Gift aus), nach dem in der Kunst seit frühchristlichen Zeiten in Baptisterien viel zitierten Psalm 42,2: „Wie der Hirsch lechzt nach frischem [d. h. ungiftigem] Wasser, so schreit meine Seele, Gott, zu dir", doch eben auch mit der wörtlichen Übernahme aus dem *Physiologus*-Text des entscheidenden Verbs *evomere*, ausspeien.[39] Neben dem Hirsch sind auf der Taufschale, die auf einem Fuß mit Löwen und einer von diesen bedrängten Menschengestalt ruht, noch zwei Drachen und eine Schlange sowie ein Einhorn zu identifizieren.[40] Damit stehen der teuflischen Schlange der Versuchung, die im Einhorn-Kapitel des *Physiologus* ebenfalls genannt wird, und den dämonisierten Drachen zwei christliche und Christus verkörpernde Antipoden gegenüber: die Symboltiere Hirsch und Einhorn. Letzteres besitzt sogar die Macht, das Gift der Ursünde vom Täufling zu nehmen.

Auch wenn sich wenige Baptisterien und Taufsteine mit Einhorn-Ikonographie

– 13 –
André Friedrich: *Einhorn-Brunnen,* 1837, Saverne/Zabern, Postkarte um 1900

erhalten haben, existieren in Süddeutschland und der Schweiz bis heute zahlreiche Einhorn-Brunnen, die diesen Glauben an die reinigende Wirkung des Tieres verkörpern, wie etwa ein lebensgroßes Einhorn als Brunnenaufsatz im elsässischen Saverne/Zabern belegt (Abb. 13).

Andere Beispiele für das Einhorn als Abwehrzauber getreu der antik-mittelalterlichen Grundüberzeugung *similia similibus solvuntur* (Gleiches wird durch Gleiches gelöst – oder eben auch bekämpft), sind die Wappenzier vieler Ritter und Adeliger, wo das Einhorn mit seiner gewaltigen Kraft die Feinde mindestens abschrecken sollte. So führte etwa der Minnesänger Dietmar von Aist das Einhorn in seinem Wappen, wie eine Illumination im *Codex Manesse,* der *Manessischen Liederhandschrift,* zeigt (Abb. 14). In Schottland gehört es zum Staatswappen. Auf den von Jakob III. (reg. 1460–1488) und seinem Sohn Jakob IV. (reg. 1488–1513) geprägten schottischen Goldmünzen flottierte das Einhorn durch die britischen Inseln und die Welt (Kat. 132).

Bei all diesen positiven Aufladungen ist nachvollziehbar, dass man das Horn des Tieres für schadensabwehrend hielt und auch so einsetzte, wie es etwa bei Thomas von Aquin, Hildegard von Bingen, Arnoldus Saxo oder im sogenannten *Lexikon des Papias* beschrieben wird.[41] Dem für Horn

– 14 –
Schweizerisch (Zürich): *Der Minnesänger Dietmar von Aist, über ihm sein Wappen mit dem Einhorn,* in: *Codex Manesse,* Zürich, um 1300–1340, fol. 64r, Universitätsbibliothek Heidelberg

des Einhorns gehaltenen spiraligen Zahn des Narwals sprach man Gift neutralisierende und heilende Kräfte zu. König Karl der Kühne und Kaiser Maximilian II. hatten aus Angst vor Vergiftung immer ein Stück Einhorn auf der Speisetafel (Kat. 52). Zahllose Apotheken im deutschsprachigen Raum trugen nicht nur Namen und Bild des Einhorns, sondern boten auch Heilmittel aus zerstoßenem Horn und allen anderen Teilen des Tieres an.[42]

Als Kostbarkeiten und Apotropaia wurden sie in Kirchenbauten, aber auch in kirchlichen und weltlichen Schatzkammern präsentiert. In der Kathedrale von Utrecht hing wie in vielen anderen Gotteshäusern seit dem 11. Jahrhundert ein Einhorn-Narwalzahn zum Schutz gegen Dämonen und als Christussymbol über dem Altar (Rijksmuseum, Amsterdam),[43] der Tesoro der Markuskirche in Venedig konnte gleich drei Narwalzähne präsentieren.[44] Eine Mischform aus kirchlicher und weltlicher Schatzkammer bildet der Thesaurus der Bischofskirche Saint-Denis bei Paris, da sie zugleich Grablege der französischen Könige war und nahezu alle Objekte in ihr auch politisch in Dienst genommen werden konnten. Spätestens seit der Ägide von Abt Suger um 1100 konnte der auch mit Kostbarkeiten der Antike angefüllte Schatz von Saint-Denis eines der gewundenen Meisterwerke vorweisen (siehe Kat. 94).

Die oft kunstvoll in den Windungen ornamentierten Narwalzähne in den mittelalterlichen Kirchenschätzen zeigen, dass diese als Vorläufer der späteren Kunst- und Wunderkammern der Renaissance und des Barocks angesehen werden dürfen, da in diesen die Präsenz dieser besonderen Objekte beinahe obligatorisch war. So bildet in Wien ein „Ainkhürn" in der kaiserlichen Schatzkammer den Kernbestand der hochverehrten Heiltümer; es wurde dem römisch-deutschen König und späteren Kaiser Ferdinand I. vom polnischen König Sigismund II. August geschenkt. Das Zeremonialschwert Herzog Philipps des Guten von Burgund aus dem 15. Jahrhundert verfügt über einen Griff aus Narwalzahn, so dass hier das Sinnzeichen des unüberwindbar starken Einhorns mit der Schadensabwehrkraft des Materials unauflöslich verschmolz (Abb. 15).[45] Und auch in England befand sich in der königlichen Schatzkammer von Westminster Abbey eines der begehrten Einhorn-Hörner.[46] Tektonischer Höhepunkt dieser beinernen

– 15 –
Niederländisch (Burgund): *Ainkhürn-Schwert,* 2. Viertel 15. Jahrhundert, Kunsthistorisches Museum Wien, Weltliche Schatzkammer

– 16 –
Bendix Grodtschilling: *Salbungsthron der dänischen Könige,* 1660er Jahre, Schloss Rosenborg, Kopenhagen

Apotropeia ist der Thron der Könige von Dänemark, von 1671 bis 1840 verwendet, der vollständig aus Narwalzähnen gebaut ist (Abb. 16).[47]

Den Übergang von der mittelalterlich-christlichen Einhorn-Verehrung zu einer profanen Erinnerung an die große Zeit des Tieres markiert ein Narwal-Anhänger, das sogenannte *Danny-Schmuckstück,* bestehend aus emailliertem Gold und einem Stück Narwalzahn, hergestellt in England um 1550 (Kat. 53). Es ist kaum zu entscheiden, ob es bei dem Juwel um eine rein ästhetische Verwendung des edlen Materials als Schmuckstück geht oder die heiligen und unheiligen Kräfte des Tieres noch wirksam sind. Dass ein Bruchstück ausreichte, in den Betrachtern die Geschichte des Tieres und seiner Macht aufrufen zu können, spricht für die in Renaissance und Barock unverändert lebendige Erinnerung an die mittelalterliche Vergangenheit des Einhorns.[48]

1 Mit dieser Gliederung geht der Beitrag anders vor als die Arbeit des Theologen Jürgen Werinhard Einhorn mit ihrer Spiritualisierung des Tieres. Er weiß sich ihr dennoch in der Betonung des Fabelwesens als eines der zentralen „Sinnzeichen" der spätmittelalterlichen Kunst verpflichtet; siehe Einhorn 1998.

2 Es findet sich auch zwischen Adam und Eva beim Sündenfall, etwa in einem Holzschnitt von Jean d'Ypres für eine der ersten in Frankreich gedruckten illustrierten Bibeln, 1501 in Paris publiziert von Antoine Vérard; Abb. bei Boehm 2020, S. 44; siehe auch Kat. 16–19.

3 Siehe Hörisch 2005, S. 25–28; siehe auch Jochen Hörisch: Nachwort, in: ebd., S. 207–263, hier S. 221 f.

4 Siehe Freeman 1983 mit Nennung einer konkreten Einsatzfunktion der New Yorker Einhorn-Teppiche, v. a. S. 173 f.

5 Siehe Hörisch 2005, S. 227 f.

6 Siehe Stefan Trinks: *Antike und Avantgarde. Skulptur am Jakobsweg im 11. Jahrhundert. Jaca – Léon – Santiago,* Berlin 2012, v. a. S. 30.

7 In *Etymologiae* XII, 2,12 stellt Isidor den Kampf des Einhorns gegen seinen Feind, den Elefanten, dramatisch dar, siehe S. 346. – Zum Kampf von Einhorn und Elefanten siehe auch Kat. 74, 103.

8 Als Anthologie der antiken Quellen zum Einhorn siehe Hörisch 2005, S. 21–44; als Darstellung siehe Roling/Weitbrecht 2023, Kap. 1, S. 19–39: Gehörnte Chimären, Wissen und Fantasie: Das Einhorn in der Naturkunde der Antike und ihrem Nachleben.

9 Siehe Hörisch 2005, S. 40.

10 *Der Physiologus. Tiere und ihre Symbolik,* übertr. und erl. von Otto Seel, 6. Aufl., Zürich und München 1992, S. 35 f.; Hervorhebung vom Verfasser.

11 Aus dem griechischen *Physiologus* des 14. Jahrhunderts, in: Hörisch 2005, S. 41 f.; Hervorhebung vom Verfasser.

12 Siehe *Physiologus Bernensis,* Voll-Faksimile-Ausgabe des Codex Bongarsianus 318 der Burgerbibliothek Bern. Wissenschaftlicher Kommentar von Christoph von Steiger und Otto Homburger, Basel 1964.

13 Konrad von Megenberg: Von dem Einhorn, in: *Das Tierbuch des Konrad von Megenberg,* ins Neuhochdeutsche übertr. von Gerhard E. Sollbach, Dortmund 1989, S. 109–111, hier S. 110.

14 Siehe Roling/Weitbrecht 2023, S. 77–79 u. ö.

15 Zu dieser zwischen 1300 und 1310 wahrscheinlich im Rheinland entstandenen, mit allegorischer Sonderikonographie ausgestatteten Handschrift siehe Stefan Trinks: *Glaubensstoffe und Geschichtsgewebe. Belebte Tücher in der mittelalterlichen und modernen Kunst,* München 2024, S. 87–89.

16 Zu diesem Altar siehe u. a. Demme/Schönemann/Eidam 1993, S. 28; Kammel 2004; Bürger 2011, S. 52 f.

17 Dies geht in vielen Fällen zurück auf den Vergleich von Papst Gregor dem Großen, das Einhorn sei wie das „Volk der Juden", siehe Wehrhahn-Stauch 1958, Sp. 1512.

18 Siehe Roling/Weitbrecht 2023, S. 65.

19 Siehe Friedrich 2001, S. 249.

20 Trinks 2024 (wie Anm. 15), S. 104–106.

21 Martin Luther: Predigt auf dem Schlosse zu Wittenberg [23.8.1532]. Evangelium von dem verlorenen Schaf, in: *D. Martin Luthers Werke. Kritische Gesamtausgabe,* [hrsg. von Joachim Karl Friedrich Knaake u. a.], Bd. 36 [Predigten des Jahres 1532], Weimar 1909, S. 270–286, hier S. 274; aus dem frühneuzeitlichen Deutsch modernisiert vom Verfasser.

22 Zur Fassung der Legende bei dem Theologen Johannes Damascenus (um 650 – vor 754) und der literarischen Ausschmückung in Rudolfs von Ems *Barlaam und Josaphat* wohl aus dem Jahr 1225 siehe Hörisch 2005, S. 47 f., 62–64.

23 Siehe *Biblioteca Apostolica Vaticana. Liturgie und Andacht im Mittelalter,* Ausst.-Kat. Erzbischöfliches Diözesanmuseum, Köln 1992, S. 126.

24 Griechisch: *Maria lactans mit Einhorn,* in: *Pantokrator-Psalter,* 9. Jahrhundert, Ms. Pantokrator 61, fol. 109v, Pantokrator-Kloster, Athos.

25 Siehe Einhorn 1998, S. 98 f.; Florentine Mütherich: Die Stellung der Bilder in der frühmittelalterlichen Psalterillustration, in: *Der Stuttgarter Bilderpsalter,* hrsg. von Wilhelm Hoffmann, Bd. 2, Stuttgart 1968, S. 151–222, hier S. 160 f.

26 Siehe Friedrich Ohly: Vom geistigen Sinn des Wortes im Mittelalter, in: *Zeitschrift für deutsches Altertum und deutsche Literatur* 89,1 (1958), S. 1–23, hier v. a. S. 7.

27 Zur Funktionsweise der Apotropaia u. a. des *Stuttgarter Psalters* siehe Herbert Kessler: Evil Eye(ing). Romanesque Art as a Shield of Faith, in: *Romanesque Art and Thought in the Twelfth Century. Essays in Honor of Walter Cahn,* hrsg. von Colum P. Hourihane, Princeton 2008, S. 107–135, hier v. a. S. 120.

28 Siehe *Schönheit und Verzückung. Jan Baegert und die Malerei des Mittelalters,* Ausst.-Kat. Museum Kurhaus Kleve 2024, Nr. 22.

29 Der Künstler stellte selbst Kreuzigung und Heiligenmartyrien weniger blutig und grausam dar als seine Zeitgenossen, siehe ebd., S. 178, 223, 226 f.

30 Siehe u. a. List 1993, S. 104.

31 Bisweilen wird die Eisenradierung auch antik-mythologisch gedeutet und *Entführung der Proserpina auf einem Einhorn* betitelt, siehe Schoch/Mende/Scherbaum 2001, S. 207.

32 Es wird in mittelalterlichen Handschriften oft auch mit echtem Horn und Ochsenschädel dargestellt.

33 Insofern spielt Baldungs Holzschnitt eine Schlüsselrolle in einer Studie zum Moment der Selbstbildung und Verselbstbildnissung, siehe Joseph Leo Koerner: *The Moment of Self-Portraiture in German Renaissance Art,* Chicago 1993.

34 Siehe etwa Stefan Trinks: Hans Baldung Grien. Cliffhanger mit zersägten Töchtern, in: *Arsprototo* 15,1 (2019), S. 74–77.

35 Zu derartigen verbildlichten Kastrations- oder Urängsten fügen sich die zeitlosen Einhorn-Beobachtungen von Jung 1952, v. a. S. 599 f. – Das Wappen mit aufsteigendem Einhorn über einem Schild mit Einhorn und mit einem danebenstehenden Putto führte Baldung 1530 als Holzschnitt aus.

36 Was im Mittelalter in Wort und Bild ausgeschmückt wurde, siehe Roling/Weitbrecht 2023, S. 35 u. ö.

37 *Der Physiologus* 1992 (wie Anm. 10), S. 36.

38 Siehe Boehm 2020, S. 9.

39 Siehe zum Freudenstädter Taufbecken etwa Schmidt/Schmidt 1984, S. 48, 68; Einhorn 1998, S. 129 f., Abb. 152, Nr. 39; Silvia Schlegel: *Mittelalterliche Taufgefäße. Funktion und Ausstattung,* Köln u. a. 2012, S. 147 ff., 285 ff., 389 ff.; Jan Ilas Bartusch: Der Freudenstädter Taufstein und das Bietenhausener Tympanon. Zwei frühe Steinmetzarbeiten der Alpirsbacher Klosterbauhütte, in: *Zeitschrift für hohenzollerische Geschichte* 51/52 (2015/16), S. 1–24.

40 Siehe Manfred Lurker: Der Taufstein zu Freudenstadt. Betrachtungen zur romanischen Tiersymbolik, in: *Die Ortenau. Zeitschrift des Historischen Vereins für Mittelbaden* 51 (1971), S. 85–98, hier S. 96.

41 Siehe Einhorn 1998, S. 133, 211, 333 und 53.

42 Siehe ebd., S. 343–345.

43 Siehe Van Vlierden 1989. – Zu den vielfach noch in den Spiralen ornamental oder figürlich beschnitzten Kirchen-Narwalzähnen siehe Hanns Swarzenski: *Monuments of Romanesque Art. The Church Treasures of Northern Europe,* London 1954, v. a. S. 53; James Beckwith: *Ivory Carvings in Early Medieval England,* London 1972, S. 135.

44 Ein auf den 5. September 1325 datiertes Inventar notiert ein in der „Krypta" von San Marco aufbewahrtes und an Feiertagen am Altar gezeigtes *cornum unum de unicornio ornatum de argento,* d. h. ein mit Silber verziertes Einhorn-Horn, siehe Rodolfo Gallo: *Il tesoro di S. Marco e la sua storia,* Venedig 1967, S. 277.

45 Siehe Schönberger 1935/36, S. 173.

46 Siehe Boehm 2020, S. 13.

47 Siehe Kopenhagen 2018, Bd. 2, Nr. 326.

48 Ehe im 17. Jahrhundert Naturwissenschaftler dem festen „Glauben" an das Tier ein Ende zu setzen versuchten und das Einhorn in das Reich der Fabelwesen verbannen wollten, siehe Roling/Weitbrecht 2023, Kap. 4, S. 101–154: Träume, Walstoßzähne, Knochen und Gift: Das Ende des Einhorns in der Frühen Neuzeit? – Siehe auch den Beitrag von Barbara Drake Boehm im vorliegenden Band, S. 60–69.

Als das Einhorn in gewebten Bildern lebte. Das Fabeltier als Motiv in Wandteppichen

Béatrice de Chancel-Bardelot

In der Antike fand das Einhorn in diversen Schriften Erwähnung. Während der ersten Jahrhunderte des Mittelalters bis zum 14. Jahrhundert war es in heiligen Texten, auch in Bestiarien und enzyklopädischen Werken in Form bildlicher Darstellungen gegenwärtig. Dabei ließen sich die Künstler von Beschreibungen anregen oder folgten ihren eigenen Vorstellungen.[1] Im 15. Jahrhundert hielt das Einhorn Einzug in die Lebenswelt der Eliten – vor allem als Motiv von Wandteppichen. Schon im 14. Jahrhundert werden in schriftlichen Quellen Einhorn-Tapisserien erwähnt. Ab 1400 fanden sie weitere Verbreitung. Viele Zentren der Webkunst lagen in nördlichen Regionen Europas: in Paris, im Norden Frankreichs und in den südlichen Niederlanden. Im 15. Jahrhundert waren die Städte Arras und Tournai besonders aktiv und im 16. Jahrhundert erlangte Brüssel für die Teppichweberei große Bedeutung. Im Gebiet des Heiligen Römischen Reichs hingegen gab es – anders als früher vermutet – allem Anschein nach nicht viele Städte, in denen diese Kunst ausgeübt wurde. Dort konzentrierte sich das Geschehen auf die Region des Oberrheins mit den Zentren Straßburg und Basel.

Die Entwicklung der Tapisseriekunst wurde dadurch begünstigt, dass sich eine Frühform der Wollindustrie herausbildete und Wolle minderer Qualität somit besser verwertet werden konnte. Die Wolle wurde nicht mehr nur gekämmt, sondern kardiert – also die Fasern durch Geräte mit spitzen Zähnen zu einem Flor bearbeitet – und am Spinnrad gesponnen – und nicht mehr nur mit der Spindel. Dadurch konnte die qualitativ hochwertige Wolle, die Kammwolle, für Luxusgüter aufgespart werden. Zu diesen Luxusgütern zählten auch Bildteppiche. Großformatige Tapisserien mit figurenreichen Motiven, figürlichen Darstellungen oder heraldischen Zeichen waren für Könige, Fürsten und adelige Eliten bestimmt. Nur diese konnten es sich leisten, Teppiche in Auftrag zu geben, an denen Fachkräfte mit speziellen Fertigkeiten mitunter mehrere Jahre arbeiteten. Sie verwendeten vielfältig variierte Farben und veredelten die Wolle mit Seide und manchmal auch durch das Einarbeiten von Gold- und Silberfäden. Das städtische Bürgertum begnügte sich mit kleinen Tapisserien in Form von Kissenbezügen, Sitzbankauflagen und bescheidenen Wandteppichen mit stärker repetitivem Pflanzen- und Tierdekor, mit denen es etwa die Einfassungen seiner Kamine verschönerte.

Da Bildteppiche leicht zu transportieren waren, nahmen Fürsten sie bei ihren Wohnortwechseln zwischen Stadtsitzen und Schlössern und sogar auf Militärexpeditionen oder diplomatische Missionen mit. Bis ins 18. Jahrhundert wurden Bildteppiche verschiedentlich als Straßenschmuck aufgehängt, wenn königliche Würdenträger in einer Stadt Einzug hielten oder feierliche Prozessionen stattfanden. In den Inventarlisten von Adelshäusern des 17. und 18. Jahrhunderts sind beeindruckende Mengen von Tapisserien verzeichnet – darunter auch Verdüren und heraldische Bildteppiche mit Einhorn-Darstellungen.

Bis ins 18. Jahrhundert berichteten Reisende zwar, sie seien in fernen Ländern dem Einhorn begegnet, aber im Mittelalter und in der Renaissance war das Fabelwesen auf heimischen Tapisserien anzutreffen – also als Motiv auf textilen Luxusartikeln. Dieser Beitrag untersucht Themenfelder und Ikonographie des Einhorns auf Bildteppichen im 15. und bis ins 17. Jahrhundert.

Als Einhörner noch bunt waren

Die profan-höfische Einhorn-Ikonographie bildete sich im 14. Jahrhundert um den Bodensee und am Oberrhein heraus.[2] Daher boten die Basler und Straßburger Wandteppiche dem Einhorn einen günstigen Lebensraum, in dem es zudem mit anderen phantastischen und exotischen Wesen in Berührung kam: mit Löwen, Greifen und Basilisken.

Das früheste Beispiel ist eine aus mehreren Fragmenten bestehende Bildfolge, die heute im Historischen Museum Basel aufbewahrt wird (Abb. 1).[3] Vor einem Hintergrund aus stilisierten pflanzlichen Ornamenten wird eine Farandole, ein provenzalischer Volkstanz, aufgeführt, bei der sich junge Menschen und Phantasiewesen abwechseln. Die elegante Kleidung entspricht der Mode des frühen 15. Jahrhunderts. Die respekteinflößenden Wesen werden von zwei jungen Frauen und drei jungen Männern an Seilen oder Ketten geführt, während eine dritte junge Frau mit beiden Händen das Horn eines Einhorns ergreift. Die Farbgebung der Tiere ist der Phantasie entsprungen; ihre Konturen sind stilisiert und werden durch die imposanten Mähnen verstärkt. Die Farben – Ziegelrot, Blau und Grün – sind auf rhythmische Weise miteinander verknüpft. Das Einhorn hat blaues Fell mit hellen Augenflecken und eine rote Mähne, während der gleichfalls rote Körper des blaumähnigen Wesens neben ihm mit Schuppen bedeckt ist. Mit seiner gewölbten Silhouette und dem gekrümmten Horn erinnert diese Gestalt an ein Einhorn-Aquamanile mit flammenähnlich aufgefächertem Schwanz, das am Anfang des 14. Jahrhunderts in Nürnberg entstanden ist (Kat. 62).[4]

Eine ähnliche Atmosphäre gibt ein wahrscheinlich aus Basel stammender, heute geteilter Wandbehang wieder (Abb. 2).[5] Die Figuren sind vornehm – in der Mode der Zeit zwischen 1400 und 1420 – gekleidet und treten mit phantastischen Wesen in

– 1 –
Oberrheinisch (Basel): *Sechs Edelleute mit Fabeltieren* (Detail), um 1410–1420, Historisches Museum Basel

– 2 –
Oberrheinisch (Basel): *Wilde Leute überraschen junge Paare auf der Falkenjagd* (zwei Teilstücke), um 1420, Benediktinerkloster Muri-Gries, Bozen (oben) und Schloss Lenzburg – Museum Aargau (unten)

Interaktion: mit einem Einhorn, einer eigentümlichen Ziege, einem Greif und einem Löwen. Sie dienen den Wilden Männern, die blühende Reiser oder Zweige schwenken, als Reittiere. Handelt es sich um einen Spaziergang in der besonderen Welt des Waldes? Von Erschrecken ist bei diesem mit den Mitteln der Weberei dargestellten Aufeinandertreffen nichts zu spüren. Die junge Frau, die mit dem Einhorn in Kontakt tritt, hält auf ihrer rechten Hand einen Falken und erwartet das sich nähernde Fabeltier überrascht oder mit Bewunderung, auf jeden Fall aber mit ausgebreiteten Armen.

Auf diesem Wandbehang begegnet erstmals eine Kombination, die später häufiger vorkommt: die Verbindung von Einhorn und Wilden Leuten. Diese Gestalten sind in der Ikonographie des Mittelalters ab dem 14. Jahrhundert sehr präsent. Der Wald galt seinerzeit als düstere und feindselige Sphäre, aber die Wilden Männer und Frauen standen nicht grundsätzlich im Gegensatz zur zivilisierten Welt. Sie konnten auch als Verbildlichungen einer Lebensweise dienen, die sich in einem harmonischen und symbiotischen Verhältnis zur Welt des Waldes entfaltete und von einer von Gott erschaffenen und erhaltenen Natur kündete.[6]

– 3 –
Oberrheinisch (Straßburg): *Wilde Frau mit Einhorn,* um 1500–1510, Historisches Museum Basel

Der Wandbehang *Wilde Männer und Fabeltiere* von etwa 1430–1440 eröffnet eine idealisierte und vom Wunderbaren inspirierte Sicht auf das Leben der Wilden Menschen und bettet es in eine Atmosphäre der Harmonie und Wahrhaftigkeit ein (Kat. 65).[7] Die Spruchbänder bestätigen, dass Tiere und Wilde Leute friedvoll miteinander umgehen. Während es in der Welt keine Treue gebe, so einer der Texte, seien nur im Wald wahre Eintracht und Liebe zu finden. In das Pflanzenmuster, das den Hintergrund der Szene bildet, sind Buchstaben und Liebesknoten eingeflochten. Die Wilden Männer, die kleine Peitschen in den Händen halten, führen die Tiere, die stolz dastehen und den Vorderhuf anheben, behutsam des Weges. Das rote Einhorn und der blaue Greif mit dem floral gemusterten Fell in der rechten Bildhälfte blicken zu einem jungen Mann mit blondem Haar. Ein Spruchband legt ihm einen Satz in den Mund, der in hochdeutscher Übersetzung lautet: „Die Welt ist der Untreue voll, mit diesen Tierlein ist uns wohl“. Dass das Horn des Einhorns wie in dieser Darstellung geradlinig wächst, scheint im deutschsprachigen Raum ab der Mitte des 15. Jahrhunderts die Norm gewesen zu sein.

Mehrere Bildteppiche aus der zweiten Hälfte des 15. Jahrhunderts zeigen Wilde Männer und Tiere mit Glocken- oder Schellenhalsbändern, die die Eintracht des irdischen Paradieses besingen und den dreieinigen Gott lobpreisen, der sie erschuf. Ein in Privatbesitz befindliches Werk zeigt eine Wilde Frau und einen Wilden Mann, die vier Tiere einrahmen: ein Elefant, der Ähnlichkeit mit einem Wildschwein hat, dazu ein Löwe und ein Hirsch, die leichter zu identifizieren sind, sowie ein Einhorn, das wie auf anderen Wandteppichen aus Basel gespaltene Hufe und ein gesprenkeltes Fell aufweist.[8] Der Elefant will in Frieden leben; der Löwe erklärt, der Friede werde im Himmel vergolten; das Einhorn betont, Gott habe alle Tiere erschaffen; und der Hirsch äußert seine Verehrung für die Dreifaltigkeit. Die Eintracht zwischen den wild lebenden Menschen und den Tieren wird auf diese Weise in den religiösen Kontext eingebettet, der das Denken der damaligen Zeit prägte. Ikonographisch eng verwandt ist ein um 1500 gewebter Bildteppich, auf dem ebenfalls nur Tiere dargestellt und die gleichen Lobpreisungen Gottes zu lesen sind (Kat. 13).

Im Dienst häuslicher Dekoration

Ein kleinformatiger Bildteppich aus der Zeit um 1500, der wahrscheinlich als Kissenbezug gedacht war, zeigt eine Frau in Begleitung eines Einhorns und lässt erkennen, wie sich die Darstellung des Tiers wandelte und naturalistischer wurde (Abb. 3).[9] Die Wilde Frau trägt ein blaues Fellkleid und hat wie in früheren Darstellungen blondes Haar; sie hält mit einer Hand das Horn und streichelt mit der anderen Hand die Mähne des Einhorns. Die freiliegenden Brüste der jungen Frau verleihen der Darstellung eine sinnliche Note. Ort des Geschehens ist nicht der Wald, sondern eine verwunschene Naturszenerie mit Zierbäumen, in der – so ließe sich mit etwas Phantasie vorstellen – die abgebildeten Vögel singen und umherfliegen. Sie lässt eher an einen Garten denken. Das Spruchband teilt indessen mit, die Wilde Frau müsse sich aus der Welt zurück-

– 4 –
Rheinländisch (Köln): *Die Jungfrau mit dem Einhorn*, 3. Viertel 15. Jahrhundert, Museum Schnütgen, Köln

– 5 –
Oberrheinisch (Straßburg?): *Wilde Männer im Kampf gegen Tiere* (Detail), um 1440, Museum of Fine Arts, Boston

ziehen und fernab von ihr leben. Das Fell des Einhorns ist braun, und seine Körperformen sind realistischer dargestellt als in den älteren oberrheinischen Wandteppichen. Ob die Fellflecken an die im deutschsprachigen Raum beliebten Zierfelle anknüpfen oder auf Beobachtung von Damwild mit seinem charakteristisch gefleckten Fellkleid beruhen, ist fraglich. In jedem Fall verknüpft der Bildteppich die ikonographische Tradition der Wilden Frau mit einem Einhorn, dessen Körper wie der eines realen Tieres dargestellt wird. Dahinter stand möglicherweise die Absicht, das Einhorn fester in der Welt der Zoologie zu verankern – als ein Tier, das wirklich existiert. Die Zwiesprache zwischen Frau und Einhorn setzten auch andere kleinformatige Kissenbezüge aus dem deutschsprachigen Raum ins Bild. Sie dienten dekorativen Zwecken oder waren für höfische Zusammenhänge bestimmt (Abb. 4; Kat. 118).[10]

In den erzählenden Bildteppichen aus dem Oberrheingebiet diente das Einhorn möglicherweise als Indikator, dass sich das Geschehen in der natürlichen Szenerie eines Waldes abspielt. So verhält es sich bei der Erzählung *Der Busant* (Der Bussard), einem mittelhochdeutschen Epos aus dem 14. Jahrhundert. Sie handelt davon, dass der Prinz von England auf der Suche nach einem Ring, der von dem Bussard entwendet wurde, zum Wilden Mann wird. Der Bildteppich zeigt eine Waldszenerie mit einem durch den Hintergrund schreitenden Einhorn, das ebenso vom Bildrand angeschnitten wird wie der über ihm dargestellte diebische Vogel, der den gesuchten goldenen Ring im Schnabel hält (Kat. 64).[11] Wie auf dem Basler Kissenüberzug hat auch das braune Einhorn auf diesem Bildteppich aus dem späten 15. Jahrhundert ein gesprenkeltes Fell.

Auf oberrheinischen Wandteppichen gibt es auch weniger friedfertige Einhörner, etwa bei einer umfangreichen kriegerischen Szenerie.[12] Anhand der abgebildeten Wappen lässt sich erschließen, dass der Teppich von den Straßburger Familien Jungzorn und Blümel in Auftrag gegeben wurde. Er zeigt die Wilden Männer im Angriffsmodus. Vom linken Bildrand aus ziehen sie zu einer Burg, um sie zu erstürmen. Die Burg wird von „Mauren" – schwarzen Männern mit stilisierten Turbanen auf dem Kopf – verteidigt. In der Bildmitte ringt ein Wilder Mann mit einem Löwen, daneben überwältigen zwei weitere einen Drachen. Ein vierter Wilder Mann, der einen Blätterkranz auf dem Haupt trägt, kämpft mit einem Einhorn und ergreift mit seiner rechten Hand dessen Horn, mit der Linken den rechten Vorderhuf (Abb. 5). Im rechten Teil des Bildteppichs ist eine friedvollere Szene dargestellt: Hier scharen sich drei Wilde Männer um eine Frau mit zwei Kindern. Einer von ihnen reitet auf einem Hirsch, der zweite bietet die Pranke eines Wildtieres dar, das er soeben erlegt hat, und der dritte trägt einen Löwen auf dem Rücken. Dieser Wandteppich ist nicht leicht zu deuten, weil die Szenen offenbar von verschiedenen Vorlagen inspiriert wurden. Eine mögliche Interpretation erkennt hier eine Betonung des kämpferischen Wesens der Wilden Männer.

– 6 –
Oberrheinisch (Basel): *Mystische Einhorn-Jagd im Hortus conclusus*, 1480,
Schweizerisches Nationalmuseum – Landesmuseum Zürich

Die christliche Botschaft des Einhorns

In den lateinischen mittelalterlichen Fassungen der Bibel wird *unicornis* (Einhorn) mindestens acht Mal erwähnt. Dabei wird es mal gepriesen und mal als gefährlich bezeichnet. In Psalm 22,22 bittet der Verfasser um göttlichen Schutz vor dem Maul des Löwen und den Hörnern der Einhörner, die ihn bedrohen und denen er in seiner Ohnmacht ausgeliefert ist: *salva me ex ore leonis et a cornibus unicornium humilitatem meam* (Hilf mir aus dem Rachen des Löwen und errette mich von den Hörnern der Einhörner). Eine franziskanische Exemplasammlung des 13. Jahrhunderts brachte das Einhorn mit dem Tod in Verbindung.[13]

In manchen mittelalterlichen Kunstwerken finden sich Erinnerungsspuren an dieses böse Einhorn, wie etwa in einer Pariser Tapisserie aus der Zeit um 1500, die zu einer Serie von Wandbehängen im Chorraum der Kathedrale Saint-Étienne in Auxerre gehörte: Der Leichnam des heiligen Stephanus wird nach der Steinigung von seinen Schergen nicht bestattet, sondern auf dem Boden liegengelassen, damit er dort von wilden Tieren in Stücke gerissen werde (Kat. 24). Diese tun jedoch das Gegenteil: Löwe, Affe, Einhorn und Stachelschwein umringen die sterblichen Überreste des Märtyrers und wachen über sie.[14] Das als wild bekannte Einhorn wirkt hier dank seiner weißen Farbe und der friedfertigen Körperhaltung nicht bedrohlich. Der von den Tieren beschützte Leichnam des heiligen Stephanus wird anschließend von Gamaliel beigesetzt, der sich vom rechten Bildrand nähert.

Auf diesem Wandteppich ist das Einhorn, wie häufig in Frankreich, vollständig weiß. Diese Farbe signalisiert seine Reinheit und verweist darauf, dass das Einhorn in der biblischen Gedankenwelt häufig in die Nähe des Messias gerückt wird. Diese Parallelisierung legt auch Psalm 92,11 nahe: *Et exaltabitur sicut unicornis cornu meum* (Aber mein Horn wird erhöhet werden wie eines Einhorns).

Für die Rezeption des Einhorns im Christentum war seine Gleichsetzung mit Christus im *Physiologus* des 2./3. Jahrhunderts entscheidend.[15] Aus dieser Parallelisierung ging im 15. Jahrhundert die Ikonographie der Mystischen Einhorn-Jagd hervor, die in Thüringen, im Elsass, am Oberrhein und in der Deutschschweiz verbreitet war, auch auf Retabeln (Kat. 34, 36; Abb. S. 41). Als Inspirationsquelle diente die traditionelle Darstellung der Einhorn-Jagd, die seit der Spätantike durch die Bestiarien überliefert und nun ins Christliche gewendet wurde: Die junge reine Frau ist Maria. Der Glaube an ihre Jungfräulichkeit war im späten Mittelalter stark ausgeprägt.[16] Das Einhorn wird vom Erzengel Gabriel gejagt, der in ein Jagdhorn bläst und manchmal von Hunden begleitet wird, die bestimmte Tugenden symbolisieren.

In der ersten Hälfte des 15. Jahrhunderts wurde die Mystische Einhorn-Jagd mit dem Sujet der Heiligenversammlungen verknüpft und später auch mit dem Bild des Hortus conclusus sowie den Tugenden Mariens und den Marienlitaneien. Dabei kamen zahlreiche alttestamentliche Präfigurationen der Jungfräulichkeit Mariens und Bilder ins Spiel, die Marias Eigenschaften in den Blickpunkt rücken.[17]

Ein Wandteppich aus der Heilig-Kreuz-Kapelle in Lachen, einer Ortschaft am Südufer des Zürichsees, weist eine ausgefeilte Ikonographie auf (Abb. 6).[18] Er wurde 1480 als Geschenk zweier Ordensschwestern und eines Laienstifters überreicht. Diese gehörten der Familie Irmensee an, die als Wappentier den Lachs führte, und einer zweiten Familie, deren Wappen nicht zu identifizieren ist. Der Teppich war als Altarschmuck gedacht. Maria sitzt in einem mit Mauern umschlossenen Garten mit Türmen und Toren. Im Rücken der Jungfrau ist Moses am brennenden Dornbusch dargestellt. Im Garten sind zahlreiche Mariensymbole mit lateinischen Beschriftungen verteilt, darunter die Bundeslade, auf der Aarons ergrünender Stab zu erkennen ist, sowie der Turm Davids, Blumen, ein Brunnen und das Vlies des Gideon. Den Hunden, die den Engel Gabriel begleiten, sind Namen von Tugenden zugeordnet: Wahrhaftigkeit, Gerechtigkeit, Friedfertigkeit und Barmherzigkeit. Adam und Eva, die ersten Menschen und Sünder, stehen nahe bei Maria und dem Einhorn: Mit den Worten *Ipse autem vulneratus est propter iniquitates nostras* (Aber er ist um unsrer Missetaten willen verwundet) durchbohrt Adam die Brust des Einhorns mit einem Speer. Das aus der Wunde austretende Blut fängt Eva mit einem Kelch auf und spricht laut Spruchband dabei die Worte *Et livore eius sanati sumus* (Und durch seine Wunden sind wir geheilt). Die beiden Zitate aus dem Buch Jesaja 53,5 stehen mit der Kreuzigung Christi in der Liturgie der Karwoche in Zusammenhang. Die Anwesenheit des Einhorns hat eine doppelte Bedeutung: Sie ist als Lobpreisung der Jungfräulichkeit Mariens zu verstehen und weist auf die Kreuzigung Christi voraus.

Auch ein für den privaten Gebrauch einer protestantischen Familie aus Zürich im Jahr 1554 gewebter Teppich weist eine facettenreiche Marienikonographie auf (Abb. 7).[19] In protestantischen Gotteshäusern wurden solche Darstellungen in der Reformationszeit nicht toleriert, aber in privaten Innenräumen konnten sie weiterhin zur Schau gestellt werden – sogar in den Räumlichkeiten der Familien von Geistlichen.

Zu den zahlreichen schlichter gehaltenen Ausführungen der Mystischen Verkündigung[20] gehört ein Kissenbezug, der den Erzengel Gabriel in Begleitung eines einzelnen Hundes zeigt, der zu Füßen der Jungfrau anschlägt, während das Einhorn auf ihren Schoß springt (Abb. 8).[21]

Die linke Hand am Horn

Eine untypische Einhorn-Jagd aus dem deutschsprachigen Kulturraum befindet sich in der St. Gotthardtkirche in Brandenburg an der Havel (Kat. 122). Sie wurde dort im späten 19. Jahrhundert erstmals erwähnt und wird mitunter als Mystische Jagd eingeordnet, wobei der Engel Gabriel allerdings fehlt.[22] Er zeigt einen in zwei Gruppen aufgeteilten, aus Männern und Frauen bestehenden Zug von Jägern, die sich auf drei Frauen und ein Einhorn zubewegen. Zwei der drei Frauen stehen aufrecht, sind rot gekleidet und tragen Hennins, spitze Hauben, auf dem Kopf. Eine der beiden lässt Wasser aus einem Brunnen in einen Becher fließen, die andere hält in der ausgestreckten Hand einen textilen Gegenstand – möglicherweise einen Handschuh. Zwischen den beiden schmiegt sich das Einhorn an die Knie einer jungen Frau.

Die roten Gewänder der beiden Frauen wecken Assoziationen an die Königin Guenièvre in einer Ausgabe des *Roman de Tristan,* die 1468 in Bourges mit Buchmalereien illustriert wurde,[23] an Werke Hans Memlings oder das Turnierbuch des Königs René von Anjou aus dem 15. Jahrhundert.[24] Die zylinderförmige, an der Stirnseite mit einem kleinen Stoffring versehene Kopfbedeckung der jungen Frau mit dem Einhorn erinnert an die Haube im *Bildnis einer jungen Dame* von Petrus Christus aus dem Jahr 1470 (Gemäldegalerie, Staatliche Museen zu Berlin).[25] Vier Jäger tragen lange Houppelanden, glockenförmige Obergewänder, zwei andere kurze Wämser und eng anliegende Beinkleider. Die Stoffe der Kleidung sind überwiegend einfarbig, wobei sich die Farben symmetrisch alternierend entsprechen. Lediglich zwei Houppelanden und das Kleid der jungen Frau mit dem Einhorn sind aus Brokatstoffen gefertigt und in unverhältnismäßig großem Maßstab gemustert.

Die Figurengruppe in der Bildmitte – die Frau mit dem Einhorn – reiht sich ein in die Bildtradition der Bestiarien, wobei die Doppelgeste der Frau, die mit der linken Hand das Horn des Tiers hält – wie die Dame in dem Bild zum *Tasten* im Musée de Cluny (Kat. 123.1), die das Horn flüchtig berührt – und mit der rechten Hand die Vorderpfote des Einhorns ergreift, ikonographisch nirgendwo sonst nachweisbar ist.

– 7 –
Mittelrheinisch?: *Mystische Einhorn-Jagd im Hortus conclusus,* 1554, Bayerisches Nationalmuseum, München

– 8 –
Oberrheinisch: *Mystische Einhorn-Jagd im Hortus conclusus,* vor 1592, The Burrell Collection, Glasgow

Dass die Figuren so groß dargestellt sind und die Vegetation die normalen Größenverhältnisse sprengt, ist in der Tapisseriekunst des späten 15. Jahrhunderts untypisch, wenngleich vorstellbar ist, dass sich früher oberhalb und unterhalb dieser Figuren Zierbänder befanden, ähnlich denen des Bildteppichs *Der Abschied der Apostel,* der sich in einer Privatsammlung befindet.[26] Dort sind die groß dargestellten Figuren von zwei Streifen eingefasst – unten von Vegetation und oben von stilisierten Wolken im Wechsel mit fliegenden Engeln. Es gibt noch ein weiteres außergewöhnliches Detail: die blauen Augen der Frauen. Die Ästhetik erinnert an späte Tapisserien aus dem deutschen Sprachraum wie den auf Anfang des 17. Jahrhunderts datierten Bildteppich *Pyramus und Thisbe* (The Burrell Collection, Glasgow).[27]

In Frankreich gibt es weniger Darstellungen des Einhorns auf religiösen Bildteppichen, weil Chortapisserien dort seltener vorkamen. Eines der Werke, in denen es in Erscheinung tritt, ist der Wandteppich, den Erzbischof Robert I. de Lenoncourt 1530 der Kathedrale von Reims stiftete (Abb. 9). Das 17-teilige Bildprogramm des 1509 in Auftrag gegebenen Werkes spannt einen Bogen von der Wurzel Jesse bis zu Mariä Himmelfahrt. Die elaborierte Bildsprache lässt auf die direkte Intervention des Erzbischofs und seines Umfelds schließen.[28]

Das Werk lässt sich als anschauliche Verbildlichung der Lehre von der Unbefleckten Empfängnis Mariens lesen.[29] Der sechste Teppich zeigt Maria als Kind beim Weben im Tempel und greift damit eine Episode aus der *Legenda aurea* auf. Die Jungfrau ist von Engeln, Propheten und von durch die Marienlitaneien inspirierten Symbolen umgeben. Über ihr erscheint Gottvater und verkündet, sie sei ohne Sünde. Die Säulen, die als Stützen für den Webstuhl dienen und auf denen oben die Flaggenmasten für die Wappen des Domkapitels und des Prälaten Robert de Lenoncourt aufgepflanzt sind, werden von zwei aufgerichteten weißen Einhörnern flankiert, die jeweils ein Halsband tragen. Die Fabelwesen werfen sich einerseits als Schildhalter in Positur und symbolisieren andererseits die Unbefleckte Empfängnis.

– 9 –
Französisch: *Die Vollkommenheiten Mariä,* 1515–1530,
aus der Serie *Das Leben der Jungfrau Maria,*
Palais du Tau, Reims

Die Funktion des Einhorns als Wappenträger auf dem Bildteppich von Reims gehört zu seiner Rolle in der Heraldik der letzten Jahrhunderte des Mittelalters. Quellen belegen, dass das Einhorn diese Rolle auf anderen Bildträgern schon ab dem 14. Jahrhundert spielte, aber im Repertoire der Heraldik etablierte es sich im 15. Jahrhundert, als die Könige von Schottland sowie Adelsfamilien in Frankreich und im Heiligen Römischen Reich das Einhorn als Wappentier wählten (siehe Kat 132).[30]

Als Schildträger fungiert das Einhorn auch in mehreren Fragmenten eines Werkensembles, das einen Bezug zu einigen in Südwestfrankreich ansässigen Familien aufweist (Abb. 10). Die Tapisserien verbinden das Wappen der Familien Beaufort aus Ussel, der die Päpste des 14. Jahrhunderts in Avignon, Clemens VI. und Gregor XI., entstammten, und der ebenfalls aus Limoges stammenden Familie Turenne mit dem Wappen der Familie Comminges, deren Name sich von einem kleinen Gebiet südwestlich von Toulouse ableitet.[31] Auf diesem Bildteppich finden sich drei verschiedene Tierarten mit Wappendecken über dem Rücken. Sie sind alternierend in einem rautenförmigen Zierraster aus Burgmauern, Engeln und Störchen eingefasst.

Der Gesamteindruck lässt an eine schmuckvolle Tapete denken, auf der Tiere von hoher Symbolkraft versammelt sind: das Einhorn als Sinnbild für Schnelligkeit, Reinheit und Stärke, der Löwe als König der Tierwelt, der häufig mit Fürsten in Verbindung gebrachte Hirsch als Symbol für die Seele sowie der Elefant als Krafttier. Dass solche dekorativen Bildteppiche auch für andere Familien gewebt wurden, lässt sich aus der Inventarliste der Pariser Kirche Saint-Sépulcre entnehmen. Darin wurde 1379 verzeichnet: „ein weiterer zweiteiliger Rautenteppich mit Löwen und Einhörnern, die Umhänge mit den Wappen von Kastilien

– 10 –
Französisch: *Wandteppich mit den Wappen von Guillaume Rogier, Graf von Beaufort, und Aliénor de Comminges* (Fragment), um 1376–1378, Rijksmuseum, Amsterdam

und Alençon tragen".[32] In diesem Fall können die Wappen Charles de Valois, dem Bruder des französischen Königs Philipp VI., und seiner Schwägerin Marie de la Cerda zugeordnet werden. Auf diesen Bildteppichen sind die Wappen und ihre Trägerfiguren kleinformatig dargestellt – anders als auf der Tapisserieserie *Die Dame mit dem Einhorn* (Kat. 123.1–6).[33] Hier nehmen die heraldischen Tiere deutlich mehr Raum ein.

Einhorn-Begeisterung um 1500

Dass in der Gobelinserie *Die Dame mit dem Einhorn* das Fabeltier so beharrlich Präsenz zeigt, ist bezeichnend für eine Art Einhorn-Begeisterung um 1500, die in Werken für unterschiedliche Auftraggeber in Erscheinung tritt. Kardinal Charles de Bourbon besaß eine Tapisserie mit seinem Wahlspruch *Venena pello* (Ich vertreibe das Gift). Sie zeigt in einem eingezäunten Rund eine junge Frau, die auf dem Kopf einen Hennin trägt und auf dem Schoß ein Einhorn hält. Auf dem Bild, das durch ein Aquarell aus den um 1700 entstandenen Alben des François Roger de Gaignières überliefert ist, erscheint zweimal die Devise.[34]

Luise von Savoyen, die Mutter von König Franz I., besaß mehrere Buchmalereien mit Einhorn-Darstellungen. Die meisten davon schuf einer ihrer Lieblingskünstler: Robinet Testard. Von ihm gibt es mehrere Darstellungen vom Einhorn, das das Wasser reinigt. Manche dieser Bilder zeigen das Tier in Begleitung einer jungen Frau.[35] In französischen Hausstandsinventaren aus dem 16. bis 18. Jahrhundert werden „Einhorn-Verdüren" oder „alte Tapisserien mit Einhörnern und Kleintieren" erwähnt – eine weitere Bestätigung für die Einhorn-Mode in der dekorativen Kunst um 1500.

Zu den Zeugnissen für die damalige Einhorn-Mode gehören auch Wandteppiche mit Einhorn und Hirsch auf Millefleurs-Hintergrund. Viele dieser Teppiche weisen keine Eigentümerkennzeichnung auf und waren als gefälliger Wandschmuck gedacht (Kat. 9). Wie in der Serie *Die Dame mit dem Einhorn* und in der *Einhorn-Jagd* (Abb. 12) sind die Tiere verhältnismäßig groß dargestellt, wobei Einhorn und Hirsch mit Pflanzen und kleineren Tieren kombiniert werden.

Ein großformatiger Bildteppich aus Tournai, vermutlich für den portugiesischen König Manuel I. gewebt, stellt *Die Ankunft Vasco da Gamas in Calicut 1498* dar (Abb. 11). Etwas rechts der Bildmitte ist zu sehen, wie als kostbares Staatsgeschenk ein weißes Einhorn auf ein Schiff geladen wird.[36] Die Teppichweber deuteten eine spätere Geschichte um: Der portugiesische König hatte dem Papst als Geschenk ein Rhinozeros zugedacht, das sich 1515 für eine gewisse Zeit in Lissabon aufgehalten hatte. Das Tier kam jedoch bei einem Schiffsunglück vor der ligurischen Küste ums Leben, sodass es Rom nie erreichte.[37] Der Lissaboner Wandteppich zeigt jedoch etwas anderes als das Rhinozeros von Albrecht Dürer, das auch auf diese Geschichte zurückgeht; er machte aus dem Tier mit einem Horn das bei den Zeitgenossen so beliebte Einhorn.[38]

Ausdruck der Einhorn-Mode in der Textilkunst um 1500 ist der bereits erwähnte siebenteilige Wandbehang der *Einhorn-Jagd*, den das Metropolitan Museum of Art 1937 von John D. Rockefeller Jr. als Schenkung erhielt und in seiner Mittelaltersammlung, The Cloisters, aufbewahrt.[39] Im 18. und 19. Jahrhundert befand sich das Werk im Schloss Verteuil in der westfranzösischen Charente, einem Besitz der Familie La Rochefoucauld, und war vermutlich Gegenstand eines Vermerks in einem Inventarverzeichnis von 1728. Darin wurde sein Wert auf lediglich 150 Livres geschätzt. Es handele sich, so heißt es in dem Inventar, um eine fünfteilige Bildfolge, die „beinahe halb abgenutzt" sei.[40] Rund fünfzig Jahre zuvor war im Inventar des Herzogs François VI. de La Rochefoucauld vom März 1680 der Wert einer Teppichfolge mit einer Einhorn-Jagd aus dem Hôtel de Liancourt in Paris,

– 11 –
Flämisch: *Die Ankunft Vasco da Gamas in Calicut 1498*, Anfang 16. Jahrhundert,
aus der Serie *Die Portugiesen in Indien*,
Sammlung Caixa Geral de Depósitos, Lissabon

bei der es sich um dasselbe Werk handelt, höher veranschlagt worden: „ein siebenteiliger, auf dem Hochwebstuhl angefertigter Wandteppich mit der Darstellung einer Einhorn-Jagd, 22 Ellen breit und etwa vier Ellen hoch, mit einem veranschlagten Wert von 1500 Livres".[41] François Roger de Gaignières, der mit Antiquitäten handelte und trachten- und wappenkundlich interessiert war, ließ zwei Tapisserien mit dem Wahlspruch *Mon plaisir* (Mein Vergnügen) und Wappen der Familie La Rochefoucauld anfertigen.[42] Einige können den 1728 im Inventar von Verteuil genannten Tapisserien zugeordnet werden.[43] Sie sind aber nicht mit der *Einhorn Jagd*-Serie identisch, die lediglich als Monogramme oder Chiffren die Buchstaben A und E oder F und R beinhalten, die keinem Erstinhaber zugeordnet werden können.

Darstellungen, die den Ablauf einer Jagd zeigten, waren zur damaligen Zeit beliebt. Das belegen für die erste Hälfte des 15. Jahrhunderts die monumentalen *Devonshire-Jagdteppiche* (Victoria and Albert Museum, London)[44] oder für eine spätere Zeit die in den 1520er Jahren entstandene Serie *Die Vogeljagd von Haroué* (Musée de Cluny, Paris).[45] Der erste Teppich der erwähnten Folge im Metropolitan Museum zeigt die Jäger beim Betreten des Waldes, in dem noch kein Einhorn in Sicht ist. Auf dem zweiten Teppich ist das Einhorn dabei, Wasser zu reinigen (Abb. S. 61). Die Darstellung folgt der seit dem 15. Jahrhundert verbreiteten Ikonographie. Dem Einhorn gegenüber steht ein Hirsch, während die wilden Tiere sich am Rand eines Baches versammeln. Den Hintergrund nehmen Jäger mit Speeren und Hunden ein. Der Teppich bettet die für die Ikonographie des Einhorns charakteristische Szene in den Jagdkontext ein. Der dritte Teppich nähert sich dem sogenannten *bat-l'eau,* dem Moment der Parforcejagd, in dem das gejagte Tier ins Wasser flieht. Das Einhorn durchquert einen Wasserlauf ähnlich wie ein Hirsch, der versucht, die ihn verfolgenden Hunde abzuschütteln. Auf dem vierten Teppich schlägt das Einhorn aus und verletzt mit seinem Horn einen der Hunde (Abb. 12).

Der fünfte Teppich ist nur fragmentarisch erhalten. Er zeigt einen Jäger, eine Hofdame und den oberen Teil des Einhorns, das offensichtlich bei der im Wald sitzenden Jungfrau angelangt ist. Das Einzige, was von der Jungfrau zu sehen ist, sind ihre Finger, die das Tier am unteren Ansatz seiner Mähne streicheln. Die Jagd endet auf dem sechsten Teppich mit der Tötung des Einhorns und der Rückkehr zur Burg, wobei es auf dem Rücken eines Pferdes transportiert wird. Der siebte Teppich schließlich zeigt das gefangene Einhorn in einem eingezäunten Gehege auf einem üppigen Millefleurs-Hintergrund (Abb. S. 13). Es trägt ein breites, mit goldenen Kreisen verziertes Halsband; aus mehreren Wunden rinnt Blut in sein weißes Fell. Diese Szenerie findet sich auch auf einem venezianischen Seidengewebe aus der ersten Hälfte des 15. Jahrhunderts (Kat. 31).

– 12 –
Südniederländisch nach einem französischen (?) Entwurf:
Das Einhorn verteidigt sich, 1495–1505, aus der Serie *Einhorn-Jagd*,
The Metropolitan Museum of Art, New York

Die Einhörner der *Einhorn-Jagd* sind im Profil dargestellt und ähneln morphologisch den Bildern zu *Schmecken, Sehen* und *Mein einziges Verlangen* in der Serie *Die Dame mit dem Einhorn*. Eine Ausnahme bildet das über den Bach setzende Einhorn mit seinem schlanken Körperbau. Das Wasser reinigende Einhorn, das ausschlagende Einhorn, das Einhorn im Moment seiner Verwundung und das gefangene Einhorn haben den gleichen Kopf, die gleiche gerundete Kruppe und den gleichen geschmeidigen Schweif, kombiniert mit unterschiedlichen Hufstellungen. Die verwendeten Vorbilder sprechen dafür, dass die *petits patrons* (Originalentwürfe) dieser Einhörner von einem einzigen Urheber geschaffen wurden – vermutlich von Jean d'Ypres, der sich auf die von seinem Vater Colin d'Amiens ererbten Vorbilder stützen konnte.[46]

Triumph des Einhorns

Während der Renaissance und mitunter bis ins 17. Jahrhundert lebte das Einhorn als Motiv auf Tapisserien und Schmucktextilien fort. Häufig wurde es mit Tugenddarstellungen oder mit der Ikonographie des Triumphzugs verknüpft – so auf einem Bildteppich mit dem *Kampf der Tugenden und Laster*, der sich früher in der Kathedrale von Toledo befand,[47] oder auf einer *Konfrontation von Gut und Böse, Tugend und Laster* (Kat. 129). Ein Bildteppich im Kunsthistorischen Museum Wien folgt der etablierten Ikonographie des römischen Triumphzugs, die in Italien und Frankreich zur Illustrierung der *Trionfi* (Triumphe) von Francesco Petrarca wiederbelebt wurde (siehe Kat. 125.1–2, 126.1). Er zeigt den Triumphwagen der Keuschheit, umringt von weiteren Tugenden sowie von historischen Gestalten. Der Wagen hat Cupido überrollt und wird von zwei Einhörnern gezogen. Das gleiche Sujet behandelt der um 1500 in Brüssel gewebte monumentale Wandteppich *Der Triumph der Keuschheit über die Liebe* (Victoria and Albert Museum, London). Hier werden zwei Einhorn-Darstellungen miteinander kombiniert: In der linken Bildhälfte reitet die Keuschheit auf einem Einhorn, und nahe dem rechten Bildrand ziehen Einhörner den Prunkwagen der Tugend, auf dem der besiegte Cupido sitzt.[48] Eine weitere Triumphzugdarstellung mit Einhörnern aus dem frühen 17. Jahrhundert erzählt von Königin Artemisia, der Gattin des Maussolos, aus dem 4. Jahrhundert v. u. Z. Die Tapisserie mit dem Titel *Die Geschichte von Artemisia. Der Wagen der Einhörner* wurde wahrscheinlich im Auftrag des französischen Königs Heinrich IV. angefertigt (Mobilier national, Paris).[49]

In der Renaissance und der Epoche der Klassik knüpften Bildteppiche an die Präsenz des Einhorns in den Szenen der Genesis an und bezogen es in Darstellungen vom Garten Eden oder von der Sintflut ein. Eine Tapisserie aus der Renaissance zeigt Adam und Eva bei dem Versuch, sich nach ihrer Verfehlung zu verstecken, und gruppiert um sie herum drei Lebewesen: einen Elefanten, ein kamelartiges Tier und ein stattliches Einhorn (Kat. 17).[50] In Brüssel wurden für fürstliche Sammlungen Tapisserien nach Vorlagen von Michiel Coxie I. in Auftrag gegeben, auf denen das Einhorn unter die Tiere eingereiht wird, die Adam im Garten Eden benennt (Galleria dell'Academia, Florenz), oder in der großen Tierschar erscheint, die in die Arche Noah einzieht (Schloss Wawel, Krakau).[51]

In der Folge blieb das Einhorn in den Darstellungen exotischer Lebewesen präsent, die Teppichweber in den südlichen Niederlanden und insbesondere in Brüssel schufen. Im Bildteppich *Der Tod des Elefanten* von um 1530 nimmt als Hauptsujet der tote Körper eines Elefanten den Vordergrund ein, während im Hintergrund der Kampf zu sehen ist, bei dem ein Einhorn den Dickhäuter tödlich verwundet (Musée du Louvre, Paris).[52] In der Sammlung des Palazzo Borromeo auf der Isola Bella im Lago Maggiore befinden sich zwei Brüsseler Tapisserien, auf denen Kampfszenen mit einem Einhorn dargestellt sind. Auf einem der Bildteppiche fallen Raubtiere und Ungeheuer über ein Einhorn her, das kurz davor ist, seinen Gegnern zu erliegen (Abb. 13; siehe Kat. 82), auf dem anderen besiegt ein Einhorn eine Löwin, indem es sie

– 13 –
Brüssel (Pieter Coecke van Aelst, Werkstatt?) nach einem Entwurf von Michiel Coxie I.?:
Einhorn im Kampf mit Löwe und Panthern (Detail), um 1565,
Palazzo Borromeo, Isola Bella

mit seinem Horn durchbohrt.[53] Die um 1565 gewebten Teppiche gelangten 1787 in die Sammlung der Familie Borromeo,[54] deren Wappentier das Einhorn ist.

Fazit

Die Präsenz des Einhorns in Tapisserien fällt zeitlich mit dem späten Mittelalter zusammen und somit in die Epoche, in der der Glaube an die reinigende Kraft des „Einhorn-Horns" am stärksten ausgeprägt war. Häufig kommt das Einhorn in oberrheinischen Tapisserien vor, aber es findet sich auch in solchen, die in Frankreich um 1500 als Auftragsarbeiten gewebt wurden – in einer Epoche, in der der Bedeutungsreichtum des Einhorns der Geisteshaltung der ersten Humanisten entgegenkam. Seit der Renaissance wurde das Einhorn mit der Ikonographie der Tugenden und der Triumphzüge verknüpft. Bisweilen spielte es, wie bereits in der mittelalterlichen Ikonographie, eine Nebenrolle – so etwa in Darstellungen des Gartens Eden. Die kleinformatigen Tierkampfszenen, die von den Randverzierungen mittelalterlicher Handschriften bekannt waren, wurden auf einigen dekorativen Wandteppichen ins Monumentale gesteigert.

Als im Lauf der Renaissance die Medizin Fortschritte machte, das tierkundliche Wissen zunahm und die Seefahrer die Welt erforschten, kam es zu einem Prestigeverlust des Einhorns, dessen Existenz in Frage gestellt wurde. In dem 1532–1564 erschienenen Romanzyklus *Gargantua und Pantagruel* von François Rabelais berichtet der Held Pantagruel, dass er auf der Insel Medamothi (griechisch: Nirgendwo) spektakuläre Dinge erworben habe, darunter 78 Tapisserien, die das Leben des Achilles darstellen, sowie drei Einhörner, die er als friedliche Tiere charakterisiert. Rabelais fügte hinzu „et on n'en vit jamais" (und es wurde niemals gesehen), was seine Skepsis gegenüber der Existenz des Einhorns zeigt. Im fünften Band erwähnt es Rabelais unter den Tieren, die „das Land von Satin" bevölkern, wobei er jedoch darauf hinweist, dass „diejenigen, die darüber geschrieben haben, es niemals anderswo als im Land der Tapisserie gesehen haben".[55]

Dass das Einhorn auf den Wandteppichen des 17. und 18. Jahrhunderts weiterhin präsent blieb, hat es seiner heraldischen Funktion als Wappenhalter zu verdanken. Die Wiederentdeckung des Mittelalters und der beiden großen Bildfolgen *Dame mit dem Einhorn* und *Einhorn-Jagd* trug dazu bei, die Präsenz des Fabeltieres in der Kunst neu und bis heute immer wieder zu beleben.

Aus dem Französischen übersetzt von Andreas Bredenfeld

1 Zu bildlichen Darstellungen des Einhorns und ihren schriftlichen Quellen siehe den Beitrag von Michael Philipp im vorliegenden Band, S. 12–25.
2 Siehe Pastoureau/Taburet-Delahaye 2013, S. 72.
3 Historisches Museum Basel, Inv.-Nr. 1880.61; siehe Rapp Buri/Stucky-Schürer 1993, Nr. 1; Pouvreau 2014, S. 156.
4 Siehe Braunschweig 1985, Bd. 2, Nr. 755; New York 2006, S. 20 f.; Lens 2023, Nr. 162.
5 Siehe Rapp Buri/Stucky-Schürer 1993, Nr. 2 und 3.
6 Siehe Pouvreau 2014, S. 155–159. – Zu den Wilden Leuten siehe Kat. 65–71.
7 Siehe Kurth 1926, Bd. 1, S. 90, 216, Bd. 2, Tafeln 44–46; Rapp Buri/Stucky-Schürer 1993, Nr. 4; Pouvreau 2014, S. 157.
8 Siehe Rapp Buri/Stucky-Schürer 1993, Nr. 65.
9 Siehe Kurth 1926, Bd. 1, S. 131, 238, Bd. 2, Tafel 141b; New York 1980, Nr. 15; Rapp Buri/Stucky-Schürer 1993, Nr. 122; Pouvreau 2014, S. 165.
10 Siehe Kurth 1926, Bd. 1, S. 276 f., Bd. 3, Tafeln 328b, 329, 330a und b, 331a.
11 The Metropolitan Museum of Art, New York, Medieval Department, Cloisters Collection, Inv.-Nr. 1985.358; siehe Rapp Buri/Stucky-Schürer 1993, Nr. 114b; New York 1993a, Nr. 58.
12 Siehe New York 1980, Nr. 14; Rapp Buri/Stucky-Schürer 1993, Nr. 96; Pouvreau 2014, S. 164.
13 Siehe Charles Dandine: *Un recueil d'exempla franciscain méridional du XIIIe siècle. Édition critique du manuscrit BNF, lat. 3555,* Masterarbeit Paris 2015. – Siehe auch Kat. 88, 89.
14 Siehe Paris 2002a, S. 36–59; Weigert 2004, S. 81–103, Abb. 35 und S. 180.
15 Zur Bedeutung des Physiologus für die Einhorn-Ikonographie siehe den Beitrag von Stefan Trinks im vorliegenden Band, S. 38–47.
16 Siehe Eléonore Fournié und Séverine Lepape-Berlier: L'Immaculée Conception. Une croyance avant d'être un dogme, un enjeu social pour la Chrétienté, in: *L'Atelier du Centre de recherches historiques,* 22.5.2012, http://journals.openedition.org/acrh/4275, aufgerufen am 2.9.2024. – Siehe auch Kat. 32, 34, 36.
17 Zur Mystischen Verkündigung in Österreich siehe Hubmann-Fellner 2021.
18 Siehe Kurth 1926, Bd. 1, S. 114, Bd. 2, Tafel 98 und 99; Rapp Buri/Stucky-Schürer 1993, Nr. 43.
19 Siehe Rapp Buri/Stucky-Schürer 1995.
20 Siehe Kurth 1926, Bd. 1, S. 119, 254, Bd. 3, Tafel 216; Bd. 1, S. 276, Bd. 3, Tafel 283.
21 Siehe Glasgow 2017, Nr. 27.
22 Siehe Wernicke 1883, S. 512; Bergau 1885, S. 246; Wernicke 1894; Görig 2014.
23 Morgan Library & Museum, New York, ms M.41.
24 Bibliothèque nationale de France, Paris, Français 2695.
25 Gemäldegalerie, Staatliche Museen zu Berlin, Inv.-Nr. 532.
26 Siehe Kurth 1926, Bd. 1, S. 270 f., Bd. 3, Tafel 310.
27 Siehe Glasgow 2017, Nr. 45.
28 Loriquet 1882, S. 97–100 und Tafel 6, erwähnt die Intervention des Humanisten Jean Martin, des Sekretärs von Robert II. de Lenoncourt, dem Neffen von Robert I. de Lenoncourt. Zu Jean Martin siehe: *Jean Martin. Un traducteur au temps de François Ier et d'Henri II,* hrsg. vom Centre V.-L. Saulnier, Paris 1999. Zu den Wandteppichen der Jungfrau Maria in der Kathedrale von Reims siehe Sartor 1912, S. 82 f.; Savigny 1986; Weigert 2004, Taf. 147 und 157.
29 Siehe Savigny 1986, S. 348.
30 Zur Bedeutung des Einhorns in der Heraldik siehe Kat. 131–139.
31 Siehe De Vaivre 1974; Glasgow 2017, Nr. 52; Paris 2022b, Nr. 29.
32 Emile Molinier: Inventaire du trésor du Saint-Sépulcre, 1379, in: *Mémoires de la Société de l'histoire de Paris et de l'Île-de-France* 9 (1882), S. 239–286, hier S. 264, Nr. 131.
33 Siehe Paris 2002a, S. 66–92; Pastoureau/Taburet-Delahaye 2013, S. 84–109; Taburet-Delahaye/de Chancel-Bardelot 2018.
34 Bibliothèque nationale de France, Paris, département des Estampes et de la Photographie, PC-18-FOL, fol. 15.
35 Platearius: *Livre des simples médecines,* Russische Nationalbibliothek, Sankt Petersburg, ms Fr. F.v.VI, fol. 160; siehe Tamara Voronova und Andreï Sterligov: *Les Manuscrits enluminés occidentaux du VIIIe au XVIe siècle à la Bibliothèque nationale de Russie de Saint-Pétersbourg. France, Espagne, Angleterre, Allemagne, Italie, Pays-Bas,* Bournemouth und Sankt Petersburg 1996, S. 192–197, Abb. 239; Kopie in der Bibliothèque nationale de France, Paris, Français 12322, fol. 188, abgedruckt in: Pastoureau/Taburet-Delahaye 2013, S. 77. Zu Robinet Testard siehe Giogoli 2024.
36 Caixa Geral de Depósitos, Lissabon, Inv.-Nr. 3721; siehe Löwen 2016, Nr. 46; Paris 2016, Nr. 6, S. 23, und S. 214, col. 3.
37 Siehe Abel Fontoura da Costa: *Les Déambulations du rhinocéros de Modofar, roi de Cambaye, de 1514 à 1516,* Lissabon 1937.
38 Siehe Clarke 1986, S. 16–27.
39 Siehe Freeman 1976; Freeman 1983; Boehm 2020.
40 Siehe Paul de Fleury: Inventaire des objets mobiliers [...] dans les châteaux de La Rochefoucauld, Verteuil et La Terne [...] (1728), in: *Bulletin de la Société archéologique et historique de la Charente* 5,7 (1884/85), S. 71–209, hier S. 126, Nr. 437.
41 Archives nationales, Paris, Minutier central, MC XCII, 229, Notaire François Lange, https://www.siv.archives-nationales.culture.gouv.fr/, aufgerufen am 22.11.2024; zit. auch in Freeman 1983, S. 222 f.
42 Bodleian Library, Gough drawings Gaignières 16, fol. 58 f, The Bodleian Libraries, University of Oxford.
43 Siehe Fleury 1884/85 (wie Anm. 40), Nr. 215, 432, 476, 518, 589.
44 Siehe London 2003, S. 290, Tafel 153.
45 Siehe Paris 2002a, S. 168–178.
46 Für diese Anregung danke ich Séverine Lepape. Zu Jean d' Ypres siehe Carolin Vrand: Jean d'Ypres, peintre et dessinateur, in: Paris 2019a, S. 26–43.
47 Legion of Honor, Fine Arts Museums of San Francisco, ehemals William Randolph Hearst Collection, Inv.-Nr. 54.14.4.
48 Victoria and Albert Museum, London, Inv.-Nr. 440-1883; siehe New York 2002, S. 156 f.
49 Mobilier national, Paris, Inv.-Nr. GMTT-11-006; siehe Paris 1972, Nr. 467; New York 2007, S. 140–147.
50 Kunstgewerbemuseum, Staatliche Museen zu Berlin, Inv.-Nr. F 226.
51 Dritter Teil einer achtteiligen Serie von Wandbehängen mit der Noah-Geschichte, die Sigismund II. August in Auftrag gab und die 1553 anlässlich seiner Hochzeit mit Katharina von Habsburg im königlichen Schloss auf dem Wawel aufgehängt wurden. Siehe Krakau 1972, S. XX; Piwocka 2015.
52 Musée du Louvre, Paris, département des Objets d'art du Moyen Âge, de la Renaissance et des temps modernes, Inv.-Nr. OA 9942, Vermächtnis Marquet de Vasselot 1955. – Zum Kampf von Einhorn und Elefant siehe Kat. 74, 103.
53 Siehe Roethlisberger 1967, S. 86 f., Abb. 1 und 3; Isola Bella 2013, Nr. 4 und 5.
54 Siehe Isola Bella 2013, ohne Pag.
55 Zum Einhorn bei Rabelais siehe Smith 1985.

Wissen und Wundern. Das Einhorn in der Naturkunde von Mittelalter und Neuzeit

Barbara Drake Boehm

Wer sie zu jagen sucht,
folgt dem Unerreichbaren.
Claudius Aelianus

Über zweitausend Jahre bestand bei Männern, Frauen und Kindern der unerschütterliche Glaube an ein ungreifbares Lebewesen, das ein einzelnes Horn besitzt und über magische Kräfte verfügt (Abb. 1).[1] Zahlreiche Berichte liefern detaillierte, mitunter widersprüchliche Auskünfte über jene wundersame Kreatur namens Einhorn. Dieser Essay beschäftigt sich mit der Frage, was Gelehrte vergangener Zeiten über das Einhorn gesagt haben. In der Antike, im mittelalterlichen Europa und im Zeitalter der Entdeckungen bemühten sich Naturforscher, Archäologen, Professoren, Historiker, Philosophen, Ärzte und Apotheker, mehr über das Einhorn herauszufinden. Wie beschrieben sie das Tier? Wo vermuteten sie seinen Lebensraum? Mit welchem physischen und bildlichen Material untermauerten sie ihre Forschungen? Bis ins 17. Jahrhundert bewegten sich die Untersuchungen in einem Grenzgebiet von Forschen und Glauben, von Wissen und Wundern.

Verlockende Beweise

Wie in sich gewundene Spieße aus Elfenbein – so waren die Wunder der Natur, die man für die Hörner des Einhorns hielt und die in europäischen Kirchen und Schlössern von London bis Krakau sicher verwahrt wurden. Zwei Hörner unbekannter Provenienz zeugen von dem hohen Renommee, das solche Objekte schon im 12. Jahrhundert genossen (Abb. 2). Damals wurden ihre Oberflächen mit filigranen Schnitzereien prachtvoll verziert. Eines der berühmtesten Hörner besaß die königliche Abtei von Saint-Denis vor den Toren von Paris (Kat. 94). Es war angeblich älteren Datums und soll der Legende nach im 9. Jahrhundert durch den Abbasidenkalifen Harun al-Raschid an Karl den Großen überreicht worden sein.[2] Ein auf das 11. Jahrhundert datiertes Horn, das aus der Utrechter Sankt-Marien-Kirche stammt, ist mit Runeninschriften versehen (Rijksmuseum, Amsterdam).[3]

Auch die königliche Schatzkammer der Westminster Abbey war im Besitz eines Einhorn-Horns. Es wurde 1303 entwendet und später unter dem Bett eines unter die Diebe gegangenen Bruders der Abtei gefunden.[4] In Straßburg brach ein Missetäter die Spitze eines solchen Horns ab, das im Münster der Stadt aufbewahrt wurde.[5] In der Schatzkammer von San Marco in Venedig befanden sich drei Hörner von Einhörern, von denen zwei nach der Plünderung von Konstantinopel 1204 dorthin gebracht worden sein sollen.[6] König Karl VI. von Frankreich, der Herzog von Berry und der Herzog von Burgund – sie alle zählten Hörner von Einhörnern zu ihren kostbaren Besitztümern.[7]

Ein Horn, das zur Sammlung des Lorenzo de' Medici gehörte, wurde bei dessen Tod 1492 auf einen Wert von 6000 Goldflorin geschätzt[8] – das waren acht Prozent dessen, was Lorenzos gesamter Hausstand wert war.[9] Ein Einhorn-Horn, das Königin Elisabeth I. in Windsor hütete, wurde „1598 von einem deutschen Reisenden auf 100 000 Pfund geschätzt".[10] Das Horn, das heute im Kunsthistorischen Museum in Wien aufbewahrt wird, gehört zu einem so bedeutenden Schatz, dass die Habsburger es als eines von zwei „unveräußerlichen Erbstücken des Hauses Habsburg" erklärten.[11] Diese Hörner und andere – um 1600 sind mindestens ein Dutzend Exemplare dokumentiert[12] – galten als Belege für die Existenz des Einhorns.

– 1 –
Südniederländisch nach einem französischen (?) Entwurf:
Das Einhorn reinigt das Wasser, 1495–1505, aus der Serie *Einhorn-Jagd,*
The Metropolitan Museum of Art, New York

Doch wie sah ein Einhorn aus? Der griechische Arzt Ktesias, der um 400 v. u. Z. lebte, war die erste Autorität der Antike, die sich mit dem Einhorn auseinandersetzte. Sein inzwischen verschollener Text wurde wiederholt von späteren Gelehrten zitiert, etwa von dem römischen Autor Claudius Aelianus im 2./3. Jahrhundert, dem Christen Philostorgios im 4./5. Jahrhundert oder dem byzantinischen Geistlichen Photius, Patriarch von Konstantinopel, im 9. Jahrhundert.

Ktesias beschrieb die Einhörner als farbenfroh:

> Sie haben einen weißen Körper, einen purpurnen Kopf und dunkelblaue Augen. Dieses Tier trägt ein Horn in der Mitte der Stirn, das eine Elle lang ist; die Basis des Horns, zur Stirn hin, ist etwa zwei Zoll lang ganz weiß; der obere Teil, die Spitze des Horns, ist leuchtend purpurrot; der mittlere Teil ist schwarz.[13]

Aristoteles zog Ktesias' Text für seine *Tierkunde* heran, obwohl er die Meinung äußerte, man könne ihm nicht trauen.[14] Der römische Naturforscher Plinius der Ältere beschrieb im 1. Jahrhundert ein Tier mit Pferderumpf und Hirschkopf, dem ein Horn mittig aus der Stirn wachse. Es habe plumpe Elefantenfüße und den Schwanz eines Ebers.

Laut dem auf Griechisch verfassten *Physiologus,* der im 5. Jahrhundert ins Lateinische übersetzt wurde, hatte das Einhorn einen Ziegenbart und die gespaltenen Hufe einer Ziege. Ebenfalls im 5. Jahrhundert wandte der byzantinische Geschichtsschreiber Philostorgios sein Augenmerk der Fauna Vorderasiens zu. Er beschrieb „das Einhorn, das Lebewesen", als eine Art Mischwesen:

> Es hat den Kopf einer Schlange und von Natur aus ein krummes, nicht sehr großes Horn. Sein Kinn ist ganz mit Barthaar gefüllt. Der Hals ist lang in die Höhe gedehnt und gleicht am ehesten dem langgestreckten Leib einer Schlange. Der übrige Körper gleicht eher einem Hirsch, hat aber die Füße eines Löwen.[15]

Solche Texte, deren Verfasser mit Respekt einflößender Stimme sprachen, blieben über Jahrhunderte unhinterfragt bei dem Bemühen, ein Tier zu klassifizieren, von dem es nur rätselhafte, wenn auch elegante Spuren gab. Dazu gehörten künstlerische Darstellungen des Einhorns. Sie waren wesentlicher Teil der wissenschaftlichen Diskussion. Philostorgios fügte seiner Beschreibung hinzu: „Sein Abbild ist in Konstantinopel zu sehen"[16] – in einem der Herrscherpaläste. Dass es dort inmitten anderer Kunstwerke seinen Platz gefunden hatte, verlieh dem Einhorn königliche Autorität.[17] Das galt auch für die Einhorn-Skulpturen aus kostbarem Messing, die der Kaufmann

– 2 –
Englisch?: *Narwalzähne mit Gravuren,* 1125–1150,
Victoria and Albert Museum, London (oben) und Museum of Liverpool (unten)

– 3 –
Athos (Iviron-Kloster):
Einhorn, in: Kosmas Indikopleustes: *Christliche Topographie,* 11. Jahrhundert, fol. 268,
Biblioteca Medicea Laurenziana, Florenz

Kosmas Indikopleustes (Kosmas, der nach Indien segelte) aus Alexandria im 6. Jahrhundert beschrieb. Er räumte ein, nicht auf ein lebendiges Exemplar getroffen zu sein: „Dieses Tier heißt Einhorn. [Selbst] habe ich es nicht gesehen. Doch habe ich Bronzestelen von ihm, die in dem königlichen Palast mit den vier Türmen in Äthiopien aufgestellt waren, angeschaut. Deshalb habe ich es auch so abgezeichnet."[18] Eine Handschrift aus dem 11. Jahrhundert zeigt als Illustration ein aufrecht stehendes, pferdeähnliches Tier (Abb. 3).

Schöne, pferdeähnliche Wesen

Fast tausend Jahre nach Kosmas, am Ende des 15. Jahrhunderts, ließen sich ausgerechnet an berühmten und weit entfernten Pilgerstätten – dem Heiligen Land und Mekka – lebendige Einhörner beobachten. So jedenfalls behaupten es die Holzschnitte von Erhard Reuwich und Jörg Breu dem Älteren, die Reiseberichte illustrierten und damit Augenzeugenschaft reklamierten (Kat. 39, 40).[19] Diese beeinflussten die Darstellung im tierkundlichen Werk des Zürcher Arztes Conrad Gessner im ersten Band seiner enzyklopädischen *Historia animalium* (Tiergeschichte) von 1551 (Kat. 44).[20] Gessner wertete die langen, spitz zulaufenden Hörner, die in europäischen Sammlungen – in Venedig, Krakau, Paris und Straßburg – verwahrt wurden, als Beweis für die Existenz des Tieres.[21]

Gessner unterschied das Einhorn vom Rhinozeros. Ein Exemplar dieser exotischen Spezies traf 1515 in Lissabon ein und verlieh der Einhorn-Frage neue Dringlichkeit, denn nun hatte man eine Vorstellung von der wilden und imposanten Kreatur, die durch Albrecht Dürers bildliche Darstellung berühmt wurde. Dürer hatte das Lissaboner Nashorn allerdings nie gesehen. Ein verräterisches Indiz hierfür ist das spiralige Miniaturhorn, das ihm mittig aus dem Nacken wächst und Assoziationen an das Einhorn weckt.[22] In diesem Fall ist auf die Kunst kein Verlass.

Das Rhinozeros aus Lissabon war eine der fünf Arten von einhörnigen Vierbeinern, die der italienische Arzt und Kabbalist Abraham Yagel (1553–1623) identifizierte: Neben dem Nashorn nannte er das Wildpferd, den indischen Wildesel, das afrikanische Wildschaf – mit gespaltenem Huf und schwarzem Horn – und den wild lebenden indischen Auerochsen, dem ein Horn auf der Mitte des Kopfes wachse.[23] Auch Pierre Pomet, der Hofapotheker des französischen Königs Ludwig XIV., beschrieb fünf Arten von Einhörnern in seiner 1694 erschienenen *Histoire générale des drogues* (Allgemeine Geschichte der Arzneien) (Kat. 55).[24] Was Pomet zum Einhorn zu sagen hatte, fand weithin Beachtung. Er veröffentlichte einen Kupferstich mit fünf Einhorn-Varianten, obwohl er nach eigener Aussage für die „wahre Beschaffenheit der Sache"[25] nicht persönlich bürgen konnte. Pomets Stich zeigt schöne, pferdeähnliche Wesen, von denen eines allerdings zwei Hörner hat. Ihm ging es darum, alle verfügbaren Informationen so objektiv wie möglich zusammenzutragen.

1663 wurden in der Nähe von Quedlinburg im östlichen Harz Reste eines Skeletts entdeckt, die einen Beweis für das zu liefern schienen, was bereits Caesar behauptet hatte: dass das Einhorn auch in Deutschlands Wäldern existiere. Unter ästhetischen Gesichtspunkten wirken die Quedlinburger Gebeine im Vergleich zu anderen Darstellungen des Einhorns eher unelegant. Der Fund fiel in eine für die gelehrte Auseinandersetzung mit dem Einhorn entscheidende Zeit. Die erste Publikation, die darüber berichtete, stammte von Johannes Meyer, Astronom und Kämmerer der Äbtissin von Quedlinburg. Dem nicht erhaltenen Traktat von 1664 war eine Zeichnung beigegeben, die das Skelett eines Einhorns rekonstruierte und auf die später Gottfried Wilhelm Leibniz in seiner geologischen Untersuchung *Protogaea* zurückgriff (Abb. 4). Das ambitionierte, bebilderte naturgeschichtliche Werk erschien erst posthum 1749.[26] Einmal mehr spielte eine künstlerische Darstellung eine

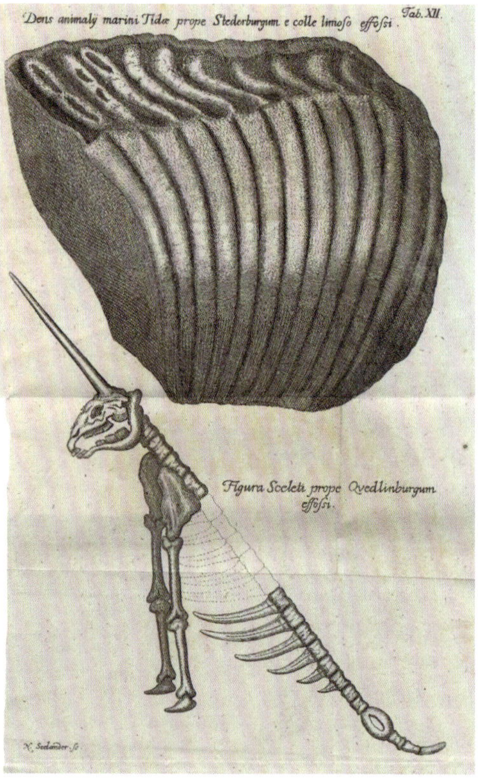

– 4 –
Nicolaus Seeländer:
Das Einhornskelett aus Quedlinburg, 1716,
in: *Gottfried Wilhelm Leibnitzens Protogaea […],*
Göttingen 1749, Tafel 12

wichtige Rolle. Leibniz und sein Kupferstecher Nicolaus Seeländer „berichtigten" und ergänzten die Rekonstruktion so, wie es ihrer Vorstellung von einem Einhorn entsprach.

Dem französischen Publikum wurde der Quedlinburger Fund wenig später von Paul Heinrich Dietrich Baron von Holbach nähergebracht, dessen französischer Name Paul Henri Thiry d'Holbach war. Er beschrieb die Überreste als „Skelett eines an Land lebenden Vierfüßers, am hinteren Teil verkürzt, aber mit erhobenem Kopf und einem fünf Ellen, das heißt etwa zehn Fuß langen Horn an seiner Stirn, das so dick ist wie das Bein eines Mannes und am Ende spitz ausläuft". Seinem Verdruss über den nachlässigen Umgang mit der Ausgrabung ließ er freien Lauf: „Das Skelett war durch den Unverstand der Arbeiter zerbrochen und wurde in Einzelteilen aus dem Boden gezogen. Nur das Horn und der Kopf blieben intakt, zusammen mit einigen Rippen und dem Rückgrat. Die Überreste brachte man der Fürstäbtissin von Quedlinburg."[27]

Mittel gegen Pest und Fieber

Warum war das alles so wichtig? Eine zentrale Rolle spielte die mehrfache Erwähnung des Einhorns sowohl im Alten wie im Neuen Testament.[28] Wissenschaftlich und wirtschaftlich war der entscheidende Punkt, dass Ktesias in seinem grundlegenden Text detailliert von der lebensrettenden Heilwirkung des Einhorn-Horns gesprochen hatte:

> Diejenigen, die aus diesen Hörnern getrunken haben (denn es werden Trinkgefäße hergestellt), sind, so heißt es, weder anfällig für Krämpfe noch für Epilepsie, und selbst Gifte können ihnen nicht schaden, sofern sie vor oder nach der Aufnahme des Giftes Wein, Wasser oder irgendein anderes Getränk aus diesen Gefäßen getrunken haben.[29]

Die erstaunliche Heilwirkung des Einhorns wurde immer wieder proklamiert. Die Ordensfrau und Mystikerin Hildegard von Bingen lieferte im 12. Jahrhundert ein Rezept für ein Heilmittel gegen Aussatz aus einem Gemisch von Einhorn-Leber und Eigelb. Sie behauptete ferner: „Ein Gürtel aus der Haut des Einhorns schützt vor Pest und Fieber."[30] Schuhe aus Einhorn-Leder hielten die Füße gesund, so Hildegard weiter. Der oben bereits erwähnte Abraham Yagel vertrat die Auffassung, dass neben dem Horn auch andere Teile des Einhorns ähnlich heilende Wirkung entfalteten: das Blut, die Zähne, das Fell und die Hufe waren für ihn allesamt Arzneimittel.[31]

Conrad Gessner glaubte ebenso wie Ktesias, das Horn wirke gegen Epilepsie. Ob Gessner der Meinung war, dass das Horn des Einhorns gegen die Pest hilft, ist nicht klar. Etwa aus der gleichen Zeit ist in der osmanischen Stadt Safed, im heutigen Norden Israels gelegen, die Verwendung eines Kelches aus dem Horn eines Einhorns als Mittel gegen die Pest dokumentiert.[32] Ein Mann hatte seinen Einhorn-Kelch einem Bekannten geliehen, dessen Frau ihn für die Behandlung ihrer Tochter verwendete. Dennoch verstarb das Mädchen drei Monate später. Daraufhin verlieh die Frau den Kelch an einen Nachbarn, der ähnlich schwer erkrankt war. Danach verlor sich die Spur des Kelches.

Am hartnäckigsten hielt sich der Glaube, dass das Horn des Einhorns gegen Vergiftungen helfe. Dieser Glaube war auch am weitesten verbreitet und spielte im Zusammenhang mit politischen Intrigen an Fürstenhöfen eine besondere Rolle (Kat. 52, 53). Später galt das Einhorn-Horn als Allheilmittel. Anfang des 17. Jahrhunderts erschien in London eine Werbung, in der wie auf einer Speisekarte seine vielfältigen Heilwirkungen aufgelistet werden. Das Horn solle helfen bei laufender Gicht und Schleimfluss über Rachitis bei Kindern bis zu Blutarmut und Verstopfung. Es folgen eine Dosierungsanleitung und am Ende die Preisangabe: zwei Shilling für ein Quart (Kat. 61).

Unter den besonderen Kräften, die dem Einhorn zugeschrieben wurden, gehörte die Fähigkeit, Wasser zu reinigen. Einige Fassungen des *Physiologus* berichten, das Einhorn sei in der Lage, das durch eine Schlange vergiftete Wasser so zu säubern, dass andere Tiere davon trinken könnten. Ähnliches berichtet Gabriel ibn Bochtischu in dem Bestiarium, das er im 9. Jahrhundert auf Arabisch verfasste. Er erzählt von einem *Dabba* genannten Tier – das allerdings über zwei Hörner verfüge –, das „mit Zauberkraft Wasser sowohl für Fleisch- als auch für Pflanzenfresser so reinigen kann, dass es für dreißig Tage sauber bleibt".[33] Die eindrücklichste Schilderung dieses Motivs findet sich auf einem flämischen Wandteppich von 1495–1505. Er zeigt das von durstigen Wildtieren umringte Einhorn, wie es sein Horn in Wasser taucht, das aus einem Brunnen fließt (Abb. 1). Zu den zahlreichen Darstellungen dieser Szene gehört ein Kupferstich von Jean Duvet aus der Mitte des 16. Jahrhunderts (Kat. 130.1). Auch eine wenig frühere italienische Bronze dokumentiert die Verbindung von Einhorn und Wasser (Kat. 121).

In fernen Ländern

Eine knifflige Frage, die in den Reiseberichten und naturgeschichtlichen Texten immer wieder thematisiert wurde, war die nach dem natürlichen Lebensraum des Einhorns. Philostorgios betonte, Einhörner seien „gemeinhin unmöglich zu erspähen" und im Mittelmeerraum nicht anzutreffen. Darum hielt er sich an eine nach seinem Dafürhalten zuverlässige Einhorn-Darstellung in einer Schausammlung, die sich in dem erwähnten kaiserlichen Palast in Konstantinopel befand.[34] Wenn das Einhorn in mediterranen Gefilden nicht zu finden war – wo könnte es sonst leben? Immer wieder vermuteten die Autoritäten das Habitat des Einhorns hinter den Grenzen ihrer Erfahrungswelt.

Arabische und persische Autoren erklärten, Lebewesen mit einem einzigen Horn kämen dem Vernehmen nach in Nubien, im heutigen Ägypten und Sudan, sowie in Abessinien vor, dem heutigen Äthiopien und Eritrea.[35] Alexander der Große soll in Abessinien ein Geschöpf mit einem Horn gejagt und es erlegt haben, wie es persische Handschriften des um das Jahr 1000 verfassten *Schāhnāme* (Buch der Könige) abbilden (Kat. 85). Der portugiesische Jesuit und Missionar Jerónimo Lobo lebte von 1625 bis 1634 in Äthiopien und behauptete, dort existierten Einhörner.[36]

– 6 –
Julius Goltzius nach Maerten de Vos:
Allegorie von Amerika, 1560–1590, aus der Folge *Die vier Kontinente*

Die Vorstellung, Einhörner lebten in weiter Ferne – an einem wenig erforschten und selten aufgesuchten Ort –, hielt sich hartnäckig. Der Pilger Bernhard von Breydenbach, der im späten 15. Jahrhundert mit dem Künstler Erhard Reuwich das Heilige Land bereiste, berichtete, sie hätten nahe dem Berg Sinai ein Tier gesehen, das ihr „gleytzman", der einheimische Führer, als Einhorn bezeichnete: „Item da selber sahen wir ein groß thier was vil grösser dan ein kemmelthier. Unn saget uns unser gleytzman das eß warlich were ein einhorn" (Kat. 39).[37] Der Text wurde 1486 auf Latein und vier Monate später auf Deutsch veröffentlicht, anschließend auf Niederländisch, Spanisch, Französisch und Tschechisch.[38]

Conrad Gessner hatte sich auf die Autorität eines Reisenden aus Bologna gestützt, der in seinem zuerst 1510 gedruckten Reisebericht zwei Einhörner abbildete, die er in Mekka gesehen hätte (Kat. 40). Die Reichweite von Gessners Schrift zeigt ihre Verwendung durch Maria Stuart. Die Königin von Schottland, die sich von 1568 bis 1587 in englischer Gefangenschaft befand, griff für die Stickereien von Tieren, die sie während dieser Zeit anfertigte, auf die Illustrationen Gessners und anderer Naturforscher zurück. Eine dieser Arbeiten zeigt ein Einhorn (Abb. 5).[39] Ambroise Paré richtete den Blick in den Fernen Osten und behauptete, das als Camphurch bekannte Einhorn mit Schwimmhäuten an den Hinterhufen und der Fähigkeit, diverse Krankheiten sowie Vergiftungen zu kurieren, lebe auf den Molukken (Kat. 54).

– 5 –
Maria Stuart und Elizabeth Talbot:
The Oxburgh Hangings (Detail), um 1570–1585,
Victoria and Albert Museum, London,
Dauerleihgabe in Oxburgh Estate, Oxborough

Doch bereits in der Mitte des 16. Jahrhunderts – also zu Gessners Zeiten – ließen die von Julius Goltzius nach Maerten de Vos geschaffenen Kupferstiche der vier Kontinente keinen Zweifel: Einhörner waren typisch amerikanisch und ein Sinnbild für die Neue Welt – so wie das Pferd für Europa, der Löwe für Afrika und das Kamel für Asien. Ein ansehnliches Einhorn-Paar zieht den Wagen, auf dem sich als Personifizierung Amerikas eine barbusige Frau mit exotischem Kopfschmuck, einem Bogen, einem mit Pfeilen gefüllten Köcher und einer Streitaxt entspannt zurücklehnt (Abb. 6). Im Hintergrund ist ein Mann dabei, Saft von einem Ahornbaum zu zapfen, während andere Eingeborene mit Pfeil und Bogen kämpfen und grausige Menschenopfer vollziehen.

Immer wurde der Lebensraum des Einhorns knapp außerhalb der eigenen Reichweite vermutet, in entlegenen, unbekannten Gebieten. Die Römer gingen, wie erwähnt, zu Caesars Zeiten davon aus, dass es auf der anderen Seite der Alpen in den unendlichen deutschen Wäldern zu Hause sei – was der Quedlinburger Knochenfund zu bestätigen schien. Persische Autoren hielten Äthiopien für die Heimat des Einhorns. Mittelalterliche Pilger aus Europa behaupteten, sie hätten im Heiligen Land ein lebendes Exemplar gesehen und dokumentiert, und im Zeitalter der Entdeckungen wähnten die Europäer das Einhorn auf der anderen Seite des Atlantiks. Als die den Europäern bekannte Welt größer und vertrauter wurde, wendete sich das Blatt allmählich gegen das Einhorn. Eine Zeitlang führte es noch eine Scheinexistenz an der Seite eines im Meer lebenden Pendants.[40]

Der zuvor erwähnte Kelch aus dem Horn eines Einhorns, mit dem man um die Mitte des 16. Jahrhunderts – ohne Erfolg – versucht hatte, ein Mädchen von der Pest zu heilen, hat in diesem Zusammenhang eine gewisse Aussagekraft. Der Kelch war, nachdem er unter den Kranken in der Nachbarschaft weitergereicht worden war, verschwunden. Sein Besitzer klagte vor Gericht auf Schadenersatz. Der Entleiher erklärte den Kelch zur Fälschung – nach dem Tod seiner Tochter eine nachvollziehbare Reaktion. Hatte er den Kelch enttäuscht weggeworfen? Wie hatte der Kelch ausgesehen? Als Sachverständiger und unbeteiligter Zeuge wurde ein Arzt hinzugezogen, der sich mit der Frage nach der Echtheit des Kelches auseinandersetzen und seinen Wiederbeschaffungswert ermitteln sollte. Dem Arzt kam es suspekt vor, dass der Besitzer den angeblich so kostbaren Kelch verliehen hatte, obwohl ihm als Gegenleistung nur duftende Pflanzen in Aussicht gestellt worden waren. Er kam am Ende zu dem Befund, der Kelch sei eine der vielen Fälschungen aus dem „Knochen eines Fisches aus dem Meer" gewesen – und im Meer lebte eine verwirrende Vielfalt von Fischen –, wie sie Elfenbeinpokale des 17. Jahrhunderts zeigen (Abb. 7).[41]

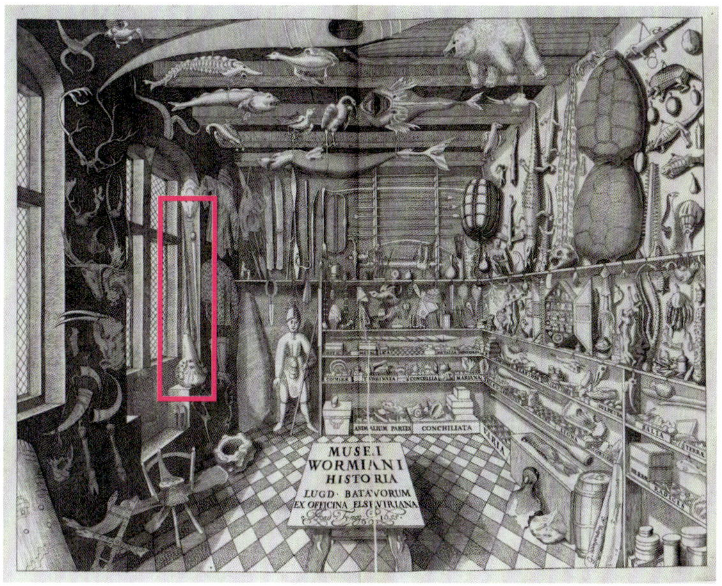

– 8 –
G. Wingendorp:
Naturalienkabinett von Ole Worm, Titelkupfer,
in: Ole Worm: *Museum Wormianum,* Leiden 1655

– 7 –
Süddeutsch (Augsburg?):
Einhorn-Pokal, 17. Jahrhundert,
Wadsworth Atheneum Museum of Art, Hartford

Das Einhorn im Meer

Im Jahr 1638 verfasste Ole Worm, Leibarzt des dänischen Königs Christian IV., auf Ersuchen der Kopenhagener Kaufmannschaft eine wissenschaftliche Arbeit über das Horn des Einhorns.[42] Er verglich den sonderbaren, spiralförmig gedrehten und fest mit einem Schädel verbundenen Zahn, der neben dem Fenster seiner Schausammlung an der Wand lehnte (Abb. 8),[43] mit angeblichen Einhorn-Hörnern aus anderen Sammlungen – und kam zu dem Ergebnis, dass sie allesamt vom Narwal stammten, einem Meeressäugetier, das in arktischen Gewässern lebt. Von diesem Tier hatten bereits im 13. Jahrhundert Thomas de Cantimpré in seinem *Liber de natura rerum* (Buch über die Natur der Dinge) und in der niederländischen Übersetzung Jacob van Maerlant berichtet (Kat. 45–47). Worm stützte sich auf die Forschungen seines Schwagers Caspar Bartholin des Älteren; später wurden Ole Worms Erkenntnisse von seinem Neffen, dem Kopenhagener Medizinprofessor Thomas Bartholin, aufgegriffen und ausgeschmückt. Dessen umfangreiches Werk *De unicornu observationes novae* (Neue Beobachtungen über das Einhorn) erschien 1645 und wurde 1678 von seinem Sohn Caspar Bartholin dem Jüngeren überarbeitet (Kat. 48).[44]

Worm und später Bartholin bescheinigten den Einhorn-Hörnern eine Wirksamkeit als Gegenmittel bei Vergiftungen. Worm berichtete von einem Experiment, das man in Augsburg an einem Hund durchgeführt hatte und das für den Hund offensichtlich gut ausging, und einem zweiten Experiment des Kopenhagener Apothekers Johan Woldenberg mit Katzenjungen und Tauben, bei dem 1636 eine Taube besser davonkam als die Katzen.[45]

Nach Worms Untersuchungen nahm die Diskussion über die Beziehung des Einhorns zum Meer in der wissenschaftlichen Literatur zu. Eine Beschreibung des Narwals lieferte der Arzt Jan Jonston im Anhang zu einer Abhandlung über das Meeres-Einhorn; diese erschienen nur in der 1660 veröffentlichten niederländischen Ausgabe seines Werkes. Die Abbildung zeigt ein langes und schlankes Lebewesen mit zwei Blaslöchern, die Wasser ausstoßen (Abb. 9). Sie soll, so Jonston, mit einer Darstellung übereinstimmen, die Thorlak Thorhallsson, Ende des 12. Jahrhunderts Bischof von Skákholt auf Island, dem französischen Botschafter in Dänemark gesandt hatte. Diese Darstellung wurde auch Worm zur Verfügung gestellt. Dieser reichte das Bild im November 1645 an Isaac de La Peyrère weiter, der es 1647 in einem Buch über Grönland veröffentlichte, neben der Darstellung einer indigenen Familie (Abb. 10).[46]

Eine andere Abbildung bei Jonston, auf derselben Seite ganz unten, zeigt ein plumperes Wesen mit großen Augen, einer Art Kiemenschlitz an der Seite und einer feinen Schwanzflosse, die wie ein Ohr geformt ist – und ohne Blasloch. Dieses Meeres-Einhorn, so Jonston, sei am 2. Juni 1648 gefunden worden. Es sei auf der heute zu Norwegen gehörenden Insel Jan Mayen gestrandet, die sich in einem Walfanggebiet befand.[47] Er nannte auch den Namen

– 10 –
Französisch: *Sauvages Groenlendois,*
in: Isaac de La Peyrère: *Relation du Groenland* (Bericht über Grönland), Paris 1647, fol. 145

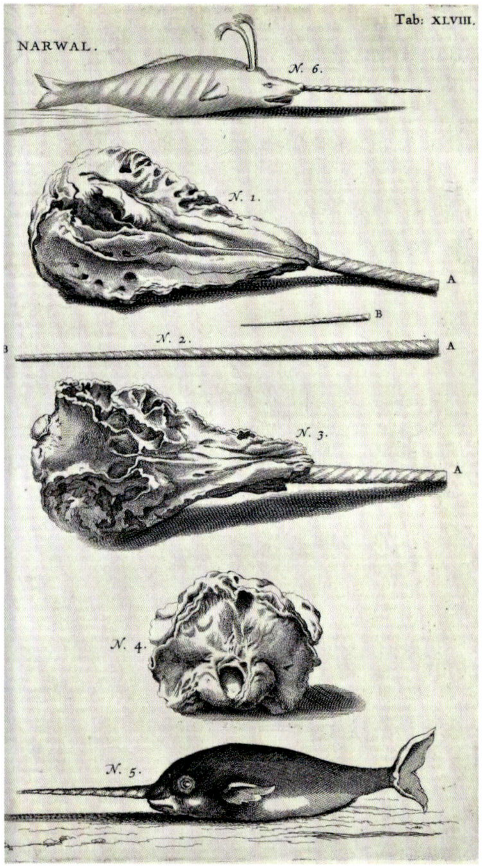

– 9 –
Matthäus Merian der Ältere, Caspar Merian und Matthäus Merian der Jüngere:
Meeres-Einhorn (Narwal),
in: Jan Jonston: *Naeukeurige beschryving van de natuur der vier-voetige dieren, vissen en bloedlooze water-dieren, vogelen, kronkel-dieren, slangen en draken*
(Gründliche Beschreibung der Natur der vierbeinigen Tiere, Fische und blutlosen Wassertiere, Vögel, Kriechtiere, Schlangen und Drachen),
Amsterdam 1660, Tafel 48

des Schiffskapitäns – Douwe Jansz van Staveren – und berichtete, das Tier sei „ungefähr 10 Meilen südöstlich der Insel Jan Mayen" gesichtet worden.[48] Später erwähnte der Amsterdamer Arzt Nicolaes Tulp in einem Kapitel über Meeres-Einhörner in der 1652 erschienenen Erweiterung seiner zuerst 1641 publizierten *Observationes medicae* (Medizinische Beobachtungen) diesen 1648 entdeckten Narwal (Abb. 12). In seinem lateinisch verfassten Text, der nach Jonstons Werk erschien, bezeichnete Tulp den Fundort als *isolam majem*. Diese Insel wurde in der späteren Literatur – zumindest seit dem Viktorianischen Zeitalter[49] – irrtümlich mit der schottischen Isle of May in Verbindung gebracht und nicht – wie in Jonstons Bericht von 1660 – mit der Insel Jan Mayen in der Grönlandsee.[50]

Tulp bildete den Schädel und den herausragenden Zahn sorgfältig von oben und unten ab und vermerkte die Abmessungen. Darunter ist ein schwimmender Narwal dargestellt, der Jonstons Nummer 5 entspricht.[51] Damit er als lebendes und atmendes Wesen erkennbar ist, hat der Kupferstecher ihn mit zwei Wasserfontänen versehen. Allerdings besitzen Narwale nur ein Blasloch. Die ursprüngliche Abbildung eines Narwals in der lateinischen Tulp-Ausgabe von 1652 und in Charles de Rocheforts *Histoire naturelle et morale des Îles Antilles de l'Amérique* (Natur- und Sittengeschichte der Antillen) von 1658 (Abb. 15) zeigten den gleichen Typus, allerdings ohne Blasloch.

Durch das Medium des Drucks wurde die Verbreitung von Bildern erleichtert. Ihre Glaubwürdigkeit wuchs mit der Zahl der Verfasser, die sie in ihren Veröffent-

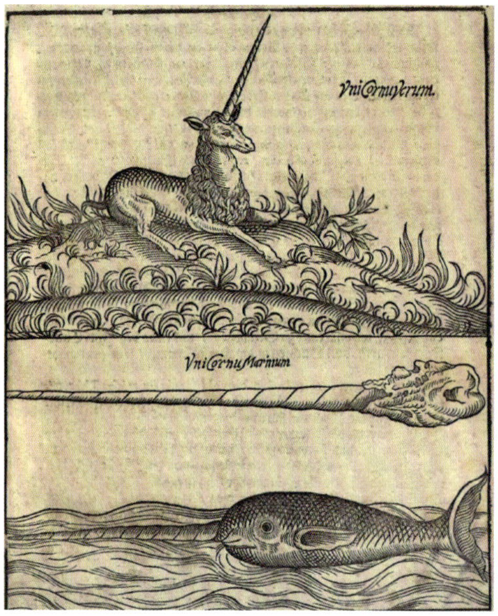

– 11 –
Deutsch: *Unicornu verum und unicornu marinum*
(Wahres Einhorn und See-Einhorn),
in: Christoph Vielheuer: *Gründliche Beschreibung fremder Materialien und Specereyen [...],*
Leipzig 1676, fol. 195

lichungen verwendeten. Die künstlerischen Darstellungen, die zur Verlebendigung des Dargestellten mit Wasserfontänen ergänzt wurden, stimmten allerdings nicht mit dem überein, was in der Natur vorzufinden war. Stattdessen gaben diese Bilder des einigermaßen unbekannten Narwals – ähnlich wie die archäologischen Rekonstruktion des Quedlinburger „Einhorns" – das wieder,

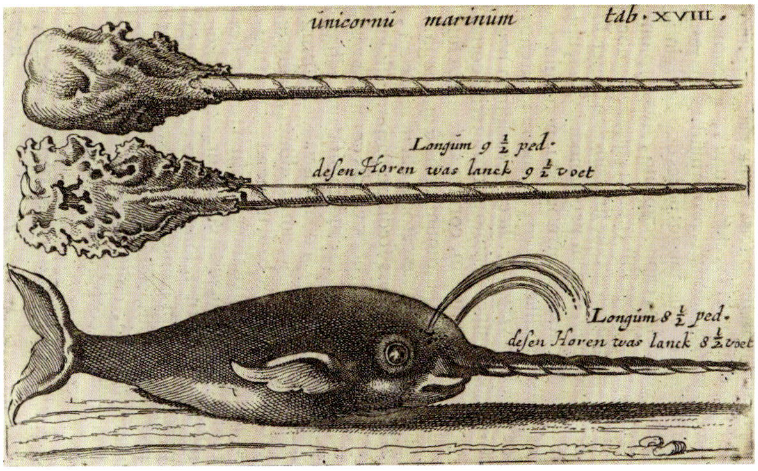

– 12 –
Niederländisch: *Unicornu marinum* (See-Einhorn),
in: Nicolaes Tulp: *Observationes medicae* (Medizinische Beobachtungen),
Leiden 1716, Tafel 18

was die Naturforscher aus unvollständigen Informationen ableiteten. In diesem Fall gründeten sie ihre Annahmen über Blaslöcher auf die Beobachtung anderer Wale und nicht auf die des Narwals.

In seiner 1676 erschienenen Universalkunde *Gründliche Beschreibung fremder Materialien und Specereyen* veröffentlichte der schlesische Apotheker Christoph Vielheuer, ein Zeitgenosse Pomets, eine zweigeteilte Abbildung: Oben kauert ein – als echtes Einhorn bezeichnetes – Einhorn friedlich auf einem grasbewachsenen Hügel. Darunter befindet sich in der Mitte der Seite ein fest mit einem Schädelstück verbundenes Horn. Es schwebt über einem Narwal, der kein Wasser ausstößt (Abb. 11). Er schwimmt durch sanfte Wogen und ist als *unicornu marinum,* als Meeres-Einhorn, bezeichnet. Dies ist die Narwal-Darstellung, die in der ersten Tulp-Ausgabe und in Rocheforts Werk als verbindlich präsentiert wurde und in der Folge einen lebendigeren Anstrich erhielt – in Jonstons Buch durch die präzise Beschreibung und die hinzugefügten Wasserfontänen und hier durch die Wellen, die das Tier umspielen.

Erstaunlicher als die Fiktion

Ende August 1684 lief Dirk Petersen, Kapitän des Walfangschiffs Der güldene Löwe, in den Hamburger Hafen ein. Mit sich brachte er einen außergewöhnlichen Narwal, den er in der Nähe von Spitzbergen bei Grönland mit der Harpune erlegt hatte. Dieser Narwal, der als Weibchen vorgestellt wurde, besaß nicht einen, sondern zwei spiralförmig gewundene Zähne. Jahrzehnte später – 1746 – fand dieses ungewöhnliche Exemplar Eingang in die Waluntersuchung des Hamburger Bürgermeisters Johann Anderson (Abb. 13).[52] Auch da entsprach das Bild des lebenden Narwals jedoch nicht der Zeichnung des erhaltenen Hamburger Exemplars.

1694 – zehn Jahre nach Kapitän Petersens Fund bei Grönland – bildete der Hofapotheker Pierre Pomet, der die oben erwähnte Abbildung von fünf Einhorn-Arten veröffentlicht hatte, in seinem Band über Fische zwei unterschiedliche Meerestiere mit Horn ab: Das Meeres-Einhorn schwimme in tropischen Gewässern, der Narwal in der Arktis (Abb. 14). Letzterer hatte Ähnlichkeit mit dem auf dem Stich von Tulp und auf einer Abbildung in der Naturgeschichte der Antillen von Charles de Rochefort von 1658 (Abb. 15). Pomet bedachte seinen Narwal mit einem weiteren, somit dritten Blasloch. Auch diese Darstellung entsprach nicht dem, was in der Natur anzutreffen war; sie bildete ab, was der Wissenschaftler erwartete oder zeigen wollte. Pomet vergaß nicht zu erwähnen, dass das, was als Einhorn-Horn verkauft wurde, in Wahrheit von einem

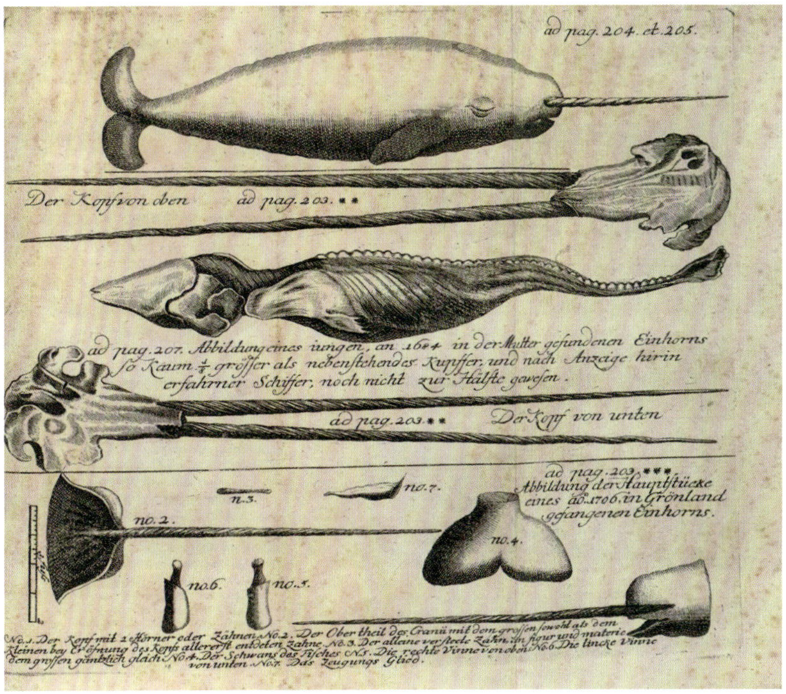

– 13 –
Deutsch: *Narwal und Narwalzähne,*
in: Johann Anderson: *Nachrichten von Island, Grönland und der Straße Davis,*
Hamburg 1746, nach S. 204

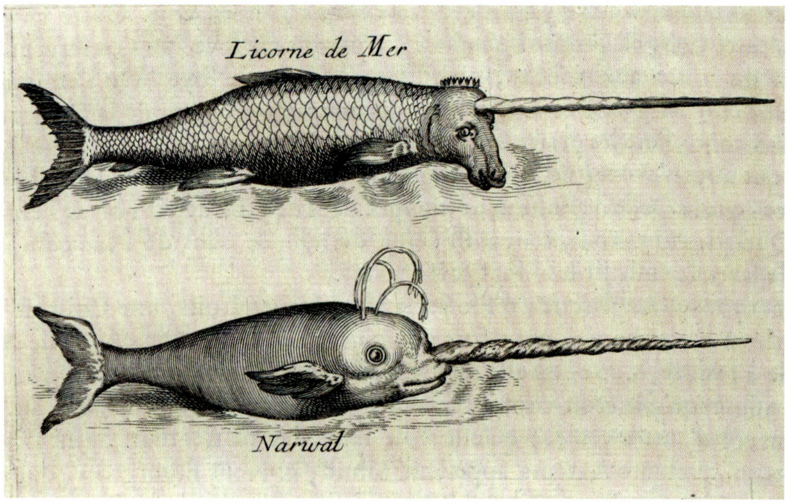

– 14 –
Französisch: *Meeres-Einhorn und Narwal,*
in: Pierre Pomet: *Histoire générale des drogues, traitant des plantes, des animaux, & des minéraux [...]*
(Allgemeine Geschichte der Arzneien, handelnd von Pflanzen, Tieren und Mineralien),
Paris 1694, S. 78 (siehe Kat. 55)

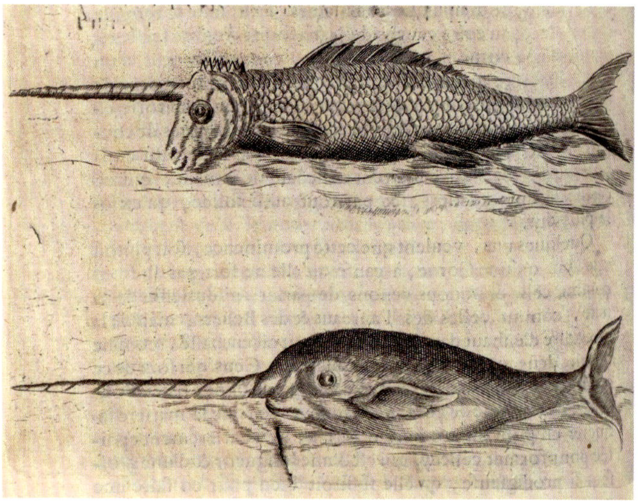

– 15 –
Unbekannt: *Meeres-Einhorn und Narwal,*
in: Charles de Rochefort: *Histoire naturelle et morale des Îles Antilles de l'Amérique [...]*
(Natur- und Sittengeschichte der Antillen),
Rotterdam 1658, S. 204

Fisch stammte, und äußerte Zweifel an der medizinischen Wirksamkeit des Horns. Damit bestätigte er die Einschätzung, wirksame Medikationen seien nur mit echtem Einhorn-Horn möglich und erfolglose Behandlungen dem Narwal zuzuordnen.[53]

In der für die Wissenschaft produktiven Zeit nach dem Quedlinburger Fund und offenbar in Unkenntnis des Hamburger Walfangkapitäns Petersen wogen Einhorn-Enthusiasten wie Paul Henri Thiry d'Holbach die Argumente zugunsten des Einhorns oder des arktischen Narwals mit seinem spiralförmig gewundenen Zahn gegeneinander ab. Ein Stich, den der Arzt und Sammler Michael Bernhard Valentini 1704 in seinem *Museum Museorum* veröffentlichte, zeigte das Quedlinburger Skelett, Pierre Pomets mit drei Blaslöchern ausgestatteten Narwal und ein ästhetisiertes, als „erfunden" gekennzeichnetes tänzelndes Einhorn, das einem der von Pomet abgebildeten Einhörner ähnelt (Kat. 51).

Für Künstler war das alles – die wissenschaftlichen Erklärungen, die widerstreitenden Berichte und Bilder – ein gefundenes Fressen, weil die sich herausbildenden Wissenschaften hier mit erstaunlicher Kreativität und großem Erfindungsreichtum ins Bild gesetzt und ausgeschmückt wurden. Auf dem in Hartford aufbewahrten Trinkgefäß schwimmt das Einhorn auf bewegtem Meer und kann seinen Kopf kaum über Wasser halten (Abb. 7). Nahebei schwimmt ein Meereswesen mit einem spitzen Horn. Ein ähnliches Objekt aus einer fürstlichen Sammlung zeigt das Einhorn als Neptuns Gefährten (Kat. 104), während ein Trinkgefäß im Grünen Gewölbe in Dresden ein See-Einhorn zeigt, bei dem das Hinterteil aus einer Muschel und der Oberkörper aus vergoldetem Silber besteht (Kat. 105).

Die Dänen, für die der Seehandel von großer Bedetung war und die seit der Vereinigung der norwegischen und der dänischen Krone unter König Olaf II. im Jahr 1380 sowohl Island als auch Grönland kontrollierten,[54] wussten, woher die Einhorn-Hörner stammten.[55] Pointiert zeigen dies zwei Gefäße in der Kunstkammer des dänischen Königs aus dem 17. Jahrhundert.[56] Auf dem einen Deckelbecher steht die Figur eines Inuks, die einen monumentalen Zahn eines Narwals in der Hand hält (Kat. 101). Auf dem Silberscharnier am Deckel eines anderen Krugs hockt ein Inuk und hält den Zahn eines Narwals fest in seinen Händen (Kat. 100). Ungeachtet dieser an der Realität orientierten Darstellung steht der Krug auf silbernen Füßen, die als Einhörner gestaltet sind. So begegnen sich Mythos und Realität in ein und demselben Kunstwerk.

Die Lebensweise des Narwals in den eisigen Gewässern der Arktis ist bis heute nicht vollständig erforscht. Die Tiere bewegen sich karawanenartig fort, in Reihen zu dritt übereinander. Sie können fast eine Meile tief und 45 Minuten ununterbrochen unter das Eis abtauchen und mit dem Rücken nach unten schwimmen.[57] Im aufgewühlten Wasser vollführen sie mit ihren spiralförmigen Zähnen dramatische Bewegungen, deren Sinn und Zweck nicht erschlossen ist.[58] Alles, was bis jetzt über den Narwal bekannt ist, ist schwerer vorstellbar als ein pferdeähnliches Wesen, das statt eines Geweihs ein einzelnes Horn trägt und in Deutschlands Wäldern, im Heiligen Land, in Mekka, Indien oder Äthiopien und Nordamerika lebt.

Aus dem Englischen übersetzt von Andreas Bredenfeld

1 Siehe Shepard 1930; Ettinghausen 1950; Freeman 1976; Gotfredsen 1999; Lavers 2010; Pluskowski 2017.
2 Paris 1991c, Nr. 68, S. 310 f.
3 Siehe Van Vlierden 1989, S. 5–13.
4 Siehe Shepard 1930, S. 112; siehe auch Boehm 2020, S. 46, Anm. 16.
5 So ein Bericht an Conrad Gessner; englische Übersetzung und Kommentar in Edward Topsell: *The History of Four-Footed Beasts,* London 1658, S. 554.
6 Siehe Shepard 1930, S. 106–108.
7 Siehe Victor Gay: *Glossaire archéologique du Moyen Âge et de la Renaissance,* Bd. 2, Paris 1928, S. 76–78, für eine chronologische Auflistung wichtiger Bestandsangaben. Der Verfasser leitet seine Erörterung mit der Aussage ein, die lange als Fabelwesen geltende Kreatur existiere in Tibet tatsächlich.
8 Siehe *Lorenzo de' Medici at Home. The Inventory of the Palazzo Medici in 1492,* hrsg. und übers. von Richard Stapleford, University Park 2013, S. 96.
9 Siehe ebd., S. 15 f.
10 Zit. n. Miller 1960/61, S. 87.
11 Siehe Rudolf Distelberger: Das „Ainkhürn" (Einhorn), in: *Die Kaiserliche Schatzkammer Wien,* München 2020, S. 114 f., hier S. 115.
12 Laut Schätzung von Shepard 1930, S. 105.
13 *Photius. Bibliothèque,* Bd. 1: *„Codices" 1–84,* hrsg. und übers. von René Henry, Paris 1959, S. 143; aus dem Französischen übersetzt von Céline Véronique Marten.
14 Siehe Bigwood 1993, S. 539–544.
15 Philostorgios: *Kirchengeschichte,* hrsg. von Bruno Bleckmann und Markus Stein, Bd. 1, Paderborn 2015, S. 230 f.
16 Ebd., S. 231. – Zur Information, das Einhorn sei im Relief abgebildet, siehe Irfan Shahid: *Byzantium and the Arabs in the Fourth Century,* Washington, D. C., 1984, S. 104 f., Fn. 2.
17 Siehe Alessandra Bravi: Ornamenta, monumenta, exempla. Greek Images of Gods in the Public Spaces of Constantinople, in: *Divine Images and Human Imaginations in Ancient Greece und Rome,* hrsg. von Joannis Mylonopoulos, Leiden und Boston 2010, S. 289–301, hier S. 295.
18 Kosmas Indikopleustes: *Christliche Topographie.* Textkritische Analysen, Übersetzung, Kommentar, hrsg. von Horst Philipp Schneider, Turnhout 2010, S. 243 f.
19 Zu den Illustrationen Breus siehe u. a. Gerritsen 2007b; Leitch 2010, S. 101–145.
20 Eine deutschsprachige Ausgabe erschien 1563 bei Christoph Froschauer in Zürich, übersetzt von Conrad Forer; siehe Blair 2017, S. 12.
21 Siehe Bamforth 2010, S. 131.
22 Siehe u. a. Clarke 1986, S. 16–27; Duffin 2017, S. 211.
23 Siehe David B. Ruderman: *Kabbalah, Magic, and Science. The Cultural Universe of a Sixteenth-Century Jewish Physician,* Cambridge, MA, und London 1988, S. 61 f.; weitere jüdische Gelehrte waren etwa David de Pomis und Rabbi Moses Trani, siehe Daniel Jütte: *The Age of Secrecy. Jews, Christians, and the Economy of Secrets, 1400–1800,* New Haven und London 2015, S. 79–84.
24 Siehe Bonnemain 2016, S. 433–442.
25 Peter Pomet: Vom Einhorn, in: ders.: *Der aufrichtige Materialist und Specerey-Händler,* Leipzig 1717, Sp. 471 f., hier Sp. 471.
26 Siehe *Gottfried Wilhelm Leibnitzens Protogaea Oder Abhandlung von der ersten Gestalt der Erde und den Spuren der Historie in den Denkmaalen der Natur. Aus seinen Papieren,* hrsg. von Christian Ludwig Scheid, Leipzig und Hof 1749. Zum Quedlinburger Fund und Leibniz' Abhandlungen siehe u. a. Bamforth 2010; Krafft 2013; Krafft 2015; Krafft 2016; Krafft 2018.
27 Paul Henri Thiry d'Holbach: Licorne fossile, in: *Encyclopédie, ou Dictionnaire raisonné des sciences, des arts et des métiers,* hrsg. von Denis Diderot und Jean le Rond d'Alembert, Bd. 9, Paris 1765, S. 486; aus dem Französischen übersetzt von Andreas Bredenfeld.
28 Der französische Chirurg Ambroise Paré stand der Existenz des Einhorns skeptisch gegenüber, erklärte aber 1582, angesichts der biblischen Erwähnung von Einhörnern müsse man an ihre Existenz glauben, Ambroise Paré: Discours de la licorne, in: *Discours d'Ambroise Paré [...],* Paris: Gabriel Buon 1582, fol. 15r–37v, hier fol. 31r [recte 32r]: „Il fault donc croire qu'il est des Licornes"; siehe Bamforth 2010, S. 127.
29 Photius 1959 (wie Anm. 13), S. 143 f.; aus dem Französischen übersetzt von Céline Véronique Marten. – Zu den medizinischen Aspekten des Einhorn-Horns siehe Kat. 52–61.
30 Hildegard von Bingen: Naturkunde und Buch der Lebensverdienste, in: Hörisch 2005, S. 49–51, hier S. 50.
31 Siehe Ruderman 1988 (wie Anm. 23), S. 62. Zur Auseinandersetzung jüdischer Gelehrter mit dem Einhorn siehe auch Wischnitzer 1951, S. 141–156; Jütte 2015 (wie Anm. 23), S. 79–84.
32 Zu diesem Ereignis, das zwischen 1537 und 1757 stattfand, siehe Shemesh 2020.
33 Siehe Anonym: *Kitāb na't al-ḥayawān* (Buch der Eigenschaften der Tiere), ediert in: Contadini 2012, hier S. 96; siehe auch Contadini 2003.
34 Siehe Antonio Corso: Attitudes to the Visual Arts of Classical Greece in Late Antiquity, in: *Eulimene* 2 (2001), S. 13–52, hier S. 44 f.
35 Siehe Contadini 2003, S. 17–33; siehe auch Stetkevych 2002, S. 121.
36 Siehe Jerónimo Lobo: Von dem berühmten Einhorn / wo es zu finden / und wie es gestaltet sey, in: ders: *P. Hieronymi eines Jesuiten in Portugal Neue Beschreibung und Bericht von der wahren Beschaffenheit 1. Des Mohrenlandes, sonderlich des Abyssinischen Käysersthums [...],* Nürnberg: Christoph Gerhard 1670, S. 30–39, hier S. 34–38; siehe S. 357.
37 Bernhard von Breydenbach: *Dis buch ist innhaltend die heilige[n] reysen gein Jherusalem zu dem heiligen Grab vnd furbaß zu der hochgelobten jungfrowen vnd merteryn sant katheryn,* [Speyer um 1505], fol. 90r; siehe auch Mainz 1992; Timm 2006; Bakker 2018; Dorninger 2022, S. 217.
38 Siehe Ross 2014.
39 Diese Stickereien wurden als „Oxburgh Hangings" bekannt (Victoria and Albert Museum, London; Oxburgh Estate, Oxborough); ihre Entstehungszeit um 1570–1585 ist vom Zeitraum zwischen Gefangenschaft und Hinrichtung abgeleitet; siehe Sarah Cawthorne: Mary, Queen of Scots (1542–1587 CE), Elizabeth Talbot (1527–1608 CE) and members of the Queen's household. The Oxburgh Hangings (1569–1585 CE), in: *Women in the History of Science. A Sourcebook,* hrsg. von Hannah Wills u. a., London 2023, S. 71–76. Eine lateinische Ausgabe von Gessners Buch aus dem Besitz von John Leslie, dem Sekretär Maria Stuarts, wird in der Bibliothek der University of St Andrews aufbewahrt. Für diese Information danke ich Briony Harding, dortige Assistant Rare Books Librarian.
40 Die Vorstellung, dass es zu allem, was an Land existiert, ein Pendant im Meer gebe, lässt sich bis zu Plinius zurückverfolgen, siehe Mary Beagon: Situating Nature's Wonders in Pliny's *Natural History,* in: *Vita Vigilia Est. Essays in Honour of Barbara Levick, Bulletin of the Institute of Classical Studies* 50, Supplement 100 (Dezember 2007), S. 19–40, hier S. 23.
41 Zu dem Einhorn-Pokal im Wadsworth Atheneum siehe Sigalas 2018.
42 Siehe Miller 1960/61, S. 90.
43 Siehe Valdimar Tr. Hafstein: Bodies of Knowledge. Ole Worm & Collecting in Late Renaissance Scandinavia, in: *Ethnologia Europaea* 33,1 (2003), S. 5–20; die „Exotica" werden auf S. 11 f. erörtert. Siehe auch Henrik D. Schepelern: The Museum Wormianum Reconstructed. A Note on the Illustration of 1655, in: *Journal of the History of Collections* 2,1 (1990), S. 81–85.
44 Siehe Roling 2014. – Der 1654/55 von Joachim von Sandrart gemalte *Große Fischmarkt* (Kat. 49), der den skelettierten Schädel eines Narwals mit „Horn" zeigt, war möglicherweise von diesen Kupferstichen inspiriert.
45 Siehe Shepard 1930, S. 119.
46 Die Inuit werden als „Savvages" (Wilde) bezeichnet.
47 Siehe Zijlstra-Mondt 2022.
48 Jan Jonston: *Naeukeurige beschryving van de natuur der vier-voetige dieren, vissen en bloedlooze water-dieren, vogelen, kronkel-dieren, slangen en draken* (Gründliche Beschreibung der Natur der vierbeinigen Tiere, Fische und blutlosen Wassertiere, Vögel, Kriechtiere, Schlangen und Drachen), Amsterdam 1660, S. 179, zit. n. Zijlstra-Mondt 2022, S. 213; aus dem Niederländischen übersetzt von Andreas Bredenfeld.
49 Siehe J. E. Gray: Catalogue of the Whales and Dolphins (Cetacea) Inhabiting or Incidentally Visiting the Seas Surrounding the British Islands, in: *The Zoologist* (März 1873), S. 3430; ebenfalls erwähnt in *Chambers's Encyclopaedia. A Dictionary of Universal Knowledge,* Bd. 7, Edinburgh 1891, S. 398 f. Der Fund kommt vor in Harry Johnston: *British Mammals. An Attempt to Describe und Illustrate the Mammalian Fauna of the British Islands, from the Commencement of the Pleistocene Period Down to the Present Day,* London 1903, S. 21.
50 In den Texten scheint es eine Verwechselung zu geben zwischen der Isle of May (der von Tulp erwähnten „isolam majem"), die sich im Meeresarm Firth of Forth vor Edinburgh befindet und auf der 1648 Überreste eines Narwals gefunden wurden, und der zu Norwegen gehörenden Insel Jan Mayen, die 500 km östlich von Grönland an der Grenze zwischen der Grönlandsee und dem Europäischen Nordmeer liegt. Die Strandung eines Wals an der Isle of May im Jahr 1648 wäre eine weitere zu den vermutlich nur vier Strandungen in britischen Gewässern im Zeitraum 1588–1949; siehe Frederic Charles Fraser: A Narwhal in the Thames Estuary, in: *Nature* 163,4145 (9.4.1949), S. 575. Die Verwechselung setzt sich fort bei Zijlstra-Mondt 2022; sie verortet die Insel Jan Mayen in Schottland.
51 Siehe Zijlstra-Mondt 2022, S. 212 f.
52 Siehe Johann Anderson: *Nachrichten von Island, Grönland und der Straße Davis, zum wahren Nutzen der Wissenschaften und der Handlung,* Hamburg 1746, Abb. nach S. 204. Die Darstellung – seitenverkehrt – wieder in: Bernard-Germain-Étienne de La Ville-sur-Illon de Lacépède: *Histoire naturelle des cétacées,* Paris 1804, Tafel 9, nach S. 159; siehe Spary 2019, S. 1049, Abb. 4.
53 Siehe Peter Pomet: Vom Narwall, in: Pomet 1717 (wie Anm. 25), Sp. 585–590.
54 Siehe Christian Keller: Furs, Fish, and Ivory. Medieval Norsemen at the Arctic Fringe, in: *Journal of the North Atlantic* 3,1 (Dezember 2010), S. 1–23.
55 Möglicherweise handelte es sich bei den Narwalzähnen häufig um aufgefundene Überreste von Narwalen, die von Schwertwalen gefressen worden waren, und nicht um gestrandete oder durch Jagd erlegte Tiere; siehe Dectot 2018, S. 159–174, bes. S. 169.
56 Siehe Kopenhagen 2018, Nr. 322 und 320; Grimes 2023.
57 Siehe Rune Dietz u. a.: Upside-Down Swimming Behaviour of Free-Ranging Narwhals, in: *BMC Ecology,* 19.11.2007, https://bmcecol.biomedcentral.com/articles/10.1186/1472-6785-7-14, aufgerufen am 9.10.2024.
58 Siehe Washington 2017.

Wer glaubt an Einhörner? Das Fabelwesen in der Kunst des 20. und 21. Jahrhunderts

Annabelle Ténèze

Im Jahr 2022 tauchte auf den Uniformen mancher Soldaten ein überraschendes Wappen auf: Ukrainer, die sich nach dem russischen Angriff auf ihr Land zum Wehrdienst meldeten, nähten unterhalb ihrer Nationalflagge ein Abzeichen auf ihre Ärmel, das man in Kriegszusammenhängen nicht erwarten würde: ein farbiges, stilisiertes Einhorn (Kat. 92). Sie griffen damit eine Praxis aus dem Jahr 2014 auf, als Russland die Krim überfallen und anschließend annektiert hatte. Die Soldaten, die ihre Uniform mit dem Fabelwesen versehen, fühlen sich entweder der LGBTQIA+-Community zugehörig oder sympathisieren mit ihr, denn das Einhorn wurde in den vergangenen Jahrzehnten zum Emblem und Erkennungszeichen der queeren Gemeinschaft. Indem sie sich sichtbar auf ein Wesen beziehen, dessen Existenz negiert wird oder das nur in den Grenzzonen unserer Welt und damit am Rand der Gemeinschaft leben könnte, treten sie der falschen Behauptung entgegen, in Armeen gäbe es keine queeren Menschen. Zudem prangern sie an, dass diese seit einigen Jahren in etlichen Ländern – unter anderem in Russland – vermehrt auf öffentliche Ablehnung stoßen und politisch diskriminiert werden.[1] Als Aufnäher auf einer Militäruniform bringt das friedfertige Einhorn die Werte der Inklusion, für die es heutzutage steht, wirkungsvoll zur Geltung.

2013 sprach die Unternehmerin, Investorin und Start-up-Gründerin Aileen Lee in einem Artikel über den von ihr so genannten „Unicorn Club", in dem sie die erfolgreichsten Start-ups betrachtete.[2] Auch wenn das Fabelwesen auf den ersten Blick von der Geschäftswelt denkbar weit entfernt scheint – der Begriff „Einhorn" etablierte sich mit der Zeit im Vokabular der Wirtschaftssprache und wanderte später auch in den Alltagswortschatz ein: als Bezeichnung für Start-ups, die mit mehr als einer Milliarde Dollar bewertet werden, nicht an der Börse notiert sind, sich in Privateigentum befinden und nicht zu einem Großkonzern gehören. Die Parallele zu dem mythischen Tier besteht darin, dass diese erfolgreichen Unternehmen ebenfalls sehr selten sind.

2017 erzielte die bekannte Cafékette Starbucks große mediale Aufmerksamkeit, als sie in Nordamerika einen „Einhorn-Frappuccino" auf den Markt brachte. Das einzigartige und angeblich magische Getränk löste einen Hype in den Starbucks-Filialen und in den sozialen Netzwerken aus, wo die Konsumentenschaft Design und Duft des Einhorn-Frappuccinos ausgiebig kommentierte und analysierte.[3]

Es gibt nur eines, was diese drei disparaten Sachverhalte der Gegenwart miteinander verbindet: die Bezugnahme auf das Einhorn. Warum kamen im 20. Jahrhundert und kommen im angehenden 21. Jahrhundert Einhörner so zahlreich vor? Was verbindet dieses Tier, das der Phantasie und dem Dunkel der Zeiten entsprang, mit der Gegenwart? Diesen Fragen geht der vorliegende Beitrag nach.

Kein Fabelwesen wie jedes andere

In unserer Gesellschaft scheint das Einhorn präsenter denn je: Einhorn-Legenden werden in der fiktionalen Literatur und in Comics adaptiert, in den sozialen Netzwerken kursieren Einhorn-Bilder in großer Zahl und werden dort eifrig geteilt. Es gibt eine breite Palette von Spielwaren mit Einhorn-Motiven. Nach jahrhundertelanger wissenschaftlicher Forschung sollte inzwischen klar sein, dass Einhörner nicht existieren. Wie kommt es also, dass sie noch nie so gegenwärtig waren wie in der heutigen Alltagswelt? Warum sind die übernatürlichen Kreaturen, die seit rund zwanzig Jahren als Konsumartikel für Kinder oder auch für Erwachsene auf Schritt und Tritt begegnen, zu Stereotypen einer Epoche geworden, in der Entertainment und das Bedürfnis nach Objektbesitz zu „sozialen Markern" avanciert sind? Die Künstlerinnen und Künstler, die in ihren Bildschöpfungen Einhorn-Motive aufgreifen, beziehen in ihren Werken eine Gegenposition.

Gleichzeitig erhoben engagierte Aktivisten das Einhorn zum Symbol für verschiedene Anliegen – insbesondere für die Gleichstellung der Geschlechter – und verschafften ihm dadurch eine politische Subversions- und Bündelungskraft. Doch wofür steht das Einhorn, das in der Gegenwart so vielfach vertreten ist? Was sagt der Einhorn-Hype, der sowohl die Populärkultur als auch die Gegenwartskunst erfasst hat, über heutige Sehnsüchte, aber auch Ängste aus?

Fabeltiere sind von Natur aus mehrdeutig. Sie sind Mischwesen, die Eigenschaften mehrerer Spezies in sich vereinen und mitunter auch menschliche Anteile enthalten. Das macht sie zu etwas Fremdem und gleichzeitig Vertrautem. Die geschichtlichen und künstlerischen Narrative berichten, dass diese wild lebenden Tiere, die fernab unserer Welt in geheimnisumwitterten Naturräumen beheimatet sind, schwer zu domestizieren sind und ebenso gefährlich wie verführerisch, ebenso unbändig wie zauberhaft sein können.

Vom Einhorn hingegen scheint, im Unterschied zu allen anderen Phantasiewesen, keine Gefahr auszugehen. Es ist ein freundliches Tier – ein Gefährte, der den Menschen und vor allem den Frauen und Kindern ans Herz gewachsen ist. Vielleicht erfreuen Fabelwesen und damit auch das Einhorn sich deswegen zunehmender Beliebtheit, weil die Menschen sie brauchen. Anscheinend eignen sich diese Geschöpfe generationenübergreifend als Verkörperung dessen, was wissenschaftlich nicht erklärbar ist, was sich nur schwer begreifen, benennen, ausdrücken oder spüren lässt. Mehr denn je steht das Einhorn für die Sehnsucht, sich verzaubern zu lassen, das Verlangen nach dem Wunderbaren, nach Phantasie. Es verkörpert das Bedürfnis, auch im Erwachsenenalter einen Platz für das innere Kind zu bewahren. So als könnten wir mit diesem Tier an unserer Seite – das wegen seines Phantasiecharakters umso wirkungsvoller ist – uns selbst entkommen, aber auch uns wiederfinden, uns des eigenen Selbst vergewissern und in Zeiten des Orientierungsverlusts neue Orientierung finden.

– 1 –
Gustave Moreau: *Die Einhörner*, o. D., Musée national Gustave Moreau, Paris

Portrait der Künstlerin als Einhorn

Mehrere Gemälde, die der symbolistische Maler Gustave Moreau in den 1880er Jahren schuf, zeigen Einhörner in Verbindung mit Frauendarstellungen (Abb. 1; Kat. 149). Die Dualität von Frau und Einhorn spielte im Rahmen der Variationen, mit denen Moreau seine Motive abwandelte, eine zentrale Rolle. Eine seltene Ausnahme ist das Aquarell *Persischer Dichter* (Musée Gustave Moreau, Paris), in dem die Titelfigur auf einem Einhorn reitet. Hier verknüpfte der Künstler drei Vorstellungswelten miteinander, die für ihn eine besondere Bedeutung hatten: Mittelalter, Mythologie und Orientalismus.

Moreau war durch die Auseinandersetzung mit dem Mittelalter geprägt, das in seinen Augen „der Romantik den Ton vorgab", wie er in seinen „Ästhetischen Prinzipien" schrieb.[4] Er ließ sich von den kurz zuvor auf Schloss Boussac wiederentdeckten Tapisserien *Die Dame mit dem Einhorn* inspirieren (Kat. 123.1–6). Sie wurden 1878 im Rahmen der Pariser Weltausstellung, bei der auch Moreau vertreten war, im Palais du Trocadéro ausgestellt und kamen einige Jahre später in das Musée de Cluny, das dem Künstler viel bedeutete. Er ließ in seinen Werken eine mittelalterlich inspirierte Bildwelt wieder aufleben, in der prachtvoll geschmückte Frauen und Einhörner Seite an Seite lebten – prachtvoll auch in ihrer Nacktheit.

Der Wandteppichzyklus *Die Dame mit dem Einhorn* faszinierte den Dichter, Dramatiker und Künstler Jean Cocteau. Er hatte die Tapisserien im Musée de Cluny bewundert und stellte 1947 in der Pariser Galerie Paul Morihien rund dreißig Zeichnungen mit Einhorn-Motiven aus. Als er Anfang der 1950er Jahre die Wände und Decken der Villa Santo Sospir in Saint-Jean-Cap-Ferrat an der Côte d'Azur mit Fresken bemalte, nahm er – angeregt von den Mythen und Legenden aus Antike und Mittelalter – neben Faunen auch Einhörner in sein Tier- und Figurenrepertoire auf. 1953 setzte er sich in dem Ballett *Die Dame mit dem Einhorn*[5] mit dem Kampf zwischen Kraft und Reinheit auseinander und entwickelte damit die Lesart der mittelalterlichen Einhorn-Ikonographie fort. Cocteau lieferte nicht nur das Thema für das von Heinz Rosen choreographierte Ballett, zu dem Jacques Chailley die Musik komponierte, sondern auch das Bühnenbild und die Kostüme. Zudem führte er Regie. Die der Zeit enthobene Handlung und die modernen, aus Wolljersey gefertigten Kostüme mit Masken und Hörnern begeisterten das Publikum (Abb. 2). Die Parallelisierung und spiegelbildliche Überblendung von Frauen und Einhörnern nahm in den als Einhörner kostümierten Tänzerinnen konkrete Gestalt an. Im Lauf der zweiten Hälfte des 20. Jahrhunderts wurden Einhörner und Frauen zunehmend eins. Fortan waren es hauptsächlich Künstler*innen,* die sich zu eigen machten, was das Einhorn über die Geschichte und die Verkörperung von Frauen zu sagen erlaubte.

– 3 –
Leonora Carrington: *Die Einhörner und das Gespenst in der Wand,* 1957, Standort unbekannt

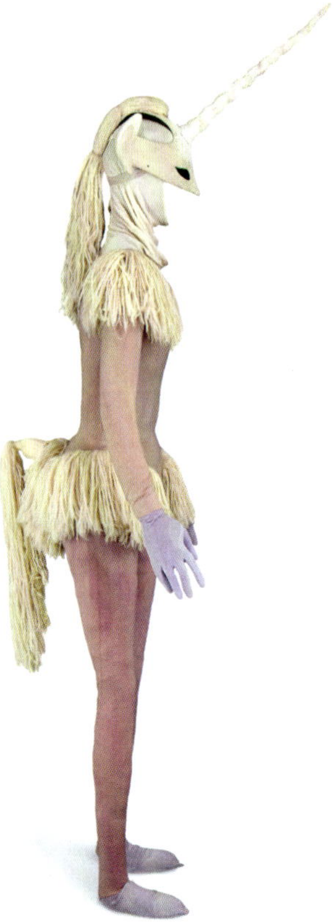

– 2 –
Jean Cocteau (Entwurf): *Kostüm für die Rolle eines kleinen Einhorns im Ballett „Die Dame mit dem Einhorn",* 1959, Centre national du costume et de la scènce, Moulins

Keine Strömung in der modernen Kunst erweckte die Mythen, die sich um die Fabelwesen ranken, so intensiv zu neuem Leben wie der Surrealismus. Die der Traumwelt entstammenden Tiere wurden zu Emblemen dieser Kunstrichtung, die 1924 mit dem Manifest von André Breton ihre öffentliche Geburtsstunde feierte und sich auf die Suche nach dem „Unheimlichen" in der Kunst begab – nach einem Schaffen, das mit seiner dichterischen und träumerischen Kraft das menschliche Bewusstsein übersteigt und eine Verbindung zum Unbewussten herstellt.[6] Dank seiner Verästelungen und verschiedenen Schauplätze dehnte der Surrealismus diese Suche auf mehrere Jahrzehnte und Kontinente aus.[7]

Zu dem Verwirrspiel, das diese künstlerische Strömung erzeugte, steuerte der

– 4 –
Jane Graverol: *Der Zug des Orpheus*, 1948, Sammlung der Fédération Wallonie-Bruxelles

Surrealist René Magritte den „Verrat der Bilder“ bei, wie er eines seiner Bilder nannte,[8] aber auch einen gewissen Anthropomorphismus, als er in den 1950er und 1960er Jahren Einhörner mit menschenähnlichem Antlitz darstellte (Kat. 154). In einer optisch vorgetäuschten Landschaft oder Bühnenszenerie verwandeln sich mittelalterliche Türme in Hörner. Auch Salvador Dalí ließ sich vom Einhorn inspirieren, aber besonders präsent ist das Thema der Tiernatur bei den Surrealist*innen*. Sie waren in dieser künstlerischen Bewegung aktiver, als es in der Geschichtsschreibung lange dargestellt wurde.[9] Sie waren mehr Künstlerinnen als Musen oder Modelle und erschlossen sich eigene und andere Wege. Für etliche dieser Frauen waren die Fabelwesen ein Mittel, mit neuen Darstellungsformen die Normerwartungen zu sprengen, wobei sie biologische, sexuelle und geschlechterbezogene Vorstellungen ins Visier nahmen. Dadurch verschafften sie sich auch die Möglichkeit, Identitäten in Frage zu stellen und Grenzen zu überschreiten. Gerade die Chance, sich durch Metamorphose in ein neues Wesen zu verwandeln und dabei auch die Ängste zu thematisieren, die ein fremder Körper oder ein unberechenbares Verhalten auslösen kann, war für sie ein Weg der Befreiung. Er führte sie in die Welt des Traums und zur Emanzipation, die möglich wird, wenn man sich von den Erwartungen und den gewohnten Kodifikationen der Menschendarstellung frei macht.

Mit Hilfe des Einhorns konnten die Künstlerinnen die Bildhoheit über das sexuelle Begehren für sich zurückerobern. Sie wiesen die männliche Erotik in ihre Schranken und traten den Reinheits- und Jungfräulichkeitsvorstellungen entgegen, mit denen der im Lauf der Geschichte immer enger werdende Bezug der Frau zum Einhorn begründet wurde (siehe Kat. 32, 34, 36). Angesichts der phallischen Mehrdeutigkeit des Horns konnten die Künstlerinnen nunmehr ihre eigenen Kämpfe ausfechten. In einer 1940 entstandenen Zeichnung der Surrealistin Leonora Carrington kämpft ein Einhorn gegen einen Greif und setzt sein Horn als Spieß und Waffe ein (Standort unbekannt). In Carringtons Gemälde *Die Einhörner und das Gespenst in der Wand* von 1957 schreiten mehrere Einhörner auf eine Wand zu und schicken sich an, durch diese hindurchgehen (Abb. 3). Sie sind von menschenähnlicher Gestalt, schmal und hochgewachsen, und heben sich mit ihrem makellosen Weiß von dem dunklen Interieur ab; die Hörner auf ihren Köpfen sehen wie stilisierte kleine Flammen oder umgekehrte Degen aus.

1948 malte die Surrealistin Jane Graverol das Bild *Der Zug des Orpheus* (Abb. 4). Es zeigt eine metaphysische Landschaft, in der sich ein weißes Einhorn einer Frau auf einem roten Sessel nähert, von der nur zwei bis auf den Saum eines Kleidungsstücks nackte Beine vorhanden sind; die Figur hat weder Oberkörper noch Kopf. Die Künstlerin Leonor Fini zeichnete 1975 ihr Lieblingstier – eine Katze – als Kombination aus Katzenfrau und Einhorn, die sowohl ihre runden Brüste als auch ihr spitzes Horn hervorstreckt (vormals Kunsthandel, Miami). Eine Photographie zeigt Fini, die auch Theaterkostüme entwarf und die eigene Kleidung zum Teil ihres künstlerischen Schaffens machte, bei einer Performance *avant la lettre* mit einem einhornförmigen Kopfaufsatz, der an

– 5 –
Leonor Fini (links) und Maxime de La Falaise in Einhorn-Kostümen, in: *L'Officiel de la couture et de la mode de Paris*, Nr. 329/330, Paris 1949, S. 118 f.

– 6 –
Betye Saar: *Ein Einhorn fangen*, 1960,
The Museum of Modern Art, New York

– 7 –
Noah Davis: *40 Acres und ein Einhorn*, 2007,
The Estate of Noah Davis

eine zweite Hülle oder – wie in dem Grimm'schen Märchen *Allerleirauh* – an einen Pelz denken lässt, aber auch an einen Tierkadaver (Abb. 5).

Zwei Werke aus den Jahren 1960 und 1970 machen deutlich, wie sehr das Einhorn zum Symbol für Emanzipation und für das Beharren auf Individualität wurde. In ihrer Performance *Einhorn* (1970) ließ Rebecca Horn Frau und Fabelwesen miteinander verschmelzen (Kat. 158). Die Künstlerin ließ eine Frau in weißer Korsage mit einem riesigen Horn als Körperextension auf dem Kopf durch ein Getreidefeld laufen. Ist dies das Kostüm einer Kriegerin? Oder einer Superheldin? Oder handelt es sich im Gegenteil um eine einschnürende Stützprothese – also um ein medizinisches Hilfsmittel? Wie so häufig in Horns Werk steigert die Skulptur, die die performende Person trägt, deren menschliche Körperlichkeit und bleibt dennoch bedeutungsoffen. Es bleibt in der Schwebe, ob es sich um ein Bühnenkostüm oder eine Bandage handelt, um eine medizinische Behandlung oder um Folter, ob hier Gewalt oder Sanftmut im Spiel ist. Die Vorrichtung, die die Frau in ein Einhorn verwandelt, verleiht ihr die Energie, ja die übermenschlichen Kräfte, trotz der Größe der aufgeschnallten Skulptur schier endlos durch die Felder zu gehen (Kat. 157). Körperlich ist die Einhorn-Frau ein Fabelwesen zwischen Mensch und Tier, Mensch und Maschine. Eine Analogie zwischen mythischem Tier und Künstlerin steckt in diesem Fall auch in der Namensähnlichkeit zwischen dem Einhorn und dem Familiennamen der Künstlerin Rebecca Horn. Frau und Einhorn nehmen, im Vorgriff auf den späteren Ökofeminismus, ihren Platz in der Natur ein und werden ihrerseits von der Natur aufgenommen.

Zehn Jahre zuvor schuf die Avantgardekünstlerin Betye Saar, die später durch ihre Assemblagen weithin bekannt wurde, die Graphik *Ein Einhorn fangen* (Abb. 6). Die Künstlerin – eine feinfühlige Beobachterin der politischen und kulturellen Situation ihrer Zeit mit ihren Ungerechtigkeiten und Repräsentationsdefiziten – platzierte das Einhorn in ein natürliches Paradies. Die zweite Hälfte des einvernehmlichen Duos ist eine dunkelhäutige Frau, die an der Seite des Tiers steht. Für die afroamerikanische Selbstrepräsentation hat diese kleinformatige Arbeit mit der Zeit symbolische Bedeutung gewonnen. Mit dem Titel seines Gemäldes *40 Acres und ein Einhorn* (2007) spielte der Künstler Noah Davis auf die Redewendung „40 acres and a mule" an, die auf die Zeit des amerikanischen Bürgerkriegs zurückgeht (Abb. 7). Vormals Versklavte sollten 40 Acres Land und ein Maultier zugesprochen bekommen. Das Versprechen wurde nicht gehalten, im Rückblick erscheint es ebenso wenig realistisch wie ein Einhorn.[10]

Fortan standen Einhörner und Künstlerinnen mehr denn je innig zusammen: Sie sind Verbündete und Schicksalsgenossinnen, sie koexistieren, unterstützen sich gegenseitig und verschmelzen miteinander, bekennen sich zu ihrer Verwandtschaft als Zwischenwesen, die am Rand und zugleich im Zentrum stehen. Passend dazu reitet eine der *Nanas* genannten Figuren von Niki de Saint Phalle auf einem trabenden Einhorn (Abb. 8). Künstlerinnen verschiedener Generationen portraitierten sich als Einhorn, wie etwa die Künstlerin Paula Rego. Ihre Lithographie *Die Einhorn-Künstlerin* von 2008 zeigt eine rosafarbene „Einhorn-Künstlerin" als Torera vor einer Leinwand (Soden Collection, London). Die Amerikanerin Chitra Ganesh ließ in ihrem farbenprächtigen Künstlerinnentagebuch und in ihren Zeichnungen Alltagsleben und Phantastisches ineinander übergehen (Abb. 9).

Vom Stolz, ein Einhorn zu sein

Das Einhorn, das sich am Rand der Menschenwelt bewegt, wurde paradoxerweise nicht nur zur Figur der Populärkultur, sondern auch zum Symbol für Differenz und Inklusion. Seit einigen Jahrzehnten verkörpern Drachen, Einhörner und Minotauren für viele die Möglichkeit, das gesellschaftliche Miteinander anders zu gestalten, anders zu sein und anders zu leben. Als Bewohner der Randzonen dieser Welt leben die Einhörner eine alternative Norm vor, an der wir uns ein Beispiel nehmen können. Sie eröffnen eine Möglichkeit, die Schwierigkeiten des Gewöhnlichen durch das Außergewöhnliche und durch die Schönheit des „Ungeheuren" zu überwinden – womit der etymologischen Bedeutung des Ungeheuren nach das gemeint ist, was außerhalb der Norm steht. Einhörner bieten also die Chance, ein bewunderndes Verhältnis zum Anderssein zu entwickeln. Im Einhorn der modernen Zeiten gewinnen subversive Darstellungen Gestalt.

Bei aller Zartheit und allem Humor sind diese Darstellungen immer nur einen Schritt weit entfernt von politischen Fragen und gesellschaftlichen Herausforderungen.

– 9 –
Chitra Ganesh: *Portrait der Künstlerin als Einhorn*, 2015/2023, Courtesy of the artist and Hales, London und New York

Neben Künstlerinnen entdeckten in den 1980er Jahren auch queere Personen das Einhorn als Identifikationsfigur. Es entwickelte sich zu einem ausdrucksstarken Symbol der Community und wurde durch neue Ausgestaltungen angereichert – bis hin zum regenbogenfarbenen Einhorn. Bei Pride-Paraden und LGBTQIA+-Events spielen Einhorn-Darstellungen eine prominente Rolle, wenn es darum geht, die Vielfalt der Geschlechteridentitäten und sexuellen Orientierungen zu feiern. Weil das Einhorn sich frei ausleben kann und Träumen eine Gestalt gibt, steht es für Ideale und wird so zum Träger eines Traums von Emanzipation, der im Alltag manchmal schwer zu verwirklichen ist. Doch schon in der Hoffnung auf Emanzipation nimmt dieser Traum eine konkrete Form an und wird in Ansätzen zur – wenn auch noch fernen – Wirklichkeit.

So stolz und freudig das Einhorn die Farben der Inklusion trägt und deren Werte transportiert – wenn es auf Akzeptanzschwierigkeiten stößt, kann es auch ein melancholisches Rosa annehmen. In den 1980er Jahren gingen die Entwicklung des Einhorn-Motivs zum populären – geschlechterbezogenen – Stereotyp und seine Aneignung durch die LGBTQIA+-Kultur

– 8 –
Niki de Saint Phalle: *Einhorn*, 1994, Privatsammlung

Hand in Hand. Ein Meilenstein auf dem Weg der Annäherung zwischen Einhorn und Homosexualität war der Erfolg des 1988 erschienenen Romans *Unicorn Mountain* (Die Einhorn-Berge) von Michael Bishop.[11] Drei Jahre vor dessen Veröffentlichung war der Film *Legend* (Legende), in dem Einhörner die Welt beschützen, in die Kinos gekommen. Dieses Werk von Ridley Scott hatte dazu beigetragen, aus dem Fabelwesen eine phantasmagorische und majestätische Ikone der Phantasie zu machen.

Bishops Roman spielt in den Bergen von Colorado. Dort zieht in einem Gebiet, aus dem das indigene Volk der Ute vertrieben wurde, eine Frau Einhörner auf. Diese werden von einer rätselhaften Krankheit befallen. Zur gleichen Zeit nimmt die Frau einen aidskranken Verwandten bei sich auf. Die Suche nach Heilung und der Wunsch, akzeptiert zu werden, stieß auf große Resonanz, weil der Roman die Aidsepidemie und die Ablehnung der -kranken – zwei Schrecknisse der damaligen Zeit – mit der Toleranz gegenüber sexuellen Minderheiten in einen Zusammenhang brachte. Die Einhörner und die Menschen um sie herum verkörpern den Gedanken, jedes Individuum sei einzigartig und wertvoll, und bereichern diese Suche und die damit verbundene Melancholie durch eine weitere Dimension: die Dimension des Respekts.

– 10 –
Damien Hirst: *Kindertraum*, 2008, Privatsammlung

Gibt es eine Alternative zum niedlichen Einhorn?

In den 1980er Jahren setzte eine Entwicklung ein, die sich als „Verniedlichung" und „Rosawerdung" des Einhorns bezeichnen lässt. Niedlichkeit und die Farbe Rosa sind charakteristische Merkmale vieler heutiger Einhorn-Darstellungen. 1981 brachte der Spielwarenhersteller Hasbro ein Plastikpferdchen namens My Pretty Pony auf den Markt, dessen Mähne wie das Haar einer Barbie-Puppe frisiert werden konnte und dessen Zielgruppe kleine Mädchen waren. Im nächsten Jahr folge die Serie My Little Pony, mit in Pastelltönen gehaltenen und mit Pailletten und Glitzersteinen geschmückten Pferdefiguren. Der Erfolg dieser Spielzeuge, die auch in geflügelten Pegasus-Varianten und in Einhorn-Ausführungen erhältlich sind und sogar zu Zeichentrickfilmfiguren wurden, ist bis heute ungebrochen. Der Drang zur Niedlichkeit um jeden Preis bringt auch neue Mischformen wie Pegasus-Einhörner, Panda-Einhörner und andere Neuschöpfungen hervor. Das Einhorn ist ein erstaunliches Wesen: Es kann ebenso gut für eine Gegenkultur stehen wie für die Phantasien des Mainstreams. Es kann ein Stereotyp und ebenso gut ein Emanzipations- und Bekenntnissymbol sein. Mal hat es Seltenheitswert, mal ist es überrepräsentiert.

– 11 –
Will Cotton: *Cowboy mit Lasso*, 2019/20, Templon, Paris

Dementsprechend kommt es in der Kunst im Zug der Neuaneignung des Einhorn-Motivs in den 2000er und 2010er Jahren zu Gegenbewegungen, aber auch zu komplementären Reaktionen. Manche Künstler betonen das Märchenhafte des Einhorns bewusst und gehen der Frage nach, inwiefern dieses Märchenhafte die

– 12 –
Thomas Grünfeld: *Pegasus-Einhorn*, 1992, Château d'Oiron

Welt von heute verkörpert oder zu ihr in Widerspruch tritt. In der Videoarbeit *Discobestie* (2016) von Jonathan Monaghan wandelt ein psychedelisches, rosafarbenes Einhorn mit erleuchteten Augen durch ein menschenleeres Hightech-Einkaufszentrum.[12] Es fährt mit der Rolltreppe und läuft durch Ladenbereiche mit Konsum- und Luxusgütern. Einerseits scheint es sich frei zu bewegen, wirkt aber andererseits wie gefangen, bis es sich am Ende in die Lüfte erhebt und im Stil eines technologischen Post-Internet-Surrealismus zum architektonischen Werbeträger wird.

Der Maler Will Cotton widmet sich den Belanglosigkeiten der Gegenwart und malt Süßwaren oder Zuckerwatte oder sorgt in der umkämpften Männerwelt der Cowboys für so viel Aufgeschlossenheit und Versöhnungsbereitschaft, dass die harten Männer auf rosa Einhörnern in die Welt der Wolken und in den Himmel reiten und etliche Stereotype des Western-Genres ausgehebelt werden (Abb. 11).

Andere Künstler bemühen sich um Alternativen zum „niedlichen" Einhorn und seinem Märchencharakter und setzen sich mit seiner Faktizität als Tier und Klassifizierungsgegenstand auseinander. Damien Hirst stellte 2008 ein Einhorn in ein mit Formalin gefülltes Aquarium, um es zu konservieren und neben Kühen, Lämmern und Haien in seinem naturgeschichtlichen Privatmuseum für die Allgemeinheit zur Schau zu stellen (Abb. 10). 1978 hatte der Künstler und Umweltaktivist Lois Weinberger dem Schädel seiner Lieblingskuh Strauss nach ihrem Tod zu einem zweiten Leben verholfen, indem er ihn zum Einhorn-Schädel transformierte. 1992 schuf Thomas Grünfeld ein ausgestopftes, präpariertes und geflügeltes Einhorn (Abb. 12). Miguel Branco fertigte 2005 eine hyperrealistische Einhorn-Miniatur (Sammlung Victor Pinto da Fonseca).

Das verstörendste Beispiel in dieser Reihe ist das Werk *La Lotta* von Olaf Nicolai aus dem Jahr 2006 (Kat. 93): Ein schwarzes Einhorn kauert auf dem Boden und strahlt wie ein lebendes Tier Körperwärme ab. Diese spüren die Betrachter, wenn sie sich ihm nähern. Die dystopische Dynamik einer Welt, deren reale Menschheitskatastrophen uns bis in die Träume verfolgen, kommt in der hoch technisierten Installation *Mein privater Himmel* (2001–2003, Astrup Fearnley Museet, Oslo) von Børre Sæthre zum Ausdruck, in der die Besucher umherwandern. Sie gehen an Filmen vorbei, die Explosionen in Zeitlupe zeigen und deren Ton so verfremdet ist, dass sich die Wahrnehmung verändert. Schließlich betreten die Betrachter einen riesigen Raum mit leuchtend blauem Teppichboden und großen runden Fenstern, in dem sich ein niedliches weißes Einhorn-Fohlen in Lebensgröße ausruht – geschützt oder aber ausbruchsicher eingesperrt.

Symboltier eines emanzipatorischen Mittelalters

Beim Einhorn vermischen sich Vergangenheit, Gegenwart und Zukunft – oder sie wiederholen sich sogar. Einer der präsentesten Bezugspunkte sind die Tapisserien *Die Dame mit dem Einhorn*, die um die Wende vom Mittelalter zur Renaissance geschaffen wurden (Kat. 123.1–6). Sowohl Historiker als auch die Allgemeinheit werten sie als ein der Zeit enthobenes Meisterwerk. Bis heute beeinflussen diese Bildteppiche die visuelle Kultur so sehr, dass sie in Filmen oder Kunstwerken als idealisiertes Symbol des Mittelalters auftauchen. Ihre geheimnisumwitterte Schönheit löst auch heute eine Resonanz aus. Ab 2001 war *Die Dame mit dem Einhorn* in den Harry-Potter-Filmen an den Wänden des Gemeinschaftsraums im Haus Gryffindor zu sehen.

Die Ausstellung *La Dame à la licorne. Médiévale et si contemporaine* (Die Dame mit dem Einhorn. Mittelalterlich und doch so zeitgenössisch) in Toulouse stellte 2021 *Die Dame mit dem Einhorn* auf neue Weise in den Kontext der zeitgenössischen Kunst.[13] Dadurch entstand ein produktiver Rahmen für das Nachdenken über die Zeitlichkeit der Kunst. Was sagt ein zur Ikone gewordenes Bild über die Vergangenheit, aber auch über die Gegenwart aus? Was sagt der heutige Blick über ein Werk aus der Vergangenheit aus, und welche Werte übermittelt ein Werk aus der Vergangenheit an die Epoche, in der es betrachtet wird? Die Ausstellung machte einmal mehr sichtbar, dass große Werke, unabhängig davon, in welcher Epoche wir leben und sie betrachten, ihre Kraft, Bedeutsamkeit und Zeitgenossenschaft bewahren. Sie belegte außerdem, dass ein Blick auf den Einfluss dieser Tapisserien auf Gegenwartskünstler vielfältige Aufschlüsse über die Figur des Einhorns und damit auch über das Mittelalter und sein Nachwirken in die Gegenwart geben kann.

Die Begeisterung für das Mittelalter erfasst inzwischen eine neue Generation und reicht von Fantasy in Kino und Literatur bis zu Reenactments oder Videospielen. Was die Künstler umtreibt, die sich auf das Mittelalter beziehen, geht allerdings über die Vorstellungswelt der Popkultur und Fantasy-Welt hinaus, die einen weiten Bogen vom Lieblich-Wunderbaren bis zu finsterer Apokalyptik spannt. Neben der Repräsentation und Affirmation des Weiblichen, die an das Einhorn anknüpfen, oder den erwähnten LGBTQIA+-Rechten suchen die Künstler nach historischen Bezugspunkten für die Verschmelzung von Kunst und Leben. Dabei geht es darum, sich auf die Suche nach kollektiven Formen der Produktion zu begeben, Fertigkeiten neu zu entdecken und die Unterscheidung zwischen Künstler und Handwerker in Frage zu stellen.

An dieser Stelle setzte das Southway Studio bei der Ausstellung in Toulouse mit seinem Angebot an und machte sich an die Wiederbelebung eines großen Reservoirs an mittelalterlichen und heutigen Formen und kunsthandwerklichem Know-how. Das Ergebnis war eine große Installation, die für die Ausstellung konzipiert und als kreatives Gemeinschaftswerk mehrerer Künstler realisiert wurde. Besucherinnen und Besucher konnten die Installation aktivieren und auf diese Weise eine neue Gemeinschaft bilden.

Die Millefleurs-Wandteppiche *Die Dame mit dem Einhorn* nehmen Künstler auch als Vorbild für eine gerechte Darstellung des Menschlichen und des Nicht-Menschlichen wahr. Das Verhältnis zur Natur, zu Fauna und Flora erscheint hier im Modus des Wunderbaren, aber auch einer gemeinsamen Realität und einer anders gearteten Ökologie im Verhältnis zu allem Lebenden, die sich mit einer Ökologie des Kunstwerkes verbindet. Das stärkt die Stellung eines alles andere als klischeehaften „emanzipatorischen Mittelalters"[14] innerhalb der Zeitgeschichte. Dieses „emanzipatorische Mittelalter" erweist sich als relevant gerade in einem Kontext, in dem man sich um eine neue Gleichberechtigung bemüht und sich mit der Frage auseinandersetzt, wie auf die Klimakrise und die ökologische Krise reagiert werden muss. Wenn man heute über die Möglichkeiten des Zusammenlebens nachdenkt, ist die entscheidende Frage, wie wir angesichts der Erderwärmung und ihrer Folgen auf der Erde weiterleben können. Einige Künstler stellen die Frage so: Wie können die Einhörner als letzte Waldbewohner überleben – und wie können wir mit ihnen gemeinsam überleben?

Ist das letzte Einhorn zu retten?

1968 veröffentlichte Peter S. Beagle den Roman *The Last Unicorn* (Das letzte Einhorn), der zum Fantasy-Bestseller wurde und bis heute immer wieder aufgelegt wird.[15] Er erzählt von einem Einhorn, das in dem Glauben lebt, es sei das letzte Exemplar seiner Gattung, und sich aufmacht, um herauszufinden, warum seine Spezies ausgestorben ist. Der Roman, der inzwischen Kultstatus erlangt hat, wurde 1982 mit großem Erfolg als Zeichentrickfilm umgesetzt, in dem die Schauspielerin Mia Farrow dem Einhorn ihre Stimme lieh. Die exemplarische Geschichte von dem Einhorn, das sich auf die Suche nach seinesgleichen macht, von seiner Einsamkeit und seinem Anderssein ist ein Grund dafür, dass dieses Buch sich beim jungen Publikum anhaltender Beliebtheit erfreut, denn sie knüpft an die heutige Angst vor der fortschreitenden Auslöschung zahlreicher Lebewesen an.

Die Suche nach dem letzten Einhorn, das unsichtbar bleibt und zugleich von essentieller Bedeutung ist, dauert bereits einige Jahrzehnte an. 2009 schuf der Künstler und Architekt Yona Friedman, in dessen zeichnerischem Bestiarium das Einhorn allgegenwärtig ist, auf einer künstlich angelegten Insel im Lac de Vassivière bei Limoges das Land-Art-Kunstwerk *Einhorn Eiffel*. Auf der Insel befindet sich das Centre International d'Art et du Paysage, zu dem ein von dem Architekten Aldo Rossi entworfenes Gebäude samt Leuchtturm und ein Park gehören. Das monumentale, aus weißen Konturen im Rasen gebildete Einhorn nimmt beinahe die gesamte Grünfläche vor dem Kunstzentrum ein. Es ist riesig und zugleich verborgen, denn komplett zu sehen ist es nur aus der Luft oder von der Spitze des Leuchtturms. In der Gesamtschau scheint es, als würde das Einhorn mit seiner rechten Hand das Gebäude stützen. Das Horn erinnert in seiner Form entfernt an den von Gustave Eiffel entworfenen Turm in Paris. Die beiden Werke unterscheiden sich zwar dadurch, dass das Einhorn horizontal in der Fläche liegt und der Eiffelturm vertikal aufragt, aber beide sind gleich groß (324 Meter) und werfen die Frage auf, was heute geeignet ist, im öffentlichen Raum ein Zeichen zu setzen und als Monument zu fungieren.

Wo lebt das letzte Einhorn? Wohin hat es sich geflüchtet? In die natürliche Vegetation einer künstlichen Insel? Wohin musste es sich zurückziehen und in Sicherheit bringen? In einer Videoarbeit der Künstlerin Maïder Fortuné geht in einem dunklen, undefinierbaren Raum schwarzer Regen auf ein weißes Einhorn nieder, das viele Merkmale eines Pferdes hat (Kat. 159). Minutenlang prasselt ein schwarzer Regenguss – vielleicht ein Ascheregen – auf das Tier ein. Das sagenhafte Weiß und die magisch-

– 13 –
Julien des Monstiers: *Das Reale,* 2021,
Julien des Monstiers und Galerie Christophe Gaillard, Paris

makellose Schönheit des Tieres sind dem dunklen Regen ausgesetzt und können sich nur wenige Minuten gegen den verschmutzten Niederschlag behaupten, der etwas Alltägliches und zugleich Apokalyptisches hat. Es melden sich Zweifel im Hinblick auf das wahre Wesen des Wundertieres: Etwas vermeintlich Irreales wird zu etwas höchst Realem.

Fortuné konfrontiert uns mit beunruhigenden Bildern. Das Video verleiht der Szene einen Realismus, der zugleich verzaubert und entzaubert – und allen kindlichen Erinnerungen ein Ende bereitet. Die Künstlerin verweist darauf, dass in der Kindheit die Grenze zwischen der Wirklichkeit und dem Imaginären am durchlässigsten ist. Am Ende offenbart Fortunés Einhorn-Erscheinung eine traurige Wahrheit: Dass das Einhorn ein Wunderwesen ist, bietet ihm keinen Schutz mehr. Das Video bebildert den Verlust unserer Illusionen und das Zurückgeworfensein auf die Wirklichkeit. Auch das Einhorn wird zurückgeworfen – auf seinen Status als Fata Morgana oder als unzumutbare Wahrheit. Indem sie eine so vertraute und bedeutungsgeladene Figur wie das Einhorn wählte, führt die Künstlerin vor Augen, wie kraftvoll und wie vergänglich das ist, woran wir glauben, und dass jeder Darstellung zu Beginn etwas Wunderbares eigen ist, das aber ins Tragische kippt, wenn dem Kind auf dem Weg des Erwachsenwerdens seine Illusionen abhandenkommen.

Die Gegenwärtigkeit des Verschwundenen

Mit Maïder Fortuné, Julien des Monstiers oder Suzanne Husky kommt das ökologische Denken – vermittelt durch das mythologische Tier und die dringende Notwendigkeit, unser Verhältnis zu allem Lebenden neu zu denken – mit mittelalterlicher Hilfe zum Tragen. Wie fügen die alten Mythen sich in das Zeitgeschehen des 21. Jahrhundert ein? Wie können Fabelwesen unter heutigen Bedingungen leben und überleben?

Der Maler Julien des Monstiers wählte als Ansatzpunkt für seine Auseinandersetzung mit dem Einhorn ein anderes Bild, das ebenfalls zur Ikone wurde: das 1572 entstandene Gemälde *Einhorn* von Maerten de Vos (Kat. 10). Des Monstiers wandelte es ab und platzierte das Einhorn in eine Landschaft mit Atomkraftwerk (Abb. 13). Das Kraftwerk liefert Energie und Licht und lässt uns sehen, aber es produziert auch Abfälle, die, wie das Einhorn, den Zeitrahmen der menschlichen Existenz sprengen. Zeitdehnung und Zeitverknappung sind das Fundament dieses Werkes, in dem die technisch anspruchsvolle und edle Malweise und die bildliche Verfremdung ineinandergreifen.

Indem er die Motive der großen Erzählungen, in diesem Fall des Einhorn-Mythos, aufgreift und die Tier- und Landschaftsmalerei mit dem umfangreichen Narrativ der Industriewelt verknüpft, wirft Julien des Monstiers die Frage auf, welchen Weg die Bilder zurücklegen, wenn sie

– 14 –
Suzanne Husky: *Die edle Pastorale*, 2017,
Les Abattoirs, Musée – Frac Occitanie Toulouse

über die Zeiten hinweg zu uns gelangen. Der Künstler arbeitet mit einer besonderen Übertragungstechnik: Er malt auf eine Plexiglasplatte, nimmt die noch frische Farbe mit Pergaminpapier auf und druckt das so entstandene Motiv auf die Leinwand. Das Ergebnis ist ein Gemälde, in dem nicht nur das Einhorn und sein neuer Lebensraum samt Atomkraftwerk auf beinahe natürliche Weise aufeinanderprallen, sondern wellenförmige blaue Linien das Bild scheinbar zusammenhalten und gleichzeitig aufsprengen, als sollten die Grenzen zwischen den Zeiten verwischt und diese Zeiten zugleich miteinander versöhnt werden – als Zeichen, dass in der Gegenwart unterschiedliche Vergangenheiten nebeneinander bestehen, die wiederum unsere Zukunft in die Pflicht nehmen.

Suzanne Husky verwischt gern ihre Spuren und knüpfte am direktesten an *Die Dame mit dem Einhorn* an. In ihrer Arbeit *Die edle Pastorale* übernahm sie 2017 alle visuellen Codes des Vorbilds und auch die Tapisserietechnik. Dazu sagte sie: „Wenn ich dem Wandteppich *Die Dame mit dem Einhorn* eine neue Richtung gebe, thematisiere ich, wie schwer es ist, außerhalb des Kapitalozäns etwas Imaginäres zu produzieren; wo es früher Einhörner und Sirenen gab, stelle ich einen Bulldozer hin.“[16] Kompositorisch griff die Künstlerin, die in vielen Medien arbeitet, in dieser Arbeit den rätselhaftesten Bildteppich der Serie *Die Dame mit dem Einhorn* auf, nämlich das Bild *Mon seul désir* (Mein einziges Verlangen) (Kat. 123.6). Die Hauptfiguren – Dame, Dienerin, Löwe und Einhorn – ersetzte sie durch einen Bulldozer und einen Umweltaktivisten (Abb. 14).

Der Konzeptkünstler Claude Rutault lieferte mit seiner Wandteppichserie von 2015–2018 (Mobilier national, Paris) bereits den Beweis für die enorme Bildkraft dieser mittelalterlichen Tapisserien: Er demonstrierte, dass die berühmten Bildteppiche selbst dann gegenwärtig bleiben, wenn sie unscharf oder durchsichtig gemacht werden oder abwesend sind. Auf andere Weise ließ der Maler Mark Bradford ein altes Kunstwerk neu entdecken – die *Einhorn-Jagd*-Tapisserien im Metropolitan Museum of Art (Abb. S. 13, 57, 61). In einer Serie von 2020 verfremdete der Künstler sie mit Tausenden von Papierschichten zu einem beinahe abstrakten Bild, das eine freie Neuinterpretation der historischen Wandteppiche lieferte (Privatsammlung).

Bei Suzanne Husky ist die Figur des Einhorns gerade dadurch, dass sie verschwunden ist, höchst gegenwärtig. Die ländlich-mittelalterliche Szenerie regt zum Nachdenken über die ökologischen und politischen Herausforderungen der Gegenwart an. Dieser Impuls ist prägend für Huskys Werk, die 2016 mit Stéphanie Sagot das Nouveau Ministère de l'Agriculture gründete.[17] Aus ökofeministischer Perspektive thematisiert Husky die drängendsten ökologischen Probleme der Gegenwart und nutzt dabei das handwerkliche Wissen und Können des Mittelalters in der Kunst der Tapisserie.

Ist in einer problematischen Welt – die in der Klimakrise steckt, die Raubbau an den Ressourcen treibt, in der sich die Bindung zwischen der Gesellschaft und ihrer Umwelt, zwischen menschlichem und nicht-menschlichem Leben auflöst – das harmonische Miteinander von Mensch und Tier, das *Die Dame mit dem Einhorn* präsentiert, nicht eine Kraftquelle für unser Verhältnis zu allem, was lebt? Für Husky ist *Die Dame mit dem Einhorn* ein Ansatzpunkt für eine neue Art, die Landschaft gemeinschaftlich und respektvoll zu bewohnen und zu gestalten. Das Mittelalter hinterließ uns *Die Dame mit dem Einhorn*. Aber wird es *uns* gelingen, den nach uns kommenden Generationen ebenfalls Einhörner zu hinterlassen?

Aus dem Französischen übersetzt von Andreas Bredenfeld

[1] Siehe Horaci Garcia: Ukraine's „Unicorn" LGBTQ Soldiers Head for War, Reuters, 31.5.2022, https://www.reuters.com/world/europe/ukraines-unicorn-lgbtq-soldiers-head-war-2022-05-31/, aufgerufen am 13.11.2024.

[2] Siehe Aileen Lee: Welcome To The Unicorn Club. Learning From Billion-Dollar Startups, in: *TechCrunch*, 2.11.2013, https://techcrunch.com/2013/11/02/welcome-to-the-unicorn-club/, aufgerufen am 13.11.2024.

[3] Siehe Danielle Tullo: OMG, the Starbucks Unicorn Frappuccino Officially Exists, in: *Cosmopolitan*, 18.4.2017, https://www.cosmopolitan.com/food-cocktails/a9522571/starbucks-unicorn-frappuccino-release/, aufgerufen am 13.11.2024.

[4] Das vollständige Zitat lautet: „Das Mittelalter gab der Romantik den Ton vor: Lassen wir seine alten Kleider beiseite; der Sinn der modernen Kunst ist jedoch ganz vom Geist des Mittelalters durchdrungen", in: *Écrits sur l'art par Gustave Moreau. Sur ses œuvres et sur lui-même. Théorie et critique d'art*, hrsg. von Peter Cooke, Saint-Clément-de-Rivière 2024, S. 218; aus dem Französischen übersetzt von Andreas Bredenfeld.

[5] Uraufgeführt 1953 im Münchener Theater am Gärtnerplatz; erst 1959 kam es in der Opéra Garnier zu einer Aufführung in Paris.

[6] Siehe André Breton: *Die Manifeste des Surrealismus*, 12. Aufl., Reinbek 2009, S. 11, 16–18 u. ö.

[7] Siehe *Surrealism Beyond Borders*, Ausst.-Kat. The Metropolitan Museum of Art, New York 2021.

[8] Nach dem Titel von René Magrittes Gemälde *La Trahison des images* (Der Verrat der Bilder [Dies ist keine Pfeife]), 1929, Los Angeles County Museum of Art.

[9] Siehe *Fantastische Frauen. Surreale Welten von Meret Oppenheim bis Frida Kahlo*, Ausst.-Kat. Schirn Kunsthalle, Frankfurt am Main 2020; *Verzauberte Moderne. Surrealismus und Magie*, Ausst.-Kat. Peggy Guggenheim Collection, Venedig 2022.

[10] Siehe Helen Molesworth: 40 Acres and a Unicorn, 2007, in: *Noah Davis*, Ausst.-Kat. Das Minsk. Kunsthaus in Potsdam, 2024, S. 28–31.

[11] Michael Bishop: *Die Einhorn-Berge*, übers. von Ingrid Herrmann, München 1991; siehe Clovis Maillet: L'animal fantastique et la question du genre, in: Lens 2023, S. 312–315, hier S. 315.

[12] Siehe https://jonathanmonaghan.com/work/discobeast/ sowie seine Videoarbeit *Das Einhorn im Garten* (2023), https://jonathanmonaghan.com/work/unicorn-in-the-garden/, beides aufgerufen am 29.11.2024.

[13] *La Dame à la licorne. Médiévale et si contemporaine*, Les Abattoirs, Musée – Frac Occitanie Toulouse, 30.10.2021–16.1.2022, kuratiert von Séverine Lepape, Béatrice de Chancel-Bardelot und Annabelle Ténèze.

[14] Siehe Thomas Golsenne und Clovis Maillet: *Un Moyen Âge émancipateur*, Romainville 2021.

[15] Peter S. Beagle: *Das letzte Einhorn*, übers. von Jürgen Schweier, Stuttgart 1975; siehe S. 365.

[16] Statement von Suzanne Husky, zit. n. Anonym: A Toulouse, des artistes contemporains dialoguent avec la Dame à la licorne, Ministère de la Culture, 29.10.2021, https://www.culture.gouv.fr/actualites/A-Toulouse-des-artistes-contemporaines-dialoguent-avec-la-Dame-a-la-licorne, aufgerufen am 13.11.2024; aus dem Französischen übersetzt von Andreas Bredenfeld.

[17] Siehe https://www.nouveauministeredelagriculture.com/, aufgerufen am 28.1.2025.

Katalog der ausgestellten Werke

Michael Philipp
mit Beiträgen von
Béatrice de Chancel-Bardelot
Séverine Lepape
Valentina Plotnikova
Ortrud Westheider

In vielerlei Gestalt. Ursprung und Wandlungen des Einhorns

Die Vorstellung vom Einhorn hat ihren Ursprung in Indien. Von dort verbreitete sie sich nach Tibet, China und Japan sowie Persien. Auf seiner Wanderung über Zeiten und Räume hinweg erfuhr das Motiv des einhörnigen Tieres zahlreiche Wandlungen. Jede Kultur passte es ihrer Überlieferung an und wies ihm eigene Bedeutungen zu.

Bei der künstlerischen Darstellung spielten die jeweilige Bildtradition und regionale Tiervorkommen eine Rolle. Rinder, Gazellen oder Steinböcke konnten mit nur einem Horn gezeigt werden. Das lag mitunter an der Profildarstellung, bei der nur ein Horn sichtbar ist, und meinte keineswegs immer das mythische Einhorn.

So bestand im asiatischen wie persischen Raum eine Vielfalt an Ausprägungen des Einhorns. Dagegen blieb im christlichen Europa die Vorstellung des Fabeltiers bis über das Mittelalter hinaus einheitlich. Dorthin war es erst gelangt, nachdem im 2./3. Jahrhundert ein unbekannter Autor in seiner Schrift *Physiologus* das Einhorn beschrieben hatte. Zunächst wie eine Ziege dargestellt, etablierte sich um 1500 seine Gestalt als pferdeähnlich.

Der lange Weg nach Westen. Das Einhorn in aussereuropäischen Kulturen

Die ältesten erhaltenen bildlichen Darstellungen eines Tieres mit nur einem Horn sind Keramiksiegel, die um 2000 v. u. Z. in der Induskultur im Gebiet des heutigen Pakistan entstanden sind. Die nur wenige Zentimeter großen Quadrate zeigen unter einer Reihe von Schriftzeichen ein stehendes Tier mit dem Körperbau eines Rinds, sehr langem Nacken und mit einem gerade nach vorn oder s-förmig nach oben gerichteten Stirnhorn (Kat. 1). Unterhalb des Kopfes befindet sich ein Gefäß auf einem Ständer, das eine Futterkrippe oder ein kultisches Objekt sein könnte.[1]

Über die frühe Hochkultur im Tal des Indus mit ihren wichtigsten Städten Harappa und Mohenjo-Daro ist nur wenig bekannt. Auch das Schriftsystem mit über vierhundert Zeichen ist nicht entschlüsselt. Die Siegel, von denen etwa 1200 Exemplare überliefert sind, dienten möglicherweise der Markierung von Handelswaren, könnten aber auch als Ausweis einer Gruppenzugehörigkeit gegolten haben. Viele Siegel zeigen bekannte Tiere wie Elefant, Krokodil, Nashorn, Tiger oder Wasserbüffel. Die jeweiligen Charakteristika sind naturnah erfasst. Auf mehr als der Hälfte der Siegel ist jedoch ein Einhorn dargestellt, stets in Kombination mit Schriftzeichen und einem Gefäß.

Gegen die naheliegende Annahme, bei dem Tier sei lediglich ein Horn zu sehen, weil es sich um eine Profildarstellung handle, sprechen zum einen jene Siegel, auf denen ein Wasserbüffel mit leichter Kopfdrehung und zwei Hörnern abgebildet ist; die Künstler waren also keineswegs auf die Vereinfachung im Profil angewiesen.[2] Zum anderen haben Ausgrabungen im Industal auch Figurinen aus Terrakotta zu Tage gefördert, die plastisch einen Stier mit einem einzelnen Horn repräsentieren. In der Induskultur war also das Einhorn bekannt. Darüber hinaus belegt die große Anzahl gleichartiger Siegel die weite Verbreitung und die feststehende Ikonographie des Einhorns. Damit könnte eine sakrale oder mythologische Bedeutung verbunden gewesen sein.

Ab etwa 1800 v. u. Z. setzte der Niedergang der Indushochkultur ein. Ob von deren Mythen und Traditionen etwas in die nachfolgenden Zivilisationen einging, ist fraglich. Sollte das Einhorn auf den Siegeln ein Fruchtbarkeitssymbol gewesen sein, könnte sich hier ein Anknüpfungspunkt finden. Jedenfalls kannte der im 6. Jahrhundert v. u. Z. auf dem indischen Subkontinent entstandene Buddhismus das Einhorn. In der buddhistischen Erzählung von Barlaam und Josaphat, die im Mittelalter auch in Europa bekannt war, spielt es eine Rolle (siehe Kat. 88, 89), ebenso in der Legende vom Einsiedler Rsyasrnga (Gazellenhorn), der eine Inkarnation Buddhas gewesen sein soll. Die vielleicht bereits in der Anfangszeit dieser Religion entstandene Geschichte ist in mehreren Versionen überliefert. Sie handelt vom Einsiedler Gazellenhorn, dessen Mutter eine Gazelle war. Aufgrund dieser Herkunft wächst ihm ein einzelnes Horn auf der Stirn, von dem sich sein Name ableitet. Durch asketische Übungen erlangt er Zauberkraft. Aus Neid über diese Fähigkeit strafen die Götter das Land mit einer Dürre. Der König will die Macht des Asketen brechen, indem er seine Tochter zur Einsiedelei in den Wald schickt, um den Asketen zu verführen. In der ältesten Version gelingt ihr das vor Ort, in einer jüngeren Fassung bringt sie ihn zum Palast des Königs. Nach erfolgter Verführung beginnt es zu regnen – ein Symbol der Fruchtbarkeit. In dieser Fassung wird der Asket nicht Gazellenhorn, sondern Ekasrnga (Einhorn) genannt.[3]

Buddhistische Mönche brachten die Legende vom Einsiedler Gazellenhorn/

1

Indus-Kultur (Mohenjo-Daro)
Siegel mit Einhorn, um 2000 v. u. Z.
Steatit, 2,3 × 2,3 cm
Inv.-Nr. I 10136
Staatliche Museen zu Berlin,
Museum für Asiatische Kunst
Lit.
nicht bei Einhorn 1998

Einhorn nach Tibet. Dort entstand im 18. Jahrhundert die kniende *Einhörnige Gazelle* (Kat. 2). Mit ihren fließenden Formen, den großen Augen und der demütigen Haltung sowie dem weichen Goldglanz wirkt sie anmutig. Ihr kurzes, gebogenes und vorn abgerundetes Horn könnte niemanden verletzen und betont ihren friedfertigen Charakter. Allerdings geht diese Figur auf eine andere Erzählung zurück und ist fester Bestandteil der Ikonographie des Buddhismus.

Der Überlieferung nach soll der historische Buddha, Siddhartha Gautama, nach seiner Erleuchtung erstmals im Wildpark von Sarnath, im indischen Bundesstaat Uttar Pradesh gelegen, über die Vier edlen Wahrheiten gepredigt haben. Seine Worte hätten nicht nur die Menschen, sondern auch die furchtsamen Tiere fasziniert.[4] Daher gilt die Gazelle als Symbol für die Unterweisungen Buddhas. Darstellungen des Religionsstifters sind häufig mit zwei Gazellen versehen, die beiderseits des Dharmachakra (Rad des Gesetzes) platziert sind.

2

Tibetisch
Einhörnige Gazelle, 18. Jahrhundert
Kupferlegierung, feuervergoldet,
26 × 40,5 × 11,5 cm
Museum Rietberg, Zürich,
Geschenk von Eduard von der Heydt
Lit.
nicht bei Einhorn 1998
Davis 1933, S. 408; Abb. S. 407
Zürich 1941, Nr. 44 a
Beer 1977, Abb. 38
Prag 2021, Nr. 17
Zürich 2022, S. 276; Nr. 2

3

Chinesisch (Wuwei)
Grabfigur Qilin, Han-Dynastie
(206 v. u. Z. – 220), 25 v. u. Z. – 220
Holz mit Resten schwarzer Bemalung,
91 × 40 cm
Inv.-Nr. PL 896
MAK – Museum für angewandte Kunst,
Wien
Lit.
nicht bei Einhorn 1998

Auch die *Einhörnige Gazelle* gehört in diesen Zusammenhang, sie stand mit einem Pendant vor einer Buddhastatue in einem Tempel. Das Motiv findet sich auch in Reliefs. Während die Gazellen in der Profilansicht nur mit einem Horn ausgestattet sind, hätte bei der plastischen Ausarbeitung die Anbringung von zwei Hörnern nahegelegen. Die Frage, ob der Künstler an die mit Buddha verbundene Erzählung vom Einsiedler Gazellenhorn/Einhorn gedacht hat, lässt sich nicht beantworten. Immerhin kann bei der *Einhörnigen Gazelle* an das Versatzstück aus jener Legende gedacht werden.

Die Erzählung vom Einsiedler Gazellenhorn gelangte auch nach China, wo sie sich in Schrift- und Bildzeugnissen verbreitete.[5] Allerdings kannte die chinesische Kultur unabhängig davon eine vielschichtige Überlieferung zum *Qilin* genannten Einhorn.[6] Eine ungewöhnliche Variante ist die *Grabfigur,* im Zeitraum von 25 v. u. Z. – 220 in der Provinz Gansu aus Holz geschnitzt (Kat. 3). Der Kopf mit dem langen, gerade und spitz zulaufenden Horn dieses Einhorns ist wie zum Angriff gesenkt. Am Kopf sind Augen gemalt, Farbspuren am Körper deuten auf Flügel und Schuppen. Solche Figuren standen am Eingang von Grabkammern und sollten Dämonen abwehren. Hier erscheint das Einhorn als kämpferisches Tier, ein Aspekt, der in der persischen und europäischen Überlieferung breiten Raum einnimmt (siehe Kat. 73–93).

Friedfertiger wirkt hingegen ein Qilin aus Bronze aus der Ming-Dynastie (1368–1644), ein *Liegendes Einhorn* (Kat. 4). Es hat ein kurzes, leicht nach vorn gebogenes Horn und einen kleinen Kinnbart. Sein Kopf ist nach oben gerichtet, als würde es sich den Betrachtern zuwenden. Der harmonische Ausdruck erinnert an die positiven Bedeutungen des Qilin etwa als Glücksbringer, Fruchtbarkeitssymbol und eines der Vier heiligen Tiere Chinas. Der Überlieferung nach soll die Mutter des Konfuzius vor seiner Geburt ein Qilin gesehen haben.

Über China kam das Qilin nach Japan, wo es *Kirin* genannt und ebenfalls als heiliges Tier verehrt wird. Es ist friedfertig und kündet die Kunst eines weisen Herrschers an. Sein Blick strebt zum Himmel empor, von wo es herkommt – wie es ein *Sitzendes Kirin* aus dem 18. Jahrhundert zeigt (Kat. 5). Sein Horn ist vom Hinterkopf flach auf den Rücken gerichtet. Während der Unterkörper mit Schuppen bedeckt ist, schlagen aus den Schultern Flammen. Die Figur ist ein Netsuke, ein Knebel zum Befestigen von Gegenständen wie Schreibetuis am Gürtel des Kimonos.[7] Die ursprünglich schmucklosen Gebrauchsgegenstände, aus Elfenbein, Buchsbaum oder Bambus geschnitzt, entwickelten sich im 18. Jahrhundert zu einer im japanischen Bürgertum beliebten und gesammelten Kunstgattung. Die Motive waren vielfältig und reichten von Tierdarstellungen wie Schildkröten und Affen bis zu Gestalten von Göttern und Helden mit mythologischer oder symbolischer Bedeutung. Ein am Gürtel getragenes Kirin konnte als Glücksbringer gelten.

Zwei von chinesischer Formensprache beeinflusste Einhorn-Darstellungen finden sich auf der prächtigen *Titelseite* einer Handschrift, die im ersten Drittel des 15. Jahrhunderts in Persien entstand (Kat. 6).[8]
Das heute verlorene Manuskript war eine Abschrift der Kosmographie *Die Wunder der Schöpfung* von Zakarīyā al-Qazwīnī, der im 13. Jahrhundert gelebt hatte. Er schreibt ausführlich über das von ihm *karkaddan* genannte Nashorn, dem er Charakteristika zuschreibt, die auch für das Einhorn gelten,

4

Chinesisch
Liegendes Einhorn, Ming-Dynastie, 1368–1644
Holz, Bronze, 16 × 25 × 12 cm
Inv.-Nr. L. 265
Musées royaux d'Art et d'Histoire, Brüssel
Lit.
nicht bei Einhorn 1998
Turnhout 2024, S. 98

wie den Kampf gegen Elefanten (siehe Kat. 74, 103) und ein heilkräftiges Horn.[9]

In den zentralen Medaillons stehen Name des Autors und Titel des Werks. Die vierteilige Inschrift in den rechteckigen Feldern lautet sinngemäß: Zuerst wurden Geist und Seele erschaffen, danach das Weltall, die vier Elemente und schließlich Mineralien, Pflanzen und das Tierreich. Die Medaillons umgeben figürliche Darstellungen von zwei engelartigen Flügelfiguren, daneben Elefant, Vögel, Schlange und Phantasiewesen. Um das Mittelfeld erstreckt sich ein feines Ornament von Blättern und Ranken, deren Enden in Tierköpfen auslaufen. Das kostbar in Gold und Blau gestaltete Manuskript ist vermutlich für einen wohlhabenden Auftraggeber in Schiras entstanden. Die im südwestlichen Iran gelegene Stadt war unter der Herrschaft der Timuriden im 15. Jahrhundert ein Zentrum der Buchillustration und Kalligraphie.

Auf beiden Seiten ist ein Einhorn dargestellt. Ziegenbart und gespaltene Hufe könnten auf die Beschreibung im griechischen *Physiologus* des 2./3. Jahrhunderts zurückgehen, während Körperbau und bewegte Linienführung an bestimmte Versionen des chinesischen Qilin erinnern (Abb. S. 29, 30). Das Stirnhorn mit gebogener Spitze ist nach hinten gerichtet. Beim Einhorn auf der linken Seite deuten vom Körper ausgehende Linien Flammen oder Flügel an, was in persischen Manuskripten häufiger vorkommt (siehe Kat. 85), das rechte Einhorn hat gefederte Flügel wie auch in anderen persischen Darstellungen (siehe Kat. 83). Al-Qazwīnī erwähnt die Flügel des Karkaddan nicht, allerdings zeigen Illustrationen seines Textes mitunter ein geflügeltes Einhorn.[10]

Auch in der osmanischen Bildwelt findet sich das Einhorn, als eines von drei Tieren auf einem *Teller mit Einhorn, Reh und Löwe* von etwa 1650–1670 aus Iznik (Kat. 7). Auf dem Spiegel des Tellers stehen die drei Tiere zwischen einzelnen Steinen und Grasbüscheln. Der Löwe schreitet und wendet sein Gesicht den Betrachtern zu, die beiden anderen Tiere scheinen miteinander zu kommunizieren. Der Hals des Einhorns ist überlängt, der Körperbau ähnelt einem Hirsch. Es hat gespaltene Hufe und ein senkrecht auf dem Kopf stehendes Horn, wie es etwa eine griechische Handschrift des 11. Jahrhunderts zeigt (Abb. S. 62). Ob die Vorlage für dieses Einhorn aus einem solchen Manuskript stammt, lässt sich nicht klären. Das Motiv ist ungewöhnlich, ist doch die Mehrzahl der Keramik aus Iznik mit Blumen und floralen Ornamenten bemalt. Daneben finden sich häufig Schiffe oder Fische, seltener Landtiere.[11]

Die Stadt im Westen Anatoliens war im 15. und 16. Jahrhundert das Zentrum der osmanischen Keramikproduktion. Aufträge der Sultane für die Herstellung von Wandfliesen zur Dekoration von Palästen und Moscheen führten zu wirtschaftlicher Blüte. Daneben stellten die Töpfer hochwertige, fein bemalte Keramik – Teller und Gefäße – für den häuslichen Gebrauch her. In der Mitte des 17. Jahrhunderts, als der *Teller mit Einhorn, Reh und Löwe* entstand, war die Hochphase jedoch längst vorbei; handwerkliche Qualität und künstlerische Ausdruckskraft hatten nachgelassen. Die naiv anmutende Charakteristik der auf dem Teller gezeigten Tiere gehört dieser späten Zeit an.

Die Frage, ob die Einhörnigkeit einer Tierdarstellung nur der Perspektive im Profil geschuldet ist, stellt sich nicht nur bei den Siegeln der Induskultur. Sie ist auch bei einem *Idol mit zwei Steinböcken* aus der

5

Japanisch
Sitzendes Kirin, Edo-Periode (1603–1868), 18. Jahrhundert
Elfenbein geschnitzt, Höhe 6,2 cm
Inv.-Nr. PL 790
MAK – Museum für angewandte Kunst, Wien
Lit.
nicht bei Einhorn 1998

6

Persisch (Schiras)
Titelseite, in:
Zakarīyā al-Qazwīnī (um 1203–1283)
ʿAǧāʾib al-maḫlūqāt wa-ġarāʾib al-mauǧūdāt
(Die Wunder der Schöpfung und die Seltsamkeiten des Daseins), 1414–1435
Tinte, Aquarell und Gold auf Papier, 298 × 225 mm (Seite)
Inv.-Nr. 34.109
The Metropolitan Museum of Art, New York, Fletcher Fund, 1934
nur in Potsdam ausgestellt
Lit.
nicht bei Einhorn 1998
Pope 1938, Bd. 5, Abb. 945
Dimand 1944, S. 74; Abb. 42
Istanbul 1979, Nr. 25
Welch 1987, S. 78; Abb. S. 80/81
Paris 2001, Nr. 36

7

Osmanisch (Iznik)
Teller mit Einhorn, Reh und Löwe, um 1650–1670
Steinzeug mit polychromer Unterglasurmalerei, Höhe 6 cm, Durchmesser 30,7 cm
Inv.-Nr. EA1978.1464
The Ashmolean Museum, University of Oxford, Schenkung Gerald Reitlinger, 1978
Lit.
nicht bei Einhorn 1998
Oxford 1981, Nr. 390

iranischen Provinz Luristan von 1000–800 v. u. Z. von Bedeutung (Kat. 8). Es zeigt die stilisierten geschwungenen Oberkörper zweier Tiere, die sich anblicken. Sie haben lange, nach hinten gebogene Hörner mit regelmäßigen Verdickungen, wie sie für das Horn eines Steinbocks typisch sind. Auch der kleine Bart, der männliche Tiere auszeichnet, ist wiedergegeben. Die beiden Ringe zwischen den Körpern dienten als Halterung für einen Ständer. Wozu das Idol gedacht war, ist nicht überliefert.[12]

Die nicht näher bekannte Ethnie, die dieses Objekt zur Eisenzeit in Luristan herstellte, führte vermutlich eine nomadische Lebensweise und bevorzugte daher kleine Formen für Schmuck- und Gebrauchsgegenstände. Steinböcke und Ziegen waren beliebte Motive der luristanischen Kleinbronzen. Häufig sind sie mit zwei Hörnern dargestellt, etwa als Verzierung eines Pferdegeschirrs oder als Anhänger.[13] Allerdings gibt es auch Kleinplastiken aus Luristan, die ein dreidimensionales, ziegenähnliches Tier mit lediglich einem Horn zeigen.[14]

Ob sich die Einhörnigkeit der Tiere des Idols aus einer notwendigen Vereinfachung bei der Herstellung ergab oder ob die Darstellung von Einhörnern beabsichtigt war, lässt sich nicht sagen. Jedenfalls liegt Luristan im persischen Zagros-Gebirge und damit geographisch auf dem letzten Drittel des Weges von Indien ins ägyptische Alexandria. Dort entstand im 2./3. Jahrhundert die christliche Tierkunde des Physiologus. Hatten die Autoren Ktesias von Knidos im 5./4., Megasthenes im 4./3. Jahrhundert v. u. Z. und Plinius im 1. Jahrhundert das Einhorn als esel- oder pferdartiges Tier beschrieben, charakterisierte es der Physiologus erstmals als einer kleinen Ziege ähnlich (siehe S. 346). Diese Beschreibung prägte im christlichen Europa bis zum Ende des Mittelalters die Vorstellung vom Einhorn (siehe Kat. 33, 34), bevor sich das Bild eines edlen, weißen Pferds mit Stirnhorn etablierte.

MPH

8

Persisch (Luristan)
Idol mit zwei Steinböcken, 1000–800 v. u. Z.
Bronze, 18 × 9,9 cm
Inv.-Nr. AO 20479
Musée du Louvre, Paris, département des Antiquités orientales
Lit.
nicht bei Einhorn 1998
Paris 1967, Nr. 37

9

Flämisch (Brüssel)
Einhorn und Hirsch, um 1500
Wolle und Seide, 106,7 × 202 cm
Privatsammlung, courtesy of
Sayn-Wittgenstein Fine Art, New York
Lit.
nicht bei Einhorn 1998

Zwischen tausend Blumen. Einhorn und Hirsch in der Tapisserie

Die rechteckige, von einer zweifarbigen Bordüre eingefasste Tapisserie steht in der Tradition der spätmittelalterlichen Millefleurs-Arbeiten (Tausendblumenteppiche).[15] Die früheste dieser Tapisserien zeigt das Wappen des Herzogs Philipp des Guten von Burgund und wurde 1466 bei dem Brüsseler Weber Jean Le Haze in Auftrag gegeben (Bernisches Historisches Museum). Der um 1500 entstandene Bildteppich *Einhorn und Hirsch* (Kat. 9) präsentiert das Einhorn in der Gestalt, die sich in dieser Zeit in Europa durchgesetzt hatte: mit weißem Fell und pferdeähnlichem Körper, aber gespaltenen Hufen und Ziegenbart, sowie dem gedrehten, waagrecht nach vorn stehenden Stirnhorn.

Der Hintergrund der Tapisserie ist dunkelblau gehalten und mit blühenden Pflanzen übersät, deren Stängel aus Blattrosetten herauswachsen. Vor der Kruppe des Einhorns steht ein Strauch mit roten Nelken, während der Rumpf des Hirsches teilweise von zwei langstängeligen Blumen mit Blüten, die an Stiefmütterchen erinnern, verdeckt wird. Mehr als fünfzehn verschiedene Pflanzenarten sind dargestellt, darunter Erdbeersträucher, Gänseblümchen und rote Levkojen sowie großblütige, dahlienähnliche Pflanzen, bei denen es sich um Teufelskrallen handelt.

Dieser Millefleurs-Teppich ist ebenso wie die Tapisserien der Serie *Das herrschaftliche Leben* (Musée de Cluny, Paris) oder *Die Dame mit der Orgel* (Schloss Angers)[16] der Brüsseler Webkunst der 1500er Jahre zuzuordnen. Die dortigen Weber besaßen vermutlich Vorlagenbücher mit einem begrenzten Repertoire an Pflanzen, die sie zwanglos um die von ihrer Kundschaft ausgewählten Sujets oder um standardisierte Motive arrangierten. Manche Auftraggeber wünschten sich als zentrales Motiv ihr Wappen und ähnliche Embleme oder eine historische oder höfische Szene. Andere Bildthemen waren ins Gespräch vertiefte Personen sowie Tiere und Tiergruppen. Die Teppichweber boten auch vorgefertigte Tapisserien an. Um einen solchen handelt es sich wohl, in Anbetracht seiner verhältnismäßig bescheidenen Größe, auch beim Bildteppich *Einhorn und Hirsch*. Dieser Wandteppich war in einem Saal oder Zimmer leicht anzubringen. Er sollte optisch für eine behagliche Stimmung sorgen und darüber hinaus wärme- und schalldämmend wirken.

Inmitten der vielen Blumen und Blüten sind vier Tiere dargestellt: im oberen Bildbereich ein Rebhuhn und ein Kaninchen, im unteren Teil des Teppichs in majestätischer Größe ein Einhorn und ein Hirsch. Oft weisen die immer wieder verwendeten Motive auf Tausendblumenteppichen Maßstabsunterschiede auf. Das Rebhuhn war in der Zeit um 1500 ein beliebtes Schmuckmotiv. In der Serie *Das herrschaftliche Leben* ist es mehrfach abgebildet, nämlich im Vordergrund der Bildteppiche *Das Bad, Aufbruch zur Jagd* und *Der Spaziergang*. Das Kaninchen tritt in der Folge *Die Dame mit dem Einhorn* (siehe Kat. 123.1–6), die möglicherweise in Paris gewebt wurde und eine Sonderstellung unter den Tausendblumenteppichen einnimmt, etliche Male in Erscheinung. Es findet sich auch auf den Bildteppichen *Die Dame mit der Orgel* und *Narziss am Brunnen* (Museum of Fine Arts, Boston).[17]

Die Bedeutung von Hirsch und Einhorn in der spätmittelalterlichen Emblematik ist sowohl in Frankreich als auch im Heiligen Römischen Reich und in Großbritannien belegt.[18] Schon allein wegen ihrer eindrucksvollen Erscheinung eigneten sie sich als herrscherliches Symbol. Der weiße Hirsch war das Emblem des englischen Königs Richard II.; die französischen Könige Karl VI. und Karl VII. sowie die Bourbonen wählten den geflügelten Hirsch als Symboltier. Das Einhorn erschien im Heiligen Römischen Reich und ab dem 15. Jahrhundert als Wappenträger der schottischen

Monarchen, etwa auf Münzen von König Jakob IV. (siehe Kat. 132). Die Verbindung von Einhorn und Hirsch findet sich auf Tapisserien ab der Mitte des 14. Jahrhunderts – zum Beispiel auf den Wappenfragmenten der Familien Beaufort, Turenne und Comminges, wo die beiden pflanzenfressenden Tiere im Wechsel mit Elefant und Löwe dargestellt sind (Abb. S. 55).

Auf mehreren Bildteppichen mit allegorischen Tierdarstellungen, die im 15. Jahrhundert in Basel geschaffen wurden, treten Hirsch und Einhorn in einen Dialog: Neben Elefant und Löwe sind Einhorn und Hirsch versammelt und preisen Gott in einem grünen Paradiesgarten (siehe Kat. 13). Auf dem Basler Teppich *Sechs symbolische Tiere* von etwa 1440 sind neben Einhorn und Hirsch auch Löwe und Greif dargestellt (siehe Kat. 14). Hirsch und Einhorn finden sich ebenfalls auf der Tapisserie *Der Körper des heiligen Stephanus ist den Tieren ausgesetzt* von etwa 1500 (siehe Kat. 24), und noch im 1650 entstandenen Gemälde *Orpheus bezaubert die wilden Tiere* zeigte Paulus Potter beide nebeneinander in herausgehobener Position (siehe Kat. 26).

Auch auf dem Wandteppich *Das Einhorn reinigt das Wasser,* der zur Serie *Einhorn-Jagd* gehört (Abb. S. 61), sind ein Einhorn und ein Hirsch zusammen zu sehen: Während das Einhorn sich niederkniet, um das aus dem Brunnen fließende Wasser zu entgiften, scharen sich ringsherum die Tiere zusammen, und der Hirsch wirkt mit seinen erhobenen Vorderläufen so, als würde er in schnellem Lauf herbeispringen.

Auf dem Brüsseler Tausendblumenteppich erscheinen die beiden Tiere dynamisch bewegt: Sie stützen sich auf ihre Hinterläufe und haben die leicht gebeugten vorderen Gliedmaßen hoch in die Luft erhoben. Antike Autoren wie Plinius der Ältere und Gaius Iulius Solinus und mittelalterliche Schriften sprachen beiden Tieren magische Kräfte zu. Dem Einhorn wurde die Fähigkeit nachgesagt, mit seinem Horn Wasser von Gift zu reinigen (siehe Kat. 10, 82, 121, 130.1; S. 349). Der Hirsch könne giftige Schlangen vertilgen, ohne Schaden zu nehmen, wenn er anschließend Wasser trinke. Daneben war er Sinnbild des sterblichen, nach dem Wort Gottes dürstenden Menschen, wie es in den Psalmen heißt: „Wie der Hirsch lechzt nach frischem Wasser, so schreit meine Seele, Gott, zu dir" (Ps 42,2). Der *Physiologus* des 2./3. Jahrhunderts hatte das Einhorn als Symbol für Christus gedeutet, den Hirsch als Kämpfer gegen den Teufel.

In der Tristan-Bearbeitung von Gottfried von Straßburg aus dem frühen 13. Jahrhundert spielt ein weißer Hirsch eine wichtige Rolle. In der Literatur der frühen Renaissance kommt der allegorische Hirsch häufig vor, etwa in dem Jacques Le Lieur zugeschriebenen Gedicht „La Chasse du cerf privé" (Die private Hirschjagd) aus dem 16. Jahrhundert oder in der Dichtung „La cerva bianca" (Die weiße Hirschkuh) von Antonio Fileremo Fregoso, die 1525 in Venedig veröffentlicht wurde. In der Tapisserieserie *Die Hirschjagd,* die im frühen 16. Jahrhundert vom Abt des Klosters Saint-Martin de Ruricourt, heute Saint-Martin-aux-Bois, in der Diözese Beauvais, Guy de Baudreuil, in Auftrag gegeben wurde, wird der Hirsch zum allegorischen Sinnbild für die menschliche Seele, die im Lauf des irdischen Lebens auf die Probe gestellt wird (The Metropolitan Museum of Art, New York).[19]

Auch die Alchemisten der Frühen Neuzeit thematisierten das symbolische Aufeinandertreffen von Einhorn und Hirsch. Ein Kupferstich von Matthäus Merian dem Älteren in der alchemistischen Sammelschrift *Musæum hermeticum* von 1625 zeigt einen Hirsch mit stattlichem Geweih gegenüber einem mächtigen Einhorn in einer Waldlandschaft. Die lateinische Beischrift lautet übersetzt: „Im Körper ist die Seele und der Geist." In dem Gedicht, das die Darstellung begleitet und das sich auf „die Philosophen" beruft, steht der Wald für den Körper, das Einhorn für den Geist und der Hirsch für die Seele. Alle drei symbolisieren die Ganzheit des Menschen.[20] Da es wie bei vielen Werken des späten Mittelalters und der Renaissance auch bei Tapisserien mehrere Deutungsebenen geben kann, ist denkbar, dass Einhorn und Hirsch grundsätzlich als Allegorien aufgefasst wurden.

BCB

Aus dem Französischen übersetzt von Andreas Bredenfeld

Majestätische Nahsicht. Das Einhorn im Portrait

In Gemälden ist das Einhorn zumeist in einen erzählerischen Zusammenhang eingebunden und mit einer religiösen, mythologischen oder allegorischen Bedeutung verknüpft. Eine Ausnahme schuf Maerten de Vos 1572. Sein *Einhorn* präsentiert das edle, herrscherliche Tier an sich (Kat. 10).

Das stattliche Einhorn nimmt die gesamte Bildfläche ein. Die unmittelbare Nahsicht verstärkt seine Präsenz. Es hat den Kopf seitlich nach hinten gewandt und blickt die Betrachter aus schwarzem Auge an. Sein enormes Stirnhorn, in Form und Oberfläche einem Narwalzahn nachempfunden, überragt den Körper an Länge. Zur mächtigen Erscheinung des Tieres gehört auch seine Charakterisierung als männlich, während es meistens geschlechtsneutral dargestellt wird.

Horn, Kopfhaltung, buschige Mähne, Behaarung der Läufe und der gehobene linke Vorderhuf entsprechen dem Holzschnitt in Conrad Gessners *Tiergeschichte,* die gut zwanzig Jahre zuvor erschienen war (siehe Kat. 44). Andere Elemente gehen auf eine weitere Quelle zurück. Dieses Einhorn hat weder die Hufe eines Pferdes noch die gespaltenen Hufe der Ziege, sondern die Füße eines Elefanten. Hierin folgte der Künstler der *Tierkunde* von Plinius dem Älteren aus dem 1. Jahrhundert, der das Einhorn so beschrieben hatte (siehe S. 345). Plinius hatte ebenfalls notiert, das Einhorn habe den Schwanz eines Ebers, auch in diesem Detail entspricht das Gemälde der antiken Quelle, die im 16. Jahrhundert gerade noch als Autorität galt. De Vos' Schilderung des Einhorns bringt die tradierte Vorstellung des wilden, ungebärdigen Tieres pointiert zum Ausdruck.

Plinius hatte das Einhorn in Indien lokalisiert und geschrieben, es werde von der dortigen Bevölkerung gejagt. De Vos zeigt im Hintergrund dunkelhäutige Menschen, die etwa mit Pfeil und Bogen auf die Jagd gehen – allerdings nach einem Drachen – oder zu einer Baumhütte klettern. Hier könnte Indien gemeint sein oder der neue Kontinent Amerika, auf dem das Einhorn leben könnte (siehe Kat. 41–43). In einer *Allegorie von Amerika* als Teil einer Serie der vier Kontinente zeigte de Vos Einhörner (Abb. S. 64). Die Darstellung der Menschen folgt Klischeevorstellungen des Exotischen, zeigt aber auch das zeitgenössische Interesse an fernen Ländern.

Ein weiteres Detail des Hintergrunds greift ein wichtiges Moment der Einhorn-Überlieferung auf: Ein zweites Tier taucht hier sein Horn in das Wasser eines Baches und neutralisiert so die Wirkung allen Gifts (siehe S. 349). Diese reinigende Kraft stellt die Beziehung zum Horn des Einhorns her, das als wichtiges Element in Kirchenschätzen und fürstlichen Kunstkammern ausgestellt wurde (siehe Kat. 94) und dessen medizinische Wirkung bis ins 17. Jahrhundert Bedeutung hatte (siehe Kat. 52–61).

Der Antwerpener Maler Maerten de Vos brachte nach einem längeren Italienaufenthalt südliche Einflüsse in den Manierismus seiner Heimatstadt ein. Sein malerisches Werk umfasst religiöse Szenen und Portraits, daneben schuf er zahlreiche Vorlagen für Kupferstiche. Das Einhorn nimmt in seinem Œuvre eine Ausnahmestellung ein. Es gehörte zu einem Zyklus großformatiger Tierbilder, die Herzog Johann Albrecht von Mecklenburg 1572 ankaufte. Wahrscheinlich hatte er sie in Auftrag gegeben. Von den ursprünglich zehn Tafeln sind neben dem *Einhorn* fünf weitere erhalten: *Elefant, Leopard* und *Dromedar* (alle Staatliches Museum Schwerin) sowie *Löwe* und *Hirsch* (beide Landesmuseum Mainz). Von den vier verschollenen Werken der Serie zeigte eines vermutlich einen Rappen, über die Motive der anderen ist nichts bekannt. Einige dieser Tiere dürften in jener Zeit in den Menagerien, den fürstlichen Tiergärten, zu sehen gewesen sein. Mit dieser Serie schuf de Vos eine gemalte Menagerie.

Jede der gleich großen Tafeln präsentiert ein einzelnes Tier in bildfüllender monumentaler Größe vor einem als real gedachten landschaftlichen Hintergrund. Derartige Tierbilder sind in der niederländischen Malerei singulär; weder zuvor noch danach entstanden vergleichbare Werke. Anregungen dürften von zeitgenössischen Brüsseler Tapisserien mit Tieren als Hauptmotiv gekommen sein (Abb. S. 58). Auch dort finden sich konturbetonte, große Tiermotive in seitlicher Ansicht im Vordergrund vor einem landschaftlichen Tiefenraum sowie das Prinzip der Serie.

Auch wenn wie in der Hintergrundszene beim Einhorn legendäre Überlieferungen aufgenommen sind, geht es weniger um symbolische Bedeutungen, wie es bis dahin üblich war. Vielmehr hat de Vos autonome Tierbilder geschaffen, die charakteristisch für seine Epoche waren. Sie spiegeln das erwachte Interesse der Frühen Neuzeit an der Naturwirklichkeit, an der Erforschung der Tier- und Pflanzenwelt wider. Immerhin vier der sechs erhaltenen Tafeln zeigen Tiere, die nur außerhalb Europas vorkommen, auch das Einhorn wurde dort vermutet.

Dieses Interesse zeigte sich auch im umfangreichen naturkundlichen Buchbestand des Bildkäufers Johann Albrecht, der die Tierbilder von de Vos im Schweriner Schloss im neuen Saal neben seiner Bibliothek anbringen ließ. So dokumentierten die Gemälde auch die Bildung des Herzogs, zugleich konnte ein Abglanz ihrer Monumentalität auf den Fürsten übergehen. Die Anwesenheit des Einhorns fügte dem noch einen Aspekt des Edlen und Wunderbaren hinzu.

So wie Maerten de Vos dem mythischen Einhorn majestätische Präsenz verlieh, würdigte auch die Photokünstlerin Marie Cécile Thijs 2012 ein *Einhorn* in einem Einzelportrait (Kat. 11). Nahsicht, Farbe und Kopfwendung sind ähnlich, das Stirnhorn ebenfalls ein Narwalzahn, jedoch deutlich kürzer als im Gemälde. Die flatternde Mähne erweckt den Eindruck, als hätte sich das Tier gerade erst den Betrachtenden zugewandt. Die stillgestellte Bewegung und die Ortlosigkeit des undefinierten Hintergrunds entheben das real wirkende Einhorn der Realität. Diese Erscheinung wirkt wie die Vergegenwärtigung eines Traumbildes. In ihrem Œuvre unterläuft Thijs immer wieder den Wirklichkeitsanspruch des Mediums Photographie, sei es in surrealen Stilllebenarrangements oder mit der Vermischung zeitlicher Ebenen wie in den Portraits von Zeitgenossen in Kleidung des 17. Jahrhunderts.

Mit dem weißen *Einhorn* knüpfte Thijs an die überlieferte Vorstellung seiner Fellfarbe an. Diese steht in der europäischen Tradition für Keuschheit und im weiteren Sinn für Reinheit. Ungewöhnlich dagegen ist die Arbeit *Schwarzes Einhorn* (Kat. 12), die ebenfalls zur 2012 entstandenen Serie *Pferde* gehört. Tiefschwarz glänzt das Fell, die herabhängende Mähne ist ebenso schwarz und auch das Horn ist eingefärbt. Das dunkle, verschlossene Tier erweckt einen unheimlichen Eindruck. Bei aller Vielfalt seiner Erscheinungsformen in der Kunst kommt ein schwarzes Einhorn kaum vor. Ein Basler Teppich von etwa 1440 zeigt ein dunkelblaues Einhorn (siehe Kat. 14), und Alfred Kubin hatte in seinem Gemälde *Der König und das Einhorn* um 1905 dem Tier eine schwarze Farbe gegeben (siehe Kat. 152). Als Pendants könnten das weiße *Einhorn* und das *Schwarze Einhorn* auch als Abbild der sich ergänzenden Gegensätze Yin und Yang gesehen werden, die in einem schwarzweißen Symbol dargestellt werden, worauf auch der Ausdruck Qilin für das chinesische Einhorn hinweist.[21]

MPH

10

Maerten de Vos (1532–1603)
Einhorn, 1572
Öl auf Eichenholz, 137 × 136,5 cm
bez. u. Mitte: FD VOS
Inv.-Nr. G 193
Staatliche Schlösser, Gärten und Kunstsammlungen Mecklenburg-Vorpommern, Schwerin
nur in Potsdam ausgestellt
Lit.
Zweite 1980, S. 237–250; Nr. 50; Abb. 59
Schwerin 1990, Nr. 71 a
Mainz 1997, S. 496; Abb. S. 498
Einhorn 1998, S. 345 f.
Güstrow 2006, Nr. A 3.4
Schwerin 2010, Nr. 3; Abb. 26
Gerritsen 2011, S. 175
Helas 2015, S. 115; Abb. S. 113
Seelig 2021

11

Marie Cécile Thijs (geb. 1964)
Einhorn, 2012
aus der Serie *Pferde*
Tintenstrahldruck 2025 auf Fine Art Baryt,
aufgezogen auf Dibond mit Plexiglas und
schwarzem Holzrahmen, 120 × 150 cm
Marie Cécile Thijs,
courtesy SmithDavidson Gallery
Lit.
Thijs 2013, S. X; Nr. 3

12

Marie Cécile Thijs (geb. 1964)
Schwarzes Einhorn, 2013
aus der Serie *Pferde*
Tintenstrahldruck 2025 auf Fine Art Baryt,
aufgezogen auf Dibond mit Plexiglas und
schwarzem Holzrahmen, 90 × 105 cm
Marie Cécile Thijs,
courtesy SmithDavidson Gallery
Lit.
Thijs 2013, Nr. 82

Tier unter Tieren. Illustrationen zu Bibel, Heiligenlegenden und Mythen

Bis ins 17. Jahrhundert war die Existenz des Einhorns unbestritten, schließlich erwähnte es die Bibel mehrere Male. Allegorische Tiergruppen und Verbildlichungen von Erzählungen, in denen viele verschiedene Tiere vorkommen, schlossen das Einhorn mit ein.

Aus der Bibel sind es die Schöpfungsgeschichte, das Paradies und die Sintflut, daneben erscheint es in christlichen Legenden wie der Versuchung des heiligen Antonius oder dem Tod des heiligen Stephanus. Ein Thema aus der klassischen Antike ist der Mythos von Orpheus, der die wilden Tiere bezaubert. Allerdings erwähnt keine dieser mythologischen oder religiösen Geschichten das Einhorn ausdrücklich.

Das Einhorn wird im Kreis der anderen Tiere gezeigt, was auf die Selbstverständlichkeit seines Vorkommens weist. Hier hat es keine handlungsbestimmende Rolle und nur selten eine symbolische Bedeutung. Die Künstler reizten auch der Zauber des Ungewohnten und die mythisch aufgeladene Erscheinung des Einhorns. Daher ist es häufig an prominenter Stelle zu sehen und wirkt als Blickfang.

ment le corps · s · estiene est delaisse au lieu de son martire ·
pose au bestes et par la diuine puissance preserue ·

Von Gott geschaffen. Allegorische Tiergruppen

Bis weit ins 16. Jahrhundert war vielen Tierdarstellungen neben ihrer christlichen Interpretation noch eine magische oder symbolische Bedeutung beigelegt. Vielfach wirkten Elemente der archaischen oder antiken Vorstellungswelt fort. Das gilt auch für den Wandbehang *Sechs symbolische Tiere,* der um 1440 in Basel gefertigt wurde (Kat. 14). Auch wenn Löwe, Hirsch, Greif und Einhorn im Mittelalter als Christussymbole galten, dürfte es sich bei dieser rhythmischen Reihung monumentaler Tiergestalten um Sinnbilder der Unheilabwehr und profaner Tugenden wie Stärke und Mut handeln.

Als gegenüberstehende Paare sind in der Mitte Greif und Einhorn, an den Seiten jeweils Löwe und Hirsch platziert. Die Tiere stehen auf einem hügeligen Rasen zwischen Bäumen vor hellrotem Hintergrund, den Akanthusranken durchziehen. Während die Himmelszone mit einem gekräuselten Wolkenband wie die Sockelzone mit Blumen- und Tiermotiven kleinteilig strukturiert ist, sind die bildfüllenden Tierfiguren mit klaren Linien und Flächen ausdrucksstark gestaltet. Sie wirken vital und physisch präsent.

Mit ihrer zentralen Position ziehen Einhorn und Greif die Blicke auf sich. Letzterer ist ein bereits im Ägypten der Pharaonenzeit bekanntes Mischwesen aus Raubvogel und Löwe. In der Antike galt er als königlich und als Sinnbild für Kraft und Größe, als Wächter des Lebensbaums und Beschützer der Gräber. Mit dem aufgerissenen Schnabel, den Krallenfüßen und dem gespreizten Gefieder drückt er Wehrhaftigkeit aus. Das gilt auch für das Einhorn, dessen Horn den Kopf des Greifen überragt. Die Ausrichtung, die angedeutete Riefelung und die helle Färbung des Horns folgen dem Aussehen des Narwalzahns (siehe Kat. 90, 95, 152) und damit der Form, wie sie sich für das Horn des Einhorns im 15. Jahrhundert längst durchgesetzt hatte. Dieses Horn, das ungewöhnlich weit am Hinterkopf sitzt, taugt als Waffe.

Antike Autoren wie Ktesias von Knidos oder Claudius Aelianus hatten das Einhorn als stark und schnell, als kampfbereit und unbesiegbar beschrieben – eine Charakterisierung, der dieses Einhorn entspricht. Sein Fell ist ungewöhnlicherweise dunkelblau, fast schwarz (siehe Kat. 12, 93), die weißen Flecken dürften denen des Damwilds nachempfunden sein. Der lange Ziegenbart und die ausgeprägte Mähne verleihen ihm einen ungebärdigen Ausdruck, den das Halsband mit den Schellen unterläuft. Hier steht es nicht wie in anderen Darstellungen für seine Bändigung durch die Zuneigung zu einer Frau (siehe Kat. 113), sondern für die Beherrschung von Trieben und Affekten. Damit eignete sich der Wandbehang für die Ausstattung großbürgerlicher oder adeliger Repräsentationsräume.

Ein anderer Stil und eine andere Aussage kennzeichnen den Wandteppich *Allegorische Tiere,* der rund sechzig Jahre später, ebenfalls in Basel, entstand (Kat. 13). Hier sind die Tiere schmächtiger charakterisiert, ihre Konturen nicht so klar. Wegen des ausgeprägten großblättrigen Rankenmotivs auf dunkelblauem Untergrund kommen sie weniger stark zur Geltung. Mit Löwe, Einhorn und Hirsch sind drei der vier Arten des Teppichs *Sechs symbolische Tiere* wiederholt. Hinzu kommt ein Elefant, von dem nur der vordere Teil erhalten ist.

Das Einhorn hat ein helles Fell mit ganzflächig verteilten weißen Punkten, eine kleine Mähne, gespaltene Hufe, aber keinen Ziegenbart. So ähnelt es von der Konstitution dem Damwild, bis auf das Horn, das weit aufragt und an der Oberseite deutliche Kerben aufweist. Auch dieses Einhorn trägt ein Halsband mit Schellen.

Bei der Wahl der Tiere und ihrer Gestaltung mögen überlieferte magische Aspekte, etwa die Unheilabwehr, eine Rolle gespielt haben. Aber die beigefügten Spruchbänder verkünden ausdrücklich die christliche Botschaft, wobei sprechende Tiere nicht aus der christlichen, sondern der antiken und profanen Literatur überliefert sind. Die Aussage des Elefanten – die aus einem anderen, zeitgleich entstandenen Fragment (Kunstmuseum Basel) bekannt ist – lautet: „in gotes willen wellen wir. ston" (Wir stehen in Gottes Willen). Der Löwe sagt: „Elid [sic]. bringt. himels. lon" (Leid bringt Himmelslohn), das Einhorn: „Got. můs. al. geshaffen. hahn" (Gott muss alles erschaffen haben) und der Hirsch: „Des. loben. wir. sin. trinitat" (Deshalb loben wir seine Dreieinigkeit). So ließ sich die profan anmutende Bildlichkeit in die christliche Sphäre übertragen. Dementsprechend könnte der Wandbehang zum Interieur einer Kirche gehört haben. Im Sakralraum war das Einhorn im Mittelalter vertraut, allerdings als Symbol für Christus (siehe Kat. 32, 34–36). Dass ausgerechnet das Einhorn als einziges Fabeltier auf dem Teppich betont, Gott müsse alles – und damit auch das Einhorn – geschaffen haben, lässt sich als eine Vergewisserung seiner Existenz lesen.

MPH

13

Oberrheinisch (Basel)
Allegorische Tiere, um 1500
Fragment
Wolle, Leinen, 112 × 182 cm
Inv.-Nr. 1870.745
Historisches Museum Basel
Lit.
Kurth 1926, Bd. 2, Taf. 83 a
Van Marle 1931, Bd. 1, S. 181; Abb. 173
Göbel 1928–1934, Teil 3, S. 44 f.
Beer 1977, Abb. 76
Basel 1985, S. 48 f.
Rapp Buri/Stucky-Schürer 1993, Nr. 67
Einhorn 1998, Nr. 902 A

14

Oberrheinisch (Basel)
Sechs symbolische Tiere, um 1440
Wolle, gewirkt, 93 – 96 × 376 cm
Inv.-Nr. KT 0004
Wartburg-Stiftung, Eisenach,
aus den Sammlungen des ehemals
regierenden Großherzoglichen Hauses
Sachsen-Weimar-Eisenach
nur in Potsdam ausgestellt
Lit.
Kurth 1926, Bd. 2, Taf. 47 a
Göbel 1928–1934, Teil 3, S. 27, Taf. 11
Berlin 1971a, S. 149; Abb. 167
Rapp Buri/Stucky-Schürer 1993, Nr. 7
Einhorn 1998, Nr. 901

Von der Schöpfung zum Sündenfall. Im Paradies

Der Schöpfungsbericht der Bibel erwähnt die Erschaffung der Wasser-, Luft und Landtiere nur kursorisch. Zu letzteren heißt es: „Die Erde bringe hervor lebendiges Getier, ein jedes nach seiner Art: Vieh, Gewürm und Tiere des Feldes" (Gen 1,24). Das folgende Kapitel ergänzt, Gott „machte aus Erde alle die Tiere auf dem Felde und alle die Vögel unter dem Himmel und brachte sie zu dem Menschen" (Gen 2,19). Einzelne Tierarten werden nicht genannt. Die knappe, allgemein gehaltene Angabe ließ den Künstlern in Verbildlichungen der Genesis und des Paradieses alle Freiheit, die reiche Fauna am Beginn der Erdgeschichte zu schildern. Nicht immer, aber häufig ist auch das Einhorn vertreten. Eine besondere Funktion kommt ihm zumeist nicht zu, manchmal ist es durch die Nähe zum Schöpfer oder zu Adam hervorgehoben oder an herausgehobener Stellung platziert.[1]

In der 1480–1483 entstandenen Miniatur *Gottvater mit Adam und Eva im Paradies* (Kat. 15) sind zahlreiche Tiere im Paradies Zeuge, wie Gott am sechsten Schöpfungstag Adam und Eva zusammenführt. Die Dreiergruppe der etwas überlängten Figuren steht im Zentrum des Gartens Eden, den hohe Mauern und wehrhafte Türme schützen. Zu beiden Seiten sind die Tiere aufgereiht: Löwe und Hirsch, Ochs und Esel, Schaf und Schwein und viele andere. Auch Fische sind herbeigeschwommen, und im Wasser im Vordergrund sind zu beiden Seiten zudem Phantasiekreaturen anwesend, eine Sirene oder Meerjungfrau und ein bewaffneter Fischritter. Die Harmonie, die das satte Kolorit aus Grün- und Blautönen unterstreicht, ist bereits bedroht: hinter Eva lauern schon Teufel und die menschenköpfige Schlange.

Das weiße Einhorn liegt als Blickfang auffällig links im Vordergrund, dicht am Bach, der vom Paradiesbrunnen ausgeht. Es taucht sein Horn nicht hinein, aber die unmittelbare Nähe muss als Hinweis auf seine reinigende und Gift neutralisierende Kraft verstanden werden (siehe Kat. 10, 82, 121). Diese Deutung ist naheliegender, als in ihm ein Symbol für Christus (siehe Kat. 30–38) oder die Keuschheit (siehe Kat. 124–127) zu sehen.

Die Miniatur gehört zu einer Handschrift der *Jüdischen Altertümer* von Flavius Josephus. Sie wird einem nur mit dem Notnamen Meister des Flämischen Boethius bekannten Maler zugeschrieben.[2] Er war im letzten Viertel des 15. Jahrhunderts in Gent und Brügge tätig und schuf das Buch für den adeligen Büchersammler Ludwig von Gruuthuse in Brügge.

In seinem Simultanbild *Die Erschaffung der Menschen und Tiere* von etwa 1533 (Kat. 16) vereinte Hans Baldung Grien drei Episoden des sechsten Schöpfungstages. Hintereinander in die Bildtiefe gestaffelt, schilderte er zunächst die Erschaffung Adams, dann die Evas und schließlich die Kreation der Tiere. Ein weiter Ausblick in eine wasserreiche Gebirgslandschaft schließt das in seinem Hochformat an einen Altarflügel erinnernde Gemälde ab.[3]

15

Meister des Flämischen Boethius
(tätig letztes Viertel 15. Jahrhundert)
Gottvater mit Adam und Eva im Paradies, in:
Flavius Josephus (1. Jahrhundert)
Antiquités judaïques et Guerre des Juifs
(Jüdische Altertümer und
Der jüdische Krieg), 1480–1483
Pergament, 455 × 335 mm (Seite)
Inv.-Nr. Français 11, fol. 3v
Bibliothèque nationale de France, Paris,
département des Manuscrits
nur in Potsdam ausgestellt
Lit.
nicht bei Einhorn 1998
Paris 2005, Abb. 10
Hans-Collas/Schandel 2009, S. 227; Abb. 160

16

Hans Baldung Grien (1484/85–1545)
Die Erschaffung der Menschen und Tiere, um 1533
Erlenholz, 186 × 63,5 cm
Inv.-Nr. 9318
Angermuseum Erfurt
Lit.
Bussmann 1966, S. 154–156; Nr. 39; Abb. 16
Von der Osten 1983, Nr. 77b; Taf. 164
Einhorn 1998, Nr. 486 N
Eilhoff 2011
Karlsruhe 2019, Nr. 240

17

Schweizerisch
Adam und Eva, Mitte 16. Jahrhundert
Wolle, gewirkt, 88 × 121 cm
Inv.-Nr. F 226
Staatliche Museen zu Berlin,
Kunstgewerbemuseum
nur in Potsdam ausgestellt
Lit.
nicht bei Einhorn 1998
Beer 1977, Abb. 63

Drei Mal ist der Schöpfer in seinem leuchtend roten Samtgewand gezeigt, die diagonale Anordnung verbindet die einzelnen Szenen. Baldung hat die Erschaffung Adams in den Vordergrund gestellt, Ausdruck der anthropozentrischen Sicht seiner Zeit. Die nach der biblischen Erzählung vorangegangene Schöpfung der Tiere verlegte er in den Hintergrund. Dort steht Gott im Redegestus mit ausgebreiteten Armen, über seinem Haupt kreisen Vögel, um ihn herum sitzen und liegen Landtiere. Neben heimischen Arten finden sich auch Kamel und Löwe. Das weiße Einhorn hockt unmittelbar vor dem Schöpfer, sein Horn weist auf ihn und stellt so einen Bezug zwischen beiden her.

Möglicherweise gab Baldung damit einen Hinweis auf die Bedeutung des Einhorns als Symbol für Christus. Gewiss jedenfalls ist seine persönliche Beziehung zu dem Tier. Seine Familie führte es im Wappen. Baldung gestaltete mehrfach ein Einhorn. Um 1530 schuf er einen Holzschnitt seines Familienwappens, das das Vorderteil eines steigenden Einhorns im Schild zeigt. Es ist dem Tier des Stadtwappens von Schwäbisch Gmünd, Baldungs Geburtsstadt, entnommen. In vereinfachter Form erscheint das Wappen im Hintergrund des Holzschnitts *Der behexte Stallknecht* von 1534. Zehn Jahre später fertigte er eine Zeichnung mit dem steigenden Einhorn an (Abb. S. 44).[4]

Einen unübersehbaren Platz nimmt das Einhorn in dem in der Mitte des 16. Jahrhunderts entstandenen Wandteppich *Adam und Eva* ein (Kat. 17). Gezeigt ist nicht wie sonst bei diesem Sujet die Schlange am Baum der Erkenntnis und Eva, die Adam die verbotene Frucht reicht, eine wegen der Möglichkeit der Aktdarstellung bei Künstlern der Frühen Neuzeit beliebte Szene. Der Teppich thematisiert den Moment danach, wie ihn die Genesis beschreibt. Plötzlich waren sich Adam und Eva ihrer Nacktheit bewusst geworden, flochten Schurze aus Feigenblättern, und „Adam versteckte sich mit seinem Weibe vor dem Angesicht Gottes des Herrn unter den Bäumen im Garten. Und Gott der Herr rief Adam und sprach zu ihm: Wo bist du?“ (Gen 3,8–9). Diese Frage steht am ungemütlich rot-gelben, von einem gekräuselten Wolkenband abgegrenzten Himmel.

Unter den mit Früchten behangenen Bäumen stehen in monumentaler Nahsicht die beiden Sünder. Eva verdeckt mit den Armen ihre Brüste, Adam hat die Hände wie zur Verteidigung erhoben. Wenige Tiere bevölkern den Garten Eden: zwei Vögel in den Bäumen, ein Fuchs und mit Elefanten und Kamel zwei exotische Tiere. Das Einhorn liegt zwischen dem Menschenpaar, seine Gestaltung scheint von den Bestiarien des 13./14. Jahrhunderts beeinflusst. Das Fell ist braun, das spiralige Horn steht nicht nach oben, sondern ist frontal ausgerichtet und leicht gebogen, die gespitzten Ohren sind schmal und überlang. Abgesehen vom Ziegenbart ähnelt die Gestalt der eines Pferdes, die Hufe sind ungespalten.

Während die anderen Tiere als Staffagefiguren gelten können, dominiert das zentral platzierte Einhorn die Szene. Sein schmales, wie zusammengekniffenes Auge und die entblößten Zähne verleihen ihm ein unfreundliches Aussehen. Wie eine Lanze ist sein Horn auf den Übeltäter Adam gerichtet. Hier symbolisiert das Einhorn nicht Christus den Erlöser, sondern Christus den wütenden Rächer, der, wie der Nürnberger Mediziner Ulrich Pinder 1505 in seinem Buch *Der beschlossen gart des rosenkrantz marie* schrieb, „umb einen biß des apffel Adam vnnd Eua auß dē paradiß stieß“ (wegen eines Bisses in den Apfel Adam und Eva aus dem Paradies verstieß).[5]

Eine überschaubare Anzahl von Tieren versammelt ebenfalls die Illumination *Das Paradies, von der Quelle der Gnade bewässert,* die um 1530–1535 entstanden ist (Kat. 18). Von einem Brunnen in gotischen Formen fließen drei Ströme ab, die das Land bewässern. Vögel flattern oder sitzen im Gesträuch des Hintergrunds, im Vordergrund halten sich einige Tiere auf. Das Einhorn – mit gespaltenen Hufen, aber ohne Ziegenbart – liegt wie in der Paradiesminiatur des Meisters des Flämischen Boethius dicht am Wasser. Hier könnte es vielleicht auch als Symbol für Christus gesehen werden; nicht alle, aber einige der anderen Tiere haben eine christliche ikonographische Tradition – der Löwe kann für Christus stehen, ebenso der Hirsch, der auch als allegorische Figur der Seele erscheint und häufig gemeinsam mit dem Einhorn auftritt (siehe Kat. 9, 13, 14, 24, 26). Der Affe, der in den Apfel beißt, deutet auf den Sündenfall, der Hahn auf die Verleugnung Jesu durch Petrus. Solche Auslegungen sind möglich, aber das zur Illustration gehörende Gedicht gibt noch eine andere Bedeutungsebene. Darin heißt es, das Paradies werde vom Wasser der Gnade getränkt, eine Metapher für die Geburt Christi durch die Jungfrau Maria.

Die Buchmalerei ist eine von fünfzig ganzseitigen Illuminationen einer Handschrift, die ebenso viele preisgekrönte *Chants royaux* (Königliche Gesänge) enthält. Sie waren zwischen 1519 und 1528 auf dem jährlichen Puy de la Conception Notre-Dame in Rouen, einem Wettbewerb der Dichter, vorgetragen worden. Die für den französischen Hof bestimmte Handschrift entstammt vermutlich der Werkstatt des Pariser Künstlers Étienne Colaud, der zwischen 1512 und 1541 tätig war.[6]

Als eine zoologische Enzyklopädie liest sich das Gemälde *Die Schöpfung der Welt* von um 1718–1730 (Kat. 19). Während in der Himmelszone Gott mit erhobenen Armen in den Wolken steht und an den Seiten Sonne und Mond leuchten, halten sich im Wasser und auf dem Land zahlreiche Tiere auf – neben europäischen Haus- und Wildtieren wie Rinder, Ziegen, Esel oder Hirsch finden sich auch exotische Tiere wie Elefant, Jaguar und Kamel. Auf der linken Seite bäumt sich ein Rappe auf, als Pendant steht ihm rechts ein weißes pferdgestaltiges Einhorn gegenüber. Es hat seinen Kopf zur Seite gewendet, sein langes Horn kommt vor den dunklen Wolken wirkungsvoll zur Geltung. Das Einhorn ist Teil der Fauna des Paradieses, wirkt aber mit seiner würdigen Ausstrahlung als ein herausgehobenes Element.

Das Gemälde ist nicht signiert. Es dürfte von Cajetan Roos stammen, der zur deutschen Malerfamilie Roos gehörte.[7] 1690 in Rom geboren, verbrachte er viele Jahre bei seinem Vater, dem Tiermaler Philipp Peter Roos, in Tivoli; ab 1726 ist er in Wien dokumentiert. In der *Schöpfung der Welt*

verwendete Roos mit Kühen und Ziegen die bekannten Motive aus Werken der mit Tierstücken und Hirtenszenen erfolgreichen Familie Roos. Der im Vordergrund mittig platzierte Leopard oder der liegende Löwe finden sich im Gemälde *Die Menagerie des Landgrafen Carl* seines Onkels Johann Melchior Roos (1722–1731, Hessen Kassel Heritage).[8]

Eine andere Schöpfungsszene von Cajetan Roos, dessen Tierdarstellungen eine konturbetonte Plastizität auszeichnet, zeigt ebenfalls das steigende Pferd auf der linken Seite, das Einhorn steht dort im Hintergrund (um 1720, Museu Nacional d'Art de Catalunya, Barcelona).[9] Bei einem weiteren Paradiesbild von Roos sind ein liegendes und ein stehendes Einhorn, ebenfalls im hinteren Bildbereich, unter die Tiere gemischt; landschaftliche Anlage und zahlreiche Tiere sind ähnlich gestaltet (Standort unbekannt). Dieses Gemälde ist mit „Gaetano Rosa 1718" bezeichnet.[10] Die steife Haltung vieler Tiere im Bild *Die Schöpfung der Welt* lässt darauf schließen, dass sie nach Vorlagen abgemalt sind, worauf auch die Ausfertigung mehrerer Versionen deutet. Die Zusammenfügung in einem einheitlichen Bildraum ist nicht immer stimmig. Das Einhorn dagegen sieht ebenso natürlich aus wie andere vertraute Tiere – gemalt zu einer Zeit, als die Wissenschaft das Tier definitiv als Phantasieprodukt ad acta gelegt hatte.

MPH

18

Französisch
(Paris, Étienne Colaud [tätig 1512–1541]?)
Das Paradies, von der Quelle der Gnade bewässert, in:
Chants royaux de la Conception
(Königliche Lieder von der Empfängnis),
um 1530–1535
Pergament, 311 × 210 mm (Seite)
Inv.-Nr. Français 1537, fol. 87
Bibliothèque nationale de France, Paris,
département des Manuscrits
nur in Paris ausgestellt
Lit.
nicht bei Einhorn 1998
Paris 2005, Abb. 9

19

Cajetan Roos, auch Gaetano Rosa
(1690–1770)
Die Schöpfung der Welt, um 1718–1730
Öl auf Leinwand, 127,5 × 180,5 cm
Inv.-Nr. 63.108.1
Musée de la Chasse et de la Nature, Paris
nur in Potsdam ausgestellt
Lit.
nicht bei Einhorn 1998
Paris 2007, S. 255

Umstrittene Mitfahrt. Arche Noah

Das zweite biblische Thema, in dem eine große Vielfalt von Tierarten die Hauptrolle spielt, ist die Erzählung von der Sintflut. Erzvater Noah sollte in die von ihm erbaute Arche auf Geheiß Gottes „von allen Tieren, von allem Fleisch, je ein Paar, Männchen und Weibchen, daß sie leben bleiben mit dir", bringen (Gen 6,19). Da das Einhorn in der mittelalterlichen Vorstellung selbstverständlich zum Tierreich gehörte, fand es seinen Platz auch in künstlerischen Darstellungen der Arche Noah und der von Gottes Zorn über die sündige Menschheit herbeigeführten Flut. Buchilluminationen des 15. Jahrhunderts zeigen das Tier mit anderen auf der Arche[11] oder beim Betreten des rettenden Schiffes.

Eine Miniatur im *Sogenannten Stundenbuch von Karl V.* betont die Teilhabe dieses Tiers, in dem sie beim *Einzug der Tiere in die Arche* ausgerechnet ein Einhorn-Paar die Rampe zum Boot hinaufsteigen lässt (Kat. 20). Die beiden laufen dicht nebeneinander und sind in einer kühnen Perspektive in rückwärtiger Ansicht gezeigt. Noah dirigiert sie mit einem Stab und weist einen seiner Söhne an, die beiden Einhörner in Empfang zu nehmen. Elefanten, Löwen, Esel und andere Vierfüßer warten geduldig, bis sie an der Reihe sind. Die Buchmalerei ist vermutlich 1500 in der Pariser Werkstatt von Jean Poyer entstanden, der für hochgestellte Auftraggeber wie den französischen König arbeitete. Sie schildert den Einzug der Tiere in die Arche als gut organisierten, gemächlich ablaufenden Vorgang. Der blaue Himmel und die wenigen Wolken lassen den bevorstehenden Flutregen noch nicht ahnen.

Eine andere, dramatische Stimmung findet sich in den beiden Gemälden von Kaspar Memberger dem Älteren *Einzug in die Arche Noe* und *Auszug aus der Arche Noe* (Kat. 21.1–2). Sie gehören zu einem 1588 entstandenen fünfteiligen Zyklus der Sintflut, dessen weitere Szenen den *Bau der Arche Noe*, die *Sintflut* und *Noahs Dankopfer* schildern. Memberger, der wohl von 1576–1580 in Rom gearbeitet hatte, orientierte sich weitgehend an einem Sintflutzyklus von Jacopo Bassano (Schloss Kroměříž, Tschechien), von dessen Teilen mehrere Fassungen sowie Kopien seiner Söhne überliefert sind. Das Werk des Venezianers Bassano zeichnen figurenreiche Schilderungen biblischer oder ländlicher Szenen aus, deren alltägliche Momente die Erzählung an die Erfahrungswelt der Betrachter annähern.

Beim *Einzug in die Arche Noe* übernahm Memberger von dem eine Generation Älteren die Komposition mit der diagonalen Rampe und die Situierung der Tiere und Menschen. Anders als beim Vorbild sind bei Memberger die Konturen schärfer, die Personen individueller charakterisiert und wohlhabend gekleidet, die Tiere dichter gedrängt. Das Einhorn fehlt bei Bassano. Memberger hat es auf der linken Seite neben einem Kamel gemalt; sein Horn ragt auffallend hervor. Damit hat er ihm, unbesehen der halb verdeckten Positionierung, einen besonderen Status verliehen.

Im *Auszug aus der Arche Noe* kehrt sich die Blickrichtung um. Von links oben nach rechts unten strömen die Tiere aus dem Schiff, das im Hintergrund auf dem Berg Ararat steht. Im Vordergrund liegen drastisch drapiert ertrunkene Menschen und Tiere, rechts steht die Ruine eines antiken Tempels. Aus dem Hochwasser, das noch im Tal zu sehen ist, ragen Gebäudereste. Unter den Tieren aus der Arche finden sich zwei Einhörner, von denen das eine den Kopf wie zum Fressen senkt, das andere ist markant im Lauf gezeigt. Das Aussehen der Tiere folgt dem etablierten Schema: Pferdegestalt, weißes Fell, Ziegenbart und geriefeltes, gerades Stirnhorn.

Auftraggeber des Zyklus war Wolf Dietrich von Raitenau, Fürsterzbischof von Salzburg, in dessen Diensten Memberger stand. Das Wappen der Familie von Raitenau, eine schwarze Kugel auf silbernem Feld, findet sich beim *Auszug aus der Arche Noe* oben rechts, auf der linken Seite steht das Salzburger Wappen. Beim *Einzug in die Arche Noe* sind beide Wappen kombiniert, prominent in der Mitte des oberen Bildrands unter einem Kardinalshut. Möglicherweise motivierte den Bischof zur Wahl des Sintflutthemas die damit verbundene Idee einer fundamentalen Erneuerung, wie sie in der katholischen Kirche nach dem 1563 beendeten Konzil von Trient verbreitet war.[12]

Indem Memberger das Einhorn in den *Auszug aus der Arche Noe* integrierte, zeigte er das Tier als überlebenden Passagier der Arche. Aber längst nicht alle künstlerischen Darstellungen gingen von einer Mitfahrt des Einhorns auf Noahs Rettungsschiff aus. Tobias Stimmer ließ 1578 in einem Holzschnitt zur *Biblia sacra* das Einhorn mit widerspenstig erhobenem Kopf an der Seite sitzen, es macht keine Anstalten, dem Zug der Tiere ins Schiff zu folgen (Abb. S. 17).[13] Auf dem Relief eines Taufsteins von 1613 schwimmt ein Einhorn in den Wellen zwischen ertrinkenden Menschen und Tieren, die es ebenfalls nicht in die Arche Noah geschafft haben (Stadtkirche Ziegenrück, Thüringen).[14]

Im 17. und 18. Jahrhundert verknüpften Gelehrte Überlegungen zur Existenz des Einhorns mit der Frage, ob das Tier überhaupt an Bord der Arche Noah war. Der Jesuit und Universalgelehrte Athanasius Kircher veröffentlichte 1675 eine umfangreiche Studie über die Arche Noah. Ihr fügte er einen monumentalen, detaillierten Kupferstich mit dem Querschnitt des Schiffes bei, der die Unterbringung der Tiere in einzelnen Verschlägen lokalisierte. Die Einhörner waren mit den anderen Vierfüßern im untersten Deck einquartiert.[15]

Der Humanist Freiherr Christoph Harant von Polschitz und Weseritz wandte sich in seinem Reisebericht aus dem Heiligen Land, *Der Christliche Ulysses* von 1608, gegen die Behauptung, dass die Einhörner, als sie „in den Kasten Noe geführet wurden / das Fräulein als scheu ins Wasser gesprungen und ersoffen / und von der Zeit an das Männlein einsam geblieben / und mit der Zeit auch umkommen seye".[16] Gegen eine andere Vermutung sprach sich der Arzt und Naturforscher Balthasar

Ehrhart 1770 aus, nämlich die Behauptung, „es seyen die in der ersten Welt erschaffene Einhörner der allgemeinen Sündfluth, weil sie nicht mit andern Thieren in die Archa Noä gewollt, ersoffen". Dabei sei „nicht wenig zu verwundern, daß nemlich die Einhörner nicht in die Archen gewollt, da doch Weibsbilder darinnen gewesen, welche sie, ihrem Vorgeben nach, so sehr lieben."[17]

Verbreitet war die Annahme, bei den im 17./18. Jahrhundert durch Ausgrabungen in Deutschland oder der Schweiz gefundenen Knochen oder Zähnen des eiszeitlichen Mammuts handele es sich um Überreste des Einhorns, das bei der Sintflut umgekommen sei. Diesen Glauben lehnte der Apotheker Johann Schröder in seinem pharmazeutischen Handbuch *Vollständige und nutz-reiche Apotheke* spöttisch ab. In der Ausgabe von 1709 (siehe Kat. 56) heißt es: „Der gemeine Mann / und auch wol die jenigen / die etwas mehr als gemeine Leute vor klug angesehen seyn wollen / glauben das es Hörner von den Einhorn-Thieren seyn / welche in der Sündflut umkommen / lange unter der Erde verstecket gewesen / derer Fleisch und weiche Theile durch langwirige Zeit verzehret worden."[18]

Die meisten künstlerischen Darstellungen der Arche Noah entstanden lange vor diesen Diskursen und damit in der Zeit, als die Existenz des Einhorns nicht in Frage gestellt wurde. In den Illustrationen zur Sintflut hat das Einhorn keine theologische oder symbolische Bedeutung. Es ist neben der Selbstverständlichkeit seines Dazugehörens ein dekoratives und auf das Wunderbare weisendes Element.

MPH

20

Französisch (Paris, wohl Umkreis Jean Poyer [gest. vor 1504])
Einzug der Tiere in die Arche, in:
Livre d'heures dit de Charles Quint
(Sogenanntes Stundenbuch von Karl V.), 1500
Pergament, 230 × 153 mm (Seite)
Inv.-Nr. Cod. Vitr. 24/3, fol. 27
Biblioteca Nacional de España, Madrid
nur in Paris ausgestellt
Lit.
nicht bei Einhorn 1998

21

Kaspar Memberger d. Ä. (um 1555–1618?)

21.1

Einzug in die Arche Noe, 1588

Öl auf Leinwand, 124,4 × 162,9 cm

bez. unten rechts: 1588. HC M VC.

21.2
Auszug aus der Arche Noe, 1588
Öl auf Leinwand, 127,5 × 163,5 cm
bez. unten rechts auf dem Pfosten: 1588 HC M.

aus dem fünfteiligen Zyklus *Sintflut*
Inv.-Nr. 631, 632
Residenzgalerie Salzburg
nur in Potsdam ausgestellt
Lit.
nicht bei Einhorn 1998
Heinz 1974, S. 472
Rohrmoser 1987, S. 234
Marquet 1995
Ducke 2023

Angreifer oder Beschützer. Heiligenlegenden

Wo immer in christlichen Erzählungen mehrere Tiere vorkamen, bot sich Künstlern die Gelegenheit, unter ihnen auch ein Einhorn zu malen. So etwa in Illustrationen zu den Viten von Antonius oder Stephanus, wie sie Jacobus de Voragine in der *Legenda aurea* überliefert. Der Dominikaner und Erzbischof von Genua verfasste die Sammlung von Heiligenlegenden in der zweiten Hälfte des 13. Jahrhunderts. Sie wurde zum verbreitetsten und populärsten Religionsbuch des Mittelalters. Sein Zeitgenosse Vinzenz von Beauvais, ebenfalls ein Dominikaner, verfasste mit dem *Speculum historiale* (Spiegel der Geschichte) eine so umfassende wie einflussreiche Enzyklopädie, die ebenfalls Heiligenviten wie die Legende des Antonius enthielt.

Der Asket Antonius, ein Einsiedler des 3./4. Jahrhunderts, hatte sich in eine Grabkammer begeben, um sich zur Probe seiner Glaubensfestigkeit Versuchungen auszusetzen. In der *Legenda aurea* heißt es: „Da erschienen die bösen Geister in mancherlei greulicher Tiere Gestalt und zerzerrten ihn abermals mit ihren Hörnern und Zähnen und Krallen gar jämmerlich.“[19] Von einem Einhorn ist nicht ausdrücklich die Rede, aber das hinderte Illustratoren der Szene keineswegs, auch das Fabeltier den Heiligen attackieren zu lassen.

In der Illustration zu einer Handschrift des *Spiegels der Geschichte* aus dem 14. Jahrhundert liegt Antonius regungslos auf dem Boden (Kat. 22). Ein Löwe zerrt an seinem Fuß, drei geifernde Ungeheuer starren ihn an, während dem Einhorn die Hauptrolle unter den dämonischen Angreifern zukommt. Es hat sich auf die Vorderbeine gestützt und rammt seine Stirnwaffe gegen den Kopf des Heiligen. Blutspuren zeigen die Wirksamkeit des Stoßes an. Die Grisaille stammt von dem in Paris 1368–1396 nachgewiesenen Maler Pierre Remiet, der auch unter dem Namen Meister des Todes bekannt ist.[20]

Eine andere Verbildlichung dieser Szene stellt auch eine Verbindung zu den Psalmen der Bibel her (Kat. 23). Diese Illumination zeigt den Heiligen in schwarzer Mönchskutte, die das Taukreuz trägt, sein Erkennungszeichen. Er sitzt zwischen den steinernen Wänden der Kammer auf einem Sarkophag. Von der rechten Seite fällt ihn ein Löwe an, er hat die Krallen bereits in seine Knie geschlagen. Von links springt ein weißes Einhorn in Pferdegestalt auf ihn zu. Es ist dabei, ihm das spiralige Horn

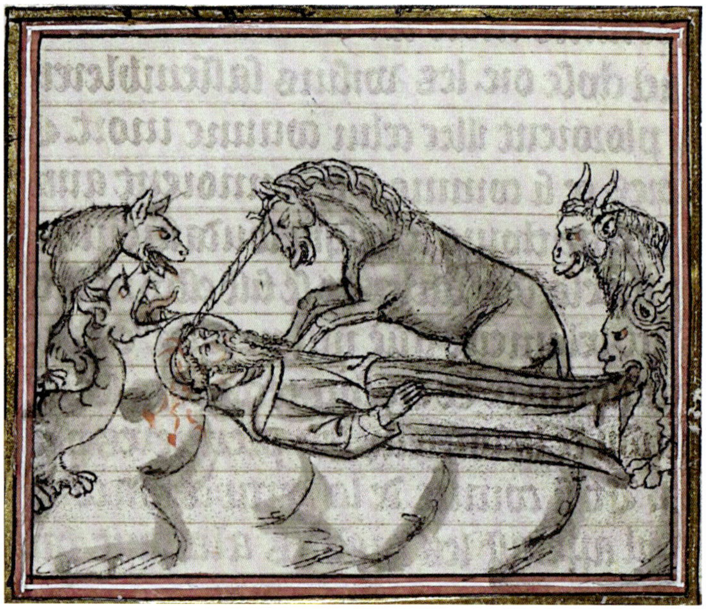

22

Meister des Todes
(Pierre Remiet [tätig 1368–1396])
Die Versuchung des heiligen Antonius durch wilde Tiere, in:
Vinzenz von Beauvais (1190?–1264)
Miroir historial (Spiegel der Geschichte), übers. von Jean de Vignay
(um 1283 – nach 1340?), 14. Jahrhundert
Pergament, 395 × 280 mm (Seite)
Inv.-Nr. Français 313-2, fol. 298r
Bibliothèque nationale de France, Paris, département des Manuscrits
nur in Paris ausgestellt
Lit.
nicht bei Einhorn 1998

23

Französisch
(Evrard d'Espinques [tätig 1440–1494?])
Die Versuchung des heiligen Antonius
durch wilde Tiere, in:
Jacobus de Voragine (1228/29–1298)
Legenda aurea (Goldene Legende), übers. von
Jean de Vignay (um 1283 – nach 1340?),
Schreiber Gilles Gassien,
2. Hälfte 15. Jahrhundert
Pergament, 390 × 300 mm (Seite)
Inv.-Nr. Français 6448, fol. 45v
Bibliothèque nationale de France, Paris,
département des Manuscrits
nur in Potsdam ausgestellt
Lit.
nicht bei Einhorn 1998

geradewegs in die Brust zu rammen. Beiden Tieren hängt die Zunge aus dem Mund, ein Hinweis auf die Intensität ihres Angriffs. Antonius richtet seinen Blick nach oben, von wo er Rettung erfleht, die erhobene Rechte unterstreicht die Dringlichkeit seines Hilferufs. Dieser hatte Erfolg, wie es in der *Legenda aurea* weiter heißt: „Aber auf einmal kam ein lichter Schein und verjagte die Teufel ganz und gar; und Antonius war alsbald gesund." Diesen Moment der bevorstehenden Rettung zeigt der Künstler.

Dabei beschränkte er sich auf zwei Tiere, auf Löwe und Einhorn, wie sie in Psalm 22 genannt werden: „Hilf mir aus dem Rachen des Löwen, und errette mich von den Einhörnern" (Ps 22,22).[21] Dieser Notschrei ist ein Vers aus jenem Psalm, den Jesus bei seiner Kreuzigung betete, wie das Markus-evangelium schreibt (Mk 15,34). Der *Stuttgarter Psalter* aus dem 9. Jahrhundert bildet die Kreuzigung mit angreifendem Löwen und Einhorn ab (Abb. S. 43).

Kommt dem Einhorn hier eine im christlichen Zusammenhang seltene negative Zuschreibung als aggressives und gefährliches Tier zu, ist ihm in einem gewebten Bilderzyklus zur Legende des heiligen Stephanus eine würdige, positive Bedeutung zugedacht. Anders als das handelnde Einhorn in der Antonius-Illumination ist das Einhorn hier allerdings nur in einer – wenn auch prominenten – Statistenrolle vergegenwärtigt.

Stephanus, Diakon der Gemeinde in Jerusalem, gilt als erster Märtyrer der christlichen Kirche. Seine Vita schildert ein umfangreicher Zyklus großformatiger Tapisserien, der um 1500 für die nach ihm benannte gotische Kathedrale von Auxerre gefertigt wurde.[22] Die achte Szene zeigt den Leichnam des Heiligen vor den Toren Jerusalems auf dem Rücken liegend, eingehüllt in ein rötliches Brokatgewand (Kat. 24). Das Gesicht überziehen Streifen rinnenden Blutes. Drei Steine neben seinem Kopf weisen auf sein Martyrium. Zwei Engel geleiten die von einer kleinen fahlen Menschenfigur symbolisierte Seele in den Himmel. Der Körper bleibt auf der Wiese mit den üppig blühenden Blumen zurück. Ihn umrunden fünf Tiere – Affe, Löwe, Hirsch, Stachelschwein und Einhorn, ein Falke sitzt in einem Busch. Die Größenverhältnisse sind nicht maßstabsgerecht, aber das Stachelschwein ist mit Sinn für Realismus geschildert. Die Aufnahme des in der christlichen Ikonographie nicht belegten Tieres könnte eine Huldigung an König Ludwig XII. sein, der unmittelbar nach seiner Inthronisation 1498 das Stachelschwein zu seinem Wappentier erklärt hatte. In den Jahren um 1500 wird es in Frankreich häufig im Zusammenhang mit dem König dargestellt.[23] Das Einhorn erinnert in seiner pferdeähnlichen, schlanken, weißen Gestalt mit Ziegenbärtchen, ondulierter Mähne und geriefeltem Horn an das Tier in der um dieselbe Zeit entstandenen Tapisseriefolge *Die Dame mit dem Einhorn* (siehe Kat. 123.1–6).

Von rechts nähern sich aus der Stadt drei Männer, von denen die *Legenda aurea* zwei namentlich erwähnt: „Sanct Gamaliel aber und Nicodemus, die da im Rat der Juden immer waren für die Christen, die nahmen seinen Leichnam und begruben ihn in Gamaliels Acker."[24] Über die Anwesenheit von Tieren berichtet die *Legenda aurea* nichts. Über ihre Bedeutung informiert der Text am Fuß der Darstellung, der den Inhalt der Szene erläutert: „Wie der Körper des heiligen Stephanus am Ort seines Martyriums verblieb und den Tieren ausgesetzt und durch die göttliche Macht bewahrt wurde".[25] Allerdings vergehen sich die gezeigten Tiere keineswegs am Leichnam des Heiligen, vielmehr scheinen sie die Totenwache zu halten. Dabei nimmt das Einhorn eine auffällige Position im Vordergrund rechts ein. Das große, edel anmutende Tier zieht die Blicke auf sich. Es greift nicht aktiv in das Geschehen ein. Aber sein Horn weist himmelwärts, in jene Sphären des Heils, zu denen Stephanus' Seele unterwegs ist.

MPH

24

Gauthier de Campes (1468 – nach 1530)?, Entwerfer; Guillaume de Rasse, Weber
Der Körper des heiligen Stephanus ist den Tieren ausgesetzt, vor 1503?
Szene acht aus dem Zyklus der *Legende des heiligen Stephanus* aus der Kathedrale Saint-Étienne in Auxerre
Wolle und Seide, 165,5–167 × 178–178,5 cm
Inv.-Nr. Cl. 9932
Musée de Cluny – musée national du Moyen Âge, Paris

Lit.

nicht bei Einhorn 1998
Göbel 1928–1934, Teil 2, S. 283 f.; Abb. 318
Freeman 1976, S. 34
Beer 1977, Abb. 126a
Joubert/Lefébure/Bertrand 1995, S. 16
Gotfredsen 1999, S. 103
Auxerre 2000, S. 39; Abb. Szene 8; Abb. 10 (Detail)
Paris 2002a, S. 36–58
Weigert 2004, S. 83 u. ö.; Abb. 35
Québec 2012, Nr. 52
Taburet-Delahaye/de Chancel-Bardelot 2018, S. 91 f.

Comment le corps · s · estiẽne est delaisse au lieu de son martire ·
et expose au bestes et par la diuine puissance preserue ·

Zauber der Musik. Orpheus

Während die antike Naturkunde – von Ktesias und Megasthenes bis zu Plinius und Aelianus – das Einhorn kannte und beschrieb, erschien es nicht in der bildenden Kunst der Griechen oder Römer. Das hinderte die Künstler der Renaissance keineswegs, bei zumindest einem antiken Mythos das Einhorn zu vergegenwärtigen, in den Szenen *Orpheus bezaubert die wilden Tiere.* In den *Metamorphosen* hatte Ovid am Anfang des 1. Jahrhunderts von dem thrakischen Sänger berichtet, der in einem Hain saß, „von Tieren der Wildnis umringt und von Scharen von Vögeln", und er habe mit seinen „Liedern die wilden / Tiere bezaubert, die Wälder und Felsen, so daß sie ihm folgen".[26]

Zahlreiche römische Mosaiken und auch pompejanische Fresken zeigen Orpheus im Kreis der Tiere,[27] eine beliebte Allegorie für die Macht der Musik. Dieses Thema griffen die Maler seit dem späten Mittelalter auf – und ergänzten die Schar der ergeben lauschenden Fauna häufig um ein Einhorn. Damit verhält sich das Einhorn wie die anderen Tiere. Seine – nur im griechischen *Physiologus* des 14. Jahrhunderts geschilderte – Liebe zur Musik spielt keine Rolle bei seiner Annäherung an Orpheus. Dort heißt es, das Einhorn liebe „sehr die Lustigkeit" und lasse sich von „Becken, Trompeten, Gitarren und was sich Menschen sonst noch ausgedacht haben" anlocken. Die Jäger zögen „zu dem Platz, wo das Tier ist, und treten zu einem Reigentanz an, spielen die Trompeten und was sie sonst noch haben und singen ganz laut im Chor".[28]

Die möglicherweise älteste Illustration findet sich in einer Handschrift des *Ovide moralisé* vom Ende des 14. Jahrhunderts, einer um 1309–1320 entstandenen französischen Übersetzung und christlichen Interpretation der *Metamorphosen.*[29] Wurde hier noch eine Parallele des musikalischen Tierbesänftigers zu Christus gezogen – ohne indes das Einhorn auf den Erlöser zu beziehen –, spielten religiöse Anknüpfungen bei späteren Darstellungen von Orpheus mit Einhorn keine erkennbare Rolle. Das gilt auch für die Gemälde von Tizian, das ein nicht bekannter Künstler kopierte, und von Paulus Potter. Zwischen den beiden Werken liegt ein halbes Jahrhundert, aber sie könnten nicht unterschiedlicher sein.

Die Kopie nach Tizians *Orpheus bezaubert die wilden Tiere* (Kat. 25) folgt getreu dem Original (Wellington Collection, London).[30] Im Fokus steht die Gestalt des Orpheus. Schon das Hochformat ist für ein in einer Landschaft angesiedeltes Sujet ungewöhnlich. Die Nähe zum Betrachterstandpunkt sorgt für eine Monumentalisierung der Figur und Intensivierung der Wirkung. Orpheus ist als sitzender Akt gegeben, der in manieristischer Körperdrehung den Betrachtern den Rücken zuwendet. Sein muskulöser Körper verdeckt weitgehend die Viola da Braccio, die er spielt. Ein roter Umhang liegt faltenreich auf dem Felsen und setzt einen farblichen Akzent. Ein schlafender Hund hat seinen Kopf darauf gebettet. Er unterstreicht die besänftigende Wirkung von Orpheus' Saitenspiel. Diese erstreckt sich auch auf die wenigen versammelten Tiere, unter ihnen im Vordergrund als Erinnerung an den Ursprung der Lyra eine Schildkröte, dann ein Löwe und als Phantasiewesen der Basilisk. Vom Bildrand angeschnitten steht rechts ein Hirsch und dahinter, größtenteils verdeckt, ein weißes Einhorn. Möglicherweise geht die Nähe des Einhorns zum Hirsch auf die überlieferte Kombination beider Tiere zurück (siehe Kat. 9, 13, 14, 18, 24).

Der Kopf des Einhorns ist pferdeähnlich gestaltet, hat allerdings einen kleinen Ziegenbart. Das spiralige spitze Horn zeichnet sich deutlich vor dem dunklen Wolkenhimmel ab. Es weist auf den Musizierenden, der seinen lorbeerbekränzten Kopf gesenkt hat und in Richtung des Einhorns schaut. Diese Blickbeziehung verbindet Orpheus und das Fabeltier und hebt es hervor.

Einen fundamental anderen Zugang zum Thema *Orpheus bezaubert die wilden Tiere* wählte Paulus Potter (Kat. 26). Während Tizian die nur durch den melancholischen Gesichtsausdruck gemilderte Virilität von Orpheus herausstellte, kreierte Potter eine harmonische Szene in gedämpftem Kolorit und warmem Licht. Er situierte seinen Orpheus in einer idyllischen Naturlandschaft, wie sie Ovid beschrieben hat. Im Œuvre des niederländischen Tiermalers, bekannt für seine heimischen Weidelandschaften mit charaktervollen Kühen und Pferden, ist ein mythologisches Thema eine Ausnahme.

Als kleine Figur sitzt Orpheus mit seiner Lyra im Schatten eines baumbestandenen Hügels. Um ihn stehen oder liegen locker im Gelände verteilt zahlreiche Tiere, andere kommen, vom Gesang angelockt, herbei: im Vordergrund Schlange und Maulwurf, aus dem Wald springen Rehe hinzu. Neben heimischen Arten wie Kuh, Pferd, Ziege oder Hase sind auch Exoten darunter, etwa Kamel, Löwe oder Elefant. Effektvoll ist das Einhorn inszeniert: Mit dem prächtigen Vierzehnender steht es stolz an der einzigen Stelle, die vom Sonnenlicht angestrahlt ist. Sein Schatten zeichnet sich auf dem hellen Boden ab, die Lichtinsel umgibt das Tier wie eine Aura. Seine herausgehobene Stellung zeigt sich auch in seiner weißen Farbe, die es von den anderen Tieren unterscheidet.

Als genauer Beobachter hat Potter die Tiere in detailreichem Realismus und mit präziser Sorgfalt geschildert. Sein Einhorn hat die Gestalt eines Pferdes. Die eindeutige Zuweisung eines Geschlechts – es ist

25

Tizian (1488/90–1576), Kopie nach
Orpheus bezaubert die wilden Tiere, 1562–1601
Öl auf Leinwand, 131,5 × 104,5 cm
Inv.-Nr. P000266
Museo Nacional del Prado, Madrid
Lit.
Madrid 1974, S. 231
Madrid 1985, S. 481
Tourcoing 1994, Nr. 21
Einhorn 1998, S. 187
Maurer 2009, S. 158 f.
Tate-Harte/Joannides 2019

unübersehbar als Hengst charakterisiert – findet sich in der Einhorn-Ikonographie nur selten (siehe Kat. 10, 33, 112, 130.4). Die gespaltenen Hufe und der angedeutete Kinnbart dagegen erinnern an die Darstellungstradition des Einhorns als Ziege. Sein gerade ausgerichtetes Horn hat die spiralige Struktur und Form des Narwalzahns. Dieses Einhorn kann als die ästhetische Idealformulierung des Fabeltiers als edles Wesen gelten.

Ob Potter mit der auffälligen und traditionellen Verbindung von Hirsch und Einhorn, die sich ja auch in der Kopie nach Tizian findet, eine besondere Absicht verband, lässt sich ebenso wenig ergründen wie die Frage, warum Potter das Einhorn überhaupt aufgenommen hat – in einer Zeit, als sich die Landschaftsmalerei in den Niederlanden längst der sichtbaren Welt zugewandt hatte. Sicher ist aber, dass er der Erscheinung des Einhorns durch Lichtregie und Fellfarbe einen herausgehobenen Status verliehen und damit seinem Gemälde eine geheimnisvolle Dimension hinzugefügt hat – und das gerade als in den Jahren um 1650 Naturforscher die Existenz des Einhorns nachdrücklich in Abrede stellten (siehe Kat. 48).

MPH

26

Paulus Potter (1625–1654)
Orpheus bezaubert die wilden Tiere, 1650
Öl auf Leinwand, 67 × 89 cm
Bez. unten rechts: Paulus Potter f 1650
Inv.-Nr. SK-A-317
Rijksmuseum, Amsterdam
nur in Potsdam ausgestellt
Lit.
Müllenmeister 1981, Bd. 3, Nr. 308
Walsh 1985, S. 243–245, 391, 395–399, 409; Abb. B 81
Dordrecht 1988, S. 60
Den Haag 1994, Nr. 23
Einhorn 1998, S. 187
Dibbits/Verslype/Wallert 2008, S. 67 f.

paulus. potter. f 1650

Von der Verkündigung bis zur Auferstehung. Das Einhorn in der christlichen Bildwelt

Über viele Jahrhunderte war das Einhorn ein christliches Symbol. Seine Bedeutung ging von der Schrift *Physiologus* aus, die bis ins späte Mittelalter verbreitet war und großen Einfluss ausübte. Diese theologische Tierkunde fügte den antiken Quellen über das Einhorn eine Legende hinzu: Das wilde Tier könne nur von einer Jungfrau gefangen werden, in deren Schoß es zur Ruhe komme. Das Einhorn stehe für Jesus, die Jungfrau für Maria. So erhob der *Physiologus* das Einhorn zu einer Allegorie des zentralen christlichen Mysteriums, der Menschwerdung Gottes.

Diese Vorstellung war Ausgangspunkt für die zahllosen Darstellungen des Einhorns in Gebetbüchern und auf Altarbildern. Am häufigsten gezeigt ist die Szene der Verkündigung, die Botschaft des Erzengels Gabriel an Maria von der Empfängnis Jesu. Das 12./13. Jahrhundert kannte auch Bilder von der Tötung des Einhorns, die auf Christi Kreuzigung verweisen.

Nach etwa 1550 änderten sich die religiösen Bildkonzeptionen, das Motiv des Einhorns verlor an Bedeutung. Gegenwärtig blieb es aber in den weiterhin sichtbaren Altarbildern.

Der Ursprung des Einhorns in Indien und die Wanderung des Motivs über Persien und Arabien ins christliche Europa spiegeln sich in der Krümme eines Bischofsstabs, den im 12. Jahrhundert wohl arabische Elfenbeinschnitzer auf Sizilien fertigten. Die Tiergruppe *Schlange und Falke greifen eine Gazelle an* füllt das Kreisfeld aus (Kat. 27). Eine im schnellen Lauf flüchtende Gazelle wendet den Kopf, um sich gegen einen Falken zu wehren, der ihr zusetzt. Gazelle wie Falke schauen in das geöffnete Maul einer Schlange, in der die Spiralform der Krümme ausläuft.

Die Gazelle ist nur mit einem Horn ausgestattet, was vielleicht dem schmalen Ausgangsmaterial geschuldet ist. Allerdings wären – mit leichter Kopfdrehung – auch zwei Hörner möglich gewesen, wie eine ebenfalls im 12. Jahrhundert in Sizilien entstandene Krümme aus Elfenbein zeigt (Musée du Louvre, Paris).[1] Insofern könnte es sich auch um die Darstellung eines Einhorns handeln. Dies umso mehr, als zur Entstehungszeit der Krümme im 12. Jahrhundert das Aussehen des Einhorns, wie in den damals entstandenen Bestiarien ersichtlich, keineswegs bereits auf die ziegen- oder pferdeähnliche Erscheinungsform festgelegt war (Abb. S. 14, 22). Vorstellungen vom Einhorn in unterschiedlicher Gestalt sind in der persischen und arabischen Kunst und Literatur vielfach dokumentiert (siehe Kat. 6, 8, 74, 83, 85, 86). Im ägyptischen Alexandria entstand der *Physiologus.*

Die Jagd auf Gazellen mit abgerichteten Falken war auf der arabischen Halbinsel eine übliche Praxis. Insofern ist das Motiv teilweise der Realität entnommen. Allerdings zeigten viele der bildlichen Darstellungen an Krümmen von Bischofsstäben christliche Themen, auch wenn sie aus den arabischen Werkstätten auf Sizilien stammten. Der sogenannte *Stab des heiligen Bonifatius,* zur selben Zeit dort gefertigt, präsentiert eine einhörnige Gazelle mit einem Kreuz, wie es sonst das Christuslamm trägt (Dommuseum Fulda). So könnte das Tier auch als Einhorn gelesen werden.[2] Das entspräche der Bedeutung von Christus als Überwinder des Todes und der Sünde, für die die Schlange steht. In dieser Hinsicht erscheint ein Einhorn für einen Bischofsstab naheliegender als eine Gazelle. Letztere könnte als Symbol der reinen Seele gedeutet werden, die vom Bösen verfolgt wird.

Aber auch als Gazelle wäre der Bezug der sizilianischen Krümme zum Einhorn gegeben, wäre dies doch eine Anknüpfung an die Legende vom Einsiedler Rsyasrnga (Gazellenhorn), die sich von Indien in Abwandlungen über Persien auf die arabische Halbinsel bewegte (siehe Kat. 2). Sizilien war aufgrund seiner Lage und seiner Geschichte ein Zentrum des kulturellen Austauschs zwischen Arabien und Europa.[3]

Zu den frühesten gemalten Abbildungen des Einhorns in der christlichen Kunst gehören Illuminationen in Handschriften des *Physiologus* und von Psaltern aus dem 9. bis 11. Jahrhundert (Abb. S. 15, 39, 42, 43). Zeitlich schloss sich das in Latein verfasste *Bestiarium* (Tierbuch) an, eine Sammlung allegorischer Tierbeschreibungen, die in zahlreichen Manuskripten aus dem 12. und 13. Jahrhundert erhalten ist. Die Abschriften fertigten Mönche in klösterlichen Skriptorien und versahen sie mit sorgfältig ausgeführten, einfallsreichen Illustrationen.

Der Text geht zurück auf den *Physiologus,* auf die Enzyklopädie *Etymologiae* (Ursprünge) des Isidor von Sevilla (siehe S. 346) und weitere Quellen. In diesem Tierbuch ging es nicht um moralische Aussagen wie etwa bei den antiken Fabeln Äsops, sondern um die Schöpfung Gottes, der die verschiedensten Tiere mit ihren jeweiligen Charakteristika geschaffen habe. Die farbenprächtigen und phantasievollen Illuminationen waren neben den vielen Zitaten aus der Bibel ebenfalls eine Ehrung der Schöpfung Gottes. Zugleich dienten die Abbildungen als visuelle Erinnerungshilfe und erleichterten das Auffinden der Textstellen.

27

Sizilianisch
Schlange und Falke greifen eine Gazelle an,
1140–1200
Krümme eines Bischofsstabs
Elfenbein, geschnitzt, Spuren von Bemalung und Vergoldung, 14 × 11,8 × 1,8 cm
Inv.-Nr. OA 11776
Musée du Louvre, Paris,
département des Objets d'art du Moyen Âge, de la Renaissance et des temps modernes
Lit.
nicht bei Einhorn 1998
Von Falke 1935
Paris 2003b, Nr. 67
Squizzato/Tasso 2017, S. 252, Nr. 38; Tafel 58

In den meisten Handschriften des Bestiariums wird das Einhorn zwei Mal erwähnt. Dabei wird es unterschiedlich charakterisiert, wie es auch die Bibel mal positiv, mal negativ beschreibt, was schon Basilius von Caesarea im 4. Jahrhundert festgestellt hatte (siehe S. 346). Das eine Mal ist es das *monoceros,* das stark und gefährlich ist und sich nicht lebend einfangen lässt. An anderer Stelle ist vom *unicornis* die Rede, ziegengroß und schnell, das nur von einer Jungfrau gefangen werden könne. Während im *Bodley-Bestiarium* von um 1230–1240 die erste Stelle mit einem für sich stehenden einzelnen Tier illustriert ist, mit seltsam blauem, glattem Fell (Abb. S. 14), zeigt die andere eine grausame Szene: die *Tötung des Einhorns* (Kat. 28).[4] Dieses Motiv wird im 14. Jahrhundert in Minnekästchen aufgegriffen (siehe Kat. 110).

Die Illumination des *Bodley-Bestiariums* ist von einem blau-roten Rand umgeben, ein Teil des Hintergrunds erstrahlt in festlichem Gold. Auf der linken Seite sitzt die Jungfrau in rotem Gewand mit blauem Mantel, ein verzierter Stirnreif schmückt ihr Haar. Das Einhorn – mit wolligem Schaffell, gespaltenen Hufen und Ziegenbart – steht auf den Hinterläufen, sein Oberkörper ruht im Schoß der Jungfrau.

28

Englisch (Salisbury?)
Tötung des Einhorns, in:
Bodley-Bestiarium, um 1230–1240
Pergament, 298 × 195 mm (Seite)
Inv.-Nr. MS. Bodley 764, fol. 10v
The Bodleian Libraries, University of Oxford
nur in Potsdam ausgestellt
Lit.
Von den Steinen 1965, Tafel 279 A
Morgan 1982, Abb. 14
Einhorn 1998, Nr. 228 E
De Hamel 2008, S. 16
Gerritsen 2011, S. 57 f.

29

Nordfranzösisch (Cambrai?)
Tötung des Einhorns, in:
Bestiarium, 1270–1275
Pergament, 230 × 160 mm (Seite)
Inv.-Nr. ms 711, fol. 4
Médiathèque Marceline Desbordes-Valmore, Douai
nur in Paris ausgestellt
Lit.
Stahl 1970, Abb. 2
Einhorn 1998, Nr. 228 R
Heck/Cordonnier 2020, S. 412

Sie hat das Tier mit der Linken am Hals umfasst, die rechte Hand ist abwehrend erhoben. Diese Geste gilt wie ihr besorgter Blick den drei Jägern auf der rechten Seite. Der äußere hält einen Bogen in der Hand, die beiden anderen stoßen ihre Lanzen mit voller Kraft in den Leib des Einhorns. Eine hat ihn sogar durchbohrt, das Blut fließt.

Im Text gibt es keinen Anhaltspunkt für diese Szene. Sowohl der Physiologus als auch Isidor erwähnen nur den Fang des Einhorns, nicht seine Tötung. Die textliche Grundlage lieferte Honorius Augustodunensis, ein Benediktinermönch des 12. Jahrhunderts, in seinem um 1120 entstandenen *Speculum ecclesiae* (Spiegel der Kirche). In der Predigt „De navitate Domini" (Von der Geburt des Herrn) heißt es:

> Das Einhorn ist ein sehr wildes Tier mit nur einem Horn; um es zu fangen, wird eine Jungfrau ins Feld gesetzt, es kommt zu ihr, legt sich in ihren Schoß und wird eingefangen. Dieses Tier verkörpert Christus, sein Horn seine unüberwindliche Stärke. Der im Schoß der Jungfrau Liegende wurde von Jägern gefangen, das heißt, die ihn Liebenden fanden ihn in Menschengestalt.[5]

Hatte es im *Physiologus* noch geheißen, die Jungfrau bringe das Einhorn zum Palast des Königs, führte Honorius die Jäger ein. Die Bezeichnung der Häscher als *amatoribus,* als Liebende, scheint zunächst rätselhaft. Aber sie handeln im Namen Gottes, die Tötung des Einhorns ist ein Symbol für den Kreuzestod Christi. So sind sie Erfüllungsgehilfen des göttlichen Heilsplans.

Die meisten Bestiarien entstanden in England, einige auch in Frankreich. Ein Bestiarium, das zwischen 1270 und 1275 möglicherweise in Cambrai geschaffen wurde, enthält ebenfalls die *Tötung des Einhorns* (Kat. 29).[6] Diese ist zeichnerischer als die des *Bodley-Bestiariums,* der dezente Farbauftrag ist laviert, und die Illumination ist nicht durch eine Rahmung vom Text abgegrenzt. Die Jungfrau sitzt auf einem Steinsockel unter einem grünen Laubbaum. Mit beiden Händen umklammert sie das Horn des Einhorns. Seine raubkatzenartige Gestalt, das glatte, grünliche Fell und der Schweif eines Löwen sind ungewöhnlich. Hier tritt nur ein Jäger auf, antik gewandet, der sein Schwert mit beiden Händen in die Flanke des Tieres stößt. Sein zum Schrei geöffneter Mund weist auf die Heftigkeit des Geschehens.

Die Jagd auf das Einhorn blieb noch lange ein Thema – von der säkularen Liebesjagd des 15. Jahrhunderts (siehe Kat. 111) bis zur weltlichen Jagd auf das Einhorn in den Tapisserien von The Cloisters (siehe Abb. S. 57, 61) und der Kupferstichserie von Jean Duvet (siehe Kat. 130.1–6). Auch im christlichen Bereich kam es im 15. und 16. Jahrhundert vor – als Mystische Jagd im Hortus conclusus. Bis auf wenige Ausnahmen bleibt das Einhorn, das hier in Verbindung mit der Verkündigung auftritt, unverletzt.[7]

In den Tötungsszenen der Bestiarien ist die Beziehung zwischen dem Einhorn und der Gottesmutter Maria mitgedacht, aber nicht explizit ausformuliert. Eine frühe, wenn auch indirekte Verbindung stellt das kleinformatige Andachtsbild *Thronende Madonna. Frau mit Einhorn* dar, um 1370 in der Toskana entstanden (Kat. 30). Es knüpft an den *Physiologus* an.

Die gekrönte Gottesmutter sitzt frontal in einer gotischen Thronarchitektur mit dem Jesuskind auf dem Knie. Der Typus der Maestà war im späten 13. und 14. Jahrhundert in Siena und Florenz verbreitet, ebenso wie der Jesus beigegebene Gold- oder Distelfink, der auf sein Martyrium vorausweist. Oberhalb des Thrones ist die Inschrift *Regina coeli et terre, mater omnium* (Königin des Himmels und der Erde, Mutter von allem) angebracht. Das kleine Gemälde wirkt durch die dominanten Goldtöne vor schwarzem Hintergrund und die wenigen Akzentuierungen in Rot wie eine Preziose. Gefertigt ist sie in Églomisé-Technik, die Cennino Cennini um 1400 in seinem *Libro dell'arte* (Buch von der Kunst) beschrieb. Dabei wird eine Glasscheibe mit schwarzem Lack bemalt, die Darstellung ausgekratzt und die Leerstellen werden mit Blattgold belegt. Nur wenige eglomisierte Werke des 14. Jahrhunderts sind erhalten.

Der bekannten Bildformel der Maestà ist eine schmalere, spitz zulaufende Miniatur mit ungewöhnlichem Motiv aufgesetzt. Zwei Bäume deuten den Wald als Ort des Geschehens an. Eine stehende Frau in langem Kleid und mit geflochtenem Haarkranz legt einem Einhorn, das vor ihr

30

Italienisch (Toskana)
Thronende Madonna. Frau mit Einhorn, um 1370
Goldglas, graviert und bemalt, 32,5 × 15 cm
Inv.-Nr. Cl.13093
Musée de Cluny – musée national du Moyen Âge, Paris
Lit.
Van Marle 1931, Bd. 2, S. 453
Wehrhahn-Stauch 1958, Sp. 1524
Marienlexikon 1989, S. 306
Einhorn 1998, Nr. 432; S. 253; Abb. 114
Paris 2009, Nr. 136
Paris 2017, S. 143
Philipp 2021, S. 90; Abb. S. 91

sitzt, einen Strick um den Hals. Nach einem Sangspruch von Heinrich von Mügeln, Dichter und Minnesänger des 14. Jahrhunderts, habe Maria das Einhorn „mit der küsche strick", mit dem Strick der Keuschheit, gefangen.[8] Aber die hier gezeigte Frau ist nicht mit einem Nimbus ausgezeichnet und daher nicht mit Maria identisch. Hier hat eine anonyme Jungfrau das Einhorn in ihren Bann gezogen. Laut dem *Physiologus* hat sie „Macht über es, und es folget ihr, und sie bringt es ins Schloß zum König" (siehe S. 346). Ausgespart bleibt, wie dieser Transfer, die durch das Einhorn angezeigte Empfängnis und die im unteren Register erfolgte Geburt Jesu zusammenhängen.

In der christlichen Bildwelt erscheint das Einhorn fast ausschließlich in Verbindung mit der Jungfrau Maria und damit im Zusammenhang von Verkündigung und Geburt Christi. Eine der wenigen Ausnahmen ist die Kombination von Einhorn und Kreuzigung auf einer *Kasel mit Kruzifix auf einem Musterrapport mit Einhorn* aus der ersten Hälfte des 15. Jahrhunderts (Kat. 31).[9] Das kostbare liturgische Gewand eines Priesters oder Bischofs wurde aus dreifarbigem Lampas aus Florenz, einem schweren Damastgewebe, gefertigt. Der Musterrapport zeigt ein liegendes Einhorn unter einem Granatapfelbaum in einem umzäunten Gehege.[10] Neben dem Baum strahlt eine stilisierte Sonne. Das Einhorn hat gespaltene Hufe, einen angedeuteten Ziegenbart und ein geriefeltes Horn. Während es sonst im Schoß der Jungfrau oder neben ihr liegt, hat es sich hier ohne Bezugspunkt niedergelegt.

Die Symbolik ist vielschichtig. Die Umzäunung kann auf den Hortus conclusus oder das umschlossene Paradies deuten, sie vermittelt eher den Eindruck der Geborgenheit als einschränkender Gefangenschaft. Der Granatapfelbaum mit den herzförmigen Blättern galt schon in der Antike als Zeichen der Unsterblichkeit, in christlicher Lesart als Symbol der Auferstehung. Zwei Früchte hängen an Zweigen. Die Sonne kann auch Christus bedeuten. Das Einhorn im Zentrum tritt nicht als handlungsbestimmende Figur auf – es ruht in sich selbst und ermöglicht vielfältige Assoziationen.

Auf der Rückseite der Kasel, also der den Messbesuchenden zugewandten Seite, sind als Flachstickerei Christus an einem Astkreuz und zu seinen Füßen die heilige Katharina über das Muster gelegt. Insofern das Einhorn an die Verkündigung erinnert, sind hier Beginn und Vollendung der christlichen Heilsgeschichte miteinander verbunden. Ebenso denkbar ist die Lesart des umzäunten Bereichs mit dem Einhorn als Paradies; dann wären Kreuzigung und Auferstehungsverheißung ikonographisch vereint.

Die Herkunft der Kasel ist nicht bekannt. Sie wurde 1835 in der erstmals 1170 erwähnten Martinskirche im sächsischen Jerisau aus einem Versteck geborgen. Entstanden ist sie sicherlich andernorts; die Verwendung eines derart luxuriösen Messgewands in einer kleinen Dorfkirche ist kaum anzunehmen.

Das Motiv des eingehegten Einhorns unter einem Granatapfelbaum findet sich wieder in einer der Tapisserien aus der Serie *Einhorn-Jagd* von 1495–1505 (Abb. S. 13).[11] Ob das florentinische Gewebe der Kasel als direkte Vorlage diente oder ob eine Zwischenstufe vorlag, ist nicht bekannt. Die Abweichungen in der Darstellung lassen sich durch den veränderten Maßstab, das abweichende Medium und das profane Narrativ erklären. Auf dem Teppich ist das Einhorn mit einer Kette an den Baum gebunden – eine Szene, die im Sinn der Minnedichtung des 13. Jahrhunderts, etwa von Theobald von Champagne, Thibaut le Chansonnier genannt (siehe S. 348), für einen Liebhaber steht, der einer Frau verfallen ist. So konnte dieses Motiv in sakraler wie profaner Hinsicht eingesetzt werden, ein Beispiel für die universelle Verwendbarkeit des Einhorns als Symbol.

31

Italienisch (Florenz), Lampas;
Deutsch (Sachsen?), Stickerei
Kasel mit Kruzifix auf einem Musterrapport mit Einhorn, 1. Hälfte 15. Jahrhundert
Rückseite der sog. *Jerisauer Kasel*
Seide, Metallfaden
(Leinenseele, Häutchengold),
Leinen; gewebt, gestickt, genäht,
125 × 89 cm
Ev.-Luth. Kirchgemeinde Remse-Jerisau,
Dauerleihgabe im Museum und
Kunstsammlung Schloss Hinterglauchau
Lit.
nicht bei Einhorn 1998
Winkler 1999

Bei der Vorstellung von der immerwährenden Jungfräulichkeit Marias, schon früh ein zentrales Moment des Christentums, spielt das Einhorn eine wichtige Rolle. Diese leitet sich aus dem *Physiologus* ab. Das Dogma musste, wenn es nicht erklärbar war, erläutert und verteidigt werden. Um 1400 verfasste der Dominikaner Franz von Retz eine Schrift mit dem Titel *Defensorium inviolatae perpetuaeque virginitatis castissimae genetricis Mariae* (Verteidigung der unverletzten und fortdauernden Jungfräulichkeit der keuschesten Mutter Maria). Auch wenn die Verteidigung der Vorstellung bereits vorher, etwa in Illustrationen der *Biblia pauperum* (Armenbibel) geschah, wird nach diesem Text als Defensorium ein Bildtypus bezeichnet, der dieses Mysterium anderen Geschehnissen zuordnet, die sich gleichfalls jenseits der naturgesetzlichen Regelhaftigkeit ereignet haben sollen.[12]

Das früheste Tafelbild mit dieser Ausrichtung ist ein *Marienaltärchen* von um 1425–1430 mit dem Defensorium im Zentrum und den Heiligen Augustinus und Hieronymus auf den Flügeln (Kat. 32). Es stammt aus der Kölner Kirche Maria ad Gradus, die 1794 profaniert und später abgerissen wurde. Die didaktische Absicht des Defensoriums zeigt sich in seinem diagrammatischen Aufbau. Um ein rechteckiges Mittelfeld spannt sich eine Raute, die von symmetrischen Bogen umfasst wird. Diese werden von zwölf linear im Rechteck angeordneten Motiven umgeben. Vom Zentrum mit Maria und dem Jesuskind ausgehend sind in den Bildfeldern vier Motive aus dem *Physiologus,* vier aus dem Alten Testament sowie zwölf Propheten mit ihren in Schriftbändern angedeuteten Aussagen in lateinischer Sprache wiedergegeben. Oben links erscheint Hiob mit dem Satz „Meinst du, das Einhorn werde dir dienen, und werde bleiben an deiner Krippe?“ (siehe S. 344).

Aus dem *Physiologus* wird an höchster Stelle das Einhorn angeführt, das im Schoß der mit einer Krone als Maria gekennzeichneten Jungfrau ruht. Es folgen der Pelikan, der sich die Brust aufreißt, um mit seinem Blut seine Jungen zu ernähren, der Löwe, der seine totgeborenen Jungen durch Brüllen zum Leben erweckt, und der Phönix, der sich aus der Asche erhebt. Neben diesen Verweisen auf Christi Menschwerdung, Opfertod, Auferstehung und Himmelfahrt stehen die Szenen mit dem brennenden Dornbusch, der nicht verbrennt (Ex 3,1 ff.),[13] der Stab Aarons, der überraschend Blüten trägt (Num 17,16–26), die geschlossene Pforte Ezechiels (Ez 44,1–3) und Gideons Vlies, das vom Tau feucht wird, während die Erde ringsum trocken bleibt (Ri 6,36–40). Bis auf die Vision des Propheten Ezechiel bezeichnen die drei weiteren alttestamentlichen Beispiele die Wundertätigkeit Gottes – die sich auch in der Jungfräulichkeit Mariens erwiesen hat.

Alle Szenen sind durch Schriftbänder erläutert. Der Text beim Einhorn verweist auf die Besänftigung seiner Wildheit durch die Jungfrau, ungewöhnlich konkret durch die Berührung: *Virgineis digitis. tangendo fit hec fera mitis* (Durch die Berührung mit den Fingern der Jungfrau wird dieses wilde Tier zahm).[14] Noch ungewöhnlicher ist der vorangestellte Teil des Textes: *Unicorn sum. significoque deum* (Ich bin das Einhorn und bedeute Gott). Selten findet sich ein sprechendes Einhorn (siehe Kat. 13), und selten die explizite Formulierung der Einheit von Einhorn und Christus.

32

Deutsch (Köln oder Niederrhein)
Marienaltärchen, um 1425–1430
Defensorium (Mitte), *Heiliger Augustinus, Heiliger Hieronymus* (Flügel Innenseiten)
Öl (?) auf Eichenholz, Mitteltafel
79 × 62,5 cm, Flügel je 79 × 28,7 cm
Inv.-Nr. 9
LVR-LandesMuseum Bonn
Lit.
Gillen 1951, Abb. 7
Wehrhahn-Stauch 1958, Sp. 1525
LCI 1968–1976, Bd. 1, Sp. 499–503
Beer 1977, Abb. 64
Bonn 1977, Nr. 26
Bonn 1982, S. 255–259
Reinitzer 1982, S. 38–40; Abb. 2
Kevelaer 1987, S. 257–260; Abb. S. 159
Marienlexikon 1989, S. 306
Einhorn 1998, S. 273–275; Nr. 419
Gormans 1999, S. 191–195

Eine Zeile am unteren Rahmen des Bildes fasst die Absicht zusammen: *Hanc per figuram noscas castam parituram* (Entnimm aus den hier dargestellten Vorbildern den Erweis für die jungfräuliche Geburt). Hier ist die Verkündigung an Maria vorausgegangen. Dieses Mysterium war im Mittelalter ein beliebtes Motiv.

Die früheste erhaltene Verkündigungsszene mit einem Einhorn findet sich in einem Antependium aus der Mitte des 13. Jahrhunderts, bei dem sich der Erzengel Gabriel und Maria gegenüberstehen und zu ihren Füßen ein kleines Einhorn abgebildet ist (Museum für angewandte Kunst, Wien). Eine Aufteilung in die zwei Szenen *Verkündigung. Maria mit Einhorn* zeigt die Buchseite eines niederländischen Stundenbuchs aus dem ersten Viertel des 16. Jahrhunderts (Kat. 33).

Bei der in traditioneller Weise geschilderten Verkündigung kniet Maria in einem Innenraum vor einem Gebetbuch und wendet sich dem mit Segensgestus auftretenden Engel zu. Über ihm schwebt der Heilige Geist in Gestalt einer Taube und sendet Strahlen auf Maria. Im Schriftfeld, das wie eine räumlich hinter dieser Szene stehende Fläche wirkt, sind die Worte des Englischen Grußes *Ave Maria gracia plena* (Gegrüßt seist du, Maria, voll der Gnade)

33

Südniederländisch
Verkündigung. Maria mit Einhorn, in:
Stundenbuch und Gebetbuch, um 1500–1525
Pergament, 175 × 127 mm (Seite)
Inv.-Nr. 10 F 14, fol. 12r
House of the Book, Den Haag
nur in Potsdam ausgestellt
Lit.
nicht bei Einhorn 1998
Den Haag 1979, S. 173 f.
Gerritsen 2011, S. 104 f.
As-Vijvers 2019, S. 254, Abb. 7

geschrieben. Verkündigungsszene und Schriftfeld sind allseitig von einer Randzone umgeben, wie sie die flämische Buchmalerei im letzten Drittel des 15. Jahrhunderts ausgeprägt hatte, der sogenannte Gent-Brugse strooirand, der Streurand aus Gent und Brügge. Blüten, Früchte und Vögel sind über einer farbigen Fläche verteilt, ihre Schattenandeutungen erwecken einen räumlichen Eindruck.

Am unteren Rand sitzt rechts die gekrönte Maria. Sie hat erwartungsvoll die Arme ausgebreitet, um das kleine Einhorn zu empfangen, das mit einem heiter wirkenden Gesichtsausdruck auf sie zuspringt. Es hat ein spiraliges Horn, Ziegenbart und gespaltene Hufe und ist als männlich charakterisiert, was nicht häufig vorkommt (siehe Kat. 10, 26, 112, 130.4). Ungewöhnlich an dieser Buchillumination ist auch die Verbildlichung des Mysteriums der Menschwerdung Christi auf zwei verschiedene Weisen.

Eine Verbindung von Symbolen der Jungfräulichkeit Mariens, Verkündigung und Jagd auf das Einhorn präsentieren bildliche Darstellungen der Mystischen Einhorn-Jagd im Hortus conclusus, die in großer Zahl vom Anfang des 15. bis zur Mitte des 16. Jahrhunderts entstanden. Ausgegangen von Thüringen, finden sich die meisten Werke in Deutschland, das Thema kam allerdings auch in Österreich, der Schweiz, Italien, Slowenien und Schweden vor.[15] Bereits das älteste Tafelbild von etwa 1420–1430, die Mitteltafel eines monumentalen Triptychons im Erfurter Dom (Abb. S. 41), zeigt den Erzengel Gabriel mit Kreuzlanze und Hifthorn auf der linken Seite und die Jungfrau Maria mit dem Einhorn im Hortus conclusus. Diese Konstellation findet sich auch bei *Mariä Verkündigung in der Allegorie der Einhorn-Jagd* eines nicht namentlich bekannten Künstlers aus der zweiten Hälfte des 15. Jahrhunderts (Kat. 34). Das Gemälde ist mit seiner vielteiligen Symbolik sowohl ein Lehrstück als auch ein Andachtsbild. Es vergegenwärtigt die Menschwerdung Gottes. Die kräftigen Farben, die kostbar gewandeten Figuren und der blumenbestandene Garten bewirken eine gehobene Stimmung.

Die Rolle des Verkündigungsengels als Jäger, der das Einhorn in den Schoß Mariens jagt, um im Auftrag Gottes das Heilsgeschehen, die Geburt Jesu, ins Werk zu setzen, geht auf Lieder zum Marienpreis seit dem 13. Jahrhundert zurück.[16] In seinem umfangreichen Lobgedicht *Die goldene Schmiede* hatte Konrad von Würzburg Gott als „Himmelsjäger" bezeichnet, der seinen Sohn als himmlisches Einhorn in die erlösungsbedürftige Welt gejagt habe, wo er im Schoß der Jungfrau Schutz gesucht habe. So wandelte sich die im *Physiologus* beschriebene Anziehungskraft der Jungfrau in die dramatische Szene der Jagd, die in den bildlichen Umsetzungen Gabriel ausführt.

Auf dem Tafelbild sitzt die prächtig gekleidete und mit einem Nimbus versehene Maria in dem durch einen niedrigen Flechtzaun angegebenen Hortus conclusus. Das Einhorn hat die Vorderläufe auf ihren Schoß gelegt, die Sprungstellung der Hinterläufe und die herausgestreckte Zunge – ein ungewöhnliches Detail – weisen auf die gerade abgeschlossene, kräftezehrende Flucht vor dem Jäger und seinen Hunden. Die Decke des hirschartigen Tieres ist rehbraun, ein Ziegenbart fehlt, die Hufe sind gespalten. Das lange Horn ist geriefelt, seine Spitze leicht nach oben gebogen. Maria berührt es mit der linken Hand, die Rechte ruht am Hornansatz. Die mystische Empfängnis ist vollzogen. Während das Einhorn symbolisch für Christus steht, ist der Gehalt der Verkündigung, die Menschwerdung Gottes, durch das Jesuskind verbildlicht, das – von Gottvater in der oberen Bildmitte gesandt – auf Maria niederschwebt. Es führt das Kreuz, Ankündigung seines bevorstehenden Martyriums, mit sich.

In die realistisch aufgefasste Landschaft, die einen Ausblick auf eine Stadt am Horizont bietet, sind zahlreiche Motive eingefügt, die wie beim Defensorium als Sinnzeichen für die Jungfräulichkeit gelten. Hier finden sich nicht nur die dort gezeigten Symbole – die geschlossene Pforte, das Vlies Gideons, der brennende Dornbusch und das Stabwunder Aarons –, sondern auch die *Aurora consurgens*, die aufgehende Sonne, die *Urna aurea*, das goldene Mannagefäß, und der *Fons signatus*, die versiegelte Quelle.[17] Bereits der Hortus conclusus, der verschlossene Garten, ist ein Symbol der Jungfräulichkeit Mariens.

Alle Motive sind mit dynamischen Schriftbändern versehen, die den jeweiligen Gegenstand in lateinischer Sprache benennen. Die vier Hunde, Gabriels Jagdmeute, tragen die Titel der in Psalm 85 genannten göttlichen Tugenden *iustitia* (Gerechtigkeit), *misericordia* (Barmherzigkeit) und *veritas* (Wahrheit), in der nicht lesbaren Banderole des vierten Hundes dürfte *pax* (Frieden) gestanden haben (Ps 85,11).

Das Einhorn ist mit *Unicornu* bezeichnet. Den handelnden Personen sind Aussagen beigegeben, aus dem Jagdhorn Gabriels entfaltet sich ein Schriftband mit *Ave gratia plena*, auf das Maria mit dem ebenfalls im Evangelium des Lukas notierten Worten *Ecce ancilla domini* (Siehe, ich bin die Magd des Herrn) (Lk 1,38) antwortet. Die Gottvater zugewiesene Banderole enthält den zu ergänzenden Text *hic est filius meus* (Dieser ist mein geliebter Sohn).[18]

34

Mitteldeutsch (Erfurt)
Mariä Verkündigung in der Allegorie der Einhorn-Jagd, 2. Hälfte 15. Jahrhundert
Öltempera auf Nadelholz, 115 × 135 cm
Hohe Domkirche zu Erfurt, Domkapitel
nur in Potsdam ausgestellt

Lit.
Marienlexikon 1989, S. 307
Erfurt 1992, Nr. 1.3
Demme/Schönemann/Eidam 1993, Abb. S. 29 (Detail)
Einhorn 1998, Nr. 335
Erfurt 2007, Nr. 129
Bornschein 2023
Bornschein 2024, S. 190 f.

Vellus gedionis

Das Meditationsbild leistet eine zeitliche und räumliche Verortung des in der Bibel berichteten Geschehens von Verkündigung und Empfängnis und konkretisiert die abstrakte Schilderung im Hier und Jetzt der Betrachter. Die in Nahsicht gezeigte Szene mit Maria und dem Einhorn in ihrem rettenden Schoß verbildlichte die Hoffnung auf Erlösung, zugleich konnte sie als Ausdruck der Sehnsucht nach Geborgenheit gelesen werden. Das war auch ohne nähere Kenntnis der lateinischen Sprache oder der textlichen Grundlagen verständlich. Die Komplexität der Komposition dürfte sich aber nur einem intellektuell geschulten Publikum erschlossen haben. Allerdings ist der ursprüngliche Standort der Tafel ebenso wenig bekannt wie der Herstellungsort, der sich in Erfurt nur vermuten lässt.

Eine auf die wesentlichen Akteure reduzierte Ausprägung bildet Hans Gitschmanns Glasgemälde *Maria als Himmelskönigin. Mystische Einhorn-Jagd* ab (Kat. 35). Um 1510–1515 geschaffen, zeigt es im oberen Register in einen Spitzbogen eingefügt lediglich die Jungfrau mit dem Heiligenschein und langen blonden Locken, die das Einhorn, das sich in ihren Schoß geflüchtet hat, an Kopf und Hals streichelt. In schnellem Lauf eilt Gabriel herbei, drei seiner Hunde sind losgelassen, den vierten hält er noch an der Leine. Ungewöhnlich ist sein Auftritt von rechts, zumeist erscheint er auf der linken Seite. Zwischen beiden endet ein verschlungenes Astwerk in einem Strauß Akelei, eine Blume, die für Marias Jungfräulichkeit steht. Die Szene ist als Grisaille mit wenigen Eisenrot- und Silbergelbtönen gestaltet. Der Maler verzichtete auf den Hortus conclusus und weitere Keuschheitssymbole, die Bedeutung des Motivs durfte er als bekannt voraussetzen.

Ohnehin war die Einhorn-Jagd in diesem Glasgemälde nur Beigabe zur Maria als Himmelskönigin mit Strahlenkranz, Zepter und Krone. Im Hauptbild steht sie vor dunkelrotem Hintergrund mit dem Muster eines Damaststoffs, das Christuskind auf dem Arm, dessen Empfängnis das Oberbild angekündigt hat. Das Gemälde ist als Andachtsbild angelegt, worauf die Inschrift in der schwungvollen Banderole deutet: *Sis precibus placata meis castissima virgo ultima quum veniet iudicis illa dies* (Sei, keuscheste Jungfrau, durch meine Gebete versöhnt, wenn jener Tag des Jüngsten Gerichts kommen wird). Im Nimbus steht, kaum noch lesbar, die Anrufung *O Maria Bit Got fuer uns. Orate pro nobis* (O Maria, bitte Gott für uns. Bete für uns).

Das Gemälde stammt aus dem Karthäuserkloster St. Johannis des Täufers Berg in Freiburg im Breisgau, das bis 1782 bestand und reich mit Glasmalereien des 16. Jahrhunderts ausgestattet war. Entstanden ist es in der Werkstatt des Glasmalers Hans

35

Hans Gitschmann, gen. von Ropstein oder Rappoltstein (um 1480–1564), Werkstatt
Maria als Himmelskönigin. Mystische Einhorn-Jagd, um 1510–1515
Farbiges Hüttenglas, Bemalung in Schwarzlot und Silbergelb, 75,5 × 52,5 cm
Museum Heylshof, Worms

Lit.
Wodarg 1925, S. 35–38, 65
Worms 1927, Nr. 180
Einhorn 1998, Nr. 415
Karlsruhe 2001, Nr. 171
Becksmann 2010, S. 596; Fig. 707, 774 f., Abb. 360

Gitschmann, der nach seinem Geburtsort Rappoltstein im Elsass auch von Ropstein oder von Rappoltstein genannt wird. 1508 ließ er sich in Freiburg nieder, wo er auch die Glasfenster für den Chor des Münsters anfertigte. Sowohl bei einigen Fenstern der Kartause wie bei denen des Münsters arbeitete Gitschmann nach Entwürfen von Hans Baldung Grien.[19]

Nicht viel später als das Glasgemälde, in den Jahren 1513/14, entstand das Relief *Einhorn-Jagd im Hortus conclusus* (Kat. 36), das wie die Erfurter Tafel eine vielschichtige Ikonographie vorführt. Es stammt aus der Werkstatt des Bamberger Malers Paul Lautensack und war für die Wallfahrtskirche Grimmenthal im heutigen Landkreis Schmalkalden-Meiningen in Thüringen bestimmt. Nachdem sich ein dortiges Vesperbild als vermeintlich wundertätig erwiesen hatte, etablierte sich ab 1498 eine Marienwallfahrt, die enorme Ausmaße annahm. Sie erforderte den Bau einer größeren Kirche, die mit einem Dutzend Altären ausgestattet wurde. Sieben Schnitzretabel lieferte Lautensack ab 1502, der Altar mit dem Hortus conclusus traf an Allerheiligen 1514 ein.

Dem nur noch fragmentarisch erhaltenen Relief fehlen neben dem Flechtzaun am unteren Rand zahlreiche Details, wie einem Kupferstich von 1717 in einer Veröffentlichung Friderich Rudolphis zu entnehmen ist, der den ursprünglichen Zustand wiedergeben soll.[20] Demnach fehlen heute unter anderem die Motive *Clara ut sol* (rein wie die Sonne), *Pulcra ut luna* (schön wie der Mond), *Stella maris* (Stern des Meeres), *Speculum sine macula* (Spiegel ohne Flecken). Erhalten sind die wesentlichen Elemente, links der Jäger Gabriel in wallendem Mantel mit seinen vier Hunden, rechts das Einhorn im Schoß Marias, die das Tier liebevoll an Hals und Rücken umfasst hält. An Symbolen der Jungfräulichkeit finden sich das Mannagefäß, das blühende Reis aus Jesse und der versiegelte Brunnen auf der rechten Seite unten, hinter Maria die *Turris Davidica,* der Turm Davids aus dem Hohelied. Im Hintergrund kniet Gideon vor dem Vlies. Neben ihm belebt der Löwe seine Jungen, das erwähnte Motiv aus dem *Physiologus.* Von einem anderen, dem Pelikan, ist nur noch das Nest rechts neben Gottvater erhalten. Weitere Elemente, die nicht unmittelbar auf Maria, aber auf das durch Christus verheißene Heil verweisen, sind die Himmelspforte, das himmlische Jerusalem und der Paradies- oder Lebensbrunnen. Über Maria steht das *Altare aureum,* der goldene Altar für das tägliche Räucheropfer, wie es im 2. Buch Mose beschrieben ist (Ex 30,1–10).

So war die Ikonographie des Reliefs nicht weniger komplex als die der Erfurter Tafel, obwohl sie an einem für ein breites Publikum gedachten und populären Wallfahrtsort stand. In manchen Jahren pilgerten über 40 000 Gläubige nach Grimmenthal – ein Auftrieb, der den Zorn Martin Luthers erregte. Dieser hatte vermutlich im Mai 1518, noch als Augustinermönch, den Wallfahrtsort besucht und sich später mehrfach polemisch darüber geäußert, so auch in seinen Tischreden:

> Daher ist kommen der große Betrug des Teufels mit den Wallfahrten in das Grimmethal, da die Leute verblendet, als wären sie toll und thöricht, Knechte, Mägde, Hirten, Weiber ihren Beruf ließen anstehen und liefen dahin. Ist recht Grimmethal genannt, *Vallis furoris*; da war Niemand, der ein Wort dawider geredt hätte.[21]

Luthers Kritik richtete sich gegen den Wunderglauben, nicht gegen das Hortus-conclusus-Retabel mit dem Einhorn. In seiner „Predigt vom verlorenen Schaf" von 1532 setzte er das Einhorn mit Christus gleich (siehe S. 351). Ohnehin war das Relief nur einer von mehreren Nebenaltären der Grimmenthaler Kirche.

Ein Jahr nach der Einführung der Reformation 1544 im Henneberger Land endete die Bestimmung Grimmenthals als Wallfahrtsort, anschließend nutzte das dort eingerichtete Hospital das Gotteshaus. 1758 brannte die Kirche ab, aber bereits im Jahrhundert zuvor hatte Herzog Ernst I. von Sachsen-Gotha das Hortus-conclusus-Retabel entfernen lassen. So jedenfalls ist es einer Darstellung aus dem Jahr 1748 des Pfarrers, Lehrers und Lokalhistorikers Christoph Albrecht Erck aus dem nahen Meiningen zu entnehmen. Dieser kannte das Relief nicht aus eigener Anschauung, sondern nur durch den erwähnten Kupferstich bei Rudolphi von 1717. Doch das hinderte ihn nicht an einem scharfen Urteil, mit dem er die Erwähnung der vor 1675 erfolgten Demontage einleitete:

> Es befande sich annoch daselbst eine zu Papistischen Zeiten verfertigte, aber wegen seltsamer Figuren poßierliche Altar-Tafel, [...] worauf unter andern zu sehen, wie der Engel Gabriel mit vier Leit-Hunden der heil. Maria ein Einhorn in den Schoos jaget, mit dieser Überschrifft: *Maria unicornis.* Man siehet über dieses den groben Aberglauben der damaligen Zeiten gar deutlich. Denn die Lob-Sprüche, welche der Mutter Gottes gegeben werden, sind allzu *excessiv,* wie aus folgenden erhellet: *Stella maris. Maria Phoenix. Clara ut sol, pulchra ut luna, tota pulchra es macula. Maria aquila. Maria leo. Porta cœli. Speculum sine macula. Fons salutis &c.*[22]

Ercks Befremden illustriert das protestantische Unverständnis für die mittelalterliche Bildwelt, wie es sich zweihundert Jahre nach der Reformation ausgeprägt hatte. Im Jahrhundert zuvor hatte Herzog Ernst das Einhorn-Retabel nicht als kurios, sondern als anstößig und gefährlich empfunden, weshalb er seine Entfernung aus der Kirche veranlasst habe, so Erck weiter:

Weil nun dieser fromme Fürst urtheilete, daß dieses Bild einigen einen Anstoß und Aergerniß, einigen eine Bestärckung in ihrem Aberglauben geben könnte, so befahl er, daß solches solte weggeschaffet werden.

Vermutlich richtete sich die Ablehnung der Protestanten weniger gegen das Einhorn als vielmehr gegen die Marienverehrung.

Aber auch von katholischer Seite wuchs im Lauf des 16. Jahrhunderts die Skepsis gegenüber der überlieferten Legende. Ab etwa 1540 entstanden kaum noch Einhorn-Darstellungen mit christlichem Bezug. Das lag keineswegs, wie gelegentlich zu lesen ist, am Konzil von Trient.[23] Dieses verabschiedete 1563 ein Dekret über die schickliche Gestaltung kirchlicher Bilder, wonach diese *omnis lascivia* (alles Laszive) vermeiden sollten. Allerdings dürfte sich diese Bestimmung kaum auf Themen wie das Defensorium oder den Hortus conclusus bezogen haben – deren erotische Ausstrahlung hielt sich in Grenzen, selbst wenn das Umfassen des Horns durch die Jungfrau als sexuelles Zeichen gelesen worden wäre. Vielmehr entsprach die intellektuelle Symbolik nicht mehr dem Zeitempfinden am Ende des

36

Paul Lautensack (1478–1558), Werkstatt
(vermutlich Nikolaus Breu)
Einhorn-Jagd im Hortus conclusus, 1513/14
Lindenholz, polychromiert, 114 × 182 × 15 cm
Bez. unterhalb des Brunnens
(kaum leserlich): NB
Inv.-Nr. P5
Friedenstein Stiftung Gotha
nur in Potsdam ausgestellt
Lit.
Von Aufsess 1963, S. 87 f. u. ö.; Abb. 10
Beer 1977, S. 106 f.
Gotha 1994, Nr. 1.33
Gotha 1995, Nr. 22
Einhorn 1998, S. 277, 373; Nr. 375 A
Faber 2008, S. 147–149, Abb. S. 160
Mötsch/Reißland 2018, S. 30–35, 43–45, Abb. S. 48
Wittenberg 2019, Nr. 40

16. Jahrhunderts. Wichtiger als didaktische Meditationsbilder über die Jungfrauengeburt war nun der Triumph der Immaculata. Die Malerei des aufkommenden Barocks richtete die Blicke himmelwärts oder setzte auf lebendige Szenen mit starker Emotionalität, die zum Mitfühlen anregen sollten. Mit der von Annibale Carracci oder Guido Reni um 1600 ins Bild gebrachten Leidenschaftlichkeit konnte das Einhorn nicht mithalten.

Ein Nachzügler – und Kuriosum – findet sich in einer Publikation von Giacomo Bosio, latinisiert Jacobus Bosius. Der 1544 in einer piemontesischen Adelsfamilie geborene Autor und Historiker war Ritter des Ordens vom Hospital des Heiligen Johannes zu Jerusalem, auch als Malteserorden bekannt. Als dessen Vertreter war er in Rom diplomatisch tätig. Seine Abhandlung erschien 1610 auf Italienisch und 1617 in lateinischer Übersetzung unter dem Titel *Crux triumphans et gloriosa* (Das triumphierende und ruhmreiche Kreuz) in Antwerpen (Kat. 37), einem Zentrum der Gegenreformation. Für diese Ausgabe entwarf Peter Paul Rubens das Titelkupfer, das den auferstandenen Christus zeigt, der triumphierend das Kreuz hält.[24]

Bosius behandelte das Kreuz Christi, zugleich das Symbol seines Ordens, in historischer, theologischer und sprachlicher Hinsicht. Die religiöse Schrift sollte laut Untertitel „sehr nützlich zur Erhellung der heiligen und profanen Geschichte und zur Förderung der christlichen Frömmigkeit" sein. Die dem Text beigegebenen Holzschnitte stammen aus der italienischen Erstausgabe. Die Druckstöcke gelangten von Rom nach Antwerpen in die Officina Plantiniana, das heutige Plantin-Moretus-Museum, in dessen Bestand sie sich bis heute erhalten haben, darunter auch der *Druckstock für eine Einhorn-Abbildung* (Kat. 38).

Ein umfangreiches Kapitel beschäftigt sich mit dem „Zeichen des Kreuzes, das Gott in einige Tiere gelegt hat".[25] Darin wandte sich Bosius eingehend dem Einhorn zu. Wie viele Autoren vor ihm, zitierte er ausführlich aus den Schriften früherer Theologen, von den spätantiken Kirchenlehrern Justinus dem Märtyrer und Quintus Tertullianus über den Kirchenvater Augustinus und Basilius den Großen bis zu Beda Venerabilis aus dem 7./8. Jahrhundert. Justinus hatte in einer etwas bemühten Herleitung die Form des Kreuzes und das Horn des Einhorns aufeinander bezogen, worauf Bosius einging:

> Unter den übrigen Tieren, bei denen das heilige Zeichen des Kreuzes berücksichtigt werden kann, steht hier, aus Verehrung und Achtung für den heiligen Märtyrer Justinus, das Einhorn [unicornis] an erster Stelle; während andere, die das Griechische verwenden, es Monoceros nennen. Denn der Heilige war der Meinung, das Horn dieses Tieres symbolisiere in gewisser Weise das Holz des heiligen Kreuzes. Denn in seinem Dialog mit Trypho, dem Juden, erklärt er die Worte, die Moses bei seiner Segnung des Stammes Joseph gesprochen hatte: *Quasi primogeniti tauri pulchritudo eius: cornua monocerotis* [Seine Schönheit ist wie die des Erstgeborenen eines Stiers: die Hörner eines Einhorns], und wendet sie auf die Bedeutung Christi, des Herrn, und seines heiligen Kreuzes an.[26]

Aus den Schriften des gelehrten Benediktiners Beda Venerabilis führte Bosius die Ansicht an,

> dass das Einhorn, da es nur ein Horn hat, jene eine und feste Hoffnung symbolisiert, auf die der Christ nach den Mühen und Entbehrungen dieses Lebens fest vertrauen muss, um die selige und glückliche Rückkehr in die himmlische Heimat zu erreichen.[27]

Beda habe auch gesagt, das Einhorn, das von Natur aus mit einem einzigen Horn ausgestattet sei, werde als Symbol für die Einheit der Kirche angesehen, eine Auffassung, die schon bei Justinus zu finden sei. Der habe die Ansicht vertreten,

> dass das Horn dieses Tieres das Kreuz Christi symbolisiert. Aus ihm und durch es entstand die Einheit der Kirche, in der die unendliche Güte unseres Erlösers uns in der Einheit des Glaubens, in der Festigkeit der Hoffnung und im Band der Liebe zu stärken, zu festigen und zu bewahren geruht.

So bewegte sich Bosius noch im Echoraum des Mittelalters. Seine Schrift gehörte zur Gegenreformation, die nach 1600 in den katholischen Ländern aufblühte. Mochte sie in religionspolitischer Hinsicht aktuell sein, so war sie es nicht in Bezug auf die christliche Bildwelt, die sich längst von der Verwendung des Einhorns wegentwickelt hatte. Möglicherweise war dies Bosius bewusst, denn er beschränkte sich auf die Zeichenhaftigkeit des Einhorns in der Bibel, wo es „oft als Symbol für Christus, den Herrn, verwendet" werde.[28]

Dementsprechend verzichtete er auf die Erwähnung der im Jahrhundert zuvor noch präsenten Beziehung von Maria und Einhorn. Dies illustriert auch der diesem Abschnitt beigegebene Holzschnitt *Einhorn* (Kat. 37). Er zeigt – selten im christlichen Zusammenhang – das Einhorn als Einzelfigur und als eine zoologische Information wie etwa Conrad Gessner (siehe Kat. 44).[29] Aber, noch ungewöhnlicher, Bosius sah die Illustration als Verbildlichung der Schilderung von Plinius des Älteren (siehe S. 345), wie er in einem Kommentar zur Abbildung erläuterte: „Daher kann das Einhorn selbst, nach Plinius' eigener Beschreibung, so wie in dem Bild dargestellt werden, das diesen Typus zeigt."[30] Die Fußenden mit den Krallen sollen den von Plinius erwähnten Elefantenfüßen entsprechen, der Schwanz dem eines Schweins. Die Verbindung von naturkundlicher Beschreibung und christlicher Symbolik ist so singulär wie kurios. Bei Erscheinen des Buches, 1617, konnte Bosius nicht ahnen, wie bald nach der religiösen Bedeutung des Einhorns auch seine äußere Gestalt und überhaupt seine Existenz in Frage gestellt werden sollte (siehe Kat. 51).

MPH

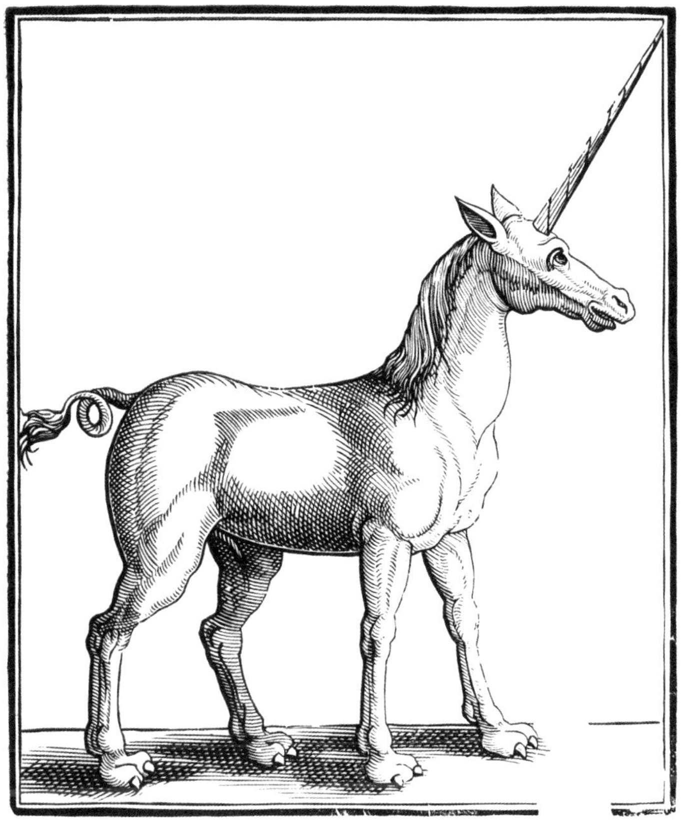

37

Italienisch
Einhorn, in:
Jacobus Bosius (1544–1627)
Crux triumphans et gloriosa
(Das triumphierende und ruhmreiche Kreuz),
Antwerpen: Officina Plantiniana,
Balthasar und Johannes Moretus 1617, S. 149
Holzschnitt, 145 × 123 mm
Inv.-Nr. B 805
Museum Plantin-Moretus,
Antwerpen – UNESCO World Heritage Site
nur in Potsdam ausgestellt
Lit.
nicht bei Einhorn 1998

38

Italienisch
Druckstock für eine Einhorn-Abbildung, 1610
Holzblock, 145 × 123 mm
Inv.-Nr. MPM.HB.00923
Museum Plantin-Moretus,
Antwerpen – UNESCO World Heritage Site
nur in Potsdam ausgestellt
Lit.
nicht bei Einhorn 1998

Augenzeugen und Naturforscher. Das Einhorn in Reisebericht und Tierkunde

Niemals hatte jemand in Europa das Einhorn gesehen, von dem die antiken Texte berichten. Aber die in Kirchenschätzen und Kunstkammern aufbewahrten Narwalzähne, als Horn des Einhorns angesehen, galten als Beweis seiner Existenz. Reiseberichte aus fernen Gebieten erwähnten Einhorn-Vorkommen, Illustrationen beglaubigten die Schilderungen. Landkarten und Landschaftsbilder zeigten es in außereuropäischen Gebieten.

Die Wissenschaft des 16. Jahrhunderts forderte die Überprüfbarkeit von Wissen und hinterfragte die Quellen. Sie begann, am Bestehen des Einhorns zu zweifeln. Naturforscher des 17. Jahrhunderts bewiesen die tatsächliche Herkunft des „Einhorn-Horns“ vom Narwal. Diese Erkenntnis erschütterte das überlieferte Bild vom Aussehen des Einhorns und damit den Glauben an sein Dasein.

Zu Beginn des 18. Jahrhunderts findet sich in einem wissenschaftlichen Buch bei einer Abbildung des pferdähnlichen Einhorns die Bezeichnung *Unicornu fictitium,* erfundenes Einhorn. Ungeachtet solcher Feststellungen blieb die Gestalt Teil des Bildgedächtnisses.

Lokalisierung in der Realität. Einhorn-Sichtungen, Landkarten, Topographien

Der älteste mittelalterliche Reisebericht, der die Beobachtung eines lebenden Einhorns erwähnt, ist Marco Polos *Die Wunder der Welt,* kurz vor 1300 verfasst (siehe S. 348). Aus dem frühen 15. Jahrhundert ist ein illuminiertes Manuskript überliefert, das das vom Autor als „ausgesprochen häßlich“[1] charakterisierte Tier nach der in Europa verbreiteten Vorstellung als weiß, edel und pferdeähnlich darstellt (Bibliothèque nationale de France, Paris).[2] Hier läuft das idealisierte Bild dem realistischen Text zuwider, hatte Marco Polo doch auf Sumatra ein Rhinozeros gesehen und beschrieben. Dabei stehen im Allgemeinen Illustrationen für die Wahrheit und Genauigkeit des Berichteten, ermöglichen sie doch eine unmittelbarere Wiedergabe des Gesehenen als dessen Umsetzung ins Wort. Das Beglaubigungsversprechen gilt umso mehr, wenn der Illustrator mit dem Verfasser vor Ort gewesen sein sollte.

Dieser ungewöhnliche Fall trifft für den zuerst 1486 gedruckten Bericht *Peregrinatio in terram sanctam* (Pilgerfahrt ins Heilige Land) des Bernhard von Breydenbach zu, den der Künstler Erhard Reuwich 1483/84 auf einer Pilgerfahrt nach Jerusalem und auf den Sinai begleitete. Zu den 28 Holzschnitten, die dem Druck des Reisebuchs beigegeben sind, gehört auch das Bild *Tiere des heiligen Landes* (Kat. 39). Das Gemeinschaftswerk gilt als der erste illustrierte Reisebericht der Buchgeschichte.[3] Nach der lateinischen Erstausgabe vom Februar 1486 erschienen innerhalb weniger Jahre Übersetzungen ins Deutsche, Niederländische, Französische und Spanische.[4]

Der um 1440 geborene Breydenbach hatte eine theologische Ausbildung, war in Jura promoviert und arbeitete als Beamter in der Verwaltung des geistlichen Kurfürstentums Mainz. Ein wichtiger Beitrag zur Kenntnis der Heilpflanzen war das von ihm initiierte Kräuterbuch *Hortus sanitatis* (Gart der Gesundheit), das 1485 in Mainz mit Hunderten Holzschnitten erschien. Diese stammten überwiegend ebenfalls von dem Graphiker und Maler Erhard Reuwich, über den nur wenig bekannt ist. In Utrecht wohl um 1445 geboren, kam er um 1480 nach Mainz und war im höfischen Kreis um den Erzbischof tätig.

Mit einigen weiteren Begleitern brachen Breydenbach und Reuwich am 25. April 1483 auf. Die Pilgergruppe traf am 11. Juli in Jerusalem ein und langte am 24. Oktober in Alexandria an. Dazwischen durchquerte sie den Sinai, wo die Reisenden in der einsamen Wüstenei ein Einhorn sahen. Breydenbach erwähnte dieses Detail der Reise in aller Kürze: „da selber sahen wir eyn groß thyer was vil grosser dan eyn kemmelthyer. unnd saget uns unser gleytzman das eß warlich were eyn eynhorrn.“[5] Offensichtlich hatten die europäischen Pilger jenes Tier, das deutlich größer als ein Kamel gewesen sei, nicht erkennen können, bis ihnen ihr einheimischer Geleitmann dieses als Einhorn identifizierte.

Breydenbachs Stil ist durchweg von protokollarischer Knappheit geprägt, doch erstaunt die Ignoranz, mit der er das Aussehen des Tieres und die Seltenheit einer solchen Erfahrung übergeht – immerhin dürfte er niemanden gekannt haben, der sich der Sichtung eines Einhorns hätte rühmen können. Auch vermied er jeden theologischen Hinweis auf die zu seiner Zeit noch verbreitete Ansicht vom Einhorn als Symbol Christi, der bei einem Pilger im Heiligen Land keineswegs überrascht hätte.

Ausführlicher fiel die Schilderung dieser Szene im Bericht eines anderen Teilnehmers der Reisegruppe auf, des Dominikaners Felix Fabri aus Ulm:

> Um die Mittagszeit sahen wir auf einer Bergkuppe ein Tier stehen, das zu uns herunterschaute. Bei seinem Anblick dachten wir erst, es sei ein Kamel, und wunderten uns, daß ein Kamel allein und einsam leben sollte. So kam unter uns die Rede darauf, ob es denn auch wilde Kamele gäbe. Nun trat aber der Kalin zu uns und erklärte, dieses Tier sei ein Nashorn oder Einhorn, und wies auf sein einzelnes Horn hin, das aus seiner Stirn hervorwuchs. Sehr aufmerksam betrachteten wir dieses so berühmte Tier und bedauerten sehr, daß es nicht näher bei uns stand, damit wir es hätten genauer in Augenschein nehmen können.[6]

Indirekt hob Fabri die Besonderheit dieser Erfahrung hervor, indem er die Dauer des Anblicks und – für einen Bericht des Spätmittelalters ungewöhnlich – die emotionale Dimension erwähnte, in die er sogar das Empfinden des Einhorns einschloss:

> Wir machten einen langen Halt unterhalb des Berges, auf dem das Tier stand, und es schien uns, dass es ebenso Freude daran hatte, uns zu beobachten, wie wir, es zu beobachten, denn das Tier stand ganz still. Es flüchtete nicht eher, bis wir uns entfernten.[7]

Es folgt ein längerer Absatz, der die von Autoren seit der Antike überlieferten Eigenschaften des Einhorns wiederholt, von der Angriffslust, der Ungebärdigkeit, dem Wert des Horns bis zur Überlistung durch eine Jungfrau. Auch bei Fabri fehlt die christliche Einhorn-Symbolik, die dem Dominikaner vertraut gewesen sein muss. Vielleicht scheute er sich, die im frühchristlichen *Physiologus* angeführte fundamentale Deutung auf seine persönliche Erfahrung zu übertragen.

Es blieb dem mitreisenden Künstler Erhard Reuwich vorbehalten, dem Einhorn auf dem Sinai eine Gestalt zu geben. In loser, nicht räumlicher Zusammenstellung zeigte er in seinem Holzschnitt ein mit *Unicornus* betiteltes Einhorn sowie Giraffe, Krokodil, indische Ziegen, Kamel und Salamander. Mit dabei ist eine affenartige Gestalt, deren Name nicht bekannt sei, bei der es sich möglicherweise um einen Pavian handelt. Die Benennung der Tiere und die Präsentation wie in einem Lehrbuch unterstreicht den sachlich-realistischen Charakter der Darstellung. Explizit formuliert die lateinische Erstausgabe des Reisebuchs den Wahrhaftigkeitsanspruch in einer Zeile unterhalb der Abbildung: *Hec animalia sunt veraciter depicta sicut vidimus in terra sancta* (Diese Tiere sind wahrhaftig so gezeichnet, wie wir sie im Heiligen Land sahen).

39

Erhard Reuwich (um 1445 – vor 1505?)
Tiere des heiligen Landes, in:
Bernhard von Breydenbach (um 1440–1497)
Dis buch ist innhaltend die heilige[n] reysen gein Jherusalem […], [Speyer: Peter Drach der Jüngere, um 1505], ohne Pag.
Holzschnitt, 320 × 228 mm (Seite)
Inv.-Nr. Cl. 23894
Musée de Cluny – musée national du Moyen Âge, Paris

Lit.
Shepard 1930, Abb. 13
Berlin 1967, Nr. 113
Freeman 1976, S. 37
Beer 1977, S. 113 f.; Abb. 86
Kappler 1980, Abb. S. 63
Luz 1987, S. 8 f.
Mainz 1992, U4
Fabri 1996, S. 166
Einhorn 1998, S. 174; Abb. 69; Nr. 29
Gotfredsen 1999, S. 150
Niehr 2001, S. 284; Abb. 7
Leiden 2003, Nr. A 4; Abb. S. 57
Paris 2005, S. 111
Timm 2006, S. 229–242; Abb. S. 556
Gerritsen 2007b, S. 7 f.; Abb. 2
Gerritsen 2008, S. 7
Schwerin 2010, S. 27; Abb. S. 28
Gerritsen 2011, S. 80 f.
Paris 2014b, Nr. 136
Ross 2014, S. 39–42
Dallas 2016, Nr. 56
Boehm 2017, S. 36
Bakker 2018, S. 243; Abb. S. 244
Taburet-Delahaye/de Chancel-Bardelot 2018, S. 93
Boehm 2020, S. 10; Abb. 7
Lens 2023, Nr. 168

halß mit etlichen krausen Haren vnd kurtz/ die jm auff
die eine seit hangen/kleyn Schenckel/auff recht wie ein
Geyßbock/ sein Füß sein ein wenig gespalten da voren/
vnd die Klaen wie die Geyssen haben. Auch sondre Har
auff dem hinder theyl der Schenckel. Ich glaube auch
warlich/das es fast ein freisam wildes Thier sey/ vnnd
diese Thier wurden gschenckt dem Soldan zu Mecha/
für das hübschst vnd der seltzamsten ding eins der wel
te/vnd für ein reichen schatz/von eim König der Morn
auß Ethiopia/der mit dem gedachten Soldan zu Me-
cha freundtschafft begeret zu machen.

Von etlichen zufelligkeyten zu Mecha
vnd von der Pforten Zida am Meere.

MJr kompt entgegen euch auch zu berichten
etlicher zufell/die mir begegneten vnd mich vr
sachten

40

Jörg Breu d. Ä. (1475/80–1537)
Zwei Einhörner in Mekka, in:
Ludovico de Varthema (um 1461–1517)
Potsdam:
Die Ritterliche unnd Lobwirdige Reyß, des gestrengen vnd vber all ander weit erfarne Ritter, vnnd Landtfahrer, Herrn Ludouico Vartomans von Bolonia [...], übers. von Michael Herr, Frankfurt am Main: Hermann Gülfferich 1548, fol. 20v
Holzschnitt, 69 × 95 mm
Inv.-Nr. Bibl. Diez qu. 447
Staatsbibliothek zu Berlin – Preußischer Kulturbesitz, Abteilung Handschriften und Historische Drucke
Paris:
Die Ritterlich und lobwürdig reisz des gestrengen un[d] über all ander weyt erfarne[n] Ritters un[d] landtfarers, herre[n] Ludowico Vartomans vo[n] Bolonia, übers. von Michael Herr, Straßburg: Johann Knobloch 1516
Inv.-Nr. R.102.970
Bibliothèque nationale et universitaire, Straßburg
Lit.
Einhorn 1998, S. 174; Nr. 32 A
Gotfredsen 1999, S. 151
Leiden 2003, S. 22–25
Gerritsen 2007b
Gerritsen 2011, S. 81–84

Dabei dürften weder das Sternenmuster auf dem Rücken des Salamanders noch die Hörner der Giraffe tatsächlicher Wahrnehmung entsprochen haben. Und wie auch immer das in der ägyptischen Wüste beobachtete Tier ausgesehen haben mochte – Reuwich portraitierte ein Pferd mit erhobenem Vorderhuf und seitlich gedrehtem Kopf, wie es seit dem *Reiterstandbild von Mark Aurel* aus dem 2. Jahrhundert bekannt war (Kapitolinische Museen, Rom). Diesem Typus verpasste er gespaltene Hufe und ein langes Stirnhorn mit dem Profil eines Narwalzahns. Als Utrechter dürfte er die in der dortigen Marienkirche als Horn des Einhorns präsentierten Narwalzähne gekannt haben.[8] Damit übertrug Reuwich seine Vorerfahrung und die geläufige Vorstellung vom Erscheinungsbild des Einhorns auf seine Wahrnehmung. Diese vermeintliche Authentifizierung bestätigte den zeitgenössischen Betrachtern des Holzschnitts ihr Bild vom Einhorn.

Auf die gleiche Weise wirkte ein weiterer illustrierter Reisebericht, der gut dreißig Jahre nach der *Pilgerfahrt ins Heilige Land,* 1510 in Rom, erschien: *Itinerario* (Reisebericht) von Ludovico de Varthema, einem in Bologna geborenen Soldaten.[9] Wie bei Breydenbachs Buch folgten der italienischen Erstausgabe Übersetzungen in andere Sprachen, ins Lateinische, Spanische, Niederländische, Französische und Englische. Die über dreißig bis Mitte des 17. Jahrhunderts erschienenen Editionen bezeugen die Popularität des Buches. Für die deutsche Ausgabe, 1515 in Augsburg unter dem Titel *Die Ritterliche unnd Lobwirdige Reyß* publiziert, schuf der dort tätige Maler Jörg Breu der Ältere 46 Holzschnitte, darunter auch *Zwei Einhörner in Mekka* (Kat. 40).

Anders als Reuwich konnte Breu keine Augenzeugenschaft beanspruchen. Er hielt sich eng an den Text Varthemas, der eine detaillierte Beschreibung von zwei Einhörnern gab, die er auf seiner 1503 oder 1504 unternommenen Reise nach Mekka gesehen hatte. Als Christ konnte er die den Muslimen heilige Stadt nur als getarnter und verkleideter Teilnehmer einer Karawane von Mamelucken besuchen, mit deren Anführer er sich in Damaskus angefreundet hatte. Die Genauigkeit der Beschreibung verdankte sich der Möglichkeit, die beiden Tiere von Nahem in einem Käfig studieren zu können. Der äthiopische König sollte sie dem Sultan geschenkt haben. Dieser stellte sie öffentlich zur Schau, weil ihm deren Besonderheit bewusst war. Darauf wies Varthema ausdrücklich hin: „sie werden als eine wundersame Sache vorgeführt, da sie ja in der Tat etwas darstellen, worüber man staunen muß."[10] Seine Beschreibung ermöglicht eine genaue Vorstellung von den Tieren:

> Das größere von beiden sieht aus wie ein Fohlen von dreißig Monaten und trägt ein ungefähr drei Ellen langes Horn auf der Stirn; das andere war kleiner, wie es bei einem einjährigen Fohlen der Fall wäre, und besitzt ein Horn von etwa vier Spannen Länge. Die Farbe dieses Tiers ist die eines dunkel gescheckten Pferdes, und es hat einen Kopf wie ein Hirsch; der Hals ist nicht sehr lang und zeigt einige kurze Haare, die auf einer Seite herabhängen; die Beine sind zart und lang wie bei einem Reh, und sein Fuß ist vorne etwas gespalten; der Huf sieht aus wie bei einer Ziege, und an der Rückseite der Beine hat es eine Menge Haare, so viele, daß dieses Tier sehr wild scheint.

In seinem Holzschnitt zeigt Breu einen Käfig mit einem übermannshohen Zaun aus dicken Kanthölzern, der auf die Gefährlichkeit der Tiere schließen lässt. Die weißen Streben heben sich markant vom schwarzen Hintergrund ab. Die Fugen des weißen Bodens wiederholen das Gittermuster und verstärken den Eindruck eines abgeschlossenen Würfels. Während Varthema Vergleiche zu Pferd, Hirsch oder Reh gezogen hatte, portraitierte Breu die Tiere als kräftige Ziegen. Die struppigen Mähnen und geöffneten Mäuler zeigen ihren wilden Charakter. Die bildfüllende Größe und der Betrachterstandpunkt im Inneren des Käfigs intensivieren die Eindrücklichkeit der Szene. Umso größer musste die Wirkung der Jungfrau eingeschätzt werden, die nach dem *Physiologus* einen solchen Bock zu besänftigen vermochte.

Bezüglich des Horns hatte sich Varthema lediglich zur Länge geäußert. Breu wählte die Variante mit sägezahnartigen Einkerbungen an der Oberseite und nach oben gebogener Spitze. Damit griff er auf ein Erscheinungsbild zurück, das im 13./14. Jahrhundert verbreitet war (siehe Kat. 13, 84), bevor sich die Form des Narwalzahns durchsetzte. So übertrug auch Breu ein Element aus seinem Bildgedächtnis auf eine für real erklärte Szene. Deren Tatsächlichkeit sollen die drei Zuschauer beglaubigen, die durch den Zaun auf die Einhörner blicken.[11] Ihre Anwesenheit bestätigt auch Varthemas Aussage der Besonderheit eines solchen Anblicks.

Die Darstellungen von Reuwich und Breu waren nicht nur als Beweis der Existenz des Einhorns wichtig, obschon zur Erscheinungszeit der Publikationen niemand an dessen Bestehen zweifelte. Ihre wesentliche Bedeutung liegt in der Bestätigung verbreiteter Vorstellungen vom Aussehen des Tieres. Ihre Wirkung reichte bis in die Naturforschung, noch Conrad Gessner übernahm in seiner Tierkunde von 1551 diese Gestalt für das Einhorn (siehe Kat. 44).

Nicht nur Reiseberichte verankerten das Einhorn in der Wirklichkeit. Auch Landkarten, deren Realitätsbezug per se vorausgesetzt wird, wiesen ihm in der Frühen Neuzeit einen konkret lokalisierten Lebensraum zu. Eine *Karte der Ostküste Nordamerikas* (Kat. 41) von um 1538 zeigt das Einhorn mit anderen Tieren im Landesinneren. Der Anspruch des Mediums auf objektive Darstellung tatsächlicher Gegebenheiten konnte sich allerdings nur an der Küste manifestieren.

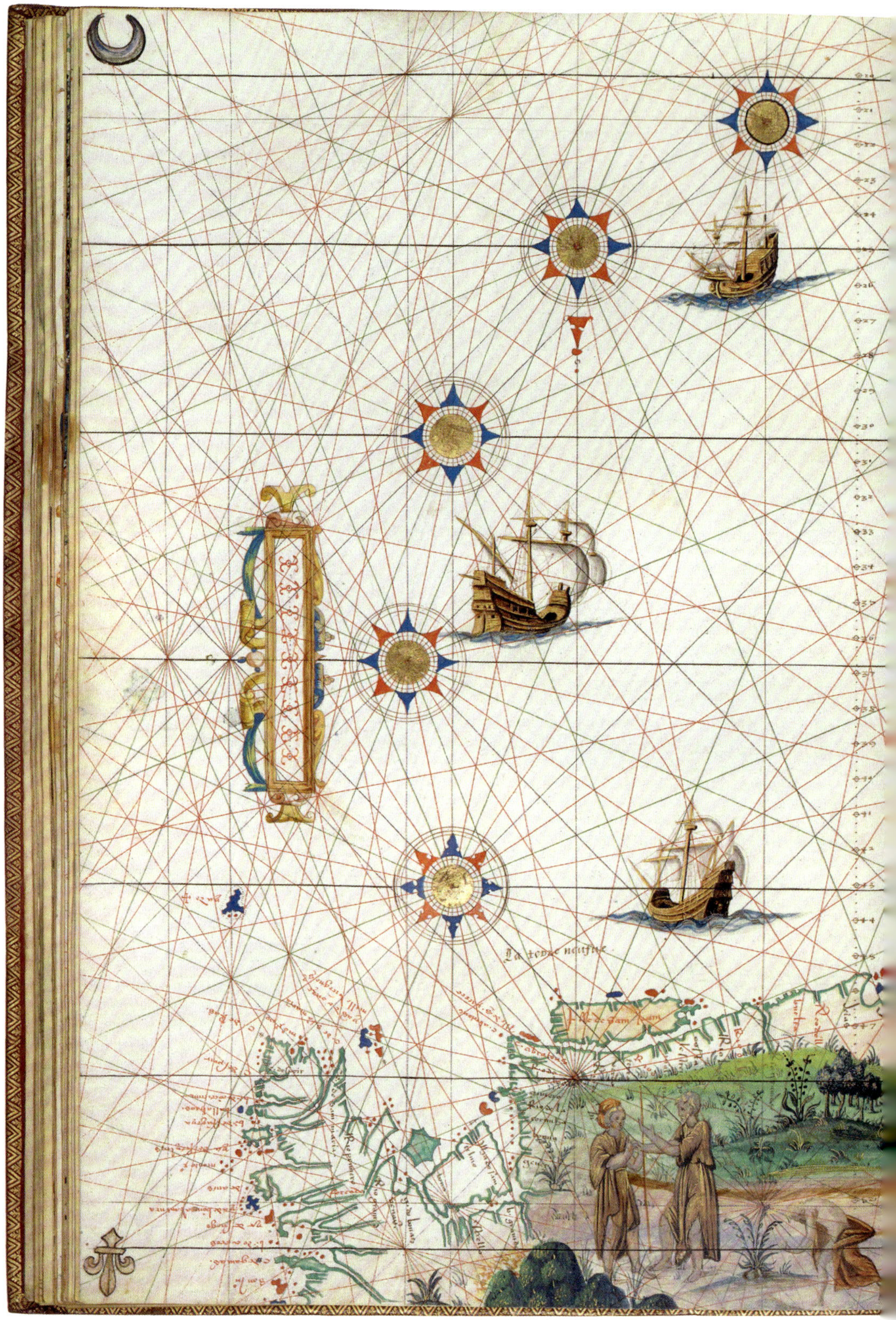

41

Nordfranzösisch (Dieppe)
Karte der Ostküste Nordamerikas, in:
Zeeatlas (Atlas de Dauphin)
(Meeresatlas. Atlas des Dauphins), um 1538
Pergament, 440 × 624 mm
Inv.-Nr. KW 129 A 24, fol. 25v–26
KB Nationale Bibliotheek, Den Haag
nur in Potsdam ausgestellt
Lit.
nicht bei Einhorn 1998
Cumming/Skelton/Quinn 1972, S. 136;
Abb. 152
Destombes/Gernez 1987, S. 151
Löwen 2016, Nr. 52

Die Karte ist nicht, wie heute allgemein üblich, genordet, sondern nach Süden ausgerichtet. Oben liegen Kuba und Florida, am unteren Ende Kanada mit Neufundland. Ausgearbeitet ist die Küstenlinie mit den für die Schifffahrt wichtigen Flussmündungen. Das Innere des zu dieser Zeit noch unbekannten Landes ist farbenprächtig mit reicher Flora und Fauna ausgestaltet. Das steht in der kartographischen Tradition, unerforschte Gegenden mit mythischen Elementen anzureichern. So finden sich dort blaue Bäume mit goldenen Früchten und grüne Weiden, ein Elefant, Löwen und biberartige Tiere. Einige – weißhäutige – Einwohner treten, barfuß und antikisch gewandet, links im Vordergrund auf. In diesem phantastischen Umfeld ein Einhorn zu sehen, dürfte die Zeitgenossen nicht überrascht haben. Das hellgraue Tier mit Pferdegestalt, Ziegenbart und langem geraden Stirnhorn springt im Mittelgrund umher. Einige goldene Pinselstriche lassen sein Fell glänzen.

Der künstlerische Gestalter der Karte ist ebenso wenig bekannt wie der Geograph. Angesichts der Beschriftung in portugiesischer Sprache könnte Letzterer Portugiese gewesen sein, sicherlich lag Material aus der damals führenden nautischen Nation zugrunde. Mit dreizehn weiteren Blättern gehört die Karte zu einem Atlas, den der Dauphin, der Kronprinz, und spätere König Heinrich II. als Geschenk erhielt. Auf das französische Königshaus verweisen am linken Kartenrand der Halbmond oben und die Lilie unten.

Der Atlas entstand in der nordfranzösischen Hafenstadt Dieppe, deren Kaufleute Handel mit Lateinamerika betrieben. Portugal, das darauf ein Monopol beanspruchte, erreichte 1536 beim französischen König Franz I. ein Verbot für französische Schiffe, nach Brasilien und Guinea zu fahren. Möglicherweise verfolgten die Kaufleute aus Dieppe mit der aufwendigen Gabe die Absicht, seinen Sohn, den späteren Heinrich II., zur Unterstützung ihrer transatlantischen Geschäfte zu motivieren. Die mit der Gestaltung des Landesinneren angedeutete Möglichkeit, dabei auf das Einhorn zu stoßen, sollte vielleicht eine günstige Entscheidung herbeiführen.

Ebenfalls in Nordamerika verortete Arnoldus Montanus das Einhorn in seiner populär gehaltenen Landesbeschreibung *De Nieuwe en Onbekende Weereld* (Die neue und unbekannte Welt), die 1671 in seiner Geburtsstadt Amsterdam erschien. Zu den 69 Kupferstichen eines unbekannten Künstlers, die den Text illustrieren, gehört auch das Bild *Wilde Tiere in Amerika* (Kat. 42), in dem das Einhorn zentral auftritt. Möglicherweise fertigte der Verleger Jacob van Meurs, der auch als Stecher tätig war, die Kupferstiche an.

Der Theologe und Historiker Montanus hatte bereits zwanzig Jahre zuvor ein Buch über Asien publiziert, ohne jemals dort gewesen zu sein. Nicht anders hielt er es mit Amerika, über das er auf immerhin fast 600 Seiten handelte. Im Anhang führte er über 150 Autoren auf, die er für sein Werk herangezogen habe – darunter zahlreiche antike wie Aristoteles, Cicero oder Vergil, die von der Existenz des amerikanischen Kontinents nichts wissen konnten. Einer der genannten Autoren ist Adriaen van der Donck, ein Siedler in der damals bestehenden niederländischen Kolonie in Nordamerika, der 1655 die *Beschryvinge van Nieuw-Nederlant* (Beschreibung von Neu-Niederland) veröffentlicht hatte.[12] Montanus' Buch ist eine populäre Adaption dieser seriösen Darstellung, bereichert um einige exotische Elemente, wie etwa ein Tier, das Merkmale des Einhorns aufweist:

> An den kanadischen Grenzen werden hier und da Tiere gesehen, die einigermaßen einem Pferd gleichen. Sie haben gespaltene Hufe, raue Mähnen, ein Horn direkt an der Stirn, einen Schwanz wie das Wildschwein, schwarze Augen, den Hals eines Hirsches. Sie lieben die unheimlichsten Wildnisse. Sie scheuen einander derart, dass das Männchen niemals neben dem Weibchen weidet, außer wenn sie sich zur Fortpflanzung paaren. Dann legen sie ihre Rauheit ab. Sobald die Paarungszeit vorbei ist, greifen sie nicht nur andere Tiere, sondern selbst ihre eigene Art an.[13]

Montanus kombinierte die Einhorn-Gestalt von Plinius (siehe S. 345) mit dem von Aelianus notierten Verhalten des Tieres[14] und versetzte sie willkürlich in die niederländische Kolonie Nieuw-Nederland im Norden Amerikas. Ausführlich beschrieb er die dort lebenden Arten Elch, Biber und Adler sowie die Zibetkatze, die allerdings nur in Afrika und Südostasien vorkommt. Der Kupferstich zeigt die Tiere dicht gedrängt im Vordergrund einer Landschaft mit Palmen, die das Exotische der Gegend betonen sollen. Links beugt sich der Elch über ein Fohlen, rechts fauchen sich Biber und Zibetkatze an.

Das Einhorn springt von rechts in die Mitte, den angreifenden Adler auf dem Rücken. Es hat die Gestalt eines Pferdes, keinen Ziegenbart und den Schwanz eines Schweins, wie ihn auch Maerten de Vos, Plinius folgend, fast hundert Jahre vorher

42

Niederländisch
(Jacob van Meurs [1619/20–1680]?)
Wilde Tiere in Amerika, in:
Arnoldus Montanus (1625?–1683)
De Nieuwe en Onbekende Weereld: of Beschryving van America en 't Zuid-Land [...]
(Die neue und unbekannte Welt oder Beschreibung von Amerika und dem Südland), Amsterdam:
Jacob van Meurs 1671, S. 126
Kupferstich, 126 × 161 mm
Potsdam:
Inv.-Nr. 2" Ut 3777
Staatsbibliothek zu Berlin – Preußischer Kulturbesitz, Abteilung Handschriften und Historische Drucke
Paris:
Inv.-Nr. FOL-P-44
Bibliothèque nationale de France, Paris, département Philosophie, Histoire et Science de l'Homme
Lit.
nicht bei Einhorn 1998
Shepard 1930, S. 97 f.; Abb. 10
Blom 2010, S. 117 f.
Lens 2023, Nr. 171

gemalt hatte (siehe Kat. 10). Das Stirnhorn ist wie ein Narwalzahn geriefelt, auch wenn nicht lang zuvor der Narwal als Träger dieses „Horns" identifiziert worden war (siehe Kat. 48). Möglicherweise hat auch dieser Künstler sein Vorwissen eingebracht, jedenfalls hat er mit seiner Darstellung eine Vereindeutigung des Textes bewirkt. Montanus hatte die Bezeichnung Einhorn nicht verwendet.

Er konnte sich weder wie die Autoren der Reiseberichte auf Augenzeugenschaft berufen noch wie die Geographen der Seekarten auf nautische Berechnungen. Seine Beglaubigungsinstanz sind lediglich frühere Reisende oder Forscher. Gleichwohl kommen seine Ausführungen mit dem Anspruch auf Authentizität daher. Die Lokalisierung des Beschriebenen, die Genauigkeit der Angaben und der Charakter eines Sachbuchs mit einem 25-seitigen Register sollten keinen Zweifel am Realitätsgehalt seiner Darstellung aufkommen lassen.

Diese Mischung aus Wissen und Vermuten, Erkenntnis und Legende, Fakten und Phantasie prägt auch Jan van Kessels *Einhorn und andere Tiere* von 1660 (Kat. 43). Die kleine Kupfertafel gehört zu dem topographisch-zoologischen Zyklus *Die vier Kontinente,* der nur zum Teil erhalten ist. Ursprünglich waren je Kontinent um ein größeres allegorisches Mittelbild sechzehn Miniaturen gruppiert, wie eine wenig spätere, vollständige Version des Zyklus zeigt (Alte Pinakothek, München). Diese kleinen Bilder stellten jeweils eine Stadt oder Landschaft des betreffenden Erdteils dar, während der Vordergrund die dort lebenden Tiere präsentierte.

Wie die vier Jahreszeiten oder vier Elemente waren die vier Kontinente ein typisches System manieristischer Welterschließung.[15] Der Antwerpener Maler Jan van Kessel, bekannt für seine Kunstkammerminiaturen und präzisen Insektenstudien, verband in diesem Werk das Weltthema einer Kosmographie mit einer zoologischen Enzyklopädie. Dabei hatte er weder die dargestellten Orte noch die meisten der Tiere mit eigenen Augen gesehen. Die Tafel *Einhorn und andere Tiere* ist, dem erhaltenen Gesamtbild in München zufolge, dem Kontinent Amerika und dort der argentinischen Hauptstadt Buenos Aires zugewiesen.[16]

Von der Stadt am Río de la Plata ist wenig zu erkennen, auf einer Halbinsel im Fluss liegt das Fort Keulen. Im Hintergrund ragen blaue Hügel empor. Die dekorativen Zitate aus der europäischen Antike – Säule, Vase, Obelisk und Sarkophag – könnten auf Berichte über die präkolumbischen Ruinenstädte zurückgehen. Darstellungen von Insekten wie die Ameise und die beiden Käfer links im Vordergrund gehörten zu Van Kessels Spezialität.

Vom rechten Rand angeschnitten, springt das Einhorn zu einem Tümpel im Vordergrund. Kopf und Ohren erinnern an einen Esel, der Ziegenbart fehlt. Ungewöhnlich sind die glatte Oberfläche und die dunkle Farbe des Stirnhorns. Links stehen drei Tiere: ein Phantasieesel mit rotem Kopf und einem kleinen Horn auf Stirn und Nase, eine Tüpfelhyäne und ein Leopard. Sie können erst aus dem Teich trinken, nachdem das Einhorn das vergiftete Wasser mit seinem Horn gereinigt hat. Van Kessel illustrierte hier die seit dem *Physiologus* in der Fassung des 14. Jahrhunderts bekannte Legende (siehe S. 349). Ein zweites Moment der Überlieferung, der Fang durch die Jungfrau, findet sich im Mittelgrund. Hier stürmt ein dunkles Einhorn auf eine sitzende Frau zu, die zum Empfang des Tieres die Arme weit geöffnet hat. Solche Szenen zeigen illuminierte Manuskripte des 15. Jahrhunderts (siehe Kat. 33).

Zeitgenossen Van Kessels wie der Dichter Cornelis de Bie rühmten seine Tierdarstellungen als lebensecht und vollkommen. In seinem Buch *Het gulden cabinet vande edele vry schilder-const* (Das goldene Kabinett der edlen freien Malerei) schrieb de Bie 1662, Van Kessel wisse ungefiederte Tiere, kleine und große Vögel, Muscheln, beinlose Kriechtiere sowie monströse Schöpfungen und allerlei Merkwürdigkeiten so „lebensnah zu bringen, dass es, wie klein sie auch sind, nicht im Mindesten scheint, als wären sie nur durch seine Kunst dem Leben sehr ähnlich".[17] In einem späteren Manuskript ergänzte de Bie über Kessels Gemälde der *Vier Kontinente:* „So kann man alles, was Plinius und andere Naturkundler darüber geschrieben haben, in seinen Gemälden naturnah und wahrhaft sehen."[18]

Wie Kessels Ruf als Maler „nach dem Leben" lokalisiert auch der geographische Ansatz des Bildes, der das Einhorn an einem konkreten Ort ansiedelt, das Tier in der Wirklichkeit. Allerdings unterläuft Van Kessel den Realitätsanspruch in mehrfacher Hinsicht. Zum Ersten ist die topographische Szenerie mit den antiken Monumenten fiktiv, zum Zweiten kommen weder Tüpfelhyäne noch Leopard in Südamerika vor. Drittens lässt sich der – zu Van Kessels Zeit längst obsolete – Einhorn-Mythos kaum als konkretes reales Geschehen vorstellen. Indem Van Kessel die dokumentarische Grundlage der Tiergeographie durchkreuzte, eröffnete er den Betrachtenden die auch in Kunstkammern beliebte Möglichkeit intellektueller Assoziation. Auch für geistvolle Spielereien wie diese eignete sich das Einhorn.

MPH

43

Jan van Kessel d. Ä. (1626–1679)
Einhorn und andere Tiere, aus:
Die Tiere oder *Die vier Kontinente,* 1660
Öl auf Kupfer, 17 × 23 cm
Inv.-Nr. P001554
Museo Nacional del Prado, Madrid
nur in Potsdam ausgestellt
Lit.
nicht bei Einhorn 1998
Madrid 1985, bei Nr. 1554
Teixeira 2002, S. 76; Abb. 71
Ertz/Nitze-Ertz 2012, Nr. 14
Groeneveld-Baadj 2012, bei Abb. 1
Groeneveld-Baadj 2016, bei Abb. 65

160

Vom Einhorn-Horn zum Narwalzahn. Wissenschaft in der Frühen Neuzeit

Seit der Naturkunde des Plinius aus dem 1. Jahrhundert (siehe S. 345) haben die antiken und mittelalterlichen Naturforscher und Enzyklopädisten das Einhorn in ihren Büchern beschrieben. Dabei wiederholten sie die immer gleichen Angaben, zitierten ihre Vorgänger und fügten nur gelegentlich etwas Neues hinzu – von Aelianus und Solinus über Kosmas Indikopleustes bis Isidor von Sevilla. Erst der Zürcher Arzt und Gelehrte Conrad Gessner, der von 1516 bis 1565 lebte, verfuhr in seiner *Historia animalium* (Tiergeschichte) anders. Er steht am Beginn der neuzeitlichen Wissenschaft.

Gessner strebte nach der Überprüfbarkeit des Wissens und gründete seine Arbeit auf Beobachtung und Beschreibung, auf Kenntnisse durch Reisen, Sammeln und Sezieren – seien sie selbst erworben oder bei befreundeten Gelehrten erfragt. Der kritische Umgang mit den überlieferten Schriften der Antike, das Hinterfragen der Plausibilität von Angaben und ein selbstreflexives Forschen waren bis dahin keineswegs üblich gewesen. Beispielhaft für dieses neue Wissenschaftsverständnis sind Gessners umfangreiche Ausführungen über das Einhorn. Sie erschienen 1551 im ersten Band seiner Tiergeschichte über die lebendgebärenden Vierfüßer.[19] Darin führt er auch mehr als zwei Dutzend Fabeltiere auf, zu denen er das Einhorn aber nicht zählt.[20] Gessner hatte auf Latein geschrieben, bereits 1563 erschien eine Übersetzung ins Deutsche von Conrad Forer.

Wie bei allen Tierartikeln der *Historia animalium* leitet auch hier ein Holzschnitt eines nicht genannten Künstlers den Text ein (Kat. 44). Dieses Einhorn ist eine Kombination aus den Holzschnitten von Erhard Reuwich und Jörg Breu dem Älteren (siehe Kat. 39, 40). Gessner nahm, seitenverkehrt, die von Reuwich gezeigte Gestalt auf, einschließlich des erhobenen linken Vorderhufs und des spiralig gedrehten Horns. Von Breus Darstellung stammen die lange zottelige Mähne und das geöffnete Maul, die dem Tier einen energisch-aggressiven Ausdruck verleihen. Gessner charakterisierte das Einhorn denn auch als ein „ganz freches, wildes, unzahmes Tier".[21]

Die über tausend Holzschnitte in Gessners umfassender Naturenzyklopädie haben einen hohen Stellenwert. Sie stehen jeweils am Beginn der Beschreibung und markieren seinen Anspruch, von der tatsächlichen Erscheinungsform auszugehen, und ein nach dem Leben angefertigtes Bild zu geben. Gessner korrespondierte mit hunderten Gelehrten, die er bat, ihm Informationen und Abbildungen zuzusenden. Im Fall des Einhorns musste er sich auf die ein halbes Jahrhundert alten Darstellungen von Reuwich und Breu verlassen. Die waren zwar durch Augenzeugenschaft beglaubigt, aber Gessner schien ihnen zu misstrauen. Jedenfalls versah er den Einhorn-Holzschnitt mit einer für seine Zeit wie für seine Arbeit ungewöhnlichen distanzierenden Bemerkung: *Figura hæc talis est, qualis à pictoribus ferè hodie pingitur, de qua certi nihil habeo* (Die Gestalt ist so, wie sie heute von Malern gemalt wird, darüber habe ich nichts Sicheres). Der letzte Teil des Satzes kann als Credo des skeptischen Naturwissenschaftlers der Frühen Neuzeit verstanden werden.

Diese Skepsis zieht sich durch Gessners Einhorn-Abhandlung. Angesichts der unterschiedlichen Beschreibungen antiker und mittelalterlicher Autoren mutmaßte Gessner, es könne verschiedene Einhorn-Spezies geben:

> Ob vielleicht mehrere Arten von Einhörnern sind als eine und dass dieses mit sich bringt, dass so vielerlei Gestalten des Einhorns von vielen mal so, mal so beschrieben, muss jeder überlegen: es ist kein Wunder, weil von denselben Tieren keines je nach Europa kam, dass also nur der Sage nach und kein Sehender bezeugt in Europa etwas davon schreiben wollte.[22]

Gessner referierte die Äußerungen von Plinius, Aelianus, Philostratus, Aristoteles, Marco Polo, Ludovico de Varthema und anderen und blieb unentschieden: „Daher möchte ich hier die Meinungen alter und neuer Autoren nacheinander setzen, wie jeder das Tier beschreibt, damit etwa ein weit Reisender darauf achten möge, den wahren Grund zu erfahren." Deren Aussagen sei zu glauben, „denn das Tier ist nun einmal auf der Erde, sonst wären der Hörner keine vorhanden".[23]

Unsicher war Gessner allerdings über die Legende vom Fang des Einhorns durch eine Jungfrau, die noch Albertus Magnus angeführt habe. Gessner erwähnt auch die von dem byzantinischen Gelehrten Johannes Tzetzes im 12. Jahrhundert aufgebrachte Variante, dies könne ebenfalls durch einen parfümierten Jüngling in Frauenkleidern gelingen. Dem schloss sich Gessner nicht an, denn er war von den olfaktorischen Fähigkeiten des Einhorns überzeugt: „Auch weil das Tier am Geruch die Jungfrau erkennt, würde der schlecht bestehen, der in Jungfrauenkleidern des Tieres erwartete." Aber darüber maßte er sich kein abschließendes Votum an: „Doch bleibe das in seinem Wert und eines jeden Urteil." Überhaupt hielt er den Jungfrauenaspekt für wenig plausibel, erstaunlicherweise mit Blick auf eine Bibelstelle: „Einmal sagt Hiob im 39. Kapitel: Das Einhorn wirst du nimmer mit Riemen binden, so wird es auch

44

Schweizerisch
Einhorn, in:
Conrad Gessner (1516–1565)
Historiae animalium Lib. I. de Quadrupedibus viviparis (Tiergeschichte, Buch 1: Über die lebendgebärenden Vierfüßer),
Zürich: Christoph Froschauer 1551, S. 781
Holzschnitt, 105 × 125 mm
Potsdam:
Inv.-Nr. 2" Lk 3600-1/2
Staatsbibliothek zu Berlin – Preußischer Kulturbesitz, Abteilung Handschriften und Historische Drucke
Paris:
Inv.-Nr. H. 357,1
Bibliothèque nationale et universitaire, Straßburg
Lit.
Gmelig-Nijboer 1977, S. 80, 103 f.
Einhorn 1998, Nr. 34 A; S. 174; Abb. 60
Leiden 2003, Nr. B 4; Abb. S. 62
Erfurt 2007, Nr. 130
Fischel 2009, Abb. 16
Bamforth 2010, Abb. 3
Gerritsen 2011, S. 155–157
Los Angeles 2019, Nr. 89

nicht an der Krippe liegen. Also lasse ich es ein Gemälde sein, wie man es Maria in den Schoß malt und ein Merkmal ihrer Reinheit."[24] Hier stießen biblischer Text, sakrale Bildrealität und die Wirklichkeit des Naturforschers aneinander. Gessner legte Wert auf die Trennung der Sphären. Eine künstlerische Darstellung des Einhorns wie etwa in der Einhorn-Jagd im Hortus conclusus (siehe Kat. 34–36) galt ihm nicht als Wiedergabe eines Geschehens, sondern als Metapher.

Über die gewissenhafte Arbeitsweise Gessners, die sich auch auf das Einhorn erstreckte, gibt ein Brief Auskunft, den er im Februar 1551 an den Humanisten Nikolaus Gerbel in Straßburg schrieb. Gessner war noch mit den Arbeiten am ersten Band der *Tiergeschichte* beschäftigt, und beim Abschnitt über das Einhorn sah er sich mit vielerlei Schwierigkeiten und Undeutlichkeiten konfrontiert. Er bat Gerbel um die Beschreibung eines Einhorn-Horns im Straßburger Münster, von dem er Nachricht erhalten hatte:

> Wie ich höre, wird das Horn eines Einhorns in Eurem Münsterschatz aufbewahrt. Ich wünsche mir sehnlichst, es beschrieben zu bekommen: wie groß und von welcher Beschaffenheit es ist – in einer möglichst sorgfältigen und detaillierten Beschreibung – und wann und wie es dorthin gelangte. Von welcher Art ist sein Material, nachgiebig, weich, hart, fest usw., und wie schwer ist es, hat es irgendeinen Geruch und Geschmack, welche Farbe hat es innen und außen, welche Form? Ist es hohl oder massiv? Ich wünsche mir dazu auch eine Abbildung, die ein Maler mit Kohle auf ein kleines Blatt Papier zeichnen möge.

Gessner schmeichelte dem Briefempfänger, betonte die Bedeutung der Information für seine Darstellung und versprach, den Kollegen in der Danksagung zu erwähnen:

Ich zweifle nicht, dass Du dies bewerkstelligen kannst, wenn Du es nur versuchst. Du glaubst nicht, welch große Freude Du mir mit diesem Gefallen bereiten würdest. Denn die Geschichte des Einhorns, in der ich vieles schwierig und unklar finde, ist in meinem Werk noch nicht gedruckt. Selbstverständlich werde ich Dich sehr gern am Anfang des Werkes im Verzeichnis der Gelehrten erwähnen, von denen ich profitiert habe.[25]

Eine Antwort Gerbels ist nicht überliefert, aber er wird wie versprochen im „Catalogus doctorum virorum" am Anfang des Buches genannt. Das Horn aus dem Straßburger Münster stammte jedoch nicht von einem Einhorn, wie Gessner spätestens acht Jahre nach Erscheinen des ersten Bandes der *Tiergeschichte* feststellte, als er im Frühjahr 1559 Straßburg besuchte. Der entsprechende Holzschnitt des dort gesehenen Horns, den Gessner 1560 im Band *Icones animalium* (Tierbilder) druckte, zeigt eine stark gekrümmte Form, die nichts mit der Vorstellung vom Horn des Einhorns zu tun hat. Gessner vermutete denn auch, es stamme „vilicht von einem grossen alten Aurochsen".[26] Von einem vermeintlich tatsächlichen Einhorn-Horn schrieb Gessner im März 1564 an den Arzt Achilles Pirmin Gasser: „Das Horn des Einhornes habe ich wirklich gesehen und auch Teilchen und Streifen, wenn sie noch eine Oberfläche haben."[27] Der Hinweis auf die Oberfläche bezieht sich wohl auf die spiralige Struktur des Narwalzahns.

Nicht alle von Gessners Korrespondenzpartnern waren von seinen Ausführungen über das Einhorn überzeugt. Offensichtlich hatte der Augsburger Arzt Adolph Occo Vorbehalte angemeldet, jedenfalls schrieb ihm Gessner im August 1565: „Über das Einhorn, falls Dich nicht befriedigt, was ich in der Geschichte der Tiere [...] geschrieben habe, habe ich nichts hinzuzufügen."[28] Mit klaren Worten betonte er seine Überzeugung von der Existenz des Einhorns und benannte fünf aus der antiken Literatur bekannte Arten:

> Ich zweifle nicht, dass es dieses Tier bei den Indern und Ägyptern gibt und dass es der indische Esel des Aristoteles und das Cartazonum des Aelian ist. Ein unversehrtes Horn habe ich selbst gesehen und besitze ein kleines Stück. Es gibt auch einhornige Steinböcke und Oryxantilopen in Afrika, und auch das Rhinozeros ist ein Einhorn.[29]

Wie er auch in diesem Brief betonte, sah Gessner als wichtiges Argument für das Bestehen des Einhorns das Vorhandensein des Horns als sichtbares und manifestes Zeugnis. Dieses hatte, wie der Holzschnitt in der *Tiergeschichte* zeigt, eine lange, gerade Form mit geriefelter Oberfläche, also Form und Struktur des Narwalzahns. Dabei kannte Gessner den Narwal, er erwähnte ihn kurz im 1558 erschienenen vierten Band der *Tiergeschichte, Von der Natur der Fische und Wassertiere,* und bezeichnete ihn sogar als „Monocerotis, id est, unicornis" (Monocerotis, das heißt Einhorn).[30] Bei dem dazugehörigen Holzschnitt berief sich Gessner auf die Abbildung in der *Carta marina* (Seekarte), die der Kartograph Olaus Magnus 1539 veröffentlicht hatte. Sie zeigt südwestlich von Island einen Fisch, dessen hundeähnlicher Kopf mit einem spitzen Horn aus den Wellen aufragt.[31]

Trotz der Namensgleichheit mit dem Landtier stellte Gessner keine Verbindung zwischen dem See-Einhorn und dem traditionell für das Horn des Einhorns gehaltenen Narwalzahn her. Dazu sollte es erst fast hundert Jahre später kommen. Die Grundlage dafür, die Beschreibung des Narwals, findet sich allerdings bereits in Enzyklopädien des 13. Jahrhunderts. Die Theologen und Gelehrten Albertus Magnus und Thomas de Cantimpré dürften die Ersten gewesen sein, die den Narwal erwähnten – und ihn als Einhorn oder Einhorn-Meeresungeheuer bezeichneten.

Der Dominikaner Albertus Magnus, um 1193 in Lauingen an der Donau geboren, war Theologe und *doctor universalis,* Universalgelehrter, der sich um die Verbindung der antiken Naturphilosophie mit dem Christentum bemühte. Zu seinem umfangreichen Werk gehören auch naturwissenschaftliche Schriften wie eine Naturgeschichte der Tiere, die 477 Arten aufführt, die er durchgehend nummerierte. Darunter finden sich das Monoceros und das Einhorn (siehe S. 348), aber auch 139 alphabetisch sortierte Fische von Aslet bis Xysyus. Unter diesen erscheint als Nr. 84 das Monoceros mit einer kurzen Beschreibung: „Das Einhorn ist ein Meeresfisch, der auf seiner Stirn ein einzelnes Horn trägt, mit dem er Fische und einige Schiffe durchbohren kann. Es ist jedoch ein träges Tier, sodass diejenigen, die es angreift, entkommen können."[32]

Ausführlicher äußerte sich Thomas de Cantimpré, fast gleichalt mit Albertus Magnus, bei dem er in den 1230er Jahren in Köln studierte. 1201 in der Nähe von Brüssel geboren, lebte Thomas in Konventen in Cambrai, Paris und Löwen. Fast zwanzig Jahre lang arbeitete er an einer umfassenden Enzyklopädie, die er 1241 unter dem Titel *Liber de natura rerum* (Buch über die Natur der Dinge) abschloss.

Wie die antiken Autoren Plinius und Aelianus unterschied Thomas mehrere einhörnige Tierarten: Mit der griechischen Bezeichnung für Einhorn, *monokeros,* beschrieb er das Rhinozeros, mit der lateinischen Bezeichnung *unicornis* das aus dem *Physiologus* bekannte ziegenartige Einhorn, dem er die tradierte christliche Interpretation beilegte.[33] Während Thomas hier nur bekanntes Wissen referierte, fügte er seiner Tierkunde eine neue Art hinzu, das *Monocheros monstrum marinum,* das Einhorn-Meeresungeheuer. Dies gehörte zu den von ihm angeführten merkwürdigen Kreaturen, die in den Ozeanen leben sollten:

45

Französisch
Monocheros monstrum marinum
(Einhorn-Meeresungeheuer), in:
Thomas de Cantimpré (1201–1270/1272)
Liber de natura rerum
(Buch über die Natur der Dinge), 1285–1290
Pergament, 230 × 155 mm
Inv.-Nr. BM, ms 320, fol. 117r
Médiathèque Simone Veil, Valenciennes
nur in Paris ausgestellt
Lit.
nicht bei Einhorn 1998

47

Niederländisch (Utrecht oder Flandern)
Monocheros (See-Einhorn), in:
Jacob van Maerlant (um 1235 – um 1300)
Der naturen bloeme (Die Blüte der Natur),
um 1450–1500
Pergament, 290 × 210 mm (Seite)
Inv.-Nr. KW 76 E 4, fol. 68rb2
KB Nationale Bibliotheek, Den Haag
nur in Potsdam ausgestellt
Lit.
Van Panthaleon van Eck-Kampstra 1963/64,
S. 223, 227–231
Einhorn 1998, Nr. 21 G

46

Niederländisch
Monocheros (See-Einhorn), in:
Jacob van Maerlant (um 1235 – um 1300)
Der naturen bloeme (Die Blüte der Natur), 1300
Pergament, 292 × 215 mm (Seite)
Inv.-Nr. Ms. germ. fol. 52, fol. 45r
Staatsbibliothek zu Berlin – Preußischer
Kulturbesitz, Abteilung Handschriften
und Historische Drucke
nur in Potsdam ausgestellt
Lit.
Van Panthaleon van Eck-Kampstra 1963/64,
S. 224
Einhorn 1998, Nr. 562 C

> Monocheros wird, wie das Buch der Dinge sagt, ein Seeungeheuer genannt, das seinen Namen möglicherweise von einem [bestimmten] Ding hat. Denn *monos* bedeutet „ein" und *ceros* „Horn". Ein Monocheros wird ein Untier mit einem Horn genannt. Denn so wie die Schrift auf ein grausames Tier, ein Einhorn, auf der Erde verweist, einen schrecklichen Anblick, hat es ein großes Horn auf der Stirn, mit dem es durchaus Schiffe, die ihm begegnen, durchdringen und zerstören und Scharen von Menschen vernichten kann. Doch dabei hat das Mitgefühl des Schöpfers für das Menschengeschlecht gesorgt, denn es wird überliefert, dass [auch wenn] ein Tier mit solcher Grausamkeit geschaffen ist, die Schiffe der Gewalt des Monsters entkommen können.[34]

Eine Illumination in einer Handschrift von 1285–1290, also nicht lang nach Thomas' Tod gefertigt, zeigt ein *Monocheros monstrum marinum* (Kat. 45). Das Manuskript entstand im Benediktinerkloster Saint-Amand, damals Elno genannt, nördlich von Cambrai, das für sein Skriptorium bekannt war. Gezeigt ist ein schuppiges Fischwesen mit Rücken- und Schwanzflossen, das unter rotem Himmel auf grünen Wellen schwimmt. Das gerade, lanzenförmige Horn geht waagrecht von der Stirn aus. Für seine Verbildlichung der beschriebenen Tiere sollte der Illustrator Vorgaben beachten, die jeweils in der Randspalte notiert sind. Bei diesem Tier heißt es: „Ein großer Fisch, der ein Horn auf der Stirn hat, lang und scharf, und er lässt die Menschen ertrinken."[35] Auf diese Gefährlichkeit weist der grimmige Gesichtsausdruck des Tieres.

Etwa dreißig Jahre nach dem Manuskript von Thomas de Cantimpré, um 1270, fertigte der niederländische Dichter Jacob van Maerlant eine Bearbeitung in Versen in niederländischer Sprache an, *Der naturen bloeme* (Die Blüte der Natur).[36] Darin nahm er auch den Passus über das See-Einhorn auf, das er nur Monoceros nannte:

> Der Monoceros, nachdem was wir hören,
> ist ein Fisch mit einem Horn,
> wie uns das *Liber rerum* sagt,
> der pflegt die Schiffe zu durchbohren
> mit seinem scharfen langen Horn.
> Aber dafür sei unserem Herrn Dank:
> diesem Ungeheuer lässt sich gut entgehen,
> weil man es in der Meeresflut sieht.
> Das Horn steht ihm vor dem Kopf,
> womit er die Schiffe spaltet.[37]

Eine frühe illuminierte Handschrift, entstanden 1300, zeigt das *Monocheros* (See-Einhorn) im blauen Wasser (Kat. 46). Das überlange, glatte und spitze Horn ragt weit über den Rahmen der Darstellung hinaus. Es sitzt, anders als bei der Illustration zu Thomas, nicht auf dem Kopf, sondern geht aus dem Mund hervor – als hätte dieser Illuminator bereits Kenntnis vom ausgeprägten Zahn des Narwals gehabt.

Ein fast zweihundert Jahre später illuminiertes Manuskript zeigt das *Monocheros* als blaugrünen Fisch, wieder mit Stirnhorn (Kat. 47). Allerdings ist sein Horn bereits mit den Windungen des Narwalzahns versehen, obwohl dieser vor 1500 noch als das Horn des Einhorns galt. Das Manuskript entstand in Utrecht oder Flandern; sowohl in der Utrechter Marienkirche wie in Brügge waren Narwalzähne öffentlich als Einhorn-Hörner ausgestellt.

Erst im 17. Jahrhundert erfolgte die definitive Zuordnung des „Horns" zum Narwal. Die Debatte beendete der Kopenhagener Arzt Thomas Bartholin in seiner 1678 veröffentlichten umfangreichen Arbeit *De unicornu observationes novae* (Neue Beobachtungen über das Einhorn), zu der Romeyn de Hooghe das Titelkupfer schuf (Kat. 48). Bartholin führte das Werk seines 1629 verstorbenen Vaters Caspar Bartholin fort, der seit seiner Studienzeit in Montpellier eine Einhorn-Obsession pflegte.[38] Er hatte dort den Apotheker Laurent Catelan kennengelernt, der 1624 eine Abhandlung zum Einhorn vorgelegt und seine Apotheke *La Licorne* (Das Einhorn) genannt hatte.[39] Caspar Bartholin hatte 1628 in Kopenhagen die Studie *De unicornu eiusque affinibus et succedaneis* (Das Einhorn, seine Verwandten und seine Nachfolger) publiziert, in der er das natürliche Phänomen der Einhörnigkeit bei Insekten, Vögeln und Säugetieren behandelte.[40] Die knapp 100-seitige Untersuchung weitete sein Sohn Thomas in der definitiven Ausgabe seiner *Neuen Beobachtungen* von 1678 auf 380 Seiten aus.

Dabei setzte er sich detailliert und – was für seine Zeit neu war – kritisch mit der naturkundlichen Literatur zum Einhorn seit der Antike auseinander. Die Existenz des Einhorns stellte er keineswegs in Abrede, wohl aber die Legende vom Fang durch eine Jungfrau, die nur durch *credulitas*, Leichtgläubigkeit, habe entstehen können.[41] Bartholin behandelte auch das Horn von Saint-Denis (siehe Kat. 94) und andere „Einhorn-Hörner" in europäischen Kirchenschätzen und bilanzierte:

> Alles deutet darauf hin, dass das Einhorn von den Alten tatsächlich als Landtier beschrieben wurde, aber die Hörner, die man heute auf der Welt sieht und die als Einhörner verkauft werden, sind jedoch die Zähne des Grönlandwals, der Narwal genannt wird, wie wir oben ausführlich erklärt haben.[42]

Das Titelkupfer des vielseitigen niederländischen Künstlers Romeyn de Hooghe, das dieser mit seinem Urhebervermerk versah, dominiert ein großes, edles Einhorn in der Gestalt eines Pferdes. Ein Ziegenbart ist nur angedeutet, die Hufe sind ungespalten. Dicht neben ihm steht eine junge Frau in altertümlichem Gewand. Sie hat ihr Haupthaar zu einem abstehenden Stirnhorn geflochten – ein Brauch, der nach Bartholin aus der Antike stammt und „servato adhuc in novis nupis Venetiis more", noch heute von frisch vermählten Venezianerinnen gepflegt werde.[43] Aus dem Füllhorn des Überflusses, das sie im Arm hält, quellen weitere Hörner. Frau und Einhorn stehen in intensivem Blickkontakt, vielleicht als ein ironischer Bezug auf die überlieferte Verbindung von Jungfrau und Einhorn. Weitere Elemente der Szenerie greifen von Bartholin behandelte Phänomene auf: Oben fliegen einhörnige Vögel, unten kriechen Einhorn-Käfer, links steht der gehörnte Moses, rechts im Hintergrund ein Krieger mit dem Horn einer Oryxantilope. Vor seiner Leibesmitte ragt als sexuelle Anspielung das senkrechte Horn eines ziegenartigen Tieres hervor. Im Vordergrund bringen zwei Tritonen zahlreiche Narwalzähne heran.

Die charmante Referenz an antike Mythologie betont metaphorisch die Herkunft des Narwalzahns aus dem Meer. Auf Seite 121 seines Buchs hatte Bartholin auch einen Schädel mit dem Zahn abgebildet. Doch ungeachtet der wissenschaftlichen Rationalität der Abhandlung zeigt de Hooghes Stich das Einhorn mit einem Horn, das dem Aussehen des Narwalzahns entspricht. Erkenntnis und künstlerische Illustration halten nicht immer Schritt, das Bildgedächtnis erweist sich als hartnäckig.

Die neuen Erkenntnisse fanden umgehend Eingang in die bildende Kunst, wenn auch nur als nebensächliches Detail. In seinem monumentalen Gemälde *Großer Fischmarkt* integrierte Joachim von Sandrart den Schädel eines Narwals mitsamt weit

48

Romeyn de Hooghe (1645–1708)
Titelkupfer, in:
Thomas Bartholin (1616–1680)
De unicornu observationes novae
(Neue Beobachtungen über das Einhorn),
hrsg. von Caspar Bartholin,
2., erw. und korr. Ausg., Amsterdam:
Hendrik Wetstein 1678
Kupferstich, 119 × 67 mm
Potsdam:
Inv.-Nr. Diez oct. 7400
Staatsbibliothek zu Berlin – Preußischer Kulturbesitz, Abteilung Handschriften und Historische Drucke
Paris:
Inv.-Nr. F A in-12 A 51 g
Bibliothèque municipale de Versailles, Pôle Patrimoine
Lit.
nicht bei Einhorn 1998
Shepard 1930, S. 176–178 u. ö.; Abb. 12
Miller 1960/61, S. 93; Abb. S. 92
Gotfredsen 1999, S. 162 f.
Leiden 2003, B 14c; Frontispiz
Gerritsen 2011, S. 172 f.

49

Joachim von Sandrart (1606–1688)
Großer Fischmarkt, um 1654/55
bez. unten rechts: von Sandrart
Öl auf Leinwand, 234 × 314 cm
Inv.-Nr. GG 2282
Kunsthistorisches Museum Wien,
Gemäldegalerie
nur in Potsdam ausgestellt
Lit.
nicht bei Einhorn 1998
Klemm 1986, Nr. 114
Wien 2011b, S. 26 f.

herausstehendem Zahn in die Präsentation der Fische und Meeresfrüchte (Kat. 49). Das Bild entstand um 1654/55 – unmittelbar zuvor, 1652, hatte Nicolaes Tulp in der zweiten Auflage seiner *Observationes medicae* (Medizinische Beobachtungen) einen Narwalschädel mit Zahn abgebildet (Abb. S. 67).[44] Von Sandrart hatte von 1637–1645 in Amsterdam an der Keizersgracht gewohnt. Auch der Arzt und Bürgermeister Tulp residierte dort, und die beiden sind sich sicher begegnet. Von Sandrart könnte allerdings auch die Forschungen der Kopenhagener Ärzte Ole Worm und Thomas Bartholin zur Kenntnis genommen haben, die ebenfalls bereits Abbildungen des Narwalschädels publiziert hatten.[45]

Von Sandrart griff ein Thema auf, das der Antwerpener Maler Joachim Beuckelaer in der Mitte des 16. Jahrhunderts begründet hatte und das auch hundert Jahre später in den nördlichen Niederlanden noch beliebt war: Marktszenen mit Verkäuferinnen und Verkäufern, auf deren Ständen der reiche Fang in Überfülle arrangiert ist. Auch hier sind große Dorsche, Lachs, Krabben, Hummer und Austern präsentiert, von einer nobel gekleideten Kundin skeptisch beäugt. Auf dem Boden liegen stilllebenartig zwischen Meeresschnecken eine polierte Nautilusschale und ein Korallenzweig, die nicht zur gewöhnlichen Beute niederländischer Fischer gehörten. Ebenso wenig dürften auf einem Fischmarkt Robben und Walross zu finden gewesen sein, wie sie sich hier unter dem Tisch verbergen. Diese Elemente waren den zeitgenössischen Betrachtenden vertraut, dagegen war der Narwalschädel ein Novum. Seine Form ist mit allen Vertiefungen und Ausbuchtungen exakt wiedergegeben, auch die Austrittsstelle des überlangen Kieferzahns. Präzise erfasst ist dessen spiralig gewundene Oberfläche.

Von Sandrart platzierte den Schädel am rechten Bildrand und wies ihm so einen prominenten Platz zu. Das Staunen über das unbekannte Objekt dürfte näher gelegen haben als die Frage, warum ein Schädel auf einem Lebensmittelmarkt angeboten wird. Wie bei den Robben und dem Walross dürfte der Künstler eine ironische Komponente beabsichtigt haben. Bei dem Narwal könnte zudem die Persönlichkeit des mutmaßlichen Auftraggebers eine Rolle gespielt haben. Dies war wohl der Salzburger Fürsterzbischof Guidobald von Thun und Hohenstein, den von Sandrart 1656 besucht und auch portraitiert hatte.[46] Im Jahr darauf lieferte er ihm mehrerer Gemälde, darunter womöglich auch *Großer Fischmarkt.* Von Thun muss ein spezielles Verhältnis zum Einhorn, seinem Wappentier, gehabt haben. Eine Festschrift, die zu seiner Amtseinführung 1654 erschien, enthielt zahlreiche Embleme, die das Einhorn auf spöttische, wenig respektvolle Weise behandeln (siehe Kat. 143). Möglicherweise hatte der Erzbischof einen Sinn für feine Ironie und erfreute sich an von Sandrarts Präsentation eines „Einhorns".

Frei von jeder Ironie, motiviert von seriösem naturwissenschaftlichem Erkenntnisdrang legte der 1638 in Leipzig geborene Heinrich Linck, Inhaber der Apotheke Zum goldenen Löwen, eine umfangreiche Kuriositäten- und Mineraliensammlung an, das Museum Linckianum.[47] Sein Sohn Johann Heinrich Linck der Ältere führte Apotheke wie Sammlung fort, ebenso dessen Sohn Johann Heinrich Linck der Jüngere, der 1807 starb. 1840 erwarb Fürst Otto Victor I. von Schönburg-Waldenburg die Sammlung und brachte sie wenige Jahre später im heute noch bestehenden Museum Naturalienkabinett Waldenburg unter.

Zu einem unbekannten Zeitpunkt – wohl nach 1650, sicher vor 1786, kamen vier Stücke *Gegrabenes Einhorn aus Sibirien,* so eine undatierte handschriftliche Notiz, in die Sammlung (Kat. 50). Dabei handelt es sich um Fragmente eines fossilen Narwalzahns mit der eigenartigen spiraligen Windung, ungeachtet aller im 18. Jahrhundert

50

Gegrabenes Einhorn aus Sibirien,
Ausgrabung vor 1786
Fossiler Narwalzahn, Fragmente, maximale Länge 9 cm, mit beiliegender handschriftlicher Notiz
Inv.-Nr. NAT 3079
Museum Naturalienkabinett Waldenburg
Lit.
nicht bei Einhorn 1998
Linck 1783–1787, Bd. 2, S. 179

längst akzeptierten Erkenntnisse als „Einhorn“ bezeichnet. Jedenfalls wusste der Enkel des Sammlungsgründers, Johann Heinrich Linck der Jüngere, von der tatsächlichen Beschaffenheit dieser Objekte, wie er im zweiten Band seines 1783–1787 erschienenen *Index Musaei Linckiani* notierte. Er führte die Stücke in der Rubrik 5, Fischversteinerungen, neben Kiemen, Gräten und Zähnen unter dem wissenschaftlichen Namen des Narwals, Monodon, auf: „Ichthyoliti unicornum fossile. Gegrabenes Einhorn, aus Sibirien; davon vier Stück, von den Narwall Monodon.“[48] Als Inventar-Nr. gab er 44 an, als Standort „in der 109ten Schublade“. Linck verwies auf den damals gerade erschienenen zweiten Band vom *Mineralsystem* des schwedischen Naturforschers Johan Gottschalk Wallerius, der „gegrabenes Einhorn“ als 559. Art beschrieben hatte:

> Dieses Fossil ist von der rechten gegen die linke Seite zu gewunden, kegelförmig und gerade. Es wird zwo Ellen lang und noch länger in Sibirien (auch in Kalabrien) gefunden.

Das „gegrabene Einhorn“ solle nicht mit fossilem Elfenbein oder anderen Hörnern verwechselt werden: „es ist der Zahn des Narwals – Monodon L. und sollte also nicht unter die Fischversteinerungen, sondern zu den Versteinerungen von Säugethieren gerechnet werden.“[49]

Wallerius bezog sich auf Erkenntnisse des Tübinger Professors Johann Georg Gmelin, der 1733–1743 eine Forschungsreise durch Sibirien unternommen hatte. In seinem vierbändigen Reisebericht erwähnte er, nur zweimal von dem Fund eines fossilen „Einhorns“ gehört zu haben – beide Male in der Nähe von Flüssen, die ins Nordpolarmeer münden. Gmelin erwähnte die tradierten Vorstellungen, wie sie etwa mit dem Horn von Saint-Denis verbunden waren, als obsolet und betonte die Herkunft der Funde vom Narwal. Er sei

> fast geneigt zu glauben, es sey auch vor diesem ein Narhwal [sic], vielleicht nur als ein Fremdling, dann und wann in der See gewesen, der etwa seinen Zahn abgestoßen hätte. Denn dieses habe ich schon oben gesagt, daß viele Spuren vorhanden sind, daß das Eismeer sich vor diesem viel weitern nach Süden erstrecket habe, als in jetzigen Zeiten; folglich ist es kein Wunder, wann man heut zu Tage Ueberbleibsel von Seethieren weit von der See im trockenen findet.[50]

So zog sich die naturwissenschaftliche Auseinandersetzung mit den Überlieferungen zum Einhorn bis weit ins 18. Jahrhundert. Dabei hatte schon der Arzt und Medizinprofessor Michael Bernhard Valentini 1704 in seinem umfangreichen *Museum Museorum*, als *Vollständige Schau-Bühne Aller Materialien und Specereyen* ein Kompendium zur Naturkunde, die vier verschiedenen unter der Bezeichnung „Einhorn“ bekannten Phänomene zusammengestellt. Ein Kupferstich illustriert das 30. Kapitel im dritten Buch *Von dem wahren und gegrabenen Einhorn* (Kat. 51).

Das *Unicornu fossile* zeigt die Rekonstruktion des Skeletts eines angeblichen Einhorns, das 1663 in einer Höhle im Harz gefunden worden war und durch eine posthume Veröffentlichung des Universalgelehrten und Philosophen Gottfried Wilhelm Leibniz 1749 Bekanntheit erhalten sollte.[51] Das *Unicornu officinale* stellt das in den Apotheken verwendete „Horn“ vor, den Zahn des Narwals, der als vollständiges Tier unter der Bezeichnung *Unicornu marinum* abgebildet ist. Das in der europäischen Bildwelt als pferdeähnlich gedachte Einhorn bezeichnete Valentini explizit als *Unicornu fictitium*, als erfundenes Einhorn. Zunächst erklärte er Aussehen und Herkunft des Narwalzahns:

> Das rohe oder wahre Einhorn / in den Apothecken *Unicornu Verum*, oder *Unicornu Marinum* genannt / ist ein sehr langer / gestreiffter und gleichsam gewunden oder gedräheter Zahn eines gewissen Grönländischen Wall-Fisches / siehet äusserlich gelb / inwendig aber weiß aus; wird von den Grönland-Fahrer nebst den See-Hund-Fellen / Thraan und dergleichen aus Grönland gebracht.[52]

Valentini betonte die Zweifel von Naturforschern, ob das bis dahin noch nicht gesehene pferdeähnliche „Einhorn“ irgendwo auf der Welt gefunden werden könne:

> Ob man nun über dieses anjetzo beschriebenes Einhorn noch ein anderes *Unicornu Verum* in der Welt finden könne / welches an der Stirn eines vierfüssigen und einem Pferd gleich sehenden Thiers (wie biß daher viele geglaubet und vorgegeben haben) hervor schiesse? wird von klugen und vorsichtigen Naturkündigern nicht unbillich gezweiffelt.

Valentini kritisierte den erwähnten Apotheker Laurent Catelan aus Montpellier als Verfechter der Vorstellung vom Einhorn. Er berief sich auf den italienischen Arzt und Philosophen Andrea Bacci, der das in der Bibel erwähnte Tier als Nashorn identifiziert habe.[53] Schließlich rechnete Valentini mit der christlichen Vorstellung ab, das Einhorn könne von einer Jungfrau gefangen werden:

> Es will sich gar nicht zusammen raumen / daß da dieses Thier so rar / wild / und nur in der Einöde zufinden / doch in dem Schooß einer reinen Jungfrauen soll gezeuget werden / welche dahin niemahl kommet: Und wann es so rar ist / wo kommen so viel hundert Hörner her / die man hin und wieder findet und täglich verbraucht?

Da das pferdeähnliche Einhorn „ganz erdichtet“ sei, könnten die Hörner nicht von ihm stammen. Überdies werde es auf die unterschiedlichste Weise dargestellt, schrieb Valentini, und verwies auf das pharmazeutische Lehrbuch von Pierre Pomet, die *Histoire générale des drogues* (Allgemeine Geschichte der Arzneien) von 1694, in der ein Kupferstich ein „Rendevous“ von fünf verschiedenen Arten des Einhorns zeige (siehe Kat. 55):

Weswegen ganz falsch ist / das solche von einen so raren Thier herkommen sollen / welches ganz erdichtet / und deswegen so wohl von Gelährten als Ungelährten auch auff so mancherley Weiß beschrieben und abgemahlet wird / daß man einen ganzen Bogen damit anfüllen kan / wie in des *Pometi Histoire des Drogues Part. 2. Lib. 1. p. 9.* zu sehen ist / allwo diese Hirn-Thiere gleichsam *Rendezvous* halten.

Valentini empfahl, sich von solchen Vorstellungen fernzuhalten: „Ist derohalben sicherer / man *meslire* sich mit diesen Meynungen gar nit."[54] Spätestens damit war die wissenschaftliche Diskussion zum Einhorn abgeschlossen. Es blieb Künstlerinnen und Künstlern seit Ende des 19. Jahrhunderts vorbehalten, sich weiterhin mit dem Fabeltier zu beschäftigen.

MPH

Drittes Buch/ von allerhand Thieren. 481

Schurtzius spricht ohne Scheu/ es seye ein Compositum, und bezeuget auch *Dale p. 57.* seiner *Pharmacol.* daß sie von den Apotheckern in Engeland also gemacht/ doch auch aus Ost-Indien gebracht werde. *Marxius* will zwar solches schlechterdings nicht statuiren / hält aber doch darvor / daß gemeiniglich eine Verfälschung von obigen Stücken dabey sey/ anbey bezeugend/ daß/ weilen schlechter Abgang davon/ und selbiger langsam gesucht werde/ die Materialisten auch dessen nicht viel im Vorrath hätten/ obwohlen sie bey weitem nicht so theuer / wie der vorige sey. Mir ist ein Stück zu Handen kommen/ so in Indien auff der See gefunden/ und vor die unreiffe Ambra Grysea gehalten werden will.

Den Gebrauch der grauen Amber anbelangend / so hat sie wegen der flüchtigen und schwefelichten Theilgen eine sehr erwärmende und stärckende Krafft/ womit sie die Beweg- und Lebens-Geister sehr erfreuen und erfrischen kan; weswegen der Englische Cantzlar *Baco de Verulamio* dieselbe an einem Ort zu Erhaltung eines gesunden und langen Lebens rühmet. Wird derowegen in sehr vielen Haupt-Kranckheiten/ wie auch andern Schwachheiten des gantzen Leibes / absonderlich des Hertzens bey alten betagten Leuten sehr gerühmet/ wie solches der seel. *D. Metzgerus*, vor diesem allhier zu Giessen und nachmahl zu Tübingen berühmter Professor und Medicus in seinem *Tractat* **von der Amber** (so dessen Herr Eydam *D. Lentilius* nach seinem Todt heraus gegeben) weitläufftig gezeiget / und obbelobter *Nicolas Chevalier* in seinem *Tr.* **von dem Ursprung und Krafft des grauen Ambers** gelehret hat. Weilen sie aber wegen des grossen Preises vor sich und in Substantiâ (da sie mit Zucker genossen / sonsten den alten sehr dienlich ist) nicht leicht kan verschrieben werden / so wird mit dem rectificirten Brandewein eine Gold-gelbe Essentz daraus gemacht/ so gemeiniglich verschrieben wird; gleichwie sie auch noch in viele in- und äusserliche Compositiones kommet / und absonderlich in grosser Menge von den Parfumirern zu allerhand parfurmirten Küßlein/ Handschuh/ Beuteln/ Haar-Puder/ Rauchwerck und dergleichen Galanterien verthan wird; Worzu doch die schwartze Amber mehr dienlich ist / als welche fast gar nicht innerlich gebrauchet wird/ wiewohlen sie äusserlich in allerhand Balsamen der Grauen Stelle einiger Weiß vertretten könte/ als deren Würckungen und Qualitäten sie etwas nahe kommet. **Joh. Limberg** gedencket auch in seinem *Itiner. p. 531.* eines Leuchters der von Ambra gemacht/ und mit Gold eingefasset seye / so auff 12000. Cronen geschätzet worden. So meldet auch *Talander* **in der Historischen Reiß-Beschreibung durch Italien** *p.* 390. daß in der Kirchen zu Loretto ein Crucifix/ Leuchter / Becken und Gieß-Kanne von Amber verfertiget/ zu sehen seyn / welche alle von grossen Werth sind.

Das XXX. Capitel.

Von dem wahren und gegrabenen Einhorn.

Ppp §. I. Das

51

Deutsch (Frankfurt am Main?)
Von dem wahren und gegrabenen Einhorn, in:
Michael Bernhard Valentini (1657–1729)
Museum Museorum, Oder Vollständige Schau-Bühne Aller Materialien und Specereÿen [...], Frankfurt am Main:
Johann David Zunner 1704, S. 481
Kupferstich, 121 × 205 mm
Potsdam:
Inv.-Nr. M: Na 2° 4
Herzog August Bibliothek, Wolfenbüttel
Paris:
Inv.-Nr. 330 (1)
Bibliothèque interuniversitaire de santé – pharmacie, Paris
Lit.
nicht bei Einhorn 1998
Schönberger 1935/36, S. 215 f.
Helas 2015, S. 121 f.
Duffin 2017, S. 222, 224

Sagenhafte Kraft gegen Gift. Das Einhorn in der Heilkunde

Bereits die frühesten Quellen sprachen dem Horn des Einhorns medizinische Eigenschaften zu. Wer aus einem Gefäß trinke, das daraus gefertigt ist, sei gefeit gegen Krampf und Epilepsie, und selbst Gifte würden neutralisiert. In einer christlichen Legende hieß es, das Einhorn reinige einen See vom Gift einer Schlange, indem es mit seinem Horn ein Kreuz über dem Wasser schlage.

Auf dieser Überlieferung gründete im Mittelalter der Glaube an die heilende Wirkung des Einhorn-Horns. Fürsten ließen sich daraus Trinkpokale anfertigen und überprüften ihre Speisen mit Stücken dieses Horns. In Pulverform war es ein begehrtes Heilmittel gegen nahezu alle Krankheiten. Die Verwendung einer solchen Substanz in Arzneien war lange Zeit keineswegs unüblich, kamen doch auch Materialien wie Edelsteine, rote Korallen oder Eberzähne zum Einsatz.

Im 16. Jahrhundert begannen Ärzte, den Nutzen des Hornpulvers zu bezweifeln. Doch blieb es weiterhin Teil von Arzneirezepturen. Der anhaltende Glaube an seine Heilkraft spiegelt sich auch im Namen der Einhorn-Apotheken.

In seinem Drama *Romeo und Julia,* 1597 in London uraufgeführt, lässt William Shakespeare die männliche Hauptperson einen zwielichtigen Apotheker aufsuchen, um ein tödliches Gift zu erwerben. Dies hatte er für sich selbst bestimmt. Andere Figuren in Shakespeares Stücken wie Hamlets Vater sterben durch einen Giftanschlag. Die Beseitigung von Rivalen oder Gegnern mit Gift war im 16. Jahrhundert ein verbreitetes Phänomen. Das war einer der Gründe, weshalb das Horn des Einhorns, das nach antiker Überlieferung vor Vergiftung schützen und gegen Gifte aller Art helfen sollte, in höfischen Kreisen begehrt war.[1]

Auch Kaiser Maximilian I., der bis zu seinem Tod 1519 regierte, sah sich Versuchen seiner Feinde ausgesetzt, ihn zu vergiften. Davor sollte ihn ein Stück vom Einhorn-Horn auf seinem Esstisch bewahren. So jedenfalls schildert es der *Theuerdank,* die monumentale Biographie des Kaisers, in einer Fassung vom Ende des 17. Jahrhunderts.[2] Ein Holzschnitt illustriert, *Wie dem freudigen Edlen Held Theurdanck im Essen sollte vergeben worden seyn / darvor Er aber gewarnet ward* (Kat. 52). Der dazugehörige Text von Matthäus Schultes berichtet, dem Kaiser hätten „seine Feinde / mit Gifft nachgestellet“, doch vergebens:

> Darvon Ihne aber / ein in Gold gefaßtes Stuck Einhorn / welches Er immer bey sich auff der Tafel hatte / jedesmahls gewarnet / in dem es / wann eine vergiffte Speise auffgesetzet worden zu schwitzen angefangen.

Die dazugehörige Illustration, vermutlich von dem Augsburger Maler und Holzschneider Leonhard Beck, zeigt den Kaiser unter einem Baldachin, wie er allein und in voller Rüstung zu Tisch sitzt. Ein Diener serviert. Rechts steht, ebenfalls im Harnisch, der Hofmann Neidelhart, einer der Verschwörer. Theuerdanks Vertrauter Ernhold eilt herbei und warnt ihn vor den Anschlagplänen. Auf der sparsam ausgestalteten Tafel liegen nur wenige Gegenstände. Welches von

Die XCVI. Figur.

Wie dem freudigen Edlen Held Theurdanck im Essen solte vergeben worden seyn/ darvor Er aber gewarnet ward.

Uber alle diese außgestandene Gefährden / ward Ihme auch zum öfftern / durch die Könige in Franckreich/ welche gemeint seiner Person/ den Oesterreichischen Ertz=Stammen außgerottet hetten/und andere seine Feinde/mit Gifft nachgestellet: Darvon Ihne aber/ ein in Gold gefaßtes Stuck Einhorn/ welches Er immer bey sich auff der Tafel hatte/ jedesmahls gewarnet/ in dem es/ wann eine vergiffte Speise auffgesetzet worden zu schwitzen angefangen.

Gar

52

Leonhard Beck (um 1480–1542)?
Ritter Theuerdank hat ein Stück Einhorn auf seinem Esstisch liegen (Wie dem freudigen Edlen Held Theurdanck im Essen sollte vergeben worden seyn / darvor Er aber gewarnet ward),
Einzelblatt, aus:
Matthäus Schultes (tätig 1677–1693) nach Melchior Pfinzing (1481–1535)
Der Aller-Durchleuchtigste Ritter, Oder Die Rittermässige, hoch-theure, höchst-gefährliche und Glorwürdigste Groß-Thaten, Abentheuer, Glücks-Wechslungen und Siges-Zeichen Deß [...] Heldens Maximiliani I [...], Ulm oder Augsburg: Matthäus Schultes oder Daniel Görlin, 1679 oder 1693, Tafel 96
Holzschnitt, 147 × 140 mm
Privatsammlung
Lit.
nicht bei Einhorn 1998

ihnen das erwähnte Stück vom Einhorn-Horn sein soll, lässt sich nicht erkennen. Der Holzschnitt entstammt der ersten Ausgabe des *Theuerdank* von 1517. Diese erwähnt an jener Stelle zwar das Gift, jedoch nicht das Einhorn.[3]

Dessen Nennung findet sich erst in der neuen Ausgabe von 1679, veranstaltet von dem in Ulm tätigen Verleger Matthäus Schultes. Dieser hatte die über hundert originalen Druckstöcke der Erstausgabe nach über 150 Jahren wiedergefunden und den Text gekürzt sowie in Teilen neu geschrieben. Für diese Stelle stützte er sich auf Angaben im 1559 verfassten *Ehrenspiegel des Hauses Österreich* von Clemens Jäger, der ausführlich von Giftplänen und dem rettenden Einhorn berichtet (siehe S. 352). Mit der Erwähnung dieses Stücks Einhorn machte Schultes seine Erzählung reizvoller und stellte einen Bezug zwischen seinem Text und der übernommenen Illustrationen mit dem Kaiser am Esstisch her. Schultes' Fassung des *Theuerdank* erzielte zwischen 1679 und 1693 fünf Auflagen.

Wie ein solches bei Tisch verwendetes Stück vom Einhorn-Horn ausgesehen haben könnte, zeigt *Das Danny-Schmuckstück* von um 1550 (Kat. 53), benannt nach dem Landsitz Danny House in Sussex. Die Preziose besteht aus einem halbrunden Teil polierten Narwalzahns, in Gold gefasst und mit einem emaillierten Medaillon in blau-weißem Arabeskenmuster verziert. Von dem Medaillon wie von den mit Löwenköpfen geschmückten Enden gehen drei goldene Ketten aus, die ein Ring zusammenfasst. Dieser edle Zierat hätte auf dem Esstisch liegen, in einen Weinpokal getaucht oder als Unheil abwehrendes Amulett um den Hals getragen werden können. Einige Kratzer auf der Rückseite könnten auf Abschabungen zur Gewinnung von Einhorn-Pulver zurückgehen.

Die Frage der Wirksamkeit des Einhorn-Horns gegen Gift beschäftigte im 16. Jahrhundert Mediziner, Pharmakologen und Naturforscher. Der Zürcher Arzt Conrad Gessner (siehe Kat. 44), der an der Schwelle zur neuzeitlichen Wissenschaft stand, lehnte die im *Theuerdank* beschriebene Gift anzeigende Fähigkeit des Einhorns ab. In seiner 1563 in deutscher Übersetzung erschienenen *Tiergeschichte* schrieb er gegen dieses Verfahren an:

> Es ist auch falsch und ein Betrug, dass man sagt, wo Einhorn liege und Gift hinzukomme, schwitze das Einhorn. Es kann wohl sein, dass es gelegentlich schwitzt wie harte ganze Körper wie Stein oder Glas, an denen aufsteigende Dämpfe und Feuchtigkeiten gefrieren und dann wieder vergehen, daran hat [aber] das Gift keine Ursache.[4]

Während er die Vorstellung der kontaktlosen Giftanzeige ablehnte – wohl weil sie magisch ist –, zweifelte Gessner nicht an der Wirksamkeit der Substanz bei ihrer Einnahme. Dazu empfahl er einen Tierversuch: „Man gibt zwei Tauben Arsen zu essen, der einen gibt man ein wenig Einhorn zu trinken. Bleibt sie lebendig, so ist es das wahre Einhorn, wenn die andere stirbt." Gessner scheint diesen Versuch, über den auch Zeitgenossen berichteten (siehe S. 354 f.), nicht unternommen zu haben. Wahrscheinlich unterließ er dies aus finanziellen Gründen, wie er weiter schreibt: „Die Reichen mögen das wohl versuchen, wenn sie wollen: denn das wahre Einhorn gibt man so teuer, dass man es mit Gold

53

Englisch
Das Danny-Schmuckstück, um 1550
Narwalzahn, Gold, Emaille,
8,4 × 6,1 × 1,7 cm
Inv.-Nr. M. 97–1917
Victoria and Albert Museum, London,
Vermächtnis Bryan
Lit.
nicht bei Einhorn 1998
Beer 1977, Abb. 146
Duffin 2015
Duffin 2017, S. 221 f.

aufwiegt." Jedenfalls bilanzierte er unter Berufung auf die medizinische Praxis: „die Erfahrung hat ergeben und gezeigt, dass einer, der Gift aß, schon aufgeschwollen, ein wenig Einhorn eingenommen, gesund wurde." Bei Martin Luther, der wenige Jahre zuvor, 1546, auf seinem letzten Krankenlager Einhorn-Pulver verabreicht bekam, hatte diese Medizin allerdings nicht geholfen (siehe S. 351).

Auch Gessners Zeitgenosse, der Chirurg Ambroise Paré, der in seinem *Discours de la mumie et la licorne* (Rede über die Mumie und das Einhorn) 1582 aufs Heftigste gegen jede medizinische Wirkung des Horns polemisierte (siehe S. 354), gestand diese zumindest einer exotischen Einhorn-Art zu, dem seltsamen Phantasiewesen Camphurch. Von diesem Amphibientier, das auf den Molukken leben sollte, hatte er aus der 1575 erschienenen *Cosmographie universelle* (Allgemeinen Kosmographie) des phantasievollen Entdeckungsreisenden André Thevet erfahren. Paré bildete das Camphurch in seinen 1582 auf Latein veröffentlichten *Opera* (Werke) in der Abteilung Monstren und Wunder ab (Kat. 54) und beschrieb es detailliert:

> Es ist so groß wie ein Hirsch und trägt ein bewegliches Horn auf der Stirn, das fast wie der Kamm eines indischen Hahns aussieht. Es ist dreieinhalb Fuß lang und nicht dicker als ein menschlicher Arm. Sein Hals ist mit grauem Fell bedeckt. Es hat zwei Schwimmfüße wie eine Gans, mit denen es in Süß- und Salzwasser schwimmt. Seine Vorderfüße ähneln denen eines Hirsches; es ernährt sich von Fisch. Die meisten glauben, dieses Tier sei eine Art des Einhorns; daher sei sein Horn wirksam gegen Gifte.[5]

Auch wenn das Camphurch ein kurioses Mischwesen ist, zeigt die Abbildung ein Stirnhorn, das der vertrauten Form des Narwahlzahns nachempfunden ist. Und das, obwohl Paré zumindest dem in Europa bekannten Einhorn die Heilkraft absprach – ohne allerdings die Existenz dieser Tierart zu bezweifeln.

In beidem folgte ihm rund hundert Jahre später der Drogist Pierre Pomet, Apotheker Ludwigs XIV. und Inhaber einer Arzneimittelhandlung in Paris. Auf Reisen durch Europa hatte er zahlreiche Rezepturen gesammelt. Das war die Grundlage für seine 1694 veröffentlichte *Histoire générale des drogues* (Allgemeine Geschichte der Arzneien). Sie erschien 1712 auf Englisch und 1717 unter dem Titel *Der aufrichtige Materialist und Specerey-Händler* auf Deutsch. Dort heißt es über das Einhorn, es

54

Französisch
Camphurch, in:
Ambroise Paré (1509/10–1590)
Opera (Werke), aus dem Französischen übers. von Jacques Guillemeau, Paris: Jacques Du Puys 1582, S. 791
Holzschnitt, 137 × 162 mm
Potsdam:
Inv.-Nr. 2" Jg 7335
Staatsbibliothek zu Berlin – Preußischer Kulturbesitz, Abteilung Handschriften und Historische Drucke
Paris:
Discours d'Ambroise Paré [...] de la mumie, de la licorne, des venins, et de la peste (Rede von Ambroise Paré über die Mumie, das Einhorn, die Gifte und die Pest), Paris: Gabriel Buon 1582, fol. 20v
Inv.-Nr. 4-TE151-794
Bibliothèque nationale de France, Paris, réserve des Livres rares et précieux
Lit.
nicht bei Einhorn 1998

> ist ein Thier, welches uns die Naturkündiger unter der Gestalt eines Pferdes darstellen, das mitten auf der Stirne ein zwey oder drey Ellen langes und schlangenweis gedrehetes Horn habe. Allein, weil man bis auf diese Stunde die wahre Beschaffenheit der Sache nicht zu erfahren vermocht hat, darum will ich vermelden, daß dasjenige, was wir unter dem Namen des Horns vom Einhorn verkauffen, das Horn von einem Fische sey, welchen die Eisländer Narwall nennen.[6]

Während „die wahre Beschaffenheit" des Landtieres Einhorn für Pomet noch nicht geklärt war, stand für ihn die maritime Herkunft des „Horns" vom Narwal fest, wie sie Gelehrte wie Thomas Bartholin kurz zuvor bewiesen hatten (siehe Kat. 48). Ungeachtet dieser Klarstellung bezüglich der Herkunft des angeblichen Einhorn-Horns zeigt der Kupferstich *Verschiedene Arten des Einhorns* (Kat. 55), der in der französischen und seitenverkehrt in der deutschen Ausgabe abgebildet ist, zumindest bei einem der fünf Tiere das Horn in der Form des Narwalzahns. Auch das einhörnige Camphurch ist, gestaltet nach der Vorlage bei Ambroise Paré, mit aufgeführt. So blieb das Einhorn, ungeachtet aller neuzeitlichen Rationalität, weiterhin im Gespräch.

Keinerlei Zweifel hatte der Pharmazeut Pomet aber am Fehlen jeder medizinischen Wirkung, der „vortrefflichen Eigenschaften" des Horns. Wie fast 150 Jahre zuvor Conrad Gessner wies er auf den – zu seiner Zeit allerdings schon gesunkenen – materiellen Wert hin:

> Ehedessen wurde dieses Horn, wegen seiner vortrefflichen Eigenschaften, die ihm von den Vorfahren beygeleget worden, sehr stark gebrauchet, und sonderlich wider den Gift, daher es auch von grossen Herren so werth gehalten, und eben um dieser Ursache willen gegen gleich so schweres Gold verkauffet ward. Welcher Irrthum also eingenistet, daß es noch aniezo Leute giebet, die sich solches dermassen veste eingebildet, daß sie es haben müssten, sollte es auch noch so theuer seyn.

55

Französisch
Verschiedene Arten des Einhorns, in:
Pierre Pomet (1658–1699)
Histoire générale des drogues, traitant des plantes, des animaux, & des minéraux (Allgemeine Geschichte der Arzneien, behandelt die Pflanzen, Tiere und Mineralien),
Paris: Jean-Baptiste Loyson und Augustin Pillon 1694, 2. Teil, 1. Buch, 2. Kapitel, S. 9
Kupferstich, 160 × 220 mm
Potsdam:
Inv.-Nr. M: Mf 2° 11
Herzog August Bibliothek, Wolfenbüttel
Paris:
Inv.-Nr. F2C49
École Polytechnique, Palaiseau
Lit.
nicht bei Einhorn 1998
Miller 1960/61, S. 91; Abb. S. 90
Beer 1977, Abb. 129
Fischer/Cossu Ferra Fischer 2011, S. 272
Gerritsen 2011, S. 159
Duffin 2017, S. 215

Dieser Irrtum hatte sich auch in einem der erfolgreichsten deutschen Arzneibücher des 17./18. Jahrhunderts eingenistet, im *Artzney-Schatz*, wie *Johann Schröders vollständige und nutz-reiche Apotheke* abgekürzt genannt wurde. Der 1599 oder 1600 geborene Schröder war Stadtarzt in Frankfurt am Main, die erste Ausgabe seines Lehrbuchs der Pharmazie erschien 1644 in lateinischer Sprache. 21 Jahre nach seinem Tod, 1685, veröffentlichte der Arzt Friedrich Hoffmann, Medizinprofessor in Halle, eine Übersetzung, die er mit aktualisierenden Kommentaren versah.

Der Abschnitt über das Einhorn ist kennzeichnend für den Kenntnisstand, wie er sich in den vier Jahrzehnten zwischen der Erstausgabe und der Übersetzung verändert hatte. Zunächst heißt es über das Einhorn: „Es soll ein Thier seyn / das dem Leibe nach schier einem Pferde gleichet / mit gespaltenen Klauen / und an der Stirnen ein grosses Horn träget.“[7] Nach Schröders Zusammenstellung der Ansichten früherer Autoren kommentierte der Übersetzer Hoffmann:

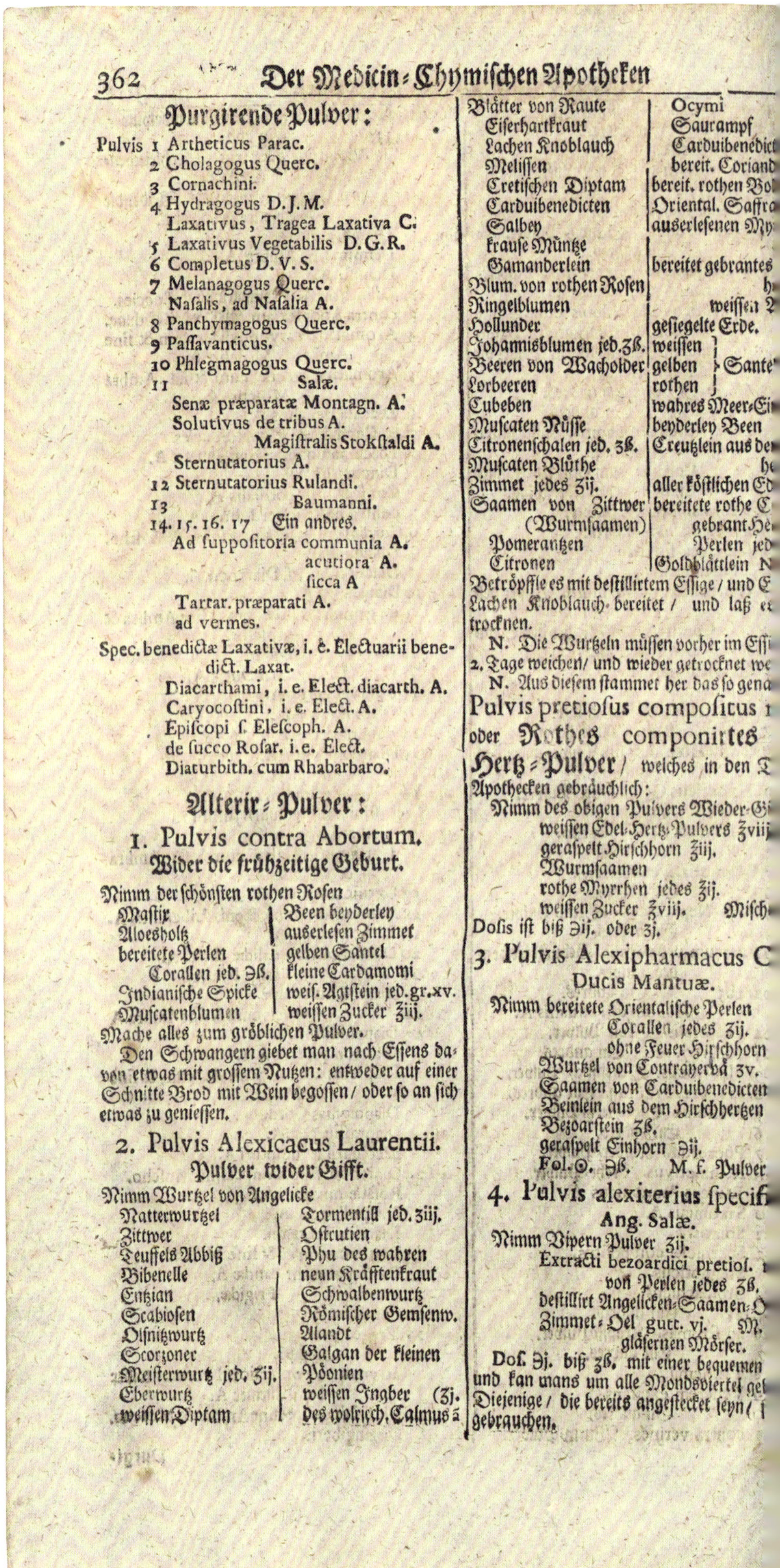
362 Der Medicin-Chymischen Apotheken

Purgirende Pulver:

Pulvis 1 Artheticus Parac.
2 Cholagogus Querc.
3 Cornachini.
4 Hydragogus D. J. M.
Laxativus, Tragea Laxativa C.
5 Laxativus Vegetabilis D. G. R.
6 Completus D. V. S.
7 Melanagogus Querc.
Nasalis, ad Nasalia A.
8 Panchymagogus Querc.
9 Passavanticus.
10 Phlegmagogus Querc.
11 Salæ.
Senæ præparatæ Montagn. A.
Solutivus de tribus A.
Magistralis Stokstaldi A.
Sternutatorius A.
12 Sternutatorius Rulandi.
13 Baumanni.
14. 15. 16. 17 Ein andres.
Ad suppositoria communia A.
acutiora A.
sicca A
Tartar. præparati A.
ad vermes.
Spec. benedictæ Laxativæ, i. e. Electuarii benedict. Laxat.
Diacarthami, i. e. Elect. diacarth. A.
Caryocostini, i. e. Elect. A.
Episcopi s. Elescoph. A.
de succo Rosar. i. e. Elect.
Diaturbith. cum Rhabarbaro.

Alterir-Pulver:

1. Pulvis contra Abortum.
Wider die frühzeitige Geburt.

Nimm der schönsten rothen Rosen
Mastix | Been beyderley
Aloesholtz | auserlesen Zimmet
bereitete Perlen | gelben Santel
Corallen jed. ℈ß. | kleine Cardamomi
Indianische Spicke | weis. Agtstein jed. gr. xv.
Muscatenblumen | weissen Zucker ℥ij.
Mache alles zum gröblichen Pulver.
Den Schwangern giebet man nach Essens davon etwas mit grossem Nutzen: entweder auf einer Schnitte Brod mit Wein begossen / oder so an sich etwas zu geniessen.

2. Pulvis Alexicacus Laurentii.
Pulver wider Gifft.

Nimm Wurtzel von Angelicke
Natterwurtzel | Tormentill jed. ʒiij.
Zittwer | Ostrutien
Teuffels Abbiß | Phu des wahren
Bibenelle | neun Kräfftenkraut
Entzian | Schwalbenwurtz
Scabiosen | Römischer Gemsenw.
Olsnitzwurtz | Alandt
Scorzoner | Galgan der kleinen
Meisterwurtz jed. ℥ij. | Pöonien
Eberwurtz | weissen Ingber (ʒj.
weissen Diptam | des wolriech. Calmus ā

Blätter von Raute
Eiserhartkraut
Lachen Knoblauch
Melissen
Cretischen Diptam
Carduibenedicten
Salbey
krause Müntze
Gamanderlein
Blum. von rothen Rosen
Ringelblumen
Hollunder
Johannisblumen jed. ʒß.
Beeren von Wacholder
Lorbeeren
Cubeben
Muscaten Nüsse
Citronenschalen jed. ʒß.
Muscaten Blüthe
Zimmet jedes ℥ij.
Saamen von Zittwer (Wurmsaamen)
Pomerantzen
Citronen

Ocymi
Saurampf
Carduibenedict
bereit. Coriand
bereit. rothen Bo
Oriental. Saffra
auserlesenen My
bereitet gebrantes
h
weissen
gesiegelte Erde.
weissen
gelben } Sante
rothen
wahres Meer-Ei
beyderley Been
Creutzlein aus de
h
aller köstlichen Ed
bereitete rothe C
gebrant He
Perlen jed
Goldblättlein N

Betröpffle es mit destillirtem Essige / und E
Lachen Knoblauch bereitet / und laß e
trocknen.
N. Die Wurtzeln müssen vorher im Essi
2. Tage weichen / und wieder getrocknet we
N. Aus diesem stammet her das so gena
Pulvis pretiosus compositus
oder Rothes componirtes
Hertz-Pulver / welches in den
Apothecken gebräuchlich:
Nimm des obigen Pulvers Wieder-Gi
weissen Edel-Hertz-Pulvers ℥viij
geraspelt Hirschhorn ℥iij.
Wurmsaamen
rothe Myrrhen jedes ℥ij.
weissen Zucker ℥viij. Misch
Dosis ist biß ℈ij. oder ʒj.

3. Pulvis Alexipharmacus C
Ducis Mantuæ.

Nimm bereitete Orientalische Perlen
Corallen jedes ℥ij.
ohne Feuer Hirschhorn
Wurtzel von Contrayervå ʒv.
Saamen von Carduibenedicten
Beinlein aus dem Hirschhertzen
Bezoarstein ʒß.
geraspelt Einhorn ℈ij.
Fol. ☉. ℈ß. M. f. Pulver

4. Pulvis alexiterius specif
Ang. Salæ.

Nimm Vipern Pulver ℥ij.
Extracti bezoardici pretios.
von Perlen jedes ʒß.
destillirt Angelicken-Saamen-O
Zimmet-Oel gutt. vj. M.
gläsernen Mörser.
Dos. ℈j. biß ʒß. mit einer bequemen
und kan mans um alle Mondsviertel ge
Diejenige / die bereits angestecket seyn
gebrauchen.

56

Johann Schröder (1599/1600–1664)
Pulvis Alexicacus Laurentii. Pulver wider Gifft, in:
D. Johann Schröders vollständige und nutz-reiche Apotheke […], aus dem Lateinischen übers. von Friedrich Hoffmann, hrsg. von Georg Daniel Koschwitz, 2., erw. Ausg., Frankfurt am Main und Leipzig: Johann Hoffmanns und Engelbert Strecks Witwen 1709, S. 362
329 × 190 mm (Seite)
Inv.-Nr. 4" Jl 3347<2;a>
Staatsbibliothek zu Berlin – Preußischer Kulturbesitz, Abteilung Handschriften und Historische Drucke
nur in Potsdam ausgestellt
Lit.
nicht bei Einhorn 1998
Duffin 2017, S. 229, 240, 245

> Allhier hält es unser *Autor* mit den Alten / indem er darvor hält / das Einhorn sey ein dem Pferde gleiches Thier / das sein Horn auf den Stirnen trage. Allein die öffters in Grön- und Ißland schiffende Handels-Leute haben nach dem Tode unsers *Autoris* dieses Thier mit seinem Horn besser entdecket / ist deswegen ermeldeter unser seeliger Autor zu entschuldigen.

Hoffmann erläuterte, es handele sich um den Zahn des Narwals, der „von grossen Herrn biß hieher vor das Einhorn gehalten worden / welches wie sie gegläubet / von einem irdischen Thiere soll entsprungen seyn". Nachdem er Schröders Ausführungen über die medizinische Wirkung stehen ließ, korrigierte er ihn erneut: „Und was unser Autor dem vermeynten Einhorn vor Kräffte zuschreibet / diese kommen alle dem Grönländischen zu." Für Hoffmann hatte also der Narwalzahn die sagenhafte Gift neutralisierende Wirkung.

Nachdem bis in die Frühe Neuzeit einzig der als Horn des Einhorns angesehene Narwalzahn als Heilmittel gegolten hatte, debattierten die Mediziner in der zweiten Hälfte des 17. Jahrhunderts über verschiedene Varianten. Dabei kam es auch zu begrifflichen Verwirrungen. Die in dieser Zeit vielfach bei Grabungen gefundenen Überreste des Mammuts galten als gegrabenes oder fossiles Einhorn (*Unicornu fossile*), das manche auch als wahres Einhorn (*Unicornu verum*) bezeichneten. Diese Benennung kam auch für den Narwalzahn vor, auch *Unicornu marinum* genannt. Mit *Unicornu falsum* schließlich konnten andere Ausgrabungsfunde als Mammutknochen oder auch der Zahn des Narwals bezeichnet werden.

In seinen Rezepturen verwendete Johann Schröder sowohl gegrabenes als auch „wahres Meeres-Einhorn". Letzteres enthielt etwa das *Pulvis Alexicacus Laurentii, Pulver wider Gifft* (Kat. 56). Der aus dem Griechischen stammende Begriff *Alexicacus*, ein Beiname des Apollo, bedeutet Unheilabwehrer; *Laurentii* bezieht sich auf den Urheber der Rezeptur, vermutlich den 1630 verstorbenen Arzt und Naturforscher Laurentius Hoffmann aus Halle an der Saale, den Urgroßvater des Übersetzers.

„Nimm Wurzel von Angelicke", gemeint ist Engelwurz, hebt das Rezept gegen Gift an, danach folgen über fünfzig Zutaten, darunter Natterwurzel, Zittwer, Teuffels-Abbiß, Bibinelle, Scabiose, Olßnitzwurz, Sorzoner, Eberwurz, Tormentill, Schwalbenwurz, Galgant der kleinen Päonien, Eisenhartkraut, Carduibenedicten, Orientalischer Saffran, auserlesene Myrrhen, bereitetes gebranntes Hirschhorn, weißer Agtstein, gesiegelte Erde, Kreuzlein aus den Hirschherzen, rote Korallen, gebranntes Elfenbein, Goldblättlein.[8] „Wahres Meer-Einhorn" ist auch dabei.

Nur selten stehen Mengenangaben, etwa bei den Myrrhen zwei Scrupel, also etwa 2 ½ Gramm, oder beim roten Bolus drei Drachmen, etwa 10 Gramm. Das Ganze sollte mit einer Essiglösung genässt werden: „Betröpffle es mit destillirtem Eßige, und Eßige von Lachen Knoblauch bereitet, und laß es wieder trocknen." Die Vielzahl von Ingredienzien war in diesem Arzneibuch keineswegs ungewöhnlich, bei einem Rezept gegen Kolik, das nur zwei Bestandteile hatte, sah sich der Autor zu einem klärenden Hinweis genötigt: „Es lasse sich niemand die Einfalt bethören, daß er dieses Pulver wegen seiner wenigen Stücke und unansehnlichen Bereitung in Zweiffel ziehen wolle. Wer es gebrauchen wird, derselbe mag selbst Zeugniß davon geben. Ein guter Wein bedarff keinen Kranz."[9]

Das Rezept für das „Pulver wider Gifft" scheint aus heutiger Sicht nach der Devise „Vielerlei hilft viel" komponiert zu sein. In dieser Hinsicht ist die Einbeziehung des Einhorns nichts Besonderes. Angesichts der damaligen fachlichen Kontroversen erstaunt allerdings die Selbstverständlichkeit seiner Verwendung. Diese war jedoch mit einer Preisgabe der herausragenden Rolle verbunden. Seit der Antike galt das Einhorn-Horn als mit außerordentlicher Wirkung begabt. Zur Giftbeseitigung benötigte es keine weiteren Zutaten. Die in der Rezeptur vorgenommene Relativierung seiner Bedeutung spiegelte sich nicht im populären Glauben an die Heilkraft des Einhorns.

Die Debatten der Ärzte und Pharmazeuten im 16./17. Jahrhundert über die medizinische Wirkung des Einhorn-Horns und ihre Verneinung konnten der tief verwurzelten Vorstellung vom heilenden Effekt des Einhorns keinen Abbruch tun. Im Gegenteil, sie nahm zu. Dies wurde an der Stelle konkret, an der Kranke nach helfender Arznei suchten: in der Apotheke. Hier erhielt das legendäre Einhorn, inzwischen längst seiner christlichen Bezüge entkleidet, unmittelbare Präsenz in der Lebenswirklichkeit der Menschen. Mehr noch – die Einnahme von Einhorn-Präparaten, die Einverleibung, kann auch als eine säkularisierte Form der Eucharistie verstanden und damit als ferne Anknüpfung an die ehemalige christliche Symbolik des Einhorns gesehen werden.

In Deutschland nannten sich zahlreiche Apotheken nach dem Einhorn, einzelne Beispiele finden sich auch in Holland, Frankreich oder Schweden. Mit ihrer Namensgebung wollten sie vom Ruf des legendären Horns als Wundermittel profitieren. Viele Einhorn-Apotheken entstanden im 17. Jahrhundert – also während der andauernden wissenschaftlichen Debatten –, darunter die in Heilbronn 1604, Trier 1609, Köln vor 1611, Bremen 1657, Bamberg 1696.[10] Zu diesen Gründungen gehört auch die Apotheke Zum weißen Einhorn in Frankfurt am Main, die Johann Caspar Sparr 1637 einrichtete. Allerdings wählte er die Bezeichnung nicht aus inhaltlichen Gründen, sondern weil das Haus in der nahe dem Dom gelegenen Schnurgasse bereits so hieß.[11]

Gleichwohl identifizierte sich Sparr mit dem Namen, wie der repräsentative *Mörser mit zwei Einhörnern als Wappenhalter* zeigt, den er 1659 aus Bronze gießen ließ (Kat. 57). Auf der Wandung sind als Relief zwei auf den Hinterläufen stehende Einhörner mit gespaltenen Hufen und Ziegenbart abgebildet. Ihre Hörner, deren Profilierung der des Narwalzahns entspricht, kreuzen sich, ihre Vorderläufe berühren einander. Zwischen ihnen steht ein prächtiges Wappen mit Helmzier und Federbusch, das einen Vogel zeigt. Am oberen Rand läuft über einer Profilierung die Inschrift „Hanns Caspar Sparr Apotecker in Franckfurt zum Einhorn". Der Name des Inhabers steht auf der Schauseite über dem Wappen. Die Henkel sind als stilisierte Delphine gestaltet.

Zwei Einhörner als Wappenhalter zeigt in ähnlicher Weise auch das Signet der Londoner Worshipful Society of Apothecaries (Ehrbare Gesellschaft der Apotheker) aus dem Jahr 1617, vielleicht eine Huldigung an den englischen König Jakob I., dessen Wappen als Jakob IV., König von Schottland, das Einhorn hielt (siehe Kat. 132).[12] Vermutlich knüpfte Sparr an dieses Wappen an und konnte so royalen Glanz und symbolische Tradition des Einhorns in seinem Mörser vereinen. Mörser gehörten zu den wichtigsten Geräten einer Apotheke, dienten sie doch zur Zerkleinerung der zahlreichen Bestandteile einer Rezeptur.[13] Auch Einhorn-Horn ließ sich darin zur Verwendung in einer Arznei pulverisieren.

Die Benennung von Apotheken nach dem Einhorn nach 1600 lag an der größeren Verfügbarkeit des „Einhorn-Horns". War es bis zum Ende des 16. Jahrhunderts extrem selten und teuer – Gessner wie Pomet betonten den immensen Handelswert – und damit nur höfischen oder wohlhabenden Kreisen zugänglich, so führte im Lauf des 17. Jahrhunderts die vermehrte Einfuhr von Narwalzähnen, die noch immer als das Horn des Einhorns galten, zu einem drastischen Preisverfall. 1612 etwa verlangten Frankfurter Apotheken für ein Loth „Einhorn", also 16 Gramm, 64 Gulden, 1669 waren es über 90 Prozent weniger, nämlich nur noch 4 Gulden. Die Taxe von 1743 führt einen Preis von lediglich 0,16 Gulden für die dieselbe Menge an.[14]

Diese Wertminderung des „Einhorns" ermöglichte Apotheken, sich mit einem vollständigen Exemplar des ehemals raren Materials zu schmücken. So zierte ein *Apothekenzeichen Einhornkopf mit Narwalzahn* von um 1720 die Apotheke der Zisterzienserabtei Stift Zwettl im österreichischen Waldviertel (Kat. 58). Aus einer hölzernen Kartusche streben Hals und Kopf eines geschnitzten Pferds hervor. Die Mähne ist sorgfältig onduliert, die Unterlippe hängt etwas herab, ein Lächeln ist angedeutet. Aus der Stirn ragt ein imposanter Narwalzahn. Hier hat die jahrhundertealte alte Vorstellung vom pferdeähnlichen Einhorn Gestalt angenommen. Eine medizinische Verwendung kam Anfang des 18. Jahrhunderts ebenso wenig mehr in Frage wie die Aufnahme des inzwischen gewöhnlichen Objekts in die zeitgleich eingerichtete Kunstsammlung des Abtes.[15] Jetzt blieb dem Narwalzahn nur noch die Rolle als immer noch beachtliches, aber nur mehr dekoratives Schaustück.

57

Hessisch (Frankfurt am Main)
Mörser mit zwei Einhörnern als Wappenhalter,
1659
Bronze, gegossen, Höhe 35 cm,
Durchmesser 36 cm, Gewicht 63,4 kg
Inv.-Nr. X18857
Historisches Museum Frankfurt
Lit.
Schönberger 1935/36, Abb. S. 216
Gutmann 1967–1971, Bd. 1, Abb. Titelseite
Hein 1967, Abb. 66
Beer 1977, Abb. 145
Kallinich 1984, Abb. 118
Güttler 1988, Abb. Titelseite
Caesar 1989, S. 2210
Einhorn 1998, S. 345

Neben ästhetischen Reminiszenzen an das Einhorn finden sich in den Apotheken des 18./19. Jahrhunderts auch Objekte mit pharmazeutischem Bezug. So etwa die *Gefäße für wahres Einhorn (Unicornu verum) und gegrabenes Einhorn (Unicornu fossile)*, die aus der Klosterapotheke im bayerischen Schongau stammen (Kat. 59). Die dortige Niederlassung der Unbeschuhten Karmeliten bestand nur von 1719 bis 1803, verfügte aber über eine sorgfältig ausgestaltete Apotheke. Die weithalsigen Vierkantgläser gehörten mit über 180 weiteren Gefäßen zu einem um 1740 erstellten, dekorativ bemalten Arzneischrank.[16] Auch die Gestaltung der Standgläser mit der in Kaltmalerei ausgeführten Beschriftung zielt auf einen dekorativen Eindruck. Die Inhaltsangabe in lateinischer Sprache steht in goldgefassten Kartuschen. Rot leuchten die großgeschriebenen Anfangsbuchstaben. Die Gläser sind mit einer Leder- oder Papierkappe sorgfältig verschlossen.

Das Nebeneinander von wahrem und fossilem Einhorn – „Unicorn:[u] Ver:[um]" und „Unicorn:[u] Fossil:[e]" – erinnert an die im Jahrhundert zuvor geführte Debatte um die verschiedenen Arten der noch als Wirkstoff verwendeten Substanz. Der Nachbesitzer der Gefäße, der Schongauer Apotheker Josef Schaeffer, wusste jedenfalls um die Herkunft der Substanzen. Auf die Rückseite der Gläser klebte er Etiketten mit in flüchtiger Handschrift notierten Bezeichnungen; so schrieb er beim Behältnis mit *Unicornu verum* „Einhorn (Narwal)".

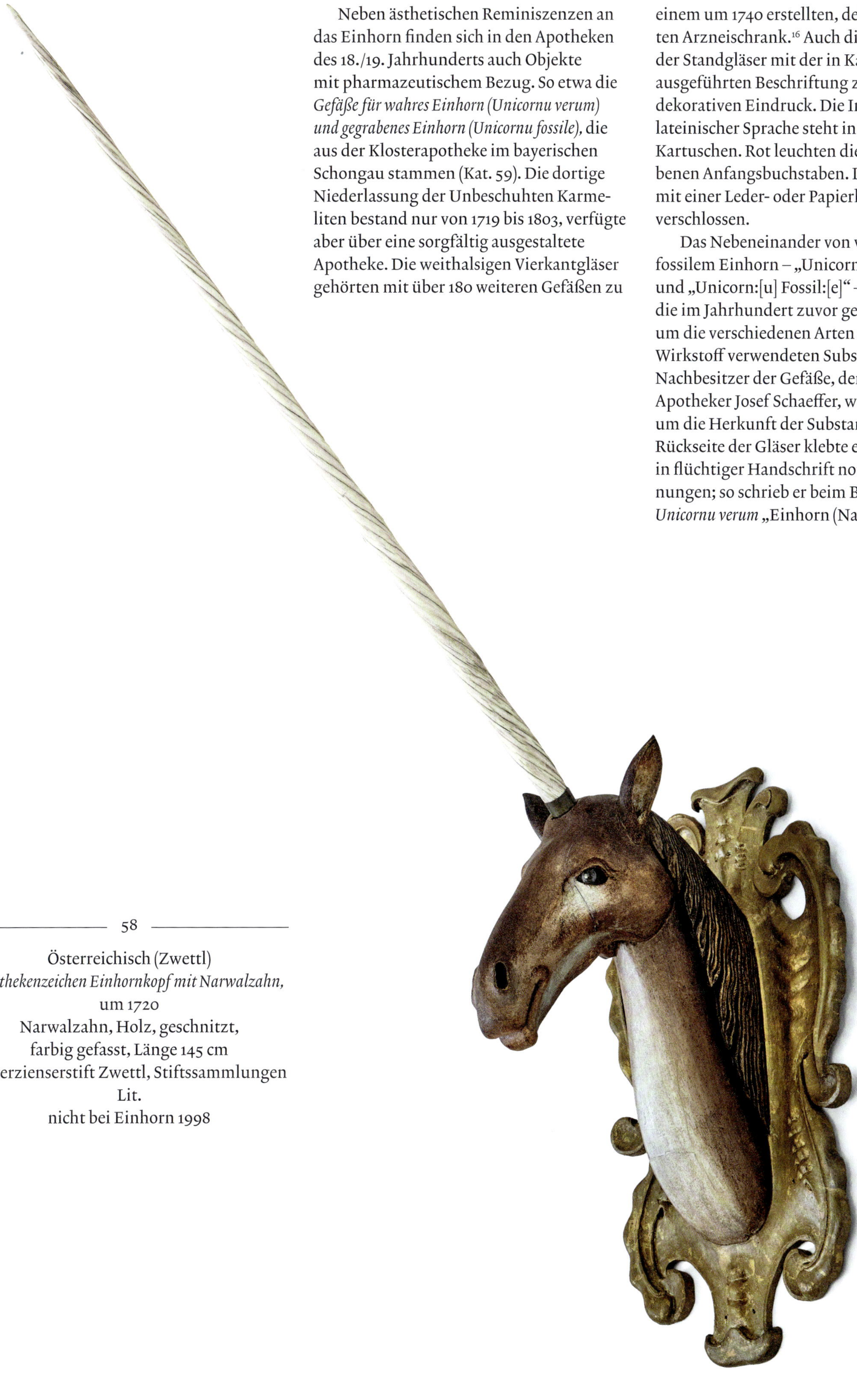

58

Österreichisch (Zwettl)
Apothekenzeichen Einhornkopf mit Narwalzahn,
um 1720
Narwalzahn, Holz, geschnitzt,
farbig gefasst, Länge 145 cm
Zisterzienserstift Zwettl, Stiftssammlungen
Lit.
nicht bei Einhorn 1998

Ein bescheideneres Behältnis ist die *Spanschachtel für Edel-Einhornpulver* aus dem 18. oder frühen 19. Jahrhundert (Kat. 60). Außen- und Innenseite der Wandung sind mit marmoriertem Papier beklebt, wie es sich als Vorsatzpapier von damaligen Bucheinbänden findet. Die Schachtel stammt aus der Stern-Apotheke in Nürnberg, die von mindestens 1569 bis 2023 bestand. Die Wortschöpfung „Edel-Einhorn“ auf dem Deckel deutet an, wie wenig das Einhorn zur Zeit der Verwendung des Gefäßes – im 18./19. Jahrhundert – von seiner alten Magie behalten hatte. Es musste durch diese Ergänzung veredelt werden. Ob dieser Zusatz den möglichen Placeboeffekt der Anwender verstärkte, ist nicht dokumentiert.

59

Süddeutsch
Gefäße für wahres Einhorn (Unicornu verum) und gegrabenes Einhorn (Unicornu fossile), um 1740

59.1
Gefäß für wahres Einhorn (Unicornu verum)
Glas mit Lederverschluss, 13,4 × 9 × 9,1 cm
Inv.-Nr. II A 840

59.2
Gefäß für gegrabenes Einhorn (Unicornu fossile)
Glas mit jüngerem Papierverschluss, 11,1 × 6,8 × 6,9 cm
Inv.-Nr. II A 841

Deutsches Apotheken-Museum, Heidelberg
Lit.
nicht bei Einhorn 1998
Heidelberg 2015, Abb. 69, 145, 188

Der so lang fortwirkende Glaube an die Heilkraft des Einhorn-Horns gründete auch im Fehlen wissenschaftlich fundierter und wirksamer Medikamente. Diesen Mangel hatten zwielichtige Ärzte schon im 17. Jahrhundert ausgenutzt. Ein gewisser Doctor Liveth in London machte mit einem *Werbeblatt für einen Heiltrank, aus Einhorn-Horn hergestellt* auf sein zweifelhaftes Angebot aufmerksam (Kat. 61). Die nicht datierte Reklame war um 1675 in Umlauf.[17] Doctor Liveth rühmte sich als „erfahrenen Arzt“, der das angepriesene Mittel erfunden habe. Dieses sollte gegen zahlreiche Leiden helfen:

> Ein höchst erlesener Trunk, gebraut aus dem echten Horn eines Einhorns, ist ein wirksames Heilmittel gegen diese Krankheiten: Skorbut, alte Geschwüre, Wassersucht, laufende Gicht, Schwindsucht, Schleimfluss, Husten, Herzrasen, Ohnmachtsanfälle, Krämpfe, Lymphknotentuberkulose, Rachitis bei Kindern, Melancholie oder Traurigkeit, hypochrome Blutarmut, Verstopfung und alle durch Kälte verursachten Krankheiten.[18]

Die Aufzählung liest sich, als hätte Doctor Liveth die mythische Panazee, das Allheilmittel, gefunden. Nicht dabei ist jedoch die seit der Antike immer wieder genannte Wirkung des Einhorns gegen Gift. Das könnte ein Hinweis auf die unterprivilegierte Zielgruppe des Werbeblatts geben, in der weniger die Beseitigung von Rivalen durch Gift als vielmehr Mangelernährung verbreitet gewesen sein dürfte. Darauf lassen die erwähnten Leiden Skorbut, Schwindsucht und Rachitis schließen. Mit der Melancholie ist zudem eine im England des 17. Jahrhunderts vieldiskutierte Krankheit in die Liste aufgenommen. Die 1621 erschienene Abhandlung *The Anatomy of Melancholy* (Die Anatomie der Melancholie) des Oxforder Geistlichen Robert Burton erlebte bis 1676 sieben weitere Auflagen.

Selbstbewusst lud Liveth alle Zweifler ein, ihn zu besuchen und das Horn, das wie zur Verifizierung seiner Ankündigungen auf dem Blatt abgebildet ist, in Augenschein zu nehmen. Sein Hinweis auf die sowohl heilende als auch stärkende und vorbeugende Wirkung des Wundermittels liest sich wie modernes Medikamentenmarketing:

> Seine Anwendung ist von so großem Nutzen, dass sie Erkrankungen und Infektionen vorbeugt, indem sie die vornehmen Körperteile stärkt und mit Macht alles austreibt, was der Natur feindlich gesonnen ist, und die Lebenskraft, Jugend und gesunde Gesichtsfarbe bis ins hohe Alter erhält: Seine Wirkung ist so kraftvoll, dass er auch vor Versehrungen durch einen kranken Bettgenossen schützt; dieser Trunk ist durch nichts zu übertreffen, denn er verbindet sich mit der Wirkkraft eines echten Horns vom Einhorn, weil er beim Hindurchfließen damit durchtränkt wird und daher auf wunderbare Weise kräftigt und heilt. Man nehme den Trunk warm zu jeder beliebigen Tageszeit zu sich, jeweils ein Viertel Pint und je häufiger, umso besser. Der Preis beträgt zwei Shilling für ein Quart.

60

Süddeutsch (Nürnberg?)
Spanschachtel für Edel-Einhornpulver,
18. / frühes 19. Jahrhundert
Holz, Marmorpapier, 4,6 × 8,7 × 5,8 cm
Inv.-Nr. Ph.M.3794
Germanisches Nationalmuseum, Nürnberg
Lit.
nicht bei Einhorn 1998
Schönberger 1935/36, S. 212 f.
Stafski 1958, Abb. 13
Nürnberg 2015, Nr. 1.25

Eilige Patienten konnten ein fertiges Präparat erwerben:

> Als vorbereitendes Mittel für diesen erlesenen Trunk, das gut gegen die oben genannten Erkrankungen und alle Unregelmäßigkeiten im Körper wirkt, gibt es auch als fertige Zubereitung zwölf Pillen in einer Schachtel, einzunehmen in drei Dosen gemäß den beigegebenen Anweisungen, zum Preis von zwei Shilling je Schachtel.

Sogar gegen Geschlechtskrankheiten wie die damals noch The Great Pox genannte Syphilis und die unter der Bezeichnung Running of the Rein bekannte Gonorrhoe sollte das Einhorn-Mittel schnell und vor allem diskret helfen. Allerdings schien es in diesen Fällen doch nicht ohne Gottes Hilfe zu gehen. Der Hinweis auf günstige Gelegenheiten und Auslandsreisen richtete sich wohl an Geschäftsleute:

> Desgleichen bietet er vortreffliche Arzneien für die Heilung von Syphilis oder Gonorrhoe, samt allen dazugehörigen Symptomen und Begleiterscheinungen, seien sie frisch ausgebrochen oder von langer Dauer, und schützt den Patienten (mit Gottes Segen) in Kürze vor den Gefahren der Krankheit und bewirkt in der größten Geschwindigkeit und Unauffälligkeit, die man sich vorstellen kann, vollendete Heilung, so dass der Patient keine günstige Gelegenheit oder Reisen ins Ausland versäumt. Wer von diesen vortrefflichen Arzneien Gebrauch macht, erhält vom Arzt unentgeltlich weitere Auskünfte.

Den von heiklen Geschlechtskrankheiten Betroffenen mochte die Angabe, das Haus des Arztes verfüge über eine Hintertür für die Patienten, den Weg dorthin erleichtert haben. Allerdings war die Adresse nicht eben vertrauenswürdig: Die genannte Straße Houndsditch lag außerhalb der Stadtmauer, sie hatte ihren Namen von den dort seit dem 13. Jahrhundert begrabenen Hunden und war übel beleumundet. Vielleicht sah es bei Doctor Liveth so aus wie in der Apotheke, die der 1616 gestorbene Shakespeare in *Romeo und Julia* beschrieben hatte und die er vielleicht in London gesehen hatte:

> Ein Schildpatt hing in seinem dürftigen Laden / Ein ausgestopftes Krokodil und Häute / Von missgestalten Fischen … auf dem Sims / Ein bettelhafter Prunk von leeren Büchsen, / Und grüne Töpfe, Blasen, muffige Samen, / Bindfadenendchen, alte Rosenkuchen, / Das alles dünn verteilt, zur Schau zu dienen.[19]

Dieser ärmliche Doktor konnte sich nicht einmal einen Narwalzahn als Markenzeichen leisten.[20]

MPH

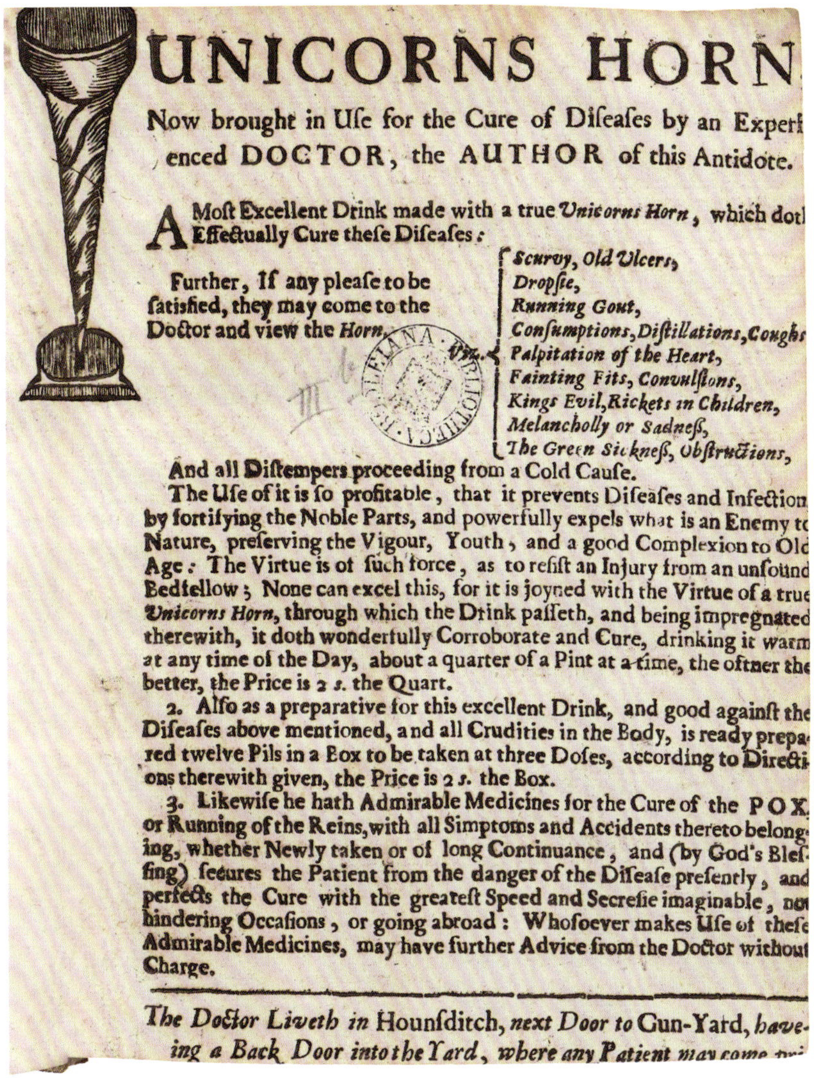

UNICORNS HORN

Now brought in Uſe for the Cure of Diſeaſes by an Experi-enced DOCTOR, the AUTHOR of this Antidote.

A Moſt Excellent Drink made with a true *Unicorns Horn*, which doth Effectually Cure theſe Diſeaſes:

Further, If any pleaſe to be ſatisfied, they may come to the Doctor and view the *Horn*. Viz.

Scurvy, Old Ulcers,
Dropſie,
Running Gout,
Conſumptions, Diſtillations, Coughs
Palpitation of the Heart,
Fainting Fits, Convulſions,
Kings Evil, Rickets in Children,
Melancholly or Sadneſs,
The Green Sickneſs, Obſtructions,

And all Diſtempers proceeding from a Cold Cauſe.

The Uſe of it is ſo profitable, that it prevents Diſeaſes and Infection by fortifying the Noble Parts, and powerfully expels what is an Enemy to Nature, preſerving the Vigour, Youth, and a good Complexion to Old Age: The Virtue is of ſuch force, as to reſiſt an Injury from an unſound Bedfellow; None can excel this, for it is joyned with the Virtue of a true *Unicorns Horn*, through which the Drink paſſeth, and being impregnated therewith, it doth wonderfully Corroborate and Cure, drinking it warm at any time of the Day, about a quarter of a Pint at a time, the oftner the better, the Price is 2 *s.* the Quart.

2. Alſo as a preparative for this excellent Drink, and good againſt the Diſeaſes above mentioned, and all Crudities in the Body, is ready prepared twelve Pils in a Box to be taken at three Doſes, according to Directions therewith given, the Price is 2 *s.* the Box.

3. Likewiſe he hath Admirable Medicines for the Cure of the POX, or Running of the Reins, with all Simptoms and Accidents thereto belonging, whether Newly taken or of long Continuance, and (by God's Bleſſing) ſecures the Patient from the danger of the Diſeaſe preſently, and perfects the Cure with the greateſt Speed and Secreſie imaginable, not hindering Occaſions, or going abroad: Whoſoever makes Uſe of theſe Admirable Medicines, may have further Advice from the Doctor without Charge.

The Doctor Liveth in Hounſditch, *next Door to* Gun-Yard, *having a Back Door into the Yard, where any Patient may come*

61

Englisch (London):
Werbeblatt für einen Heiltrank, aus Einhorn-Horn hergestellt, um 1675
Holzschnitt, 210 × 150 mm
Inv.-Nr. Wood 534 3B
The Bodleian Libraries, University of Oxford
nur in Potsdam ausgestellt
Lit.
nicht bei Einhorn 1998
Shepard 1930, Abb. 11
Beer 1977, S. 185
Hagenmaier 2003, S. 81
Gerritsen 2011, S. 174
Duffin 2017, S. 239

Wehrhaft und streitbar. Das Einhorn bei den Wilden Leuten und im Kampf gegen Tiere und Menschen

Zu den wichtigsten Eigenschaften des Einhorns zählten die frühen Autoren seine Wildheit, Angriffslust und Stärke. Niemand könne ein Einhorn lebend fangen. Diese Einschätzung beruhte auch auf einer Vermischung mit Berichten über das Nashorn. Das späte Mittelalter sah das Einhorn in Gesellschaft der Wilden Leute, dem Gegenbild zur Zivilisation. Diese mythischen Naturwesen konnten das Einhorn zähmen und sogar reiten.

Gegenüber allen Lebewesen verhielt sich das Einhorn aggressiv. Es attackierte andere Tiere, etwa Drachen und Löwen sowie seinen Lieblingsfeind, den Elefanten. Aber auch Menschen waren vor ihm nicht sicher. In persischen wie europäischen Heldenerzählungen musste ein mutiger Kämpfer gegen ein böses Einhorn antreten. Als Untier konnte es auch Menschen verfolgen und in den Abgrund treiben oder hinterrücks anfallen.

Diesen unheimlichen und bedrohlichen Aspekt des Einhorns thematisierten Künstler bis ins 16. Jahrhundert. Auch die zeitgenössische Kunst kennt die kämpferische Natur des Einhorns.

Harmonische Gemeinschaft. Die Wilden Leute und das Einhorn

Das Einhorn ist nicht nur der besänftigte Begleiter der Jungfrau (siehe Kat. 30, 34–36), wie es der Physiologus beschrieb, oder das brave Symboltier der Keuschheit und Tugend seit der italienischen Renaissance (siehe Kat. 124–127). Es ist auch kämpferisch und unbändig. Der Hinweis, es sei unmöglich, ein Einhorn wegen seiner Wehrhaftigkeit lebend zu fangen, zieht sich durch die Literatur seit der Antike. Plinius der Ältere bezeichnete das Einhorn im Superlativ als „wildestes Tier",[1] und für Gaius Iulius Solinus im 3. Jahrhundert war es von allen Untieren „das Entsetzlichste".[2] Auch manche bildlichen Darstellungen zeigen das Einhorn als keineswegs harmlos und friedlich.

Den wilden Charakter des Tieres verkörpert ein *Aquamanile in Gestalt eines Einhorns,* das im ersten Viertel des 14. Jahrhunderts in Nürnberg gefertigt wurde (Kat. 62). Wie im Moment nach einem ausgreifenden Sprung sind die Hinterläufe weit ausgestreckt, und die Brust ist nach vorn gewölbt. Die angelegten Ohren, geweiteten Nüstern und die herausgestreckte Zunge bezeugen die Anspannung. Mit der nach oben ragenden Spitze setzt das in sich gewundene Horn die Dynamik fort. Auch die lockige Mähne und der buschige Schwanz sind bewegt. Ein Ziegenbart fehlt, aber die Hufe sind gespalten.

Aquamanilen dienten im höfischen oder liturgischen Gebrauch als Wassergefäße der rituellen Handwaschung. Ursprünglich in der islamischen Kultur verbreitet, gelangten sie wohl nach den Kreuzzügen nach Europa, wo sie bis ins 16. Jahrhundert hergestellt wurden. Von den etwa 380 erhaltenen Gefäßen stellen die meisten einen Löwen dar, andere einen Greif, Drachen oder Ritter. Nur wenige sind als Einhorn gestaltet.[3] Das könnte auch der im Mittelalter bekannten christlichen Symbolik (siehe Kat. 28–36) geschuldet sein. Den phantastischen

Charakter des *Aquamanile in Gestalt eines Einhorns* unterstreichen die eingearbeiteten Elemente anderer Tiere. Als Handhabe dient ein Drache, den Ausguss umfasst ein Fabelwesen und den drehbaren Verschluss krönt ein hundeartiges Tier.

Wenig friedlich sehen auch die Tiere im Kupferstich *Ein Einhorn und ein anderes Fabeltier* des Meisters der Berliner Passion aus (Kat. 63). Das nicht zu bestimmende Wesen mit Eberkopf und aufragender Mähne bleckt die Zähne, während das Einhorn nervös einen Vorderhuf erhoben hat, der Schweif ist aufgestellt. Die kaum sichtbaren Augen und das geöffnete Maul verstärken den beunruhigenden Eindruck. Das überdimensionierte Horn, das waagrecht von der Stirn absteht, durchschneidet das Bildfeld, seine Spitze ragt über die Randlinie hinaus.

Der Künstler mit dem Notnamen Meister der Berliner Passion zählt zu den frühesten Kupferstechern.[4] Er war wohl um 1450 bis um 1475 am Niederrhein, möglicherweise bei Kleve, tätig. Vermutlich war er als Goldschmied ausgebildet, schuf aber auch über hundert Kupferstiche. Die profane Folge *Vögel und Tiere,* zu der das Blatt gehört, steht in der Tradition der Musterbücher, die Maler oder Goldschmiede als Katalog von Motiven anlegten. Die Hinzufügung landschaftlicher Elemente wie Blumen, Bäume und Hügel und die Vervielfältigung machten erstmals Kupferstiche wie diese zu einem für ein größeres Publikum attraktiven wie erreichbaren kommerziellen Produkt.

In der christlichen Ikonographie des Mittelalters ist das Einhorn als Symbol für Christus der Jungfrau Maria zugesellt. Neben dieser europaweit verbreiteten Verbindung findet sich in der Bildwelt des Oberrheingebiets, also etwa von Basel bis Straßburg, im 15. Jahrhundert das Einhorn noch in anderer Gesellschaft – bei den Wilden Leuten.[5] Diese menschenähnlichen Gestalten, die sich durch lange, zottelige Behaarung am ganzen Körper auszeichnen, waren ursprünglich dämonische Wesen, kriegerisch, triebhaft, unheimlich und gefährlich. Sie lebten tief in den Wäldern, fernab der Zivilisation in einer außergesellschaftlichen Sphäre, die auch als Lebensraum des Einhorns galt.

62

Werkstatt des Flammschweiflöwen (Nürnberg)
Aquamanile in Gestalt eines Einhorns,
1. Viertel 14. Jahrhundert
Bronze, 28,5 × 35 × 10,5 cm
Inv.-Nr. Cl. 2136
Musée de Cluny – musée national du Moyen Âge, Paris
Lit.
Von Falke/Meyer 1935, S. 89; Abb. 538
Beer 1977, Abb. 118
Braunschweig 1985, Nr. 755
Caesar 1989, Abb. 1
Einhorn 1998, Nr. 855 D
New York 2006, S. 20 f., 24
Québec 2012, Nr. 40
Tokio 2013, Nr. II-1,1
Dallas 2016, Nr. 55
Taburet-Delahaye/de Chancel-Bardelot 2018, S. 91
Lens 2023, Nr. 162

63

Meister der Berliner Passion
(tätig um 1450 – um 1475)
Ein Einhorn und ein anderes Fabeltier, 1450–1470
Kupferstich, 84 × 65 mm
Inv.-Nr. DG1926/825
Albertina, Wien
nur in Potsdam ausgestellt
Lit.
HDF, Bd. 12, S. 106
Lehrs 1908–1934, Bd. 3, Nr. 84
Einhorn 1998, Nr. 726

So bezeichnet das Einhorn im Straßburger Bildteppich *Zwei Szenen aus* Der Busant *(Der Bussard)* von 1480–1490 (Kat. 64) die unwirtliche Wildnis, in der sich der Prinz des höfischen Epos vom Anfang des 14. Jahrhunderts verlaufen hat. Daraufhin dem Wahnsinn verfallen, irrt er, mit langen Fellzotteln wie ein Wilder Mann behaart, auf allen Vieren durchs Dickicht. Dieses durchschreitet ein Einhorn, ohne auf den Prinzen zu achten und eine Rolle in der Erzählung zu spielen. Die Prinzessin, traurig über den Verlust ihres Geliebten, reitet allein weiter und wird von einem Müller beherbergt.

Im Lauf der Zeit entwickelten sich die rohen und gewalttätigen Naturwesen zum idealisierten Gegenbild zu der als sündhaft und verdorben empfundenen Zivilisation. Diese Auffassung spiegelt der um 1430–1440 in Basel gewebte Teppich *Wilde Männer und Fabeltiere* (Kat. 65) wider. Vor einem grünen Rankenmuster stehen vier junge Wilde Männer. Sie sind ebenso farblich unterschieden wie die Tiere, von denen das Einhorn das am wenigsten phantastische ist. Das zweibeinige grüne Wesen hat kein erkennbares Vorbild, das blaue mit Blütenmuster erinnert an einen Greif. Das rote Fell des Einhorns ist mit weißen Punkten übersät, vielleicht ein Reflex auf die Fellzeichnung des Damwilds. Die Männer tragen Gerte und Geißeln, aber ihr Zusammensein mit den Tieren wirkt zwanglos und harmonisch.

Das friedliche Miteinander betonen die Spruchbänder, deren Text von links nach rechts lautet: „disse . tierlin . wil . ich . triben . / und . wil . on . die . welt . beliben" (Diese Tierlein will ich treiben und will ohne die Welt bleiben); „das han ich wol enpfhunden zů disen dirrlin han ich mich v̄büden" (Das hab auch ich empfunden und mich den Tieren verbunden); „mit disen dierlin sún wier ůns began die welt git bůssen lon" (Zu diesen Tierlein sollen wir uns begeben, denn die Welt gibt bösen Lohn); „die welt ist wntrwen fol mit dissen dierlin ist uns wol" (Die Welt ist der Untreue voll, mit diesen Tierlein ist uns wohl).[6] Ausweislich ihrer Erklärungen sind diese Wilden Männer keine rohen, unsittlichen Barbaren, im Gegenteil, sie haben die menschliche Zivilisation enttäuscht über die herrschende Untreue verlassen und sich in die unberührte Natur zurückgezogen.

64

Oberrheinisch (Straßburg)
Zwei Szenen aus Der Busant *(Der Bussard)*, 1480–1490
Kettfaden Leinen, Schussfaden Wolle; Seide, Leinen, Baumwolle und Metall, 81,3 × 116,8 cm
Inv.-Nr. 1985.358
The Metropolitan Museum of Art, New York, Schenkung Murtogh D. Guinness 1985
Lit.
nicht bei Einhorn 1998
Kurth 1926, Bd. 2, Taf. 142/143 c
Göbel 1928–1934, Bd. 3.1, S. 26 f., Abb. 71
Bernheimer 1952, S. 17; Abb. 8
Müller 1982, S. 73; Abb. 30
New York 1993a, Nr. 58
Rapp Buri/Stucky-Schürer 1993, Nr. 114 b

65

Oberrheinisch (Basel)
Wilde Männer und Fabeltiere, um 1430–1440
Kettfaden Leinen, Schussfaden Wolle,
76 × 360,5 cm
Inv.-Nr. T 9124
MAK – Museum für angewandte Kunst,
Wien
Lit.
Kurth 1926, Bd. 2, Taf. 44–46
Göbel 1928–1934, Bd. 3.1, S. 97, Abb. 9
Karlsruhe 1970, Nr. 255
Zischka 1977, S. 65; Abb. 103
New York 1980, bei Nr. 30
Müller 1982, S. 29–31; Abb. 10
Rapp Buri/Stucky-Schürer 1993, Nr. 4
Einhorn 1998, Nr. 896

Erst dort, in Gesellschaft der Phantasietiere und des Einhorns, fühlen sie sich wohl.

Verschiedene Momente aus dem naturnahen Leben der Wilden Leute verbildlicht ein Minnekästchen, am Ober- oder Mittelrhein um 1460–1470 entstanden, in filigraner Schnitzerei. Auf dem Deckel der Kleintruhe, die als Brautgeschenk diente, sind *Wilde Leute nach der Jagd mit einer Frau auf einem Einhorn* im dichten Wald gezeigt (Kat. 66). Einer der Unbekleideten trägt zwei erlegte Hasen an einem Stab über der Schulter. Ein anderer ruft mit seinem Horn die Jagdhunde zusammen, einem dritten sitzt ein zahmer Falke auf dem Arm. Die Wilden Leute beherrschen die Natur, indem sie zur Jagd abgerichtete Tiere nutzen. Ein weiterer Wilder Mann führt an einem Seil ein Einhorn, auf dem eine ebenfalls unbekleidete Frau mit hüftlangen Locken sitzt.

Das Einhorn, pferdgestaltig mit Spalthufen und kurzem spiraligen Horn, ist wie die anderen Elemente der Szene mit einem Realismus präsentiert, der auf Naturbeobachtung gründen könnte. Möglicherweise geht die Schilderung auf eine druckgraphische Vorlage zurück. Ob das Einhorn an der Leine eine Verarbeitung des im *Physiologus* geschilderten Einhorn-Fangs durch die Jungfrau ist, lässt sich nicht sagen. Jedenfalls ist die Leine nicht gespannt, das Tier folgt dem Wilden Mann freiwillig, er hat es gezähmt.

Die harmonische Gemeinschaft von Wilden Leuten mit dem Einhorn vergegenwärtigen auch Kupferstiche des 15. Jahrhunderts, die zu den frühesten Druckgraphiken gehören. Nur wenige einzelne Exemplare sind erhalten. Einige waren Teil von Kartenspielen und integrierten so das Einhorn in die Alltagskultur. Diese Kupferstiche dienten aber auch als Vorlagenblätter und waren als eigenständige Kunstwerke Sammelobjekte. Einer der frühesten Kupferstecher war der um 1420 geborene, nur mit seinen Initialen bekannte Meister E. S. Von dem vielseitigen Künstler aus der Oberrheingegend sind über dreihundert Stiche bekannt, darunter auch zwei Folgen mit Spielkarten, die um 1450 und 1463 entstanden. Zur früheren Folge, auch *Das kleinere Kartenspiel* genannt, gehörte die *Tier-Dame* (Kat. 67), eines der vier Figurenblätter der Reihe mit Tierdarstellungen.

Eine junge Wilde Frau sitzt mit übergeschlagenen Beinen auf einem Stein. Bis auf das Gesicht und die unbedeckten Brüste ist ihr Körper mit dichtem Haarwuchs versehen. Ihr lockiges Haupthaar liegt wie ein Umhang auf ihren Schultern. Sie legt einen Arm um den Hals des neben ihr stehenden Einhorns und fasst mit der anderen Hand seinen rechten Vorderlauf, der auf ihrem Schoß liegt. Parallel dazu ragt das lange, an der Spitze leicht nach oben gebogene Horn waagrecht von der Stirn. Das zärtliche Miteinander des rehgestaltigen Tieres und der jugendlichen Wilden Frau greift das vertraute Motiv von Jungfrau und Einhorn auf (siehe Kat. 112–116, 118, 122). Der seitlich geneigte Kopf und der melancholische, auf die Betrachter gerichtete Blick erinnern an Mariendarstellungen.

In der Folge *Die großen Spielkarten* zeigen die Figurenbilder der Farbe Vogel – Unter, Ober, Dame und König – jeweils einen Wilden Mann oder eine Wilde Frau mit einem Einhorn. Der *Vogel-Unter* ist ein jugendlicher, bartloser Wilder Mann, der ohne Sattel und Zaumzeug auf dem Tier reitet. In schräger Haltung hält er sich, an Mähne und Schweif geklammert, auf dem springenden Einhorn (Kat. 68). Lässiger erscheint dagegen die nur unscharf gedruckte behaarte *Vogel-Dame* im Damensitz auf ihrem Reittier (Kat. 69). Dieses hat als Zeichen seiner Befriedung das Horn senkrecht nach unten gerichtet. Nach der Vorlage dieses Blattes vom Meister E. S. entstand die *Tier-Dame* von Israhel van Meckenem (Kat. 70). Der eine Generation jüngere Künstler arbeitete vermutlich in der

66

Ober- oder Mittelrheinisch
Wilde Leute nach der Jagd mit einer Frau auf einem Einhorn, um 1460–1470
Minnekästchen
Buchsbaumholz, mit blauem Seidenstoff gefüttert, Jaspisfüßchen, 12 × 31 × 16 cm
Inv.-Nr. KK 118
Kunsthistorisches Museum Wien, Kunstkammer
Lit.
Kohlhaussen 1928, Nr. 87; Tafel 62, 63
Bernheimer 1952, S. 156; Abb. 36
Rupp 1953
Wehrhahn-Stauch 1958, Sp. 1533
Hamburg 1963, Nr. 35
Beer 1977, Abb. 79
New York 1980, Nr. 27
Müller 1982, S. 57–59; Abb. 24
Einhorn 1998, S. 242; Nr. 605C
Wien 2011a, Nr. 35

67

Meister E. S. (um 1420 – um 1467)
Tier-Dame, um 1450
aus der Folge *Das kleinere Kartenspiel*
Kupferstich
Potsdam:
Zustand I (von II), 90 × 71 mm
Inv.-Nr. A 1884-7
Staatliche Kunstsammlungen Dresden,
Kupferstich-Kabinett
Paris:
Zustand I (von II), 98 × 67 mm
Inv.-Nr. 170555
Staatliche Graphische Sammlung, München
Lit.
Lehrs 1908–1934, Bd. 2, Nr. 229
Rupp 1953, S. 114; Abb. 130
New York 1980, Nr. 47
München 1986, Nr. 103
Köln 1988, Nr. 6; Abb. S. 15
Einhorn 1998, Nr. 214 A; Abb. 106
Höfler 2007, Abb. 229
Gerritsen 2011, S. 113

68

Meister E. S. (um 1420 – um 1467)
Vogel-Unter, 1463
aus der Folge *Die großen Spielkarten*
Kupferstich
Potsdam:
ca. 131 × 87 mm (Blatt)
Inv.-Nr. 97–1891
Staatliche Museen zu Berlin,
Kupferstichkabinett
Paris:
130 × 86 mm
Inv.-Nr. 171715
Staatliche Graphische Sammlung, München
Lit.
Lehrs 1908–1934, Bd. 2, Nr. 269
Rupp 1953, S. 114; Abb. 134
Hamburg 1963, Nr. 80
Möller 1964, S. 261; Abb. 1
Amsterdam 1985, S. 128; Abb. 52 a
München 1986, Nr. 107
Einhorn 1998, Nr. 604 A
Gotfredsen 1999, S. 133
Höfler 2007, Abb. 269

69

Meister E. S. (um 1420 – um 1467)
Vogel-Dame, um 1450
aus der Folge *Das größere Kartenspiel*
Kupferstich, 134 × 90 mm (Blatt)
Inv.-Nr. A 156716
Staatliche Kunstsammlungen Dresden,
Kupferstich-Kabinett
nur in Potsdam ausgestellt
Lit.
Lehrs 1908–1934, Bd. 2, Nr. 271
Einhorn 1998, Nr. 604 C
Höfler 2007, Abb. 271

70

Israhel van Meckenem (um 1440–1503) nach
Meister E. S. (um 1420 – um 1467)
Tier-Dame, 1463–1475
aus der Folge *Das ganz kleine Kartenspiel*
Kupferstich, 71 × 55 mm (Blatt)
Inv.-Nr. IvMeckenem AB 3.64
Herzog Anton Ulrich-Museum,
Braunschweig
nur in Potsdam ausgestellt
Lit.
Lehrs 1908–1934, Bd. 9, Nr. 465
Hollstein 1954 ff., Bd. 24, Nr. 465
Von Heusinger 1994, S. 219
Einhorn 1998, Nr. 605 A; Abb. 105
Höfler 2007, Bd. 1, Anhang II, Nr. 50; Abb. 29

Werkstatt des Meisters E. S. und fertigte mindestens 180 Stiche nach dessen Vorbild. Er fügte ein unbeschriftetes Spruchband und den Falken hinzu, der die Wilde Frau als Jägerin ausweist.

Einen dynamischen und zugleich heiteren Eindruck vermittelt die Kaltnadelradierung *Wilder Mann auf einem Einhorn* aus den 1470er Jahren (Kat. 71). Statt langer Haare bekleiden dichte Laubblätter den Wilden Mann, eine Krone aus Zweigen oder Farnkraut schmückt sein Haupt. Lächelnd sitzt er auf dem Einhorn, das in einem großen Satz davonspringt, und dabei den Kopf leicht in Richtung der Betrachter wendet. Das Motiv mag auf den *Vogel-Unter* von Meister E. S. zurückgehen, hat jedoch durch das Laubgewand und die beschwingte Note einen eigenen Ausdruck. Urheber ist der Meister des Amsterdamer Kabinetts oder Hausbuchmeister. Dieser Notname bezeichnet mehrere nicht identifizierbare Künstler, die im Zeitraum etwa 1470 bis etwa 1490 tätig waren. Zu diesen wird Erhard Reuwich aus Utrecht gezählt, wobei sein im Reisebericht des Bernhard von Breydenbach abgebildetes Einhorn einen anderen Charakter hat (siehe Kat. 39).

Szenen der Wilden Leute mit Einhorn boten mit ihrer Harmonie und Idealisierung des Naturzustands den Betrachtern Identifikationspotential. Das Motiv der Einhorn-Reiterin kann auch Ausdruck weiblicher Selbstermächtigung sein. So jedenfalls lässt sich die Lithographie *Weiblicher Akt auf Einhorn* von Angela Hampel aus dem Jahr 1988 lesen (Kat. 72). Hier ist das Verhältnis von Frau und Einhorn ambivalent. Während das Tier seiner Reiterin den Kopf zuwendet und sie seine Wange zu tätscheln scheint, signalisieren Körperhaltung und dynamisch ausgreifende Haare der Reiterin einen energischen Zugriff auf das Tier. Die Nacktheit ist eine Referenz auf die Wilden Leute des Mittelalters.

MPH

71

Meister des Amsterdamer Kabinetts (Hausbuchmeister), tätig um 1475 – um 1500
Wilder Mann auf einem Einhorn, 1473–1477
Kaltnadelradierung, 93 × 84 mm
Inv.-Nr. RP-P-OB-915
Rijksmuseum, Amsterdam
nur in Potsdam ausgestellt

Lit.
Bernheimer 1952, S. 27, 135; Abb. 24
Stange 1958, S. 13; Nr. 55 (52)
Hamburg 1963, Nr. 3
Möller 1964, S. 262; Abb. 6
Beer 1977, Abb. 120
Amsterdam 1985, Nr. 52
Einhorn 1998, Nr. 606
Hörisch 2005, Abb. S. 39
Gerritsen 2008, Abb. S. 9
Gerritsen 2011, S. 113

72

Angela Hampel (geb. 1956)
Weiblicher Akt auf Einhorn, 1988
Farblithographie, 380 × 400 mm
bez. unten links: 23/120; mittig:
Dem sanften Nacken […] im Dunkeln.
Bald schon geh ich. Angela Hampel '88
Inv.-Nr. A 1998-159
Staatliche Kunstsammlungen Dresden,
Kupferstich-Kabinett
nur in Potsdam ausgestellt
Lit.
nicht bei Einhorn 1998

Gegen Elefanten, Löwen, Drachen. Im Kampf gegen andere Tiere

Das Einhorn kann böse und aggressiv sein und Menschen (siehe Kat. 83–91) und Tiere attackieren. Aelianus schrieb im 2./3. Jahrhundert in seinem Tierbuch über die Wucht des Horns der Einhörner:

> Nun ist die Stärke dieser Hörner so groß, daß nichts ihren Stößen widerstehen kann; vielmehr weicht alles zurück, oder, auch das mag sein, wehrt sich und wird dann zerschmettert. In der Vergangenheit haben sie sogar die Rippen eines Pferdes aufgerissen und es ausgenommen.[7]

Derartige Schilderungen eines vielgelesenen Autors kamen aus Berichten über das Rhinozeros oder waren der Phantasie entsprungen. Sie trugen dazu bei, die Vorstellung vom Einhorn als streitbar und brutal zu verbreiten. Das drastische Motiv der Zeichnung *Ein Einhorn schlägt ein Reh. Ein Luchs erlegt einen Hasen* (Kat. 73) stammt aus einem Tiermusterbuch. Es wurde nach einer Vorlage gefertigt, die im 15. Jahrhundert in Florenz unter Künstlern kursierte.[8] In der unteren Bildhälfte beißt ein Luchs einem Hasen die Kehle durch, oben wird ein Reh zum Opfer des Einhorns. Sein Stirnhorn ist nur kurz und hier nicht als Waffe eingesetzt. Dennoch scheint die Situation des unterlegenen Tieres aussichtslos. Das Einhorn hat sich auf den Körper des Rehs gestellt und beißt ihm ins Ohr.

Die Zeichnung wird wie andere dazugehörige Blätter einem florentinischen Künstler zugeschrieben, im 19. Jahrhundert galt es als Werk von Paolo Uccello. Das gilt auch für eine Rötelzeichnung, die dieselbe Einhorn-Szene und einen Basilisken zeigt, ein mythisches Schlangenwesen (Nationalmuseum, Stockholm).[9] Eine weitere Fassung auf Pergament befindet sich in einem Florentiner Musterbuch aus dem 15. Jahrhundert (Musée du Louvre, Paris). Offensichtlich war das Motiv so reizvoll, dass es mehrere Künstler kopierten. Eine Umsetzung in einem Gemälde ist nicht bekannt.

Ein Reh ist nicht der typische Gegenspieler des Einhorns. Dies ist vielmehr der Elefant, wie Bischof Isidor von Sevilla in seiner Enzyklopädie *Etymologiae* (Ursprünge) um das Jahr 600 referierte. Das Einhorn habe „ein Horn in der Mitte seiner Stirn, vier Fuß lang, so scharf und stark, dass es alles, was es angreift, entweder in die Luft wirft oder durchbohrt. Denn oft hat es mit dem Elefanten zu kämpfen, den es am Bauch verletzt niederwirft."[10] Diese Gegnerschaft findet sich im Straßburger *Rothschild-Olifant* von etwa 1645 (siehe Kat. 103), aber schon viel früher auch in der persischen Kultur, etwa in der Naturkunde *Die Wunder der Schöpfung*, die der Gelehrte Zakarīyā al-Qazwīnī im 13. Jahrhundert auf Arabisch verfasste:

> Wenn es den Elefanten sieht, kommt es von hinten auf ihn zu, schlägt dessen Bauch mit seinem Horn, stellt sich auf seine Hinterbeine und hebt den Elefanten hoch, bis dieser an seinem Horn haftet. Wenn es dann festsitzt und sich das Nashorn vom Elefanten befreien will, ist ihm das unmöglich. Dann sinkt es zur Erde nieder und so sterben beide.[11]

In dieser kaum glaublichen Schilderung mit tragischem Ausgang für alle Beteiligten verwendete Al-Qazwīnī den arabischen Begriff *karkaddan* oder *karkadann* für Nashorn. Das hat Künstler aber keineswegs dazu gebracht, bei bildlichen Darstellungen des Elefantenkampfes, die im 13. und 14. Jahrhundert in der islamischen Kunst beliebt waren, ein Rhinozeros zu zeigen. So ist auf der Fliese *Ein Einhorn verfolgt einen Elefanten* (Kat. 74) ein schlankes Tier mit angedeuteten Flügeln zu sehen, dessen Gestalt an einen Leoparden erinnert. Auch die runden Flecken gehören zu dessen Fell, sie finden sich allerdings auch auf Einhorn-Darstellungen in Bestiarien (Abb. S. 14) und auf oberrheinischen Teppichen (siehe Kat. 13, 14). Das spitze gerade Horn des Tieres ist in gesenkter Haltung auf den flüchtenden Elefanten gerichtet. Die reliefierte Keramik, im 13. Jahrhundert im Iran geschaffen, ist mit blauer Farbe akzentuiert. Sie gehörte zu einem dekorativen Fries, der einen Palast oder ein reiches Bürgerhaus schmückte.

Das Einhorn tritt nicht nur gegen den Elefanten an. Auch dem Löwen ist es „sonderlich feind", wie der Frankfurter Stadtarzt Adam Lonitzer 1560 in seinem *Kreuterbuch* schrieb.[12] Bereits um 1310 zeigte eine Marginalzeichnung im *Queen-Mary-Psalter* Einhorn und Löwe, die in streitbarer Absicht aufeinander zuspringen (British Library, London).[13] Auch in die jüdische Kunst ging das Motiv im 14. Jahrhundert ein, wobei die Ausformulierung des Einhorns mit Pferdegestalt und gespaltenen Hufen dem allgemeinen europäischen und christlichen Erscheinungsbild folgte.[14] So auch in der Szene *Einhorn und Löwe im Kampf* auf einer im 18. Jahrhundert in Galizien

73

Italienisch (Florenz)
Ein Einhorn schlägt ein Reh. Ein Luchs erlegt einen Hasen, 2. Hälfte 15. Jahrhundert
Zeichnung in brauner Tusche mit Feder und Pinsel auf weißem Büttenpapier, mit Ocker vorbereitet, 182 × 163 mm (Blatt)
Inv.-Nr. GDS 14504 F
Gallerie degli Uffizi, Florenz
nur in Potsdam ausgestellt
Lit.
Degenhart 1955, S. 218, 245; Abb. 273
Degenhart/Schmitt 1980, Bd. 2, Nr. 631; Bd. 4, Tafel 442 i
Florenz 1992, S. 184
Einhorn 1998, Nr. 720 C

74

Persisch (Kaschan)
Ein Einhorn verfolgt einen Elefanten,
13. Jahrhundert
Bordüre (Fragment)
Quarzfritte, modelgeprägt, opake weiße
Glasur, blaue Bemalung, 9,6 × 24,7 × 2,9 cm
Inv.-Nr. I. 3903b
Staatliche Museen zu Berlin,
Museum für Islamische Kunst
Lit.
nicht bei Einhorn 1998
Ettinghausen 1950, S. 26; Tafel 18, oben
Beer 1977, Abb. 39
Berlin 1993, Nr. 86; Tafel 11
Paris 2001, Nr. 110

75

Galizisch
Einhorn und Löwe im Kampf, 18. Jahrhundert
Thorakrone
Silber und vergoldetes Silber, 31 × 20,7 cm
Privatsammlung, New York
Lit.
nicht bei Einhorn 1998

entstandenen Thorakrone (Kat. 75). Die Platzierung auf dem schmückenden Aufsatz für die heilige Schriftrolle legt einen biblischen Bezug nahe, etwa zu der Stelle, an der Bileam nach einem Offenbarungserlebnis über sich sagt: „Gott hat ihn aus Ägypten geführet, seine Freudigkeit ist wie eines Einhorns. Er wird die Heiden, seine Verfolger, fressen, und ihre Gebeine zermalmen und mit seinen Pfeilen zerschmettern" (Num 24,8).[15] So steht das Einhorn hier für die Auserwähltheit durch Gott und dessen Stärke.

Die Richtung des Einhorns gegen das Maul des Löwen dürfte sich – wie bei der Versuchung des heiligen Antonius (siehe Kat. 22, 23) – auf Psalm 22,22 beziehen: „Hilf mir aus dem Rachen des Löwen, und errette mich von den Einhörnern."[16] Das Motiv dieser Konfrontation findet sich in der jüdischen Kunst häufiger; etwa auf der bemalten Holzdecke der Betstube von Horb am Main vom 18. Jahrhundert (Israel-Museum, Jerusalem). Auch die Deckenmalerei aus der Mitte des 17. Jahrhunderts in der ehemaligen Synagoge von Gwoździec, heute Hvizdets (Ukraine), zeigte ein Einhorn, das einem Löwen sein Horn in den Rachen stößt.[17] Während das Einhorn für die Christen seit dem Ende des 16. Jahrhunderts seine sakrale Symbolkraft verloren hatte, war es im Judentum das *re'em* der Bibel und konnte weiter seinen Platz in der religiösen Bildwelt behalten.

Einen ausdrücklich christlichen Ausgangspunkt hat der Kampf des Einhorns gegen ein weiteres Tier – den Drachen. Dieser ist eine Verkörperung des Teufels, wie es in der Offenbarung des Johannes heißt: „Und es ward gestürzt der große Drache, die alte Schlange, die da heißt Teufel und Satan, der die ganze Welt verführt" (Apk 12,9). Die Menschen des Mittelalters sahen sich der Verführung zum Bösen ständig ausgesetzt, aber mit göttlicher Hilfe glaubten sie, ihr widerstehen zu können. Der Abwehr teuflischer oder dämonischer Kräfte diente die Darstellung *Ein Engel reitet auf einem Einhorn im Kampf gegen einen Drachen* an einem Kapitell der Kathedrale von Nevers in Zentralfrankreich, das Séraphin-Médéric Mieusement um 1870–1890 photographierte (Kat. 76). Das Relief, im 13. Jahrhundert entstanden und im 16. Jahrhundert restauriert, zeigt einen geflügelten Engel, der mit einem Bogen auf einen geschuppten Drachen schießt. Diesem stößt das Einhorn, auf dem der Engel reitet, das Horn in den Hals.

76

Séraphin-Médéric Mieusement (1840–1905)
Ein Engel reitet auf einem Einhorn im Kampf gegen einen Drachen. Kapitell aus der Kathedrale von Nevers, um 1870–1890
Papier, Albumindruck, 281 × 397 mm
Inv.-Nr. J/84/58/1006 Tirage Nr. A011037
Médiathèque du patrimoine et de la photographie, Montigny-le-Bretonneux, département de la photographie
nur in Paris ausgestellt
Lit.
nicht bei Einhorn 1998
Paris 1886, Nr. 556?

Die Aufnahme des Kapitells stammt aus einem umfangreichen Projekt des Architekturphotographen Mieusement, den 1881 das französische Religionsministerium beauftragte, alle Kathedralen des Landes zu dokumentieren.[18] Diese Photographien wurden im 1882 eröffneten Musée de sculpture comparé in Paris gezeigt. 1886 erhielt Mieusement den Auftrag, die Exponate im Musée de Cluny, damals Musée des thermes et de l'hôtel de Cluny, zu photographieren.

Gegen einen drachenartigen Basilisken kämpft das Einhorn auch in der rätselhaften *Allegorie mit dem Sonnenspiegel* von etwa 1501–1515 (Kat. 77). Anfang des 19. Jahrhunderts war der Kupferstich Jean Duvet (siehe Kat. 130.1–6) zugeschrieben und mit dem Titel „Gift und Gegengift" versehen.[19] Diese Benennung griff die Überlieferung von der entgiftenden Wirkung des Einhorn-Horns auf (siehe Kat. 52–61), die sich hier gegen den tödlich giftigen Atem des Basilisken richtet. Seit Langem gilt das Blatt als Arbeit eines in Mailand tätigen, namentlich nicht bekannten Stechers, der nach einem seiner Werke Meister der Enthauptung des Johannes genannt wird. Seinen Stil prägt die Bevorzugung der fein modellierten Binnenzeichnung vor der Kontur.

Die Komposition des Blattes geht auf eine kleine Zeichnung Leonardo da Vincis von etwa 1494 zurück (Musée du Louvre, Paris), die sie mit einigen Abweichungen seitenverkehrt übernimmt und ins anspruchsvolle Großformat ausdehnt.[20] Zu den Abweichungen gehört etwa die Figur des Mannes, der bei Leonardo als Gelehrter gekleidet ist und hier in antikischer Stilisierung und mit einem Efeukranz im Haar erscheint. Der Mann hält mit beiden Händen einen Schild vor sich, von dem Strahlen in Richtung der kämpfenden Tiere ausgehen. Der Basilisk hat einen Löwen angefallen, wird aber von einem Bären in den Hals gebissen, während ihm das Einhorn – pferdgestaltig, mit gespaltenen Hufen, aber ohne Ziegenbart –, im Sprung sein Horn in die Schulter stößt. Auch eine Löwin scheint den Basilisken attackieren zu wollen.

Die Zeichnung und der Kupferstich sind nicht zu entschlüsseln. Leonardos Erläuterungen zum Einhorn als Allegorie der *Intemperanza,* der Unbeherrschtheit (siehe S. 350), treffen hier nicht zu. Eher ist an eine allgemeine Allegorie wie den Kampf zwischen guten und bösen Mächten zu denken, bei der das Einhorn auf der Seite des Guten zu verorten ist.

Eine christliche Drachentöterlegende ist seit dem 11. Jahrhundert mit dem heiligen Georg verbunden. Der Schutzpatron der Ritter, Soldaten und Wandersleute, einer der vierzehn Nothelfer, soll nach der *Legenda aurea* eine Königstochter vor einem Drachen gerettet haben. Das in der christlichen Bildwelt verbreitete Thema setzte Francisco Fernández 1650 in dem großformatigen Gemälde *Der heilige Georg besiegt den Drachen* um (Kat. 78). Über das Leben des spanischen Malers ist wenig bekannt; er war Schüler des Hofmalers Vicente Carducho, und König Philipp IV. ernannte Fernández wie dessen Lehrer zum *pintor del rey* (Maler des Königs).[21] Wie im 17. Jahrhundert üblich, ist Georg in prächtiger Rüstung mit Helm und Federbusch inszeniert.[22] Wirkungsvoll verteilte Fernández Licht und Schatten. Das Untier mit seinen Hautflügeln liegt rechts im Dunkeln, das jugendliche Gesicht des Helden ist erleuchtet. Georgs Reittier bäumt sich gegen den Drachen auf, um den Rückstoß der Lanze aufzufangen. Das Pferd hat die für das Einhorn in dieser Zeit typische weiße Fellfarbe und trägt eine Rossstirn mit einem kurzen gedrehten Horn. Auf diese Weise konnte Fernández das Einhorn als Symbol der Kampfkraft und Tugend einbinden, ohne den realitätsnahen Anspruch seiner Schilderung aufzugeben. Diese an sich naheliegende Idee hatte wohl nur ein einziger Maler zuvor realisiert, in Antwerpen um 1520 (Kunsthandel 2020).[23]

Ein solcher Kopfschutz für Pferde, wie ihn Fernández malte, ist die französische *Rossstirn,* die um 1630 kurz vor dem Gemälde gefertigt wurde (Kat. 79). Sie gehört zu einer aufwendig gestalteten Prunkrüstung, die nach einer nicht zu überprüfenden Überlieferung des 19. Jahrhunderts dem Herzog von Sully, Marschall und Minister Heinrichs IV., gehört haben soll. Wie der Harnisch ist auch die Rossstirn reich mit Gravuren versehen, neben Tieren – Affe, Papagei und Falke – ist die mit der Inschrift *Juno superba* gekennzeichnete Göttin Juno dargestellt. Ein eingravierter Strahlenkranz um das Stirnhorn betont dessen Signalhaftigkeit.

77

Meister der Enthauptung des Johannes
(erwähnt 1501–1515)
(vormals zugeschrieben an Jean Duvet
[1485– nach 1562])
Allegorie mit dem Sonnenspiegel, um 1501–1515
Kupferstich, 223 × 316 mm
Potsdam:
Inv.-Nr. DG1949/56
Albertina, Wien
Paris:
Inv.-Nr. 4605 LR/Recto
Musée du Louvre, Paris,
département des Arts graphiques,
Collection Edmond de Rothschild
Lit.
TIB, 24/4, Nr. 2415.002
Robert-Dumesnil 1835–1871, Bd. 5, Nr. 61
Hind 1938–1948, Bd. 5, S. 98 f.; Bd. 6, Tafel 630
Washington 1973, Nr. 159
Freeman 1976, S. 176; Abb. S. 177
Bersier 1977, Nr. 73
Eisler 1979, Nr. A1
Paris 1999, Nr. 526
Gramaccini/Meier 2009, Nr. 14
Dresden 2013, Nr. 189
Fagnart 2024, S. 202; Abb. 109

78

Francisco Fernández (1604/05–1678)
Der heilige Georg besiegt den Drachen, 1650
Öl auf Leinwand, 245,5 × 191,5 cm
Inv.-Nr. 2016.8
Szépművészeti Múzeum –
Museum of Fine Arts, Budapest
nur in Potsdam ausgestellt
Lit.
nicht bei Einhorn 1998

79

Französisch
Rossstirn, um 1630
Kupfer, Eisen, bemalt, 59 × 23 × 26 cm
Inv.-Nr. 2025.0.253; Cote G 603
Musée de l'Armée, Paris
Lit.
nicht bei Einhorn 1998
Paris 2004c, S. 205, 207

Stirnplatten wie diese waren seit dem 15. Jahrhundert Teil des Harnischs für Pferde und wurden bei Kämpfen, Turnieren oder Festumzügen eingesetzt.[24] Im 16. Jahrhundert besaß Erzherzog Ferdinand II. von Tirol ebenso wie Kardinal Alessandro Farnese eine Rossstirn mit hervorstechendem Horn (beide Kunsthistorisches Museum Wien, Hofjagd- und Rüstkammer). Bei der Parade aus Anlass der Mündigkeit des schwedischen Königs Karl XI. im Jahr 1672 trugen seine acht Pferde Rossstirne aus vergoldetem Messing, die mit einem – kurzen – gedrehten Einhorn-Horn ausgestattet waren (Statens historiska museer, Livrustkammaren, Stockholm).[25]

Dieses Horn am Pferdeschutz besaß keinen praktischen oder Gefechtswert, deshalb war es zumeist kurz gehalten. Aber eine solche Rossstirn hatte nicht nur dekorativen Wert. Sie knüpfte an die mit dem Einhorn verbundenen Eigenschaften von Stärke und Unbesiegbarkeit an. Diese Verbindung gilt auch für den *Degen mit Einhorn-Verzierung,* den ein niederländischer Schmied um 1650 herstellte (Kat. 80). Die Enden der Parierstange sind als Halbfiguren eines Einhorns gestaltet. Den Knauf krönt ein Einhorn, das einen Drachen besiegt hat. Es hat die Füße auf den Hals der unter ihm liegenden Kreatur gestellt und richtet das Horn gegen dessen Kopf.

Degen mit schmaler Klinge, Rapiere genannt, gehörten bis ins 18. Jahrhundert zur Ausstattung von Edelleuten. Möglicherweise hat bei der Wahl des Motivs in den Niederlanden die religiöse Tradition vom Drachen als Signum des Bösen und vom Einhorn als christlichem Symbol eine Rolle gespielt. Zur Entstehungszeit des Degens in der Mitte des 17. Jahrhunderts wiesen Naturforscher das gedrehte „Einhorn-Horn" dem Narwal zu (siehe Kat. 48, 50) und erschütterten damit die Vorstellung vom Einhorn. Doch das tat seiner Bedeutung keinen Abbruch. Diese war jetzt allerdings ästhetisch und nicht mehr magisch, wie etwa beim „Ainkhürn"-Schwert Herzog Philipps des Guten aus dem zweiten Viertel des 15. Jahrhunderts, dessen Griff aus dem vermeintlichen Horn des Einhorns bestand (Abb. S. 46).

Keinen religiösen Bezug hat die Bronze *Ein Einhorn durchbohrt einen Drachen* (Kat. 81), schon allein wegen ihres Pendants *Eine Dogge beißt einem Wolf in die Kehle,* die sich ebenfalls im Ashmolean Museum in Oxford befindet. Vielleicht spielt hier die Symbolik vom Kampf des Guten und Vertrauten – Einhorn und Haushund – gegen das Böse und Unheimliche – Drachen und Wolf – eine Rolle. Jedenfalls stehen beide Bronzen in der Tradition der bereits in der Antike beliebten Tierkampfgruppen, bei denen große und starke oder wilde Tiere miteinander ringen. Dabei geht es um die extreme Spannung und Energie, mit der die Tiere eng ineinander verschlungen den existentiellen Kampf austragen. Der Drache hat seine Krallen in die Flanken des Einhorns geschlagen, aber dieses hat ihn niedergeworfen und sein Stirnhorn als tödliche Waffe eingesetzt. So dürfte es als Sieger aus dem Ringen hervorgehen.

Beide Bronzen gehen zurück auf monumentale Steinskulpturen, die der Bildhauer Jean-Baptiste Théodon vor 1675 geschaffen hatte (Abb. S. 20).[26] Den Auftrag hatte ihm Jean-Baptiste Colbert, der mächtige Minister Ludwigs XIV., erteilt. Die Tierpaare krönten hohe Sockel beiderseits des Eingangsportals zu seinem Schloss Sceaux bei Paris.[27] Auch in der viel größeren Ausführung in Stein hat das Einhorn Pferdegestalt und gespaltene Hufe, aber keinen Ziegenbart.

80

Niederländisch
Degen mit Einhorn-Verzierung, um 1650
Stahl, Kupfer, Leder, Holz, Länge 92,1 cm
Inv.-Nr. 53.216.5
The Metropolitan Museum of Art, New York,
Schenkung Alan Rutherfurd Stuyvesant 1953
Lit.
nicht bei Einhorn 1998
Dean 1914, Nr. 58; Abb. 24
Norman 1980, S. 185; Abb. 94

In den meisten Fällen scheint der Kampf zwischen Einhorn und anderen Tieren zugunsten des Ersteren zu enden. Dieser Ausgang dürfte bei der Brüsseler Tapisserie *Einhorn im Kampf mit einem Löwen und Panthern* von etwa 1625 unwahrscheinlich sein (Kat. 82). Zwei Panther und ein Löwe attackieren ein Einhorn. Das scheint sich der Angreifer kaum erwehren zu können. Einer der Panther hat sich im rechten Hinterlauf festgebissen, der andere ist auf das Horn gesprungen und holt zum Schlag mit der Tatze aus. Der Löwe setzt mit gespitzten Krallen und gebleckten Zähnen zum frontalen Sprung an.

Im Gegensatz zur Brutalität und Dynamik dieser Szene breitet sich im Hintergrund eine friedvolle Waldlandschaft aus, die mit zahlreichen Tieren bevölkert ist, darunter Rehwild und ein weiterer Panther, im Vordergrund links eine Schildkröte. Umgeben ist die Szene von einer üppig mit Früchten, Masken, Delphinen und Muscheln dekorierten Borte.

Die Tapisserie entstammt der Werkstatt von Jan Raes II., dem wichtigsten Weber in Brüssel am Anfang des 17. Jahrhunderts. Er fertigte mehrere Serien nach Entwürfen von Peter Paul Rubens und besaß die Kartons für großformatige Tierlandschaften, die um 1565 ebenfalls in Brüssel entstanden waren. Das Motiv der Großkatzen, die ein Einhorn anfallen, geht auf eine ähnlich komponierte Szene dieser Tapisserien zurück (Abb. S. 58).[28] Diese ist Teil einer Serie von sechs Landschaften mit Tieren, denen mit biblischen Zitaten eine religiöse Deutung beigegeben ist. Das könnte auch hier der Fall sein, ist doch im Hintergrund das Einhorn ein zweites Mal dargestellt, wie es sein Horn in das Wasser taucht. Dieses Motiv knüpft an den *Physiologus* in der Fassung des 14. Jahrhunderts an, der die entgiftende Tat des Einhorns christologisch deutete (siehe S. 349). Dann wäre das Einhorn hier Symbol des Guten, das von bösen Mächten bedroht wird.

Im Vordergrund steht jedoch der große, spannungsgeladene Tierkampf. Überhaupt dürfte das im 17. Jahrhundert ausgeprägte Interesse an Zoologie und Naturkunde Grundlage dieser Landschaften mit Tieren sein. Darin hatte das Einhorn noch immer seinen Platz, wie es auch im etwa zur selben Zeit entstandenen Gemälde *Orpheus bezaubert die wilden Tiere* von Paulus Potter dabei ist (siehe Kat. 26).

MPH

81

Französisch, nach Jean-Baptiste Théodon (1645–1713)
Ein Einhorn durchbohrt einen Drachen,
Vorbild vor 1675, Abguss 19. Jahrhundert?
Bronze, 27,5 × 29,5 × 21 cm
Inv.-Nr. WA1960.1.7
The Ashmolean Museum, University of Oxford, Schenkung Mrs J. C. Conway, 1959
Lit.
nicht bei Einhorn 1998
Oxford 1992, Nr. 344

82

Jan Raes II. (1602 – um 1639) und Werkstatt
Einhorn im Kampf mit einem Löwen und Panthern, um 1625
Wolle und Seide, 340 × 462 cm
Bez.: obere Randborte mittig: Stadtmarke von Brüssel, rechte Randborte unten: Monogramm Jan Raes
Privatsammlung – Adornes Estate, Brügge
nur in Potsdam ausgestellt
Lit.
nicht bei Einhorn 1998
Vianden 1995, Nr. 13
Forti Grazzini 2007, S. 249; Abb. 21
New York 2007, S. 88–90

Feindlich gegenüber dem Menschen. Das Einhorn als Bedrohung und Gegner

Nicht nur gegenüber Tieren, sondern auch dem Menschen gegenüber kann das Einhorn wild und angriffslustig auftreten. Schon Ktesias betonte um 400 v. u. Z. seine Kampfbereitschaft. Sollten Einhörner von Reitern umzingelt sein, so

> weigern sie sich zu fliehen und ihre Jungen zurückzulassen, und sie kämpfen mit ihren Hörnern, stoßen, beißen und schlagen Pferde und Jäger; sie selbst fallen den Pfeilen und Speeren zum Opfer, denn man kann keines von ihnen lebend fangen.[29]

Auch arabische Autoren hoben die Gefährlichkeit des Einhorns für Menschen hervor. So erklärte der Gelehrte Muhammad ibn Musa al-Damiri in seinem im 14. Jahrhundert entstandenen zoologischem Lexikon *Das Leben der Tiere*: „Das Einhorn ist sehr feindlich gegenüber dem Menschen; wenn es ihn riecht oder seine Stimme hört, verfolgt es ihn, und wenn es ihn erreicht hat, tötet es ihn, ohne etwas von seinem Leichnam zu essen."[30] In diese literarischen Quellen flossen häufig Charakteristika des Nashorns ein. Unabhängig von der textlichen Grundlage gestalteten bildliche Darstellungen vom Kampf zwischen Mensch und Einhorn häufig ein pferdeähnliches Tier mit Stirnhorn.

Ein irakisches Gefäßteil aus hellem Ton aus der ersten Hälfte des 13. Jahrhunderts zeigt auf seiner Wandung ein Relief mit einem *Kampf zwischen Ritter und Einhorn* (Kat. 83). Das geflügelte Einhorn mit einem Kreismuster am Hals und auf der Flanke ist mit einem langen geraden Stirnhorn ausgestattet. Sein dünner Schweif verschmilzt mit der Arabeske im durchbrochenen Teil des Gefäßes. Das Horn zielt auf die Brust eines stehenden Mannes, der sich mit einem Kurzschwert des Angreifers erwehrt. Das reich dekorierte Stück diente als Oberteil eines Wasservorratsbehälters in einem wohlhabenden Haushalt. Ein umlaufendes Schriftband wünscht „Dauernde Macht und allgemeines Wohlergehen und wohlbehütetes Leben dem Besitzer".[31] Möglicherweise schloss diese Formel auch den Wunsch ein, vor einem angreifenden Einhorn, wie es das Bildfeld zeigt, geschützt zu werden.

Der Ritter auf dem irakischen Tongefäß ist nicht namentlich bekannt. Andere Kämpfer gegen das Einhorn sind dagegen prominente historische oder legendäre Figuren, zu deren großartigen Taten ein Sieg über ein gefährliches Einhorn – oder sogar mehrere – zählt. Einer dieser Helden war der makedonische König Alexander der Große, dessen mit vielen Wundern angereicherte Lebensgeschichte im Mittelalter weit verbreitet war. Zu den Gefahren, denen der junge Kriegsherr im *Alexanderroman* – dessen erste Versionen bereits kurz nach seinem Tod im Jahr 323 v. u. Z. entstanden – ausgesetzt ist, gehören Kämpfe mit gefährlichen Tieren wie Schlangen, Drachen, Löwen – und Einhörnern.

Eine Miniatur in einem französischen Manuskript des *Alexanderromans* aus dem späten 13. Jahrhundert zeigt eine Schlacht von Alexanders Mannschaft gegen ein Heer anstürmender Einhörner, oder, so formuliert der Text, *Wie König Alexander mit jenen wilden Tieren kämpfte, die ein Horn scharf wie ein Schwert und gezahnt wie eine Säge hatten* (Kat. 84). Das Kampfgeschehen spielt sich vor blutrotem Hintergrund ab. In der rechten Bildhälfte setzen zahlreiche Einhörner dicht gedrängt zum Sprung an. Ihr schlanker Körperbau erinnert an Gazellen, die Hufe sind gespalten. Das Horn ist lang und gerade, leicht nach oben gebogen, und an der Unterseite mit Zähnen ausgestattet – eine in Einhorn-Darstellungen jener Zeit verbreitete Form. Die Staffelung der Tiere in die Bildtiefe lässt von den hinteren nur das gezackte Horn sehen und betont so dramatisch die Stirnwaffe. In gleicher Dichte reiten auf der linken Seite Alexander und seine Truppe heran, in schweren Rüstungen, mit Helm und erhobenem Schwert. Den Angriff führt Alexander an, mit einer Krone ausgezeichnet, auf seinem mythischen Pferd Bukephalos, das hier mit zwei Hörnern versehen ist. Mit einem Schwerthieb trifft er eines der Einhörner, zwei tote Tiere liegen bereits am Boden.

Die Schlacht, die am Roten Meer stattfand, ging für Alexander und die Seinen siegreich aus. Sie töteten die ungeheure Zahl von 8450 Einhörnern, wie es im Manuskript heißt. Dieses ist eine französische Übersetzung des 13. Jahrhunderts einer lateinischen Bearbeitung der *Historiae de preliis Alexandri Magni* (Geschichte der Schlachten Alexanders des Großen) des Archipresbyters Leo von Neapel aus dem 10. Jahrhundert. Darin heißt es über die angreifenden Tiere nur, sie hätten am Kopf einen *ossa ferreata et acuta ut gladius,* einen eisernen Knochen, der scharf wie ein Schwert sei. In der französischen Übersetzung sind daraus *cornes* (Hörner) geworden.[32] Eine etwa zeitgleiche deutsche Fassung beschreibt das Horn als „Größ und herter dann ain stain / Und fornan spiczig, ich main, / Und scherpffer vil dan ain swert". Dort werden die Tiere auch benannt: „Die tier sind also geborn / Daz man sie heißet einhorn."[33]

Auch in persischen Heldenerzählungen müssen Männer gegen das Einhorn antreten. So zeigen es Illuminationen zum Nationalepos *Schāhnāme* (Buch der Könige) von Abu 'l-Qasim Firdausi, das um das Jahr 1000 entstand. Gemeinsames Merkmal der als gefährliche Bestien geschilderten Untiere ist ein einzelnes schwarzes Stirnhorn. Das geht auf das real vorhandene Rhinozeros zurück. Firdausis Beschreibungen waren wenig detailliert und ließen den Illustratoren Gestaltungsfreiheit.[34]

Einer der im *Buch der Könige* gewürdigten Herrscher ist ebenfalls Alexander der Große, unter seinem persischen Namen Iskander. Am Ende des 4. Jahrhunderts v. u. Z. hatte er das persische Reich erobert. Die Miniatur *Iskander tötet das Untier von Habash* in einer Handschrift von etwa 1300–1330 (Kat. 85) zeigt ihn im Kreis seiner Krieger. Sie haben ein einhörniges Tier umzingelt und attackieren es mit Speeren und Pfeilen. Zwei Geschosse haben sich bereits in den Körper

83

Irakisch (Mossul oder Dschasira)
Kampf zwischen Ritter und Einhorn,
1. Hälfte 13. Jahrhundert
Oberteil eines Vorratsgefäßes (Fragment)
Ton, unglasiert, Höhe 63 cm,
Durchmesser 30–54,5 cm
Inv.-Nr. I. 5533
Staatliche Museen zu Berlin,
Museum für Islamische Kunst
Lit.
nicht bei Einhorn 1998
Ettinghausen 1950, S. 74; Tafel 31 links
Berlin 1971b, Nr. 417; Abb. 59
Beer 1977, Abb. 42
Berlin 1993, Nr. 85
Paris 2001, Nr. 109

84

Französisch (Paris)
Wie König Alexander mit jenen wilden Tieren kämpfte, die ein Horn scharf wie ein Schwert und gezahnt wie eine Säge hatten, in:
L'Ystoire du bon roi Alexandre (Die Geschichte vom guten König Alexander),
spätes 13. Jahrhundert
Wasser- und Deckfarben auf Pergament,
259 × 182 mm (Seite)
Inv.-Nr. 78 C 1, fol. 68r
Staatliche Museen zu Berlin,
Kupferstichkabinett
nur in Potsdam ausgestellt
Lit.
Einhorn 1998, S. 179; Nr. 544 B
Rieger 2006, Nr. 80

85

Persisch (nordwestlicher Iran oder Bagdad)
Iskander tötet das Untier von Habash, in:
Abu ʿl-Qasim Firdausi (um 940/41 – um 1020)
Schāhnāme (Buch der Könige), um 1300–1330
Tinte, Wasserfarben, Silber, Gold auf Papier,
18,4 × 15,5 cm (Blatt), 5,4 × 12,4 cm
(Illumination)
Inv.-Nr. 69.74.5
The Metropolitan Museum of Art,
New York, Rogers Fund, 1969
nur in Potsdam ausgestellt
Lit.
nicht bei Einhorn 1998
Ettinghausen 1950, S. 40 f., 105;
Tafel 24 unten
Boehm 2017, Abb. S. 36

des Tieres gebohrt und blutende Wunden verursacht. Gestalt und Horn erinnern an eine Gazelle, einzelne Haare am Kinn deuten einen Ziegenbart an. Die blauen Flammen an den Schultern sind eine dramatisierende Zutat. Möglicherweise sind sie eine Abwandlung der in der persischen Bildwelt üblichen Erscheinungsform des Einhorns mit Flügeln (siehe Kat. 83). Das Gewirr aus Pferdeleibern, ausgestreckten Armen und geschwungenen Bogen unterstreicht die Heftigkeit des Geschehens; die ausgefallene Kleidung der Kämpfer mit ihren markanten Kopfbedeckungen ist ästhetisch reizvoll. Sie erinnern an mongolische Hüte, obwohl der Kampf gegen das Untier in Habash – eine Bezeichnung für Abessinien, das heutige Äthiopien und Eritrea – stattfindet.

Als weiterer im *Buch der Könige* gewürdigter Held muss sich auch der legendäre Prinz und spätere König Goschtasp aus der persischen Dynastie der Kayaniden gegen ein Untier behaupten. Im Text ist von einem Wolf die Rede, aber der Illuminator der Miniatur *Goschtasp kämpft gegen ein Einhorn* von etwa 1490 (Kat. 86) hat ihm das spektakulärere Aussehen eines Einhorns gegeben. Hier setzt der Recke als Waffe nicht seinen Bogen ein, auf den der umgehängte Köcher verweist. Er ist von seinem schön dekorierten Pferd abgesprungen und in der sandigen Steppe mit wenigen Blumen und Bäumen zum Nahkampf übergegangen. Mit voller Wucht schlägt er auf das flüchtende Einhorn ein, das sich nach ihm umsieht. Der Hieb

86

Persisch (Schiras)
Goschtasp kämpft gegen ein Einhorn, in:
Abu 'l-Qasim Firdausi (um 940/41 – um 1020)
Schāhnāme (Buch der Könige), um 1490
Pergament, 345 × 235 mm (Seite)
Inv.-Nr. Supplément Persan 1280, fol. 263v
Bibliothèque nationale de France,
Paris, département des Manuscrits
nur in Paris ausgestellt
Lit.
nicht bei Einhorn 1998
Ettinghausen 1950, S. 40; Tafel 26
Paris 2001, Nr. 111

trifft den Kopf am Hornansatz, das Blut spritzt in weiten Strahlen umher. Das lange silbrige Horn, das in einer Spitze ausläuft, hat eine Mittelrille wie die Hohlkehle einer mittelalterlichen Schwertklinge. So erscheint die Auseinandersetzung wie ein ritterlicher Zweikampf, in dem dem Sieger Ehre und Ruhm zustehen.

Die heroischen Taten von Alexander/Iskander und Goschtasp spielen sich auf der arabischen Halbinsel oder im Persischen Reich ab. Aber auch in der europäischen Literatur des Mittelalters finden sich Könige und andere Helden, die gegen ein böses Einhorn antreten. So berichtet Johann Schiltberger in seinem Reisebuch im 15. Jahrhundert vom armenischen König Derthat, der in einem Gebirge bei Rom einen Drachen und ein Einhorn erlegte (Abb. S. 350).[35] Weitaus bekannter ist die Geschichte eines Antihelden, der das Einhorn nicht durch Körperkraft und Waffenkunst, sondern mit List bezwingt.

87

Unbekannter Schnitzer nach einem Entwurf von Helmtraud Wunderwald (1922–2016)
Schneider und *Einhorn*, 1946
Figuren für ein Diorama zum Märchen *Das tapfere Schneiderlein*
Spielwarenfabrik Egon Umbreit, Eibenstock
Figuren: Holz, geschnitzt, farbig gefasst, Schneider 27 × 25 × 9 cm, Einhorn 25 × 37 × 7,5 cm
Diorama: Jan Gadermann, Hintergrund: Matthias Daenschel, 2025
Inv.-Nr. SMD_2016_00208
Stadtmuseum Dresden, Museen der Stadt Dresden
nur in Potsdam ausgestellt
Lit.
nicht bei Einhorn 1998
Umbreit 1946, S. 11 (Entwurfszeichnung)

Im Märchen „Das tapfere Schneiderlein", von den Brüdern Grimm 1812 in die erste Ausgabe ihrer *Kinder- und Hausmärchen* aufgenommen, soll ein schmächtiger Schneider ein Unheil verbreitendes Einhorn im Wald erlegen. Er stellt sich vor einen Baum, lässt das Tier auf sich zu rennen und weicht im letzten Moment zur Seite, worauf das Einhorn sein Horn unlöslich in das Holz rammt.[36]

Die Anfang des 19. Jahrhunderts aufgezeichnete Geschichte des pfiffigen Schneiders geht zurück auf ein Motiv in der Schwanksammlung *Der Wegkürtzer* des Straßburger Dichters Martin Montanus, 1557 erstmals erschienen.[37] Die so kuriose wie einleuchtende Idee scheint die Zeitgenossen begeistert zu haben. Nur drei Jahre später findet sie sich in Adam Lonitzers *Kreuterbuch* (siehe S. 352 f.), 1590 bei Edmund Spensers *Feenkönigin* (siehe S. 355)[38] und 1599 in Shakespeares *Julius Caesar*, als Decius über die Titelfigur sagt: „Er hört es gern, / Das Einhorn lasse sich mit Bäumen fangen".[39]

Bildliche Umsetzungen des Motivs finden sich nur in einigen Marginalzeichnungen illuminierter Handschriften des 14. Jahrhunderts (Abb. S. 21)[40] oder in Illustrationen zu den Märchen der Brüder Grimm im 19. und 20. Jahrhundert (Abb. S. 361). Eine plastische Ausformung als Holzfiguren entstand 1946 für die *Erzgebirgische Märchenausstellung* der Spielwarenfabrik Egon Umbreit in Eibenstock im Erzgebirge – eine Gegend mit langer Tradition in kunsthandwerklichen Schnitzarbeiten. Die Figuren von Hänsel und Gretel, Schneewittchen, Aschenputtel und *Schneider* und *Einhorn* (Kat. 87) reisten in Dioramen szenisch inszeniert vom November 1946 bis Dezember 1949 von Eibenstock über Berlin, Dresden, Zwickau, Gotha, Gera und andere Städte in der Sowjetischen Besatzungszone und neu gegründeten DDR bis nach Rostock.

Der Entwurf für die Figuren stammte von der Illustratorin Helmtraud Wunderwald, die bis 1949 für Umbreit arbeitete. Das Einhorn gestaltete sie mit gedrehtem weißen Stirnhorn und ungespaltenen Hufen. Die wilde Mähne erinnert an die Illustration von Jörg Breu dem Älteren zu Ludovico de Varthemas Reisebericht (siehe Kat. 40) oder an einen Löwen, auch Körperbau und Schwanz sind löwenartig. Der Schneider ist mit Pluderhose und Wams des 16. Jahrhunderts bekleidet, wobei die Ausstattung vom Text abweicht. Darin ist von einem Harnisch die Rede, mit der legendären Aufschrift „Sieben auf einen Streich". Eine weitere Veränderung ist die Bewaffnung mit Schild und Speer. Diese mag der Veranschaulichung der Gefährlichkeit des Einhorns dienen. Nach der literarischen Vorlage nahm der Schneider jedoch lediglich „ein Stricklein" mit in den Wald des Einhorns.

In diesen Episoden gehen Helden wie Antihelden als Sieger hervor, das gefährliche Einhorn ist passives Opfer ihrer Stärke oder ihrer List. Meistens geht die Konfrontation für das Einhorn übel aus. In anderen Erzählungen und Darstellungen dagegen tritt das Einhorn als die handelnde Kraft auf. Dies ist bei der Versuchung des heiligen Antonius der Fall, wenn ihn wilde Tiere attackieren (siehe Kat. 22,23), oder in der Parabel „Der Mann im Abgrund" aus den Geschichten von Barlaam und Josaphat. Diese gehen auf eine buddhistische Legendensammlung zurück, in der der Asket Barlaam den Königssohn Josaphat über die Vergänglichkeit der Dinge belehrt. Über eine in griechischer Sprache geschriebene christliche Interpretation des Kirchenlehrers Johannes Damascenus aus dem 7./8. Jahrhundert und die *Legenda aurea* des Jacobus de Voragine verbreitete sich der Stoff im Europa des Mittelalters.[41]

In einer der Legenden vergleicht Barlaam denjenigen, der nach den Genüssen des Lebens strebe, mit einem Menschen, der auf der Flucht vor einem Einhorn in einen Abgrund stürzt, in dem ein Drache lauert. Während er sich an den Zweigen eines Baumes festhalten kann und Honig genießt, der aus diesen tropft, nagen zwei Mäuse am Zweig, und vier Schlangen bedrohen ihn. Barlaam deutet Abgrund und Drachen als Unterwelt, den Baum als das Leben, den die Mäuse als Tag und Nacht ständig verkürzen, den Honig als weltliche Freuden, die Schlangen als die vier Elemente, aus denen der Körper besteht. „Das Einhorn aber bedeutet den Tod, der dem Menschen allezeit nachfolgt", so die *Legenda aurea,*[42] oder, wie es bei Johannes Damascenus heißt: „Das Einhorn ist der Typus des Todes, immer willens, das Geschlecht Adams zu vernichten."[43] Johannes gibt auch den Grund an, warum der Mensch vor dem Einhorn flieht: er sei „unfähig, den Schall der Stimme des Untiers und sein erschreckendes Gebrüll zu ertragen". Die furchtbare und laute Stimme des Einhorns hatten bereits antike Autoren wie Megasthenes, Plinius und Solinus als eine seiner hervorstechenden Eigenschaften herausgestellt.

Verbildlichungen dieser Legende finden sich in zahlreichen illuminierten Manuskripten seit dem 13. Jahrhundert oder als

88

Oberitalienisch (Meister Ventura aus Campione d'Italia?, tätig bis 1237)
Der Mann im Abgrund, 13. Jahrhundert
Kalkstein, 97,8 × 62 cm
Inv.-Nr. MC005
Museo della Cattedrale, Ferrara,
Leihgabe der Comune di Ferrara
Lit.
Jullian 1931
Aurenhammer 1959, S. 294
Einhorn 1972, S. 390; Nr. 6
Ferrara 1989, S. 24
Einhorn 1998, S. 26, 318, 322 f.; Nr. 94
Zin 2011, S. 71; Abb. 24
Nürnberg 2015, Nr. 3.21

Fresken in Kirchenräumen. Einzigartig ist die Umsetzung in dem Relief *Der Mann im Abgrund* aus dem 12. Jahrhundert (Abb. S. 42) aus Ferrara (Kat. 88). Ein Bogen im oberen Drittel markiert die darunterliegende Zone als den Abgrund; auf dem Bogen steht das Einhorn, mit einem angedeuteten Ziegenbart, und blickt triumphierend auf den Mann, der sich angestrengt und mit geneigter Körperhaltung im Gezweig hält. Die Inschrift – *Unicornis iste insequitur animas hominum* (Dieses Einhorn verfolgt die Seelen der Menschen) – verleiht der Szene eine allgemeingültige Dimension und macht das bösartige Einhorn zu einer universalen Bedrohung des Menschseins. Das Relief war als Teil einer Serie mit anderen von 1515 bis 1716 an der Kanzel des Domes angebracht und dürfte den davor Sitzenden als Mahnung gegolten haben.

Die späteste bildliche Umsetzung der Legende fertigte als *Allegorie auf die Welt (Der Mann im Brunnen)* der niederländische Kupferstecher Boëtius Adamsz à Bolswert im ersten Viertel des 17. Jahrhunderts nach einem Entwurf von unbekannter Hand (Kat. 89). Die Elemente der Szene orientieren sich am Text, allerdings ist aus dem Abgrund ein gemauerter Brunnenschacht geworden, der die Welt verbildlicht. Die prekäre Existenz des Menschen zeigt der schmale Vorsprung, auf dem der Mann steht. Von unten faucht ein schrecklicher Drache, von oben richtet das pferdeähnliche Einhorn sein Horn auf den Unglücklichen und stößt Dampf aus seinen Nüstern aus. Vielleicht war die Erzählung im 17. Jahrhundert nicht mehr allgemein bekannt, jedenfalls sind die einzelnen Elemente der ausgefeilten Ikonographie mit Beischriften erläutert. Im Flammenrachen des Drachen steht *Hel* (Hölle), beim Einhorn *Doot* (Tod). Ausführlich erläutert die Szene ein vierstrophiges Gedicht von Johannes Semmius in lateinischer Sprache.[44] Auch wenn darin das Einhorn nicht ausdrücklich genannt wird, sondern lediglich von *ferus,* einem wilden Tier, die Rede ist, beließ es Bolswert bei der Drohung durch das überlieferte und eindrückliche Einhorn.

89

Boëtius Adamsz à Bolswert (um 1580–1633),
Stecher
Allegorie auf die Welt (Der Mann im Brunnen),
1616 oder früher
Bez. unten mittig: BA. [ligiert]
Bolsuerd. excud:
Kupferstich, 299 × 216 mm
Inv.-Nr. RP-P-BI-2384
Rijksmuseum, Amsterdam
nur in Potsdam ausgestellt
Lit.
Knipping 1939/40, Bd. 1, S. 89; Abb. 5
Wehrhahn-Stauch 1958, Sp. 1527, Abb. 16
Aurenhammer 1959, S. 294
Beer 1977, Abb. 57
Einhorn 1998, S. 316; Nr. 104
Gotfredsen 1999, S. 136 f.
Gerritsen 2011, S. 101; Abb. S. 102

Als Symbol des Todes oder Seelenfeinds hat das Einhorn bei Barlaam und Josaphat eine dämonische Funktion. Dies gilt auch für einen Wasserspeier vom Freiburger Münster, der ein *Einhorn als Aufhocker* darstellt (Kat. 90).[45] Die um 1270 entstandene Figur aus Sandstein ist nur durch einen Gipsabguss aus dem Jahr 1926 erhalten. Bei einer späteren Umarbeitung des Originals wurde das Horn entfernt.

Ein Aufhocker oder Huckup ist eine im mittelalterlichen Volksglauben überlieferte unheimliche Erscheinung, die einem einsamen Wanderer nachts von hinten auf die Schultern springt und als drückende Last Bewegung und Atmung erschwert. Zahlreiche Erzählungen aus weiten Teilen Europas dokumentieren das Erlebnis eines solchen Spuks, der in Gestalt eines Kobolds, eines Ziegenbocks oder Lamms, einer Katze oder eines anderen Tiers erscheinen kann. Den beklemmenden Eindruck veranschaulicht die Figur auf eindrückliche Weise und vermittelt so eine physisch nachvollziehbare Erfahrung. Sie stellt eine unmittelbare Beziehung zwischen Mensch und Einhorn her. Diese steht im Gegensatz zur zärtlichen Harmonie, die zahlreiche Darstellungen des Miteinanders von Frau und Einhorn aus dem 15. und 16. Jahrhundert prägt (siehe Kat. 112, 113, 115, 116, 118, 122). Retabel mit entsprechenden Schilderungen hatten im Kircheninneren ihren Platz (siehe Kat. 34, 36; Abb. S. 41) – das Aufhocker-Einhorn als Wasserspeier befand sich an der Außenseite des Münsters. Diese architektonischen Elemente hatten die praktische Funktion, Regenwasser abzuleiten, zugleich dienten sie der Abwehr von Dämonen und Unheil.

In Albrecht Dürers Eisenradierung *Die Entführung auf dem Einhorn* von 1516 (Kat. 91) richtet sich das Tier nicht direkt gegen einen Menschen. Aber es wird zum Instrument eines brutalen Gewaltakts gegen eine nackte Frau. Ein muskulöser Einhorn-Reiter hat sein Opfer gerade vom Boden aus zu sich gerissen und hält es mit festem Griff umklammert. Wilde Haare und ein langer Bart umwehen sein grimmiges Gesicht. In ihrer Angst hat die Entführte die Augen aufgerissen, die Arme weit nach oben gestreckt. Die unmittelbare Nahsicht steigert die Intensität der Szene. Auch der dunkle Himmel, die unruhigen Wolken und das unwirtliche Gestrüpp unterstreichen die Dramatik. Zu dieser trägt das wilde Einhorn maßgeblich bei. Die Vorderhufe sind erhoben, die Mähne flattert, das Maul ist

90

Süddeutsch (Freiburg im Breisgau)
Einhorn als Aufhocker,
Abguss des Originals von um 1270
Freiburger Münsterbauhütte 1926
Wasserspeier
Gips, 68 × 138 × 48 cm
Inv.-Nr. Gi4–00054
Freiburger Münsterbauverein e. V.,
Freiburg im Breisgau
nur in Potsdam ausgestellt
Lit.
nicht bei Einhorn 1998
Mittmann/Tabori 2019, Nr. 5

weit geöffnet, das Fell zottig. Obwohl es Größe und Gestalt eines Pferdes hat, sind die Hufe gespalten, ein Ziegenbart ist angedeutet. Dieses erregte, unzivilisierte Einhorn hat weder etwas gemein mit dem ästhetisierten Einhorn auf oberrheinischen Bildteppichen des 15. Jahrhunderts (siehe Kat. 13, 14, 64, 65) noch mit jenen lieben Tieren, die nach 1450 in Thüringen oder in Italien in Gesellschaft der Jungfrau gemalt wurden (siehe Kat. 34, 112, 115).

Auch die Ausgestaltung des Horns ist ungewöhnlich für die Entstehungszeit. Dies hat nicht, wie bereits im 15. Jahrhundert üblich, die lange, gerade, spiralig geriffelte Form des Narwalzahns, sondern ist kurz, leicht gebogen und oben glatt, während an der Unterseite Zacken wie bei einem Sägeblatt angedeutet sind. Dürer kombinierte hier Elemente verschiedener Hornformen, wie sie etwa in den Bestiarien des 14. Jahrhunderts vorkommen (siehe Abb. S. 14). Ein ähnlich ungebärdiges Einhorn mit sichelförmigem Horn hatte der Künstler bereits 1514/15 in den Randzeichnungen im *Gebetbuch Kaiser Maximilians I.* gestaltet (Bayerische Staatsbibliothek, München).[46] Die Physiognomie des Einhorns muss Dürer fasziniert haben. Auf einem heute verschollenen Studienblatt entwarf er den Kopf des Tieres, wie er ihn seitenverkehrt in der *Entführung auf dem Einhorn* verwendete.[47] In ihrer Komposition geht die Radierung auf seine Zeichnung *Entführung zu Pferd* von 1516 zurück (The Morgan Library & Museum, New York). Dort liegen allerdings Leichen auf dem Boden, als Reittier dient ein Pferd.

In seiner Radierung verknüpfte Dürer antike Themen wie die Entführung der Proserpina durch Pluto mit der Volkssage vom Wilden Mann, der Frauen verschleppt.[48] Allerdings war Pluto nach den *Metamorphosen* des Ovid nicht zu Pferd, sondern mit einem Wagen unterwegs, den schwarze Rosse zogen, und Wilde Männer zeichnen sich durch Behaarung am gesamten Körper aus, was bei Dürers Entführer nicht der Fall ist. Insofern lässt sich *Die Entführung auf dem Einhorn* keinem bekannten Narrativ zuordnen – die dramatische Szene steht für sich, intensiviert durch das dämonische Einhorn.

Ein gegenwärtiger Rückbezug auf die kämpferischen Qualitäten des Einhorns findet sich in einem Abzeichen, das von queeren Angehörigen der ukrainischen Armee getragen wird. Der Verband aktiver und ehemaliger Soldaten der Queer-Community beauftragte die ukrainische Künstlerin Anastasiya Levytska 2020, ein Signet zu entwerfen. Sie wählte als Motiv ein Einhorn (Kat. 92). Sein Körper ist fragmentiert, das Auge zugekniffen, aus dem geöffneten Mund stoßen Flammen hervor. Sie enden in drei Spitzen, die an den Trysub, den Dreizack des ukrainischen Staatswappens, erinnern. Dieses streitbare Einhorn ist alles andere als graziös und lieblich. Mit seinem wehrhaften Aussehen unterscheidet sich das Abzeichen von den seit den 1980er Jahren in der Queer-Community als Symbol gebräuchlichen Ausprägungen des Einhorns, die häufig auf eine bis zum Kitsch reichende Verniedlichung setzen.[49]

In einer Erklärung zu dem Wappen bezieht sich der Verband auf die heraldische Tradition des Einhorns in England und verweist auf dessen Eigenschaften, wie sie John Guillim 1610 in seinem Wappenbuch *A Display of Heraldrie* (Eine Aufstellung der Heraldik) in Anknüpfung an antike Quellen herausgestellt hatte: Es wähle eher den Tod, als sich lebend fangen zu lassen. Darin, so Guillim, glichen sich Einhorn und tapferer Soldat, „die beide dem Tod entgegensehen, und eher ihr Leben verlieren, als dass sie gezwungen werden, sich irgendeiner niederen Knechtschaft oder Gefangenschaft zu unterziehen" (siehe S. 355).[50] So steht dieses Abzeichen in einer langen Tradition, die es für die Gegenwart in einer Umkehrung neu interpretiert. Die überlieferte Kampfbereitschaft des Einhorns wird nicht mehr als bedrohlich empfunden, sondern die Träger des Abzeichens sehen sie als vorbildlich an. Dabei ist das Einhorn nicht nur ein Identifikationsobjekt, sondern erhält auch existentielle Bedeutung.

MPH

91

Albrecht Dürer (1471–1528)
Die Entführung auf dem Einhorn, 1516
Eisenradierung
Potsdam:
306 × 212 mm (Blatt, beschnitten)
Inv.-Nr. DG1930/1522
Albertina, Wien
Paris:
301 × 211 mm (Blatt)
Inv.-Nr. Réserve CA-4 (+,4) boîte ECU
Bibliothèque nationale de France, Paris, département des Estampes et de la Photographie
Lit.
Hollstein 1954 ff., Bd. 7, Nr. 67
TIB, Bd. 10,2, Nr. 72
Shepard 1930, S. 238; Tafel 17
Panofsky 1948, Bd. 2, Nr. 179; Abb. 243
Bernheimer 1952, S. 131–135; Abb. 28
Wehrhahn-Stauch 1958, Sp. 1532
Hamburg 1963, Nr. 74
Möller 1964, S. 264; Abb. 13
Anton 1967, S. 28; Abb. 21
Beer 1977, Abb. 119
Brehm 1996, S. 124, 161 f., 268; Nr. 87.2
Einhorn 1998, Nr. 587
Gotfredsen 1999, S. 135; Abb. S. 134
Schoch/Mende/Scherbaum 2001, Nr. 83
Hörisch 2005, Abb. S. 31

92

Anastasiya Levytska (geb. 1997)
Abzeichen Einhorn, 2020
Stoff, 8 × 7 cm
Privatsammlung

1516

Der Kampf geht weiter. Olaf Nicolais schwarzes Einhorn

Die Tapisserien der Einhorn-Jagd in der Mittelaltersammlung des Metropolitan Museum (Abb. S. 13, 57, 61) beeindruckten Olaf Nicolai bei einem New-York-Besuch in den frühen 1990er Jahren. Ihn faszinierte, wie sich im Motiv des Einhorns Projektionen des Wunderbaren, von Wünschen und Utopien materialisieren konnten und immer noch können.

Mehr als zehn Jahre später, 2006, entstand die Skulptur *La Lotta* (Kat. 93). Sie besteht aus dem Präparat eines liegenden schwarzen Pferdes, dem ein schwarz gefärbter Narwalzahn auf die Stirn gesetzt ist. Der jahrhundertelange Diskurs über die Gestalt des Einhorns, der sich in Europa zwischen dem Typus einer Ziege und eines Pferdes oder einer Mischform aus beiden Spezies bewegte, ist hier, wie häufig in der zeitgenössischen Kunst, zugunsten des Pferdes entschieden (siehe Kat. 11, 12). Anders als frühere Darstellungen in Pferdegestalt hat dieses Einhorn weder einen Ziegenbart noch gespaltene Hufe.

Lebensgroß und täuschend echt wirkt diese Arbeit wie ein Einhorn, das jederzeit bereit ist, aufzuspringen. Bei der Annäherung wird spürbar, dass die Skulptur Wärme ausstrahlt – im Inneren bringt ein Heizelement die Körpertemperatur auf 43 Grad Celsius.

Immer wieder thematisiert und provoziert Nicolai in seiner konzeptuellen Kunst auch körperliche Reaktionen. In seiner Skulptur *A Portrait of the Artist as Weeping Narcissus* aus dem Jahr 2000 (Privatsammlung) beugt sich ein lebensgroßes Portrait des Künstlers über eine kleine Wasserfläche, weinend. Das Werk vermittelt sich direkt in der sinnlichen Wahrnehmung – vergleichbar jener, die bei der Einhorn-Skulptur durch deren Wärme Verblüffen und gesteigerte Wachsamkeit auszulösen vermag.[51]

Die unhintergehbare Verbindung von sinnlicher Wahrnehmung und Deutung setzt bei *La Lotta* schon bei der Farbgebung ein. Mit dem schwarzen Fell wählte Olaf Nicolai die Gegenfarbe zum weißen Haarkleid des Fabeltiers, das seit dem 16. Jahrhundert üblich war. Erst im 20. Jahrhundert findet sich das unheimliche schwarze Einhorn, zuerst bei Alfred Kubin (siehe Kat. 152). Auch mit dem Titel setzte er auf einen Umschlagpunkt: Während „Lotta" im Deutschen ein Mädchenname ist, stellt das italienische Wort *lotta* (Kampf) eine Referenz zu den antiken Quellen her, die Wehrhaftigkeit und Angriffslust des Einhorns betonen (siehe S. 345–347).

Nicolai integrierte wiederholt Anspielungen auf Kämpfe in seine Kunst. In der Textarbeit *Noms de Guerres* von 2006 (Privatsammlung) verwendete er Codenamen für Militäraktionen seit 1945 für eine Serie von 36 Gedichten in der Tradition experimenteller Poesie, bei denen jeder Vers nur aus einem Codenamen besteht.[52] In seinem Hörwerk *In the Woods there is a Bird …* (2017) collagierte er Radiomitschnitte von Protestkundgebungen, Unruhen und Ausschreitungen, die zwischen 2001 bis 2017 in über fünfzig Ländern stattfanden. Aufgezeichnet als Beglaubigung der Berichterstattung, als sogenannte Atmos, komponierte er aus diesen Tondokumenten eine mehr als halbstündige Soundcollage.[53] Diese vermittelt die Gewalt der Straße, bedrängt die Hörer körperlich und soll zur Reflexion über die individuelle Verletzlichkeit motivieren.

Mit *La Lotta* spielt Nicolai außerdem auf die außerparlamentarische Gruppe Lotta Continua (Der Kampf geht weiter) an, die sich als Folge der Studentenproteste 1969 in Italien formierte und deren Gründungsmitglieder in den Mord an einem Kommissar verwickelt waren. In diesem Kontext wird die Skulptur auch lesbar als eine Befragung des Zusammenhangs von Gewalt und Utopie wie des Umschlagens von Wünschen und Hoffnungen in Bedrohung und Tod.[54] So wird das Einhorn hier zu einer zeitgenössischen Vergegenwärtigung des Typus des Todes, wie er in den Verbildlichungen der Barlaam-Legende seit dem Mittelalter erscheint (siehe Kat. 88, 89).

Olaf Nicolais schwarzes Einhorn hat eine Körpertemperatur von 43 Grad Celsius. Wärme, die das Leben ausmacht, ist ab dieser Temperatur tödlich. Kann etwas tot sein, das es gar nicht gibt? Nicolais Spiel mit der Täuschung stellt mit *La Lotta* insofern nicht Geringeres als die Verkörperung eines Paradoxons dar.

OW

93

Olaf Nicolai (geb. 1962)
La Lotta, 2006
Präpariertes Fell, Horn, Polyester, elektrische Heizung, Temperatursteuerung,
153 × 215 × 155 cm
Privatsammlung
in Paris im Grand Palais ausgestellt
Lit.
Leipzig 2006, S. 34; Abb. 46

Kostbar, selten, staunenswert. Glanzstück der Kunst- und Wunderkammer

Seit dem 16. Jahrhundert sammelten Fürsten und wohlhabende Bürger kostbare, seltene oder kuriose Objekte in Kunst- und Wunderkammern. Sie stammten von Künstlerhand oder aus der Natur, wie Straußeneier und Korallen. Das Horn des Einhorns – tatsächlich der Zahn des Narwals – war überaus begehrt. Das lag nicht nur an seiner Stellung zwischen Phantastik und Wirklichkeit, sondern auch an seinem besonderen Erscheinungsbild sowie seiner kulturellen Bedeutung.

Bildhauer verarbeiteten Teile des Horns zu Trinkpokalen, die Goldschmiede mit kostbaren Fassungen versahen. Auch anderweitig erschien das mythische Einhorn in den Kunstkabinetten, als anmutige Kleinplastik von Meisterhand in Elfenbein oder Silber ausgeführt.

Das Einhorn war das Kunstkammerstück schlechthin – ein edles Rarissimum, das Staunen erregte und seinen Besitzer adelte. Die Zeit der Kunst- und Wunderkammern begann in der späten Renaissance und reichte bis ins 18. Jahrhundert. Diese Sammlungen bildeten im Kleinen die ganze Welt ab – zu der gehörte auch das Einhorn.

Bannende Ausstrahlung. Das Horn als magisches Objekt

Als Vorläufer der Kunst- und Wunderkammern gelten die mittelalterlichen Kirchenschätze, die kostbare Reliquiengefäße und Kruzifixe versammelten. Kirchen waren auch die ersten Orte, an denen das Horn des Einhorns öffentlich zu sehen war, bevor es zum bewunderten Zentrum fürstlicher Kunstkammern wurde.[1] Im sakralen Raum hatte es ein angemessenes Umfeld, war das Einhorn doch ein Symbol für Christus und auf zahlreichen Retabeln abgebildet. Im Mittelalter präsentierten mehrere europäische Kirchen Einhorn-Hörner.

Die früheste Erwähnung findet sich im *Bienenbuch* des Thomas de Cantimpré von 1256–1263, der von einem Einhorn in einer nicht näher bezeichneten Kirche in Brügge berichtet (siehe S. 347). Die zwei Hörner des Markusdoms in Venedig sollen nach der Plünderung Konstantinopels im Jahr 1204 dorthin gekommen sein, die drei aus der Marienkirche in Utrecht soll Kaiser Heinrich IV. im 11. Jahrhundert gestiftet haben.[2]

Solche Angaben über die Herkunft sind zumeist nicht durch Dokumente belegt. Das gilt auch für das *Einhorn-Horn von Saint-Denis* (Kat. 94). Der Mönch Wilhelm von Saint-Denis berichtet im 12. Jahrhundert in der Biographie seines Abts Suger, diesem habe der schottische König David I. „die Zähne eines Seeungeheuers, die von bewundernswerter Größe und nicht geringem Wert waren", gesandt.[3] Wilhelm war Zeitgenosse von Suger und David, aber ob sich die erwähnten Zähne auf das Einhorn beziehen, lässt sich nicht ermitteln. Eine spannendere Herkunftsgeschichte enthält die von Jacques Doublet 1625 veröffentlichte Chronik der Abtei Saint-Denis:

94

Einhorn-Horn von Saint-Denis,
vor Mitte des 13. Jahrhunderts
Narwalzahn, Länge 233 cm
Inv.-Nr. Cl. 20202
Musée de Cluny – musée national du Moyen Âge, Paris

Lit.
nicht bei Einhorn 1998
Shepard 1930, S. 105 f.
Schönberger 1935/36, S. 202 f., 215
Paris 1991c, Nr. 68
Paris 1996, S. 279
Cherry 1997, S. 91
Paris 2004a, S. 16; Abb. S. 19
Cordez 2015, S. 152–156; Abb. S. 153
Taburet-Delahaye/de Chancel-Bardelot 2018, S. 90
Stein 2021, S. 10

Dieses sehr kostbare Juwel wurde einst von Aaron, dem König von Persien, an den Kaiser und König von Frankreich, Karl den Großen, geschickt, der es in seinem kaiserlichen Schatz in Aachen in Deutschland aufbewahrte und es an Karl den Kahlen, Kaiser und König von Frankreich, weitergab, der es der Kirche von Sankt Dionysius schenkte.[4]

Zwischen dem hier Aaron genannten persischen Kalifen Harun al-Raschid und Karl dem Großen sind Kontakte dokumentiert. Demnach müsste das Horn bereits Anfang des 9. Jahrhunderts nach Frankreich gekommen sein und seinen Weg aus Persien genommen haben. Da Narwale im Nordpolarmeer leben und ihre Hörner kaum vor dem 11. Jahrhundert von dort in so weit entfernte Regionen gelangt sein dürften, erscheinen diese Angaben wenig glaubwürdig. Aber derart hochrangige Eigentümer und Stifter sind der Bedeutung eines solch herausragenden Objekts nur angemessen und tragen zu seinem Ruhm bei.

Nicht nur aufgrund dieser Überlieferung, sondern vor allem wegen seiner Länge von 233 Zentimeter und seines prominenten Standorts war dieses Horn in der Frühen Neuzeit das am häufigsten beschriebene und am meisten gepriesene. Die Abteikirche Saint-Denis nördlich von Paris, benannt nach dem Märtyrer Dionysius, diente seit dem 7. Jahrhundert als Grablege der französischen Könige. Das prominente Gotteshaus war mit einem überreichen Kirchenschatz versehen.

Bei einem Besuch der Kathedrale im Jahr 1552 studierte der italienische Arzt Hieronymus Cardanus das Einhorn-Horn, worüber er in seinem umfangreichen Buch *De rerum varietate* (Über die Verschiedenheit der Dinge) berichtete:

Als wir die Gräber der Könige, Statuen und anderen Marmorschmuck besichtigt hatten, betrachtete ich das Horn eines Einhorns, das in der Kirche hing, nachdem es herabgesenkt war, genauer. Es war so lang, dass ich mit ausgestreckter Hand im Stehen die Spitze nicht erreichen konnte. Seine Dicke war im Verhältnis zu seiner Länge gering, da man es leicht mit den ersten beiden Fingern umfassen konnte. Es lief allmählich spitz zu, so dass es kaum dünner zu werden schien und an der Spitze noch einige Zentimeter dick blieb. Es war überall glatt und wie in schneckenförmige Bänder unterteilt, die von unten nach oben aufstiegen.[5]

Merkwürdigerweise gab Cardanus auch das Gewicht des Horns mit siebzehneinhalb Pfund an, als ob er es hätte wiegen können. Von einer anderen Aufbewahrung berichtet der Schweizer Arzt Felix Platter, der wenige Jahre später, im April 1557, in Saint-Denis war. Das Einhorn „stand in einem Zuber mit Wasser hinter dem Altar. Das Wasser gibt man den Gebrechlichen zu trinken".[6] Zu dieser Zeit war noch der Glaube an die Heilkraft des Horns verbreitet. Als das einige Jahrzehnte später nicht mehr galt, war das Einhorn „inmitten der Kerzen über dem Dreifaltigkeitsaltar aufgestellt", wie der bereits erwähnte Jacques Doublet 1625 schrieb. In seiner Chronik von Saint-Denis zeigte er sich als eifriger Verfechter der Existenz des Einhorns, wie er das entsprechende Kapitel überschrieb:

Rede gegen diejenigen, die leugnen, dass es Einhörner gegeben hat, oder dass es welche gibt, um das Einhorn-Horn, das in der Kirche des heiligen Dionysius aufbewahrt wird (das von jedem wegen seiner Seltenheit sehr geschätzt wird), wertlos zu machen.[7]

Auch aus der Zeit nach dem Erscheinen von Doublets Chronik liegen etliche Berichte über das Horn von Saint-Denis vor, das noch mit einer silbernen Krone verziert wurde. Es verblieb dort bis zur Plünderung der Kathedrale im Zug der Französischen

95

Stab des heiligen Amor, 13.–15. Jahrhundert?
Narwalzahn, Länge 154 cm;
Beschlag, um 1487: Silber, vergoldet,
Höhe 4,3 cm, Durchmesser 5,2 cm
Kerkfabriek Onze-Lieve-Vrouw-Tenhemelopnemingskerk, Munsterbilzen
Lit.
nicht bei Einhorn 1998
Munsterbilzen 1887, S. 16
's-Hertogenbosch 2003, Nr. 12
Alden Biesen 2018, Nr. 5.2
Smets 2024

Revolution. Der antiklerikale Furor verschonte nicht die Gräber der Könige, wohl aber das Einhorn-Horn. Vielleicht aus Respekt vor seiner Größe und Seltenheit als zoologisches Objekt überführten es die Revolutionäre – ohne das Silber – 1794 mit weiteren *curiosités* des Kirchenschatzes in das neu gegründete Pariser Naturkundemuseum, von wo es über die Bibliothèque nationale 1918 ins Musée de Cluny gelangte.

Aus einem Kirchenschatz stammt auch der *Stab des heiligen Amor* (Kat. 95), mit einer Länge von 154 Zentimeter deutlich kleiner als das Horn von Saint-Denis. Er gehörte zu einem Nonnenkloster und späteren Frauenstift im flämischen Ort Munsterbilzen bei Maastricht. Als dessen möglicher Gründer gilt Amor von Aquitanien. Der Heilige des 9. Jahrhunderts soll am Grab von Petrus in Rom den Auftrag empfangen haben, sich bei Maastricht niederzulassen. Seit dem Ende des 10. Jahrhunderts nannte sich die Abtei Monasterium Sancti Amoris (Kloster des heiligen Amor). Ihr Siegel zeigte ab dem 11. Jahrhundert den heiligen Amor mit einem Stab, dessen Oberfläche spiralig gedreht wie ein Narwalzahn ist.[8] Da Narwalzähne erst lang nach der Lebenszeit von Amor in Europa zu finden gewesen sein dürften, wird die Zuschreibung des Stabes an den lokalen Heiligen später erfolgt sein. Seine Herkunft ist weder zeitlich noch räumlich überliefert.

Durch die behauptete Beziehung erfuhr das ohnehin kostbare Objekt eine Aufwertung. So erhielt der Stab den Status einer sekundären Reliquie; ein Gegenstand, der nicht dem Körper des Heiligen entstammte, aber durch ihn gebraucht und dadurch sakralisiert wurde. Die Abteikirche bewahrte allerdings auch in einem kostbaren Reliquienschrein den Schädel des heiligen Amor auf, der entsprechende Achtung genoss. Über eine kultische Verehrung des *Stabs des heiligen Amor* berichten die Quellen nichts, wohl aber über eine besondere Verwendung. Die Äbtissin des Klosters verfügte auch über die weltliche Macht über einige umliegende Ländereien. Bei ihrer Amtseinführung trug sie den Stab als Ausweis ihrer Herrschaft.

Nicht nur die Verwendung als Regierungsinsignie zeichnet den *Stab des heiligen Amor* aus, sondern auch die Dokumentation des Glaubens an die medizinische Wirksamkeit des Einhorn-Horns (siehe Kat. 52–61). Kurz vor 1500 erhielt der Stab am unteren Ende eine Manschette aus Silber mit der Inschrift „Wie van disen staff scaeft oft sniit die moet syn vermalediet" (Wer von diesem Stab [etwas] abschabt oder -schneidet, soll verflucht sein). Das weist auf die offensichtlich bestehende Gefahr, das kostbare Objekt könne durch Heilung Suchende oder Geschäftemacher in Mitleidenschaft gezogen werden. Zugleich belegt die Inschrift die Einschätzung des Stabs als Einhorn-Horn. Offensichtlich hat die unchristliche Androhung der Verfluchung gewirkt; der *Stab des heiligen Amor* hat die Zeitläufte unbeschädigt überstanden. Nach der Aufhebung des Klosters 1794 infolge der Französischen Revolution ging der Stab über in den Besitz der Gemeindekirche Munsterbilzen, der Onze-Lieve-Vrouw-Tenhemelopnemingskerk (Kirche Mariä Himmelfahrt).

Allerdings scheinen bereits im 16. Jahrhundert Ursprung und Bedeutung des Stabs nicht mehr allgemein bekannt gewesen zu sein. In seiner vielgelesenen Beschreibung der Niederlande von 1588 erwähnte der italienische Humanist Lodovico Guicciardini den *Stab des heiligen Amor* mit einer anderen Legende:

> In diesem Kloster gibt es ein ganzes Horn vom Einhorn, sechseinhalb Fuß lang, das, wie man sagt, von einer Tochter eines Herzogs aus Britannien dorthin gebracht wurde, die an diesen Ort kam, um Nonne zu werden, und so heilig lebte und starb, dass ihr Name der heiligen Liebe geweiht ist.[9]

96

Süddeutsch

Eingehurn des Kanonikers Andreas von Thüngen,

16. Jahrhundert

Goldmontierung Nürnberg?,

Umkreis Wenzel Jamnitzer (1507/08–1585)?

Elfenbein (nach 1476),

graviert und geschwärzt 1550–1565,

Bein, Gold, mehrfarbige Emaille,

Edel- und Halbedelsteine, Länge 72 cm,

oberer Durchmesser ca. 7 cm

Galerie Bernard De Leye, Brüssel

Lit.

nicht bei Einhorn 1998

Breslau 1905, Nr. 796

Huber 2021

Ob der Autor, der in Antwerpen und damit etwa achtzig Kilometer Luftlinie von Munsterbilzen entfernt lebte, für seine Landesbeschreibung auch den kleinen Ort besucht hatte, ist angesichts der Längenangabe des Stabes, umgerechnet etwa 180 Zentimeter, keineswegs sicher. Auch die – sprachlich naheliegende – Verwandlung des heiligen Amor zur heiligen Liebe lässt nicht auf Vertrautheit mit der lokalen Überlieferung schließen. Aber die Herkunftsangabe Britannien ist theoretisch denkbar, und immerhin schrieb Guicciardini den Narwalzahn dem Einhorn zu.

Die in Kirchen oder fürstlichen Kunst- und Wunderkammern aufbewahrten Narwalzähne und die künstlerischen Darstellungen des Einhorns hatten das Aussehen seines Horns als eine gerade, spiralig geriefelte, spitz zulaufende Stange am Ende des Mittelalters längst etabliert. Das verhinderte nicht, auch anders gestaltete Hörner für solche des Einhorns zu halten. Bis ins 18. Jahrhundert galten die vielfach gefundenen fossilen Überreste von Mammuts oder Europäischen Waldelefanten als Relikte des Einhorns (siehe S. 358, 363). Die bei Arbeiten in Steinbrüchen und Sandgruben oder zufällig ausgegrabenen Knochen und Hörner teilten die Finder häufig unter sich auf und verkauften sie an Apotheken oder private Interessenten, wie Berichte über Funde in Burgtonna bei Gotha 1695 oder Efringen bei Karlsruhe 1750 bezeugen.[10]

Zu dieser Zeit war die mythische Qualität des Einhorns und seine Bedeutung als Symbol für Christus längst hinfällig. Das war noch anders, als im 16. Jahrhundert der Stoßzahn eines Elefanten, das *Eingehurn des Kanonikers Andreas von Thüngen,* kostbar geschmückt wurde (Kat. 96). Kameen in aufwendiger Goldmontierung an beiden Enden steigern die Erlesenheit des seltenen Materials. Als zusätzliches Kuriosum ist auf dem unteren Ende ein verwachsenes Geweih eines Rehbocks auf einem aufklappbaren Verschluss angebracht. Eine Inschrift auf der Innenseite des Deckels informiert über zwei prominente Vorbesitzer, Georg von Frundsberg und Konrad von Boyneburg, hier von Baimlberg genannt. Beide waren im 16. Jahrhundert Führer eines Heeres von Landsknechten in kaiserlichen Diensten. Boyneburg war mit Thüngen bekannt und schenkte ihm laut der Inschrift das Objekt, das ihm Frundsberg vermacht hatte. Möglicherweise hatte sich dieser den in jener Zeit überaus kostbaren Elefantenzahn bei einem seiner Feldzüge in der Schweiz, in Frankreich oder Italien als Kriegsbeute angeeignet.[11]

Die gesamte Oberfläche des *Eingehurns* ist mit Gravuren versehen. Verschiedene Wappen stellen die Verbindung zur Geschichte des Rittergeschlechts von Thüngen her, das im gleichnamigen Ort nördlich von Würzburg seit 1100 residierte. Der Besitzer des Horns, Andreas von Thüngen, war ab 1520 Domherr des Würzburger Domstifts und ab 1540 Propst des weltlichen Chorherrenstifts St. Burkard in Würzburg. Von Thüngen hatte zahlreiche kirchliche Ämter inne und setzte sich auch als Vermittler bei ritterlichen Fehden ein.

Auf beiden Längsseiten des Zahns sind alle fünfzehn Abbildungen der *Kupferstich-Passion* Albrecht Dürers, entstanden 1507–1512, in vereinfachter Form wiedergegeben. Auch Dürers Stich *Petrus und Johannes heilen den Lahmen* ist dargestellt. Die Passionsgeschichte verbildlicht nicht nur die religiöse Überzeugung des Domkapitulars Andreas von Thüngen, sie stellt auch einen Bezug zu Christus her. Während das Einhorn mit der Symbolisierung von Verkündigung und Empfängnis am Anfang der Heilsgeschichte steht (siehe Kat. 33–36), ist die Passion Christi ihre Erfüllung. Auch die leicht veränderte Wiedergabe des Kupferstichs *Maria mit dem Papagei* von Hans Sebald Beham lässt sich im Zusammenhang mit der Bedeutung des Einhorns als Symbol für Christus sehen. Zugleich ist sie auch ein Dokument der in Würzburg lebendigen Marienverehrung.

Da Behams Kupferstich auf 1549 datiert ist, muss die Ausstattung des Elefantenzahns danach und vor von Thüngens Tod 1565 erfolgt sein. Wie viel ihm dieser bedeutet haben muss, zeigt nicht nur die Steigerung seiner Kostbarkeit durch den reichen Schmuck, sondern auch die Erfindung einer spektakuläre Fundgeschichte. Ein derart einzigartiges „Eingehurn“ musste auch eine einzigartige Herkunft haben. Diese erläutert eine lange gravierte Inschrift auf der schmalen Innenkante:

> Im Jahr 1536, am Tag des heiligen Markus 25. April, ist der Hof zu Thüngen neben noch 44 Dächern abgebrannt und dadurch der ehrwürdig und edel Herr Andreas von Thüngen, Domherr zu Würzburg und Probst zu St. Burkard daselbst, verursacht worden, den selben seinen Brüdern und Erben zu Ehren wieder von Grund und auf seine eigenen Kosten bauen zu lassen und ist im Aufbauen unter der Scheune dieses Eingehurn mit samt dem Tier so gar verwesen 24 Werkschuh tief unter der Erden [gefunden worden.][12]

Die Maßangabe von 24 Schuh entspricht einer Tiefe von etwa sieben Metern, der Hinweis auf die weiteren Überreste des Tieres sollte die Plausibilität der Legende verstärken. Die Verbindung von Brandkatastrophe und Entdeckung in der Erde mit der Seltenheit des Materials und der überreichen Ausstattung verlieh dem Objekt eine schicksalhafte Überhöhung, wie sie dem mythischen Einhorn angemessen war. Die Abweichung vom tradierten Aussehen des Einhorn-Horns spielte dabei keine Rolle.

In einem Dokument zu Erbstreitigkeiten 1567 nach von Thüngens Tod ist von einem „Eingehorn, so in Gold eingefaßt und mit edlen Steinen versetzt“, die Rede. Gut hundert Jahre später, 1673, heißt es im Inventar der damaligen Besitzer „Ein Elephanten Zahn oben undt unden mit vergultem Silber eingefast“.[13]

Allen naturkundlichen und medizinischen Erkenntnissen zum Trotz hielt die Magie des Einhorn-Horns – das mancherorts im Kirchenraum verblieb – über die Frühe Neuzeit hinaus an. Noch Anfang des 18. Jahrhunderts entstand ein *Narwalhorn-Reliquiar,* das die religiöse Symbolik fortschreibt (Kat. 97). Der Augsburger Goldschmied Hans Jakob Mair fertigte das Behältnis für Körperpartikel eines Heiligen aus dem Abschnitt eines Narwalzahns, den er mit prächtig verziertem Sockel und Deckel sowie mit Schmucksteinen versah. Mairs Spezialität waren juwelierartige Fassungen mit Emaille.[14] Oben platzierte er die Figur des Christus triumphans, der die Auferstehung feiert. So ist der religiöse Sinn dreifach erhalten: als verehrungswürdige Reliquie, in der Christusfigur und dem Einhorn-Horn als Symbol Christi. Das Reliquiar gehörte zur Nicolaikirche in Braunschweig, die der gerade zum Katholizismus konvertierte Herzog Anton Ulrich 1710–1712 errichten ließ.

97

Hans Jakob Mair (um 1641–1719)
Narwalhorn-Reliquiar, 1700–1712
Narwalzahn, Silber vergoldet, Granate, Türkise, Höhe 54 cm
Herzog Anton Ulrich-Museum, Braunschweig
Lit.
nicht bei Einhorn 1998
Schönberger 1935/36, S. 235
Braunschweig 1997, Nr. 13

98

Frans Arentsz Born (tätig in Den Haag 1550–1575), Goldschmied
Deckelpokal, Den Haag 1574/75
Silber, vergoldet, Emaille, Höhe 30 cm
Inv.-Nr. WA2013.1.79
The Ashmolean Museum, University of Oxford, Vermächtnis Michael Wellby 2012
nur in Potsdam ausgestellt
Lit.
nicht bei Einhorn 1998
Den Haag 2005, S. 17 f.
Koldeweij 2015

Nicht nur in der Materialität des Narwalzahns oder Elfenbeins kam das Einhorn vor, sondern auch als Figur aus Edelmetall. Ob die Gestalt auf dem *Deckelpokal* von Frans Arentsz Born mit einer religiösen Bedeutung versehen war, ist nicht überliefert (Kat. 98). Die Entstehungszeit 1574/75 lässt dies möglich erscheinen. Der Pokal war vermutlich ein Hochzeitsgeschenk der Stadt Den Haag oder der niederländischen Regierung an Johan van Oldenbarnevelt. Der Staatsmann und Jurist heiratete die vermögende Erbin Maria van Utrecht aus Delft.[15] Wegen ihres Vornamens könnte sie sich mit dem Einhorn, das nach christlicher Lehre in den Schoß der Gottesmutter Maria einging, verbunden gefühlt haben.

Die Figur, die das vergoldete Silbergefäß krönt, ist allerdings keineswegs das kleine, anschmiegsame Tier, das sich zur Jungfrau hingezogen fühlt, sondern ein stolz aufsteigendes Pferd mit Stirnhorn. Oldenbarnevelts Wappen, ein Ankerkreuz, befindet sich auf der Innenseite des Deckels. Sollte er die Hoffnung gehabt haben, das Einhorn würde ihn vor Gift und anderen Unbilden schützen, so hatte er sich getäuscht: Nach Auseinandersetzungen mit dem Statthalter Moritz von Oranien wurde er 1619 hingerichtet.

Rund ein Dutzend Jahre nach dem Deckelpokal, spätestens 1589, entstand die Figur *Springendes Einhorn* des Augsburger Gießers Hans Reisinger (Kat. 99). Er führte sie nach der Vorlage eines nicht namentlich bekannten Entwerfers als Gelbguss aus, einer Bezeichnung für Messing oder Bronze oder Legierungen. Wie bei anderen Tierdarstellungen des 16. Jahrhunderts ist das

Einhorn mit bannender Lebensnähe gestaltet, spielten doch die Künstler mit den Grenzen zwischen Realität und Illusion. Die spiegelnde Oberfläche mit den fein gravierten Strichen erinnert an Glanz und Textur eines frisch gestriegelten Pferdefells. Die leichte Drehung des Kopfes, das geöffnete Maul und der wehende Schweif lassen die Figur wie eine Momentaufnahme wirken. Von den Hinterläufen über den Nacken läuft eine aufsteigende diagonale Linie und weist nach vorn. Das Einhorn hat zu einem weiten Sprung angesetzt. Er zeigt die ungestüme Wildheit, die dem Einhorn seit der Antike zugeschrieben wurde.

Aus der Werkstatt Reisingers sind zahlreiche realistisch anmutende Tierdarstellungen für Brunnendekorationen oder als Kunstkammerobjekte überliefert. Das Einhorn erwarb der sächsische Kurfürst Christian I. 1589 mit einem Pendant, *Ruhender Hirsch* (Staatliche Kunstsammlungen Dresden, Grünes Gewölbe). Diese Kombination hatte eine Tradition, die sowohl christliche wie alchemistische Interpretationen kannte (siehe Kat. 9). Möglicherweise lag diesem Paar eine ähnliche Aussage zu Grunde. Für sich betrachtet ist die Einhorn-Figur eine magische Inszenierung der urwüchsigen Natur.

MPH

99

Hans Reisinger (tätig vor 1568 – nach 1575), Gießer
Springendes Einhorn, Augsburg vor 1589
Gelbguss, 36,7 × 42,6 × 18 cm
Inv.-Nr. IX 51
Staatliche Kunstsammlungen Dresden, Grünes Gewölbe
nur in Potsdam ausgestellt
Lit.
nicht bei Einhorn 1998
Bange 1949, S. 94; Abb. 157
Dresden 1994, S. 70; Abb. S. 72

Erlesene Preziosen. Virtuoses Kunsthandwerk

Für die Wirkung und Wertschätzung der Narwalzähne aus Kirchenschätzen wie auch beim *Eingehurn des Kanonikers Andreas von Thüngen* spielte ihre Anschaulichkeit eine wesentliche Rolle. Nur als vollständiges „Horn" konnten sie der christlichen symbolischen Aufladung entsprechen. Ihre ästhetische Qualität war ein wichtiges Element ihrer Ausstrahlung, aber nicht vorrangig. Das war anders bei der handwerklichen Verarbeitung des Narwalzahns zu Kunstkammerstücken im 17. Jahrhundert. Die bevorzugte Objektart waren Trinkpokale. Das ging auch auf die Berichte antiker Autoren wie Ktesias von Knidos und Claudius Aelianus zurück, nach denen das Horn des Einhorns, als Becher genutzt, eventuelle im Getränk vorhandene Gifte neutralisieren könne (siehe S. 345 f.).

Die meisten dieser Trinkgefäße nutzten die runde Form aus und verwendeten einen Abschnitt des Narwalzahns. Dies ist anders beim *Deckelkrug mit Einhorn-Figuren und Inuit-Darstellungen,* nach 1656 wohl vom Büchsenmacher und Drechsler Jakob Jensen Nordmand für den dänischen König hergestellt (Kat. 100). Hier sind siebzehn hochrechteckige, gelblich-weiße Plättchen Narwalzahn zu einem Rund gefügt, ebenso viele bilden den Deckel. Diagonal zu den senkrechten Fugen laufen die feinen Adern des Materials wie bei manchen Marmorsorten. Oben wie unten fasst ein Ring aus Silber den Krug. Als Füße dienen drei kleine Silberfiguren liegender Einhörner, die mit Stirnhorn, Ziegenbart und gespaltenen Hufen der traditionellen Vorstellung entsprechen. Während diese den Zusammenhang zwischen dem „Horn" und der Überlieferung vom Einhorn herstellen, offenbart die Gestaltung des Deckels die tatsächliche Herkunft des Materials: So fungiert als Daumenrast die kleine Figur eines sitzenden Inuks, der einen Narwalzahn hält. Im Zentrum des Deckels ist ein Silbermedaillon eingelassen, in das die Darstellung eines Inuks mit Bogen und Harpune sowie einer Frau in grönländischer Tracht graviert ist. Das Motiv findet sich auf einem Kupferstich in der 1656 erschienenen zweiten Auflage von Adam Olearius' *Beschreibung Der Muscowitischen und Persischen Reyse.*[16] Diese geht zurück auf das Gemälde eines namentlich nicht bekannten nor-

100

Jakob Jensen Nordmand (um 1616–1695), zugeschr., Elfenbeinschnitzer
Deckelkrug mit Einhorn-Figuren und Inuit-Darstellungen, Kopenhagen nach 1656
Narwalzahn, geschnitzt, Montierung aus Silber, gegossen, graviert, vergoldet
Höhe 19,6 cm, Durchmesser 12,7 cm
Inv.-Nr. 7-57
The Royal Danish Collection, Kopenhagen
Lit.
nicht bei Einhorn 1998
Schönberger 1935/36, S. 229–321
Bencard 1989
Kopenhagen 2018, Nr. 320
Grimes 2023, Abb. 3

wegischen Malers *Vier Inuit* von 1654, das vier nach einer dänischen Grönlandexpedition nach Kopenhagen verbrachte Einwohner Grönlands zeigt (Nationalmuseet, Kopenhagen).

Ein weiterer *Deckelbecher mit Inuk-Figur* aus dem Jahr 1663 von Nordmand ist ebenfalls aus einzelnen Stabplättchen gefertigt (Kat. 101). Hier ist die Oberfläche poliert und schimmert matt gelblich wie Elfenbein, die Fugen zwischen den Narwalzahnplättchen sind mit Gold gefüllt. Der Becher endet in einem Standring aus Gold mit emailliertem Blumendekor. Auch Mittel- und Mündungsring sind so gestaltet. Die feine Glätte des Narwalzahns und die preziöse Montierung verleihen dem Gefäß eine edle Ausstrahlung. Auf dem Deckel steht ebenfalls die Figur eines Inuks, sie ist gut 8 Zentimeter hoch und aus Kupfer und Emaille geschaffen. Der Jäger hält, Bogen und Köcher auf dem Rücken, einen

101

Jacob Jensen Nordmand (um 1616–1695), Elfenbeinschnitzer; Paul Kurtz (tätig 1655–1676), zugeschr., Goldschmied
Deckelbecher mit Inuk-Figur, Kopenhagen 1663
Narwalzahn, emailliertes Gold und Kupfer, Höhe 33 cm, Durchmesser 17 cm, Höhe Deckelfigur 8,1 cm
Inv.-Nr. 5–320
The Royal Danish Collection, Kopenhagen
Lit.
nicht bei Einhorn 1998
Schönberger 1935/36, S. 229–231
Bencard 1989
Kopenhagen 2018, Nr. 322
Grimes 2023, Abb. 4

übermannshohen Narwalzahn neben sich. Er ist mit einer traditionellen Fellkleidung ausgestattet, trägt allerdings die hohe Mütze der grönländischen Frauentracht. Die linke Hand zeigt nach unten auf den Deckel, an dessen Innenseite das Monogramm des dänischen Königs Friedrich III. angebracht ist.

Seit Jahrhunderten erhoben die dänisch-norwegischen Könige territoriale Ansprüche auf Grönland. Die Verwendung von Inuit-Darstellungen für die Gestaltung der Trinkpokale mag auch Ausdruck dieses Herrschaftsanspruchs sein. Zugleich ist aber die motivische Verbindung von Inuit-Jägern und dem Einhorn ein ironischer Kommentar auf den Glauben, der geriefelte Narwalzahn sei das Horn des Einhorns. Die Becher entstanden in jenen Jahren des 17. Jahrhunderts, als die Naturforscher den maritimen Ursprung der „Hörner“ bewiesen (siehe Kat. 48).

Allerdings hatte der dänische König schon lange vorher um deren Herkunft gewusst. Der Islandreisende Dithmar Blefken berichtet, Friedrich II., der von 1559 bis 1588 regierte, habe deutschen Kaufleuten die Überwinterung auf Island verboten, nachdem er erfahren hatte, ein Hamburger Kaufmann habe einen ihm dort 1561 geschenkten Narwalzahn für viel Geld als Horn des Einhorns verkauft (siehe S. 355). Solches Wissen hinderte den Verfasser des Inventars der königlich dänischen Kunstkammer von 1737 aber nicht, die Artefakte aus Narwalzahn als „Eenhiørning“ zu bezeichnen.[17]

Bei den Einhorn-Hörnern aus Kirchenschätzen, bei dem des Andreas von Thüngen wie bei den Trinkgefäßen des dänischen Königs sind die mit ihnen verbundenen Legenden und Intentionen wesentlicher Teil ihrer Bedeutung. Viele Kunstkammerstücke dagegen erhalten ihre Wirkung allein durch ihre ästhetische Ausstrahlung, hervorgerufen durch Kostbarkeit der Materialien und künstlerische Qualität der Bearbeitung. In seinem *Einhorn-Pokal* von etwa 1630 steigerte Leonhard Kern den Eindruck der Erlesenheit durch die anmutige Figur des seltenen Tieres als Bekrönung (Kat. 102). Die Darstellung des Einhorns ist hier zugleich ein Verweis auf das verwendete Material – den als Horn des Einhorns geltenden Zahn des Narwals. Solche geistreichen Anspielungen waren in den Kunstkammern des 16. und 17. Jahrhunderts beliebt.

Kern gilt als einer der Meister der barocken Kleinplastik in Deutschland, um dessen Werke sich die Sammler seiner Zeit bemühten. Im württembergischen Forchtenberg geboren, verbrachte er fünf Jahre in Italien, bevor er ab 1620 überwiegend in Schwäbisch Hall tätig war. Er schuf sakrale Werke wie Kruzifixe (Kunsthistorisches Museum Wien) und profane wie Prunkgefäße, Reliefs und Statuetten, häufig als Akte, wie die *Drei Grazien* (um 1640, Landesmuseum Württemberg, Stuttgart). Kern arbeitete bevorzugt in Elfenbein, aber auch in Alabaster oder Buchsbaum.

Für den *Einhorn-Pokal* verwendete Kern den Abschnitt eines Narwalzahns. Dessen natürliche konische Form bleibt erkennbar. Indem der Künstler das schlanke Ende unten platzierte, erhielt er einen eleganten Kelch. Diesen tragen zwei Putti, die auf einem gestuften Rundsockel mit Blattmuster und vergoldetem Silberfundament stehen. Auf der Wandung des Pokals ist ein Fries allegorischer Frauenfiguren im Relief ausgearbeitet. Der natürlichen Wirkung der Aktdarstellungen kommt die natürliche Farbe des – polierten – Narwalzahns entgegen. Seine sichtbare Äderung belebt die Oberfläche.

102

Leonhard Kern (1588–1662)
Einhorn-Pokal, Schwäbisch Hall um 1630
Narwalzahn, gedreht und geschnitten,
Montierung: Silber, feuervergoldet,
getrieben, ziseliert, teilweise emailliert,
Reste von Farbemaille, Perlen, Steinbesatz;
Höhe 25,5 cm
Privatsammlung, courtesy Kunstkammer
Georg Laue, München
nur in Potsdam ausgestellt
Lit.
nicht bei Einhorn 1998

103

Johann Michael Egner (17. Jahrhundert),
Bildhauer
Hans Jacob Erhart (Meister 1634),
Goldschmied
Rothschild-Olifant, Straßburg um 1645
Elfenbein, Silber getrieben,
punziert, ziseliert und feuervergoldet;
Länge 50 cm, Höhe mit Fuß 51 cm
auf der Silbermontierung
Meister- und Stadtmarke
Kunstkammer Georg Laue, München
nur in Potsdam ausgestellt
Lit.
nicht bei Einhorn 1998
Jones 1912, Tafel XVIII
Paris 2014a, S. 39
Laue 2023

Sie verkörpern – wie die Tapisseriefolge *Die Dame mit dem Einhorn* (siehe Kat. 123.1–6) – die fünf Sinne, allerdings ohne einen Bezug zum Einhorn.[18] Vielmehr folgen sie der traditionellen Ikonographie, wie sie etwa die niederländische Druckgraphik nach Frans Floris oder Maerten de Vos seit Ende des 16. Jahrhunderts verbreitete. Darauf deuten auch die als Attribute beigesellten Tiere zu ihren Füßen. Beim Tasten ist es die Schildkröte, beim Schmecken der Affe, beim Riechen der Hund, beim Hören ein Reh und schließlich beim Sehen ein Adler.[19]

Den Korpus schließt ein vergoldeter Silberreifen mit Blattornament ab. Darüber liegt ein abnehmbarer Deckel, auf dem ein kleines Einhorn ruht. Es hat gespaltene Hufe, aber keinen Ziegenbart. Schweif, Mähne und Gestalt entsprechen denen eines Pferdes. Eine liegende Haltung findet sich nicht häufig bei Einhorn-Darstellungen, etwa beim Musterrapport der Glauchauer Kasel oder dem Sündenfallteppich (siehe Kat. 31, 17). Bereits die gelassene Stellung zeigt das Tier als gezähmt. Noch deutlicher weist auf seine Domestizierung das mit Edelsteinen und einer Perle geschmückte Halsband, wie es auch Dario di Giovanni (?) bei der *Frau mit Einhorn* gemalt hatte (siehe Kat. 113). Seine Platzierung oben auf dem schlanken Kelch und das keck hervorstehende Horn lassen das Einhorn wie selbstverständlich triumphieren – es hat, Symbol der Reinheit und Keuschheit (siehe Kat. 124–127), die Sünde besiegt, die die unter ihm liegenden Kriechtiere Schlange, Salamander und Schildkröte markieren.[20]

Als eines der herausragendsten Werke unter den Kunstkammerobjekten, der Elfenbeinschnitzerei und der Tierreliefs des 17. Jahrhunderts kann der *Rothschild-Olifant* gelten, benannt nach seinem Besitzer im 19. Jahrhundert, dem Frankfurter Bankier Mayer Carl von Rothschild (Kat. 103). Er entstand um 1645 in Straßburg in einer Zusammenarbeit des heute nicht mehr bekannten Bildhauers Johann Michael Egner und des Goldschmieds Hans Jacob Erhart.[21] Hier ist nicht nur das Material – ein vollständiger Elefantenstoßzahn – kostbar und die künstlerische Fertigung virtuos. Auch die *inventio,* die Konzeption, mit der Überfülle dicht gedrängter Tierleiber, ist spektakulär.

Mit dem *Olifant* griff Egner den Typus eines Jagd- oder Kriegshorns auf, dessen Ursprünge auf das 10. Jahrhundert zurückgehen und der im 11.–13. Jahrhundert in der islamischen Kultur verbreitet war. Aus einem Elefantenstoßzahn gearbeitet und häufig mit Jagd- und Tierszenen verziert, fungierte der Olifant als Machtinsignie. In der europäischen Kultur galt er auch als Ausweis des Heldentums, abgeleitet vom Horn des Kriegers Roland zur Zeit Karls des Großen. Als Erinnerung an die Funktion des Jagdhorns ist der *Rothschild-Olifant* von seinem Standfuß abnehmbar, die Blasöffnung lässt sich mit einem Deckel verschließen.

Ständer wie Horn überzieht ein dichtes Gedränge ineinander verschlungener Tiere. Fließende Mähnen, umgreifende Schwänze, im Sprung oder Lauf ausgestreckte Gliedmaßen zeigen die Dynamik der Tiere an, die in gegenläufige Richtungen, nach oben oder unten und um den Korpus herum, auseinanderstreben. Sie fliehen vor den Jagdhunden, die in Hälse und Flanken beißen. Geöffnete Mäuler mit gebleckten Zähnen, herausgestreckte Zungen und aufgerissene Augen drücken die Dramatik aus. Auch die naturgetreue und detaillierte Wiedergabe der Felltextur, der Muskeln und Rippen trägt zum lebendigen Eindruck bei.

Unter den Tieren finden sich heimische Arten wie Pferd, Hirsch, Stier, Wildschwein oder Ziege, aber auch Exoten wie Löwe und Elefant. Als Phantasiegeschöpfe umschlingen ein echsenartiger Drache und schlangenähnliche Wasserungeheuer den Standfuß. Das Einhorn ist auf der Oberseite des Olifants dargestellt, mit wilder Mähne, Ziegenbart und Spalthufen. Es hat sein spiraliges Horn in die Seite des Elefanten gebohrt. Mit diesem Detail, der im persischen Kulturraum des 13./14. Jahrhunderts als Motiv beliebten (siehe Kat. 74) und in der europäischen Literatur häufig erwähnten Gegnerschaft, zeigte sich Egner als mit der Ikonographie des Einhorns vertraut.

In den Kunstkammern der Frühen Neuzeit und des Barocks waren Objekte mit maritimem Bezug ein herausragendes Element, barg doch die Seefahrt zahlreiche Gefahren und war das Meer in seinen Tiefen unerforscht.[22] Viele *mirabilia,* Wunderdinge, sollten sich dort verbergen. Zu den spektakulären Spezies, die in den Ozeanen leben sollten, gehörte das See-Einhorn.[23] Schon Thomas de Cantimpré hatte es im 13. Jahrhundert als *Monocheros monstrum marinum* (Einhorn-Meeresungeheuer) beschrieben und damit den Narwal gemeint (siehe Kat. 45, auch 46, 47). Als phantastisches Mischwesen taucht ein See-Einhorn 1593 auf der Nordamerikakarte im Atlas *Speculum Orbis Terrae* (Spiegel des Erdkreises) von Cornelis de Jode auf.[24] Dort ragen aus dem Wasser des Pazifiks Kopf und Oberkörper eines Pferdes mit einem geschwungenen Fischschwanz und zwei erhobenen Flossen anstelle der Vorderläufe. Das Stirnhorn entspricht der verbreiteten Darstellungsweise eines Einhorns. Vielleicht orientierte sich an diesem Vorbild der *Pokal mit See-Einhorn,* der Ende des 17. Jahrhunderts in Süddeutschland, etwa in Augsburg oder Nürnberg, entstand (Kat. 104).

Das weiße See-Einhorn liegt, mit ausgestreckten Flossen und eingerolltem Fischschwanz auf dem Deckel eines bootförmigen Gefäßes. Es hat einen langen, gedrehten Ziegenbart und ein goldenes oder vergoldetes Horn. Hinter ihm reitet ein Putto auf einem Delphin, und auch das weitere Dekor entstammt dem Meeresbereich wie der Reliefffries von Tritonen und Nereiden, Wasserungeheuren und Delphinen im Wellenspiel auf der Kuppa sowie der Zirkel von Fischen auf dem Standring. Als Schaft dienen zwei menschliche Figuren, vermutlich Neptun und Amphitrite. Ihre über den Kopf erhobenen linken Hände scheinen die Kuppa zu tragen.

104

Deutsch (Augsburg oder Nürnberg?)
Pokal mit See-Einhorn, spätes 17. Jahrhundert
Narwalzahn?, vergoldetes Silber,
Höhe 26,8 cm
Kunstsammlungen Graf von Schönborn
nur in Potsdam ausgestellt
Lit.
nicht bei Einhorn 1998
Nürnberg 1989, Nr. 129
Sigalas 2018, S. 17, Fn 6 und 7;
bei Abb. 2, 1. Reihe rechts
New York 2019, Nr. 31
Spenlé 2023, S. 38

Die Einbeziehung von Gestalten der griechischen Mythologie ließ die humanistische Bildung des Sammlers erkennen.

Der Deckel des Gefäßes lässt sich zur Seite öffnen. Ob es zur Aufbewahrung einer – vielleicht wertvollen – Substanz genutzt oder rein als Schauobjekt gedacht war, ist nicht erkennbar. Letzteres wäre angesichts der feinen Ausarbeitung und edlen Ausstattung mit vergoldeter Silbermontierung an Deckel, Korpus und Basis denkbar. Die Komposition folgt einem im 17. Jahrhundert verbreiteten Typus, ist aber die einzige mit einer vollplastischen Einhorn-Figur. Ein ebenfalls in Süddeutschland entstandener schiffartiger Pokal zeigt Narwal und Einhorn auf dem Relief der Kuppa (Abb. S. 65). Das verwendete Material ist nicht eindeutig bestimmbar. Es könnte teils Elfenbein, teils Narwalzahn sein. Träfe Letzteres zu, wäre wie beim *Einhorn-Pokal* von Leonhard Kern das Motiv aus der Substanz geschaffen, die dem Dargestellten entstammt.

Eine andere Gattung der phantastischen maritimen Tierwelt kreierte Elias Geyer um 1600 mit dem *See-Einhorn als Trinkgefäß* (Kat. 105). Bei diesem Geschöpf, das an das von antiken griechischen Vasenbildern bekannte Meeresungeheuer Hippokampos anknüpft, entwächst dem Gehäuse einer Turbanschnecke der Vorderkörper eines pferdeähnlichen Einhorns aus vergoldetem Silber. Es bäumt sich auf, weshalb es eine als Ast gestaltete Stütze benötigt. So wild das Einhorn erscheint, trägt es doch wie das auf dem Pokal von Leonhard Kern ein Halsband. Neptun, der als kleine Figur auf der Muschel steht, führt es am locker mit der Linken gehaltenen Zügel. In der rechten Hand schwingt der Meeresgott seinen Dreizack und scheint so das Einhorn anzutreiben.

Der Goldschmied Elias Geyer, seit 1589 Meister in Leipzig, fertigte etliche gleich konzipierte *See-Pferde* (Staatliche Kunstsammlungen Dresden, Grünes Gewölbe). Diese haben, anders als das *See-Einhorn,* keinen Ziegenbart und ungespaltene Hufe. Geyer achtete auf die Details. Seine Schöpfung erfüllte eines der Ideale für Kunstkammerwerke der Renaissance: die Verbindung von *naturalia* und *artificialia,* die kunsthandwerkliche Be- oder Verarbeitung von Naturobjekten wie etwa in Nautilus- oder Straußeneipokalen. Die hatten oft einen außereuropäischen Ursprung; *Turbo marmoratus,* die Grüne Turbanschnecke, auch Marmorkreisel genannt, ist im Indopazifik heimisch und war zu Geyers Zeiten eine Rarität. Mit dem schimmernden Perlmutt des polierten Gehäuses, dem glänzenden Gold und der feinen Ausführung kam das als phantastisches Trinkgefäß angelegte *See-Einhorn* einem weiteren Aspekt der Kunstkammer nach: als Tischdekoration bei fürstlichem Festmahl für Verblüffung und Bewunderung zu sorgen.

Ohne exotische Materialien und ohne Bezüge zur Antike setzten die Goldschmiede Jacob Kraer und Jürgen Richels in der zweiten Hälfte des 17. Jahrhunderts auf die ästhetische Wirkung des Einhorns – als edles und seltenes Fabeltier konnte es auf jeder Tafel Bewunderung erregen. Das *Trinkspiel in Form eines Einhorns* von etwa 1660 des Nürnbergers Kraer ist Teil eines Ensembles, zu dem noch die Figuren eines Ochsen und eines Huhns gehören (Kat. 106).[25] Zur Verlebendigung der Erscheinung war das Einhorn teilweise farbig gefasst: das Horn war weiß, die Augen ebenfalls, mit schwarzen Pupillen, der Mund rot, Nüstern und Hufe schwarz. Als ein Moment der Naturvergegenwärtigung ist auf der geschmückten Bodenplatte eine Eidechse angebracht.

Trinkspiele in Tierform gehörten im 17. Jahrhundert zu den bevorzugten Belustigungen bei fürstlichen Gastmählern. Mit seiner geringen Größe von knapp 12 Zentimeter wäre das Einhorn allerdings höchstens für einen Aperitif geeignet; vermutlich diente es nur als Festdekoration – oder war von vornherein als Vitrinenobjekt konzipiert. Der Besitzer des Trinkspielensembles mit Einhorn, Fürst Paul I. Esterházy, hatte im 17. Jahrhundert eine enorme Kunstkammersammlung zusammengetragen. Deren Kostbarkeit war er sich bewusst. „Habeo etiam aliquas raritates", ich besitze auch einige Seltenheiten, schrieb er 1695 in seinem Testament, und es sei würdig, dafür gut zu sorgen: „Cui ut bene invigiletur sane dignum est."[26] Seine Erben beachteten den letzten Willen und bewahrten die Kunstkammer.

105

Elias Geyer (um 1560–1634), Goldschmied
See-Einhorn als Trinkgefäß, Leipzig um 1600
Silber, getrieben, gegossen,
ziseliert, graviert, vergoldet,
Turbanschneckengehäuse,
Perlmutterschicht,
20 × 22 × ca. 8 cm
Inv.-Nr. IV 133
Staatliche Kunstsammlungen Dresden,
Grünes Gewölbe
nur in Potsdam ausgestellt
Lit.
nicht bei Einhorn 1998
Dresden 1925, Tafel 38
Schröder 1935, S. 83
Menzhausen 1973, S. 55; Abb. 18
Dresden 1980, S. 52
Dresden 1994, S. 70, Abb. S. 71
Helas 2015, S. 119

106

Jacob Kraer (1601–1668)
Trinkspiel in Form eines Einhorns,
Nürnberg um 1660
Silber, vergoldet, getrieben, gegossen, ziseliert, graviert, punziert, kalt bemalt,
11,9 × 9,6 × 5,5 cm
Inv.-Nr. K 135
Esterházy Privatstiftung,
Burg Forchtenstein –
Esterházy Schatzkammer
nur in Potsdam ausgestellt
Lit.
nicht bei Einhorn 1998
Kopp 2014, S. 18
Kopp 2020, S. 144–147

107

Jürgen Richels (1641–1711)
Silberner Tafelaufsatz, Hamburg um 1690
Silber, 35,7 × 21,6 cm
Inv.-Nr. B 0658
Museen Böttcherstraße,
Ludwig Roselius Museum, Bremen
nur in Potsdam ausgestellt
Lit.
nicht bei Einhorn 1998

Esterházy verfasste sein Testament kurz vor Beginn des 18. Jahrhunderts, als die Zeit der Kunstkammern zu Ende ging. Als ein spätes Objekt seiner Gattung greift der *Silberne Tafelaufsatz* um 1690 die repräsentative Bedeutung silberner Tafeldekorationen auf (Kat. 107). Jürgen Richels, seit 1664 als Meister in Hamburg eingetragen, schuf christliche Objekte wie Reliquienbüsten für den Domschatz von Paderborn oder Silberhumpen mit mythologischen Szenen (Museum für Kunst und Gewerbe Hamburg).[27] Sein Einhorn hat weder Ziegenbart noch gespaltene Hufe, um 1700 war die mittelalterliche Lektüre des *Physiologus* längst vergessen. Richels Einhorn ist ein elegantes, scheinbar lachendes Pferd mit Stirnhorn.

Als sich in der Kunst des späten 19. Jahrhunderts die Besinnung auf Mittelalter und Renaissance intensivierte, knüpften Gold- und Silberschmiede an die Formen und Materialien der früheren Kunstkammerobjekte an. Sie schufen Pokale aus Straußenei oder Kokosnuss, Salieren mit mythologischen Figuren oder schwere Deckelhumpen. In diesem kunsthandwerklichen Historismus erschien – wie selbstverständlich und wie in der zeitgleichen Malerei (siehe Kat. 146, 148–153) – das Einhorn wieder, so etwa in dem um 1900 entstandenen *Tafelaufsatz mit Einhorn* (Kat. 108). Das Tier mit langem spiraligem Stirnhorn und Ziegenbart stützt seine erhobenen Vorderhufe auf einen Wappenschild. Über dem Einhorn entfaltet sich eine muschelförmige Schale, auf deren nach oben gebogener Zunge ein geflügelter Drache hockt. Die Komposition lehnt sich an den monumentalen, prächtigen *Wettstein-Pokal* von 1649 an, bei dem ein Basilisk als Wappenhalter fungiert (Historisches Museum Basel). Der *Tafelaufsatz mit Einhorn* ist wesentlich kleiner, bescheidener und weniger fein ausgearbeitet. Er brachte um 1900 einen Abglanz der Kunstkammern des Barocks – und das Einhorn – in bürgerliche Esszimmer.

MPH

108

Deutsch
Tafelaufsatz mit Einhorn, um 1900
Silber, Höhe 21 cm
Pseudomarken
Privatsammlung
nur in Potsdam ausgestellt
Lit.
nicht bei Einhorn 1998

Innige Gemeinschaft. Das Einhorn und die Jungfrau

Noch während die religiöse Deutung von Jungfrau und Einhorn vorherrschte, etablierte sich das Thema auch außerhalb des kirchlichen Bereichs. Im Zeitraum von etwa 1350 bis 1550 entstanden zahlreiche Kunstwerke, die das enge Miteinander von Frau und Tier zeigen. Sie bewegen sich im Spannungsfeld zwischen mütterlicher Fürsorge und Verführung.

Die Künstler gingen von der bekannten christlichen Vorstellung und ihrer Ikonographie aus, die den Zeitgenossen präsent war. Nun jedoch konnte das Einhorn etwa bloß als Erkennungszeichen einer edlen Dame dienen. Erweiterungen wie die Mahnung zu ehelicher Treue, das Ideal der Triebbeherrschung oder ironische Pointen wie die Liebesverfallenheit des Minnesängers überlagerten die christliche Tradition. Dabei waren die Legende von der Besänftigung des Einhorns durch die Jungfrau wie die Tugend der Keuschheit stets mitgedacht. Viele dieser Szenen sind von Innigkeit geprägt.

Unabhängig vom Nachlassen der christlichen Wertschätzung des Einhorns, aber im selben Zeitraum, klang auch die weltliche Darstellung von Frau und Einhorn am Ende des 16. Jahrhunderts aus.

Minneabenteuer mit Einhorn. Der Roman von der Dame mit dem Einhorn und dem edlen Ritter

Die Literatur des Mittelalters stand im Zeichen der Helden- und Heiligenverehrung. Im 12. Jahrhundert allerdings begann sich eine Literatur der *quête amoureuse* (Liebesabenteuer) herauszubilden, die von der Suche nach der Minne – der höfischen Liebe – handelt. Diese Liebesromane sind häufig in achtsilbigen Verszeilen gedichtet, die das Vortragen und Memorieren erleichtern. Das anonyme Werk *Le Roman de la Dame à la licorne et du beau chevalier* (Der Roman von der Dame mit dem Einhorn und dem edlen Ritter) stammt aus der Mitte des 14. Jahrhunderts. Er ist nur in einer einzigen Handschrift überliefert, die auch den Roman von *Floire et Blancheflor* beinhaltet.[1] Das Manuskript ist keine der Prachthandschriften, wie sie häufig für königlichen Besitz gefertigt wurden, ist jedoch mit über einhundert Buchmalereien reich verziert.[2]

Das Manuskript wurde für die französische Prinzessin Blanka von Navarra hergestellt.[3] 1350 wurde sie durch ihre kurze Ehe mit Philipp VI. von Valois Königin von Frankreich. Als der König noch im selben Jahr verstarb, heiratete Blanka von Navarra nicht wieder und lebte bis zu ihrem Tod 1398 als Witwe. Von ihren Zeitgenossinnen und Zeitgenossen erhielt sie den Beinamen „Belle Sagesse" (die Schöne und Geistvolle) und spielte eine beschwichtigende Rolle im angespannten Verhältnis zwischen den französischen Königen und dem Haus Navarra. Nach ihrem Tod wurde sie in Saint-Denis beigesetzt. Möglicherweise vermachte Blanka von Navarra die Handschrift *Der Roman von der Dame mit dem Einhorn und dem edlen* Ritter ihrer angeheirateten Nichte Margarete von Mâle, der Herzogin von Burgund, denn ab 1405 ist die Handschrift in der Bibliothek der Herzogin nachweisbar.[4] Später gelangte sie in die Bibliothek des französischen Königs Ludwig XV.[5]

Das Manuskript des *Romans von der Dame mit dem Einhorn und dem edlen Ritter* zählt 68 Blätter mit zweispaltig angeordnetem Text, der 8575 Verse umfasst – zunächst in zehnsilbigen, später in achtsilbigen, paarweise gereimten Versen. Enthalten sind auch rund zwanzig Lieder. Zwischen die Zeilen hätten später Noten eingefügt werden sollen, was jedoch nicht geschah.

Die Hauptfiguren des Romans sind „eine Dame", die ab dem zweiten Blatt „la dame Blanche qui la licorne garde" (die vom Einhorn bewachte Dame Blanche) genannt wird, und ein Ritter in weißer Rüstung – der *chevalier au lion* (Löwenritter). Die wendungsreiche Erzählung beginnt mit der ersten Minnebegegnung. Anschließend zieht der Löwenritter fort, stellt sich furchteinflößenden Gegnern und bereist imaginäre Reiche ebenso wie reale Länder und Städte wie die Türkei, Zypern oder Jerusalem. Bei seinen Abenteuern steht dem Löwenritter ein *chevalier fée* (Feenritter) zur Seite, der mit Hilfe seiner übernatürlichen Fähigkeiten Briefe und Botschaften zwischen dem Ritter und der Dame mit dem Einhorn übermittelt – bis zu deren keuschem und freudigem Wiedersehen. In diesem Text ist das Einhorn ein Geschenk Christi an die Dame und steht sinnbildlich für eine intensive Form der Liebe, die jedoch die Achtung vor der Ehe wahrt, denn die Dame ist verheiratet und hält ihrem Gatten die Treue.

Der Roman ist mit 102 kleinen rechteckigen Buchmalereien illustriert, die jeweils so breit wie eine Textspalte und mit dezenten kleinen, goldfarbenen Weinblättern als Vignetten versehen sind. Das Bildprogramm folgt dem Textverlauf und zeigt von ihren Attributen begleitete Personen im Gespräch, Schlachtszenen und eine Tanzdarstellung. Die Illustrationen aus der Mitte des 14. Jahrhunderts stammen von einem Pariser Künstler oder aus einer dortigen Werkstatt, sind zeichnerisch gestaltet und weisen stilistische Ähnlichkeiten mit Handschriften aus dem Atelier des Richard de Montbaston und seiner Frau Jeanne auf.[6] Der persönliche Stil des Buchmalers ist in den Illuminationen mehrerer Bibeln und eines Exemplars vom *Roman de la rose* (Rosenroman) wiederzuerkennen.[7] Auf farbigem Grund, den ein Linienraster oder ein Ton in Ton gehaltenes Rankenwerk dynamisiert, sind die meist aufrecht stehenden Personen mit ihren Accessoires dargestellt. Darüber hinaus erscheinen auch Elemente, die den situativen Kontext verdeutlichen – etwa Bett, Tisch oder Bäume.

In achtzehn Buchmalereien ist die Dame zusammen mit dem Einhorn zu sehen, dem Ritter folgt oft sein Löwe. In einer Szene sitzen beide auf einer mit einem gestreiften Stoff bedeckten Bank (Kat. 109). Das Einhorn befindet sich bei der Dame. An der Haltung der Hände der beiden Liebenden ist zu erkennen, dass sie sich unterhalten. Beide sind nach der um die Mitte des 14. Jahrhunderts üblichen Mode gekleidet: Die Dame trägt ein Gewand mit geknöpften Ärmeln, der Ritter ein Kapuzengewand, dessen Gürtel zugleich als Geldbörse dient, und eng anliegende Beinkleider.

Die erste Textspalte gibt den Dialog zwischen der Dame und dem Ritter wieder; die zweite nimmt ein Lied ein, das der Ritter für seine Dame dichtet. Der Refrain lautet: „donc n'en puis mais si je suis esmaiés (mis en émoi), quant je regart votre douce figure" (Ich kann nicht verhindern, dass ich erschüttert bin, wenn ich Euer anmutiges Antlitz betrachte). Am linken Rand der Darstellung ist in einer filigranen Handschrift die an den Buchmaler gerichtete Anweisung zu lesen: „faites une dame et un chevalier seant l'un devant l'autre sur une couc[h]e et une licorne derrière la dame" (Malt eine Dame und einen Ritter, die voreinander auf einer Bank sitzen, und hinter der Dame ein Einhorn). Diese Anweisungen, die sich an allen Darstellungen erhalten haben, könnten vom Verfasser des Textes stammen, der vielleicht zum Umfeld der Blanka von Navarra gehörte.[8]

Blatt 13 zeigt Dame und Ritter im Beisein des Einhorns stehend und sich umarmend. Auf Blatt 25 liegt die Dame allein im Bett in ihrem Gemach, während ihr der Feenritter einen Brief überbringt. Das Einhorn hat sich an das Fußende des Bettes auf den Boden gelagert. Meist hat der Buchmaler nur die vordere Körperhälfte des stehenden oder kauernden Einhorns abgebildet.[9] Im ersten Bild ist das Einhorn weiß, im späteren Verlauf nimmt das Fell eine bläulich grüne Färbung an und ist hellgrau gesprenkelt.

Es handelt sich nicht um das Ursprungsexemplar des Romans, sondern um eine Kopie, denn den Editoren fielen einige Unregelmäßigkeiten auf – so etwa ein unvollendeter Reim oder Stellen, an denen der Text sich wiederholt. In einer facettenreichen Sprache verherrlicht der Verfasser die Sanftmut und die Ritterlichkeit und mithin Tugenden, denen Blanka von Navarra als „Belle Sagesse" – als schöne und geistvolle Frau – viel abgewinnen konnte und die auch dem Einhorn zugeschrieben werden.

BCB

Aus dem Französischen übersetzt von Andreas Bredenfeld

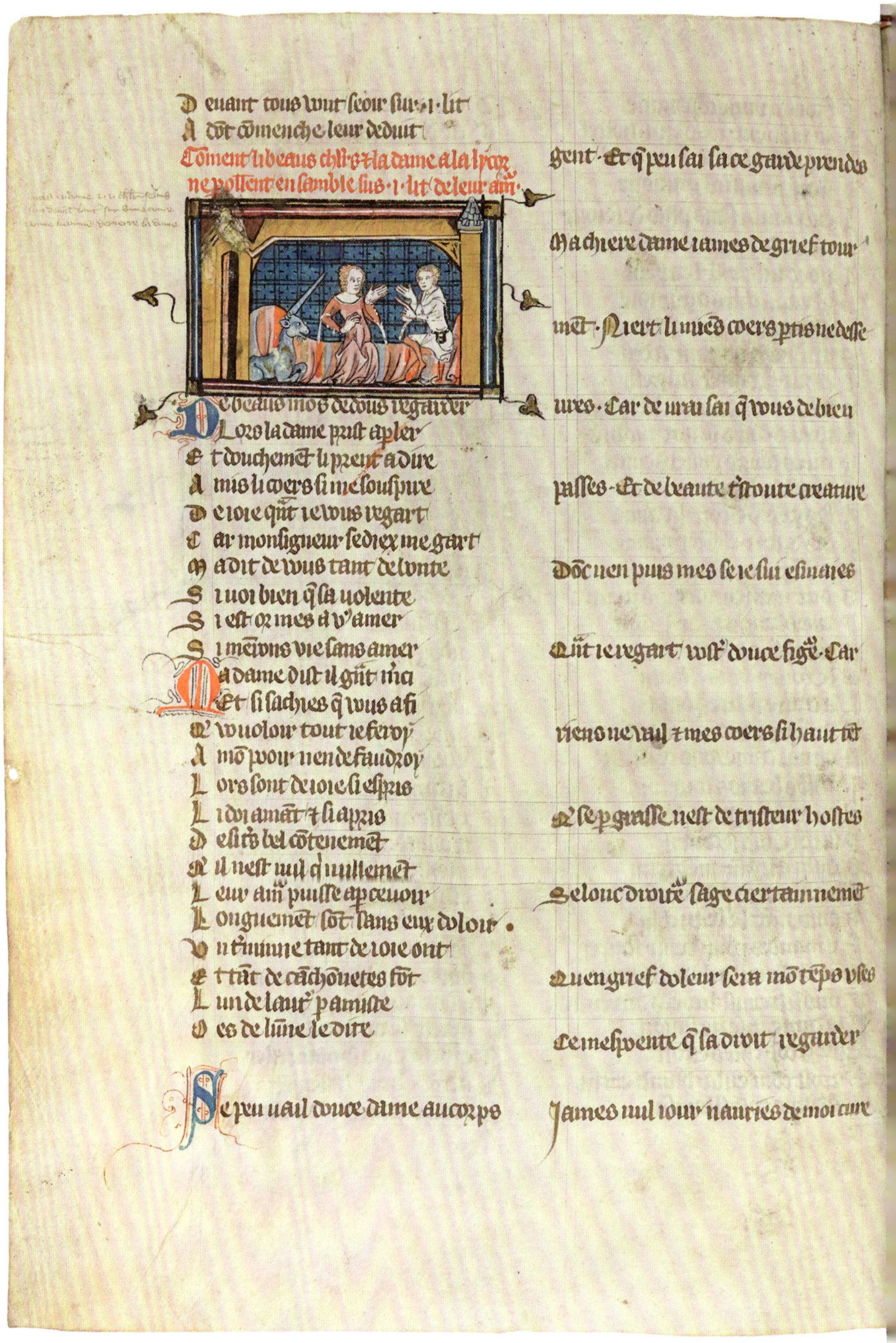

109

Französisch (Paris)
Unterhaltung zwischen der Dame mit dem Einhorn und dem edlen Ritter, in:
Le Roman de la Dame à la licorne et du beau chevalier (Der Roman von der Dame mit dem Einhorn und dem edlen Ritter),
14. Jahrhundert
Pergament, 335 × 250 mm (Seite)
Inv.-Nr. Français 12562, fol. 10v
Bibliothèque nationale de France, Paris, département des Manuscrits
nur in Paris ausgestellt
Lit.
nicht bei Einhorn 1998

Verführung, Zärtlichkeit, Beherrschung. Variation der Gefühle

Im *Roman de la Dame à la licorne* (Roman von der Dame mit dem Einhorn) aus dem 14. Jahrhundert (siehe Kat. 109) war das Einhorn als Symboltier ständiger Begleiter der Edelfrau und stand für ihre Reinheit. Damit hatte das Einhorn den sakralen Bildraum verlassen und war in die Sphäre der Liebeshändel eingetreten. In der Literatur tauchte die Betonung des sinnlichen Aspekts in der Gemeinschaft von Frau und Einhorn bereits im 13. Jahrhundert auf, in den Minnedichtungen etwa von Thibaut le Chansonnier (siehe S. 348) oder Richard de Fournival. Letzterer verfasste um 1250 das *Bestiaire d'amour* (Liebesbestiarium), das der christlichen Tierdeutung des *Physiologus* eine weltliche, erotische Liebeslehre anhand von Tierbeispielen entgegensetzte.

Beide Autoren identifizierten sich mit dem Einhorn, das, wie der Physiologus berichtet, von einer Jungfrau angelockt wird und sich ihr willenlos hingibt. Sowohl bei Thibault als auch bei Fournival stirbt das Einhorn den Liebestod, womit beide das zur selben Zeit in den klösterlichen Bestiarien gezeigte Motiv der Tötung des Einhorns aufgreifen (siehe Kat. 28, 29). Bei Fournival sind es nicht anonyme Häscher, die ihn jagen, sondern „die Liebe", die er als einfallsreich beschreibt:

> Aber die Liebe, die eine findige Jägerin ist, setzte mir eine Jungfrau in meinen Weg, deren süßer Duft mich einschläferte.
> Und ich starb einen Tod, wie ihn nur die Liebe zufügen kann, nämlich durch Verzweiflung, ohne jede Hoffnung auf Gnade. Deshalb sage ich, dass ich durch den Geruchssinn gefangen wurde.
> Und sie hielt mich auch weiterhin fest durch ihren Duft. So habe ich meinen Willen aufgegeben, um nur dem ihren zu gehorchen.[10]

Hier äußert sich der aussichtslos Verliebte, und möglicherweise geht auf eine solche Textquelle ein Motiv auf einem Elfenbeinkästchen zurück, dessen eine Schmalseite das Relief *Szene aus dem Tristan-Roman. Tötung des Einhorns* zeigt (Kat. 110). Das kostbare kleine Behältnis entstand im zweiten Viertel des 14. Jahrhunderts in Paris und war als Minnekästchen konzipiert, als Braut- oder Werbungsgeschenk eines Mannes an eine begehrte Frau. Sieben weitere dieser Kästchen aus Elfenbein sind erhalten.[11]

Der Bestimmung des Minnekästchens entsprechend thematisieren die Reliefs auf dem Deckel sowie die der Längs- und Querseiten Episoden aus der höfischen Epik und Minnedichtung wie die Erstürmung der Liebesburg oder die Geschichte von Aristoteles und Phyllis. In der Szene aus dem *Tristan-Roman* des Gottfried von Straßburg aus dem frühen 13. Jahrhundert sitzen die beiden Verliebten Tristan und Isolde an einer Quelle, während der eifersüchtige König Marke im Baum das Paar beobachtet. Tristan weist auf dessen Gesicht, das sich im Wasser der Quelle spiegelt, und mahnt Isolde auf diese Weise dezent zur Zurückhaltung im Gespräch.

110

Französisch (Paris)
Szene aus dem Tristan-Roman. Tötung des Einhorns, um 1340–1350
Minnekästchen
Elfenbein, 7,4 × 18,6 × 11,2 cm
Inv.-Nr. 123 Carrand
Museo Nazionale del Bargello, Florenz
nur in Potsdam ausgestellt
Lit.
Van Marle 1931, Bd. 2, S. 450; Abb. 470
Loomis 1938, S. 66
Stammler 1965, S. 134
Florenz 1989, Nr. 28
Einhorn 1998, Nr. 287 F
Florenz 2018, Nr. VIII.39

Diese Szene steht kaum mit der rechts daneben platzierten Tötung des Einhorns in Beziehung. Im *Tristan*-Roman kommt kein Einhorn vor, nur ein weißer Hirsch, der allenfalls hier in verwandelter Gestalt als Einhorn auftreten könnte.[12] Aber die Einhorn-Szene mit ihrer Keuschheitssymbolik ist ein Gegenbild zur Sinneslust bei Tristan und Isolde. Das Einhorn, mit gespaltenen Hufen und Ziegenbart, sitzt vor der Jungfrau und hat die Vorderläufe auf ihre Knie gelegt. Sein Blick geht zur Frau, die ihn mit ernstem Gesichtsausdruck erwidert. Mit der linken Hand fasst sie an das Horn des Einhorns, mit der Rechten hält sie einen runden Spiegel. Dessen Bedeutung ist nicht geklärt, möglicherweise ist seine Verwendung ein Reflex auf das *Speculum sine macula* (Spiegel ohne Flecken), einen der Beinamen Mariens, aus dem apokryphen Buch der Weisheit abgeleitet: „Denn sie ist ein Abglanz des ewigen Lichts und ein fleckenloser Spiegel des göttlichen Wirkens" (Weish 7,26). Leidenschaftslos hat der Jäger mit seinem Speer das todgeweihte Einhorn durchbohrt.

Eine andere Facette der Beziehungsproblematik thematisiert *Die Liebesjagd* auf einem Minnekästchen aus Buchsbaumholz vom letzten Viertel des 15. Jahrhunderts (Kat. 111). Auch hier finden sich Anknüpfungen an ein christliches Thema, die zeitgleich verbreitete Einhorn-Jagd im Hortus conclusus (siehe Kat. 34–36).[13] Aber der in sein Horn blasende Jäger mit der auffallenden Kopfbedeckung, einem Hut im Stil der Zatteltracht des 14. Jahrhunderts, ist nicht der Erzengel Gabriel, der das Einhorn in den Schoß Mariens treibt. Und seine Hunde verkörpern nicht christliche Tugenden, sondern können vielmehr für weltliche Werte stehen, wie der Minnedichter Hadamar von Laber im 14. Jahrhundert Gefühle und moralische Werte bei der Brautschau auf Jagdhunde projiziert hatte: „Fröude, Wille und Wunne, / Troste, Staete und Triuwe / – die hunde ich so erkunne" (Freude, Wille und Wonne, / Trost, Stetigkeit und Treue / – die Hunde ich so erkenne).[14]

Hier ist die Verbindung von Lust und – ehelicher – Treue das Thema. Auf der geschwungenen Banderole, die aus dem Horn des Jägers strömt, steht „ich jaghe in trouwen" (ich jage in Treuen).[15] Das fliehende Einhorn, das sich zu den Verfolgern umwendet, entgegnet: „dat en sal u nit rouwen" (das soll Euch nicht reuen). Es ist mit einem markanten, geriefelten Stirnhorn versehen, hat gespaltene Hufe, aber keinen Ziegenbart. Das Einhorn, sonst zumeist Allegorie der Keuschheit, wird sich von diesem treuen Jäger fangen lassen – eine Mahnung an den Liebhaber nicht zur Askese, aber zur Monogamie. Darauf deutet auch die auf dem Deckel des Kästchens wiedergegebene Abschiedsszene hin. Der Herr, der auf der Rückseite in der Rolle des Jägers auftritt, steht hier der Dame gegenüber, die demonstrativ einen Ring emporhebt. Er sagt: „want an eyn sceiden gheyt" (Wenn's an ein Scheiden geht), worauf sie ihm den Ratschlag gibt, während der Enthaltsamkeit die Begierde zu ignorieren: „an verlanghen met" (meide ohne Verlangen).

111

Mittelrheinisch
Die Liebesjagd, um 1475–1500
Minnekästchen
Buchsbaumholz, 7,4 × 13,6 × 7,7 cm
Inv.-Nr. MRR 83/Cl. 21381
Musée de Cluny – musée national du Moyen Âge, Paris, Depositum des Musée du Louvre, Paris, département des Objets d'art du Moyen Âge, de la Renaissance et des temps modernes

Lit.
Kohlhaussen 1928, Nr. 79; Tafel 57
Van Marle 1931, Bd. 2, S. 451 f.; Abb. 471
Wehrhahn-Stauch 1958, Sp. 1539
Wien 1962, Nr. 484
Stammler 1965, S. 134
Freeman 1976, S. 47 f.
Müller 1982, S. 57
Einhorn 1998, Nr. 812
Gotha 1998, S. 63 f.; Nr. 18
Avignon 2004, Nr. 82
Tokio 2013, Nr. II-2.2
Taburet-Delahaye/de Chancel-Bardelot 2018, Abb. S. 96
Paris 2022a, Abb. S. 261

Der Gedanke der Triebeinhegung liegt auch der Federzeichnung *Nacktes Mädchen und Bürgersfrau mit Einhörnern* von um 1490 mit der zweifachen Domestizierung des Einhorns zu Grunde (Kat. 112). Die rechts auf einem Felsen sitzende, bürgerlich gekleidete Frau ist verheiratet, wie ihrer Haube zu entnehmen ist, unter der sie ihr Haupthaar verbirgt. Das Einhorn hat den rechten Vorderlauf auf ihr Knie gelegt. Es ist als männlich charakterisiert, was nicht eben häufig vorkommt (siehe Kat. 10, 26, 33, 130.4) und daher mit einer Absicht verbunden sein dürfte. Die Gestalt des Tieres ist graziös, die dünnen Beine sind übertrieben lang. Das gilt auch für das Horn, das nur am Ansatz die Riefelung des Narwalzahns aufweist. Ungewöhnlich ist die lange, spitz auslaufende Biegung des Horns. Darauf hat die Bürgerin sacht ihre linke Hand gelegt, die rechte ruht auf dem Rücken des Tieres. Diese Gesten können als erotisch und besitzergreifend gedeutet werden; die Zähmung des wilden Einhorns meint hier auch die Beschränkung des Sexualtriebs.

Eine zusätzliche Spannung in die Szene bringt das Paar auf der linken Seite des Blattes, das die Komposition gespiegelt und abgewandelt wiederholt. Hier ist die Frau, noch ein Mädchen, allerdings unbekleidet, sie trägt ihre langen Locken offen. Obwohl sie nicht wie die Wilden Leute am ganzen Körper behaart ist (siehe Kat. 65–71), erinnert ihre gelassene Nacktheit an diese Gestalten, die außerhalb der Zivilisation leben. Ihr Einhorn ist aber nicht Ausdruck der Wildheit, es ist ebenso grazil und unterwürfig wie das andere. Die Nacktheit der Frau zeigt explizit, was in der benachbarten Verbindung nur angedeutet ist: eine positive Einstellung zur Sexualität – insofern die Frau die Herrschaft über den Mann ausübt.

Die beiden Frauen haben keinen Kontakt miteinander, und die Zeichnung wirkt wie aus einem Musterbuch, das Vorlagen bereitstellt. Der Künstler ist nicht bekannt, er dürfte im Kreis von Martin und Ludwig Schongauer tätig gewesen sein. Adressat der Zeichnung war wohl ein bürgerliches Publikum, das sich in der gesitteten Frau mit der Haube wiedererkannte, aber vielleicht ebenso in der jungen Unbekleideten.

Eine Anknüpfung an den im *Physiologus* beschriebenen Fang des Einhorns findet sich im Gemälde *Jungfrau mit Einhorn* aus der

113

Dario di Giovanni (um 1420 – vor 1498),
zugeschr., ehemals Meister des Paris-Urteils/
der Helena-Geschichte
Jungfrau mit Einhorn (Portrait der Caterina Corner als Allegorie der Keuschheit), um 1467/68
Tempera und Pressbrokat auf Holz,
100 × 90 cm
Inv.-Nr. 55.212
Keresztény Múzeum /
Christliches Museum, Esztergom
nur in Potsdam ausgestellt
Lit.
Esztergom 1965, Nr. 25
Mravik 1978, Nr. 30
Esztergom 1993, Nr. 92
Einhorn 1998, Nr. 182
St. Pölten 2015, S. 176
Spicer 2019, Abb. 10
Philipp 2021, S. 90 f.

112

Oberrheinisch
Nacktes Mädchen und Bürgersfrau mit Einhörnern, um 1490
Feder in Braun, 197 × 288 mm (Blatt)
Inv.-Nr. U.VIII.77
Kunstmuseum Basel, Kupferstichkabinett,
Amerbach-Kabinett 1662
nur in Potsdam ausgestellt
Lit.
Beer 1977, Abb. 124
Einhorn 1998, Nr. 134
Washington 1999, Nr. 12
Basel 2003 S. 32 f.; Abb. S. 35; Nr. 103
Basel 2009, Nr. 8

Mitte des 15. Jahrhunderts (Kat. 113), allerdings mit einer profanen Ausrichtung. Es gilt jetzt als ein Werk von Dario di Giovanni, der lange nur mit den Notnamen Meister des Paris-Urteils oder Meister der Helena-Geschichte bekannt war, benannt nach einer Serie von drei großen Tafelbildern (Walters Art Museum, Baltimore).[16] Der um 1420 in Pordenone geborene Künstler lernte in den 1440er Jahren in Padua und erhielt in den folgenden Jahren Aufträge für Fresken, Retabel und Portraits in zahlreichen Städten Norditaliens.

Die Jungfrau sitzt der Überlieferung entsprechend im Wald, der sich im Hintergrund erhebt. Schnittstellen an den Baumstämmen weisen auf forstliche Bewirtschaftung. Der Waldboden mit den stark konturierten Pflanzen erinnert an die Tausendblumenteppiche, die häufig ein Einhorn zeigen (siehe Kat. 9).

Mit einem Stirnband hat die Jungfrau ihre Haare hochgesteckt, ihr Kleid mit den Ärmeln aus Brokatstoff leuchtet hellrot. Mit starrem Gesichtsausdruck blickt sie aus schmalen Augen auf das neben ihr liegende Einhorn, um dessen Hals sie ihre Hände gelegt hat. Das Tier ist keineswegs wie vom *Physiologus* beschrieben ein kleines Zicklein, sondern groß wie ein Hirsch. Die mächtige Gestalt hätte sich kaum in den Schoß der Jungfrau legen können. Die Hufe sind gespalten, der Ziegenbart angedeutet, das glatte Horn hat einen Ansatzkranz wie ein Geweih. Dieses Detail wie die ungewöhnliche Körperhaltung mit dem ausgestreckten Vorderlauf dürften auf Studien nach der Natur zurückgehen.

Das Einhorn scheint aus dem Bild heraus die Betrachter zu fixieren. Sein Halsband weist auf seine Gefangennahme (siehe Kat. 30, 102). Der von der Frau abgewandte Kopf signalisiert eher Frustration als Ergebenheit. Das Bewusstsein der Gefangenschaft scheint schwerer zu wiegen als die Bezauberung durch den weiblichen Duft. Diese Distanz bringt eine unruhige Spannung in die märchenhafte Atmosphäre.

Die Szene schildert die Anziehung des Einhorns durch die Jungfrau. Doch jede auf Maria verweisende Symbolik fehlt, nichts deutet auf das Mysterium von der Menschwerdung Gottes, wie es die Einhorn-Jagd im Hortus conclusus einige Jahrzehnte später ausbilden wird (siehe Kat. 34–36). Allenfalls könnten die wie Gitterstäbe aufgestellten Baumstämme an die Umhegung des Hortus conclusus erinnern.

Die repräsentative Größe des Bildes und die emotionale Zurückhaltung bei gleichzeitig prächtiger Inszenierung der Frau lassen auf einen Auftrag aus höheren Kreisen schließen. Die Dargestellte ist die Venezianerin Caterina Corner (1455/56–1510), die hier als Allegorie der Keuschheit gezeigt ist. Sie heiratete 1468 den König von Zypern und regierte nach seinem Tod einige Jahre als Königin das Inselreich.[17] Etwa zwanzig Jahre zuvor hatte bereits Pisanello in der *Allegorie der Keuschheit. Medaille der Cecilia Gonzaga* (siehe Kat. 124) das Einhorn auf die Portraitierte bezogen – allerdings in handlicher Dimension und nicht auf der Bildnis-, sondern auf der Rückseite.

Eindeutig ist der individuelle Bezug in der Buchmalerei *Jungfrau und Einhorn* von um 1510 in einem gedruckten Stundenbuch (Kat. 114). Es zeigt die gleiche Konstellation – eine Frau auf einer Wiese vor dichtem Wald im Hintergrund – wie das Gemälde Dario di Giovannis. Die in Bäumen aufgehängten Wappen und der Buchstabe C, der als Initiale aufzufassen ist, weisen auf eine bestimmte Person, der das Gebetbuch gehörte. Diese stammte wohl aus einem fürstlichen Geschlecht, wie der Hermelinbesatz an den breiten Enden der Ärmel vom Gewand der Dargestellten andeutet. Das Einhorn, dessen Ausprägung der in Frankreich um 1500 verbreiteten Gestalt entspricht (siehe Kat. 24, 123.1–6), hebt Oberkörper und Vorderläufe an, die Frau scheint es mit der rechten Hand begrüßen zu wollen.

Die Malerei des nicht namentlich bekannten Künstlers ist in ein gedrucktes Gebetbuch des Pariser Verlegers Gilles Hardouyn eingebunden. Die Einfügung der Einhorn-Szene in ein Andachtsbuch stellt den Bezug zur christlichen Ikonographie her. Sie ist eine Einladung – oder Aufforderung –, sich mit der Keuschheit der Gottesmutter zu identifizieren.

Weniger auf eine Mariennachfolge als vielmehr auf das Mitgefühl zielt ein kleines Bild, das ebenfalls die *Jungfrau mit Einhorn* zeigt und auch um 1510 entstand (Kat. 115). Anklänge an Werke von Giorgione führten zeitweise zu einer Zuschreibung an diesen venezianischen Maler. Der prekäre Zustand des Gemäldes, der großflächige Abrieb der Oberfläche und Übermalungen erschweren die Klärung der Autorschaft. Jedenfalls dürfte es im Veneto entstanden sein.

In einer nicht näher definierten dunklen Landschaft sitzt die Jungfrau auf einer Wiese. Mit dem roten Gewand und dem blauen Mantel entspricht ihre Kleidung der traditionellen Ausstattung in Mariendarstellungen. Das kleine Einhorn liegt dicht bei ihr und schmiegt seinen Kopf in ihren Schoß. Ebenso zärtlich ruht ihre Hand auf dem Kopf des Tieres. Ihr dem Einhorn zugewandtes Gesicht hat einen fragenden oder melancholischen Ausdruck. Bei aller Innigkeit bleibt die Stimmung des Gemäldes verhalten. Wäre das Miteinander von Jungfrau und Einhorn auf die christliche Metaphorik der Menschwerdung Gottes bezogen, könnte die angedeutete Schwermut auch auf das Wissen um den bevorstehenden Kreuzestod Christi weisen.

So klingt in der vertrauten Zwiesprache von Jungfrau und Einhorn immer auch die christliche Überlieferung an, auch wenn es keinen expliziten Hinweis darauf gibt. Nah an der traditionellen Ikonographie ist die Terrakottafigur *Frau mit Einhorn* von 1490–1530, die Giovanni della Robbia oder seiner Werkstatt zugeschrieben ist (Kat. 116). Giovanni war der Sohn des Florentiner Künstlers Andrea della Robbia, der in der zweiten Hälfte des 15. Jahrhunderts mit farbintensiven glasierten Terrakottaplastiken hervortrat. Giovanni arbeitete als Assistent in der Werkstatt seines Vaters, die neben Portraitbüsten und Retabeln vielfach keramische Architekturelemente wie Friese oder Medaillons herstellte.

114

Französisch (Tours?)
Jungfrau und Einhorn, in:
Heures a l'usage de Rome
(Stundenbuch zum Gebrauch in Rom),
Paris: Gilles Hardouyn um 1510
Pergament, 232 × 146 mm (Seite)
Inv.-Nr. 8 Rés 0105, fol. 7v
Bibliothèque historique de la Ville de Paris
nur in Paris ausgestellt
Lit.
nicht bei Einhorn 1998

115

Italienisch (Veneto)
Jungfrau mit Einhorn, um 1510
Öl auf Leinwand, 28 × 39 cm
Inv.-Nr. SK-A-3970
Rijksmuseum, Amsterdam
Lit.
Richter 1937, Nr. 4; Abb. 27
Berenson 1957, Bd. 1, S. 86; Bd. 2, Abb. 664
Tschemlitsch 1975, S. 44 f., 77–79, 449: Nr. 4
Beer 1977, Abb. 100
Boschloo/Van der Sman/Sikkens 1993, Nr. 132
Einhorn 1998, Nr. 190
Gotfredsen 1999, S. 127
Gerritsen 2011, S. 111 f.
Philipp 2021, S. 90

116

Giovanni della Robbia (1469–1529) oder Werkstatt
Frau mit Einhorn, 1490–1530
Terrakotta, polychrom, glasiert, 34,5 × 31 × 16 cm
Inv.-Nr. 1689A
Musée Beauvoisine – Musée des Antiquités et Muséum d'Histoire Naturelle, Rouen
Lit.
nicht bei Einhorn 1998
Rouen 1928, Nr. 77
Nizza 2002, Nr. VI.4

Giovanni della Robbias Figur sitzt in ihrem faltenreichen Kleid auf einem grün bewachsenen Felsen. Das Einhorn hockt direkt neben ihr; seine Vorderläufe mit den gespaltenen Hufen liegen in ihren Schoß. Seine Mähne ist ausgeprägt, der Ziegenbart nur angedeutet und das spiralige Horn ungewöhnlich kurz. So steht es dem engen Zusammensein nicht im Weg. Liebevoll hat die Frau den rechten Arm um das Tier gelegt, das zu ihr aufschaut. Die Komposition erinnert an Szenen wie Maria auf der Rasenbank oder die Gottesmutter mit dem Jesusknaben. So könnte die Plastik in einem kirchlichen Raum als Andachtsbild gedient haben, wäre aber ebenso als weltliche Dekoration in einem bürgerlichen Haushalt denkbar. Das Einhorn ließ sich in beiderlei Hinsicht verwenden.

Eine direkte Übernahme aus der christlichen Bildwelt findet sich im Kupferstich *Tier-Dame* von um 1440–1450 aus der Schule des Meisters der Spielkarten (Kat. 117). Wie die *Thronende Madonna* (siehe Kat. 30) sitzt eine junge Frau mit großer Krone auf einem Thron, als wäre es die zur Himmelskönigin erhobene Maria. Zum Herrschaftlichen ihrer Erscheinung gehört der Hermelinbesatz ihres Mantels. Auf dem Schoß hat sie ein kleines Einhorn, auf dessen Horn sie mit dem Finger weist. Hier sind Christus- und Marienikonographie sowie Einhorn-Darstellung auf singuläre Weise verbunden, verkörpert das Einhorn sonst doch den vorgeburtlichen Jesus, während das Maestà-Motiv dem Jesusknaben bei Maria vorbehalten ist. Diese widersprüchliche Kombination beeinträchtigte aber keineswegs die Bestimmung des Kupferstichs, der profanen Zwecken diente. Das Blatt gehört zu einem Set Spielkarten und ist der Wert Dame in der Tier-Farbe. Das Pendant, der *Tier-König,* ist ein würdevoller Herrscher auf einem Thron mit einem kleinen Löwen auf dem Schoß (Albertina, Wien).

Auch eine in Köln am Ende des 15. Jahrhunderts gefertigte Kissenplatte *Frau mit Einhorn* griff auf christliche Motive zurück (Kat. 118). Der Kranz aus Eichenblättern erinnert an den Zaun des Hortus conclusus, die Eiche steht für Beständigkeit im Glauben. Die umgebenden Blätter und Blüten

118

Mittelrheinisch (Köln)
Frau mit Einhorn, Ende 15. Jahrhundert
Kissenplatte
Wolle, gewirkt, Bastfaser, 59 × 57 cm
Inv.-Nr. TA 2
LIECHTENSTEIN. The Princely Collections, Vaduz – Vienna
nur in Potsdam ausgestellt
Lit.
Kurth 1926, Bd. 1, Nr. 331 a
Einhorn 1998, Nr. 206 B

117

Meister der Spielkarten
(tätig um 1430–1450), Schule
Tier-Dame, um 1440–1450
Kupferstich, 142 × 97 mm (Blatt)
Inv.-Nr. DG1926/634
Albertina, Wien
nur in Potsdam ausgestellt
Lit.
Von Bartsch 1801–1821, Bd. 10, S. 84
Lehrs 1908–1934, Bd. 1, Nr. 53
Einhorn 1998, Nr. 136; S. 257

dürften von der bereits in der Antike verwendeten Heilpflanze Blutwurz stammen, die gelegentlich auch Christuskrone genannt wird.[18] Aus ihrem lateinischen Namen *Potentilla erecta* kann auch eine sexuelle Anspielung gelesen werden. Eine etwas früher, ebenfalls in Köln gefertigte Kissenplatte mit Einhorn zeigt einen Kranz aus geflochtenen Zweigen, wie er häufig als Dornenkrone Christi gemalt wird (Abb. S. 51).

Die Frau sitzt auf einer Rasenbank, sie trägt den im 14./15. Jahrhundert modischen Doppelhennin, die Hörnerhaube. Das kleine Einhorn steht vor ihr, den linken Vorderlauf auf ihrem Knie. Sie berührt es am Hornansatz. Wie auf einem etwa gleichzeitigen Kupferstich Martin Schongauers hält sie einen Wappenschild auf ihrem Schoß (siehe Kat. 131). Ein mit einer solchen Wirkarbeit dekoriertes Kissen gehörte zur luxuriösen Ausstattung eines bürgerlichen Hauses. Die Verwendung des Keuschheitssymbols auf einem Gegenstand, bei dem sich Assoziationen von Sinnlichkeit aufdrängen können, erscheint paradox. Jedenfalls konnte die Verwendung des Kissens eine unmittelbare körperliche Nähe zum Einhorn vermitteln.

Während vielen Darstellungen des Miteinanders von Frau und Einhorn eine erotische Färbung oder zumindest eine sinnliche Komponente eignet, drückt die Holzskulptur *Frau mit Einhorn* von 1512–1517 einen existentiellen Ernst aus (Kat. 119). Sie stammt aus der Fuggerkapelle in der Karmeliterkirche St. Anna zu Augsburg. Jakob Fugger der Reiche hatte den Anbau an die gotische Klosterkirche als Grablege für sich und seine Familie in Auftrag gegeben, 1518 wurde die Kapelle geweiht. Zur künstlerischen Ausgestaltung gehörte das Chorgestühl, das vermutlich in der Werkstatt des Augsburger Bildhauers Adolf Daucher entstand. Es war mit sechzehn – überwiegend nicht erhaltenen – hölzernen Büsten geschmückt. Wahrscheinlich stellten sie biblische Figuren dar, denen teilweise die Gesichter von Zeitgenossen verliehen waren. Zu diesen Büsten gehörte auch die *Frau mit Einhorn.*

119

Süddeutsch (Augsburg, Hans Adolf Daucher, auch Adolf Daucher d. J. gen. [1486–1538], und Werkstatt, zugeschr.)
Frau mit Einhorn, 1512–1517
vom Chorgestühl der Fuggerkapelle in der Karmeliterkirche St. Anna zu Augsburg
Birnbaumholz, 61 × 53 × 23 cm,
Horn 2025 ergänzt
Inv.-Nr. 439
Staatliche Museen zu Berlin, Skulpturensammlung und Museum für Byzantinische Kunst
Lit.
Halm 1921, S. 43–45
Lieb 1952, S. 179
Halle 1961, Abb. 5
Berlin 1983, Nr. 53.1
Rasmussen 1984, S. 48 („Frau mit Zicklein")
Bushart 1994, S. 296, Abb. 185 („Junge Frau mit Zicklein")
Einhorn 1998, Nr. 162; S. 257

Ihre Kleidung ist zeittypisch, auch die Haube, die allerdings seitlich mit stilisierten Delphinen auffällig geschmückt ist. In ihren Armen hält sie ein kleines Einhorn in Ziegengestalt mit kleinem Kinnbart. Den linken Vorderlauf mit dem gespaltenen Huf hat es auf ihrem Oberarm ausgestreckt. Diese Geste und das leicht geöffnete Maul verleihen dem Tier Lebendigkeit. Den Gesichtsausdruck der Frau prägt tiefer Gram. Sie erinnert an Bilder der Gottesmutter Maria mit dem Jesusknaben, der bereits die Trauer um das Schicksal ihres Kindes eingeschrieben ist. Die intensive Emotion wirkt wie eine Aufforderung zur *compassio,* zum Mitleiden. Ob diese dramatische Aussage beabsichtigt war, welche Rolle die Figur im Ensemble des Chorgestühls spielte und wie sie sich zu den anderen Büsten verhielt, ist nicht geklärt.

In den 1980er Jahren galt das Horn des Einhorns als eine Zufügung des 19. Jahrhunderts, auch weil das Schädeldach der Tierfigur – mitsamt dem Horn – bei einer Restaurierung ergänzt worden war. Der Ziegenbart hingegen gehört zum Originalbestand. Das Werk erhielt die Bezeichnung „Frau mit Zicklein" – und das, obwohl die Darstellung einer Frau mit Einhorn in einer Kirche, auch im Chorgestühl, alles andere als ungewöhnlich ist.[19] Selbst wenn die begleitende Frau nicht ausdrücklich als Maria gekennzeichnet ist, ergibt ein Einhorn in der Kirche allemal mehr Sinn als eine Ziege. Das jetzige Horn des Einhorns ist eine Ergänzung aus dem Jahr 2025.[20]

Eine ungewöhnliche Ausrichtung erhielt das Thema im Gemälde *Junge Frau mit Einhorn* von Luca Longhi von 1535–1540 (Kat. 120). Der überwiegend in Ravenna tätige Maler, der Portraits und religiöse Szenen schuf, verwendete die überlieferte Konstellation für eine Allegorie der Frauenmacht. In einer gebirgigen Landschaft zeigt er unmittelbar im Vordergrund und in bildfüllender Größe die Frau und das pferdgestaltige weiße Einhorn. Die Spalte im Huf ist nur angedeutet, der Kinnbart kaum ausgeprägt, das Stirnhorn auffallend kurz. Longhi scheint eine Annäherung an die reale Erscheinung eines Pferdes angestrebt zu haben.

Das rote Kleid und der blaue Mantel der jungen Frau nehmen die traditionellen Farben der Marienkleidung auf, besonders aber sind der edle Damast, der sich über ihrem rechten Bein entfaltet, und die Perlenkette als Haarschmuck. Diese Hinweise auf Wohlstand stehen im Gegensatz zur sonst üblichen dezenten Ausstattung der Jungfrau. Ihr bloßer Fuß bindet die Dargestellte wieder an ländliche Gepflogenheiten.

Die Frau wendet ihr Gesicht frontal aus dem Bild und richtet den Blick selbstbewusst auf die Betrachtenden. Das wirkt ebenso provokant wie der ausgestreckte Zeigefinger der rechten Hand, mit dem sie auf das dicht neben ihr liegende Einhorn aufmerksam macht. Scheinbar unterwürfig blickt dieses zu ihr auf. Mit der linken Hand hält sie den Hals des Einhorns gefasst – eine besitzergreifende Geste. Auch der zeigende Gestus und der zwingende Blick wirken autoritativ.

Die Komposition geht zurück auf eine Zeichnung Leonardo da Vincis von um 1480, die Agostino Veneziano 1516 in einem Kupferstich variierte (beide Abb. S. 23). In beiden Vorbildern hält die Frau das Einhorn an kurzer Leine, bei Luca Longhi scheint sie das nicht nötig zu haben. Als Verkörperung der *Intemperanza,* der Unbeherrschtheit, hatte Leonardo das Einhorn in seinem Bestiarium 1493/94 beschrieben (siehe S. 350). Die Zügelung der – männlichen – Begierde, die bereits der oberrheinischen Zeichnung (Kat. 112) zugrunde liegt, ist hier nicht ohne spöttischen Unterton inszeniert.

Das Bildnis der jungen Frau gilt als ein Portrait von Giulia Farnese, der einflussreichen Mätresse des berüchtigten Papsts Alexander VI. Sie verstarb 1524. Die Entstehung des Gemäldes, etliche Jahre nach ihrem Tod, könnte auf ihren Bruder Alessandro, seit 1534 Papst Paul III., zurückgehen, der die Anfänge seiner Karriere ihrer Beziehung zu Alexander VI. verdankte. Auch ohne derartige biographische Bezüge lässt sich Longhis Gemälde als eine Manifestation weiblicher Selbstermächtigung lesen.

Mit dieser Wendung ins Ironische war das Thema Jungfrau und Einhorn um 1540 an sein Ende gelangt. Zwar entstanden auch später noch vereinzelt Werke dieses oft innigen Miteinanders,[21] aber nachdem sich der spöttische Intellekt dieser Konstellation bemächtigt hatte, war dem Motiv nicht nur das christliche, sondern auch das seriös-emotionale Fundament entzogen.

Keine Anknüpfung an die traditionelle Ikonographie weist die italienische Bronze *Frau und Einhorn an einer Quelle* auf (Kat. 121). Wohl in der ersten Hälfte des 16. Jahrhunderts entstanden, geht es weder um die Einhorn-Jagd noch um eine Allegorie der Keuschheit. Thema ist ein Aspekt des Einhorns, der erst seit Anfang des 14. Jahrhunderts bekannt ist: die Fähigkeit, mit seinem Horn das Wasser eines Sees reinigen zu können, das eine Schlange zuvor vergiftet hatte. Diese Vorstellung führt die bereits von Ktesias um 400 v. u. Z. berichtete medizinische Wirkung des Horns als Trinkgefäß weiter aus (siehe S. 345). Erstmals in einer griechischen Handschrift des *Physiologus* aus dem 14. Jahrhundert belegt (siehe S. 349),[22] nahmen den Gedanken der Wasserentgiftung 1389 Johannes Witte de Hese (siehe S. 349) und Mitte des 15. Jahrhunderts Petrus Candidus Decembrius in seinem Manuskript *De omnium animalium natura* (Über die Natur der Tiere) auf. Hatte der *Physiologus* des 14. Jahrhunderts noch das Reinigen des Wassers mit dem Kreuzzeichen als beabsichtigte Handlung im christlichen Sinn aufgefasst, erfolgt es bei Petrus Candidus aus physischen Gründen, wegen der Schwere des Kopfes:

> An bestimmten Orten, die voll von Schlangen sind, wagt kein Tier zum Trinken heranzutreten, außer wenn das Einhorn anwesend ist. Solange es nämlich trinken will, stützt es seinen schweren Kopf auf die Erde und taucht das Horn dabei ins Wasser. Währenddessen löscht auch die übrige Schar der nachfolgenden Tiere ungefährdet ihren Durst.[23]

Möglicherweise regte dieser Text, den Petrus Candidus an Herzog Ludovico III. Gonzaga 1460 nach Mantua sandte, in Italien einige Werke mit dem Einhorn am Wasser an, darunter eine Zeichnung Leonardo da Vincis, die rund zwanzig Jahre später entstand (Abb. S. 19).[24] Bald darauf findet sich das Motiv auch nördlich der Alpen, etwa in einer Tapisserie aus der Serie *Einhorn-Jagd* (Abb. S. 61) und bei Jean Duvet (siehe Kat. 130.1). In Hintergrundszenen erscheint es 1490–1500 im linken Flügel von Hieronymus Boschs *Garten der Lüste* (Museo Nacional del Prado, Madrid), bei Maerten de Vos' *Einhorn* (siehe Kat. 10) oder einer Tapisserie von Jan Raes II. (siehe Kat. 82).

Auch in der Bronze *Frau und Einhorn an einer Quelle* beugt das Einhorn den Kopf, als wolle es sein Horn in das Bassin hineintauchen, in das das Quellwasser aus dem Felsen strömt. Wie schon bei Luca Longhi hat es die Gestalt eines Pferdes, ein sehr kurzes Horn, keinen Ziegenbart und ungespaltene Hufe. Es bleibt als Einhorn erkennbar, aber sein Äußeres hat nichts Mystisches.

Die Handlung des Einhorns ist offensichtlich, dagegen bleibt die Rolle der jungen Frau auf der anderen Seite des Wasserbeckens undeutlich. Wie die Figur auf Pisanellos Medaille ist sie bei halb entblößtem Oberkörper antikisch gekleidet (siehe Kat. 124). In der linken Hand hält sie eine Schreibtafel, mit der Rechten scheint sie eine Schreibbewegung auszuführen. Während in anderen Darstellungen Frau und Einhorn eine intime Nähe auszeichnet, scheinen sich die beiden Figuren hier nicht zu beachten.

Nicht nur diese Distanziertheit ist ungewöhnlich; auch eine schreibende Frau im Zusammenhang mit dem Einhorn ist sonst nirgendwo belegt. Die Schreibtafel könnte ein Attribut der Musen Kalliope oder Klio, zuständig für Dichtung und Geschichtsschreibung, sein, allerdings kannte die griechische Antike das Einhorn nicht.

Von der Komposition her könnte die Szene eine Gartenskulptur wiedergeben. Das legt auch die Skizze eines unbekannten Künstlers von etwa 1580 nahe, die das gleiche Arrangement festhält und vermutlich auf dasselbe Vorbild zurückgeht (Hessen Kassel Heritage).[25] Hier ist die Frau von einer Nische hinterfangen. In den Bildprogrammen italienischer Renaissancegärten spielten Wasseranlagen wie Springbrunnen, Kanäle oder Bassins eine wichtige Rolle, häufig waren sie mit mythologischen Figuren wie Herkules, Venus oder Tritonen ausgestattet.[26] Auch das Einhorn kam gelegentlich vor. Für den Park der Villa di Castello bei Florenz, dem Landsitz von Cosimo I. de' Medici, entwarf der Gartenarchitekt Niccolò Tribolo nach 1538 eine Grotte mit mehreren Tierskulpturen, unter denen das Einhorn den prominentesten Platz einnimmt.[27]

Ein der Zeichnung und der Bronze *Frau und Einhorn an einer Quelle* entsprechendes Brunnenensemble hat sich in einem italienischen Park bisher nicht finden lassen. Ebenso ungeklärt wie der mögliche Standort bleibt bis auf Weiteres die Erzählung hinter diesem gemeinsamen Auftritt von Frau und Einhorn.

MPH

120

Luca Longhi (1507–1580)
Junge Frau mit Einhorn, 1535–1540
Öl auf Holz, 132 × 98 cm
Inv.-Nr. CSA III/51
Castel Sant'Angelo – Direzione Musei Nazionali della Città di Roma, Rom
nur in Potsdam ausgestellt
Lit.
nicht bei Einhorn 1998
Daniele 2013
Philipp 2021, S. 94; Abb. S. 93
Lens 2023, bei Nr. 245

121

Italienisch
Frau und Einhorn an einer Quelle, um 1500–1550
Bronze, 21,5 × 35 cm
Inv.-Nr. A.114-1956
Victoria and Albert Museum, London, Geschenk von W. L. Hildburgh
Lit.
nicht bei Einhorn 1998

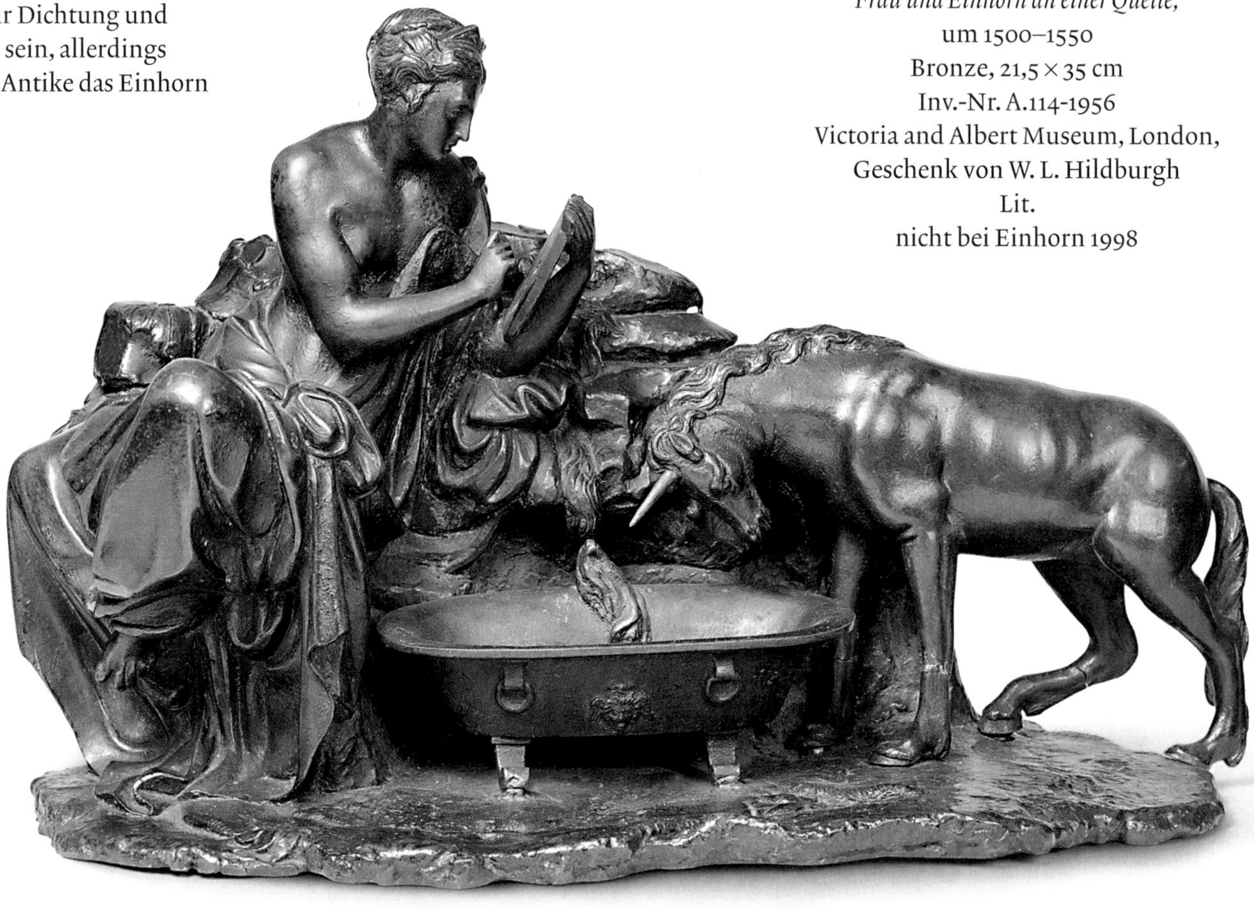

Die Verlobung mit dem Einhorn. Ein Bildteppich aus der St. Gotthardtkirche in Brandenburg

Nicht eindeutig zu entschlüsseln ist die Konstellation im Teppich *Jungfrau mit Einhorn am Brunnen und Jagdgruppen,* die Elemente der christlichen Ikonographie aufnimmt, ohne indes eine liturgische Bedeutung zu haben (Kat. 122). Das ausgeprägte Querformat ist auf eine ursprüngliche Bestimmung als Rück- oder Banklaken zurückzuführen, ein Wandbehang, der über einer Sitzbank befestigt war.

Im Zentrum sitzt eine junge Frau in einer prunkvollen Robe, neben ihr ein weißes Einhorn mit Ziegenbart, das seine Vorderläufe in ihren Schoß gelegt hat und zu ihr aufschaut. Sein senkrecht nach oben stehendes Horn ist mit orange-gelben Streifen versehen, die sich spiralig aufwärts winden. Die gleiche ungewöhnliche Farbgestaltung zeigt das Halstuch der Dame. Zu beiden Seiten stehen ebenfalls höfisch gekleidete Frauen. Sie tragen einen Hennin, die burgundische Kegelhaube, die vom Ende des 14. Jahrhunderts bis zum Ende des 15. Jahrhunderts in Europa verbreitet war. Der Hermelinbesatz ihrer roten Kleider lässt auf eine fürstliche Abkunft schließen.

Von beiden Seiten nähert sich eine Gruppe von jeweils vier Personen, die, von einigen Unterschieden abgesehen, ähnlich aufgebaut ist. Jeweils außen steht ein Mann, der sich bei einer Frau untergehakt hat. Auch diese Damen tragen einen Hennin. Die eine wendet sich zu ihrem Kavalier, die andere riecht an einer Blume. Dann folgt ein Jäger; der auf der rechten Seite trägt einen Spieß und bläst ins Jagdhorn. Vor der Frauengruppe steht jeweils ein Pferd, das ein prächtig gekleideter Herr führt. Der linke hält einen Jagdfalken auf der Hand, bei der rechten Gruppe befindet sich der Falke bei dem außen stehenden Mann. Im Hintergrund erheben sich grüne Hügel und die Silhouetten von Burgen oder einer Stadt. Sie sind schematisch wiedergegeben, ebenso wie die Bäume. Auch die Figuren wirken in ihrer Steifheit und seriellen Reihung stilisiert.

Die zentral positionierte Frau sitzt auf einem Mäuerchen, eine Komposition, die an das Thema der Madonna auf der Rasenbank denken lässt, das Martin Schongauer in seinem Kupferstich aufgreift (siehe Kat. 131). Die Blume *Bellis perennis,* ein rotes Gänseblümchen, die neben ihr blüht, ist ein Mariensymbol. Der Jäger, der ins Horn stößt, und das Einhorn im Schoß erinnern an die Einhorn-Jagd im Hortus conclusus (siehe Kat. 34–36). Der Brunnen könnte auf die Beziehung des Einhorns zum Wasser hindeuten (siehe Kat. 121), er könnte aber auch für den Paradiesbrunnen stehen oder für die *Fons signatus,* den versiegelten Brunnen aus dem Hohelied, ebenfalls ein Symbol der Jungfräulichkeit Mariens. So finden sich verschiedene Motive, die aus der christlichen Ikonographie vertraut sind, indes ohne sich zu einem stimmigen Gesamtbild zu verbinden und eine der bekannten Bedeutungen vorzugeben. Bisher haben sich weder eine bildliche Vorlage noch eine Textquelle als Ausgangspunkt für die Ikonographie des Teppichs ausmachen lassen.[28]

Eine mögliche Deutung könnte die Szenerie als Darstellung einer Entscheidung interpretieren. Die junge Frau in der Mitte, eine Edeldame, muss sich zwischen dem geistlichen Weg und einem weltlichen Leben entscheiden. Für Ersteres steht der Brunnen zu ihrer Rechten, aus dem die eine Begleiterin Wasser in einen Becher sprudeln lässt. Hier wäre an die Worte Jesu aus dem Johannesevangelium (Joh 4,14) zu denken:

> Wer aber von dem Wasser trinken wird, das ich ihm gebe, den wird ewiglich nicht dürsten, sondern das Wasser, das ich ihm geben werde, das wird in ihm ein Brunnen des Wassers werden, das in das ewige Leben quillt.

Der weltliche Weg bedeutet die Ehe, hier symbolisiert durch die angebotene Gabe der zweiten Begleiterin auf der anderen Seite. Sie bietet einen Gürtel oder ein kostbares, mit Gold geschmücktes rotes Tuch an. Die Jagdgruppen zu beiden Seiten verkörpern das höfische Leben, die reich gekleideten Herren mit den Pferden den oder die Bewerber um die Gunst der Dame. Die Dopplung der Jäger könnte der für ein Banklaken üblichen Länge geschuldet sein. Jedenfalls ermöglicht die dadurch erzielte Symmetrie, die Hauptszene ins Zentrum zu rücken und ihr entsprechend Gewicht zu verleihen. Dort ist die Entscheidung bereits gefallen – die junge Frau hat den geistlichen Weg gewählt. Sie sieht sich als *sponsa Christi* (Braut Christi), den hier im Sinn der traditionellen Ikonographie das Einhorn verkörpert. Die Hände am Horn und am Huf signalisieren die Verlobung mit Christus.

So hätte der Teppich eine religiöse, privat motivierte Aussage, ohne eine liturgische Funktion im Kirchenraum zu haben. Würde diese Interpretation zutreffen, könnte der Teppich als Mitgift beim Eintritt in ein Kloster oder Damenstift vorgesehen gewesen sein. Die Nonnen oder Stiftsdamen hätten so in ihrer Lebensumgebung, etwa im Refektorium, eine bildliche Inszenierung der Entscheidung gegenwärtig gehabt, die ihrem Lebensweg zu Grunde lag.

So plausibel dieser Interpretationsvorschlag sein könnte, es bleibt die Frage, ob ein – regionaler – Künstler Ende des 15. oder vielleicht Anfang des 16. Jahrhunderts so frei über Elemente der tradierten christlichen Ikonographie hätte verfügen können, um sie derart zitathaft einzusetzen. Auch ist fraglich, ob er ein solches Thema ohne eine textlich oder bildlich etablierte Vorlage hätte darstellen können. Bekannte Erzählungen, die eine fundamentale Entscheidung thematisieren und im 15. und 16. Jahrhundert in die Malerei Eingang fanden, wie Herakles am Scheideweg oder Der breite und der schmale Weg, konnten sich auf mythologische oder biblische Quellen stützen.[29]

122

Flämisch oder niedersächsisch?
Jungfrau mit Einhorn am Brunnen und Jagdgruppen, Ende 15. Jahrhundert?
Kett- und Schussfaden Wolle, 96 × 557 cm
Evangelische St. Gotthardt- und Christuskirchengemeinde, Brandenburg an der Havel
nur in Potsdam ausgestellt

Lit.
Wernicke 1883, S. 512, Fn. 1
Wernicke 1885, S. 246
Wernicke 1894
Cohn 1896/97, Bd. 2, S. 17
Goecke 1912, S. 27 f.; Tafel 11
Graff 1923, S. 24
Künstle 1926, S. 338
Jagdhuhn 1983
Einhorn 1998, Nr. 303
Vinken u. a. 2000, S. 124
Görig 2014

Herstellungsort und -zeit des Teppichs sind bisher nicht ermittelt. Die zum Färben der Wolle verwendeten Farbstoffe wie Luteolin, Munjistin, Alizarin oder Purpurin sind sämtlich aus organischen Stoffen gewonnen und waren während des Mittelalters gebräuchlich. Keine der eingesetzten Farben enthält Komponenten, die etwa aus Amerika stammen und erst nach 1492 nach Europa gelangten.[30] Insofern ist eine Entstehung noch im 15. Jahrhundert denkbar, wobei auch noch bis ins 19. Jahrhundert die traditionellen Materialien verwendet werden konnten. Aufgrund des Fehlens mittelalterlicher Vergleichsobjekte, der ungewöhnlichen Ikonographie und der rustikalen Gestaltung ist auch eine spätere Fertigung des Teppichs denkbar, wobei es dafür keine konkreten Anhaltspunkte gibt.

Die Kettfäden bestehen, anders als häufig üblich, nicht aus Leinen, sondern aus Wolle, wie es im flämischen Raum gängig war. Die Wirktechnik ist nuanciert und lässt auf eine routinierte Arbeitspraxis schließen. Die Qualität der handwerklichen Ausführung ist professioneller als die wenig differenzierte Art der Darstellung.[31]

Einige Gestaltungselemente erinnern an Tapisserien aus Tournai, flämisch Doornik, wo im 15. Jahrhundert eine ausgeprägte Teppichproduktion bestand. So findet sich etwa das Zaumzeug der Pferde mit den breiten Riemen und den auffälligen Punkten auf Tapisserien mit Jagdszenen, die in Tournai 1460–1470 gefertigt wurden (Rathaus Regensburg; Notre-Dame, Saumur).[32] Deren Darstellungsweise ist allerdings wesentlich feiner und lebhafter. Möglicherweise sind von dort gestalterische Anregungen ausgegangen, die ein weniger subtiler Künstler umsetzte. Der Teppich könnte aber auch in einer kleinen regionalen Werkstatt entstanden sein. Da die Kettfäden waagrecht verlaufen, war für seine Herstellung nur ein Webstuhl von einem Meter Größe erforderlich. Denkbar wäre auch die Fertigung in einer norddeutschen Werkstatt, vielleicht durch einen reisenden Weber aus den Niederlanden.[33]

Auch über den Weg des Teppichs in die St. Gotthardtkirche in Brandenburg an der Havel ist nichts bekannt. Die bisher früheste dokumentierte Erwähnung ist 1883. Zu dieser Zeit diente er als Antependium, angenäht an eine Altardecke. Dieser Einsatz in einer – protestantischen – Kirche ist insofern kurios, als die offensichtlich unverstandene Ikonographie zum einen auf die katholische Marienverehrung zurückgeht, zum anderen keine liturgische Aussage besitzt. Offensichtlich war das Einhorn im Bildgedächtnis als etwas Besonderes gespeichert. Möglicherweise spielte der dekorative Wert die entscheidende Rolle. Wann die Anbringung an den Altar erfolgte, ist nicht dokumentiert.

1898 wollte die Kirchengemeinde den Teppich an das Märkische Provinzialmuseum in Berlin veräußern, allerdings lehnte der Magistrat der Stadt Brandenburg einen Verkauf ab. Er hatte „Bedenken, in die Entfernung eines geschichtlich so werthvollen Stücks, wie das Antependium, aus unserer Stadt und der dortigen Kirche zu willigen".[34] Aufgrund von Schäden in der Sockelzone ergab sich die Notwendigkeit einer Restaurierung. Diese erfolgte 1903/04 durch die Weberin Ida Kutschmann, eine der Töchter des Direktors des Hamburger Museums für Kunst und Gewerbe Justus Brinckmann, und ihren Ehemann, den Maler Max Kutschmann.

Anschließend erhielt der Teppich eine Vitrine, die an der Nordwand der St. Gotthardtkirche installiert wurde. Dort fand er das Interesse der Kirchenbesucher, etwa im Juli 1971 auch von einer Gruppe der Kirchengemeinde aus dem rund dreißig Kilometer entfernten Dorf Göttlin bei Rathenow. Deren Teilnehmer konnten die Erläuterungen des örtlichen Pfarrers zur Ikonographie des Teppichs nicht überzeugen. So schrieb es sein mitgereister Kollege Walter Krause aus Göttlin anschließend an die Arbeitsgemeinschaft für Kirchengeschichte im Archiv des Evangelischen Konsistoriums der Kirchenprovinz Berlin-Brandenburg:

> Der Pfarrer erklärte, diese Textilie sei ultrakatholisch, das Motiv besage, die Hlg. Trinität flüchte sich vor ihren Verfolgern in den Schoß der Maria, begebe sich unter ihren Schutz. Die Gottesmutter sei hier gleichsam in überhöhter, übergöttlicher Potenz zu sehen. Bei allem Respekt vor der katholischen Tendenz, die hlg. Jungfrau zu befördern, hochzuloben – vermochte unsere Gemeinde diese Erklärung doch nur als vorläufige zu akzeptieren: wir können uns eine solche Verirrung nur schwer vorstellen, auch nicht im sog. Ultrakatholizismus. Vielmehr hegen wir die Vermutung, daß noch eine andere Deutung denkbar sein muß. Die vorgetragene erschien uns zu grob und zu wenig hintergründig.[35]

Diese Kritik erinnert an das protestantische Bedenken des 17./18. Jahrhunderts gegen das Retabel mit der Einhorn-Jagd aus Grimmenthal (siehe Kat. 36).

Möglicherweise hatte sich Walter Krause eine tiefgründigere Erklärung gewünscht, hatte er sich doch im Jahr zuvor in einem Privatdruck mit der *Metaphysik der Virginität* auseinandergesetzt.[36] Vielleicht hätte ihn die hier vorgeschlagene Deutung des Teppichs als Darstellung einer individuellen Entscheidung und persönlichen Beziehung einer werdenden Nonne zum Einhorn überzeugt.

MPH

Die Dame mit dem Einhorn

Die Dame mit dem Einhorn ist eine der berühmtesten Tapisseriefolgen des Spätmittelalters und befindet sich seit 1882 im Musée de Cluny (Kat. 123.1–6). Der gängige Titel der Bildteppiche, der aus dem 19. Jahrhundert stammt, stellt das Figurenpaar aus Dame und Einhorn in den Mittelpunkt. Der Löwe, der sich auf allen sechs Teppichen zur Linken, dem Einhorn gegenüber, in Positur wirft, wird stillschweigend ausgespart.

Die in großem Maßstab dargestellten Hauptfiguren sind eine vornehm gekleidete Dame mit edlem Geschmeide und eine *demoiselle,* die ihr auf der Mehrzahl der Bildteppiche zur Seite steht. Diese Hauptfiguren befinden sich auf einer inselartigen Fläche, flankiert von dem Löwen und dem Einhorn, die als Wappenträger fungieren. Sie werden von Bäumen wie Eiche, Stechpalme und Orange eingerahmt und heben sich von einem roten Hintergrund ab. Dieser ist mit blühenden Pflanzen übersät, weshalb die Teppichserie zu den Millefleurs-Arbeiten (siehe Kat. 9) gezählt wird. Außerdem finden sich dort zahlreiche Tiere in kleinem Maßstab, darunter Füchse, Schafe, Hunde, Affen und immer wieder Kaninchen.

Die Umgebung ist nicht als abgelegener Wald oder Wildnis charakterisiert, wo der Überlieferung nach das Einhorn leben soll. Der Hintergrund ist weder eine als real geschilderte Landschaft wie beim Dario di Giovanni zugeschriebenen Gemälde (Kat. 113) noch der symbolisch aufgeladene Hortus conclusus der Einhorn-Darstellungen aus Thüringen (siehe Kat. 34, 36). Vielmehr hat die Szenerie die Anmutung eines parkähnlichen Gartens. Sie strahlt eine friedfertige und festliche Stimmung aus. Während das Einhorn zur Entstehungszeit der Tappisserien etwa in Deutschland eine christliche Bedeutung hatte, handelt es sich bei dieser Folge um eine profane Inszenierung.

Fünf Tapisserien werden heute mit jeweils einem der fünf Sinne benannt. Der sechste Bildteppich trägt die Bezeichnung *Mon seul désir* (Mein einziges Verlangen) nach der Inschrift auf dem Schriftband des Rundzeltes. Früher wurde er oft „À mon seul désir" genannt. Aber der von der Abspannung des Zeltes teils verdeckte Buchstabe A – der erste Buchstabe der Inschrift – ist ebenso als Initiale zu verstehen wie der letzte Buchstabe der Inschrift, das I, das sich spiegelbildlich an der anderen Seite des Zeltdaches befindet und ebenfalls zum Teil vom Abspannseil verdeckt wird.

Auf allen Bildteppichen der Serie spielen Wappen eine nicht zu übersehende Rolle. Heraldisch gesprochen handelt es sich um Wappen in Rot (*gueules*) mit einem blauen Schrägbalken (*bande d'azur*), der mit drei liegenden silbernen Mondsicheln (*blancs*) belegt ist. Dieses Wappen gehörte der französischen Familie Le Viste, die aus der Bresse stammte.[37] Ableger der Familie, die teils dem Adel angehörten und Lehnsgüter besaßen und teils bis in die zweite Hälfte des 15. Jahrhunderts Handwerker blieben, lebten in der Folge in Lyon, im Burgund, im Bourbonnais und in Paris. Welches Mitglied der Familie Le Viste die Tapisserien in Auftrag gab, lässt sich nicht ermitteln. Am ehesten in Frage kommen Jean IV., Lehnsherr von Arcy-sur-Loire und bis zu seinem Tod im Jahr 1500 Präsident des Cour des aides, des Finanzgerichtshofs, und Antoine II. Le Viste, der von 1523 bis zu seinem Tod 1534 einer der Kammerpräsidenten des Parlement de Paris war, eines Gerichtshofs des Ancien Régime.[38] Die Teppiche wurden im 19. Jahrhundert im Schloss Boussac in Zentralfrankreich wiederentdeckt und 1882 vom Musée de Cluny angekauft.[39]

Getragen werden die Wappen von einem Löwen und einem Einhorn. Löwendarstellungen kommen im Mittelalter häufig vor – in Bestiarien und als Teil von Kirchenschmuck, oft als Ornament von Kapitellen. Als Sinnbild der Stärke, des Königlichen und der Auferstehungshoffnung ist der Löwe oft zu Füßen liegender Grabfiguren aus gotischer Zeit zu finden. Häufig wurde der Löwe als heraldische Schildfigur verwendet;[40] zudem tritt er im 13. und 14. Jahrhundert als Wappenträger in Erscheinung, etwa bei den Mitgliedern des Hauses Navarra und bei Leon VI. von Lusignan.[41]

Das Einhorn spielt in der französischen Heraldik nur selten eine Rolle, kommt aber auf Wappenschilden vor und ist dort mal mit dem ganzen Körper und dann im Allgemeinen aufgerichtet und mal lediglich als Brust- oder Kopfbild dargestellt.[42] Häufig tritt es als Helmzier in Erscheinung, gelegentlich als Wappenhalter (siehe Kat. 133–138). Im deutschsprachigen Raum ist es häufiger anzutreffen; im Wappenbuch des Conrad Grünenberg aus den 1480er Jahren finden sich rund zwanzig Einhorn-Darstellungen.[43] Die Kombination von Löwe und Einhorn als Wappenträger gehört zum britischen Königshaus, seit Jakob VI. von Schottland 1603 den englischen Thron bestieg und als Jakob I. von England regierte. Auch in französischen Wappenbüchern aus dem 14. und der Mitte des 15. Jahrhunderts ist das Einhorn nachweisbar.[44] Dass ein Mitglied der Familie Le Viste das Einhorn als eines der Tiere für die Tapisserien wählte, war also kein Novum.

In dem Tapisseriezyklus *Die Dame mit dem Einhorn* weckt die Bildaufteilung Assoziationen an eine Art Wappenparade, bei der Löwe und Einhorn die Rolle der Wappenträger und die von ihnen eingerahmten Frauengestalten in gewisser Weise stützen. Insgesamt enthalten die sechs Bildteppiche 17 Mal das Wappen. Auf dem Teppich, der dem *Tasten* gewidmet ist, tragen der Löwe und das Einhorn jeweils einen Wappenschild, während nur die Dame das Wappenbanner hält. Beim *Schmecken* tragen die beiden heraldischen Tiere im Wind flatternde Wappenumhänge. Diese eigentümliche Darstellung „ummantelter" Wappentiere findet sich bereits im 14. Jahrhundert auf dem Wappenteppich der Familien Beaufort und Comminges (Abb. S. 55).[45] Der Löwe hält auch beim *Schmecken* den Stab mit der Oriflamme, der Fahne des französischen Königs, in seinen Pranken, während über dem Einhorn das Banner weht. Beim *Riechen* tragen beide Tiere einen umgeschnallten Wappenschild; der Löwe hält zudem einen Stab mit der gezackten Oriflamme in den Pranken, während das Einhorn eine Fahne mit dem Familienwappen der Le Viste hält. Auf dem Bildteppich, der dem *Sehen* gewidmet ist, hält nur der Löwe die Fahne mit dem Familienwappen der Le Viste, während auf den Teppichen *Hören* und *Mon seul désir* die Oriflamme und das Banner kompositorisch eine beherrschende Stellung einnehmen und an der Spitze des Zeltdaches auf letzterem ein kleiner Wimpel befestigt ist.

Auffälligstes Merkmal der Tapisserien ist der intensiv rote Hintergrund. In der Antike und bis ins Mittelalter wurden für Wandverzierungen am häufigsten rote Pigmente verwendet, etwa beim Pompejanischen Rot und den Bemalungen gotischer Holzdecken.[46] Sie waren kostengünstig und relativ lichtbeständig. In der französischen Buchmalerei des 13. Jahrhunderts[47] und in der Malerei des 14. Jahrhunderts wechseln sich als Hintergrundfarben häufig Rot und Blau, mitunter auch Rot und Grün ab.[48] Pariser Buchmalereien aus dem Umkreis des Boucicaut-Meisters verwendeten in den ersten Jahren des 15. Jahrhunderts häufig rote Hintergründe, manchmal verziert mit Rankenwerk, goldenen Palmetten oder emblematischen Motiven.[49]

Der rote Hintergrund begegnet auch in der flämischen Buchmalerei[50] oder in der Tafelmalerei der Picardie,[51] in west- und zentralfranzösischen Wandmalereien aus dem gleichen Zeitraum[52] und später, zu Beginn des 16. Jahrhunderts, in Kirchenfenstern.[53] Dass Rot als Hintergrundfarbe auch bei Teppichwirkern beliebt war, belegen der *Apokalypse*-Zyklus im Schloss Angers[54] vom Ende des 14. Jahrhunderts oder der Baldachin Karls VII. von etwa 1440–1450 (Musée du Louvre, Paris).[55] Auch in der Lombardei hat sich eine Reihe von Fresken mit rotem Hintergrund erhalten, auf denen Jagdszenen oder Szenen aus dem Leben des Adels dargestellt sind und die in die Nähe der *Dame mit dem Einhorn* gerückt werden,[56] ohne dass sich ein unmittelbarer Zusammenhang nachweisen lässt.

Die Gestaltung der Damen und zumal der Löwen und Einhörner wird dem Maler Jean d'Ypres zugeschrieben, der ab den späten 1480er Jahren in Paris tätig war und 1508 verstarb.[57] Er schuf Entwürfe für Glasfenster, Tapisserien und Stiche und betätigte sich als Buchmaler.[58] Zum Kreis seiner Auftraggeber gehörte Königin Anne de Bretagne; dies erklärt seinen Notnamen Meister des Kleinen Stundenbuchs der Anne de Bretagne.[59] Charakteristisch für viele seiner Werke sind feierliche Kompositionen, Figuren mit in der Bewegung erstarrter Gestik und – dies war in der Zeit um 1500 verbreitet – eine Vorliebe für wirklichkeitsgetreue Details und die feine Ausarbeitung dekorativer Bildelemente, die sich an Haartracht, Kopfbedeckungen und Geschmeide der Dame offenbart. Von Jean d'Ypres stammen auch die Entwürfe für die zweite großformatige Tapisserieserie mit

Einhorn-Motiven – die *Einhorn-Jagd* in den New Yorker Cloisters (Abb. S. 13, 57, 61).[60]

Morphologisch orientieren sich die von Jean d'Ypres gestalteten Einhörner der *Dame mit dem Einhorn* mal an der Ziege – dies zeigt sich an den Ziegenbärten der im Profil gezeigten Einhörner und bei dem klein dargestellten Einhorn des *Tastens* – und mal eher am Pferd. Letzteres ist beim Einhorn des *Schmeckens* oder bei dem Einhorn im Bild *Hören* zu erkennen, das die Betrachter frontal anblickt. Eine ähnliche Gestaltung des Einhorns findet sich in der etwa zur selben Zeit entstandenen Tapisserie *Der Körper des heiligen Stephanus ist den Tieren ausgesetzt* (siehe Kat. 24).

Auf den meisten Bildteppichen der Serie spielt das Einhorn eine heraldische Rolle, aber im *Tasten* und im *Sehen* findet eine Interaktion zwischen ihm und der Dame statt. Der Löwe dagegen bleibt Statist. Die Geste, mit der die Dame das Horn des Einhorns berührt, erscheint bereits in früheren Werken, so auf Pariser Minnekästchen des frühen 14. Jahrhunderts (siehe Kat. 110) oder in Tapisserien aus dem Oberrheingebiet (Abb. S. 50). Diese Geste ist ein anschaulicher Ausdruck für den hohen Wert, den die vermeintlichen Einhorn-Hörner im Mittelalter wegen der ihnen zugesprochenen Heilkräfte hatten.
Die Eigenschaft, die hier beschworen wird, ist die Reinheit – allerdings könnte die Berührung des Horns durch die Dame auch eine sexuelle Anspielung sein. Ikonographisch entspricht das Paar aus junger Frau und Einhorn auf dem Teppich *Sehen* der traditionellen Darstellungsweise dieser Figurenkombination im Rahmen der Einhorn-Jagd, wie sie seit dem 13. Jahrhundert in Bestiarien dargestellt wurde.

Als weiteres Motiv tritt hier der Spiegel hinzu, den die junge Frau dem Einhorn vorhält: In mehreren Einhorn-Jagden aus dem 14. Jahrhundert ist der Spiegel rund wie hier; ebenso auf Minnekästchen, in Buchmalereien und auf einem Emaillemedaillon (Bayerisches Nationalmuseum, München).[61] In diesen Werken des 14. Jahrhunderts ist der Spiegel zur Frau hingewendet, ihr Gesicht manchmal darin zu sehen, während auf dem Wandteppich *Sehen* der Spiegel den Brustansatz des Einhorns zeigt. Liegt hier eine Vermischung mit der in englischen Bestiarien überlieferten mittelalterlichen Legende vom Tiger vor, der von seinem Spiegelbild fasziniert ist?[62] Oder ist der Spiegel hier eingesetzt, um das Einhorn zu bannen, womit er auf die in der höfischen Minnelyrik geschilderte Unterwerfung des nicht erhöhten Verehrers verwiese, der sich in der Rolle des Einhorns sah.[63]

Über Ursprung und Bedeutung des Tapisseriezyklus wurde intensiv diskutiert, seit er 1814 zum ersten Mal im Zusammenhang mit dem Schloss Boussac erwähnt wurde. Damals wurden die Bildteppiche als osmanische Tapisserien eingestuft.[64] Dass sie im Département Creuse wiederauftauchten, erklärten die Kommentatoren der 1840er und 1850er Jahre – George Sand, Cyprien Pérathon oder Henri Aucapitaine[65] – damit, dass sich dort von 1484 bis 1488 unter dem Schutz Pierre d' Aubussons, Großmeister des Johanniterordens, der osmanische Prinz Cem aufhielt, dessen Name in mittelfranzösischer Transkription Zizim lautete. Die Mondsicheln auf den Wappen, die wechselnde und stets aufs Neue originelle Haartracht der Dame und der *demoiselle* sowie die exotischen Tiere werteten die Kommentatoren als Indizien dafür, dass hier eine Liebschaft jenes Zizim dargestellt werde, genauer eine osmanische Prinzessin oder die Tochter eines hochrangigen französischen Adeligen. Aucapitaine interessierte sich für Zoologie und hatte den Bericht Ludovico de Varthemas gelesen, der Anfang des 16. Jahrhunderts durch den Mittleren Osten gereist war (siehe Kat. 40). Er behauptete 1853, dass „darin immer wieder das äthiopische Einhorn dargestellt wird".

Der Entstehungsort der Bildteppiche war ein Rätsel: Wurden sie „im Orient" oder in Aubusson gewebt? Entstanden sie auf Betreiben Cems oder im Auftrag Pierre d'Aubussons? Als der Teppichzyklus Teil der Sammlung des Musée de Cluny wurde, vermutete der Konservator Edmond Du Sommerard, er könnte in Flandern, in Frankreich und vielleicht sogar in Aubusson gewebt worden sein. Er beschränkte sich darauf, jedes einzelne der sechs Bildwerke detailliert zu beschreiben, und enthielt sich jeder weitergehenden Interpretation.[66] 1924 brachte Albert Frank Kendrick den Gedanken ins Spiel, dass fünf der sechs Tapisserien die fünf Sinne darstellen, und argumentierte mit der mittelalterlichen Vorliebe für allegorische oder thematische Serien etwa zu den Tugenden, den Lastern, den Todsünden oder den Disziplinen der Wissenschaft. Die Sinne waren zur Entstehungszeit der Teppiche ein Thema, mit dem sich die pädagogische und moralische Literatur auseinandersetzte.[67] Die um 1430 gestorbene Schriftstellerin Christine de Pizan beschrieb die Seele als Burg mit fünf Toren, die den fünf naturgegebenen Sinnen entsprechen. Die Bedeutung des sechsten Bildteppichs ist nach wie vor umstritten. Der Zyklus wurde mit der sechsteiligen Tapisserie *Los sentidos* (Die Sinne) in Verbindung gebracht, der von Kardinal Erhard von der Mark, Fürstbischof von Lüttich von 1505 bis 1538, in Auftrag gegeben wurde und aus textlichen Quellen bekannt ist. Dieses heute verschollene Werk bestand aus Darstellungen der fünf Sinne und einem sechsten Bild, das dem *liberum arbitrium,* der Willensfreiheit, gewidmet war.[68]

Das zum Abschluss des Zyklus *Die Dame mit dem Einhorn* bestimmte *Mon seul désir* könnte verbildlichen, dass hier den auf den fünf anderen Tapisserien dargestellten Sinnen entsagt wird.[69] Denkbar ist auch, dass der Teppich einen sechsten Sinn wie etwa die Intelligenz oder das Herz darstellt, der die fünf körperlichen Sinne lenkt. Es wäre möglich, dass sich diese moralische Deutung für mittelalterliche Betrachterinnen und Betrachter mit einer höfischen Lesart vertrug, die durch die Frauengestalt, die blühende Pflanzenwelt, die mit der Falkenjagd angedeutete Liebesjagd und zumal durch das Einhorn nahegelegt wird, das in der bildlichen Vorstellungswelt des Mittelalters mit Frauen verbunden war. Die inhaltliche Mehrdeutigkeit und die ästhetische Qualität der Tapisserien regte Künstlerinnen und Künstler wie Gustave Moreau (siehe Kat. 149) oder Armand Point (siehe Kat. 150, 151) ebenso zur künstlerischen Auseinandersetzung an wie Dichter und Schriftsteller, von Rainer Maria Rilke (siehe S. 364) bis Cees Nooteboom (siehe S. 366).

BCB

Aus dem Französischen übersetzt von Andreas Bredenfeld

123.1–6

Südniederländisch, nach einem Entwurf aus Paris (Jean d'Ypres [gest. 1508]?)
La Dame à la licorne
(Die Dame mit dem Einhorn), um 1500
Folge von sechs Webteppichen
Wolle und Seide
Musée de Cluny – musée national du Moyen Âge, Paris
nur in Paris ausgestellt

Lit.
Kendrick 1924
Freeman 1976, S. 62–65
Beer 1977, Abb. 91–96
Erlande-Brandenburg 1979
Erlande-Brandenburg 1993
Einhorn 1998, S. 248 u. ö.; Nr. 209
New York 1998, S. 93–100
Gotfredsen 1999, S. 90–104
Paris 2002a
Gerritsen 2011, S. 125–134
Taburet-Delahaye/de Chancel-Bardelot 2018, S. 23–50 u. ö.

2

cken
56–466 cm
10831

123.3

Riechen
364–368 × 315–320 cm
Inv.-Nr. 10832

123.1

Tasten
368–373 × 349–358 cm
Inv.-Nr. 10835

1

Sch
374–377 ×
Inv.-

MON SE

DESIR

123.6

Mon seul désir (Mein einziges Verlangen)
376–377 × 461–466 cm
Inv.-Nr. 10834

123.4

Hören
362–366 × 284–287 cm
Inv.-Nr. 10833

123.5

Sehen
309–312 × 325–330 cm
Inv.-Nr. 10836

Viele Eigenschaften, viele Bedeutungen. Das Einhorn als Symbol

Neben den großen Themenfeldern, in denen das Einhorn über Jahrhunderte eine Rolle spielte – Christentum, Naturkunde, Medizin, Kunstkammer –, fand es seit dem späten Mittelalter in den unterschiedlichsten Zusammenhängen ikonographischen Einsatz. Das Einhorn war im Bildgedächtnis fest verankert und wurde zum frei verfügbaren Kulturgut. Es ließ sich nahezu beliebig aufladen.

Als Allegorie der Keuschheit war es aus der Mariensymbolik abgeleitet, daneben konnte es sowohl als Zeichen der Tugend allgemein wie auch für das Laster des Hochmuts stehen. Im politischen Bereich erschien es als herrschaftliches Signum, und in der Heraldik diente es der persönlichen Identifikation und Inanspruchnahme. Lehrhafte Embleme betonten einzelne Eigenschaften wie Klugheit, Kostbarkeit und Schnelligkeit – an die sogar noch Handelsmarken im 20. Jahrhundert anknüpften.

Jede dieser Verwendungen konnte auf die ästhetische Besonderheit des Einhorns bauen, sein ansprechendes Äußeres garantierte Aufmerksamkeit. Das hervorstehende Horn wirkt wie ein Ausrufezeichen.

Siegreiche Keuschheit. Triumph mit Einhorn

Aus dem im *Physiologus* geschilderten Fang des Einhorns durch eine Jungfrau entwickelte sich nicht nur das auf die Gottesmutter Maria bezogene Bildprogramm der Einhorn-Jagd im Hortus conclusus (siehe Kat. 34–36), sondern auch das Thema der Frau mit Einhorn, in dem christliche, weltliche oder portraithafte Absichten zum Ausdruck kommen konnten (siehe Kat. 109–123). In allen Ausprägungen war der Aspekt der Enthaltsamkeit – als Ideal wie als Forderung – stets mitgedacht. Das Einhorn war mit dem Gedanken der *castitas,* der Keuschheit, aufs Engste verbunden.
In Italien wurde es im 15. Jahrhundert zu ihrem Sinnbild.

Die *Allegorie der Keuschheit. Medaille der Cecilia Gonzaga* von Antonio Pisanello aus dem Jahr 1447 ist eines der frühesten dieser Werke, die – ohne eine Erzählung – allein auf die Sinnbildhaftigkeit zielen (Kat. 124). Pisanello, um 1395 in Pisa oder Verona geboren, war Maler und Medailleur und für mehrere italienische Höfe, etwa in Mantua, Ferrara und Mailand, tätig. Inspiriert von Münzen der römischen Antike, die auf der Vorderseite ein Herrscherbildnis und auf der Rückseite eine Allegorie zeigen, führte er die zweiseitige Portraitmedaille in der italienischen Renaissance ein.

In einer gebirgigen Landschaft sitzt eine junge Frau mit halb entblößtem Oberkörper und einem antikischen Gewand auf einem Felsen. Sie hat den Kopf leicht und wie nachdenkend gesenkt, ihre linke Hand ruht auf dem Horn des Einhorns. Dieses scheint sie nicht weiter zu beachten. Es liegt ruhig neben ihr auf dem steinigen Boden. Sein Horn ist geriefelt, das Fell ungewöhnlich zottelig, die Gestalt ziegenartig. Dieses Einhorn unterscheidet sich von den in den Bestiarien des 12./13. Jahrhunderts gemalten Erscheinungsformen (siehe Abb. S. 14, 22; Kat. 28, 29), die ohnehin in England und Frankreich, nicht in Italien gefertigt wurden. So ist fraglich, ob Pisanello ein künstlerisches Vorbild für sein Einhorn hatte. Vielmehr dürfte er den Hinweis auf die Ziegengestalt des Tieres aus dem *Physiologus* entnommen und einen Ziegenbock nach der Natur dargestellt haben. Einen Narwalzahn, der als Horn des Einhorns galt, konnte er auf jeden Fall in San Marco in Venedig, möglicherweise auch an anderen Orten Italiens, gesehen haben.

Ungewöhnlich ist nicht nur die Erscheinungsform des Einhorns, sondern auch die Mondsichel über der Landschaft. Sie dürfte ein Hinweis auf Diana sein, die antike Göttin der Jagd, die Jungfrau blieb und von ihrem Gefolge Jungfräulichkeit verlangte. In der griechischen wie römischen Antike kam das Einhorn nur in naturkundlichen Schriften vor, etwa bei Ktesias, Plinius dem Älteren, Aelianus und Solinus (siehe S. 345 f.), nicht als bildliche Darstellung. Pisanellos Verweis auf die Mythologie entspricht der Auffassung der Renaissance, Christentum und Antike zu verbinden. Ein zeittypischer Ausdruck ist auch die markante Inschrift, die rechts auf der Stele angebracht ist. Sie kündet vom Selbstbewusstsein des Künstlers: OPVS • PISANI • PICTORIS • M•CCCC•XLVII (Werk des Malers Pisanello, 1447).

Die Szene mit dem Einhorn befindet sich auf der Rückseite einer Medaille für Cecilia Gonzaga, die Tochter von Gianfresco, erstem Marquis von Mantua, wie die Beschriftung auf der Vorderseite informiert, die das im Profil gegebene Portrait umschließt. Dabei wird die Dargestellte ausdrücklich als *virgo* (Jungfrau) bezeichnet. Dies wollte die bereits als junges Mädchen Gebildete bleiben. Sie verweigerte sich dem väterlichen Wunsch nach einer Heirat.
Ein Jahr nach dem Tod des Vaters trat die 19-Jährige 1445 als Nonne in das Klarissenkloster Santa Paola in Mantua ein. Das für die Keuschheit stehende Einhorn war für sie das angemessene Sinnbild.

Ungefähr zur selben Zeit, als Pisanellos Medaille entstand, gewann in Italien ein Motiv an Popularität, in dem nicht nur ein einzelnes Einhorn, sondern zwei auftreten.[1] In Illustrationen zu Francesco Petrarcas *Trionfi* (Triumphe) ziehen sie den Wagen der Castitas, der allegorischen Frauenfigur der Keuschheit. Jeweils über ein Dutzend illuminierte Manuskripte und Gemälde aus dem 15./16. Jahrhundert zu den *Trionfi* sind erhalten. Letztere gehörten zumeist zu einem Cassone, einer bemalten Hochzeitstruhe für die Aussteuer reicher Bürgertöchter, wie sie in Italien im 15. Jahrhundert üblich war. Dies trifft auch auf die Tafeln *Triumph von Liebe, Keuschheit und Tod* und *Triumph von Ruhm, Zeit und Ewigkeit* zu (Kat. 125.1–2). Sie sind Girolamo da Cremona zugeschrieben, der überwiegend als Buchmaler arbeitete und von Andrea Mantegna beeinflusst war. Bis in die 1970er Jahre galten die Tafeln als Werk der Schule Mantegnas.

In seiner allegorischen Dichtung, um 1352 begonnen und bis zu seinem Tod 1374 nicht abgeschlossen, schilderte Petrarca das Ideal moralischer Läuterung in sechs allegorischen Figuren, die einander folgen und jeweils über ihre Vorstufe siegen: Liebe unterliegt Keuschheit, diese dem Tod, den dann Ruhm überwindet, bis diesen die Zeit vernichtet und am Ende Ewigkeit bleibt.
Die *Trionfi* wurden erstmals 1470 gedruckt, waren aber bereits zuvor in Italien verbreitet. Petrarca lässt nur die allegorische

124

Antonio di Puccio Pisano, gen. Pisanello
(um 1395 – um 1455)
Allegorie der Keuschheit. Medaille der Cecilia Gonzaga, 1447
Bronze, Durchmesser 8,4 cm
Inv.-Nr. OA 7409
Musée du Louvre, Paris, département des Objets d'art du Moyen Âge, de la Renaissance et des temps modernes
Lit.
Shepard 1930, Tafel 20
Van Marle 1931, Bd. 2, S. 456; Abb. 477
Schönberger 1935/36, S. 187
Wehrhahn-Stauch 1958, Sp. 1528
Gutmann 1965, Abb. S. 13
Freeman 1976, S. 34; Abb. S. 35
Beer 1977, Abb. 49
New York 1994, Nr. 7
Einhorn 1998, S. 37, 253; Nr. 174 A
Gotfredsen 1999, S. 129
Jones 2005
Gerritsen 2011, S. 109 f.
Bonazzi/Bonazzi 2023, Nr. 20

Figur der Liebe auf einem von vier Pferden gezogenen Wagen erscheinen. Dagegen treten in bildlichen Darstellungen der *Trionfi* alle Allegorien auf einem Triumphwagen auf – eine Reminiszenz an die Triumphzüge aus der Zeit des Römischen Reichs und eine Pathosformel, die dem Lebensgefühl der Renaissance entsprach.

In einer einheitlichen Landschaft bewegen sich die sechs Triumphwagen, jeweils durch eine verzierte Säule voneinander getrennt. Im *Triumph von Liebe, Keuschheit und Tod* ziehen Schimmel, weiße Einhörner und schwarze Büffel die Wagen, beim *Triumph von Ruhm, Zeit und Ewigkeit* sind es schwarze Elefanten, Hirsche und Engel. Die beiden Einhörner, die vor den Wagen der Castitas gespannt sind, haben die Gestalt von Pferden mit sorgfältig ondulierten Mähnen, aber Kinnbart und gespaltene Hufe der Ziege. Das lange gerade Stirnhorn folgt dem Äußeren des Narwalzahns.

Auf dem Wagen steht aufrecht mit flatterndem Haar und Gürtelband die Figur der Castitas. Sie hält eine Siegespalme in der Hand, die sie Amor entwunden hat.[2] Der kleine Liebesgott kniet gefesselt zu ihren Füßen. Den Wagen begleiten Verkörperungen der Tugenden Scham und Sitte, Vernunft und Demut, Beharrlichkeit und Ehre. Unter den vielen Gefährtinnen, die Petrarca namentlich nennt, sind Lucretia und Penelope abgebildet, die Pfeil und Bogen Amors, seine Liebeswaffen, an sich genommen haben. Das Einhorn, genauer die Einhörner, treten hier in ungewohnter Rolle auf. Sie sind dienstbare Zugtiere, integriert in eine größere Prozession und identifizierbares Symbol der Keuschheit.

125

Girolamo da Cremona (tätig 1451–1483), zugeschr.

125.1
Triumph von Liebe, Keuschheit und Tod
Öl auf Holz, max. 52,4 × 162,6 cm

125.2
Triumph von Ruhm, Zeit und Ewigkeit
Öl auf Holz, max. 52,1 × 160,4 cm

Tafeln einer Hochzeitstruhe, um 1460–1470
Inv.-Nr. 1961.169.1–2
Denver Art Museum,
Schenkung Samuel H. Kress Foundation 1961
Lit.
Schubring 1923, Nr. 586–591; Tafel 132
Furlan 1973, Abb. 96
Einhorn 1998, Nr. 220 I
Ortner 1998, Nr. 8
Denver 2011, S. 58–66

126

Italienisch (in der Art von Bartolomeo Montagna [um 1450–1523])

126.1
Triumph der Keuschheit,
15. Jahrhundert

126.2
Minerva (oder Atalante) auf dem Thron,
15. Jahrhundert

Tondi einer Hochzeitstruhe
Öl auf Holz, Durchmesser 28 cm
Inv.-Nr. 230, 231
Landesmuseum Mainz
nur in Potsdam ausgestellt
Lit.
Schubring 1923, Nr. 637/638, Tafel 135
Freeman 1976, S. 57
Einhorn 1998, Nr. 220 K

127

Südniederländisch
Triumph der Keuschheit, um 1520
Glas, Bemalung in Grisaille und Silbergelb,
Durchmesser 23,6 cm
Inv.-Nr. 8672
Frits Lugt Collection, Fondation Custodia,
Paris
Lit.
nicht bei Einhorn 1998
New York 1995, S. 163; Abb. S. 162

Auch die beiden Tondi *Triumph der Keuschheit* und *Minerva (oder Atalante) auf dem Thron* gehörten zu einer Hochzeitstruhe (Kat. 126.1–2). Sie sind in der Art des um 1450 bei Brescia geborenen Künstlers Bartolomeo Montagna gemalt. Ursprünglich zierten sie die Frontseite eines Cassone und waren vermutlich zu Seiten eines zentralen Familienwappens angebracht, wie ein um 1490 entstandener Cassone mit solchen Tondi Montagnas zeigt (Museo Poldi Pezzoli, Mailand). Beide geben Einzelszenen in einer urbanen Umgebung wieder, die – wie häufig bei Brauttruhen – Ideale weiblicher Keuschheit illustrieren. Im *Triumph der Keuschheit* ist es ebenfalls Castitas, die auf dem Wagen sitzt und den Palmzweig hält. Hier wird sie zusätzlich mit einem Lorbeerkranz ausgezeichnet. Amor ist, gefesselt und mit verbundenen Augen, vorn auf dem Wagen positioniert. Hinter ihm stehen Lucretia und Penelope mit seinem Bogen. Rechts im Vordergrund geht gebeugt und mit auf dem Rücken gefesselten Händen eine Frau, möglicherweise hat sie sich nicht an die Tugendvorgaben gehalten. Die beiden weißen Einhörner, ohne Ziegenbart, streben im Sprung einem Torbogen zu. Das rechte scheint sich nach den Betrachtern umzusehen.

Während für diesen Triumphzug das Einhorn eingeführt ist, bleibt unklar, welche Bedeutung es in der zweiten Szene hat. Dort erhält die Frau auf dem Thron Waffen ausgehändigt – zu ihrer Rechten sind es Speer und Schild mit dem Kopf der Medusa, links Pfeil und Bogen. Ersteres könnte auf Minerva deuten, die an ihrem Schild das Haupt der Medusa befestigte, letzteres auf die Königstochter und Jägerin Atalante, die für ihr Geschick im Umgang mit dem Bogen bekannt war. Beide stehen für Jungfräulichkeit. Welche Rolle hier das ziegenartige, langhaarige Einhorn spielt, ist nicht erkennbar. Die Frau, die mit geübter Hand sein Horn umgreift und nicht wie die anderen schamhaft ihren Blick senkt, könnte als Gegenbild zur Keuschheit gedacht sein.

Eine vereinfachte und abgewandelte Ausprägung stellt eine Glasmalerei mit dem *Triumph der Keuschheit* vor, die um 1520 in den südlichen Niederlanden entstand (Kat. 127). Vermutlich war sie Teil einer Serie nach Petrarcas Dichtung, jedenfalls sind an verschiedenen Orten ähnliche Glastondi mit Triumphen erhalten.[3] Vom Motiv der Castitas sind allein in Großbritannien vier Ausführungen überliefert, was auf die Beliebtheit dieser Allegorien schließen lässt.[4]

Eine junge Frau reitet in seitlichem Sitz auf einem Einhorn, das über die wehrlose Figur der Liebe am Boden hinwegschreitet. Dort finden sich auch Bogen und Köcher Amors, der, gefesselt und mit verbundenen Augen, der Übermacht zu entkommen sucht, aber gleich von den Hufen zermalmt wird. Das Einhorn ist als grimmiges Pferd gezeigt, sein Kinnbart nur angedeutet, das gerade Horn nicht spiralig strukturiert, sondern mit Querstreifen gemustert.

Die reitende Castitas hatte sich mit einem Schild vor Amors Pfeilen geschützt. Sie führt eine Säule mit sich, Attribut der *fortitudo,* der Stärke und Tapferkeit. Ob die Haube, unter der eine Strähne blondes Haar hervorlugt, auf einen verheirateten Status schließen lässt, bleibt unklar. Jedenfalls war ihr Bemühen um Standhaftigkeit erfolgreich, wie aus der Krone auf dem Haupt zu schließen ist. Rechts im Hintergrund stellt die Skulptur der betenden Jungfrau Maria in einer Loggia dezent den Bezug zum Christentum her. Links dahinter erhebt sich ein Bauwerk, wie es in den Niederlanden des 16. Jahrhunderts gestanden haben könnte.

Die Bedeutung des Einhorns ist hier nicht lediglich illustrativ oder symbolisch, sondern es erfüllt eine entscheidende Funktion bei der Vernichtung der Figuren von Liebe und Amor. Anders als bei den Wilden Leuten (siehe Kat. 68–71) und bei Albrecht Dürers Entführer (siehe Kat. 91), die ebenfalls auf einem Einhorn reiten, steht es hier auf der Seite von Sitte und Anstand.

MPH

Auf beiden Seiten. Das Einhorn kann Laster oder Tugend meinen

Bereits die griechische Antike kannte Tugenden als Maßstab sittlichen Handelns. Im 4. Jahrhundert führte der frühchristliche Dichter Prudentius in seinem allegorischen Epos *Psychomachia* (Seelenkampf) die Auseinandersetzung zwischen den Tugenden und Lastern ein – eine Gegenüberstellung, die in den Moralvorstellungen von Mittelalter und Renaissance fortbestand. In allegorischen Illustrationen dieser Konfrontation trat wiederholt das Einhorn auf – und konnte sowohl auf Seiten der Tugend wie des Lasters stehen.

In einer 1295 entstandenen Handschrift des moralisch-theologischen Lehrbuchs *La Somme le roi* (Die Lehre für den König) ist das Einhorn auf der Bildseite *Hochmut und Demut, Sünder und Heuchler* dem Hochmut zugeordnet (Kat. 128).[5] Den Text hatte Laurent d'Orléans, Dominikaner und Beichtvater des französischen Königs Philipp III., 1279 im königlichen Auftrag zusammengestellt. *La Somme le roi,* bekannt auch als *Livre des vices et des vertus* (Buch der Laster und Tugenden), war vermutlich für den Thronfolger bestimmt. In dem aus mehreren Quellen kompilierten Werk stehen die Tugenden in Kontrast zu den Todsünden. Der Text ist in über achtzig französischen Codices überliefert, daneben entstanden Übersetzungen ins Mittelenglische, Kastilische, Katalanische, Italienische und Niederländische.[6]

Die Handschrift mit der Miniatur *Hochmut und Demut, Sünder und Heuchler* gehört zu einem der ältesten erhaltenen Exemplare. Sie entstand möglicherweise in der Werkstatt von Richard de Verdun und ist von einem Künstler illuminiert, der zwischen 1295 und 1335 in der Nachfolge des Malers Honoré in Paris tätig war. Es könnte der mit dem Notnamen Papeleu-Meister bezeichnete Künstler sein, der 1317 die Buchmalerei einer *Bible historiale* des Schreibers Jean Papeleu ausführte (Bibliothèque de l'Arsenal, Paris).[7] Seinen Stil prägten Eleganz, Lebendigkeit, expressive Linienführung und eine reiche Farbpalette.

Die Bildseite ist in vier Abschnitte unterteilt, Inschriften weisen auf die Themen. Im oberen Register steht links *humilite* (Demut) gegen *orguel* (Hochmut), im unteren links *Le pecheeur* (der Sünder) gegen *L'ipocrite* (der Heuchler). Letzteres bezieht sich auf das Gleichnis vom Pharisäer und Zöllner aus dem Lukasevangelium: Jesus verurteilt den selbstgerechten Hochmut des Pharisäers und lobt den Zöllner für dessen demütige Reue (Luk 18,9–14).

Im oberen Register verkörpert den Hochmut ein König, der von einem Turm stürzt. Es handelt sich um Ahasja aus dem Alten Testament, hier *ocozias* (Ochosias) genannt, der Stolz und Sünde symbolisiert: Er wandte sich gegen Gott und wurde mit vorzeitigem Tod bestraft (2Kön 1). Der Turm als Sinnbild des Hochmuts geht ebenfalls auf die Bibel zurück (Jes 2,15), die auch Hochmut als Wurzel aller Sünden bezeichnet: „Denn Hochmut kommt aus der Sünde" (Sir 10,13).

In der Lehre von den sieben Tugenden und den sieben Todsünden, dem moralisch-theologischen System des Mittelalters, tritt die Demut als Gegenkraft zum Hochmut auf. Hier beobachtet sie in Gestalt einer jungen Dame den Fall des Königs. Die Demut ist gekrönt, trägt ein elegantes faltenreiches Gewand und hält einen Palmzweig sowie ein Medaillon mit einer Frauendarstellung. Sie steht auf dem Rücken eines liegenden Einhorns. Die Präsenz des Fabeltiers ist eine Besonderheit dieser Handschrift, in den meisten anderen Exemplaren der *Somme le roi* erscheint die Demut ohne dieses Attribut.[8] Das Einhorn ist als kleines, ziegenähnliches Wesen mit braunem Fell gemalt. Sein unverhältnismäßig langes Horn steht senkrecht vom Kopf ab und wirkt bedrohlich. Die schwertartige Form entspricht Darstellungen in manchen Bestiarien des 13. Jahrhunderts (siehe Abb. S. 14, 42; Kat. 29).

So wie Margareta von Antiochia zum Zeichen ihres Sieges über den Teufel auf einem Drachen steht, hat die Demut gemäß den Ausführungen in *La Somme le roi* den Hochmut bezwungen, den hier das Einhorn verkörpert.[9] Diese – seltene – Verwendung geht auf die in der antiken Literatur geschilderte Wildheit zurück, auf Interpretationen der Kirchenväter oder etwa auf Rudolf von Ems, der in seiner *Weltchronik* von etwa 1250 das Einhorn als „so starch, so zürnic und so fier", so stark, so zornig und so stolz charakterisierte.[10]

Die Zuordnung des Einhorns zu einem Laster ist eine Ausnahme, zumeist steht es auf der Seite des Guten. So auch auf dem monumentalen Bildteppich *Konfrontation von Gut und Böse, Tugend und Laster,* der um 1505 in Frankreich entstand (Kat. 129). Dieses Thema entspringt der zentralen Glaubensvorstellung des Mittelalters, standen sich doch die Androhung der Verdammnis wegen sündhaften, lasterhaften Verhaltens und Erlösungshoffnung nach gottgefälligem, tugendhaften Leben gegenüber.

Die vielfigurige Szenerie ist in einem einheitlichen Raum organisiert, dessen landschaftlicher Hintergrund mit Bergen und Burgen in die Bildtiefe führt. Harmonische Farbverteilung und Komplementärfarben tragen zur visuellen Einheit bei. Die für solche Bildteppiche typischen Bordüren mit reicher Ornamentik fehlen, möglicherweise sind sie nicht erhalten. So ist die Szene nicht vom Außenraum getrennt und entfaltet sich unmittelbar vor den Augen der Betrachter.

Die Figuren gliedern sich in zwei Gruppen, die jeweils etwa die Hälfte der Fläche einnehmen. Auf der linken Seite stehen durch Physiognomie und Gestik als negativ charakterisierte Menschen, rechts dagegen sind Männer und Frauen versammelt, die einen positiven Eindruck vermitteln: Mönche und Nonnen sowie Bürger, Bauern und Edelleute. Ihre andächtig zum Gebet gefalteten Hände weisen sie als fromme Christen aus.

Die jeweilige Hauptfigur reitet auf einem Fabeltier. Auf der Seite des Bösen ist es ein Monster auf einem Drachen, ähnlich wie ihn die Apokalypse schildert: „Und ich sah ein Weib sitzen auf einem scharlachfarbnen Tier, das war voll lästerlicher Namen und hatte sieben Häupter und zehn Hörner" (Apk 17,3). Während in der Offenbarung des Johannes die Reiterin als Frau beschrieben wird, ist es hier ein Teufel mit Bocksbeinen, Feuer in der Leibesmitte und Medusenhaupt. Die krallenbewehrte Pranke hält ein Signalhorn, mit dem er zum Angriff bläst, rote Flammen zeigen die Dramatik an.

Auch die Gegenspielerin auf der anderen Seite treibt ihre Anhänger mit einem Hornruf zum Kampf an. Sie verkörpert die Tugend, eine schön gekleidete Frau, die ein Banner trägt. Sie sitzt auf einem weißen Einhorn, pferdgestaltig mit Spalthufen, Ziegenbart und spiraligem Horn. Der gelassene Schritt lässt nicht auf einen bevorstehenden Sturmangriff schließen, einzig das rotglühende Auge und das leicht geöffnete Maul signalisieren Gereiztheit.

Ein Motiv wie das Einhorn, das so eng mit der Keuschheit und Christus verbunden war (siehe Kat. 32, 34–36), musste sich als Reittier der Tugend eignen. In dieser Rolle findet es sich bereits in einem Manuskript aus dem 14. Jahrhundert (Stiftsbibliothek Vorau). Auch auf flämischen Bildteppichen vom Anfang des 16. Jahrhunderts steht es, geritten von Christus oder einem edlen Ritter, auf der Seite des Guten (Schatzkammer der Kathedrale von Burgos; Fine Arts Museums of San Francisco).[11] Dagegen sind die auf dem Einhorn reitenden Wilden Leute eine zeitlich und geographisch begrenzte Ausnahme (siehe Kat. 68–71).

Die zentrale Botschaft des Teppichs findet sich im unteren der beiden Schriftfelder knapp neben der Mitte, auf der Seite der Tugend. Die weiße Schrift auf rotem Grund zitiert einen Satz nach den Satiren des römischen Dichters Aulus Persius Flaccus aus dem 1. Jahrhundert: *Tecum habita, ut noris quam sit tibi curta supellex* (Lebe mit dir: du merkst's, wie arg dir dein Hausrat gestutzt ist!).[12] Diese Wendung, als *habitare secum* auch in die christliche Theologie eingegangen, formuliert das Ideal der Selbsterkenntnis als Voraussetzung für ein moralisches Leben.

Im Vordergrund der rechten Bildhälfte haben eine Frau und ein Mann, edel aber ohne Luxus gekleidet, demütig ihre Knie gebeugt. Sie blicken in einen Rundspiegel, umgeben von sieben Totenschädeln, ein Memento-mori-Symbol. Den Spiegel hält auf der linken Seite eine Frau, die von Würmern zerfressen wird. Sie ist eine Sünderin, die sich nicht um Selbsterkenntnis bemüht und das daraus folgende tugendhafte Leben geführt hat.

128

Meister der Somme le roi der Bibliothèque Mazarine, Nachfolger des Pariser Malers Honoré (tätig 1295–1335)
Hochmut und Demut, Sünder und Heuchler, in: Laurent d'Orléans (13. Jahrhundert)
La Somme le roi
(Die Lehre für den König), 1295
Schreiber Etienne de Montbéliard
Pergament, 194 × 133 mm (Seite)
Inv.-Nr. ms 870, fol. 89v
Bibliothèque Mazarine, Paris
nur in Paris ausgestellt
Lit.
Martin 1926, S. 52 f., Abb. 9
Tuve 1964, S. 61 f., Abb. 8 b
Einhorn 1998, Nr. 113 B
Reidemeister 2006, S. 62; Abb. 60

Auf das prominent platzierte Paar blicken rechts außen ein Junge und dahinter eine elegante Dame in einem mit Hermelinfell, Perlen und Edelsteinen dekorierten Gewand. Die edle Kleidung des Jungen mit gepufften Ärmeln entspricht der französischen Hofmode des frühen 16. Jahrhunderts. Seine Nase ist leicht gelängt, die Gesichtszüge sind zart und weich, das blonde gelockte Haar reicht bis knapp über die Schultern.

Möglicherweise handelt es sich um den späteren König Franz I. Dafür spricht die auf seinem Gürtelbeutel gestickte Initiale F. Das Monogramm von Franz I. bestand aus einem stilisierten F, wie etwa auf einem Wandbehang mit der Danae-Geschichte, der in seinem Auftrag 1540–1550 entstand (Kunsthistorisches Museum Wien).[13] Sollte diese Identifikation zutreffen, wäre die hinter dem Jungen stehende Frau wohl seine Mutter Luise von Savoyen. Als politische Akteurin der Renaissance und Mäzenin der Künste könnte sie die Tapisserie beauftragt haben – als Instrument des Bildungs- und Erziehungsprogramms.

Nach dem Tod von Ludwig XII., dessen ältere Tochter er 1514 geheiratet hatte, bestieg Franz 1515 den französischen Thron und regierte bis zu seinem Tod 1547. Er trat als Förderer und Sammler der Tapisseriekunst hervor.[14] Von seiner Mutter erbte er eine umfangreiche Kollektion von Bildteppichen. In seiner Sammlung könnte sich auch die Tapisserie *Konfrontation von Gut und Böse, Tugend und Laster* befunden haben. Allerdings ist sie nicht in den Inventaren aus dem 16. Jahrhundert unter den 408 Einträgen aufgeführt.[15]

Die Entstehung des Bildteppichs *Konfrontation von Gut und Böse, Tugend und Laster* ist bisher nicht eindeutig geklärt. Offenbar war der Auftraggeber wohlhabend und von hohem Rang. Die Tapisserie diente als Mahnung und sollte zu einer tugendhaften Lebensführung anregen. Dazu konnte die moralische Qualität des Einhorns beitragen.

VP

129

Französisch
Konfrontation von Gut und Böse, Tugend und Laster, um 1505
Wolle und Seide, 246 × 536 cm
S. Franses, London
nur in Potsdam ausgestellt
Lit.
nicht bei Einhorn 1998

Im Dienst des Königs. Die Einhorn-Folge von Jean Duvet

Die undatierte und unsignierte sechsteilige Folge von Kupferstichen, die Jean Duvet als *Einhorn-Zyklus* schuf, wurde schon frühzeitig mit dem Künstler in Verbindung gebracht (Kat. 130.1–6). Sie war auch der Grund, warum er „Maître à la Licorne" (Meister des Einhorns) genannt wurde, bis seine Identität ermittelt werden konnte. Es gibt in der Kupferstichkunst keine zweite Serie, in der die Geschichte des Einhorns so anspruchsvoll entfaltet wird wie in dieser. Daher verwundert es nicht, dass der Notname des Künstlers von dieser Serie abgeleitet wurde.

Der um 1485 geborene Jean Duvet erlernte das Goldschmiedehandwerk in der Werkstatt seines Vaters in Dijon und erwarb dort 1509 seinen Meisterbrief. Bis 1520 ist er in Dijon nachweisbar, er erhielt mehrere Aufträge für die dortige Stiftskirche Notre-Dame und die Sainte-Chapelle.[16] Wie der etwa ein Jahrzehnt ältere Albrecht Dürer, der ebenfalls zuerst das Goldschmiedehandwerk erlernt hatte, war Duvet zugleich Kupferstecher – eine Kunst, die wegen der ähnlichen Werkstoffe und Arbeitsinstrumente technische Parallelen zur Goldschmiedekunst aufweist. Ab 1521 hielt sich Jean Duvet in Langres auf, wo er in jenem Jahr an der Festdekoration für den Empfang von König Franz I. in der Stadt mitwirkte. Er erhielt prestigeträchtige Aufträge und belieferte den Königshof mit Kunstgegenständen. Auch leitete er die Vorbereitungen, als der König 1533 erneut in Langres einzog. Darüber hinaus wird er im Druckprivileg für seinen Zyklus *L'Apocalypse figurée* (Die bebilderte Apokalypse) als Goldschmied der Könige Franz I. und Heinrich II. namentlich erwähnt.

Die Datierung einiger Stiche Duvets lässt Rückschlüsse auf seine Tätigkeit als Kupferstecher zu – vom ersten auf 1520 datierten Stich über weitere aus dem Jahr 1528 bis zum bereits erwähnten Zyklus *Die bebilderte Apokalypse,* der laut der Jahresangabe auf dem Frontispiz 1555 entstand und 1561 in Lyon veröffentlicht wurde. Wann Duvet starb, ist nicht bekannt, aber vermutlich erlebte er das Erscheinen des Buches nicht mehr. 74 Druckplatten werden ihm zugeschrieben; er bearbeitete diese mit dem Grabstichel, was ihn als Vertreter der ersten Generation von Metallgraveuren in Frankreich ausweist. Sein kraftvoller Stil und die sorgfältige Arbeitsweise machen ihn jedoch in Verbindung mit einer Vorliebe für Ornamentik und dem ihm eigenen Horror Vacui, seiner Abneigung gegen leere Flächen, zu einer Ausnahmeerscheinung.

Ungeachtet einiger Unterschiede in der technischen Ausführung ist anzunehmen, dass Duvet die Einhorn-Serie nicht in zwei Phasen realisierte, sondern zeitgleich mit seiner zweiten wichtigen Werkgruppe *Die bebilderte Apokalypse* – also zwischen 1555 und 1561.[17] Da die Kupferstiche des Einhorn-Zyklus nicht nummeriert sind, gibt es keine festgelegte Leseabfolge. Ihr Zusammenhang lässt jedoch eine bestimmte narrative Folge plausibel erscheinen: *Das Einhorn reinigt das Wasser, Der König erhält Geschenke von einem Jäger, Die königliche Jagd wird von einem Einhorn angegriffen, Die Gefangennahme des Einhorns, Das Einhorn auf dem Triumphwagen* und *Der Triumph des Einhorns.* Traditionell wird die Szene, in der das Einhorn das Wasser reinigt, hinter dem Blatt eingeordnet, auf dem der König beschenkt wird. Allerdings ist auf der Kupferplatte der Wasserreinigungsszene ein Schriftfeld vorhanden, das in den Abzügen des zweiten Plattenzustands gefüllt ist. Diese Änderung legt die Vermutung nahe, Duvet habe diese Platte zunächst als Titelblatt vorgesehen und hier – ebenso wie in seiner Serie *Die bebilderte Apokalypse* – den Titel eingravieren wollen.

Duvet erzählt in dem Zyklus die Geschichte einer Einhorn-Jagd, die mit einem Triumph endet. Er schöpfte aus einer mittelalterlichen Tradition, die mit ihren Episoden und Begründungszusammenhängen wohlbekannt war: Jagd, Gefangennahme durch eine unschuldige Jungfrau, reinigende Kräfte des Einhorns, Wildheit des Tieres. Duvet dürfte Kenntnis von dem seit dem Mittelalter verbreiteten Text *Physiologus* aus dem 2./3. Jahrhundert gehabt haben. In ihm beschreibt der nicht namentlich bekannte Autor, wie das Einhorn sich von einer Jungfrau einfangen lässt und diese das Tier zum Schloss eines Königs bringt (siehe S. 346). Möglicherweise hatte Duvet auch Zugang zum zwischen 1225 und 1241 geschriebenen *Liber de natura rerum* (Buch über die Natur der Dinge) von Thomas de Cantimpré, das im Mittelalter verbreitet war (siehe Kat. 45). Darin berichtet der gelehrte Mönch, wie Jäger das von der Jungfrau angelockte Tier einfangen und in den Palast eines Edelmanns bringen.

Das Erscheinungsbild, das Duvet dem Einhorn verleiht, ist uneinheitlich. Mal stellt er es mit einem Pferdekopf, mal mit dem Kopf eines Hirsches dar. Entsprechend der Beschreibung, die Plinius der Ältere im 1. Jahrhundert lieferte, staffierte er das Einhorn mit einem Ringelschwanz aus (siehe Kat. 10). Auch bei der Formgebung des Horns zeigt er sich unentschlossen. Es kann eine glatte oder genarbte Oberfläche haben oder spiralförmig sein. Auch beim Geschlecht des Einhorns folgte Duvet der mittelalterlichen Tradition und ließ es in der Schwebe. In der Szene, in der es die königliche Jagd angreift, weist die sichtbare Vulva das Einhorn als weiblich aus; in der Darstellung der Gefangennahme ist es an den Hoden als männliches Tier zu erkennen.

Der Physiologus hatte auch die entgiftenden Kräfte des Einhorn-Horns beschrieben. Die Darstellungen des Einhorns, das das Wasser reinigt, und seiner Gefangennahme fügen sich nahtlos in die mittelalterliche Überlieferung ein, wie sie um 1495–1505 in den Tapisserien der *Einhorn-Jagd* ins Bild gesetzt worden war (siehe Abb. S. 57, 61). Duvets Betonung der Jagdaspekte, die auch die Bildteppiche der *Einhorn-Jagd* prägen, legt den Gedanken nahe, dass er sich auf diese bezog. Allerdings transformierte er die Erzählung und stellte sie in den Dienst eines anderen Diskurses.

Duvet erneuerte die mittelalterliche Überlieferung, indem er originelle neue Aspekte einbrachte, die sich ab dem 15. Jahrhundert herausgebildet hatten oder seiner Gegenwart entstammten: das Motiv des Triumphs und die Bezugnahme auf die griechisch-römische Mythologie. Die höchsten Weihen werden dem Einhorn bei Duvet in zwei Triumphzügen zuteil, einem irdischen und einem himmlischen. In der Ikonographie, die sich für die bildliche Umsetzung von Francesco Petrarcas Gedichtfolge *Trionfi* (Triumphe) herausbildete, kommt das Einhorn seit der zweiten Hälfte des 15. Jahrhunderts vor. Es zieht den Wagen der Keuschheit, weil diese Tugend ihm seit dem Mittelalter ebenfalls zugeschrieben wurde. Zwischen 1450 und 1500 war die Verknüpfung des Einhorns mit den Triumphen in Europa weit verbreitet – ob als Cassone-Bild (siehe Kat. 125.1, 126.1), als Kupferstich,[18] als Buchmalerei[19] oder als Bildteppich wie bei der um 1505 entstandenen *Konfrontation von Gut und Böse, Tugend und Laster* (siehe Kat. 129). Durch die erste französischsprachige Ausgabe von Petrarcas Gedichtfolge, die 1514 in Paris von Barthélemy Vérard gedruckt wurde und in der der Wagen der Keuschheit von zwei Einhörnern gezogen wird, fand diese Bildfindung in Frankreich weite Verbreitung.[20]

Duvet räumte auch der antiken Mythologie großen Raum ein und bezog antike Götter und Göttinnen ein – Diana, die auf dem zweiten Kupferstich, der das Geschehen vor dem Aufbruch zur Jagd zeigt, den König begleitet. Als Hüterin der Keuschheit wurde Diana in bildlichen Darstellungen mitunter mit dem Einhorn verknüpft, um die Reinheit der Jungfrauen zu verherrlichen, so etwa auf der *Allegorie der Keuschheit* betitelten Rückseite von Antonio Pisanellos Portraitmedaille der Cecilia Gonzaga aus dem Jahr 1447 (siehe Kat. 124). Die Verbindung von Diana und Einhorn findet sich auch in einigen Darstellungen der antiken Jagdgöttin wie dem Stich des wohl französischen oder italienischen Monogrammisten M. Z. G. vom Anfang des 16. Jahrhunderts.[21] Dort erteilt Diana ihren Jägern Befehle, während im Vordergrund eine junge Frau das wilde Tier in ihre Obhut nimmt, um es vor einem Jäger zu Pferd mit seinem bereits erhobenen Speer zu schützen.[22] Diese Verbindung zwischen Diana, dem Einhorn und dem Motiv des Triumphs findet sich auch in einem Stich in der französischen Ausgabe von Francesco Colonnas *Hypnerotomachia Poliphili* (Poliphilos Liebeskampftraum), 1499 auf Lateinisch-Italienisch erschienen. Diese veröffentlichte Jean Martin 1546 unter dem Titel *Songe de Poliphile*. Er zeigt einen Triumphwagen, der von „der Diana geweihten" Einhörnern gezogen wird.[23]

Die Einbindung der Diana in die Kupferstichserie diente mehreren Zwecken: Sie eröffnete die Möglichkeit, auf ihre Funktion als Jagdgöttin Bezug zu nehmen, schuf einen Resonanzraum für die Reinheit des Einhorns und lieferte zudem eine Grundlage für die Ineinssetzung mit Diana von Poitiers, der Mätresse Heinrichs II. Der Rekurs auf mythologische und antike Bezüge wird auch an der Einbeziehung des obersten römischen Gottes Jupiter deutlich. Auf dem letzten Stich der Serie tritt er mit seinem Adler in Erscheinung. Die unschuldige Jungfrau der mittelalterlichen Tradition wird von einer Lautenspielerin abgelöst, die mit ihrer Musik das wilde Tier anlockt und sich durch den Lorbeerkranz sowie durch die Nähe zu Fluss und Grotte womöglich als Nymphe zu erkennen gab.

Duvets Originalität besteht jedoch vor allem darin, dass das Einhorn in dem Triumphzug nicht mehr nur eine subalterne Rolle als Zugtier für den Wagen der allegorisierten Keuschheit spielt, sondern selbst zum Gegenstand des Triumphs wird: Mal wird es anstelle der Allegorie auf dem Triumphwagen gezogen, mal bildet es den Mittelpunkt einer Parade, die einem römischen Triumphzug nachempfunden ist und in der sich Viktorien, Putten und Businen, die mittelalterlichen Heroldstrompeten, zu einem dichten Fries zusammendrängen.

Auch durch die Wahl der künstlerischen Quellen, aus denen er schöpfte, gab Duvet der Figur des Einhorns eine moderne Fundierung und einen neuartigen Charakter. Einer seiner Bezugspunkte waren Stiche aus den ersten Jahrzehnten des 16. Jahrhunderts wie die Landschaftsdarstellungen in der Druckgraphik Albrecht Dürers. So lehnt sich die landschaftliche Einbettung des Einhorns auf dem Triumphwagen an Dürers *Maria mit Kind und Birne* von 1511 an; der kleine Ziegenbock – der in der Szene *Das Einhorn reinigt das Wasser* weit im Hintergrund rechts, oberhalb des Pfaus, auf einem Felsen balanciert – ist eine direkte Anleihe bei Dürers Stich *Der Sündenfall* von 1504. Weitere Anregungen bezog Duvet von den Triumphzugstichen nach Andrea Mantegna oder von der *Allegorie mit dem Sonnenspiegel*, die der Meister der Enthauptung des Johannes nach

130.1–6

Jean Duvet (1485 – nach 1561)
Einhorn-Zyklus, 1555–1561
Kupferstiche
Lit.
Robert-Dumesnil 1835–1871, Bd. 5, Nr. 54–59
Linzeler 1932, Nr. 60–67
Freeman 1976, S. 176 f.
Bersier 1977, Nr. 67–70, 72
Eisler 1979, S. 111–132; Nr. 32–34, 66–68
Los Angeles 1994, Nr. 19, 20
Genf 1996, Nr. 9, 41–43
Einhorn 1998, S. 224, Fn 497, 229, 342
Gotfredsen 1999, S. 115–121
Gerritsen 2011, S. 91–93
Langres 2018, S. 266–269; Nr. 60.1–5

130.1
Das Einhorn reinigt das Wasser
Potsdam:
max. 229 × 399 mm (Blatt)
Inv.-Nr. DG1949/53
Albertina, Wien
Paris:
Zustand II
226 × 365 mm (Blatt)
Inv.-Nr. Réserve ED-1 (B,2)-Fol
Bibliothèque nationale de France, Paris, département des Estampes et de la Photographie

130.2
Der König erhält Geschenke von einem Jäger
Potsdam:
max. 226 × 398 mm (Blatt)
Inv.-Nr. DG1949/48
Albertina, Wien
Paris:
226 × 394 mm (Blatt)
Inv.-Nr. Réserve ED-1 (B,2)-Fol
Bibliothèque nationale de France, Paris, département des Estampes et de la Photographie

130.3
Die königliche Jagd wird von einem Einhorn angegriffen
Potsdam:
max. 236 × 396 mm (Blatt)
Inv.-Nr. DG1949/49
Albertina, Wien
Paris:
235 × 387 mm (Blatt)
Inv.-Nr. Réserve ED-1 (B,2)-Fol
Bibliothèque nationale de France, Paris, département des Estampes et de la Photographie

130.4
Die Gefangennahme des Einhorns
nur in Potsdam ausgestellt
max. 236 × 381 mm (Blatt)
Inv.-Nr. DG1949/51
Albertina, Wien

130.5
Das Einhorn auf dem Triumphwagen
nur in Paris ausgestellt
277 × 340 mm (Blatt)
Inv.-Nr. Sup-1020-E
Musée des Beaux-Arts de Dijon

130.6
Der Triumph des Einhorns
Potsdam:
max. 238 × 398 mm
Inv.-Nr. DG1949/52
Albertina, Wien
Paris:
232 × 394 mm (Blatt)
Inv.-Nr. Réserve ED-1 (B)-Fol
Bibliothèque nationale de France, Paris, département des Estampes et de la Photographie

einer Zeichnung von Leonardo da Vinci schuf (siehe Kat. 77). In diesem kämpft ein Einhorn, das Ähnlichkeit mit Duvets Einhorn hat, das die Jäger angreift, gegen einen Drachen. Weitere Werke, die Duvet anregten, waren die zeitgleich mit seinen Arbeiten entstandenen Stiche der Schule von Fontainebleau wie Jean Mignons Stiche nach Luca Penni um 1542–1547, die *Versuchung Adams und Evas*[24] und *Erschaffung Evas*[25] für die Darstellung des das Wasser reinigenden Einhorns, oder der Stich *Die Bassgambenspielerin* von René Boyvin und Pierre Milan, ebenfalls nach Penni.[26] Das Schaffen Jean Cousins des Älteren kannte Duvet aus eigener Anschauung dank der Tapisseriefolge *Das Leben des heiligen Mamas,* die nach Cousins Entwürfen um 1544/45 für die Kathedrale seines Wohnorts Langres gewebt wurde. Auf der Episode *Der heilige Mamas predigt den wilden Tieren das Evangelium* lauscht das Einhorn inmitten anderer wilder Tiere den Worten des Heiligen.

Dass Duvet das mittelalterliche Thema in seinem innovativen Zyklus umdeutet, wirft die Frage auf, welches Ziel der Künstler verfolgte: Was interessierte ihn am Einhorn so sehr, dass er diesem in der Druckgraphik selten vorkommenden Motiv eine sechsteilige Serie widmete? Berühmt wurde Duvet durch religiöse Kupferstiche, durch aus dem Fundus der Antike schöpfende Darstellungen und seine Apokalypse-Serie sowie einige Stiche, in denen er Heinrich II. in politischen Allegorien in Szene setzte. Ist die Einhorn-Serie also politisch zu interpretieren?[27]

Das für die Originalität der Einhorn-Serie zentrale Thema des Triumphs verweist auf den Kontext der feierlichen Einzüge der Könige, die sich seit dem frühen 16. Jahrhundert am Vorbild der *Triumphe* von Petrarca orientierten und in deren Emblematik und Bestiarium das Einhorn Eingang fand. Da Duvet an der Anfertigung der Festdekoration für solche königlichen Einzüge mitwirkte, war er vertraut mit den bildlichen Rekursen auf die ruhmvolle, mit politisch-religiösen Allegorien aufgeladene Geschichte der Antike und des römischen Altertums. Als Franz I. 1515 in Lyon einzog, trat das Einhorn – so die schriftlich überlieferte Dramaturgie – als politische Allegorie der *tranquillité* (Ruhe) in den Jardin de Milan ein, um „im Schoß der Jungfrau in Frieden zu ruhen, wie es dem Wesen des Einhorns geziemt".[28] Der Jardin de Milan (Mailänder Garten) steht für das Herzogtum Mailand, das Franz I. erobern wollte. Frankreichs Feinde – ein Wilder namens „More" und der ihn begleitende „räuberische Bär", die stellvertretend für Mailand und die Schweizer stehen – wollen das Einhorn aufhalten.

1533 erhielt Franz I. anlässlich der Vermählung Prinz Heinrichs, später Heinrich II., mit Katharina de Medici von Papst Clemens VII. als Geschenk ein Einhorn-Horn, einen großen Narwalzahn (siehe S. 352). Der Wagen, auf dem die spätere Königin in Paris einzog, wurde von zwei Einhörnern gezogen, während der Wagen Franz' I. den Fleiß, die Weisheit, die Mäßigkeit und die Tugend präsentierte.[29] Noch unmittelbarer war der Bezug zu Duvets Einhorn-Serie beim Einzug Heinrichs II. und Katharinas de Medici 1550 in Rouen: Dort zogen Einhörner einen Wagen mit drei Allegorien – Vesta als Göttin der Religion, die Königliche Majestät und die Siegreiche Tugend. Die Zugtiere waren mit Harnisch und Satteldecken ausgerüstet, versehen mit königlichen Emblemen wie etwa der Mondsichel.[30]

An diese Symbolik, in der das Einhorn zur Steigerung des königlichen Ansehens beitrug, knüpfte Duvet mit seiner Serie an. Heinrich II. ist übrigens in Gestalt des Königs bei der königlichen Jagd unmittelbar wiederzuerkennen. Das Einhorn, das im 16. Jahrhundert jederzeit religiös ausgelegt werden konnte,[31] ohne mit anderen, profanen Lesarten in Konflikt zu geraten, repräsentierte das Frieden stiftende Tier, das mit Christus verknüpft ist. Es zieht den Triumphwagen der Religion und bringt diese zu Heinrich II. in seiner Eigenschaft als Förderer des triumphierenden Katholizismus.

Im letzten Stich der Serie steigern die Verweise auf die Dreifaltigkeit – die Engel tragen drei Kerzen – und die Gesetzestafeln den profan und antik anmutenden Triumphzug zu einer Zeremonie, bei der der König zum Anführer aller Nationen wird. Mit dabei sind auch fremde Nationen, wie die orientalisiert gezeigten Männer in der Parade andeuten. In zwei weiteren Stichen verherrlichte Duvet König Heinrich II.[32] und seine Rolle als Anführer im Kampf gegen das Ketzertum: Er bezwingt als neuer Erzengel Michael[33] Luzifer und überbringt dem heiligen Remigius die Ampulle mit dem heiligen Salböl. Damit übernahm das Einhorn eine zentrale Stellung in einem politischen Diskurs, der sich in den Dienst des Königs und des französischen Königtums stellte. Dies ermöglichte eine Symbolik, die in der Mitte des 16. Jahrhunderts christliche, allegorische und mythologische Bedeutungen zu einer Synthese verschmolz.

SL

Aus dem Französischen übersetzt von Andreas Bredenfeld

Abglanz positiver Eigenschaften. Das Einhorn als heraldische Figur

In seinem zuerst 1610 erschienenen wappenkundlichen Buch *A Display of Heraldrie* (Eine Aufstellung der Heraldik) erläuterte der englische Historiker John Guillim die Bedeutung des Einhorns auf Familienwappen. Er führt die aus biblischen und anderen Quellen bekannten Eigenschaften wie Tapferkeit und Unbezähmbarkeit an und kommt zu dem Schluss:

> So mag dieses Wappenbild durchaus sowohl Stärke und Mut als auch eine tugendhafte Gesinnung und die Kraft, das Gute zu wirken, darstellen; denn körperliche Stärke ohne die Gaben und guten Eigenschaften des Geistes ist nur das Merkmal eines Ochsen; doch wo beides zusammenkommt, kann man wahrhaft von Männlichkeit sprechen; und dass diese beiden zusammengehören, machten schon die Menschen der Antike deutlich, als sie das eine Wort *virtus* gebrauchten – es bedeutet sowohl Kraft des Körpers als auch Tugend des Geistes.[34]

Wer ein Einhorn als Wappentier wählte, wollte diese vorbildlichen Charakteristika auf sich bezogen wissen. Die Verwendung von Wappen zur Kennzeichnung eines Familienverbandes kam in den ehemaligen karolingischen Gebieten gegen Mitte des 12. Jahrhunderts auf.[35] Das war auch die Zeit, in der zunächst Bestiarien und später Enzyklopädien das Einhorn beschrieben (siehe Kat. 28, 29, 45–47).

Charakteristisch für den Aufbau heraldischer Darstellungen ist ihre Stilisierung, die ihre Wurzeln in der romanischen Kunst hat. Sie verwenden wenige kräftige Farben, zeigen Figuren, Menschen und Tiere häufig im Profil und verknüpfen sie mit festgelegten Bildelementen wie Kreisen, Schrägbalken, Bandornamenten oder Pflanzenmotiven. Die häufigsten Wappentiere waren im Mittelalter Adler und Löwe. Gegen Ende des 13. Jahrhunderts erscheinen auf Wappen im deutschsprachigen Raum wie auch in Frankreich vermehrt Einhorn-Darstellungen.[36] Eines der frühesten heraldischen Einhörner findet sich im um 1310–1340 entstandenen *Codex Manesse* als Wappen des Dichters Dietmar von Aist (siehe Abb. S. 46).[37]

Am Ende des 15. Jahrhunderts, um 1480–1490, schuf der oberrheinische Künstler Martin Schongauer eine Serie von zehn Kupferstichen, die verschiedene Figuren zeigen, die ein Wappen präsentieren, darunter auch das *Wappen mit Einhorn, von einer Frau gehalten* (Kat. 131). Das steigende Einhorn im Profil nimmt die ganze Fläche des von einer Jungfrau gehaltenen Wappenschildes ein. Der Maler und Kupferstecher Schongauer, Sohn eines Goldschmieds, wirkte eine Generation nach dem Meister E. S. und dem Meister der Spielkarten, die mehrfach Kupferstiche mit Einhorn-Darstellungen angefertigt hatten (siehe Kat. 67–69, 117).

In Schongauers Wappenbilderserie wird ein Schild von einem Engel gehalten, zwei weitere von Jungfrauen, zwei von Männern, ein weiteres von einer Wilden Frau, die einem Säugling die Brust gibt, und drei von Wilden Männern. Als Motive auf den Wappen wählte Schongauer überwiegend Tiere, die als Wappenfiguren beliebt waren.

Die Jungfrau, die den Schild mit dem Einhorn hält, trägt eine turbanähnliche Kopfbedeckung. Sie sitzt auf einer Rasenbank und ist soeben dabei, eine Blume zu

131

Martin Schongauer (um 1445/1450–1491)
Wappen mit Einhorn, von einer Frau gehalten,
um 1480–1490
Kupferstich, 77 × 77 mm
Potsdam:
Inv.-Nr. DG 1926/1536
Albertina, Wien
Paris:
Inv.-Nr. GDUT8698
Petit Palais, Musée des Beaux-Arts de la Ville de Paris
Lit.
Wehrhahn-Stauch 1958, Sp. 1540
Colmar 1991, Nr. G 56
München 1991, Nr. 96; bei Nr. 97
Paris 1991b, S. 230; Abb. 83
Einhorn 1998, Nr. 635
Kemperdick 2004, Abb. S. 152
Frankfurt am Main 2022, Nr. 51

pflücken. Mit ihrem gesenkten Blick strahlt sie eine ähnliche Anmut und Zurückhaltung aus wie die Frauenfiguren der im gleichen Zeitraum entstandenen Bildteppichserie *Die Dame mit dem Einhorn* (siehe Kat. 123.1–6). Ebenso wie auf den Tapisserien bilden in Schongauers Kupferstich die Frau, die Blumen und das Einhorn eine Einheit. Allerdings lehnt sich der Kupferstich auch an die christliche Ikonographie an. Das Motiv von Maria auf der Rasenbank war im 15. Jahrhundert ein etabliertes Thema, das etwa Stefan Lochner um 1440 gemalt hatte (Alte Pinakothek, München). Während dort die Jungfrau das Jesuskind auf dem Arm hält, hat Schongauer auf dem Wappen das Motiv des Einhorns – das Symbol Christi – in eine realistische Sphäre übertragen. Die Jungfrau als Wappenhalterin zeigt auch die in Köln zur selben Zeit entstandene Kissenplatte *Frau mit Einhorn* (siehe Kat. 118).

Schongauers Wappenbilder könnten als Vorlagen für Rundfenster oder für Medaillons gedient haben, wie sie in Gewölbevierungen spätmittelalterlicher Wohngebäude angebracht wurden oder auf konkrete Bestellungen hin entstanden sein. Als Auftraggeber kommen mehrere süddeutsche Familien in Betracht, die ein Einhorn im Wappen führten.[38]

Im ausgehenden Mittelalter erweiterten das Wappen etliche heraldische Elemente, die einen Nobilitätsanspruch signalisierten. Häufig erhielt es als Aufsatz eine Helmzier, auch Zimier genannt. Auch hier kam – neben anderen Tier- oder Fabelfiguren – das Einhorn zum Einsatz, wie beim Entwurf Hans Baldung Griens von etwa 1544 für eine Helmzier seines Familienwappens (Abb. S. 44).

Eine andere Form der Ergänzung waren heraldische Figuren, die das Wappen hielten. Das Königreich Schottland führte mindestens seit dem 13. Jahrhundert einen roten Löwen im Wappen. Jakob III., der den Orden des Einhorns gegründet hatte,[39] ließ ab 1484 Goldmünzen prägen, auf denen ein Einhorn das Wappen mit dem Löwen hält. Seine Nachfolger Jakob IV. und Jakob V. setzten die Prägung bis 1525 fort.[40] Die Gold Unicorn genannte Münze hatte einen Feingehalt von 21 Karat und wog 3,81 Gramm.

Auf der *Münze von Jakob IV., König von Schottland* von 1488–1513 ist das Einhorn mit angehobenem rechtem Vorderlauf dargestellt, in heraldischer Sprache „schreitend" (Kat. 132). Um den Hals hat es eine Krone aus fünf Lilien. Der Name des Königs erscheint als *Iacobus 4*. Auf der Rückseite sind ein Stern mit flammenförmigen Strahlen und als Umschrift der erste Vers des Psalms 68 zu sehen: *Exurgat Deus et dissipentur inimici ejus* (Gott steht auf; so werden seine Feinde vertrieben). So stellt die Münze das Einhorn als Wesen heraus, das Macht und Stärke verkörpert. Es war hier zudem Garant der Staatsfinanzen. Ein Einhorn auf einer geldwerten Münze kam bereits im 13. Jahrhundert im schwäbischen Raum, in der Grafschaft Montfort, oder im Bistum Chur vor.[41] Diese Silberstücke waren jedoch kaum verbreitet, während die schottische Goldmünze auch im Ausland als Zahlungsmittel angesehen war.

Die Verwendung des Einhorns als Wappenhalter beschränkte sich nicht auf Königshäuser und Adelsfamilien. Das kurz vor 1500 in Rouen gedruckte *Manipulus curatorum* (Handbuch für Gemeindepriester) mit ausführlicher Beschreibung der Sakramente enthält das *Markenzeichen des Buchhändlers Jean Richard* (Kat. 133). Als Bürger besaß er kein heraldisches Wappen, sondern setzte seine Initialen I und R auf einen Schild. Dieser ist mit einem Riemen an einem Baum befestigt. Zu beiden Seiten stehen Jungfrau und Einhorn. An den christlichen Ursprung dieser Paarung erinnert der Flechtzaun im Hintergrund, wie er in Darstellungen des Hortus conclusus vorkommt, etwa bei *Mariä*

132

Schottisch (Edinburgh)
Münze von Jakob IV., König von Schottland,
1488–1513
Gold, Durchmesser 24 mm
(in zweifacher Größe abgebildet)
Inv.-Nr. D 3507/UK 720
Bibliothèque nationale de France, Paris, département des Monnaies, Médailles et Antiques
Lit.
nicht bei Einhorn 1998

Verkündigung in der Allegorie der Einhorn-Jagd aus der zweiten Hälfte des 15. Jahrhunderts (siehe Kat. 34). Der Entwurf zu diesem Holzschnitt stammt vermutlich von Jean d'Ypres, der auch die Vorlagen für die Bildteppichserie *Die Dame mit dem Einhorn* schuf. Dementsprechend ähnelt sich das Aussehen der Einhörner.

Während das *Manipulus curatorum* das einzige bekannte Beispiel für die Verwendung dieses Signets ist, sind verschiedene Bücher mit dem *Markenzeichen des Verlegers Thielman Kerver* belegt (Kat. 134). Der Pariser Verleger, dessen Tätigkeit von 1497 bis 1522 dokumentiert ist, hatte an seiner Druckerei auf der Pont Saint-Michel ein Ladenschild mit einem Einhorn angebracht.[42] Auch Kerver besaß kein traditionelles Familienwappen, wie Jean Richard verwendete er sein Namenskürzel über der Druckermarke auf einem Schild, das wie auf dessen Zeichen an einem mittig aufragenden Baum hängt. Hier allerdings halten es zwei Einhörner mit schlanken Proportionen in bewegter Haltung. Auch Kervers Markenzeichen hatte vermutlich Jean d'Ypres entworfen.

Als Thielman Kerver 1522 verstarb, führte zunächst seine Witwe Yolande Bonhomme das Unternehmen weiter, dann bis 1583 sein Sohn Jacques. Das *Markenzeichen des Verlegers Jacques Kerver* zeigt ein isoliertes Einhorn ohne Hintergrunddarstellung, das einen Wappenschild mit den Initialen I und K und der zuvor von seinem Vater verwendeten Druckermarke präsentiert (Kat. 135). Die Beischrift *Dilectus quemadmodum filius Unicornium* (Er wird geliebt wie ein Sohn von Einhörnern) stellt einen Bezug zur biblischen Herkunft des Einhorns her (Ps 29,6). Kerver veröffentlichte zahlreiche Bücher christlichen Inhalts, aber auch

133

Französisch (Umkreis Meister des Sehr kleinen Stundenbuches von Anne de Bretagne [Jean d'Ypres (gest. 1508)?])
Markenzeichen des Buchhändlers Jean Richard, in:
Guy de Montrocher (14. Jahrhundert)
Manipulus curatorum (Handbuch für Gemeindepriester), Rouen: Martin Morin für Jean Richard 1496
Holzschnitt, 145 × 105 mm (Seite)
Inv.-Nr. D 180
Bibliothèque nationale de France, Paris, réserve des Livres rares et précieux
nur in Paris ausgestellt
Lit.
nicht bei Einhorn 1998
Paris 2010, Nr. 119

134

Französisch (Paris)
Markenzeichen des Verlegers Thielman Kerver, in:
Hore dive virginis Marie secundum verum usum Romanum [...]
(Stundenbuch der heiligen Jungfrau Maria, gemäß dem wahren Gebrauch in Rom),
Paris: Guillaume Anabat 1506
Punzenstich *(criblé)* auf Pergament,
177 × 113 mm (Seite)
Inv.-Nr. 8 Rés. 0383
Bibliothèque historique de la Ville de Paris
nur in Paris ausgestellt
Lit.
nicht bei Einhorn 1998

humanistische Werke wie 1546 eine Übersetzung des für die Renaissance einflussreichen Romans *Hypnerotomachia Poliphili* (Poliphilos Liebeskampftraum) von Francesco Colonna unter dem Titel *Songe de Poliphile.*

Der aus Augsburg stammende Maler Hans Holbein der Jüngere, der hauptsächlich in Basel und später in England wirkte, schuf während seiner Basler Aufenthalte zwischen 1515 und 1532 mehrere Wappenentwürfe für Glasfenster. Möglicherweise arbeitete er dabei mit dem dortigen Glasmaler Antoni Glaser zusammen. Zahlreiche dieser Entwürfe sind lediglich durch die Zeichnungen bekannt, Scheibenrisse genannt, da nur wenige der Glasfenster erhalten sind. Auf dem *Scheibenriss mit zwei Einhörnern* (Kat. 136) stehen die Figuren aufrecht vor einem für die Renaissance typischen Portikus, der sich an die Holzschnitte einer 1521 in Como veröffentlichten italienischen Ausgabe von Vitruvs *De architectura libri decem* (Zehn Bücher über die Architektur) anlehnt, einem noch in der Frühen Neuzeit maßgeblichen Lehrbuch der Baukunde aus dem 1. Jahrhundert. Der tiefe Betrachterstandpunkt ist ein wiederkehrendes Merkmal von Holbeins Scheibenrissen.

Die langgliedrigen tanzenden Einhörner stehen in der Tradition der oberrheinischen Einhorn-Darstellungen, wie sie bereits in Schongauers Stich zu erkennen ist.

Der für seine detailgenauen Menschendarstellungen bekannte Holbein verlieh den beiden Einhörnern Lebendigkeit, indem er die Körperhaltungen variierte und mit ausgefeilter Laviertechnik die Körpervolumina plastisch und wirklichkeitsgetreu abbildete. Das Wappen nimmt den Fluchtpunkt des Blattes ein, ist aber verhältnismäßig klein. Gleichwohl hat die Haltung der beiden Einhörner einige Ähnlichkeit mit der stilisierten Darstellung auf Thielman Kervers Druckermarke. Beide Arrangements betonen die Mittelachse – Kerver durch einen Baum, Holbein mit einer Säule. Unklar ist, ob Holbein das Markenzeichen des Pariser Druckers aus einem der zahlreichen von Kerver gedruckten Stundenbücher kannte und als Inspirationsquelle nutze.

Ein *Einhorn als Wappenhalter* findet sich auch im *Graduale des Robert de Croÿ* von 1540 (Kat. 137).[43] Das Einhorn sitzt auf grünem Grund in einem angedeuteten Renaissanceportal. Es ist weiß, hat Spalthufe und einen Ziegenbart. Ungeachtet der pferdeähnlichen Gestalt ist sein Schweif lang und dünn und läuft in einer Verzweigung aus. Ähnlich wie bei Holbein ist das Einhorn hier in belebter Körperhaltung gezeigt, seine sitzende Position weckt Assoziationen an das Einhorn von Jacques Kerver. Aber die Kopfwendung, der flatternde Umhang und die kühn geschwungene Banderole zeigen eine energische Dynamik an.

Robert de Croÿ, 1500 in einer Adelsfamilie mit zahlreichen kirchlichen Würdenträgern geboren, amtierte seit 1519 als Fürstbischof von Cambrai, die Weihe erfolgte erst 1529. Die Buchmalerei ist das Frontispiz in einem illuminierten Manuskript eines Graduales, eines Buchs mit den Messgesängen für den Chor. Es stammt aus dem Benediktinerkloster Marchiennes im Norden Frankreichs, ursprünglich war es für die persönliche Kapelle des Prälaten bestimmt. Angesichts der heraldischen wie christlichen Symbolik des Einhorns ist seine persönliche Inanspruchnahme durch einen hohen Amtsträger der Kirche naheliegend. Dabei muss die Darstellung keinen Hinweis auf die kirchliche Funktion des Wappeneigners enthalten.

In der Heraldik des 16. bis 18. Jahrhunderts blieb das Einhorn auf Wappen wie als Wappenhalter präsent – so auch auf dem Bronzemörser des Frankfurter Apothekers Johann Caspar Sparr von 1659 (siehe Kat. 57). Der hatte sich am Zeichen der Vereinigung britischer Apotheker, der Worshipful Society of Apothecaries (Ehrbare Gesellschaft der Apotheker), orientiert, die das stehende Einhorn aus dem Wappen des britischen Königreichs übernommen hatte. Dieses halten seit 1603, dem Anfang der Personalunion zwischen England und Schottland mit Jakob VI., der englische Löwe und das schottische Einhorn. Auch im Ancien Régime

Heures de nostre dame a lusage de Paris, nouuellement imprimees. Auec plusieurs belles Histoires, tant au Calendrier, aux Heures de nostre dame, aux Heures de la Croix, aux Heures du sainct Esprit, aux sept Psalmes que aux Vigiles, auec la table a la fin de ces Heures.

Filius Vnicornium.

Dilectus quemadmodum

A PARIS,
Par Iacques Keruer, demeurant en la grand rue S. Iacques, à l'enseigne de la Licorne.
M.D.LXXV.

135

Französisch (Paris)
Markenzeichen des Verlegers Jacques Kerver, in:
Heures de nostre dame a l'usage de Paris
(Stundenbuch Unserer lieben Frau zum Gebrauch in Paris), Paris:
Jacques Kerver 1575
Holzschnitt, 165 × 95 mm (Seite)
Inv.-Nr. 8 Rés. 0463
Bibliothèque historique de la Ville de Paris
nur in Paris ausgestellt
Lit.
nicht bei Einhorn 1998

136

Hans Holbein d. J. (1497/98–1543)
Scheibenriss mit zwei Einhörnern, um 1522/23
Feder in Schwarz, grau laviert, stellenweise aquarelliert, Einfassungslinie mit Rötel, aufgezogen, 419 × 315 mm (Blatt)
Inv.-Nr. 1622.150
Kunstmuseum Basel, Kupferstichkabinett, Amerbach-Kabinett 1662
nur in Paris ausgestellt

Lit.

Beer 1977, Abb. 111
Basel 1988, Nr. 35
Basel 1996, Nr. 140; Tafel 43; Farbtafel 8
Einhorn 1998, Nr. 650
Washington 1999, Nr. 168
Basel 2006, Nr. 84; Abb. S. 285
Basel 2020, S. 113, 116; Nr. 23
Los Angeles 2021, Abb. 1.3

blieb das Motiv als Wappenhalter präsent – so etwa im Giebeldreieck des kurz nach 1700 erbauten Hôtel Le Brun in der Pariser Rue du Cardinal Lemoine.

In der Zeit des Ersten Kaiserreichs Anfang des 19. Jahrhunderts erlebte die Ästhetik der Gotik in Frankreich ihre erste Renaissance, befördert durch den Erfolg der von Alexandre Lenoir eingerichteten Mittelaltersäle im Musée des Monuments français im ehemaligen Kloster der Petits-Augustins in Paris, und durch die ästhetischen Forschungen von Künstlern wie dem Maler Pierre Révoil.[44] Eine Besinnung auf das Mittelalter und eine Begeisterung für die Formensprache der Gotik spiegelt sich im *Stuhl aus dem Gotischen Kabinett der Comtesse d'Osmond* von um 1817–1820 (Kat. 138). Dort sind zwei aufgerichtete Einhörner als Schildhalter in die Rückenlehne integriert.[45] Sie sind traditionell pferdeähnlich gestaltet und haben gespaltene Hufe, jedoch keinen Ziegenbart.

Die Einhörner flankieren das mit einer Grafenkrone versehene Wappen der Familie d'Osmond, silberne Flügel in Hermelin auf rotem Feld. Um die Hörner der beiden Einhörner windet sich ein über die ganze Breite der Lehne verlaufendes Spruchband mit der Familiendevise: *Nihil obstat* (Nichts steht im Weg). Diese Losung ist bekannt als Formel der päpstlichen Druck- und Lehrbefugnis, hier dürfte sie auf die Heldentat eines Ahnen der Familie d'Osmond anspielen, der als Getreuer der normannischen Herzöge den Erben der Dynastie vor seinen Feinden gerettet haben soll.

Der Stuhl war für das Pariser Stadthaus des Comte und der Comtesse d'Osmond im vornehmen Stadtviertel um die Chaussée d'Antin nordwestlich der Börse bestimmt.[46] Warum sich die 1797 als Aimée Destillières geborene Comtesse d'Osmond ein „Gotisches Kabinett" einrichtete und ob die Wahl des Einhorn-Motivs aufgrund weiblicher Identifikation – Jahrzehnte vor der öffentlichen Präsentation der Tapisseriefolge *Die Dame mit dem Einhorn* – erfolgte, ist nicht bekannt. Den Stuhl fertigten die Möbelwerkstätten Jacob-Desmalter, die damals François-Honoré-Georges Jacob-Desmalter leitete. Das seit dem frühen 18. Jahrhundert tätige Unternehmen ist für seine Empiremöbel bekannt, die es für die Residenzen Kaiser Napoleons und für die Prominenz der damaligen Zeit herstellte.[47]

137

Französisch
Einhorn als Wappenhalter, in:
Graduale des Robert de Croÿ, 1540
Pergament, 485 × 345 mm (Seite)
Inv.-Nr. ms 12, Frontispiz
Le Labo – Cambrai, Bibliothèque classée de l'agglomération de Cambrai
nur in Paris ausgestellt
Lit.
nicht bei Einhorn 1998
Cambrai 2019, S. 148–151

Als einige Jahre später Karl X. am 29. Mai 1825 in Reims zum König gekrönt wurde,[48] erschien der Staatsmann und Diplomat Charles-Maurice de Talleyrand-Périgord, der *grand chambellan* (Großkammerherr) Frankreichs, zu der Zeremonie in einem goldbestickten Gewand aus blauem Samt mit Goldfäden. Dieses hatte der Maler Louis Lafitte entworfen und der Stickereibetrieb Dallemagne et Guibout in Paris mit Lilien als Symbolen der Monarchie, Sonnenblumen als Emblemen der Loyalität und den für Treue stehenden Vergissmeinnicht geschmückt.[49] Zu diesem Gewand gehörte ein Zeremonialstab, aus einem Narwalzahn gefertigt und mit goldenem Knauf versehen (Kat. 139).[50]

Dieser Stab stand nicht mit dem Amt des Großkammerherrn von Frankreich im Zusammenhang – dessen Insignie war ein mit Samt überzogener Schlüssel oder Stab.[51] Unter welchen Umständen Talleyrand in den Besitz des Prunkstabs gelangte, ist nicht bekannt. Einen Narwalzahn als Zeremonialstab nutzte bereits die Äbtissin des Klosters des heiligen Amor in Munsterbilzen min-

138

Francois-Honoré-Georges Jacob, gen. Jacob-Desmalter (1770–1841)
Stuhl aus dem Gotischen Kabinett der Comtesse d'Osmond, um 1817–1820
Holz, vergoldet und geschnitzt, moderner Bezug, 146 × 54 cm
Inv.-Nr. PPO3510
Petit Palais, musée des Beaux-Arts de la Ville de Paris
Lit.
nicht bei Einhorn 1998
Paris 1991a, Nr. 57; S. 211
Paris 2019b, Nr. 295; S. 215, 224, Abb. S. 226

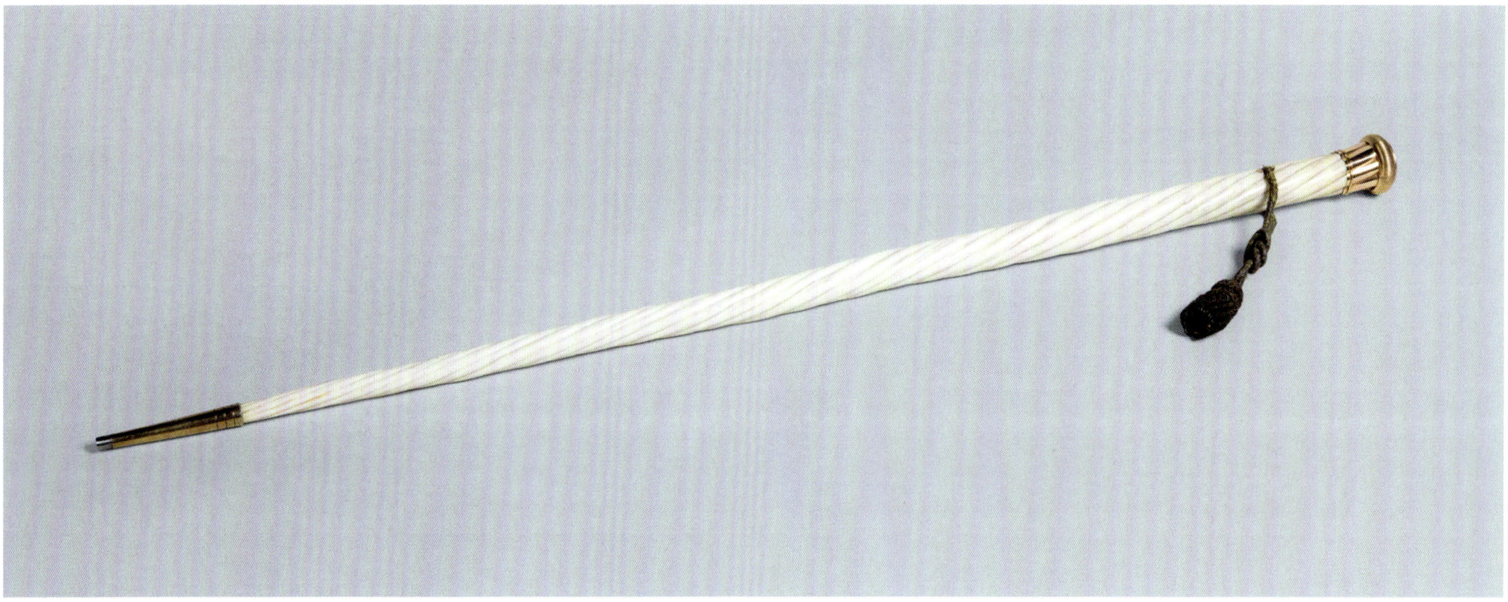

destens seit dem 15. Jahrhundert (siehe Kat. 95). Als *Stab des heiligen Amor* bezeichnet und für das Horn des Einhorns gehalten, war das kostbare Objekt religiös und magisch aufgeladen. Mehrere solcher Stäbe besaß der dänische König im 17. Jahrhundert.[52] Hier ging es allerdings – wie bei Talleyrands Stab – nur um die ästhetische Qualität und Seltenheit des Materials. Aber auch im 19. Jahrhundert hob eine solche Kostbarkeit das Prestige seines Eigentümers, wie im späten Mittelalter ein Narwalzahn das Ansehen eines Fürstenschatzes gesteigert hatte.

BCB

Aus dem Französischen übersetzt von Andreas Bredenfeld

139

Französisch
Zeremonialstab von Charles-Maurice de Talleyrand-Périgord, 1800–1838
Narwahlzahn, Gold (Knauf), Silber (Spitze), Silberdraht (Quaste), 90 × 5,5 cm
Inv.-Nr. EHM12
Syndicat Mixte du Pays de Valençay en Berry
Lit.
nicht bei Einhorn 1998

Angewandte Symbolik. Vom Emblem zum Signet

Zu den Eigenschaften, die antike Autoren dem Einhorn nachsagten, gehörten Schnelligkeit, Wildheit und Streitlust – Klugheit war nicht darunter. Dieses Merkmal kommt in der Bebilderung der hebräischen Dichtung *Meshal ha-Kadmoni* (Fabel der Alten) vor, verfasst im 13. Jahrhundert. 1491 erschien in Brescia eine mit Holzschnitten illustrierte Ausgabe, die ebenso wie zwei der fünf erhaltenen Handschriften aus dem 15. Jahrhundert an zwei Stellen ein Einhorn zeigt – obwohl das Tier im Text nicht als solches bezeichnet wird.[53] Vermutlich gehen alle Exemplare auf eine gemeinsame, nicht überlieferte Vorlage zurück.

Autor des in Versen geschriebenen Buches war der Gelehrte, Kabbalist – und möglicherweise Arzt – Isaak ben Solomon abi Sahula, geboren 1244 im spanischen Guadalajara. In Dialogform stellte er moralische und ethische Lehren auf der Grundlage von Talmud und Bibel vor, die Wissen und Denken des 13. Jahrhunderts widerspiegeln. Als Akteure treten neben Menschen auch verschiedene sprechende Tiere auf, eine in der griechischen und arabischen Literatur verbreitete didaktische Form. Die Tiere, etwa Fuchs, Hirsch, Hund oder Löwe, nehmen häufig mit erhobenen Pfoten oder Vorderläufen einen Redegestus ein, so auch in der Szene *Einhorn und Widder im Gespräch* (Kat. 140).

Sahula beschrieb das als Einhorn dargestellte Tier als klug:

> Er war weise, er wusste genug von allen Wissenschaften, sein Geist war so klar, dass er verborgene Dinge durchschauen konnte. Und trotz alledem ging er einen geraden Weg, makellos und Gott verehrend.[54]

Einmal unterhalten sich Einhorn und Widder, „geschmückt mit Juwelen funkelnder Klugheit", als sich ein Jäger nähert. Das Einhorn rät zur Flucht und antwortet auf die Frage des Widders, weshalb sie fliehen sollten, mit der Erklärung, es gebe drei Arten des Todes:

> der natürliche Tod, der Tod durch Unfall – die Heilige Schrift weist darauf hin – und der Tod als Strafe für Sünden, wenn das Register der Verdienste nichts verzeichnet und die Verteidigung des Beschwerdeführers scheitert. Und so erhielten alle mit dem freien Willen die Fähigkeit, aufzupassen, dass sich niemand dem Zufall aussetzt und bald in seinem Netz gefangen wird.

Die Erinnerung an den freien Willen verbindet das Einhorn mit der Ablehnung des Glaubens an Horoskope und der Versicherung, Gott werde alle Rechtschaffenen „in den geheimen Falten seines Zeltes" schützen: „Deshalb muss man sich vor Unfällen hüten, damit Gottes Zorn über die Nachlässigkeit der Sünde nicht aufflammt."

Der Text nennt die beiden Tiere *ofer* (Hirsch) und *aku* (Steinbock), aber der Illustrator hat sich die Freiheit genommen, sie als Einhorn und Widder zu zeigen.[55] Möglicherweise meinte er, ein als derart klug charakterisiertes Tier könne kein gewöhnlicher Hirsch sein – den er an anderen Stellen ins Bild gebracht hat. Die Gestalt des Einhorns ist an die aus der christlichen Kunst bekannte angelehnt. Es hat gespaltene Hufe, aber keinen Ziegenbart. Das Stirnhorn ist lang und spitz, ohne die Riefelung des Narwalzahns. Vielleicht war dieser zu sehr mit dem in Kirchen präsentierten „Einhorn-Horn" verbunden.

Diese Illustration aus dem 15. Jahrhundert ist nicht nur Ausdruck der transkulturellen Verwendung des Einhorns, sondern auch ein frühes Beispiel der Motivwanderung aus der christlichen in die jüdische Bildwelt, wie es dreihundert Jahre später eine Thorakrone zeigt (siehe Kat. 75).[56] Daneben sind die Dialoge im *Meshal ha-Kadmoni* einer der wenigen Fälle, in dem das Einhorn als Fabeltier im Sinn der Fabel als Erzählung sprechender Tiere auftritt. Ein Beispiel aus der christlichen Kultur findet sich etwa in Sebastian Münsters *Spiegel der Weisheit* von 1520 (siehe S. 350 f.).[57]

Als im 16. Jahrhundert die Kunstgattung des Emblems entstand, fand auch das Einhorn Eingang in diese Spielart humanistischer Gelehrsamkeit. Die allgemein bekannten Mythen – vom Fang durch eine Jungfrau über die medizinische Wirkung des Horns bis zu dessen materieller Wertschätzung – eigneten sich als Ausgangspunkt für geistreiche Erörterungen. Embleme bestehen aus drei Teilen: dem Lemma, einem kurzen Spruch, dem Ikon, der Abbildung, und einem Epigramm. Letzteres bietet oder erleichtert eine Erklärung für die oft bewusst rätselhafte Wort/Bild-Verbindung und trifft auf das Allgemeine zielende moralische Aussagen.

Der Nürnberger Arzt und Naturforscher Joachim Camerarius der Jüngere veröffentlichte in den Jahren 1590–1604 vier Bücher mit jeweils hundert Epigrammen, organisiert nach Pflanzen und den verschiedenen Bereichen der Tierwelt. Alle Embleme sind gleich gestaltet: das kreisförmige Ikon umgibt ein quadratischer Rand, darüber steht das Lemma, darunter das Epigramm. Zusätzlich wird das Thema in einem ausführlichen Kommentar erläutert. Der zweite Band zu den vierfüßigen Tieren enthält drei Embleme mit dem Einhorn, das bereits im Titelkupfer vertreten ist. Die Groteskenkartusche mit dem Titel umgeben zahlreiche Tiere wie Löwe, Panther, Hase, Hirsch, Bär und Affe, prominent sind am unteren Rand zwei steigende Einhörner mit spiraligem Horn abgebildet, die ein Medaillon halten.[58]

ויצא כעיר בת גלות הכבוד וההוד ׳ ויפרו וירבו מאד ׳ והאברי׳סה על אדוניה׳
ורעה ריקתו ׳ עברו וכעבטו ׃ ונשאתי אליך זה המשל ׳ לאמן לב כרפה ונכשל ׳
ולעורר כל משכיל פנים ופעמים ׳ למען יתפרו ויבושו החוזים בכוכבים הוברי
שמים ׳ ויאמר הזקן אתה האמרת היום ׃ והכינות לנפשיכו מרגוע ופדיום ׳
והארכת לדבר בדבר החכמ׳ הגדול׳ והרמה׳ ועל כן נחלנו ברית ותורה׳ ליראה
ה׳ כבוד ונורא ׳ והנה הבינותי מאמרת הנוראה׳ דברי מחזה ונבואה׳ כי הגלגלי׳
בחפן הם מתנועעים ׳ והכוכבים אפס מטיבים ואיכם מריעים ׳ ויש להם ב
בתנועתם כונה ׳ ובתקופתם הנאמנה ׳ והכוונה ההיא להדמות אל העצם ה
הפשוט הנחמד ׃ אשר בסוד קדושי עומד ׳ והוא השכל אשר הושם לשארי׳ מלאך
הברית ׳ על״כן ראוי לאדם להזהר במעשיו העצומים ׳ לירא את השם אלהים
לטוב לו כל הימים ׳ ועתה הנני בוזה את העולם השפל ׳ והגוף החשוך והאפל׳
ואדביק בסוד עליו׳ מחשבותי ׳ כי יזכה נפשי וכחתי׳ על במותי ידריכני למנצח
בנגינותי ׳

בורית הזקן מברך רעיוניו ׳ והעופר מדבר עניניו ׳

ויאמר העופר צדקת
אחי הזקן בחכמתך ׳
והחזקת ביושר תבונתך
ועתה לך ואקחך אל מקו׳
אחר ׳ אשר תהיה באדן ׳
בוחר ׳ ונתעסק בדברי
תורה ׳ ונבזה אל האורה ׳
ונתרחק מן השפלים ׳ ולא
נפנה אל האלילי׳ ׳ ונספר
כבוד יוצרינו ומהללו ׳
אולי נעלה דרך גבולו ׳
לחזות בנועם ה׳ ולבקר
בהיכלו ׳

79

140

Italienisch (Brescia?)
Einhorn und Widder im Gespräch, in:
Isaak ben Solomon abi Sahula
(1244 – nach 1281)
Meshal ha-Kadmoni (Fabel der Alten)
Potsdam:
Brescia: Gerson ben Moses Soncino 1491
Holzschnitt, 187 × 141 mm (Seite)
Inv.-Nr. HEB 45, fol. 82v
The Library of The Jewish Theological
Seminary, New York
Paris:
Venedig: Meir Parentis 1546–1550
Holzschnitt, 195 × 159 mm (Seite)
Inv.-Nr. RES-YA-12 (1), fol. 60r
Bibliothèque nationale de France, Paris,
réserve des Livres rares et précieux
Lit.
Wischnitzer 1951, S. 152
Einhorn 1998, S. 334 f.; Nr. 53 Ba
Boehm 2017, S. 33

Das Emblem 12 zeigt das Einhorn, das Wasser entgiftet, und behandelt die Heilkraft des Horns, im Folgenden sind Jungfrau und Einhorn zu sehen, im 14. geht es unter dem Lemma *Pretiosum quod utile* (Kostbar ist, was nützlich ist) um den Wert des Horns (Kat. 141). Ein Einhorn steht am Ufer eines großen Gewässers mit Segelschiffen neben einer geöffneten – und gut gefüllten – Schatztruhe. Es hat Spalthufe, Ziegenbart und ein spiraliges Horn. Der linke Vorderlauf ist wie bei Conrad Gessners Einhorn angehoben (siehe Kat. 44).

Das lateinische Epigramm lautet übersetzt: „Kostbar ist der Nutzen einer Sache, nicht ihr Ruhm. / Letzterer missfällt wenigen, jener aber gefällt vielen." Das trägt nur bedingt zur Erklärung von Wort und Bild bei, weil sich der Zusammenhang mit *fama* (Ruhm) nicht ohne Weiteres erschließt. Camerarius hat dieses Emblem – wie viele andere seiner Sammlung – nicht selbst erfunden, sondern aus dem 1566 erschienenen Emblembuch von Johannes Sambucus übernommen. Dort ist das Epigramm ausführlicher:

> Die Menschen halten gewöhnlich vieles eines hohen Preises wert, was selten ist und aus entfernten Gegenden über das Meer herangebracht wird. Ein leerer Wahn, wert des allgemeinen Gelächters! [Den Wert] dieses seltenen Hornes dagegen beweist seine Nützlichkeit. Denn wenn jemand im Sinn hat, Gift in einen Trunk zu mischen, verhindert die Gegenwart dieser Arznei alles Übel. Es ist das Schmuckstück königlicher Schätze und macht sich bezahlt. Diese Verschwendung hat großes Lob verdient.[59]

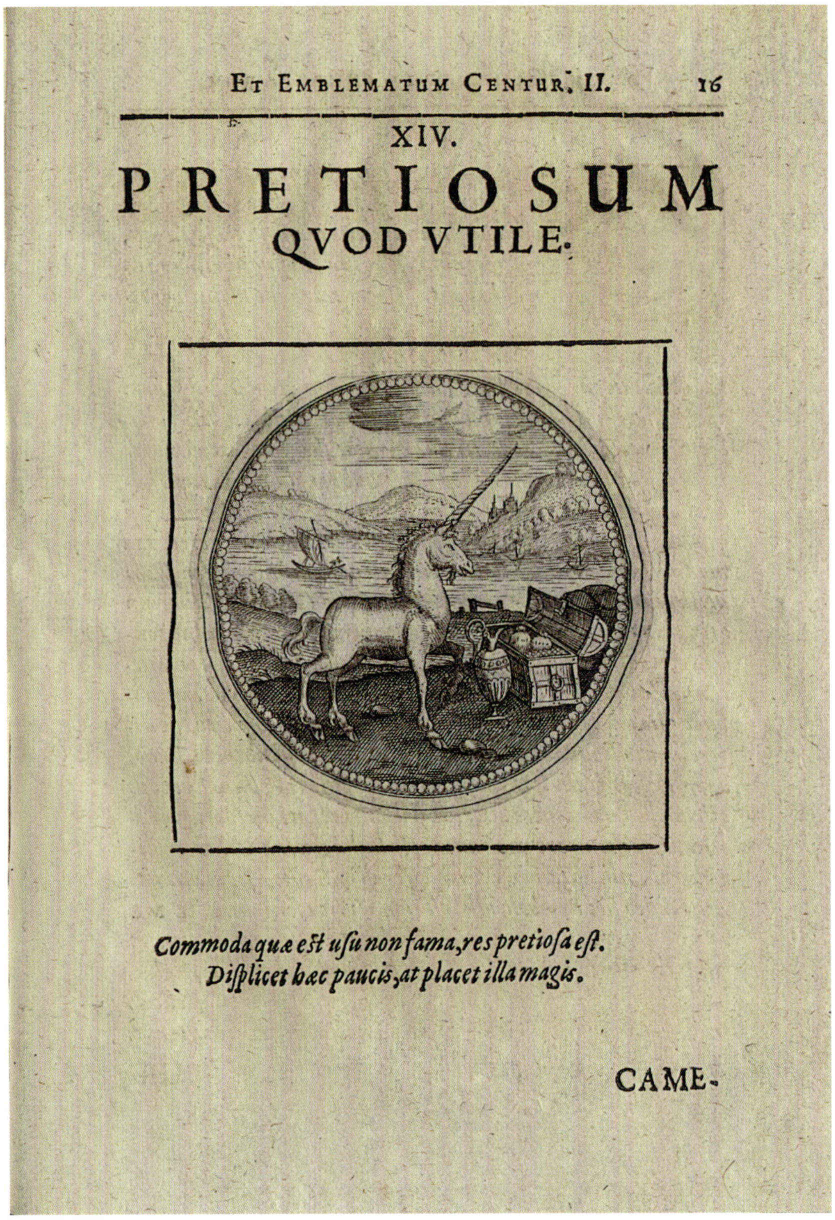
Et Emblematum Centur. II. 16

XIV.

PRETIOSUM QVOD VTILE.

Commoda quæ est usu non fama, res pretiosa est.
Displicet hæc paucis, at placet illa magis.

CAME-

141

Johann Ambrosius (Hans) Sibmacher (1561–1612), Stecher
Pretiosum quod utile
(Kostbar ist was nützlich ist), in:
Joachim Camerarius d. J. (1534–1598)
Symbolorum & emblematum ex animalibus quadrupedibus desumtorum centuria altera. Exponuntur in hoc libro rariores tum animalium proprietates tum historiae ac sententiae memorabiles
(Symbole und Embleme der vierfüßigen Tiere, zweites Hundert. In diesem Buch finden sich die selteneren Eigenschaften der Tiere sowie denkwürdige Geschichten und Ansichten), Frankfurt am Main: Johann Ammon 1661, S. 16
Kupferstich, 73 × 80 mm
Potsdam:
Inv.-Nr. Nv 7694
Staatsbibliothek zu Berlin – Preußischer Kulturbesitz, Abteilung Handschriften und Historische Drucke
Paris:
Inv.-Nr. Z 3517
Bibliothèque nationale de France, Paris, département Littérature et Art
Lit.
nicht bei Einhorn 1998
Henkel/Schöne 1996, Sp. 421

142

Daniel Meisner (1585–1625) und
Eberhard Kieser (1583–1631)
Ex vitio alterius sapiens emendat suum
(Aus den Fehlern des Anderen verbessert
sich der Weise), in:
Daniel Meisner
*Sciographia cosmica. Das ist Newes
Emblematisches Büchlein […]*, Bd. 4, Nürnberg:
Paul Fürst 1638, D 78
Kupferstich, 97 × 148 mm (Platte)
Privatsammlung
Lit.
nicht bei Einhorn 1998

Sambucus' Epigramm erklärt die Platzierung des Einhorns am Meeresufer und die Schatzkiste und verweist auf die damals noch anhaltende Wertschätzung des Horns in der Medizin (siehe Kat. 52–61) wie in Kirchenschätzen (siehe Kat. 94, 95). Camerarius dagegen nahm die Szene mit dem Einhorn zum Anlass für allgemeinere Überlegungen:

> Das Einhorn Monocerotis wird an sich nicht so hoch geschätzt, genießt aber wegen seiner Wirksamkeit und Nützlichkeit gegen Gifte Vertrauen. Deshalb werden wir ermahnt, im Leben nicht nur nach der Meinung einer bloßen Schätzung, sondern nach Erfahrung und Gebrauch abzuwägen, da nichts hoch geschätzt werden sollte, was nicht auch wirklich nützlich und fruchtbar ist. Horaz zögert fürwahr nicht, uns den Gebrauch von Reichtümern und den Erwerb guter Dinge einzuschärfen.[60]

Es folgt eine frühbarocke Klage über die Verderbtheit der Welt, die keinerlei inhaltlichen Bezug zum Einhorn hat. Camerarius interpretierte das vorhandene Emblem willkürlich und nutzte den Reiz des Motivs für seine allgemeine Strafpredigt. Das Einhorn war zum frei verfügbaren Kulturgut geworden.

Dessen bedienten sich auch andere Autoren, etwa Daniel Meisner und Eberhard Kieser, die zwischen 1623 und 1631 eine Folge von sechzehn Büchern mit je 50–52 Emblemen unter dem Titel *Thesaurus philo-politicus. Das ist: Politisches Schatzkästlein [...]* veröffentlichten. Unter den 830 Kupferstichen erscheint das Einhorn zwei Mal – bei dieser Fülle der Embleme wäre es erstaunlich gewesen, wenn sie es übergangen hätten.

Während sich das eine Emblem mit dem Jähzorn des Einhorns auf einen überlieferten Charakterzug bezieht,[61] hat das zweite keine Anknüpfung an die Tradition: *Ex vitio alterius sapiens emendat suum* (Aus den Fehlern des Anderen verbessert sich der Weise).[62] Das Blatt erschien zuerst 1625 im 6. Buch; bei der späteren Auflage von 1638 mit dem Titel *Sciographia cosmica* erfolgte die Bezeichnung oben rechts als „D 78" (Kat. 142).

Ein Einhorn liegt am Flussufer, auf seinem Rücken hat ein Mann Platz genommen, der in den Spiegel schaut. Im Hintergrund ist eine Ansicht von Arnheim gegeben. Die deutsche Übersetzung des lateinischen Lemmas leidet am beabsichtigten Versmaß und dem Reimzwang: „Aus eines andern Laster schwer / Ein Weysr seins corrigirt vielmehr: / Und von seim vorign Thun abstaht, / Do er vorm Volck begangen hat." Die „Kurze Erclärung" des Emblems am Anfang der Erstausgabe stellt zwar einen Bezug zum Einhorn her, ist aber wenig erhellend:

> Ein Mann in seinen besten Jahren sizt auff einem Einhorn / dessen krafft wider das Gifft beruemt ist / hat ein spiegel in der hand /und besihet seine gestalt darinn. Zeiget an / daß weise Leuth wann sie anderer personen gebrechen erkennen / ihr eigene mengel bessern.[63]

Der durchgehend fehlende Zusammenhang zwischen der abgebildeten Stadt und dem Inhalt des Emblems war beabsichtigt – der geschäftstüchtige Verleger wollte zwei Zielgruppen erreichen, sowohl die an Geographie als auch die an Sinnsprüchen Interessierten. Zumindest Letztere dürften anderes gewohnt gewesen sein. Weder sieht der Mann „in seinen besten Jahren" die Fehler der anderen, wenn er in den Spiegel schaut, noch ist ein Sinn erkennbar, warum das Einhorn als Sitzgelegenheit dient. Es hat hier keine andere Funktion als die des Blickfangs.

Ausgefeilter als diese Banalisierung des Einhorns sind die Epigramme des Salzburger Benediktiners Paris Gille, den Zeitgenossen für seine scharfsinnigen Lobdichtungen rühmten.[64] 1554 initiierte er eine Huldigungsschrift für Guidobald Graf von Thun und Hohenstein anlässlich seiner Weihe zum Fürsterzbischof von Salzburg, dessen Wappentier das Einhorn war.[65] Auf dem Titelkupfer und in 4 der 22 Embleme kommt das Einhorn in ungewöhnlicher Weise vor, so auch im 15. Emblem *Utrique in pretio* (Beide haben Wert) (Kat. 143).

In einer mit Putti und Füllhörnern geschmückten Kartusche ist in einer Landschaft ein großes Wiegedreibein installiert. Rücklings liegt in einem Tragegurt ein Einhorn, am waagrechten Wiegebalken sind als Gegengewicht Himmels- und Erdglobus angebracht. So hat das Einhorn dasselbe Gewicht und denselben Wert wie Erde und Kosmos zusammen. Sofern sich das Einhorn ungeachtet seiner absurden Präsentation als Christussymbol lesen lässt, könnte hier an das Wort Christi aus der Christophoruslegende gedacht werden: „Du hast nicht allein alle Welt auf deinen Schultern getragen, sondern auch den, der die Welt erschaffen hat."[66]

Über die Reaktion des Gewürdigten ist nichts bekannt, aber möglicherweise hatte der Fürsterzbischof einen Sinn für intellektuellen Humor, gehörte doch zu seiner Sammlung wohl auch das zur selben Zeit entstandene Gemälde *Großer Fischmarkt* von Joachim von Sandrart, das einen Narwalschädel unter den essbaren Meerestieren präsentiert (siehe Kat. 49). Allerdings hat mit einer Respektlosigkeit wie in diesem Emblem Gilles das Einhorn als Symbol seine Ernsthaftigkeit verloren, ähnlich wie Luca Longhis Gemälde gut hundert Jahre zuvor das Ende des Themas Frau mit Einhorn markiert hatte (siehe Kat. 120). Ohnehin ließ im 18. Jahrhundert die Freude am Geisteskitzel des Emblems nach und damit auch die Produktion neuer Emblembücher, die ausgewählte Charakteristika des Einhorns hätten würdigen können.

Aus anderen als intellektuellen Gründen rückte Anfang des 20. Jahrhunderts eine einzelne Eigenschaft des Einhorns in den Fokus – seine sagenhafte Schnelligkeit. Eine Autofirma, 1901 im Pariser Vorort Neuilly-sur-Seine von dem Mobilitätspionier Jean-Marie Corre gegründet, nannte sich ab 1907 Corre – La Licorne. Sie stellte

143

Wolfgang Kilian (1581–1663)? nach Vorlage
von Christian Zach (um 1620–1668)?
Utrique in pretio (Beide haben Wert), in:
Paris Gille (1623–1701)
Horizon Iuvaviensis [...] (Aufgang Salzburgs),
Salzburg: Anna Ursula Katzenberger 1654
Kupferstich, 178 × 190 mm
Inv.-Nr. an: 4"Xe 8982
Staatsbibliothek zu Berlin – Preußischer
Kulturbesitz, Abteilung Handschriften
und Historische Drucke
nur in Potsdam ausgestellt
Lit.
Einhorn 1998, S. 374 f.
Brandhuber/Fussl 2020, S. 321 f.

Limousinen her, beteiligte sich aber auch mit speziellen Wagen an Autorennen. Die von Aelian und anderen antiken Autoren beschworene Uneinholbarkeit des Einhorns (siehe S. 346) qualifizierte es als Markenzeichen, auch wenn diese Passagen der Quellen vermutlich nicht mehr allgemein geläufig waren. Die Gestalt des Einhorns dürfte allerdings in Frankreich zu dieser Zeit wieder populär gewesen sein, war doch seit 1882 im Musée de Cluny die vielbeachtete Tapisseriefolge *La Dame à la Licorne* zu sehen (siehe Kat. 123.1–6).

Ein Werbeplakat für den Rennwagen *La Licorne* von 1907 bis um 1915 zeigt auf schwarzem Grund ein weißes steigendes Einhorn mit ausschlagenden Vorderläufen (Kat. 144). Es ist wie in der in Frankreich um 1500 üblichen Weise gestaltet: als pferdeartiger Paarhufer mit Ziegenbart und – hier kurzem – spiraligen Stirnhorn. Der gestischen Dynamik des Einhorns entspricht die angedeutete Schnelligkeit des roten Wagens, der die Tierfigur überschreibt. Fahrer und Techniker sind mit Schutzbrillen ausgestattet, der Schal flattert, Fahrtwind ist angedeutet.

Rennwagen dieses Typs mit dem markanten Profil des Kühlergrills nahmen von 1907 bis in die 1920er Jahre an zahlreichen Wettrennen teil wie dem Grand Prix de l'Automobile Club de France, dem Coupe des Voiturettes, der Tour de France Automobile oder dem Grand Prix von Le Mans. Allerdings war der Erfolg wechselhaft – Fahrer und Wagen machten dem Namen Einhorn nicht immer Ehre.[67]

Noch vor der Gründung der Firma Corre – La Licorne wählte ein anderes französisches Unternehmen das Einhorn zum Wappentier: die Reederei Compagnie des Messageries Maritimes, die, 1851 gegründet, seit 1871 unter diesem Namen firmierte. Sie unterhielt Routen nicht nur zu den Mittelmeerhäfen, sondern auch zu Ländern auf allen Kontinenten, etwa Indien, China, Senegal oder Brasilien. Mindestens seit Ende der 1880er Jahre zeigte ihr Logo den Kopf eines Einhorns, der einen Anker überschreibt.[68]

Dieser Einhornkopf sah aus wie von einem Pferd, besaß keinen Ziegenbart und hatte ein spiraliges Stirnhorn. Das entsprach dem etablierten Bild vom Einhorn, aber die Wahl dieses Motivs gründete im nautischen Tätigkeitsfeld der Reederei, für das der Anker stand. Sie bezog sich auf das Meeres-Einhorn, das der Mönch und Naturforscher Thomas de Cantimpré im 13. Jahrhundert beschrieben hatte (siehe Kat. 45). Das erklärt auch, weshalb sich das Signet auf den Kopf des Einhorns beschränkte – ein vierbeiniges Landtier hätte kaum zu einer Reederei gepasst. Einen maritimen Bezug zeigt auch das Werbeplakat *Meeres-Einhorn der Messageries Maritimes* (Kat. 145), in dem nicht der traditionelle Einhorn-Kopf des Logos, sondern ein lebhaftes Meereswesen erscheint.

Vor einem nach unten dunkler werdenden grünen Hintergrund schwimmt das graue Meeres-Einhorn mit erhobenen Vorderläufen, die an Elias Geyers Kunstkammerstück erinnern (siehe Kat. 105). Der hintere Teil des Tieres ist vom Bildrand abgeschnitten. Das Stirnhorn ragt lang und spitz nach oben. Kleine Wellen umgeben seinen Kopf, sie scheinen aus den geöffneten Lippen zu strömen. Diese Gestalt ist keineswegs so furchterregend wie die von Thomas de Cantimpré als Einhorn-Meeresungeheuer beschriebene, von der es hieß, sie könne mit ihrem Horn Schiffe durchbohren und zum Sinken bringen.

Allerdings ist dieses im beschwingten Stil der 1950er Jahre sympathisch gezeigte Einhorn keineswegs harmlos. Das Plakat formuliert einen politischen Anspruch. Die von der mit einem gelben Kreis markierten „Metropole" – gemeint ist Frankreich – ausgehenden Linien und Schiffe führen zum Schriftzug „Union française". Mit dieser 1946 gegründeten Organisation vereinte Frankreich in einem dem britischen Commonwealth entsprechenden Verband seine Überseegebiete, Protektorate und damaligen Kolonien wie Indochina, Madagaskar, Französisch-Guayana und zahlreiche Territorien in West- und Zentralafrika. So wollte Frankreich seine von der Dekolonialisierung nach dem Zweiten Weltkrieg bedrohte internationale Machtstellung festigen. Dementsprechend ist das Einhorn auf dem Plakat ein nationalistisches, seine Mähne ist in den Farben der Trikolore gehalten. Diese politische Inanspruchnahme des Einhorns musste allerdings eine gravierende geographische Unstimmigkeit in Kauf nehmen. Keiner der zur Union française gehörenden Staaten lag im Arktischen Ozean, wo der Narwal, das Meeres-Einhorn, ausschließlich vorkommt.

MPH

144

Agentur Le Globe (Paris)
La Licorne, 1907 – um 1915
Werbeplakat der Compagnie française des automobiles „Corre" La Licorne, Neuilly-sur-Seine
Lithographie, 60 × 40,5 cm
Privatsammlung
Lit.
nicht bei Einhorn 1998

145

Poulain (tätig um 1950)
Meeres-Einhorn der Messageries Maritimes
Werbeplakat für die Reederei Messageries Maritimes, 1946–1958
Lithographie, 103,9 × 70,4 cm
Privatsammlung
Lit.
nicht bei Einhorn 1998

Aneignung, Identifikation, Verwendung. Das Einhorn in der Kunst seit dem 19. Jahrhundert

Bevor das Einhorn um 1600 aus der Malerei verschwand, war es in der europäischen Kunst allgegenwärtig, seine Bedeutung als christliches oder moralisches Symbol festgelegt. Das war anders, als sich am Ende des 19. Jahrhunderts Künstler – und im 20./21. Jahrhundert auch Künstlerinnen – dem Einhorn zuwandten. Jetzt war es eine persönliche Entscheidung, dieses Motiv in die eigene Bildwelt aufzunehmen.

Bei solchen Aneignungen konnten Elemente der Überlieferung wie das Thema Frau und Einhorn eine Rolle spielen oder aber neue Bezüge entstehen, etwa das Hinterfragen von Geschlechterrollen. Häufig gehörte die Identifikation mit dem Einhorn als einem magischen, außer der Norm stehenden Phänomen dazu. Als neues Medium eröffnete der Film im 20. Jahrhundert die Möglichkeit, das Erscheinen des Tieres zu thematisieren.

Das Einhorn war und ist flexibel genug, sich in ironischer oder sakraler, symbolistischer oder surrealer, magischer oder träumerischer, selbst abstrakter Verwendung zu behaupten. In einer von Rationalismus dominierten Welt ist sein Refugium die künstlerische Phantasie.

Der erste Künstler, der sich im späten 19. Jahrhundert dem Einhorn zuwandte, war Arnold Böcklin in seinem um 1871 entstandenen Gemälde *Heiliger Hain* (Kat. 146). Vor einem dichten Gehölz, das die Bildfläche fast bis zum sonnendurchstrahlten Wolkenhimmel ausfüllt, stehen in einer flachen Senke zwei monumentale goldene Opferschalen auf hohen Schäften und Steinpostamenten. In ihrer Mitte liegt das Einhorn in der Haltung einer Sphinx. Rötlich golden leuchtet sein aufgerichtetes Horn, das dunkle Fell ist dem Hintergrund angeglichen. Die Platzierung zwischen den sakralen Gerätschaften, die vielleicht den Eingang zu einem Heiligtum flankieren, lässt das Einhorn als Wächter erscheinen, der über den Zutritt entscheidet. Das Arrangement erinnert aber auch an die Altarsituation einer Kultstätte. So wird das Einhorn zum Zentrum der Andacht. Hier wartet nicht, wie in der Literatur seit dem *Physiologus* beschrieben, die Jungfrau auf das Erscheinen des Einhorns (siehe Kat.32–36), sondern dieses ist als Verkörperung des Wunderbaren selbstständig anwesend.

Möglicherweise haben Landschaftseindrücke von seinen Italienaufenthalten Böcklin bei der Ausgestaltung der Örtlichkeit inspiriert. Aber dieses auratisch aufgeladene Wäldchen ist weder lokalisierbar noch zeitlich einzuordnen. Überdies ist der heilige Hain keinem erkennbaren Ritus geweiht. So wird er zum allgemeingültigen Ausdruck des Geheimnisvoll-Mythischen.

Der Sammler Adolf Friedrich von Schack, der das Gemälde kurz nach seiner Entstehung erwarb, berichtet in seinen Erinnerungen von einem Besuch im Atelier des Künstlers: „Als ich einmal bei Böcklin eintrat und ihn bei diesem Bilde beschäftigt fand, fuhr er wie aus einem tiefen Traume auf und sagte mir, er habe schon seit frühem Morgen an dem Walde gemalt und sich alle die Herrlichkeiten vorgestellt, die darin verborgen seien.“[1] So war für Böcklin das Einhorn hier Traumgesicht und Hüter erhabener Kostbarkeiten.

Der Bezug auf das Einhorn war für Böcklin keineswegs typisch. Charakteristisch für sein Werk ist die Verbindung von Wirklichem und Phantastischem, etwa in südlichen Landschaften, in denen mythische Wesen die in der Natur auftretenden göttlichen oder dämonischen Mächte verkörpern. So bevölkern seine Bilder vielfach Pan und Faun, Nymphen und Najaden, Tritonen und Kentauren – ein Ensemble aus der antiken griechischen Mythologie, zu dem das Einhorn nicht gehört. Aber dem in Basel geborenen Künstler dürfte das in der oberrheinischen Kunst des 15. Jahrhunderts häufig vertretene Einhorn (siehe Kat. 13, 14, 44–46) vertraut gewesen sein. Böcklin brachte das Tier noch ein zweites Mal ins Bild, etwa vierzehn Jahre nach dem *Heiligen Hain.*

Das Schweigen des Waldes zeigt in unmittelbarer Nahsicht den Ausschnitt eines düsteren Tannenwaldes, in den nur ein schmaler Ausblick auf den Himmel etwas Licht einlässt (Kat. 148). Zwischen monumentalen moosgrünen Baumstämmen tritt auf rotem Grund das Einhorn hervor. Erschreckt klettert links ein Eichhörnchen am Baum nach oben, laut Böcklin hilft es „wesentlich mit, die Waldesstille zu charakterisieren“.[2]

Das Einhorn ist weder weiß noch pferdeähnlich, wie seit dem späten 15. Jahrhundert üblicherweise geschildert (siehe Kat. 9 u. ö.). Vielmehr erscheint es als plumpes Geschöpf mit scheckigem, zotteligem Fell. Das schwammige Kuhmaul, die gebleckten Zähne und das aufgerissene Auge verleihen ihm einen dümmlichen Ausdruck. So wenig edel dieses Einhorn daherkommt, so wenig anmutig ist seine Reiterin, die teilnahmslos ins Nirgendwo starrt. Sie steht in keiner Beziehung zu ihrem Reittier, anders als bei früheren Darstellungen der intimen Nähe von Jungfrau und Einhorn (siehe Kat. 112, 113, 116, 118, 122). Die Geste ihrer übereinandergeschlagenen Hände erinnert an die Haltung der Einhorn-Reiterin auf dem Minnekästchen *Wilde Leute nach der Jagd mit einer Frau auf einem Einhorn* von etwa 1460–1470 (siehe Kat. 66). Aber Böcklin bezog sich mit seiner Reiterin nicht auf die Wilden Leute, die der Überlieferung nach als Einzige in der Lage waren, das Einhorn zu reiten (siehe Kat. 68–71). Ebenso vermied er jeden erotischen oder mythischen Anklang. Er machte sich das traditionelle Motiv in ironischer Brechung zu eigen, was nicht allen Zeitgenossen gefiel. Einem skeptischen Betrachter des Bildes entgegnete er: „Wenn der Maler nicht malen darf, was ihm einfällt und wie's ihm ums Herz ist, dann ist's besser, man hängt die ganze Kunst an den Nagel.“[3]

Gegen Kritik an der Gestaltung seines Einhorns beharrte Böcklin auf der Freiheit der künstlerischen Phantasie, deren Ausdruck für ihn hier das Einhorn ist. Damit formulierte Böcklin auch einen grundlegend neuen Zugang zu dem Motiv. Nachdem das Einhorn als religiöses Symbol oder zoologisches Phänomen erledigt war, konnten sich die Künstler damit beschäftigen, wie es ihnen „ums Herz“ war.

146

Arnold Böcklin (1827–1901)
Heiliger Hain, um 1871
Öl auf Leinwand, 80,5 × 103,1 cm
bez. unten rechts: A. Böcklin
Inv.-Nr. 11530
Bayerische Staatsgemäldesammlungen
München – Sammlung Schack
nur in Potsdam ausgestellt
Lit.
nicht bei Einhorn 1998
Von Schack 1881, S. 153
Andree 1962, S. 48 f., 85 Anm. 220
München 1969, S. 175 f., Tafelband Abb. 180
München 1987, Nr. 35
Andree 1998, Nr. 252
München 2009, S. 65
Borchhardt 2017, S. 64, 258

Böcklin griff auf das Einhorn als ein traditionelles Motiv aus dem Bildgedächtnis zu, ohne einen inhaltlichen Bezug zur Überlieferung zu suchen. Auch Fritz von Miller bediente sich für sein monumentales kunsthandwerkliches Objekt *Die Sage* der vagen Vorstellung vom Einhorn als einem Tier aus ferner Vergangenheit (Kat. 147). Die beinahe zwei Meter hohe Konstruktion zeigt einen aus Elfenbein geschnitzten Tierschädel, dem ein langer Narwalzahn aufgesetzt ist, veredelt mit einer Krone und zwei Kränzen. Diese sind ebenso mit verschiedenen Schmucksteinen verziert wie die weiß emaillierte Fläche, auf der der Schädel aufliegt.

Der Bildhauer und Goldschmied Miller, Professor der Münchner Kunstgewerbeschule, präsentierte das Werk auf der Ausstellung *München 1908* in den neu eröffneten Prinz-Ludwig-Hallen. Seine Gedanken dazu erschienen in einer Besprechung in der Zeitschrift *Kunst und Handwerk* des Bayerischen Kunstgewerbevereins:

> Vergraben unter Schnee und Eis liegt, Jahrtausende dem Menschenaug' entrückt, ein Einhorn; die Sonne hat sich Bahn gebrochen und genagt und gefressen an der schützenden Hülle. Eine Krone schmückt den Schädel des königlichen Fabeltieres und erzählt in geheimnisvollen Zeichen von fremd gewordenen Zeiten märchenhafter Pracht. Zwischen Schnee und Eiskristallen hat frisches Grün sich hervor gewagt und im spärlichen Erdreich Wurzel geschlagen. Ein Kranz von Haiderosen [sic] blüht über dem gebleichten Schädel. Mit dem Spaten ausgehoben ist die Scholle Erde, die Alter und Jugend so eng verbunden zeigt. – Es ist die „Sage", die aus Vergessenheit und tausendjährigem Schlaf immer wieder junges, frischkeimendes Leben zu wecken weiß.[4]

147

Fritz von Miller (1840–1921)
Die Sage, 1908
Tafelaufsatz
Narwahlzahn, Elfenbein, Schmucksteine, Holz, Quarz, Silber und Kupfer,
197 × 48 × 60 cm
Inv.-Nr. L76/112
Bayerisches Nationalmuseum, München, Leihgabe aus Privatbesitz
nur in Potsdam ausgestellt
Lit.
nicht bei Einhorn 1998
Gmelin 1907/08, S. 361–363
München 2023, S. 193, mit Abb.; Abb. S. 92/93 (Detail)
München 2024, S. 148 f.; Nr. 123

148

Arnold Böcklin (1827–1901)
Das Schweigen des Waldes, 1885
Öl auf Holz, 73 × 59 cm
bez. unten links: AB
Inv.-Nr. MNP Mo 903
Muzeum Narodowe w Poznaniu, Posen
Lit.
Andree 1962, S. 85 Anm. 220
Gutmann 1965, S. 7
Stammler 1965, S. 134
Basel 1977, Nr. 171; Tafel 49
München 1987, Nr. 48
Linnebach 1991, S. 37–41
Andree 1998, S. 460
Einhorn 1998, S. 382
Basel 2001, Nr. 69
Lindemann 2013, Abb. 3
Posen 2016, S. 133
Borchhardt 2017, S. 63, 232, 259; Tafel 37
Lens 2020, Nr. 62

AB

Der einzige Bezug Millers zur historischen Überlieferung des Einhorns ist der indirekte Hinweis auf archäologische Ausgrabungsstücke, die im 16. bis 18. Jahrhundert als Horn des Einhorns galten; die Erwähnung des Eises könnte sich auf entsprechende Funde in Sibirien beziehen (siehe Kat. 50). In keinem bildlichen Zeugniss erscheint im Zusammenhang mit dem Einhorn eine Krone, die schon allein wegen des Horns schwer zu integrieren wäre. Allerdings soll das *Einhorn-Horn von Saint-Denis* im 17. oder 18. Jahrhundert mit einer silbernen Krone geschmückt gewesen sein (siehe Kat. 94).

Der Schlaf und das „frischkeimende Leben" bei Miller gehen nicht auf Quellen über das Einhorn zurück. Anhand seiner freien Assoziationen lud er die kunsthandwerklich enorme Arbeit mit Bedeutung auf. Sowohl das Objekt wie seine Ausführungen sind in ihrer geschichtlichen Ungebundenheit Ausdruck für die Zeitlosigkeit des Topos Einhorn, dessen ästhetische wie mythische Faszination um 1900 anhielt.

Zwei Jahre vor der Entstehung von Böcklins *Das Schweigen des Waldes,* 1883, hatte das Musée de Cluny in Paris begonnen, die Folge der Bildteppiche *Die Dame mit dem Einhorn* zu präsentieren (siehe Kat. 123.1–6). Ob Böcklin die sensationelle Wiederentdeckung der Tapisserien zur Kenntnis genommen hatte, ist nicht bekannt. Sicher ist dies aber bei dem ein Jahr älteren Gustave Moreau, den die Bildteppiche wie keinen anderen Maler inspirierten. Im Zug der Mittelalterbegeisterung und des Symbolismus um 1900 gewann das mystische Fabeltier neuen Reiz für Künstler.

Moreau, der 1864–1880 im Pariser Salon ausstellte und als Wegbereiter des Symbolismus gilt, widmete sich biblischen und mythologischen Themen, die er in phantastisch-mythischen Inszenierungen, oft mit pathetischen Gesten, umsetzte. Häufig treten darin dominante oder laszive, luxuriös ausgestattete und erotisierend charakterisierte Frauen auf. In zahlreichen Gemälden, Zeichnungen und Aquarellen widmete sich Moreau immer wieder dem Motiv Frau und Einhorn.[5] An seinem bekanntesten Gemälde, *Die Einhörner* (Abb. S. 71), arbeitete er über viele Jahre, wohl von 1885 bis in sein Todesjahr 1898. Darin präsentierte er zwei herrscherliche Frauen mit ihren Dienerinnen, die sich einige Einhörner unterworfen haben.

Anders ist die Szene in Moreaus undatiertem Gemälde *Frau und Einhorn* angelegt (Kat. 149). Vor einem mit breiten Pinselstrichen in brauner und roter Farbe grob strukturierten Hintergrund steht eine Frau in prächtigem Kleid. Eine Krone weist sie als Herrscherin aus. Mit einer darbringenden Geste wendet sie sich dem Einhorn zu, das vor ihr auf den Hinterläufen sitzt. Anmutig hat es den Kopf zur Brust gesenkt, sein großes Auge ist auf gleicher Höhe wie der Kopf der Frau. Ihr Gesicht ist nicht zu erkennen. Die verschwimmenden Konturen verleihen dem Gemälde etwas von einer Traumerscheinung – eine sinnliche Vision von Auserwähltheit, Reichtum und Intimität. Zu diesem suggestiven Eindruck trägt auch die Malweise bei. Während Moreau häufig detailliert und mit penibler Linienführung malte, zeigt dieses Gemälde wie einige seine Aquarelle einen skizzenhaften, verwischenden Stil, der in Richtung Abstraktion weist.[6]

Von Moreaus Kunst ebenso beeindruckt wie von den Tapisserien aus dem Musée de Cluny war Armand Point. In Algier geboren, wohin er nach seiner Schulzeit in Paris zunächst zurückkehrte, hatte er dort orientalisierende Motive gemalt, bevor er als 28-Jähriger wieder nach Frankreich ging. 1889 stellte er auf der Weltausstellung in Paris im algerischen Pavillon aus. Nach einem Studium an der dortigen École des Beaux-Arts schloss er sich zunächst der Gruppe der Nabis an, um sich später dem Symbolismus zuzuwenden. Er gehörte zum antinaturalistischen Kreis des Salon de la Rose-Croix, den der Okkultist Joséphin Péladan 1892 gründete.

Auf einer Italienreise hatte Point im Januar 1894 vor Sandro Botticellis Gemälde *Frühling* (um 1482–1487, Gallerie degli Uffizi, Florenz) ein Erweckungserlebnis, das ihn die Kunst der italienischen Renaissance idealisieren ließ.[7] Ebenfalls in den Uffizien sah Point ein anderes Bild Botticellis, *Pallas und der Kentaur* (um 1482), das die Unterwerfung der von dem Mischwesen symbolisierten Triebe durch die von Pallas Athene verkörperte Keuschheit zeigt. Diese Konstellation übertrug Point in seine großformatige Zeichnung *Prinzessin mit Einhorn,* die 1896 entstand (Kat. 150). 1899 präsentierte er sie in seiner Einzelausstellung in der Pariser Galerie Georges Petit.

In einer gebirgigen Landschaft mit einem See im Hintergrund steht eine junge Frau neben einem Einhorn. Sie ist in ein antikisierendes Gewand gekleidet, trägt Harnisch und einen geflügelten Helm. Das Gesicht ist, wie auf Portraits der italienischen Renaissance üblich, in strengem Profil gegeben. Ihre Züge erinnern an Points damalige Lebensgefährtin Hélène Lindner, die mit ihm nach Florenz gereist war.

149

Gustave Moreau (1826–1898)
Frau und Einhorn, o. J.
Öl auf Leinwand, 79,4 × 65 cm
Inv.-Nr. 957
Musée national Gustave Moreau, Paris
Lit.
nicht bei Einhorn 1998
Paris 1990, Nr. 957
Verrand 2014, Abb. S. 105
Lens 2023, Abb. S. 15
Paris 2024c, S. 177; Abb. 159

150

Armand Point (1861–1932)
Prinzessin mit Einhorn, 1896
Bleistift und Pastell auf Papier, 90 × 71 cm
bez. unten rechts: A Point 96
Lucile Audouy, Paris
Lit.
nicht bei Einhorn 1998
Salzburg 2000, S. 129
Tampere 2006, S. 306, Abb. S. 307
Doré 2010, S. 58; Abb. 43
Yerres 2018, S. 32
Sciortino 2023

151

Armand Point (1861–1932)
Prinzessin mit Einhorn, um 1896
Emaille auf Kupfer, 73 × 53 cm
Lucile Audouy, Paris
Lit.
nicht bei Einhorn 1998
Laurent 1997, S. 92, Abb. 8
Salzburg 2000, S. 130
Yerres 2018, S. 33

Die Rechte in die Hüfte gestützt, lässt die Frau die Fingerspitzen ihrer linken Hand leicht auf dem Hals des Einhorns ruhen. Dieses hat seinen Kopf gebeugt; das spiralige Horn, sonst als erhobene Stirnwaffe Ausweis seiner Kraft, ist zum Boden gerichtet. Das Einhorn hat den rechten Vorderlauf angehoben und kaut an einem Getreidehalm. Es ist pferdgestaltig mit gespaltenen Hufen, aber ohne Ziegenbart. Seine grazilen Beine, die Blumenkette um den Hals, die in die Mähne eingeflochtenen Zöpfchen und der gebundene Schweif charakterisieren es als domestiziert. Dagegen verkörpern die aufrechte Haltung, der strenge Gesichtsausdruck und die wehrhafte Ausstattung der Frau Macht und Autorität. Sie hat das Einhorn mit leichter Hand gezähmt, oder es hat sich ihr aus freien Stücken unterworfen. Von seiner Wildheit, Stärke und Unbezwingbarkeit, den zentralen Eigenschaften, von denen alle antiken Quellen sprechen, ist nichts geblieben.

Point setzte dieses Motiv der Umkehrung traditioneller Geschlechterrollen in zahlreichen Varianten um. Neben einem farbigen Gipsrelief, das er 1900 auf der Pariser Weltausstellung zeigte, entstand auch eine Fassung von *Prinzessin mit Einhorn* als kunsthandwerkliche Arbeit aus Emaille und Kupfer (Kat. 151). Hier stehen im Hintergrund stilisierte Orangenbäume mit Blüten und Früchten vor nachtblauem Himmel. Der Pfau auf dem Baum rechts, der auf der Zeichnung kaum auffällt, spreizt hier sein goldenes Gefieder. Die reliefierte Darstellung von Einhorn und Frau folgt der Zeichnung, ist aber in glänzendem Gold gehalten. Mit dem säulengeschmückten Rahmen strahlt das Werk Pracht und Erhabenheit aus.

Point hatte 1896 in seinem Wohnort Marlotte bei Fontainebleau, südlich von Paris, die Künstlergemeinschaft Haute-Claire gegründet. Hier arbeiteten Maler, Goldschmiede, Emailleure und andere Kunsthandwerker mit mittelalterlichen Techniken wie bei den Emailleobjekten aus Limoges des 12.–14. Jahrhunderts. Sie fertigten in gemeinschaftlicher Arbeit auch Schmuck, Schatullen, Lampen und Bucheinbände. Ihr symbolistisches Ideal war die Aufhebung des Materiellen in einer vergeistigten Kunst.[8]

Auf die von Point dargestellte Szene veröffentlichte der Dichter Stuart Merrill, der zeitweise ebenfalls in Marlotte wohnte, 1897 das Gedicht „La Princesse à la licorne“ (Die Prinzessin mit dem Einhorn), dessen erste Zeilen folgendermaßen lauten:

> Strahlend in ihrem Kleid, auf dem
> sich die Morgenröte widerspiegelt,
> zähmt die Königin dank einer
> geheimnisvollen Gabe das Einhorn.[9]

Die Gemälde von Moreau und Point prägt die unmittelbare erotische Spannung zwischen Frau und Einhorn. Einen anderen Zugang zu dem Motiv wählte Arthur B. Davies. Der in Utica, New York, geborene Künstler hatte in Chicago und New York Kunst studiert. Ob er bei seinen Europareisen, die ihn auch nach Paris führten, die Werke der französischen Symbolisten oder die Tapisserien im Musée de Cluny gesehen hat, ist nicht überliefert. Aber mit dem Werk Arnold Böcklins war er vertraut; in einem Brief oder einer Notiz, während seiner zweiten Europareise 1897 in München verfasst, bezeichnete er ihn als „den Größten im heutigen Deutschland“.[10] Eine Reproduktion von Böcklins *Toteninsel,* die dieser in fünf Fassungen in den Jahren 1880–1886 gemalt hatte, hängte Davies in seinem Wohnhaus auf – ebenso einen Druck von *Das Schweigen des Waldes.*[11] Die Einhörner bei Davies und die landschaftliche Inszenierung weisen allerdings keine Ähnlichkeiten mit dem Werk Böcklins auf.

In Davies' Gemälde *Einhörner (Legende – Meeresstille)* von etwa 1906 findet die Begegnung von Frau und Einhorn in einer weiten, phantastischen Uferlandschaft in gedämpften Brauntönen und blaugrünem Wasser statt (Kat. 153). Möglicherweise hat Davies Eindrücke einer Reise ans Mittelmeer wiedergegeben. Die Landschaft spielt eine wichtige Rolle, sind doch die Einhörner anders als bei den meisten Darstellung des Tieres ungewöhnlich klein gezeigt. Besonders ist auch ihre Vierzahl. Das Einhorn ist ein Einzelgänger und tritt selten mit Artgenossen in Erscheinung, nur etwa als Zweiergespann beim Zug des Triumphwagens der Keuschheit (siehe Kat. 125.1, 126.1). Auch die Rolle der beiden Frauen ist nicht deutlich. Die eine, deren weißes Kleid wie die Farbe der Einhörner einen hellen Akzent setzt, steht mit dem Rücken zu den Betrachtern. Sie wendet sich nach rechts, wo in einiger Entfernung die zweite Frau vor den Einhörnern niederkniet. Sie ist unbekleidet und bietet den Tieren demütig eine Opfergabe dar.

Für diese Inszenierung gibt es kein literarisches oder bildnerisches Vorbild. Das Gemälde könnte von der damaligen biographischen Konstellation bei Davies inspiriert sein, aber es erschöpft sich nicht in solchen möglichen Andeutungen.[12]

152

Alfred Kubin (1877–1959)
Der König und das Einhorn, um 1905
Leimfarbe und Gouache, Feder in schwarzer Tusche, laviert und gespritzt, auf Karton, 33,3 × 40,2 cm
bez. unten links: AKubin
Inv.-Nr. 11181
Kunstforum Ostdeutsche Galerie, Regensburg
nur in Potsdam ausgestellt
Lit.
nicht bei Einhorn 1998
Mülheim 1984, Nr. 44; Abb. S. 31
München 1990, Nr. 96
Erfurt 2007, Nr. 131
Regensburg 2010, S. 11 f.; Nr. 2

153

Arthur B. Davies (1862–1928)
Einhörner (Legende – Meeresstille), um 1906
Öl auf Leinwand, 46,4 × 102,2 cm
bez. unten links: A. B. Davies
Inv.-Nr. 31.67.12
The Metropolitan Museum of Art,
New York, Vermächtnis Lillie P. Bliss 1931
Lit.
nicht bei Einhorn 1998
Sherman 1919, S. 47
Phillips 1924, S. 15, 62; Abb. 18
Utica 1962, Nr. 25
Wright 1978, S. 36, 48, 115–118
Cherry 1997, Abb. S. 108/109
Perlman 1998, S. 166 f., 170, 290, 296; Tafel 6
Le Goff 2005, S. 142/143

Die Verhaltenheit und das zurückhaltende Kolorit rufen eine melancholische Stimmung auf. Frei von erkennbaren symbolischen oder moralischen Botschaften knüpfte Davies nicht an die mit dem Einhorn verbundenen Bedeutungen an, sondern schuf eine träumerische Vision.

Davies gehörte zu der amerikanischen Malergruppe The Eight, deren andere Mitglieder das New Yorker Alltagsleben in die amerikanische Kunst brachten. Die Gemeinschaft mit den urbanen Realisten hinderte ihn nicht, poetische und dekorative Bilder zu malen, in deren Traumlandschaften Einhörner erscheinen. Davies stellte das Gemälde erstmals im März 1908 bei der Jahresausstellung der National Academy of Design unter dem Titel *Legend: Sea Calm* (Legende. Ruhige See) aus. Es wurde zu seinem bekanntesten Werk. Der Sammler Duncan Phillips zählte es 1924 zu den originellsten Schöpfungen imaginativer Kunst in Amerika.[13]

Rätselhaft wie Davies' traumverlorenes Einhorn-Ufer ist auch Alfred Kubins Gemälde *Der König und das Einhorn* (Kat. 152). Etwa gleichzeitig entstanden, herrscht dort allerdings eine düstere, abweisende Atmosphäre. In der unwirtlichen, braun-trüben Umgebung steht der König, dessen kleiner, blasser Kahlkopf an einen Totenschädel erinnert. Die schmächtige Gestalt auf zarten Beinen umhüllt ein schwerer, viel zu großer Mantel. Sein fahles Grün, das schmutzige Weiß des Pelzbesatzes und das Rot des Gewandes setzen einen schrillen Farbakzent. Die Verschlossenheit, die das Gesicht ausdrückt, verstärkt die weite Goldkette, die den Mantel verschließt. Statt eines Zepters hält dieser König einen Blumenstrauß in der Hand. Offen bleibt, ob er diesen gerade erhalten oder für jemanden als Präsent vorgesehen hat.

Neben dieser skurrilen Figur liegt das kleine Einhorn, dessen Ausformung eher an einen großen Hund denken lässt als an die traditionelle Gestalt eines Pferdes. Das kurze spiralige Horn wirkt wie ein künstlicher Aufsatz. Ungewöhnlich ist das dunkle Fell, das schon einmal auf einem Basler Teppich von etwa 1440 vorkam (siehe Kat. 14) und in der zeitgenössischen Kunst gelegentlich aufgegriffen wird (siehe Kat. 12, 93). Kubins Einhorn verkörpert weder Christus noch steht es für Keuschheit. Seine dunkle Decke passt zur düsteren Stimmung.

Die dünne weiße Leine, die Einhorn und König verbindet, nimmt ein Motiv auf, das sich unter anderen Vorzeichen auf dem toskanischen Marienaltärchen von etwa 1370 findet (siehe Kat. 30). Aber während dort die Frau das Einhorn freundlich begrüßt, steht der König hier unverwandt in sich gekehrt. Schon der *Physiologus* des 2./3. Jahrhunderts hatte erwähnt, die Jungfrau bringe das Einhorn zum König (siehe S. 346), und Jean Duvet zeigte in seiner Kupferstichfolge von etwa 1530 die gefährliche Jagd des Königs auf das Einhorn (siehe Kat. 130.3–4). Kubins König hat das Einhorn erlangt, aber er weiß damit nichts anzufangen. Ohnehin ist die Zuordnung des Einhorns zu einer männlichen Figur besonders.[14] Das Gemälde gilt, mit ähnlich gearteten Werken, als Selbstportrait Kubins.[15] Es entstand in einer Zeit persönlicher und künstlerischer Umbrüche. Warum er sich in einer Selbstdarstellung, die Einsamkeit und Unzugänglichkeit betont, gerade der Gesellschaft des Einhorns versicherte, bleibt offen.

In den meisten Darstellungen ist das Einhorn geschlechtsneutral gezeigt. Nur selten ist es als Hengst zu erkennen, etwa in der Miniatur eines niederländischen Stundenbuches aus der ersten Hälfte des 16. Jahrhunderts (siehe Kat. 33) oder bei *Orpheus bezaubert die wilden Tiere* von Paulus Potter (siehe Kat. 26). Gleichwohl wird es häufig als männlich gedacht, in seiner Vorstellung als Symbol für Christus (siehe Kat. 32, 34–36) wie auch im Gedicht von Thibaut le Chansonnier (siehe S. 348). Ein Einhorn, dessen Merkmale als weiblich gelesen werden können, präsentierte dagegen René Magritte 1964 in seinem Gemälde *Der Meteor* (Kat. 154). Die Anlage als Brustbild im Halbprofil, die Perspektive und der Landschaftsausblick entsprechen dem Kompositionsschema von Portraits der italienischen Renaissance. Die menschenähnliche Anmutung des Einhorns verstärken das blaue Auge, die Augenbraue und die blonde Mähne, gestaltet wie schulterlanges Haar.

Das Stirnhorn ist als steinerner Rundturm mit gemauerter Spitze formuliert. Seine Bauart weist auf das Mittelalter, als das Einhorn allgegenwärtiges Motiv war. Als Ausstattungselement des Tieres symbolisiert der Turm zum einen seine aus den antiken Quellen bekannte Kampf- und Verteidigungsfähigkeit, zum anderen kann er als Verweis auf die mögliche Gefangenschaft im Schloss des Königs gedeutet werden. Die Gefangennahme findet, wie im *Physiologus* geschildert, im Wald statt. Dieser ragt im Hintergrund auf. Die weiblichen Merkmale von Magrittes Einhorn sind eine paradoxe Spiegelung der nach den Quellen als Lockmittel zum Fang des Tieres eingesetzten Jungfrau.

154

René Magritte (1898–1967)
Der Meteor, 1964
Öl auf Leinwand, 54,6 × 46 cm
bez. unten links: Magritte
Privatsammlung
nur in Potsdam ausgestellt
Lit.
nicht bei Einhorn 1998
Sylvester 1993, Nr. 955

Magritte

Wie häufig in seinem Œuvre variierte Magritte auch das Einhorn-Motiv mit dem Turm mehrfach. Eine Version von 1955 nannte er *Das Herz der Welt* (Carnegie Museum of Art, Pittsburgh), 1963/64 folgte *Die schöne Idee* (Privatsammlung).[16] Bei Ersterer setzte er das Einhorn vor einen nachtblauen Hintergrund, bei Letzterer vor einen dichten Wald. Im Bild *Der Meteor* ist das Einhorn vor gerafften Theatervorhängen portraitiert. Mit diesem Detail brachte Magritte als Erster ein wesentliches Merkmal des Einhorns ins Bild. In vielen literarischen Quellen bis ins 16. Jahrhundert ist das Tier nicht selbstverständlich gegenwärtig, sondern es muss gesucht und erwartet werden, bis es zu sehen ist. Die bühnenartige Inszenierung betont das Erscheinen des Einhorns – und zwar erst wenn, im übertragenen Sinn, der Vorhang geöffnet ist.

Zur äußersten möglichen Konzentration der Darstellung eines Einhorns fand Aurelie Nemours im Bild *Das Einhorn* von 1969 (Kat. 155). Drei ineinander gestaffelte farbige Flächen unterschiedlicher Größe stellen Körper, Kopf und Horn des frontal gesehenen Tieres dar. Die Rechtecke sind an der vertikalen Mittelachse orientiert, ihre Proportionen und ihre Platzierung folgen keinem durchgängigen Prinzip. Die Farben wirken konfrontativ – das massive Schwarz, das undurchdringliche Rosa und das bedrohliche Gelb. Die Oberfläche ist glatt, ohne sichtbare Pinselspuren. Ihre Materialität soll nicht hervortreten, eine individuelle Pinselhandschrift der Künstlerin nicht erkennbar sein. Hier ist das Einhorn im rechten Winkel diszipliniert, von seiner ursprünglichen Wildheit ist nichts geblieben.

Nemours hatte bei André Lhote und Fernand Léger studiert und sich bereits 1949 der geometrischen Abstraktion zugewandt. Sie stellte im Salon des Réalités Nouvelles aus. Rechtwinklige Strukturen, Linie und Fläche bestimmen ihre Werke. Diese wollen keine Gegenstände zeigen, sondern nur Formen, denen die Künstlerin einen bestimmten Platz zugewiesen hat.

Ungeachtet ihrer Abstraktion tragen einige Gemälde Titel, die ihren Formen einen Bezug zur Gegenstandwelt zuweisen: *Das kleine Pferd, Der Wolf, Das Schloss* oder eben *Das Einhorn.* Über die Schwierigkeiten der Benennung ihrer Werke reflektierte Nemours ausführlich in ihren Aufzeichnungen: „Die Namen habe ich nicht aufs Geratewohl vergeben. Der gegebene ist derjenige und kein anderer. Ich versetzte mich in eine Art von Trance, und das brauchte viel Zeit."[17] Sollte diese Aussage auch auf *Das Einhorn* zutreffen, läge hier eine Umkehrung des üblichen Entstehungsprozesses eines Gemäldes vor. Bei seiner Anfertigung hatte Nemours nicht zuerst das Einhorn als Vorstellung, die es umzusetzen galt. Vielmehr identifizierte sie das entstandene Gemälde erst nachträglich mit der in ihrem Bildgedächtnis gespeicherten Erinnerung als Einhorn.

Eine expressive Umsetzung des Themas Frau und Einhorn legte Angela Hampel in ihrem Siebdruck *Einhorn* 1987 vor (Kat. 156). Dieses Miteinander prägt eine Härte des Ausdrucks, die fern jeder Gefälligkeit oder dekorativen Ästhetisierung steht. Die unbekleidete Frau hockt dicht neben dem Einhorn, dem sie ans Kinn fasst. Beider Augen sind zu Schlitzen verengt. Die Frau blickt die Betrachter herausfordernd an, ihre Lippen sind zusammengekniffen. Aggressives Rot zieht sich über ihren Körper. Auch das Horn ist wie von Blut rot befleckt, was die Verletzungsgefahr durch diese Waffe signalisiert. Seine mögliche Bedeutung als phallisches Symbol liegt hier nahe. Der legendären Zähmung des Einhorns, in der Kunst häufig dargestellt (siehe Kat. 34–36), scheint ein Kampf vorausgegangen zu sein – sei es zwischen den beiden oder gegen einen gemeinsamen Gegner.

Hampel studierte von 1977 bis 1982 an der Hochschule für Bildende Kunst in Dresden und arbeitet seitdem als selbstständige Künstlerin. In vielen ihrer Werke treten starke, rebellische, aber auch verletzliche Frauenfiguren auf. Sie setzen ihr emotionales Aufbegehren gegen Stumpfheit der Anpassung und gegen die patriarchalischen Strukturen in der späten DDR, können aber auch auf die gegenwärtige Gesellschaft bezogen werden. In diesem Sinn kann die Übernahme des traditionellen Themas Frau und Einhorn, das bislang von Männern gestaltet wurde, als emanzipative Aneignung verstanden werden.

Hampel stellte auch später häufig eine Frau mit einem Tier dar, etwa 2005 im Gemälde *Selbst mit Salamander* oder 2006 die *Königin von Saba* mit einem Panther.[18] Auch das Einhorn kommt mehrfach vor. Im *Weiblichen Akt auf Einhorn* reitet eine unbekleidete Frau das Tier (siehe Kat. 72), im gleichen Jahr, 1988, zeigt ein von ihr entworfenes Ausstellungsplakat eine Frau mit Punkerfrisur neben einem Einhorn.[19] Das Motiv war ihr, auch wegen seines häufigen Auftretens in der Kunst, wie selbstverständlich gegenwärtig.[20]

155

Aurelie Nemours (1910–2005)
Das Einhorn, 1969
Öl auf Leinwand, 73 × 60 cm
Privatsammlung, Frankreich
Lit.
nicht bei Einhorn 1998
Lemoine 2018, Nr. 172; Bd. 2, S. 678;
Abb. Bd. 1, S. 69

René Magritte hatte in seinem Gemälde *Der Meteor* mit den geöffneten Theatervorhängen das Einhorn als Wesen charakterisiert, das auftritt, das sich zeigt. Diesen zentralen Aspekt der Epiphanie thematisierte Rebecca Horn in der Performance *Einhorn* von 1970, die in einem Film dokumentiert ist (Kat. 158). Die dem Medium eigene Möglichkeit der Verlaufsschilderung kann die Abfolge von Erscheinen, Präsenz und Entfernen zeigen. Das Auftreten des Einhorns bleibt dabei unbegründet und rätselhaft. Seine Gegenwärtigkeit ist unverfügbar.

Als Umkehrung der traditionellen Geschlechterrolle ist das Einhorn – wie schon bei Magritte – in Horns Performance weiblich, und wie dort sind Frau und Einhorn zu einer Figur verschmolzen, anders als im überlieferten Bildschema. Die junge, unbekleidete Frau trägt auf ihrem Kopf eine lange, spitz zulaufende Stange, die mit einem korsettartigen Gurtsystem fixiert ist (Kat. 157). Die weiße Farbe des Leinenbezugs und die runde, längliche Form gleichen von Ferne dem Zahn des Narwals, der über Jahrhunderte als Horn des Einhorns galt. Die Dimension des Objekts kommt der des Horns von Saint-Denis nahe (siehe Kat. 94). So wie dieses im Mittelalter und bis in die Frühe Neuzeit als Beweis für die Existenz des Einhorns galt, kann die Materialität des Objekts die Inszenierung des Films in der Realität verankern.

In der ersten Einstellung schreitet die Frau im Halbdunkel eines Waldwegs aus einiger Entfernung auf die Kamera zu. Anschließend läuft sie in aller Ruhe durch ein Getreidefeld. Nach einem Moment des Stillstehens geht sie – in Rückansicht gezeigt – zum Wald zurück und entfernt sich auf dem Weg, auf dem sie gekommen ist. Der Auftritt ist konzentriert und souverän.

In einer Aufzeichnung von 1971 zu dieser Performance schreibt Horn, sie habe sich gedanklich mit dem Phänomen Einhorn beschäftigt, als sie die spätere Akteurin zufällig gesehen und in deren Art zu Gehen die Umsetzung ihrer Vorstellungen erkannt habe:

> Zum ersten Mal sah ich sie auf der Straße, sie ging vorbei, als ich gerade meinen eigenen „Einhorn"-Tagträumen nachhing, – ein eigenartiger Rhythmus zu gehen, – den einen Schritt vor den nächsten zu setzen ... Es war wie ein rückwirkender Schock meiner eigenen Imagination. Ihre Bewegungen, eine Art Biegsamkeit, genau zu wissen, wie man ausschließlich nur die Beine bewegt, der Rest ihres Körpers, eingefroren, vom Kopf bis zu den Hüften.

Nach mehrwöchigem Training habe die Performance an einem Sommertag stattgefunden, so Horn weiter:

> Die Aktion begann früh morgens in einer offenen Landschaft. Dunst liegt über den Feldern, die Sonne läßt diese Erscheinung, das Einhorn, neu entstehen.
> Ihr Bewußtsein, wie elektrisiert, aufs Äußerste gespannt: nichts kann sie von ihrer Trance-Wanderung zurückhalten, sich mit jedem Baum und jeder Wolke zu messen. Und der Weizen berührt sanft ihre Hüften, aber nicht ihre freien Schultern.[21]

Die landschaftliche Inszenierung mit Wald und sommerlichem Getreidefeld erinnert an eine Szene in Jean Genets Roman *Tagebuch eines Diebes* von 1949, der 1961 auf Deutsch erschien. Darin bereitet sich der Ich-Erzähler auf einen ungenehmigten Grenzübertritt vor:

> Dieses Roggenfeld wurde auf der polnischen Seite von einem Wald begrenzt, dessen Rand aus lauter reglosen Birken bestand. Auf der tschechischen Seite war ebenfalls ein Wald, dieser jedoch von Fichten. Lange hockte ich an seinem Rand und merkte auf das Feld, was es enthielte und welche Zöllner es verbergen würde, wenn ich mich anschickte, es zu durchqueren. Gewiß hoppelten dort unsichtbare Hasen umher. In mir war Unruhe. Die ganze Natur unter diesem reinen Mittagshimmel gab mir ein Rätsel auf, gab es mir auf mit süßem Schmelz: „Wenn jetzt etwas geschieht", sagte ich mir, „so kann dies nur die Erscheinung eines Einhorns sein. Ein solcher Augenblick und ein solcher Ort können nur mit einem Einhorn niederkommen."

156

Angela Hampel (geb. 1956)
Einhorn, 1987
Siebdruck, 70 × 60 cm
Bez. unten links: 53/80 Einhorn;
unten rechts: Angela Hampel 87
Privatsammlung
nur in Potsdam ausgestellt
Lit.
nicht bei Einhorn 1998

Ängstlich und erregt läuft der Erzähler los:

> Ich wagte mich in dieses golden wogende Meer hinaus, so wie man ins Wasser eintritt. Aufrecht gehend durchquerte ich das Roggenfeld. Langsamen und sicheren Schrittes ging ich vorwärts.

Diese Szene beginnt der Erzähler unvermittelt mit einem Hinweis auf die Tapisseriefolge *Die Dame mit dem Einhorn* (siehe Kat. 123.1–6), die ihn ergriffen habe. Nach erfolgter Grenzüberquerung verweist er wiederum darauf und sieht in ihrem Mysterium eine Entsprechung zu seiner Überwindung sowohl der realen Grenze als auch der von Furcht bestimmten Selbstbeschränkung. *Die Dame mit dem Einhorn* sei „der hoheitsvolle Ausdruck dieses Linienübertritts am Mittag. Dank meiner Furcht wurde ich empfänglich für das Geheimnis dieser Tagnatur."[22]

Rebecca Horn hatte Jean Genet als Studentin in Barcelona gelesen und, so eine rückblickende Aussage, der Lektüre nachgeeifert.[23] Ob Genet auch die Wahl des Ortes für die Performance und den Gang durch das Feld beeinflusste, ist nicht überliefert. Jedenfalls scheint es so, als hätte Horn in ihrer Performance die von Genets Erzähler in der Situation großer Anspannung gehegte Erwartung der Erscheinung eines Einhorns erfüllt.

Der Film mit der Einhorn-Performance, der erste von zahlreichen weiteren der Jahre 1970–1990, die Performances aufnahmen, steht im Zusammenhang mit einer Werkgruppe Horns, bei der es um Erweiterungen des Körpers durch Vorrichtungen und Apparaturen geht. In diesen Arbeiten setzte sich die Künstlerin mit den langwierigen Folgen einer Verletzung auseinander, die sie sich beim Hantieren mit schädlichen Stoffen während des Studiums an der Hochschule für bildende Künste in Hamburg zugezogen hatte. Das Horn auf dem Kopf hat die Anmutung einer medizinischen Prothese. Deren Präsentation als Körperteil der Akteurin knüpft an das Inkorporieren von pulverisiertem Einhorn-Horn an, das über Jahrhunderte als wirksame Arznei galt (siehe Kat. 52–61).

Die Akteurin ist als Mensch, der Aufsatz als Apparatur erkennbar. Horns Inszenierung gibt nicht vor, ein reales Einhorn zu zeigen. Dagegen nutzt Maïder Fortuné in ihrem Video *Einhorn* von 2007 den Realitätsanspruch des Mediums Film, um die Grenze zwischen Illusion und Dokumentation auszuloten (Kat. 159). Damit knüpft sie an die über Jahrhunderte diskutierte Frage an, ob das Einhorn als natürliches Tier vorkommt oder nur in der Einbildung existiert (siehe Kat. 44–51).

In einem undefinierten schwarzen Raum steht ein weißes, pferdgestaltiges Einhorn mit einem Horn, das an eine Schwertklinge erinnert. Ab und zu bewegt das Tier seinen Kopf oder macht einen Schritt zur Seite. Unablässig fällt heftiger Regen. Zu hören ist das Geräusch prasselnder Tropfen und gelegentlich ein einzelner Klavierakkord. Nach und nach verliert das weiße Fell seine Farbe und wird immer dunkler, bis das Einhorn im Schwarz der Umgebung nicht mehr sichtbar ist.

Der fortschreitenden Verdunkelung des Einhorns folgt das schrittweise Erkennen, die allmähliche Desillusionierung über den scheinbar authentischen Vorgang. Zugleich steht der Prozess für die immer drohende Auslöschung der Phantasie. Denn so wenig wie das Sichtbare das Wirkliche sein muss, muss sich das Imaginäre im Sichtbaren manifestieren. Das Einhorn verbleibt im Refugium der Vorstellung.

MPH

157

Rebecca Horn (1944–2024)
Einhorn, 1970–1972
Holz, Leinen und Metall, 170 × 25 × 14 cm
Inv.-Nr. T07842
Tate, London
Lit.
nicht bei Einhorn 1998
Lens 2023, Nr. 208

158

Rebecca Horn (1944–2024)
Einhorn, 1970, in:
Performances II, 1973
16-mm-Film, Farbe, Ton, digitalisiert,
3:25 min
Produktion: Helmut Wietz
abgebildet: Filmstills
Rebecca Horn Moontower Foundation,
Bad König
Lit.
Los Angeles 1990, S. 38 f.
New York 1993b, S. 17, 87; Nr. 4
Hannover 1997, S. 56 f.
Einhorn 1998, S. 382 f.
Düsseldorf 2004, S. 18, 137 f.; Tafel 25
Erfurt 2007, Nr. 136
Basel 2019, S. 16–19
Lens 2023, Nr. 209

159

Maïder Fortuné (geb. 1973)
Einhorn, 2007
Digital Beta, Ton: Winter Family,
7 min
abgebildet: Filmstills
Courtesy Maïder Fortuné, Paris
Lit.
Paris 2007, S. 254
Pugnet 2012, S. 269, 271; Abb. S. 268
Lens 2023, Nr. 251

Dokumentation

Über die Zeiten. Chronologie der ausgestellten Werke

Vielfach ist das Entstehungsjahr der Objekte nicht bekannt, es liegen oftmals nur Schätzungen für einen Zeitraum vor. Dieser kann ein halbes oder ganzes Jahrhundert oder sogar mehrere Jahrhunderte umfassen. Die Anordnung soll einen Überblick der ikonographischen Entwicklung und der Intensität der Einhorn-Darstellungen geben, eine exakte Festlegung der Reihenfolge ist weder möglich noch beabsichtigt.

2000 v. u. Z. – 3. Jahrhundert

Kat. 1

Kat. 8

Kat. 3

12. Jahrhundert

Kat. 27

13. Jahrhundert

Kat. 94

Kat. 95

Kat. 88

Kat. 83

Kat. 74

Kat. 28

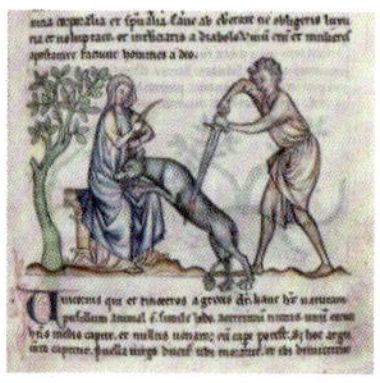

Kat. 29

Kat. 90

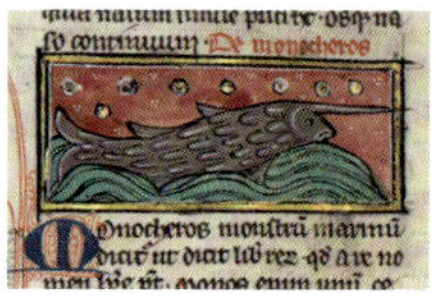

Kat. 45

Kat. 128

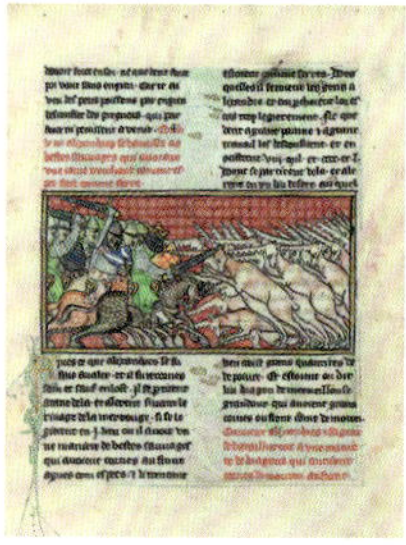

Kat. 84

Kat. 46

Kat. 85

Kat. 62

Kat. 110

Kat. 109

Kat. 30

Kat. 22

14. Jahrhundert

Kat. 6

Kat. 32

Kat. 31

Kat. 65 (Detail)

15. Jahrhundert

Kat. 14 (Detail)

Kat. 117

Kat. 124

Kat. 67

Kat. 69

Kat. 63

Kat. 47

Kat. 126.1

Kat. 73

Kat. 66

Kat. 125.1 (Detail)

Kat. 68

Kat. 70

Kat. 113

Kat. 71

Kat. 111

Kat. 23

Kat. 15

Kat. 64

Kat. 34

Kat. 131

Kat. 118

Kat. 13

Kat. 132

Kat. 112

Kat. 86

Kat. 140

Kat. 133

Kat. 20

Kat. 123.1

Kat. 9

Kat. 33

Kat. 122 (Detail)

16. Jahrhundert

Kat. 24

Kat. 129

Kat. 39

Kat. 77

Kat. 134

Kat. 116

Kat. 115

Kat. 114

Kat. 35

Kat. 119

Kat. 36

Kat. 91

Kat. 127

Kat. 136

Kat. 18

Kat. 16

Kat. 120

Kat. 41

Kat. 137

Kat. 40

Kat. 121

Kat. 53

Kat. 17

Kat. 44

Kat. 96

Kat. 130.1

Kat. 25

Kat. 10

Kat. 98

Kat. 135

Kat. 54

Kat. 21.1

Kat. 99

Kat. 105

17. Jahrhundert

Kat. 4

Kat. 38

Kat. 37

Kat. 89

Kat. 82

Kat. 79

Kat. 102

Kat. 142

Kat. 103

Kat. 26

Kat. 78

Kat. 80

Kat. 7

Kat. 143

Kat. 49

Kat. 100

Kat. 101

Kat. 57

Kat. 43

Kat. 106

Kat. 141

Kat. 42

Kat. 81

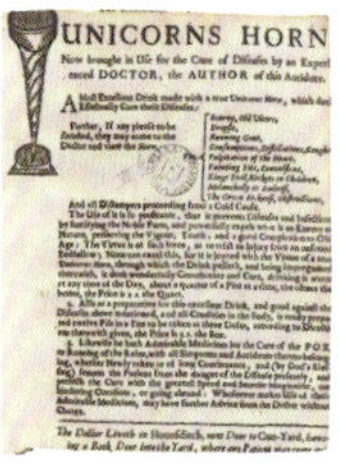

Kat. 61

Kat. 48

Kat. 52

Kat. 107

Kat. 55

Kat. 104

18./19. Jahrhundert

Kat. 97

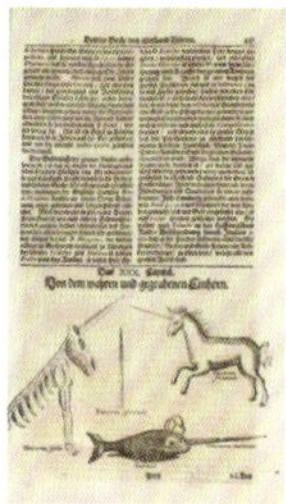
Kat. 51

Kat. 56

Kat. 19

Kat. 58

Kat. 59

Kat. 2

Kat. 5

Kat. 75

Kat. 50

Kat. 60

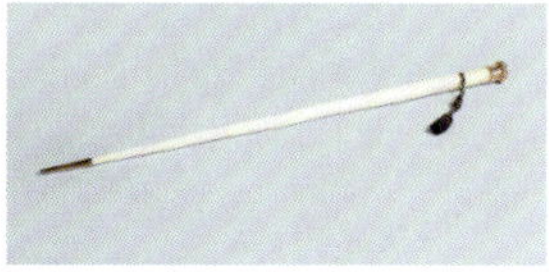
Kat. 139

Kat. 138

Kat. 76

Kat. 146

Kat. 148

Kat. 151

Kat. 150

Kat. 149

Kat. 108

20./21. JAHRHUNDERT

Kat. 152

Kat. 153

Kat. 147

Kat. 144

Kat. 145

Kat. 87

Kat. 154

Kat. 155

Kat. 157

Kat. 158

Kat. 156

Kat. 72

Kat. 93

Kat. 159

Kat. 11

Kat. 12

Kat. 92

Die Spur des Einhorns

Zeugnisse aus Naturkunde, Religion, Reiseberichten und Literatur aus 2500 Jahren

Zusammengestellt von Michael Philipp

8. Jahrhundert v. u. Z. – 3. Jahrhundert

Des Herrn Schwert ist voll Bluts, und dick vom Fetten, vom Blut der Lämmer und Böcke, von der Nieren Fett aus den Widdern; denn der Herr hält ein Schlachten zu Bozra, und ein groß Würgen im Lande Edom. Da werden die Einhörner sammt ihnen herunter müssen, und die Farren sammt den gemästeten Ochsen. Denn ihr Land wird trunken werden vom Blut, und ihre Erde dick werden vom Fetten.[1]

Jesaja 34,6–7

Meinst du, das Einhorn werde dir dienen, und werde bleiben an deiner Krippe? Kannst du ihm dein Seil anknüpfen, die Furchen zu machen, daß es hinter dir brache in Tälern? Magst du dich auf das Tier verlassen, daß es so stark ist, und wirst es dir lassen arbeiten? Magst du ihm trauen, daß es deinen Samen dir wiederbringe und in deine Scheune sammle?[2] (Abb. 1)

Hiob 39,9–12

Gott hat ihn aus Ägypten geführet, seine Freudigkeit ist wie eines Einhorns. Er wird die Heiden, seine Verfolger, fressen, und ihre Gebeine zermalmen und mit seinen Pfeilen zerschmettern.[3]

Numeri 24,8

– 1 –
Französisch (Paris): *Hiob und das Einhorn,* in: *Bible moralisée,* Mitte 13. Jahrhundert, Teil 1, fol. 223v, The Bodleian Libraries, University of Oxford

Hilf mir aus dem Rachen des Löwen, und errette mich von den Einhörnern.[4]

Psalm 22,22

Und indem ich darauf merkte, siehe, so kommt ein Ziegenbock vom Abend her über die ganze Erde, daß er die Erde nicht rührete; und der Bock hatte ein ansehnlich Horn zwischen seinen Augen.[5]

Daniel 8,5

Ktesias berichtet, dass es in Indien wilde Esel gibt, die so groß wie Pferde und sogar noch größer sind; sie haben einen weißen Körper, einen purpurnen Kopf und dunkelblaue Augen. Dieses Tier trägt ein Horn in der Mitte der Stirn, das eine Elle lang ist; die Basis des Horns, zur Stirn hin, ist etwa zwei Zoll lang ganz weiß; der obere Teil, die Spitze des Horns, ist leuchtend purpurrot; der mittlere Teil ist schwarz. Diejenigen, die aus diesen Hörnern getrunken haben (denn es werden Trinkgefäße hergestellt), sind, so heißt es, weder anfällig für Krämpfe noch für Epilepsie, und selbst Gifte können ihnen nicht schaden, sofern sie vor oder nach der Aufnahme des Giftes Wein, Wasser oder irgendein anderes Getränk aus diesen Gefäßen getrunken haben. Die anderen Esel, ob zahm oder wild, und alle anderen Einhufer haben weder Sprungbein noch Galle in der Leber, aber die hier erwähnten haben ein Sprungbein und Galle in der Leber; ihr Sprungbein ist das schönste, das ich je gesehen habe; es hat die Größe und Form des Ochsen, die Schwere von Blei und die Farbe von Zinnober in seiner ganzen Dicke. Dieses Tier ist schneller und kräftiger als jedes andere; es gibt kein Pferd oder anderes Tier, das mit ihm mithalten kann. Es kommt eher langsam in Gang, aber je länger der Lauf dauert, desto wunderbarer wird seine Kraft, und es läuft immer länger und schneller.
Es gibt keine andere Möglichkeit, sie auf der Jagd zu erbeuten, als diese: Wenn sie ihre Jungen auf die Weide treiben und von vielen Reitern umzingelt werden, weigern sie sich zu fliehen und ihre Jungen zurückzulassen, und sie kämpfen mit ihren Hörnern, stoßen, beißen und schlagen Pferde und Jäger; sie selbst fallen den Pfeilen und Speeren zum Opfer, denn man kann keines von ihnen lebend fangen. Das Fleisch dieses Tieres ist so bitter, dass es nicht genießbar ist; es wird wegen seiner Hörner und Sprungbeine gejagt.[6]

Ktesias von Knidos (5./4. Jahrhundert v. u. Z.), *Indiká,* um 400 v. u. Z., überliefert von Photius Constantinopolitanus (um 810–893)

Die Einhörner haben das Horn in der Mitte des Kopfes. So nämlich können beide Seiten am ehesten ein einziges Horn besitzen. Denn die Mitte gehört in gleicher Weise zu den beiden Extremen. Allerdings erscheint es besser begründet, daß der Einhufer einhörnig ist als daß der Zweihufer einhörnig ist. Denn der feste Huf und der gespaltene Huf sind von derselben Beschaffenheit wie das Horn, so daß bei denselben Tieren zugleich mit der Spaltung der Hufe die Spaltung der Hörner eintritt. Ferner beruht die Spaltung [der Füße] und die Zweihufigkeit auf einem Mangel der Natur, so daß aus gutem Grunde die Natur, als sie den Einhufern in ihren Hufen einen Überschuß an Material gab, diesen von oben wegnahm und so ein Einhorn schuf.[7]

Aristoteles (384–322 v. u. Z.), *Über die Teile der Lebewesen,* 4. Jahrhundert v. u. Z.

Es heißt, unter ihnen gebe es ein einhörniges Tier, dem sie den Namen Kartazon geben. Es hat die Größe eines ausgewachsenen Pferds, und die Mähne eines Pferds, rötliches Haar und kann sehr schnell laufen. Seine Füße sind, wie die eines Elefanten, ohne Gelenke, und es hat den Schwanz eines Schweins. Zwischen seinen Augenbrauen wächst ein Horn, das nicht glatt, sondern natürlich spiralförmig und von schwarzer Farbe ist. Es heißt, dieses Horn sei außerordentlich scharf. Ich habe gehört, seine Stimme sei sehr unharmonisch und kräftig. Wenn sich ihm andere Tiere nähern, ist es ruhig und sanft, aber gegenüber seiner eigenen Art ist es ziemlich zänkisch. Nicht nur die Männchen stoßen und kämpfen instinktiv gegeneinander, auch die Weibchen haben den gleichen Drang und führen ihre Feindseligkeit sogar bis zum Tod des besiegten Rivalen fort. Tatsächlich ist jeder Teil seines Körpers sehr stark, aber die Stärke seines Horns ist unbesiegbar. Es mag einsame Weideplätze und wandert dort in Einsamkeit, aber zur Paarungszeit, wenn es sich mit einer Partnerin zusammentut, wird es dem Weibchen gegenüber sanft, und die beiden weiden sogar Seite an Seite. Wenn die Paarungszeit vorüber und das Weibchen trächtig geworden ist, wird das männliche indische Kartazon wieder wild und kehrt zu seinem Einzelgängerdasein zurück. Man sagt, dass die Fohlen, wenn sie ganz jung sind, zum König der Prasii gebracht werden, und dass sie ihre Stärke gegeneinander in öffentlichen Vorstellungen messen. Es gibt jedoch keinen Bericht, dass ein ausgewachsenes Tier gefangen worden sei.[8]

Megasthenes (um 350 – um 290 v. u. Z.), *Indiká,* 4./3. Jahrhundert v. u. Z.

Warum ist der Fang des Einhorns wichtig? Weil das Einhorn ein wohlgesinntes Tier ist. Es erscheint nur, wenn es einen Herrscher der Tugend gibt, und es verschwindet, wenn es keinen solchen Herrscher gibt.
[...]
Im westlichen Jagdgebiet wurde ein Einhorn gefangen, und Konfuzius sagte: „Mein Weg ist an ein Ende gekommen!"[9]

Gongyang Gao (5.–3. Jahrhundert v. u. Z.), Redaktion von Gongyang Shou und Meister Huwu, *Die Chronik van Gongyang,* 2./1. Jahrhundert v. u. Z.

In Indien soll es auch Rinder mit ungespaltenen Klauen und einem einzigen Horn geben [...]. Die Orsäer in Indien jagen [...] als wildestes Tier das Einhorn, das sonst am Körper dem Pferde, am Kopf aber dem Hirsch, an den Beinen dem Elefanten, am Schwanz dem Eber ähnlich ist, dumpf brüllt, während ein zwei Ellen langes schwarzes Horn mitten auf der Stirne hervorragt. Lebend soll sich dieses Wild nicht fangen lassen.[10]

C. Plinius secundus der Ältere (23/24–79), *Naturkunde,* 1. Jahrhundert

Der Physiologus sprach vom Einhorn, daß es eine solche Eigenart habe: Ist ein kleines Tier, ähnelt einem Zicklein, hat aber einen gar scharfen Mut. Nicht vermag der Jäger ihm zu nahen darum daß es große Kraft hat.
Ein einzig Horn hat es, mitten auf dem Haupte. Wie aber wird es gefangen? Man legt ihm eine reine Jungfrau, schön ausstaffiert, in den Weg. Und da springt das Tier in den Schoß der Jungfrau, und sie hat Macht über es, und es folget ihr, und sie bringt es ins Schloß zum König.
Dies nun wird übertragen auf das Bildnis unseres Heilands. Denn es wurde auferweckt aus dem Hause David das Horn unseres Vaters, und wurde uns zum Horn des Heils. Nicht vermochten die Engelsgewalten ihn zu bewältigen, sondern er ging ein in den Leib der wahrhaftig und immerdar jungfräulichen Maria, und das Wort ward Fleisch, und wohnete unter uns.[11]

Der Physiologus, Vom Einhorn, 2./3. Jahrhundert

Ich habe gehört, daß in Indien Wildesel geboren werden, die so groß wie Pferde sind. Ihr ganzer Körper ist weiß, bis auf den Kopf, der purpurähnlich ist, während die Augen von dunkelblauer Farbe sind. Sie tragen auf der Stirn ein Horn von anderthalb Ellen Länge; der untere Teil dieses Horns ist weiß, der obere blutrot und der mittlere pechschwarz. Aus diesem vielfarbenen Horn trinken die Indier, freilich nicht alle, sondern nur die bedeutendsten, und um es herum befestigen sie in Abständen goldene Ringe, so als ob sie den schönen Arm einer Statue mit Armbändern schmücken wollten. Und sie sagen, daß der, der aus diesem Horn getrunken hat, von unheilbaren Krankheiten unbehelligt bleibt, er wird weder von Krämpfen oder der sogenannten heiligen Krankheit noch von Vergiftungen heimgesucht werden. Selbst, wenn man zuvor tödliche Stoffe getrunken hat, wird man sie erbrechen und wieder gesund werden.
[...]
Und diese Tiere sind viel schneller als jeder andere Esel, ja selbst schneller als jedes Pferd oder jeder Hirsch. Dabei beginnen sie, das ist wahr, recht langsam zu laufen, aber dann werden sie immer schneller, so daß schließlich, um es dichterisch auszudrücken, sie jagen zu wollen das Unerreichbare zu verfolgen heißt.
Wenn das Weibchen gebiert und ihr neugeborenes Füllen herumführt, so bewachen die Männchen sie mit. Und diese Esel finden sich in den einsamsten Gegenden von Indien. Wenn die Indier sie zu jagen versuchen, so lassen sie ihre noch schwachen und jungen Füllen in ihrem Hinterland weiden, während sie selbst an ihrer Stelle kämpfen und die Schlacht mit den Reitern suchen, die sie mit ihrem Horn angreifen. Nun ist die Stärke dieser Hörner so groß, daß nichts ihren Stößen widerstehen kann; vielmehr weicht alles zurück, oder, auch das mag sein, wehrt sich und wird dann zerschmettert. In der Vergangenheit haben sie sogar die Rippen eines Pferdes aufgerissen und es ausgenommen.[12]

Claudius Aelianus (um 170 – um 235), *Über die Natur der Tiere,* 2./3. Jahrhundert

4.–13. Jahrhundert

Es wurde festgestellt, daß die Heilige Schrift den Vergleich mit dem Einhorn in doppelter Weise gebraucht, bald zum Lob, bald zum Tadel.[13]

Basilius von Caesarea (um 330–379), *Homilie über Psalmen,* 4. Jahrhundert

Wer aber ist dieses Einhorn, wenn nicht Gottes eingeborener Sohn, und das einzige Wort Gottes, das beim Vater von Anbeginn gewesen ist.[14]

Ambrosius von Mailand (um 340–397), *Erläuterungen zu den Psalmen Davids,* 4. Jahrhundert

Dieses Tier heißt Einhorn. [Selbst] habe ich es nicht gesehen. Doch habe ich Bronzestelen von ihm, die in dem königlichen Palast mit den vier Türmen in Äthiopien aufgestellt waren, angeschaut. Deshalb habe ich es auch so abgezeichnet. Man sagt darüber, daß es schrecklich sei und eine unbezwingbare Kraft in seinem Horn habe. Und immer dann, wenn es ihm scheint, daß es von einer Überzahl verfolgt wird und gefangen zu werden droht, dann springt es auf einen Felsen und stürzt sich von der Höhe herab, und wenn es unten ankommt, dreht es sich und sein Horn fängt den ganzen Schwung auf, so daß es keinen Schaden nimmt.[15]

Kosmas Indikopleustes (6. Jahrhundert), *Christliche Topographie,* um 550

Von den Griechen Rhinozeros genannt. Im Lateinischen wird es als Nasenhorn übersetzt. Das Gleiche gilt für das Monoceros, das heißt das Einhorn, denn es hat ein Horn in der Mitte seiner Stirn, vier Fuß lang, so scharf und stark, dass es alles, was es angreift, entweder in die Luft wirft oder durchbohrt. Denn oft hat es mit dem Elefanten zu kämpfen, den es am Bauch verletzt niederwirft.
Aber es muss so stark sein, dass es von keiner Streitmacht der Jäger gefangen genommen werden kann; aber, wie diejenigen, die über die Natur des Tieres geschrieben haben, behaupten, wird ein jungfräuliches Mädchen bevorzugt, das dem Ankommenden seinen Busen öffnet, in den er in all seiner Wildheit sein Haupt legt und so wie wehrlos einschlummert.[16]

Isidor von Sevilla (um 560–636), *Ursprünge,* vor 636

Solche Menschen, die sich trügerisch von einem guten und philanthropischen Herrn losgesagt haben, um sich einem heidnischen Götzendienst anzuschließen, die auf gegenwärtige Freuden erpicht sind und ihnen anheimfallen, die nie an das Zukünftige denken, die stets nach leiblichen Genüssen gieren und dabei ihre Seele Hunger und unendliche Übel leiden lassen –

solche Menschen kommen mir vor wie ein Mann, der vor dem Haupt eines rasenden Einhorns floh und der – unfähig, den Schall der Stimme des Untiers und sein erschreckendes Gebrüll zu ertragen – schnellstens davonlief.[17] (Abb. 2)

Johannes Damascenus (um 650 – vor 754), *Barlaam und Josaphat,* 7./8. Jahrhundert

– 2 –
Französisch (Amiens):
Barlaam-und-Josaphat-Legende
in: *Psalter und Stundenbuch für den Gebrauch in Amiens,* 1280–1299, fol. 354v,
The Morgan Library & Museum, New York

Das Einhorn ist eher kalt als warm; aber seine Stärke ist noch größer als seine Kälte, und es ist ein Pflanzenfresser, und in sich selbst hat es gleichsam einen Sprung, und es flieht den Menschen und fremde Tiere, auch solche, die ihm nahestehen, und man kann es nicht fangen. Es fürchtet sehr den Mann und scheut vor ihm zurück; so wie die Schlange beim ersten Sündenfall sich vom Mann abwandte und das Weib anblickte, so meidet auch dieses Tier den Mann, um vielmehr den Frauen zu folgen. Es war aber einmal ein Philosoph, der die Natur der Tiere untersuchte, dieses Tier aber durch keine Kunst zu fangen verstand und sich darüber sehr verwunderte. Dieser war eines schönen Tages wie gewöhnlich früh unterwegs, und Männer, Frauen und Mädchen begleiteten ihn. Die Mädchen aber hatten sich von den Männern getrennt und spielten allein zwischen den Blumen. Da sah ein wahrhaftes Einhorn die Mädchen und näherte sich ihnen sprunghaft, betrachtete sie einzeln, legte sich dann mit seinen Vorderfüßen zu ihnen und wurde seinerseits von ihnen freundlich betrachtet. Der Philosoph aber, dies bemerkend, widmete dem seine ganze Aufmerksamkeit, und als er wahrnahm, daß sich das Einhorn von den Mädchen bannen ließ, näherte er sich von hinten und fing es mit Hilfe der Mädchen. Das Einhorn aber war zu verwundert, nachdem es lange die Mädchen angeschaut hatte, weil sie wie die Männer aussahen, aber dennoch keine Bärte trugen; und als es bei zweien oder dreien das gleiche feststellte, war es noch verwunderter und wurde schnell gefangen, als es mit seinen in ihren Augen versunken war. Die Mädchen aber, die zu diesem Fang in der Lage sind, müssen adeliger und nichtbäurischer Herkunft sein, und sie dürfen weder zu jung noch zu alt sein, vielmehr müssen sie am Beginn des Erwachsenenalters sein, und es freut sich, wenn sie blondhaarig und kußbereit sind. Stets nur einmal im Jahr kommt es auf diesen paradiesischen Platz, wo die besten Pflanzen blühen, die es dann verspeist, und dadurch erlangt es große Kräfte, die anderen Tieren abgehen. Unter seinem Horn aber hat es ein ehernes Gefäß, das gleichsam ein durchsichtiges Gebilde ist und zwar auf die Weise, daß der Mensch in ihm seine eigene Erscheinung wie in einem Spiegel erblicken kann, aber dennoch ist es an sich nicht sehr wertvoll.[18]

Hildegard von Bingen (1098–1179), *Naturkunde,* 1150–1169

So tat unser Herr, Christus der Retter, der im geistigen Sinne ein Einhorn ist, entsprechend dem Wort Davids: „Er ist mir lieb wie der Sohn des Einhorns" und dann weiter: „Seine Macht wird erhöht werden wie das Horn des Einhorns." Und Zacharias sagt folgendes: „Er erweckt im Geschlecht Davids das Horn unseres Heils." Und im Buch *Deuteronomium* steht dies geschrieben: Moses sagte, als er das Geschlecht Jakobs segnete: „Du, mein Erstgeborener, dein Angesicht ist wie das des Stieres, deine Hörner sind so wie die des Nashorns." Daß es aber ein Horn hat, bezeichnet das, was Christus sagte: „Ich und mein Vater sind eins." Christi Haupt aber ist Gott. Seine Wildheit aber bedeutet, daß keine Fürstentümer noch Gewalten, noch Herrschaften ihn begreifen konnten und auch die Hölle ihn nicht zu halten vermochte. Daß das Tier klein ist, das bedeutet die Demut seiner Menschwerdung, wie er selber sprach: „Lernt von mir, denn ich bin sanft und demütig im Herzen." Als Gott ist er so wild, daß der hinterhältige Teufel das Geheimnis seiner Menschwerdung weder begreifen noch ausfindig machen kann. Allein mit dem Willen seines Vaters ging er ein in den Schoß der unberührten Jungfrau. Da wurde das Wort Fleisch und wohnte unter uns. Daß das Einhorn einem Böcklein gleicht, das bezeichnet unsern Retter, entsprechend dem Wort des heiligen Paulus: „Da nahm Gott die Gestalt des sündigen Leibes an, und mit seinem Leib verdammte er unsere Sünde."[19]

Der Jüngere Physiologus, Vom Einhorn, 12. Jahrhundert

Als die Jungfrau sein Horn – wie wir in der Kirche zu Brügge in Flandern gesehen haben, [ist es] sieben Fuß lang – mit den Händen ergreift, läßt sie [das Tier] anschmiegsam und in seinem Sinn besänftigt werden.[20]

Thomas de Cantimpré (1201–1270 oder 1272), *Bienenbuch,* 1256–1263

Mitten auf der Stirn trägt es ein Horn wie aus Glas, vier Fuß lang, habe ich gelesen. Vor ihm kann man sich nicht schützen und sich ihm mit keiner Waffe nähern, so böse ist dieses Tier, so stark, so zornig und so stolz ist es, und so furchtlos, dass niemand außer einer reinen Jungfrau es zu fangen vermag. [...] Wenn es sich aber so verhält, dass sie eine Frau ist und sich selbst als Jungfrau bezeichnet, dann lässt es sie nicht davonkommen und beweist ihr gegenüber großen Zorn: es durchbohrt sie mit seinem Horn und übt an ihr Vergeltung für die Lüge, die sie in Bezug auf sich selbst geübt hat.[21]

Rudolf von Ems (um 1200–1254?), *Weltchronik,* um 1250

Einhorn [monoceros] nennt man ein aus vielen Teilen zusammengesetztes Tier, das schrecklich brüllt und das den Körper eines Pferdes, die Füße von Elephanten, den Schwanz eines Schweines, den Kopf eines Hirsches hat und mitten auf der Stirn ein Horn von wunderbarem Glanz trägt, welches in der Länge vier Fuß mißt und so scharf ist, daß es durch einen leichten Stoß alles durchbohrt, was es stößt. Aber niemals kann es gezähmt werden und lebend in die Gewalt von Menschen kommen. Denn wenn es sich besiegt sieht, geht es an seinem Zorn zugrunde. [...]
Das Einhorn [unicornis] ist, mit seiner Stärke verglichen, ein Tier von mäßiger Größe, von buchsbaumartiger Farbe und zweigespaltenen Hufen; es lebt in Gebirgen und Einöden und trägt mitten auf der Stirn ein Horn, das es an Felsen wetzt, und mit demselben vermag es sogar einen Elefanten zu durchbohren, und es braucht auch keinen Jäger zu fürchten. Dieses Tier hat Pompejus der Große bei einem Schauspiel in Rom vorgeführt.[22]

Albertus Magnus (um 1193–1280),
Über die Tiere, 13. Jahrhundert

Ich bin wie das Einhorn,
Das sich so verwunderte,
Als es die Jungfrau sah.
Solche Freude hat es an dem, was ihm zum Kummer wird,
Daß es bewußtlos in ihren Schoß fällt;
Dann tötete man es auf verräterische Art.
Mich haben auf die gleiche Weise getötet
Amor und meine Herrin, fürwahr:
Sie haben mein Herz, und ich kann es nicht wieder zurückgewinnen.[23]

Theobald von Champagne, gen. Thibaut le Chansonnier (1201–1253), 13. Jahrhundert

Meiner Meinung nach ist dieses hartherzige Tier ein Sinnbild für den Sohn Gottes, der vor Ewigkeit im Vater war. Bevor Er in den Schoß Mariens niedersank, war Er ein unbarmherziger Herrscher im Himmel, und Er verbannte die gefallenen Engel wegen ihres schändlichen Hochmuts in die Hölle. Auf der Erde stürzte Er seinen Grimm über unser aller Stammvater Adam, um ihn für seinen Ungehorsam zu strafen. Sein Zorn wandte sich auch gegen die verdorbenen Einwohner von Sodom, die sich an der Unkeuschheit versündigten und gegen die gierigen Kinder Israels. Niemand auf der Welt konnte dieses Einhorn, diesen einziggeborenen Sohn, angreifen, außer der Jungfrau Maria, die nicht ihresgleichen in dieser irdischen Wüste hatte. Wegen ihrer Demut und Reinheit ließ der Gott der Rache seinen Zorn fahren. Er sank nieder in ihren unbefleckten Schoß, in dem er, ohne dass sie Verkehr mit einem Mann hatte, unsere Menschlichkeit angenommen hat, um unser Heil zu bewirken. In dieser menschlichen Hülle ist Er im Schoß der reinen Magd durch die Jäger gefangen.[24]

Jacob van Maerlant (um 1235 – um 1300),
Die Blüte der Natur, um 1270

Auf Klein-Java leben viele wilde Elefanten und Einhörner, die kaum kleiner als Elefanten sind. Ihr Fell gleicht jenem der Büffel, und Füße haben sie wie Elefanten. Mitten aus der Stirn wächst das dicke schwarze Horn. Mit dem Horn verletzten sie niemanden, hingegen mit der Zunge, denn diese ist voll langer Stacheln. [Wenn sie jemanden angreifen, dann versetzen sie ihm Stöße mit den Knien, bis er hinfällt, danach verwunden sie ihn mit der Zunge.] Das Einhorn hat einen Kopf wie ein wilder Eber und neigt ihn unverwandt bodenwärts. Mit Vorliebe hält es sich im Morast und im Schlamm auf. Zum Ansehen ist es ausgesprochen häßlich. Diese Tiere haben mit unsern Einhörnern gar nichts gemein, von denen man ja erzählt, sie ließen sich von Jungfrauen einfangen. Von diesen Tieren ist in allen Beziehungen das Gegenteil zu sagen.[25]

Marco Polo (1254–1324),
Die Wunder der Welt, 1298/99

14./15. Jahrhundert

Es war ein Herrscher, der hatte einen Wald. Darinnen war ein Einhorn. Diesem Einhorn getraute sich niemand zu nähern. Das vernahm der Herrscher und fragte die Gelehrten nach der Natur dieses Tieres.
Da sprachen sie: Das Einhorn liebt die nackte und reine Jungfrau. Und freut sich ihres Antlitzes.
Nun gebot der Herrscher, in seinem ganzen Reich zwei schöne und reine Jungfrauen zu suchen, wie man sie sich am allerschönsten vorstellt. Diese wurden gefunden. Und sie gingen in die Wüste des Waldes und waren ganz nackt. Die eine Jungfrau, die nahm ein Becken, und die andere ein Schwert. Und da sangen sie so süß in dem Wald. Das hörte das Einhorn und kam zu ihnen gelaufen. Und begann an ihren Brüsten zu saugen. Die Jungfrauen sangen so lang, dass es in ihren Schößen einschlief. Im Schoß derjenigen, die das Becken trug. Aber als die Jungfrau, die das Schwert trug, sah, dass es im Schoß ihrer Gespielin eingeschlafen war, schlug sie ihm seinen Kopf ab und tötete es. Die andere fing sein Blut mit dem Becken auf. Und von dem Blut ließ sich der König ein Purpurgewand machen.
Ihr Lieben, der Herrscher ist der himmlische Vater, Gott selber, das Einhorn ist unser

– 3 –
Oberschwäbisch: *Maria und Eva mit Einhorn,* in: *Gesta Romanorum,* um 1452, fol. 67v, Badische Landesbibliothek, Karlsruhe

Herr Jesus Christus, der war vor der Menschheit gar übel. Die zwei Jungfrauen, die waren Eva und Maria, die waren beide frei von allen Sünden, Eva am Anfang ihrer Schöpfung und Maria in ihrer Mutter Leib. Also waren sie beide rein. Eva trug das Schwert, das ist die Sünde, weshalb Christus getötet wurde und gestorben ist. Aber Maria hielt das Becken, das ist, weil er von ihr die Menschlichkeit und die menschliche Natur nahm. Das Einhorn saugt ihrer beider Brust. Unter den Brüsten der beiden ist das alte Gesetz und das neue Gesetz zu verstehen. Die Christus beide gesogen hat, damit er sie beide erfüllt und sein Blut vergossen hat. Von diesem Blut sind unsere Seelen purpur geworden zum ewigen Leben.[26] (Abb. 3)

Gesta Romanorum, Von einem Einhorn und von zwei Jungfrauen, 14. Jahrhundert

Ein Jägermeister ging an den Tisch des hohen Fürsten. Er sprach: „Ich habe jetzt gerade eine frische Spur eines Tieres gefunden, das mit Hunden niemand erjagen kann. Wenn wir es nun jagen wollen, achtet auf eine reine Jungfrau: Das Tier im Schein der Tugend lässt sich nicht anders fangen als wenn es die keusche Jungfrau sieht, seine Art ist so, dass es sich dann zu ihrer Keuschheit zart in ihren Schoß neigt. Es ist ein Einhorn, so groß wie ich es noch nie gesehen habe." Fürst Wilhelm sprach: „So eines habe ich noch nie gesehen. Nun ratet alle, wie wir das nun jagen, damit ich auch sagen kann, dass ich eines gesehen habe!"[27]

Johann von Würzburg (14. Jahrhundert), *Wilhelm von Österreich,* 1314

Du, die rote Rosen und alle Lilien überstrahlt, wie mag dann der himmlische König von deiner lauteren Reinheit, von deiner sanftmütigen Demut, von der wohlriechenden Gewürzlade aller Tugenden und Gnaden, so wohl gefangen werden! Oder, wer anders hat das wilde Einhorn gefangen als du?[28]

Heinrich Seuse (1295 oder 1297–1366), *Vom würdigen Lobe der reinen Königin des Himmelreichs,* um 1330

Das Tier bedeutet unseren Herrn Jesus Christus, der war zornig und böse über die Hoffärtigkeit der Engel und über den Ungehorsam der Menschen auf Erden, bevor er Mensch wurde. Den fing die hochgelobte Jungfrau Maria mit ihrer keuschen Reinheit in der Wüste dieser sündhaften Welt, als er vom Himmel in ihren keuschen, reinen Schoß sprang.[29]

Konrad von Megenberg (1309–1374), *Das Buch der Natur,* 1348–1350

Es gibt ein Tier, das wird Einhorn genannt. In jener Gegend, wo es wohnt, ist ein großer See, dorthin kommen die Tiere zum Trinken. Ehe aber die Tiere kommen können, zieht die Schlange aus und speit ihr Gift in das Wasser. Die Tiere nun, die wissen, daß das Gift im Wasser ist, trauen sich nicht zu trinken. Sie warten auf das Einhorn. Es kommt und geht sogleich in den See hinein und schlägt ein Kreuz mit seinem Horn und läßt die Wirkung des Giftes verschwinden. Und nachdem das Einhorn getrunken hat, trinken auch alle anderen Tiere.
Das Tier, das Einhorn meine ich, liebt sehr die Lustigkeit. Was machen nun die Leute, die es jagen wollen? Sie nehmen mit sich Becken, Trompeten, Gitarren und was sich Menschen sonst noch ausgedacht haben. So ziehen sie zu dem Platz, wo das Tier ist, und treten zu einem Reigentanz an, spielen die Trompeten und was sie sonst noch haben und singen ganz laut im Chor. Eine Frau aber setzen sie an einen anderen Fleck an einen Baum in der Nähe, schmücken sie und geben ihr eine Kette, deren Ende an dem Baum festgebunden ist. Das Einhorn, das das laute Getöse von Menschenstimmen und Trompeten hört, geht nahe an den Chor heran und guckt und horcht, was sie tun, traut sich aber nicht, ihnen ganz nahe zu kommen. Wenn es aber die schlafende Frau allein erblickt, springt es eilends auf sie zu und reibt sich an ihren Knien. Die Frau liebkost es und bringt es zum Einschlafen. Dann fesselt sie es mit der Kette am Horn und verläßt es so. Das Einhorn aber erwacht und kann nicht mehr weg, da es ja von der Kette gehalten wird, quält es sich sehr, läßt schließlich sein Horn fahren und entkommt so. Und dann nehmen das die Jäger. Es ist ein sehr nützliches Gegenmittel gegen Schlangen und ihr Gift.[30] (Abb. 4)

Der Physiologus (griechische Fassung), Vom Einhorn, 14. Jahrhundert

– 4 –
Flämisch oder Rheinländisch:
Eine Jungfrau tanzt vor dem Einhorn,
in: *Rothschild Canticles,* um 1300, fol. 51r,
Beinecke Rare Book & Manuscript Library,
Yale University, New Haven

Und in der Nähe dieser Gegend gibt es einen Fluß, der Marach genannt wird, voll bitteren Wassers, in ihn hat Moses seinen Stab getaucht, und er hat süßen Geschmack angenommen, aus dem haben die Kinder Israel getrunken. Und noch heutzutage, so wird erzählt, vergiften schädliche Tiere dieses Wasser nach Sonnenuntergang, so daß die guten Tiere danach nicht mehr trinken können: und am Morgen nach dem Sonnenaufgang kommt das Einhorn, taucht sein Horn in besagten Fluß und vertreibt dadurch das Gift aus ihm, so daß die guten Tiere am Tag das Wasser wieder zu sich nehmen können. Das habe ich selbst gesehen.[31]

Johannes Witte de Hese (14. Jahrhundert), *Fahrt ins Heilige Land,* 1389

Dein Angesicht mich so erquickt,
Gleich als der Strauß seine Junge;
Du bist mein Freud, mein Trost, mein Glück
Mich lockt dein süße Zunge.
Wie auch der Jungfrau klares Singen,
Das Einhorn kömmt mit Springen,
Legt ihr das Haupt in Schooß,
Und schläft ganz kummerlos.[32]

Ein hohes Lied, 1450–1500

Das Tier ist von auffallendem und sehr großem Körperbau mit nur kurzen Beinen und ist äußerst wild. So kommt es auch, daß es niemals gefangen werden kann, denn sämtliche Hindernisse durchbricht es. Das Tier hat die Farbe von Buchsbaumholz. Die Länge seines Hornes beträgt sieben Fuß oder sogar noch mehr, und so habe ich es selbst an einem toten Exemplar in Pavia und Neapel gesehen. Vor diesem Horn ist selbst ein Elefant, trotz seiner Körpergröße, nicht sicher: Zum Kampf schärft es sein Horn durch Reiben an Felsen. Tatsächlich kämpft es gelegentlich gegen Elefanten und streckt sie mit durchbohrtem Bauch nieder. Es lebt auf hohen Bergen und in unermeßlichen Einöden.[33]

Petrus Candidus Decembrius (1399–1477), *Über die Natur der Tiere,* 1460

Zu der Zeit gab es in einem Gebirge bei Rom einen Lindwurm und ein Einhorn, die den Menschen auf den Straßen großen Schaden zufügten. Niemand konnte Abhilfe schaffen. Da bat Papst Sylvester den König von Armenien, da er doch so ein starker Mann sei, in Gottes Namen zu versuchen, ob er nicht den Lindwurm und das Einhorn töten könne.
Der König zog ganz allein los, um zu erkunden, wo sie ihre Schlupfwinkel hätten. Er kam gerade dazu, wie sie sich gegenseitig bissen. Er schaute ihnen zu, bis der Lindwurm die Flucht ergriff. Das Einhorn jagte ihn aus einer Höhle im Felsen. Der Lindwurm drehte sich um und setzte sich gegen das Einhorn zur Wehr. Das Einhorn schlug mit der Zunge nach dem Lindwurm und wollte ihn herausziehen. Der faßte nach dem Einhorn, und beide zerrten aneinander, so sehr, daß das Einhorn den Wurm bis zum Hals aus der Höhle herauszog, aber keiner von beiden wollte loslassen. In diesem Augenblick trat der König hinzu und schlug dem Lindwurm den Kopf ab. Da das Einhorn aber so gezerrt hatte, stürzte es samt dem Kopf des Wurmes den Felsen hinab. Der König sprang ihm nach und erschlug es ebenfalls. Dann kehrte er nach Rom zurück und befahl, die Köpfe zu holen; für den des Lindwurms war ein Wagen gerade ausreichend.
So erlöste der König Derthat die Römer von den Untieren, und deshalb erwiesen sie ihm, ganz besonders aber der Heilige Vater, sehr große Ehren.[34] (Abb. 5)

Johann (Hans) Schiltberger (1380 – nach 1427), *Reisebuch,* nach 1427

– 5 –
Süddeutsch?: *Der König von Armenien kämpft gegen Lindwurm und Einhorn,* in: Hans Schiltberger: *Reisebuch,* Augsburg um 1477, fol. 115r

Um die Mittagszeit sahen wir auf einer Bergkuppe ein Tier stehen, das zu uns herunterschaute. Bei seinem Anblick dachten wir erst, es sei ein Kamel, und wunderten uns, daß ein Kamel allein und einsam leben sollte. So kam unter uns die Rede darauf, ob es denn auch wilde Kamele gäbe. Nun trat aber der Kalin zu uns und erklärte, dieses Tier sei ein Nashorn oder Einhorn, und wies auf sein einzelnes Horn hin, das aus seiner Stirn hervorwuchs. Sehr aufmerksam betrachteten wir dieses so berühmte Tier und bedauerten sehr, daß es nicht näher bei uns stand, damit wir es hätten genauer in Augenschein nehmen können.[35]
[...]
Wir machten einen langen Halt unterhalb des Berges, auf dem das Tier stand, und es schien uns, dass es ebenso Freude daran hatte, uns zu beobachten, wie wir, es zu beobachten, denn das Tier stand ganz still. Es flüchtete nicht eher, bis wir uns entfernten.[36]

Felix Fabri (um 1441–1502), *Pilgerreise ins Heilige Land,* 1483/84

A*licorno* oder *unicorno* wegen seiner Unbeherrschtheit, weil es nicht gewinnen kann; wegen seiner Freude an den Jungfrauen vergisst es seine Grausamkeit und Wildheit; jeden Verdacht beiseiteschiebend, geht es zu der sitzenden Jungfrau und schläft auf ihrem Schoß ein; und so fangen es die Jäger.[37]

Leonardo da Vinci (1452–1519), *Unbeherrschtheit,* 1493/94

16. Jahrhundert

Das Einhorn ist Christus, dessen Gewalt niemand widerstehen kann, der Sohn Gottes, der so unzahm und wütend gesehen wurde, als er wegen seiner Hoffart Luzifer mit den Seinen vom Himmel und wegen des Bisses in den Apfel Adam und Eva aus dem Paradies verstieß, die ganze Welt in der Sintflut versenkte. Sodom mit dem Feuer und Schwefel verdarb und dergleichen. So ungestüm und wütend war das Einhorn in dem Himmel und auf der Erde, so lange, bis unsere edle Jungfrau Maria das selbige Einhorn in einer Burg empfing in ihr Haus, das ist in den Schoß ihres jungfräulichen Leibes.[38]

Ulrich Pinder (gest. 1519), *Der beschlossen gart des rosenkrantz marie,* 1505

Als ein hoffärtiges Einhorn einen Raben auf einem Felsen sitzen sah, hat es sich unterstanden, mit der Stärke seines Horns den Felsen umzuwenden, um so dem Raben seinen Ruhm und seine Stärke zu zeigen. Und als es mit Gewalt gegen den Felsen lief, hat ihm der harte Fels widerstanden, so dass ihm das Horn zerbrach und es mit Schmerzen zum Erdboden fiel. Als der Rabe das sah, spottete er seiner und hatte kein Mitleid mit ihm, sprach von oben herab: „Lieber Bruder, wo ist dein starkes Horn, wo ist deine große Kraft? Du hast alle deine Macht in ein Ding gesetzt und indem du das selbige verloren hast, hast du alle deine Stärke verloren. Weißt du nicht, dass eines jeglichen Stärke schwach ist, es sei denn durch größere Kraft des Gemüts? Die wunderbare Stärke Samsons war nicht von seinen Beinen, sondern er hatte sie von dem Geist im Haar. Die wahre Stärke des Geistes ist Demut, die eine Grundfeste ist und ein starkes Bein des Leibes und der Tugend. Und weil sie durch Hoffart hinweg genommen wird, folgt daraus, dass der Leib und das Herz geschwächt werden in ihrer Stärke, wie es auch Samson, dem wunderbaren starken Mann geschah, der gleich geschwächt ward, als er die Tugend mit dem Haar verlor. [...] Weiter sollst du wissen, wenn du hoffärtig bist, so erhebst du dich wider den Allmächtigen, welchem doch niemand Widerstand leisten mag, andernfalls unterdrückt er mit seiner großen Gewalt alle andere Gewalt. Darum glaube mir, es gibt nichts Schwächeres als eine hoffärtige Gewalt.[39] (Abb. 6)

Sebastian Münster (1488–1552),
Spiegel der Weisheit, 1520

– 6 –
Österreichisch (Salzburg):
Fabel vom Einhorn und dem Raben,
in: Ulrich von Pottenstein:
Buch der natürlichen Weisheit, um 1430, fol. 69r,
British Library, London

Nun ist Christus auch ein wenig eigensinnig und zeigt eben hier, dass er unregiert und aller Dinge ungebunden sein will. [...] und ist wie ein Einhorn, von welchem man sagt, dass man es nicht könne lebendig fangen, man hetze und jage es, wie man wolle; erstechen, schießen und töten lässt sich's wohl, aber fangen lässt sich's nicht. Also tut er auch, ob man gleich mit Gesetzen an ihn herantreten will und ihn schlägt, so leidet er doch nicht daran, sondern reißt hindurch wie durch ein Spinnengewebe und liest ihnen dazu einen guten Text.[40]

Martin Luther (1483–1546),
Predigt vom verlorenen Schaf, 1532

Ich hatte früher ein schönes Stück Hornspitze eines Einhorns, das mir eine große Dame geschenkt hatte, mit dem ich wegen seiner Eigenschaften sehr vorsichtig war. Ich lieh es einer kranken Person, und als ich es zurückverlangte, wurde mir gesagt, es sei gestohlen worden.[41]

Antoinette de Saveuse,
Brief an Lady Lisle, 1537

Nachdem er dieses Gebet gesprochen hatte, fing er in Gegenwart seiner beiden Söhne Martin und Paul und Johan Aurifabers an zu klagen, daß es ihm wieder, wie vorher so weh und bang um die Brust werde. Aurifaber welcher früher Lehrer der jungen Grafen von Mansfeld gewesen war, erinnerte sich in diesem Augenblicke, daß die Gräfin denselben, so oft sie über Uebelkeit oder Bangigkeit auf der Brust geklagt, geschabtes Einhorn eingegeben habe. Er erzählte dies dem D. Luther und fragte ihn, ob er zur Gräfin gehen und dieselbe um etwas von diesem Heilmittel bitten solle. Luther antwortete bejahend, worauf Aurifaber zur Gräfin eilte, zuvor aber noch den D. Jonas und den M. Cölius herbeirief, welche sich nur auf einige Minuten von Luthers Zimmer entfernt hatten. Nachdem diese so schnell als möglich herbeigekommen waren, und von ihm hörten, daß das Drücken auf der Brust zurückgekehrt sei, rieben sie ihn, wie er sich bei solchen Zufällen thun zu lassen gewohnt war, mit warmen Tüchern, wodurch er wieder einige Linderung erhielt. Unterdessen kam der Graf Albrecht selbst mit dem Einhorn herbeigeeilt, und als er fragte: „Wie geht's lieber Herr Doctor?" antwortete Luther: „Es hat keine Noth, gnädiger Herr, es beginnt sich zu bessern." Deshalb wünsche er auch, als die Anwesenden einen Arzt herbeirufen wollten, daß man dies unterlassen möchte. Der Graf selbst schabte das Einhorn, und als er sah, daß Luther sich einigermaßen wohler fühlte, entfernte er sich wieder, ließ aber einen seiner Räthe, den Conrad von Wolframsdorf, zurück. Auf sein Begehren wurde Luthern hierauf von dem geschabten Einhorn zweimal einen Löffel voll in Wein eingegeben, nachdem zuvor Conrad von Wolframsdorf einen Löffel voll davon genommen hatte, um ihm den Ekel davor zu benehmen.[42]

Julius Leopold Pasig (1816–1878),
Dr. Martin Luthers letzte Lebenstage, Tod und Begräbniß, 1846

Auf der anderen Seite des beschriebenen Tempels liegt ein ummauerter Hof, in dem wir zwei [lebende] Einhörner sahen; und sie werden als eine wundersame Sache vorgeführt, da sie ja in der Tat etwas darstellen, worüber man staunen muß. Sie sind folgendermaßen gestaltet: Das größere von beiden sieht aus wie ein Fohlen von dreißig Monaten und trägt ein ungefähr drei Ellen langes Horn auf der Stirn; das andere war kleiner, wie es bei einem einjährigen Fohlen der Fall wäre, und besitzt ein Horn von etwa vier Spannen Länge. Die Farbe dieses Tiers ist die eines dunkel gescheckten Pferdes, und es hat einen Kopf wie ein Hirsch; der Hals ist nicht sehr lang und zeigt einige kurze Haare, die auf einer Seite herabhängen; die Beine sind zart und lang wie bei einem Reh, und sein Fuß ist vorne etwas gespalten; der Huf sieht aus wie bei einer Ziege, und an der Rückseite der Beine hat es eine Menge Haare, so viele, daß dieses Tier sehr wild scheint. [Aber seine Wildheit liegt unter einer gewissen Sanftmut verborgen, die es an den Tag legt.] Beide Tiere wurden dem Sultan von Mekka als eine sehr wertvolle und seltene Sache geschenkt, wie sie nur an wenigen Orten vorkommt; sie wurden von einem König von Äthiopien geschickt, der sie ihm zu Geschenk machte, um seine Freundschaft zu gewinnen.[43]

Ludovico de Varthema (1461–1517),
Reisebericht, 1508–1510

Ich send Euch desgleichen drei junge Einhörn, kirrer und zahmer denn kleine Kätzlein. Ich hab schon mit dem Boten gesprochen und ihm die Art und Weis gezeigt, wie man sie halten muß. Sie weiden nicht von der Erd; ihr langes Horn an der Stirn verhinderts, und ist not, daß sie von Obstbäumen oder schicklichen Raufen fressen, oder auch aus der Hand, Getreid, Kraut, Äpfel, Birnen, Gersten, Dinkel, kurz alle Arten Frücht und Gemüs. Mich wundert, wie unsre alten Scribenten sie für so wild, unbändig und gefährlich ausschrein und daß man nimmer eines lebendig gesehen hätt. Geliebts Euch, mögt Ihr leicht an ihnen das Gegenteil erproben und sehen, daß es die artigsten Tier der Welt sind, wenn man nur nicht sie böslich reizet.[44] (Abb. 12)

François Rabelais (1483 oder um 1494–1553), *Gargantua und Pantagruel,* 1552

Ich hört' der liebesten Frau Nachtigall Gesang / Sie sang so schön, dass es im Wald erklang. / Zwischen zwei Bergen und einem tiefen Tal / hört' ich erklingen manchen edlen Schall.
Der Jäger nahm des Klanges ebenso wahr, / er jagt das Einhorn, ganz lieblich und offenbar. / Das Einhorn ist edel, es ist ganz hochgeboren, / Gott selber hat es auserkoren.
Das Einhorn ist edel, es ist weiß, / es ging auf einem schmalen Steig, / dass es kein Mann auf Erden sollte fangen, / es sei denn ein reines Jungfräulein.
Nun hört die Wunder, und die sind groß: / Dieses Einhorn schwang sich freudig / Maria, der Jungfrau, in den Schoß, / ihre Freude, die war groß.
[...]
Wäre uns dieses Einhorn nicht geboren, / so wären wir arme Sünder gar verloren. / So empfangen wir ihn ganz unwürdig / Gott helfe uns allen in seines Vaters Reich, / Gott helfe uns allen zugleich.
Wollt ihr wissen, wer dieses Einhorn ist, / es ist unser lieber Herr Jesu Christ, / Von dem man hört singen und lesen in der Schrift, / der für uns am heiligen Kreuz gestorben ist, / sein Name ist Jesu Christ.[45] (Abb. 7)

Hans Schlaffer (gest. 1528)?, *Ein Schöner Bergreyen von einem Einhorn,* gedruckt 1555

42

Ein Schöner Bergreyen / von einem Einhorn. Ich sahe mir den Mayen mit roten Rößlein vmbher stan /

Ein ander geistlich lied / Vngnad beger ich nit von dir / O Got wölst mir / zc.

– 7 –
Süddeutsch: *Frau mit Einhorn,*
in: Hans Schlaffer: *Ein Schöner Bergreyen / von einem Einhorn [...],*
Nürnberg 1555, Titelseite

Der Papst ließ gedachten Tobias sogleich kommen, und nachdem er uns beide vor sich berufen hatte, trug er uns auf, eine Zeichnung zu machen, wie das Horn eines Einhorns am besten gefaßt werden könnte? Er besaß ein solches von der größten Schönheit, es war vor siebzehntausend Kammerdukaten verkauft worden. Er wollte es dem Könige Franz von Frankreich schenken, aber vorher reich mit Golde verzieren lassen. Wir trugen beide unsere Zeichnungen, sobald sie fertig waren, zum Papste. Tobias hatte eine Art Leuchter vorgestellt, in welchen das Horn als eine Kerze eingesteckt werden sollte; statt der Füße des Leuchters waren vier Einhornsköpfchen angebracht. Ich konnte mich nicht enthalten, über diese schwache Erfindung auf eine bescheidene Weise zu lachen. Der Papst bemerkte es und sagte: „Laß nun deine Zeichnung sehen!" Ich hatte einen einzigen Einhornskopf vorgestellt, wozu ich teils die Bildung eines Pferdes, teils eines Hirsches genommen hatte; er war mit einer schönen Art von Schleier und andern gefälligen Zieraten bereichert. Darauf sollte das Horn eingepaßt werden. Jedermann, der diese Erfindung sah, gab ihr den Vorzug.[46]

Benvenuto Cellini (1500–1571), *Leben des Benvenuto Cellini,* 1557–1566

Und als der starke Fürst für eine Zeit in Gent war, hat der Franzose einen Flamen beauftragt, der etliche giftige Kräuter und anderes in die Küche bringen sollte. Außerdem ist auch in Konstanz eingerichtet worden, dass von einem Barfüßermönch das Essen des Kaisers mit Gift vermengt werden sollte. Deshalb hat er auch mit dem armen Koch unter der Behauptung Bekanntschaft gemacht, dass er von ihm gern lernen wolle, etliche deutsche Speisen und Trachten zu kochen. Aber der löbliche Held Maximilian ist von all diesen Gefahren durch die Hilfe göttlicher Gnaden bewahrt worden, denn seine Kaiserliche Majestät hat jederzeit ein Einhorn, in Gold gefasst, bei sich auf dem Tisch gehabt, und wenn eine Speise mit Gift vermischt vor seinen Augen war, hat das Einhorn angefangen zu schwitzen. So ist der Betrug offenbar und sind die Schuldigen bestraft worden.[47]

Clemens Jäger (um 1500–1561), *Ehrenspiegel des Hauses Österreich,* 1559

Einhorn hat den namen von dem einsamen einzigen horn / so an seiner stirn wachset. Ist ein einödes wildes thier in den wüsten wälden in India / mit der gestalt des leibs einem pferdt / dem kopff gestalt wie ein Hirz / an dem hals hat es fein lange gelbe har wie ein roßkamm / hat füß wie ein Elephant / sein schwanz wie an einem wilden schwein / mitten auß der stirn wächset ihm ein starck horn / ganz spizig zwo elen lang / hat ein brüllende stimm / die har seines leibs seind gelb. Dieses thier wird nicht lebendig gefangen / sonder wann es mit dem Lewen streitet / welchem es sonderlich feind ist / so stellet sich der Lew wider einen Baum / so laufft der Einhorn mit vollem lauff zu dem Lewen zu / und vermeinet ihn mit dem horn umbzubringen / so entweicht im der Lew / und bleibt der Einhorn mit seinem horn an dem baum stecken / und wirt also von dem Lewen ummbracht.
Er hasset sein eigen geschlecht / verfolget auch das Weiblin / on allein zu zeit der brunst / alsdann gesellet er sich zu seinem weiblin / und nach solcher zeit verfolget ers wider. Er tregt sonderliche lieb und wohlgefallen zu den Junckfrawen und weibspersonen / daß er sich zu ihnen gesellet / wo er sie sihet / unnd zam bei inen gehet / ruhet und entschlaffet.

Sein horn wirt hoch gepreiset zur Arzney / unn dem besten golt gleich tewer geachtet. Dises horn wirt sehr verfelscht mit anderen gebranten horn unnd beinen, Sol hart sein wie ein stein / und nicht leicht und mürb / wie es bei vielen felschlich gezeiget und gebraucht wirt / sol einn lieblichen aromatischen geruch haben. Ist eine kostliche Arzenei wider alles gifft / und auch wider gifftige biß der wütenden hunde / Item wider die schwere fallende kräncke.[48]

Adam Lonitzer (1528–1586), *Kräuterbuch,* 1560

Ob vielleicht mehrere Arten von Einhörnern sind als eine und dass dieses mit sich bringt, dass so vielerlei Gestalten des Einhorns von vielen mal so, mal so beschrieben, muss jeder überlegen: es ist kein Wunder, weil von denselben Tieren keines je nach Europa kam, dass also nur der Sage nach und kein Sehender bezeugt in Europa etwas davon schreiben wollte. Daher möchte ich hier die Meinungen alter und neuer Autoren nacheinander setzen, wie jeder das Tier beschreibt, damit etwa ein weit Reisender darauf achten möge, den wahren Grund zu erfahren. [...]
Niemand ist, der dieses Tier jemals in Europa gesehen habe: und obwohl sich die römische Pracht unterstand, alle Tiere der Erde auf ihre Schauplätze und Triumphe zu bringen, liest man doch nicht, dass das Einhorn jemals dem römischen Volk gezeigt worden sei, obwohl sonst Tiger, Panther, Nashorn, Löwen, Drachen usw. und alles grausame Wild gedämpft oder gezähmt zur Schau gestellt wurde. Deshalb muss den Landfahrern und weit Reisenden Glauben gegeben werden, was sie ja sagen: denn das Tier ist nun einmal auf der Erde, sonst wären der Hörner keine vorhanden: und lässt man es dabei bleiben, dass Indien, Arabien, Morenland sie erzeuge. [...]
Auch weil das Tier am Geruch die Jungfrau erkennt, würde der schlecht bestehen, der in Jungfrauenkleidern des Tieres erwartete. Doch bleibe das in seinem Wert und eines jeden Urteil. Einmal sagt Hiob im 39. Kapitel: Das Einhorn wirst du nimmer mit Riemen binden, so wird es auch nicht an der Krippe liegen. Also lasse ich es ein Gemälde sein, wie man es Maria in den Schoß malt und ein Merkmal ihrer Reinheit. [...]
Nun das wahre Einhorn ist gut gegen alles Gift und zuvor, wie etliche sagen, das von den neu entdeckten Inseln kommt: und die Erfahrung hat ergeben und gezeigt, dass einer, der Gift aß, schon aufgeschwollen, ein wenig Einhorn eingenommen, gesund wurde. [...]
Die reichen Leute trinken viel von den Stücken des Horns oder manchmal lassen sie etliche Stücke in ihre silbernen oder goldenen Trinkgeschirre fassen, immer daraus zu trinken, als ob es so in Wein gefüllt über viele Jahre seine Kraft behalten möchte. Es wird auch das Horn, das so im Wein lange befeuchtet ist, braun und verliert seine Eigenschaft.[49] (Abb. 8)

Conrad Gessner (1516–1565), *Tierbuch,* 1563

– 8 –
Schweizerisch: *Die Tiere des Paradieses mit der Erschaffung Evas,*
in: Conrad Gessner: *Historiae animalium Lib. I.: de Quadrupedibus viviparis*
(Über die lebendgebährenden Vierfüßer),
Zürich 1551, S. 1115

Johan Tzetzes zeigt eine Weise, wie man es etwa fange: Nämlich die Jäger legen einem starken Jüngling unter ihnen schöne jungfräuliche Kleider an und begießen ihn mit wohlschmeckenden Salben. Der stellt sich dann an den Ort, an dem das Tier im Allgemeinen wohnt, so nah, dass es den lieblichen Geruch schmecken sollte. Die anderen Jäger aber verkriechen sich nicht weit von da unter den Hecken. Wenn nun das Wild des Geruchs innewird und die jungfräulichen Kleider erblickt, läuft es hinzu und legt sich dem Jüngling in den Schoß, der dann das Einhorn mit seinen weiten Ärmeln und edlem Geruch derart blendet und bedeckt, dass es einschläft. Dann springen die anderen Jäger herzu und sägen ihm das Horn ab, das gut gegen Gift ist, und lassen das Tier unverletzt wieder laufen.[50]

Johannes Heyden (1530–1583),
Bearbeitung der *Naturkunde* von Plinius dem Älteren, 1565

So war es auch mit vielen Aromen, Tierarten und anderen Wundern, die es in Indien und bei den Antipoden geben soll. Die Zeit, der Vater der Wahrheit, besonders in unserem Zeitalter, da die ganze Welt befahren und erforscht wurde, hat uns alles offenbart, was früher als falsch oder phantasievoll gedeutet wurde, oder wo es noch Zweifel darüber gab, ob es existiert oder nicht. Als ich diese Fragen in den Diskursen über okkulte Eigenschaften sehr gründlich behandelt hatte, ließ ich einige von diesen Tierarten als fabelhaft und von geringer Bedeutung aus, ob sie nun real sind oder nicht; wie den Phönix, den Salamander, den Basilisken, die Satyrn, die Kentauren und andere ähnliche. Und bei einigen anderen, die in Zweifel standen, wie die meisten Aromen, der Bezoarstein, das Einhorn und solche kostbaren und seltenen Dinge, wandte ich allen Fleiß an, soweit das bei Sachen solcher Art aus fernen Ländern überhaupt möglich ist, und bemühte mich, einige wahrheitsgemäße Angaben zu bekommen. Aber unter anderen Dingen, die ich mir wünschte, und die ich teils sah, teils an dem höchst edlen Hof – einer wahrhaft blühenden Akademie aller Tugenden – des Großherzogs der Toskana lernte, habe ich alle Besonderheiten, die mich am Einhorn zweifeln ließen, vollständig geklärt; ein Thema, das ich in vielerlei Hinsicht für sehr erwägenswert und notwendig hielt, vor allem, weil das Einhorn für das menschliche Leben von einiger Bedeutung und sehr begehrt ist, und zudem, weil es bei den Fürsten immer in hohem Ansehen stand.[51]

Andrea Bacci (1524–1600),
Abhandlung vom Einhorn, 1573

Ich bitte Euch, mir eine echte *Terra Sigillata* zu schicken, wenn sie für Geld zu haben ist; wenn nicht, so bittet M. den Kardinal, meinen Onkel, um eine solche; oder, wenn er keine hat, lieber als sich an die Königin, meine Schwiegermutter, oder an den König zu wenden, ein Stück feines Einhorn-Horn, denn danach verlangt es mich sehr.[52]

Maria Stuart (1542–1587),
Königin von Schottland, Brief an James Beaton, Erzbischof von Glasgow, 8. Mai 1574

Aber damit ich ein Wort sage von dem törichten Glauben derer, die glauben, es gebe Einhörner, dass, obwohl sie scheue Tiere sind, sie sich doch in Mädchen verlieben und sich so sehr an ihnen erfreuen, dass sie dadurch gefangen werden. Wenn man, so sage ich, diese schönen Märchen hört, kommt es Ihnen dann nicht so vor, als ob man wie die Alten am Feuer sitzt mit ihren Erzählungen über Melusine?
[...]
Und um Ihnen die Wahrheit zu sagen, diese Hörner, die man uns in Frankreich und anderen Ländern unter dem Namen Einhorn zeigt, sind andere Tiere als die, die man uns auf Gemälden zeigt. Und man sollte sich nicht einfach auf das lateinische Wort unicornis konzentrieren, das ein allgemeiner Name für jedes Tier ist, das nur ein Horn hat, wie auch der Psalmist es nicht spezifiziert, da er nichts anderes als die Wut dessen beschreibt. Wir sind erstaunt, und deshalb wollen wir uns auf die Antike stützen, um dies zu beweisen, obwohl keiner der Alten es gekannt hat. Wenn die Römer von so etwas Kostbarem gesprochen hätten, hätten sie es auch entdeckt und ebenso auf ihren Münzen und Medaillen verewigt, wie sie es mit Krokodilen, Elefanten, Adlern, Panthern, Löwen, Tigern und anderen fremden und monströsen Tieren getan haben.
[...]
Da aber das Nashorn und Monoceros wegen dieser großartigen Eigenschaft so hoch geschätzt werden, der Pirassouppi diese Wirkungen in ähnlichen Dingen zeigt, und der indische Esel Kraft gegen Gift hat, was nützt es, nach dem zu suchen, was nicht ist und wovon unsere Väter nur in der Malerei Kenntnis hatten.
[...]
Das ist also das, was ich schon lange vorhatte – den Leser zu warnen, um die unbegründete Meinung vieler gelehrter Männer, sowohl Griechen als auch Lateiner, sogar Könige, Prinzen und Monarchen, über die Existenz des Einhorns zu beseitigen.[53]

André Thevet (1516–1592),
Allgemeine Kosmographie, 1575

Mein Herr, nachdem ich Ihnen von der Mumie erzählt hatte, wollten Sie auch wissen, was ich vom Horn des Einhorns hielt. [...] Nun, mein Herr, diese Meinungsverschiedenheiten und die Versuche, die man damit macht, lassen vermuten, dass alles, was man über Einhörner sagt, von Malern und Historiographen nach Belieben gefälscht wurde.
[...]
Er antwortete mir, dass die Meinung, die man vom Einhorn habe, im Gehirn der Fürsten und des Volkes so eingepflanzt und verwurzelt sei, dass er sie zwar gern abgeschafft hätte, aber glaube, dass er es aus gutem Grund nicht schaffen könne: Und dass die Ärzte, die eine gute Seele haben, obwohl sie wissen, dass es nichts wert ist, weil es keine der Fähigkeiten hat, die man ihm zuschreibt, oft gezwungen sind, den Kranken zu erlauben, es zu nehmen, weil sie es begehren und haben wollen; und dass, wenn sie sterben würden, ohne es genommen zu haben, die Verwandten alle Jagd auf die genannten Ärzte machen und sie als Falschmünzer bezeichnen würden.
[...]
Und um meine Behauptung zu beweisen, gibt es eine ehrenwerte Dame, die in dieser Stadt mit Einhorn-Hörnern auf der Brücke der Geldwechsler handelt. Sie hat eine gute Menge großer und kleiner, junger und alter Hörner. Sie hat immer ein ziemlich großes Stück davon an einer silbernen Kette, die gewöhnlich in einen Krug voll Wasser eingetaucht wird, von dem sie jedem, der sie darum bittet, bereitwillig etwas abgibt. Nun bat vor Kurzem eine arme Frau um ihr Einhorn-Wasser. Sie wollte die arme Frau nicht wegschicken, die sie mit gefalteten Händen bat, es ihr zu geben, um das flüchtige Feuer zu löschen, das ihr kleines Kind hatte und das sein ganzes Gesicht überzog. Sie gab ihr statt des Einhorn-Wassers Flusswasser, in das das Einhorn-Horn nicht eingetaucht war. Und dennoch heilte dieses die Krankheit des Kindes. Daraufhin kam die arme Frau zehn oder zwölf Tage später zur Marktfrau, um sich für das Einhorn-Wasser zu bedanken und sagte ihr, dass ihr Kind wieder gesund geworden sei.
[...]
Was die Behauptung angeht, dass es Einhörner gibt und dass die Heilige Schrift dies bezeugt: Ich antworte, dass jeder, der meint, dies gegen mich vorzubringen, zeigt, dass er große Lust zum Streiten hat. Denn wer glaubt das mehr als ich? Wer zeigt es besser? Ich zitiere fünf Stellen aus der Heiligen Schrift in meiner Rede vom Einhorn. Ich glaube also, dass es immer Einhörner gegeben hat und immer noch gibt, nicht nur auf dem Land, sondern auch auf dem Meer. Aber ob ihre Hörner die Eigenschaften haben, die man ihnen gegen Gift und Pestilenz zuschreibt, das ist der Punkt, auf den ich aufmerksam gemacht habe.[54]

Ambroise Paré (um 1510–1590),
Rede über die Mumie und das Einhorn, 1582

Jeder weiß, wie stark ihr Horn gegen Gift wirkt. Dies wurde sogar vor wenigen Tagen am Horn von Monsieur de Brissac erprobt. Dieser ließ im Beisein von Herrn M. Rousselet, Doktor der Medizin, Herrn Dioneau, Chirurg des Königs, und Pierre Guerin, Apotheker, zwei Tauben aus einer Brut je zwölf Körner Napellus verabreichen, und einer von ihnen, der es schlecht ging, wurden weitere zwölf Körner

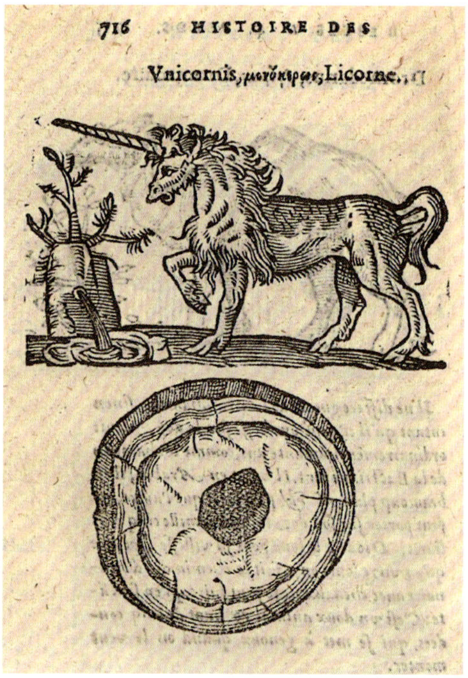

– 9 –
Französisch: *Einhorn und Querschnitt des Einhorn-Horns,* in: Geofroy Linocier: *L'Histoire des plantes* (Geschichte der Pflanzen), Paris 1584, S. 716

Einhorn gegeben. Diejenige, die das Einhorn eingenommen hatte, starb nicht, die andere aber hörte nicht auf, sich zu quälen, bis sie tot war. Deshalb (lieber Leser) wollte ich dir durch dieses Portrait ein Stück eines echten Einhorns zeigen, wie es aus dem ganzen Horn entnommen wurde, damit du eine so kostbare Sache von der gefälschten unterscheiden kannst. Die gute also muss rund sein (nicht eckig oder dreieckig, wie der Zahn des Walrosses, von Rillen umkreist, innen weiß, an den Rändern jedoch matter gefärbt, messerbreit, ziemlich ähnlich einem Stück Speck mit seiner Schwarte, sonst in der Mitte hohl. Sein Pulver ist gegen alle ansteckenden Krankheiten wirksam.[55] (Abb. 9)

Geofroy Linocier (16. Jahrhundert),
Geschichte der Pflanzen, 1584

Wie ein Löwe, dessen kaiserlicher Macht ein stolzes rebellisches Einhorn die Stirn bietet, /
Um dem unbesonnenen Angriff und der zornigen Begegnung /
Seines erbitterten Feindes zu entgehen, sich auf den Weg zu einem Baum macht, /
Und als er es in vollem Lauf erspäht, Weicht er zur Seite, während die wütende Bestie /
Ihr kostbares Horn, gesucht von ihren Feinden, /
In den Stamm rammt, von wo es nicht gelöst werden kann, /
Doch dem mächtigen Sieger ein üppiges Mahl beschert.[56]

Edmund Spenser (um 1552–1599),
Die Feenkönigin, 1590

Einige haben Zweifel geäußert, ob es ein solches Tier wie dieses gibt oder nicht. Aber die große Wertschätzung seines Hornes (an vielen Orten zu sehen) mag diesen unnötigen Zweifel beseitigen. [...] Es scheint durch eine von Farnesius gestellte Frage, dass das Einhorn niemals lebendig gefangen genommen wird; und auf die Frage nach dem Grund wird geantwortet, dass es eine solche Geistesgröße hat, dass es lieber sterben will, als lebendig gefangen genommen zu werden: worin (sagt er) das Einhorn und der tapfere Soldat gleich sind, die beide dem Tod entgegensehen, und eher ihr Leben verlieren, als dass sie gezwungen werden, sich irgendeiner niederen Knechtschaft oder Gefangenschaft zu unterziehen.[60]

John Guillim (um 1565–1621),
Eine Aufstellung der Heraldik, 1610

17. Jahrhundert

Wärest du das Einhorn, so würde Stolz und Wut dich zugrunde richten, und du würdest die Beute deines eigenen Grimmes.[57]

William Shakespeare (1564–1616),
Timon von Athen, 1605/06

Im Jahre des Herren 1561 verbrachte ein Hamburger Bürger mit Namen Konrad Bloem im Auftrag eines anderen die Winterpause auf Island im Hause des Bischofs in Skálholt, um Handel zu treiben und die Sprache zu lernen. Fischer des Bischofs finden im Eis das vollständige Horn eines Einhorns (wohl aus Grönland angetrieben, wo es bis heute Einhörner geben soll) und bringen es ihrem Herren in der Meinung, es handle sich um einen Walzahn. Dies dachte auch der Bischof und verschenkte es auf dessen Bitten hin an Konrad Bloem. Der war etwas gewitzter und verkaufte das Horn später in Antwerpen für einige tausend Gulden. Und nachdem diese Ereignisse dem dänischen König zugetragen worden waren, verfügte er, dass kein Deutscher mehr zu welchem Behuf auch immer auf Island überwintern dürfe.[58]

Dithmar Blefken (gest. nach 1613),
Island, 1607

Albertus Arlunnus und andere schreiben von ihnen / daß sie den Jungfrauen sehr günstig / und zu ihnen geneigt seyen / und daß daher die Jäger sie solcher Gestalt fangen. Sie schmücken einen schönen Jungen Gesellen mit Jungfrauen Kleidern / schmieren seinen Leib mit wolriechenden Sachen / und stellen ihn zu Nachts dahin / wo sie gemeiniglich sich pflegen aufzuhalten / sie selber aber verkriechen sich und geben achtung darauf. Wann nun das Einhorn von ferne den lieblichen Geruch riechet und Weibskleider ersihet / gehet es gerad auf den jungen Gesellen zu / leget seinen Kopff auf seine Füß / und ergetzet sich mit dem Geruch / bis es darüber einschläfft. Und wann es also schläfft / wird den Jägern von dem Jungen Gesellen zu verstehen geben / darum lauffen sie dahin / binden ihn / und segen ihme das Horn ab / und lassens also frey wieder lauffen / oder nehmen es ohne Verletzung hin / wo sie hin wollen. [...] Deme sey wie es wolle / das ist gewiß / daß dergleichen Art Thier in der Welt gibet / und das ist nur eine erdichtete Fabel / daß keine mehr gebe / und daß als vor der Sündflut sie in den Kasten Noe geführt wurden / das Fräulein als scheu ins Wasser gesprungen und ersoffen / und von der Zeit an das Männlein einsam geblieben / und mit der Zeit auch umkommen seye.[59]

Freiherr Christoph Harant von Polschitz und Weseritz auf Pecka (1564–1621),
Der Christliche Ulysses, 1608

Nun will ich glauben / Dass es Einhörner gibt.[61]

William Shakespeare (1564–1616),
Der Sturm, 1611

Ich vermache allen meinen drei Töchtern das Juwel aus Einhorn-Horn, gemäß der Anweisung ihrer Mutter, dass jede von ihnen den Gebrauch davon fordern kann, wenn es nötig ist, und meine Frau kann davon Gebrauch machen, wenn sie es benötigt, aber meine Tochter Townshend soll lebenslang die Obhut darüber haben.[62]

Nathaniel Bacon (1585–1627),
Testament, 4. Juni 1614

Es sagte die Herzogin von Lüneburg / Frau Elisabeth Magdalena / des Churfürsten zu Brandenburg / Marggraff Johan Georgen vielgeliebte Schwester / ein mal zu meinem Vater / Einhorn des morgens im Wein eingenommen / und im Bette geschwitzet / zwey mal nacheinander / treibet den Schurff gewaltig heraus: welches ich auch gleube / wenn mans balde in der erst brauchte.
[...]
Kan man aber rechten Einhorn haben / nur ein scrupel / das ist ein drittheil eines quintens / abgeschabet oder gefeilet / unnd in der wasser eines zerrieben / so ists desto besser /

denn das treibet die gifft durch den schweis desto ehe heraus. Dieses dienet auch also gebrauchet vor alle Pestilenz / wenn gleich Carbunckel bey dem Herzen und Apostem darzu unter dem Arm weren.
[...]
Die Reichen nehmen ein stücklein Einhorn in den Mund / das lest keine Gifft in des Menschen Mund eingehen.[63]

Johann Coler (1566–1639),
Oeconomia oder Haußbuch, 1615

Aber ein warhafftes Einhorn / wie es beschrieben wird und abgebildet / ist noch zur zeit von keinen Menschen gesehen / und hat sich keiner gefunden der es kennet. Heute zu Tage ist die Welt so bekandt / und durch bereiset / daß schier kein Winckel da man nicht ist hingekommen. Ist aber noch keiner gefunden der das Thier Einhorn an jennem Ort gesehen / oder etwas gewisses davon hette vernehmen können. [...]
Was nicht in der Natur ist / können Mahler und Poeten auff ihre Art darin machen: die setzen dem Pferde Flügel an (als *Pegaso*) und Hörner forn am Kopff (als dem Einhorne) wie es ihnen nur beliebet.[64]

Peter Lauremberg (1585–1639),
Philologisches Weihrauchkästchen, 1637

In seiner Güte den Menschen gegenüber hat Gott so viele Heilmittel und Gegengifte verfügt, wie es Gifte gibt, wodurch ihre Schädlichkeit entweder verhindert oder vertrieben wird: Unter all diesen Gegenmitteln gibt es kein wunderbareres als das Horn des Einhorns, das von verschiedenen Autoren so sehr in Frage gestellt und angezweifelt wurde; einige leugnen die Existenz des Einhorns, wie es gewöhnlich gemalt und beschrieben wird; andere leugnen, dass es ein solches Horn überhaupt gibt, und einige leugnen seine Vorzüge. [...]
Ich stelle daher das wahre Einhorn, wie es gemeinhin gemalt wird, nicht in Frage, denn Vertomanus sah zwei davon, wie Scaliger bezeugt, und ebenso Lewis Barthema, der, wie einige sagen, mit Vertomanus, Justin Martyr, Basilius und anderen Kirchenvätern übereinstimmt; ja, die Heilige Schrift scheint diese Beschreibung zu bestätigen.[65]

Alexander Ross (um 1590–1654),
Geheimnisse des Mikrokosmos, 1652

Die Hörner dieser Tiere werden an vielen Orten gezeigt; im Kloster von Saint-Denis gibt es ein ganzes in einem dunklen Gewölbe der heiligen Stätte, und sein Ende steht im Wasser. Das Wasser wird denjenigen zu trinken gegeben, die unter diesen hohlen Bogen gehen; sobald sie davon getrunken haben, beginnen sie plötzlich sehr zu schwitzen.[66]

John Johnston (1603–1675), *Eine Geschichte der wunderbaren Dinge der Natur,* 1657

Aber an dem wahren Einhorn, wovon es mehr Beweise in der Welt gab, wegen der Vornehmheit seines Horns, haben sie immer gezweifelt: Durch diese Ablenkung scheint es mir, dass es irgendeinen geheimen Feind in der inneren degenerierten Natur des Menschen gibt, der fortwährend die Augen von Gottes Volk blendet, damit es die Größe der Werke Gottes nicht sehen und glauben kann.
[...]
Ich weiß auch, dass das, was der König von England besitzt, mit Türmen umkränzt ist, so wie das in der Kirche von Saint-Denis, von dem man annimmt, dass es kein größeres in der Welt gibt, und ich habe nie ein Ding in irgendeiner Kreatur gesehen, das mehr Lob verdient hätte als dieses Horn. Die Substanz ist von der Natur gemacht, nicht von der Kunst, in der alle Zeichen gefunden werden, die das wahre Horn erfordert. Und insofern es etwas hohl ist (ungefähr das Maß eines Fußes, der aus dem Kopf herausgeht, und der Knochen, der aus ihm herauswächst, ist mit eingeschlossen). Ich vermute, dass es niemals abfällt, wie es auch die Hörner der Moschuskatze, der wilden Ziege und des Steinbocks nicht tun; aber die Hörner dieser Tiere fallen jährlich ab, nämlich die des Bocks, des Hirsches, der Feldziege und des Kamelparders.
Es ist von so großer Länge, dass der größte Mann kaum die Spitze davon berühren kann, denn es entspricht sieben großen Fuß. Es wiegt dreizehn Pfund mit seiner Basis, doch da es nur durch die Schätzung der Hand gewogen wird, scheint es viel schwerer. Die Figur bedeutet ganz klar eine Wachskerze (da sie gefaltet und in sich selbst eingewickelt ist); die von einem Teil aus viel dicker ist und zur Spitze hin immer weniger spürbar wird, der dickste Teil kann nicht in der Hand gehalten werden, er hat den Umfang von fünf Fingern, wenn man ihn mit einem Faden misst, sind es drei Finger und eine Spanne.
Der Teil, der dem Kopf am nächsten ist, hat keine Schärfe, die anderen sind von einer geschliffenen Glätte: die Riefen der Spitze sind glatt und nicht tief, sie sind größtenteils wie die Windungen von Schnecken oder die Umdrehungen oder Windungen von Geißblättern um irgendein Holz. Aber sie verlaufen von der rechten Hand zur linken, vom Anfang des Horns bis zum Ende hin. Die Farbe ist nicht ganz weiß, da sie lange Zeit etwas verdunkelt war.
Aber durch das Gewicht ist es ein Leichtes zu vermuten, dass dieses Tier, das so große Last in seinem Kopf tragen kann, in der Menge seines Körpers kaum weniger als ein großer Ochse sein kann.[67]

Edward Topsell (um 1572–1625),
Geschichte der vierfüßigen Tiere, 1607

Das Einhorn lägt sein Horn /
das Zepter seiner Macht / So in der Frauen Schoos.[68]

Daniel Casper von Lohenstein (1635–1683),
Sophonisbe, um 1665

Weit schlimmer hatte es ein andrer; als er eines Tages eins seiner Grundstücke an einen andern für 50 000 Taler verkaufte, bekam er dafür 45 000 Taler in Gold und Silber, für die fünf übrigen die Zinke eines Einhorns. Darüber entstand bei den Eingeweihten ein großes Gelächter: „Wie wenn er", sagten sie, „nicht schon genug Hörner zu Hause hätte, daß er sich auch das noch zulegt."[69]

Pierre de Bourdeille, Seigneur de Brantôme (um 1540–1614),
Das Leben der galanten Damen, 1589–1614

Ein Portugesischer Haubtmann / eine betagte ansehliche und bey vielen Fürsten desselben Landes werth geachtete Person / der sich daselbst in Kriegsdiensten befunden / gab dem *Autori* hiervon diesen Bericht: Er sagte / daß er einsmals / als er von der Armee (welche er alle Sommer neben dem Käyser *Malac-Segued* zu besuchen pflegte) samt 20 andern Portugesischen Soldaten zu ruck reisete / in einem kleinen Thal / mit dickem Holz umbgeben / sich nieder gelassen / auszuruhen / und etwas von Speisen zu sich zu nehmen / auch ihre Pferde in dem Graß / welches häuffig daselbst gewachsen / zu füttern / indeme sie sich nun kaum nieder gesetzt / wäre aus dem dickesten Gehülz ein vollkommenes Pferd / von Gestalt / Haaren / und Farb / wie oben beschrieben / unversehens heraus gesprungen; Sein Lauff war so schnell und muthig / daß es der andern Pferd nicht wahrnahme / biß es unter dieselbe gekommen; da es dann anfangen zu stutzen / und wieder zu ruck zu gehen / aber so / daß die Anwesende / Zeit genug hatten / dasselbe wol zu betrachten: Das Anschauen seiner Gliedmassen und Gestalt / erweckte bey ihnen sonderbares Belieben und Verwunderung / sonderlich als sie das gerade Horn aus seiner Stirn hervor gehen sahen; Es schiene in seinem Lauff voll Furcht zu seyn; Die andere Pferd / welche es von ihrer Art hielten / lieffen auf dasselbe zu / und die Soldaten / denen es so nahe kam / daß sie es mit der Mußqueten erreichen kunten / und aber dieselbe zum Schuß nicht fertig hatten / bemüheten sich / dasselbe zu umbgeben und zu fangen. So bald nun das Einhorn ihrer gewahr wurde / kam es denselben zuvor / und mit eben so schnellen Lauff / als es ankam / ereylete es wieder das Holz / und hinterließ die Portugesen vergnügt / daß sie dieses berühmte / doch seltsame / Thier mit Augen gesehen / dabey aber laidig / daß sie dieses so edlen Raubs solten verlustiget seyn.[70]

Jerónimo Lobo (1594–1678), *Eines Jesuiten in Portugal Neue Beschreibung und Bericht,* 1670

Hierbey nun wollen wir mit einander vernehmen und anhören / wie sich dieses gegenwärtige Evangelion und das Einhorn / so schön und artig zusammen vergleichen / und mit einander reimen; und zwar nach Art und Weise / wie hernach folget: Erstlich wird von diesem Thier sehr ungleich geschrieben und berichtet / etliche berichten so / etliche aber anderst von demselben / etliche zweifeln gar / ob dergleichen eines in der Welt seye: Aber daran hat man nicht zu zweifeln / dann wo kämen in fürnehmen Apotecken / Item in Fürstlichen Kunst-Kammern solche Horn her / wann kein dergleichen Thier in der Welt wäre? ja, / wie würde die H. Schrifft dessen so offt erwehnen und Meldung thun? Eben also gehet es auch mit Christi unsers lieben HErrn und Heylands / (welcher etlicher Meynung nach von dem David Psal. 29 / 6. durch das junge Einhorn verstanden wird) seiner Empfängnuß / Geburt / Person / und allen seinen Wercken und Wolthaten her / da hats jederzeit Leute gegeben / welche solches alles in Zweifel gezogen / geläugnet und vernichtet haben / es gibt deren auch noch ein grossen Hauffen / so wol ausser- als innerhalb der Christlichen Kirchen.[71]

Georg Albrecht (1601–1647), *Phoenix Germanus. Der Teutsche Foenix,* 1641–1647

Der Löwe und das Einhorn / die kämpften um die Kron'; / Der Löwe hetzt das Einhorn / einmal um die Stadt herum.[72]

Englischer Kindervers, 17. Jahrhundert

Daß aber solche Hörner solten von einem vierfüssigem Thiere seyn / so man Einhörner nennet / in Grösse und Gestalt eines jungen Pferdes / so in den Orientalischen Länden in den Wildnissen sich auffhalten sollen / wie die Alten darvon geschrieben / ist nicht wol zu gläuben. Wiewol es von langen Zeiten her dafür gehalten / und solche Hörner von vornehmen Herrn und Potentaten theur an sich gekaufft / und als ein überaus köstlicher Schatz verwahret worden.
Es wird disputiret / ob auch in der Welt solche Thiere / nemblich Einhörner / zu finden oder gewesen seynd / weil zu unser Zeit / da die Welt doch ziemlich durchgewandert / keines von jemand gesehen / und davon Bericht gethan worden. Gleichwol aber findet man in der Bibel / daß an unterschiedlichen Orten der Einhörner gedacht / und Gleichnisse darvon genommen worden. [...] Unser so langes Horn aber wie auch das zu S. Denis in Franckreich / und die beyden so zu Utrecht gesehen werden / seynd keines von obgedachten Thieren / sondern von einer sonderlichen Art Wallfischen ein Schnabel / oder vielmehr ein herausstehender Zahn / so in der Nord-See / sonderlich bey Grünland sich befinden. Daher die obgedachten Grünlaendische Weiber dieses Horn / als ichs ihnen gezeiget / alsbald gekennet / und gesaget / daß solche bey ihnen aus der See kommen.[73] (Abb. 10)

Adam Olearius (1599–1671), *Gottorffische Kunst-Kammer,* 1674

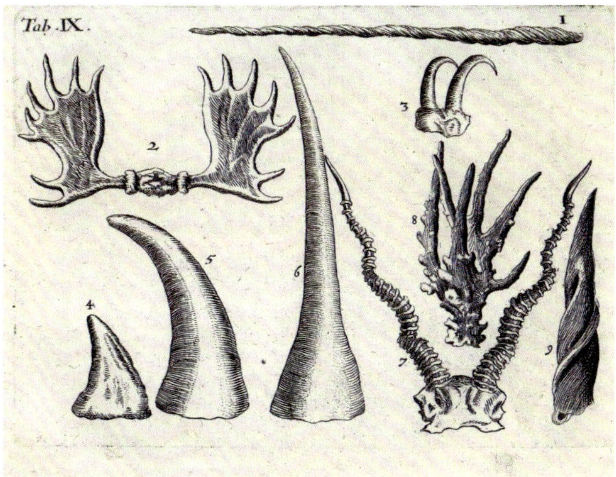

– 10 –
Norddeutsch: *Hörner verschiedener Tiere in der Kunstkammer auf Schloss Gottorf,*
in: Adam Olearius: *Gottorffische Kunst-Kammer,*
Schleswig 1674, Tafel 9

Uber diß ist auch zu wissen / daß ein Zeugniß in Geschichten und Begebnissen (und wo es sonsten unwidersprechlich Platz hat) daferne es ein Ding nicht bejahet; sondern nur von etwas stille schweiget / ganz von keiner Gültigkeit ist: und folget gar nicht / weil Herodotus nichts von Rom geschrieben / daß derentwegen keine solche Stadt zu seiner Zeit gewesen: Oder weil Dioscorides keine Meldung vom Einhorn / daß deßwegen solches nicht in der Natur vorhanden sey. Das kan man zwar urtheilen / wann iemand Vorhabens ist / eine genaue Erzehlung zu thun / aller zur Arzney bräuchlichen Materien; und etwas darinnen nicht gedenckt / daß folglich dieselben Sachen / bey den Alten nicht müssen im Gebrauch gewesen seyn; man kan aber darum nicht schliessen / daß sie gar nicht in der Welt seyn solten.[74]

Thomas Browne (1605–1682), *Verbreitete Irrlehren,* 1680

Was hat man nicht in vorigen Zeiten von diesem Thier den Leuten eingebildet? Man hat davon Plätze gelogen / daß man Pferde darauff zu tode tumlen solte: und das umb des lieben Profits willen. Denn damit grosse Potentaten / wenn ihnen ein solches Horn / als ein Rarität praesentiret worden / sechzig / siebendzig / ja hundert Tausend Reichsthaler nicht ansehen mögten / (wie denn die hin und wieder in denen Kunst-Kammern befindliche Einhörner umb sothanen Preiß angeschaffet seyn) so hat man ihnen daher geschnitten / wie man mit so grosser Lebens Gefahr in der Arabischen Wüsten / einen (weiß nicht wie?) grausahmen Thier / dessen Sorte schier so selten / als der beruffene Vogel Phönix, abgenommen; und daß man zu der Zeit / weils man nicht besser erfahren können / also gläuben müssen. [...]
Seither dem aber / daß in diesem Seculo die Farth auff den Wallfisch Fang / erst nach Spitsbergen / nunmehr aber in das Eiß [...] so fleissig getrieben worden / und noch jährlich getrieben wird; Hat das in der Arabischen Wüsten lauffende / und so lang die Welt gestanden / von keinen Menschen je gesehene Einhorn guten Frieden / und darff sein Horn mit der fliegenden Post nicht nach Europa schicken: sondern / wer ein Einhorn begehret / kan es zwischen den Grönlandischen Eißschollen antreffen.[75]

Philipp von Zesen (1619–1689), Einhorn-Einblattdruck, 1684

Und wenn es so niemals in Natur ein Thier wie das Einhorn, oder einen Fisch wie die Seejungfer gegeben hätte, so würde doch, wenn diese Namen zusammengesetzte begriffliche Vorstellungen bezeichnen, die keinen Widerspruch in sich enthalten, das Wesen der Seejungfer ebenso verständlich sein, wie das des Menschen, und das Wesen des Einhorns würde so gewiss, beständig und fest sein, wie das des Pferdes.[76]

John Locke (1632–1704), *Versuch über den menschlichen Verstand,* 1689

Noch indenck jener Nacht
Da wir in lauter Lust und Wonne fast versuncken
Die Blum des besten Weins aus Gold und Einhorn truncken
Und was uns kränckt verlacht.[77]

Andreas Gryphius (1616–1664), *Sonnen-Kreiß auf ein Adeliches Beylager,* vor 1664

18. Jahrhundert

Philalethes: Wenn die Wesenheit etwas anderes wäre als eine abstrakte Vorstellung, so würde sie nicht unerschaffbar und unvergänglich sein. Ein Einhorn, eine Sirene, ein vollkommener Kreis sind vielleicht gar nicht in der Welt vorhanden.
Theophilus: Ich habe Ihnen schon gesagt, daß die Wesenheiten ewig sind, weil dabei nur von Möglichkeiten die Rede ist.[78]

Gottfried Wilhelm Leibniz (1646–1716), *Neue Abhandlungen über den menschlichen Verstand,* 1704

Die Hörner des Einhorns zierten sonst hier und da die Naturaliencabinetter; und nun erstaunt auch das Auge des Pöbels darüber. Bartolinus hat gezeigt, daß sie von den Fischen des Eismeers hergekommen, und es ist glaublich, daß das gegrabene Einhorn auch in unsern Gegenden gleiches Ursprungs sey. Doch kann man nicht läugnen, daß man bey den Abyssiniern ein vierfüßiges Einhorn an der Größe eines Pferdes antrifft, wenn man den Portugiesen Hieronymus Lupus und Balthasar Telles glauben darf.[79]

Gottfried Wilhelm Leibnitz (1646–1716), *Protogaea Oder Abhandlung Von der ersten Gestalt der Erde,* 1749

Man findet aber desselben zweyerley Art als das wahre Einhorn / und das Unechte. Dieses ist nichts anderes als Beine von Thieren / die nach der *putrefaction* in der Erde durch die laulichten und feuchten Dünste *calciniret* worden / und solch werden in den Höhlen gefunden. Jene aber werden unter mancherley Form gefunden / nemlich in Gestalt der Elephanten-Zähne / Beinen etc.
[...]
Der gemeine Mann / und auch wol die jenigen / die etwas mehr als gemeine Leute vor klug angesehen seyn wollen / glauben das es Hörner von den Einhorn-Thieren seyn / welche in der Sündflut umkommen / lange unter der Erde verstecket gewesen / derer Fleisch und weiche Theile durch langwirige Zeit verzehret worden. *Franciscus Joël* [...] schreibet / daß die Einwohner in den Hercynischen Wäldern Mährleins-Weise vorgeben / daß in der Sündflut die Berge selbsten zugleich mit den Einhörnern / und andern grossen Thieren daselbst zusammen gebacken und eingehärtet worden. [...]
Was den Unterscheid dieses gegrabenen von dem wahren Einhorn betrifft: so ist derselbe leicht zu erfinden. Denn das rechte Einhorn (oder welches vor das wahre ausgegeben

wird) ist hart und fest / also daß man es kaum feilen kan / viel weniger sich reiben lässet: so man es auch an die Zunge hält / klebet es nicht an. Dieses gegrabene Einhorn aber ist nicht ein harter Stein / sondern wie gebrannt / lässet sich leicht brechen und reiben / und wenn man es an die Zunge hält / so klebet es an / nicht anders als eine gesiegelte Erde oder Märgel.
[...]
Ist demnach dieses gegrabene Einhorn ein vortreffliches Mittel wider alle Giffte und pestilentialische Fieber / auch wider die Pest selbsten / solche zu vertreiben [...]. Ein Knabe schluckte eine bleyerne Kugel auf / welche lange Jahre unter Spinneweben gelegen / balde schwüllet ihm der Bauch / daß die Umstehenden besorgten / daß er bärsten würde. Nachdem ihme aber eine Scrupel vom gegrabenen Einhorne eingegeben worden / ist er mit aller Verwunderung balde wieder genesen.[80]

Johann Schröder (1599/1600–1664),
Vollständige und nutz-reiche Apotheke, 1709

Das Einhorn ist das berühmteste unter allen Thieren / gleichwie unter den Vögeln der Phönix / der Pelican / und der Paradies-Vogel: Die Welt kennet solche mehr / durch Einbildung der Prediger und Poeten / als aus Erkundigung des Landes / wo solche gezeuget / und hervor gebracht werden / davon weiß man wenig / oder nichts; Sondern man muß sich vergnügen an dem blossen Vorgeben / daß in der Natur sie sich befinden.
[...]
Unter den vier-füssigen Thieren kommen wir zu dem viel-berühmten Einhorn / welches auch sonderlich hoch zu achten / weil die H. Schrifft desselben meldung thut / auch zu vielen Dingen / ja zu GOTT und menschen vergleichet. Kein Autor, so dieses Thiers gedencket / berichtet von seiner Geburt und Land / sondern verbleiben nur bey dessen berühmten Tugenden / mit Uberlassung des Geheimnuß seiner Ankunfft denen / welche frembde Länder durchreiset / und sich derer erkundiget haben. [...]
Die barbarischen und wildesten Völcker in der Welt / haben diese Thier um sich / und nehren sich von solchen / wie von andern Thieren. Ein Jesuit / des Autoris Geferthe / welcher ein Zeitlang sich in dieser Gegend aufgehalten / auf erlangten Bericht / daß dieses Thier sich derer Orten aufhalte / trachtete alles Fleisses / dergleichen zu überkommen: Die Land-Leute brachten ihm ein gar junges Füllen / welches so zart gewesen / daß es in wenig Tagen gestorben.
[...]
An einem andern Ort vorgedachter Provinz / (im rauhesten und äussersten Gebürg) genannt Nania / wird dieses Thier / unter andern Thieren weidend / offt gesehen. Und weil dieses der äusserste Ort der Provinz ist / werden diejenige / welche der Kayser sicherlich verwahren will / dahin verbannet; Sie endet sich in hohe Gebürge / von denen man viel grosse und weite Ebnen und Wälder / so von unterschiedlichen Arten wilder Thiere bewohnet werden / übersehen kann: An diesen Ort verbannete ein tyrannischer Kayser / *Adamas Sequed,* ohne Ursach / unterschiedliche Portugiesen / welche von der Höhe dieser Berge das Einhorn in den Matten haben weiden sehen / welche / der Weiten nach / dasselbe so groß geurtheilet / als eine schöne Fahlen / mit einem Horn in der Stirne. Diese Zeugnussen / sonderlich von einem alten Mann / Johann Gabriel genannt / neben deme / was vorgedachter Jesuit angezeigt / und selbst persönlich erfahren / bestättigen / daß dieses so hochberühmte Einhorn in gedachter Provinz gezeuget und aufgebracht wird.[81]

Felix Maurer (18. Jahrhundert),
Anmerckungen der geheimen und Grossen Wunder der Welt, 1715

Das Einhorn ist ein Thier, welches uns die Naturkündiger unter der Gestalt eines Pferdes darstellen, das mitten auf der Stirne ein zwey oder drey Ellen langes und schlangenweis gedrehetes Horn habe. Allein, weil man bis auf diese Stunde die wahre Beschaffenheit der Sache nicht zu erfahren vermocht hat, darum will ich vermelden, daß dasjenige, was wir unter dem Namen des Horns vom Einhorn verkauffen, das Horn von einem Fische sey, welchen die Eisländer Narwall nennen, inmassen unten in dem Capitel von diesem Fische wird zu vernehmen seyn.
[...]
Die abgezogene rare Haut von diesem seltsamen Fische, sonderlich der Kopf und das dran vest gemachte Horn, sind fast zwey Jahr lang in dem Wachthaus der Insel [Tortuga bei S. Domingo] aufgehenket blieben, bis der Herr Vasseur, welcher auf derselben Insel Gouverneur war, dem Herrn Trancarts, einem Edelmann aus Saintonge, der ihn besucht hatte, einen Gefallen erweisen wollen, und ihm dieses Horn verehret. Als ich aber mich samt diesem Edelmanne, der dieses kostbare Stück und Seltenheit in einem langen Kasten führete, auf ein Schiff von Vlißingen begeben, gieng unser Schiff nahe bey Fayal / einer von den Azores Inseln, zu Grunde, so daß wir alle unsere Sachen und Waaren verlohren: der Edelmann aber beklagte vor allen seinen Kasten. [...]
Demnach darff niemand ferner glauben, daß dasjenige, was wir Franzosen *Licorne,* die Lateiner *Unicornu,* die Griechen *Monoceros,* die Teutschen aber Einhorn nennen, das Horn von einem Landthiere sey, dessen im alten Testamente gedacht wird; oder ein Horn von einem derjenigen Thiere, welche bey dem Cap[itel] von Einhörnern abgebildet zu ersehen sind: sondern es ist nichts anders denn das Horn vom Narwall. Was die Wahl belanget, da darff es nur fein schön weiß seyn: die, welche am allerhöhesten, dicksten und schwersten sind, am meisten glänzen, und welche die meisten Züge haben, dieselben werden auch am höhesten gehalten und am meisten geschätzet. Vor diesem aber waren sie also rar, daß Andreas Rock, ein Florentinischer Medicus, einem Pabste eines um 4500 Pfund oder 1500 Thaler verkauffet: hergegen aniezo findet man sie hauptschön, und sind doch um ein gut Theil wohlfeiler.[82]

Pierre Pomet (1658–1699), *Der aufrichtige Materialist und Specerey-Händler*, 1717

Die Hörner / die man euch im Wappen zugedacht /
Wird jeder als ein Horn des Uberflusses ehren.
Der Püffel soll dem Stier im Himmel gleiche gehn /
Das Einhorn allem Gifft der Mißgunst widerstehn.[83]

Christian Gryphius (1649–1706),
Die Braut-Nacht, vor 1706

Ob sich nun über dieses anietzo beschriebene Einhorn noch ein anderes *Unicornu verum* in der Welt finden lasse, welches an der Stirne eines vierfüßigen, und einem Pferd gleich sehenden Thieres, (wie bis dahero viele geglaubet und vorgegeben haben) hervorschüsse wird von klugen und vorsichtigen Natur-Kündigen nicht unbillig gezweiffelt, wie geschäfftig sich auch *Catelanus* in seinem Buch vom Einhorn erwiesen, solches mit vielen Gründen und Verantwortungen zu behaupten. Und ob zwar in H. Schrifft des Einhorns offt gedacht wird, so ist doch kein dergleichen erdichtetes Thier, sondern das Nasen-Horn dadurch verstanden worden, wie *Andreas Baccius* solches in seinem *Tract. de Unicornu* behauptet.
Es will sich gar nicht zusammen räumen, daß, da dieses Thier so rar, wild, und nur in der Einöde zu finden, doch in dem Schoß einer reinen Jungfrauen soll gezeuget werden, welche dahin niemahls kömmet. Und wenn es gar so ist, wo kommen so viel hundert Hörner her, die man hin und wieder findet u. täglich verbrauchet? Indem über diejenigen Einhörner, so man in dem Königl. Schatz zu St. Denys bey Paris, zu Coppenhagen in der Schloß-Kirche, zu Dresden in der Kunst-Kammer und andern Orten in kostbaren Futteralen und Gold-Ketten aufgehänget sieht, fast jeder Materialist und Apothecker eines und mehr zeigen können, nun solche um so gemein worden, daß man eines, welches vor diesem viel tausend Thaler geschätzet worden, nunmehr um ein paar Dutzend Thaler kauffen kann. Weswegen ganz falsch ist, daß solche von einem so raren Thier herkommen sollen, welches doch nur erdichtet, und dahero so wohl von Gelehrten als Ungelehrten auf unterschiedene Weise beschrieben und abgemahlet wird, daß man fast einen ganzen Bogen damit anfüllen kann, wie in *Pomet Histoire des Drogius* [sic] *Part. II.i p.1* zu sehen ist, allwo diese Horn-Thiere gleichsam alle zusammen kommen.[84]

Grosses vollständiges Universal Lexicon Aller Wissenschafften und Künste, 1734

Jenes Einhorn, worauf du ihn reiten sahst, ist das gewöhnliche Reitpferd der Gangariden. Es ist das schönste, stolzeste, furchtbarste und doch zugleich sanfteste Thier, welches die Erde ziert. Hundert Gangariden und hundert Einhörner würden hinreichen, um zahllose Heere aus einander zu sprengen. Vor etwa 200 Jahren war ein König von Indien thöricht genug, jene Nation unterjochen zu wollen. Er rückte an der Spitze von 10,000 Elephanten und einer Million Krieger ins Land. Die Einhörner durchbohrten die Elephanten, wie ich auf eurer Tafel Lerchen an goldene Stäbchen gespießt sah.[85]

Voltaire (1694–1778),
Die Prinzessin von Babylon, 1768

So sagt Aristoteles sehr recht und wohl, es sey die Natur, seit Erschaffung der Welt her nicht so unkräfftig oder unvermöglich geworden, daß sie etliche Creaturen, dergleichen sie gleich im Anfang der Welt hervor gebracht, nunmehr nicht auch erschaffen könne, dieweil etliche vorgeben, es seyen die in der ersten Welt erschaffene Einhörner der allgemeinen Sündfluth, weil sie nicht mit andern Thieren in die Archa Noä gewollt, ersoffen, und habe man hernach ihre Hörner hin und wieder in der Erde gefunden.
Welches doch nicht wenig zu verwundern, daß nemlich die Einhörner nicht in die Archen gewolt, da doch Weibs-Bilder darinnen gewesen, welche sie ihrem Vorgeben nach, so sehr lieben.
Und lautet demnach mehr eine Fabel, als der Wahrheit ähnlich. Wer mehr davon zu wissen begehret, der lese Doctorem Aldrovandum an vor angezogenen Ort, da alle solche Gedicht von diesem Thier, weitläuffig widerleget werden, das jenige aber, so Herr D. Adamus Lonicerus davon schreibet, hat er auch auß andern genommen, und was dieselbige davon halten, erzehlet, wie leichtlich abzunehmen.[86]

Balthasar Erhart (1700–1756),
Vollständiges Kräuter-Buch, 1737

Das geheime Archiv zu Plassenburg hat vor Zeiten 4 Eingehürne oder Einhörner in Verwahrung gehabt, welches ich aus einem an den Herrn Marggraff Georg zu Brandenburg als Vormund Marggraffs Albrecht des jüngern erstatteten Bericht des Hauptmanns und der Räthe auf dem Gebürg vom Jahr 1530 ersehen habe. Zwey darunter waren mit Silber gefasset zum Aufsetzen, wie die Worte des Berichts lauten. Das grösseste unter allen war von einem vorzüglichen Werth. Die Venetianer boten im Jahr 1559 dreyssig tausend Dukaten dafür, man wollte es aber unter 60 000 Thaler nicht hingeben. Eines davon wurde als eine Arzney für die Fürstliche Personen gebraucht; so oft aber ein Ring von demselben herunter geschnitten wurde, so geschahe solches, zu der Zeit, als die Eingehürne beeden hochfürstlichen Häusern in Franken noch gemeinschaftlich zustunden, jedesmals in Gegenwart beederseitiger Deputirten, und wurde das Einhorn, von welchem der Abschnitt genommen wurde, sogleich nach dieser Verrichtung wieder gemeinschaftlich versiegelt. Im Jahr 1550 trug es Marggraf Albrecht auf eine Theilung dieses angeschnittenen Einhorns an, welches denn auch von Seiten Onolzbach genehmiget wurde. Laut des vorhandenen Theilungs-Zettuls bekam Marggraf Albrecht 3 Mark 14 Loth 3 Quint, Marggraf Georg Friedrich aber 4 Mark 15 Loth 3 ½ Quint, weil ersterer schon vorhero mehr davon erhalten hatte.
[...]
Ob das grosse Einhorn, welches die Venetianer haben kaufen wollen, so wie die übrige 3 Einhörner von einem vierfüssigen Thier gewesen, braucht wohl keines Untersuchens. Denn da bisher noch kein vierfüssiges Pferd-artiges Einhorn-Thier, so wie es die Mahler abbilden und ich selbst in meinem Wappen führe, hat entdeckt werden können, so muß es ohne Zweifel der Einhorn-Fisch seyn, von dem diese Hörner, oder vielmehr Zähne, genommen sind.[87]

Philipp Ernst Spieß (1734–1794),
Nachricht von einem Kostbaren Kleinod, Eingehürn (Einhorn) genannt, welches das hochfürstliche Haus Brandenburg ehehin besessen hat, 1783

Die meisten ältern Uebersetzer und Ausleger übersetzen das Wort durch Einhorn; aber ohne Grund. Sie haben weder die Etymologie, noch etwas aus der Beschreibung des Thieres selbst für sich. Die angegebenen Eigenschaften zeigen, daß es ein gehörntes, starkes, ungezähmtes und für die damaligen Zeiten, vielleicht auch unzähmbares Thier sey. Auf welches passen nun, so wohl die negativen als positiven Charaktere welche das A.T. liefert, am besten? Auf das vermeinte Einhorn am wenigsten. Es wäre doch sonderbar, wenn ein Thier, das in Palästina, Mesopotamien und Arabien, den vielen Gleichnissen zufolge, welche von denselben hergenommen werden, häufig zu finden seyn mußte, so vielen Völkern, die mit den genannten Ländern bekannt waren, gänzlich unbekannt geblieben seyn sollte. Noch sonderbarer ist es, anzunehmen, daß es zu der Zeit, wo jene Länder bekannter wurden, schon so lange ausgerottet gewesen seyn sollte, daß, so wenig eine Spur von ihm selbst, als vollständige Nachrichten aufzufinden gewesen wären. Man müßte, um dieses zugestehen zu können, eine Vollkommenheit des Jagdwesens in den frühern Zeiten annehmen, die nur nach Erfindung des Schießpulvers und des Schießgewehrs denkbar ist.[88]

Johann Christian Gottlieb Richter (1766–1840), *Ueber die fabelhaften Thiere,* 1797

19. Jahrhundert

Er besaß damals, wie er mir erzählte, ein sehr interessantes Thier, eine Art von Pferd, mit einem Horne mitten auf der Stirne. Ehedem hatte er ein anderes von derselben Art, das aber starb. Ich konnte nicht herausbringen, woher es wäre, und keine andere Erläuterung erhalten, als: Burraduse! weit von hier. Ich äußerte ein sehr ernstliches Verlangen, ein so interessantes und seltenes Thier zu sehen, und sagte ihm: daß wir Abbildungen von einem Thiere hätten, daß wir Einhorn nennten, dem diese Beschreibung entspräche, das aber allgemein für fabelhaft gelte. Er versicherte mir nochmals die Wahrheit seiner Erzählung, und versprach mir, daß ich es sehen sollte. Es war in einiger Entfernung von Tassisudon, und das Volk erzeigte ihm religiöse Verehrung; ich bekam es aber nie zu sehen.[89]

Samuel Turner (1759–1802), *Gesandtschaftsreise an den Hof des Teshoo Lama durch Bootan und einen Theil von Tibet,* 1801

Das Einhorn, als vierfüssiges Thier, ist nicht minder eine Fabel. Es kommt zwar oft in Wundermährchen, in der Heraldik als Schildhalter, und sogar in der Bibel, im Buche Hiob, (wo es aber vermuthlich das Zebra seyn soll) vor, allein die neuere Naturgeschichte kennt es nicht. Man giebt ihm die Gestalt eines grossen Pferdes mit einem zwey Ellen langen spitzigen gewundenen Horne vor der Stirn. Vermuthlich hat das eben so gestaltete Horn des Narbal-Fisches, den ich Heft II. No.7. beschrieb, welches man, wie andere versteinerte Thierknochen, irgendwo aus der Erde grub, und Unwissenheit in der Naturgeschichte Anlass zu dieser Fabel, die Plinius zuerst erzählt, gegeben.[90]

Friedrich Justin Bertuch (1747–1825), *Bilderbuch für Kinder,* 1801

Das zunächst von uns entdeckte Thier würde auf der Erde für eine Mißgeburt gehalten werden. Es war bläulich bleifarben, von der Größe einer Ziege, mit Kopf und Bart wie diese, und einem einzigen, ein wenig nach vorn gekrümmten Horne. Das Weibchen hatte weder Horn noch Bart, aber einen viel längeren Schwanz. Dieses Thier fand sich in ganzen Heerden und namentlich häufig an den steileren Abhängen der Bergwaldungen. Hinsichtlich des Ebenmaßes und der Zierlichkeit in seinen äußeren Formen wetteiferte es mit unserer Antilope, und gleich dieser schien es ein munteres, lebhaftes Geschöpft, das mit großer Schnelle sich bewegte und unter unzähligen Possen, gleich einem jungen Lamme oder Füllen, über den grünen Rasen dahinsprang. Dieses schöne Thier machte uns unbeschreibliches Vergnügen.[91]

Richard Adams Locke (1800–1871), *Neueste Berichte vom Cap der guten Hoffnung über Sir John Herschel's höchst merkwürdige astronomische Entdeckungen, den Mond und seine Bewohner betreffend,* 1836

Das Schneiderlein verlangte von dem König die versprochene Belohnung, diesen aber reute sein Versprechen, und er sann aufs neue wie er sich den Helden vom Halse schaffen könnte. „Ehe du meine Tochter und das halbe Reich erhältst", sprach er zu ihm, „mußt du noch eine Heldentat vollbringen. In dem Walde lauft ein Einhorn, das großen Schaden anrichtet, das mußt du erst einfangen." „Vor einem Einhorn fürchte ich mich noch weniger als vor zwei Riesen; sieben auf einen Strich, das ist meine Sache." Er nahm sich einen Strick und eine Axt mit, und ging hinaus in den Wald, und hieß abermals die, welche ihm zugeordnet waren, außen warten. Er brauchte nicht lange zu suchen, das Einhorn kam bald daher gesprungen und geradezu auf den Schneider los, als wollte es ihn ohne Umstände aufspießen. „Sachte, sachte", sprach er, „so geschwind geht das nicht", blieb stehen und wartete bis das Tier ganz nahe war, dann sprang er behendiglich hinter den Baum, und das Einhorn rannte mit aller Kraft gegen den Baum, und spießte sein Horn so fest in den Stamm, daß es nicht Kraft genug hatte es wieder herauszuziehen, und gefangen war. „Jetzt hab ich das Vöglein", sagte der Schneider, kam hinter dem Baum hervor, legte dem Einhorn den Strick um den Hals, hieb mit der Axt das Horn aus dem Baum, und führte es vor den König.[92] (Abb. 11)

Jakob (1785–1863) und Wilhelm Grimm (1786–1859), *Das tapfere Schneiderlein,* 1837

– 11 –
Carl Offterdinger: *Das tapfere Schneiderlein,* in: *Mein erstes Märchenbuch. Eine Sammlung echter Kindermärchen für die ganz Kleinen,* Stuttgart, Ende 19. Jahrhundert

Dass Geister, Einhörner oder Seeschlangen existiren, wäre völlig bewiesen, wenn es positiv bewiesen werden könnte, dass ein solches Ding einmal gesehen worden ist. Was einmal geschehen ist, kann wiederholt geschehen, die einzige Frage bezieht sich auf die Bedingungen, unter denen es geschieht.[93]

John Stuart Mill (1806–1873), *System der deductiven und inductiven Logik,* 1843

Diese, erst kürzlich wieder aufgefundene Art, soll der wahre, auf egyptischen und nubischen Denkmälern so oft und als einhörnig dargestellte *Oryx* der Alten sein. Zu dieser rechnete man auch das früher für fabelhaft gehaltene Einhorn, von dem in der Bibel, z. B. in den Büchern Mosis und in den Psalmen so oft die Rede ist; allein obige Antilope hat zwei Hörner, die viel höher auf dem Schädel aufgesetzt sind; auch ist es nicht wahrscheinlich, daß die Egypter ein Thier so oft auf ihren Denkmälern verstümmelt dargestellt hätten.
Dem Residenten der ostindischen Compagnie zu Nepaul, Herrn Hogdson, gelang es von einem gestorbenen Einhorn aus der Menagerie des Rajah von Nepaul die vollständige Haut mit dem noch auf dem Schädel sitzenden Horne zu erhalten, welche er an die wissenschaftliche Gesellschaft von Calcutta einsandte und dadurch alle Zweifel lösete. Das Einhorn lebt in der Provinz Dzong in Tibet, ist scheu u. wild, röthlich, unten weißlich u. hat nur *ein* spitzes, schwarzes, aufrechtes Horn auf der Stirn (wie es im Wappen der Engländer abgebildet wird) u. den schlanken Bau der Antilopen, weshalb man es *Antilope monoceros* nannte.[94]

Johannes Leunis (1802–1873), *Synopsis der drei Naturreiche,* 1844

Die Existenz des Einhorns oder Gurgudae der Perser, das Plinius (hist. Nat. VIII, 31) ganz ernsthaft unter den wilden Thieren Indiens aufführt, das man aber seitdem ins Reich der Fabel verwies und nur noch als Schildhalter des englischen Wappens respectierte, fand in unsrer Zeit bei einigen Naturforschern wieder Glauben, wie sich denn z. B. Katte in seiner abyssinischen Reise für die Möglichkeit und Wahrscheinlichkeit seines Daseins ausspricht. Palissot ereifert sich ohne Noth über das Erscheinen der schönen Wunderthiere in diesem bunten Märchen, wo sie doch, weit entfernt zu stören, in eben dem Maße dazu beitragen, den magischen Reiz der Erzählung zu erhöhen, wie der Hippogryph im Orlando und andre Geschöpfe der Fabel in andern Wundergeschichten.[95]

Adolf Ellissen (1815–1872), Noten zu der Erzählung *Die Prinzessin von Babylon* [von Voltaire], 1844

Das Horn des Einhorns schützt vor Zaubersprüchen. Kardinal Torquemada soll immer eines auf seinem Tisch gehabt haben. Die Einhörner vom Kap der Guten Hoffnung werden mit Pferdeköpfen beschrieben, andere mit Köpfen des Hirschs. Man sagt, der Brunnen des Palastes von Sankt Markus könne nicht vergiftet werden, weil Einhorn-Hörner hineingeworfen wurden. Wir sind uns auch nicht sicher, was diese Tiere betrifft, deren Rasse verschwunden zu sein scheint.[96]

Wörterbuch der okkulten Wissenschaften, 1846

In alter Zeit war der einzige Sohn des Edelmanns im untern Schlosse zu Remmlingen auf die Jagd gegangen und lange nicht nach Hause zurückgekehrt. Da sandte sein Vater allenthalben hin Leute, ihn zu suchen, und er selbst ritt aus, gelobend, da ein Kloster zu bauen, wo sein Sohn, lebend oder todt, wiedergefunden würde. In einem wilden Waldthale fanden sie endlich den Jüngling, von einem Einhorn durchbohrt, das, von seinem Pfeile getroffen, todt neben ihm lag. Seinem Gelübde treu, stiftete der Edelmann an dem Ort ein Benediktinerkloster und nannte es Holzkirchen, weil das Michelskirchlein, das auf der Höhe zuerst gebaut wurde, ganz von Holz war. Außen an der Klosterkirche ist noch jetzt ein Steinbild, welches den Edelmann zu Pferd, dessen Frau und ihren Sohn mit dem Einhorne vorstellt.[97]

Bernhard Baader (1790–1859), *Volkssagen aus dem Lande Baden und den angrenzenden Gegenden,* 1851

Den Narwal habe ich schon Zahnwal, Hornwal und Einhornwal nennen hören. Sicherlich ist er ein merkwürdiges Beispiel des in fast jedem Bereich der Natur vorkommenden Einhornwesens. In alten Mönchshandschriften habe ich gelesen, daß in früheren Zeiten das Horn dieses See-Einhorns als wichtiges Gegengift betrachtet wurde und daß die daraus hergestellten Präparate hohe Preise erzielten. Auch wurde es zu Riechsalz, wie es die Damen bei Ohnmachtsanfällen gebrauchten, verarbeitet, so wie man aus dem Geweih des Hirsches Hirschhornsalz herstellt. Ursprünglich galt es an sich schon als Rarität. Blackletter erzählte mir, Sir Martin Frobisher habe, als er von jener Reise zurückkehrte, bei deren Beginn ihm Queen Bess aus einem Fenster des Greenwicher Palastes mit ihrer juwelengeschmückten Hand huldreich zuwinkte, während er mit seinem wackeren Schiff themseabwärts segelte – Sir Martin Frobisher habe, als er von dieser Reise zurückkehrte, Ihrer Majestät mit gebeugtem Knie ein mächtig langes Narwalhorn überreicht, das

– 12 –
Gustave Doré: *Wie Pantagruel auf dem Eiland Medamothi allerhand schöne Sachen kauft,* in: *Œuvres de Rabelais* (Rabelais' Werke), hrsg. von Louis Moland, Bd. 2, Paris 1873, S. 26

noch lange Zeit später im Schloß von Windsor hing. Ein irischer Schriftsteller berichtet, Graf Leicester habe ebenfalls Ihrer Majestät ein Horn überreicht, das aber von einem Landeinhorn stammen sollte.[98]

Herman Melville (1819–1891),
Moby Dick, 1851

Wenn der Inhalt dieses Schriftchens bei dem Leser einige Zweifel über die Existenz des Einhorns vernichtet oder ihn mit mir zum Glauben an dieselbe bewogen hat, wird sich der Verfasser befriedigt fühlen und darf sich wohl der Hoffnung hingeben, dass fortgesetzte Nachforschungen uns keine blosse Berichte mehr, sondern endlich das Thier selbst zum Vorschein bringen werden.[99]

John Wilhelm von Müller (1824–1866),
Das Einhorn vom geschichtlichen und naturwissenschaftlichen Standpunkte betrachtet, 1853

Das Einhorn ist jenes weltbekannte Thier, über das schon ganze Bücher geschrieben worden, das aber noch kein Mensch gesehen hat, trotzdem, daß schon seit Jahrtausenden viel Merkwürdiges von ihm erzählt wird. Die Sage vom Einhorn findet sich in Afrika und Indien – warum sollte sie sich nicht auch in Frankfurt am Main finden! Daß es in Frankfurt Einhörner gibt oder doch gegeben hat, ist klärlich zu ersehen aus folgendem Begebniß – einem neuen Beweise von der wirklichen Existenz jenes fabelhaften Thieres, über das sich die Naturforscher die Köpfe zerbrechen.
„1659. Den 22. Septembris. Als die Schanzen-Arbeiter hart vor dem Bockenheimer Thor, am Fundament der äussersten Stadt-Grabens Mauer, gearbeitet haben, haben sie ein Einhorn fünf Werck-Schuh lang, etliche Klaffter tief in der Erden ausgegraben; als sie aus Unverstand nicht gewußt, was das für ein Horn gewesen, haben sie solches mit großen Hämmern und Pickeln zerhauen, da dann ein jeder ein Stücklein darvon haben wollen, und ist solch schön und rar Stück zertheilet und gleichsam vernichtet worden; die Herrn Medici und Materialisten haben etliche solche Stücker probirt und für köstlich befunden; die meisten solcher Stücken haben die Materialisten und Apothecker von denen Arbeitern theuer gekaufft.“
Noch heute gibt es in Frankfurt eine Einhorn-Apotheke.[100]

Karl Enslin (1819–1875),
Frankfurter Sagenbuch, 1856

Dass dich der Einhorn in diesem Jahre nicht stosse und in vielen Jahren nicht. – Dass dich der Tod nicht berühre.[101]

Deutsches Sprichwörter-Lexikon, 1867

Was – ist – das?“, sprach er endlich. „Das ist ein Kind!“, gab Haarse bereitwillig Auskunft, indem er vor Alice hintrat, um sie vorzustellen, und beide Hände mit Angelsächsischer Gebärde vor ihr ausbreitete. „Wir haben es gerade heute entdeckt; in voller Lebensgröße und doppelt so natürlich!“
„Ich habe sie immer für Monster aus der Fabel gehalten!“, sprach das Einhorn. „Ist es lebendig.“
„Es kann sprechen“, sagte Haarse feierlich.
Das Einhorn sah Alice verträumt an und sprach: „Sprich, Kind.“
Alice verzog ihren Mund unwillkürlich zu einem Lächeln, als sie anfing: „Wissen Sie, daß ich auch immer geglaubt habe, Einhörner seien Fabeltiere! Ich habe nie zuvor ein lebendiges gesehen!“
„Also, da wir einander nun *gesehen* haben“, sprach das Einhorn, „wenn du an mich glaubst, glaub' ich an dich. Ist das ein guter Tausch?“
„Ja, wenn Sie wollen“, sprach Alice.[102]
(Abb. 13)

Lewis Carroll (1832–1998),
Durch den Spiegel und was Alice dort fand, 1871

Ihr' Keuschheit ist so groß,
Daß sich ein Einhorn wilde
Gab hin in ihren Schooß,
Das war so stark an Kraft,
Daß seine Meisterschaft
Der Himmel nicht beschloß.[103]

Luise Maria Hensel (1798–1876),
Maria, 1876

Und der Jüngling ging abermals in den Wald und sah das Einhorn und wollte es todt schiessen. Aber das Einhorn sprach „Schiess nicht, schiess nicht, ich will dir auch alles geben was du nur willst.“ Da sagte er „So gib mir Milch von dir.“ Das Einhorn gab sie ihm und schenkte ihm auch noch ein Junges und sagte „Dieses Junge wird dir, wenn dein Leben in Gefahr kommt, ein mächtiger Freund sein.“ Der Jüngling nahm nun die Milch und das Junge mit nach Haus und schenkte die Milch seiner Schwester. Aber die Schwester trank sie wiederum nicht, sondern goss sie unter das Bett.[104]

Litauische Volkslieder und Märchen, Von den zwei Waisenkindern, 1882

– 13 –
John Tenniel: *Alice mit dem Einhorn und dem Löwen,*
in: Lewis Carroll: *Through the Looking-Glass, and What Alice Found There* (Durch den Spiegel und was Alice dort fand), London 1872, S. 152

EIN MANN: Ein Held ist unter uns! Er kam herein, / sein Gang ist eines Königs Gang, er trägt / in seiner Hand den Stab, er kommt weit her! / Ein Held!
VOLK: Nach welchen Zeichen? Läuft ein Einhorn / mit ihm? Steht über seinem Haupt ein Funkelstern?
DER BOTE: In seiner Augen Höhl sind Sterne, Kraft / des Einhorns ist ihm selber um die Lenden / gegürtet![105]

Hugo von Hofmannsthal (1874–1929), *Ödipus und die Sphinx,* 1905

O dieses ist das Tier, das es nicht giebt. / Sie wußtens nicht und habens jeden Falls / – sein Wandeln, seine Haltung, seinen Hals, / bis in des stillen Blickes Licht – geliebt.[106]

Rainer Maria Rilke (1875–1926), *Die Sonette an Orpheus,* 1922

Alles, was „Anspielung" wäre, widerspricht für meine Überzeugung dem unbeschreiblichen *Da-Sein* des Gedichts. So ist auch im Einhorn keine Christus-Parallele mitgemeint; sondern nur alle Liebe zum Nicht-Erwiesenen, Nicht-Greifbaren, aller Glaube an den Wert und die Wirklichkeit dessen, was unser Gemüt durch die Jahrhunderte aus sich erschaffen und erhoben hat, mag darin gerühmt sein.[107]

Rainer Maria Rilke (1875–1926), Brief an Gräfin Margot Sizzo-Noris, 1. Juni 1923

Der Mann ging langsam wieder nach unten und hinaus in den Garten. Das Einhorn war immer noch da. Es graste jetzt zwischen den Tulpen. „Hallo, Einhorn", sagte der Mann, pflückte eine Lilie und hielt sie ihm hin. Das Einhorn fraß sie bedächtig.[108]

James Thurber (1894–1961), *Das Einhorn im Garten,* 1939

Denn Herr Wittich, ein Ritter mit schiefer Schulter und einem Schandmaul, sagte bei Tische, Herzog Wiligis werde sich gewiß einmal Ruhm erwerben dadurch, daß er das Einhorn fange, wenn es entschlummert sei in seiner keuschen Schwester Schoß. Da wurde die wälsche Blässe der Jungherrin um einen Schatten bleicher, und ihr Bruder vergaß, die Faust rechtzeitig unterm Tisch zu bergen: Alle sahen, wie sie sich auf dem Damast, die Knöchel ganz entfärbend, peinlich zusammenballte.[109]

Thomas Mann (1875–1955), *Der Erwählte,* 1951

Und was ist mit den Einhörndln?" fragte sie und setzte die Schokoladentasse ab. „Ja – die Einhörner", sagte René und sah das Mädchen an und weiter nichts.
„Mir scheint, Sie wollten nur jausen und das Erzählen ist Ihnen jetzt zu fad", meinte sie lachend.
„Mir ist gar nicht fad", erwiderte er mit einer sozusagen bedeutungsvollen Betonung, und umfaßte, ruhig vor sich hinblickend, ihren Kopf vor dem Hintergrunde der ab und an bewegten Straße dort draußen hinter der großen Glas-Scheibe. „Ja, also die Einhörner, oder die Einhörndln, wie Sie so herzig sagen, die hat's aller Wahrscheinlichkeit nach gegeben. Im vorigen Jahrhundert, da hat man alles für reinen Unsinn und für bloße Fabeln und Sagen gehalten, was in den von der Wissenschaft einmal aufgestellten Rahmen nicht gepaßt hat, aber seitdem sind doch viele neue Viecher noch entdeckt worden, und heute glaubt man überhaupt nicht mehr, daß es ganz reine Fabelwesen gibt. Alles geht auf irgendeine Wirklichkeit zurück, die Basilisken, die Drachen und die Einhörner."[110]

Heimito von Doderer (1896–1966), *Die Strudlhofstiege,* 1951

Wenn es regnet, schreibt der Löwe seine Memoiren. Aber das Einhorn trabt lustig durch die Nässe, durch Englands grüne Felder, durch Londons graue Straßen. Dabei singt es, mal dies, mal jenes, eine rauhkehlige, herzerfrischende Melodie. Sein Gesang bewahrt den Löwen davor, einzuschlafen und sich ernstlich zu erkälten. Dafür ist der Löwe dem Einhorn dankbar. Das Einhorn aber tut nur so, als wäre ihm diese Dankbarkeit gleichgültig. Es ist ein gutes, treues Tier. Es weiß, kommen die bösen Buben und werfen mit Steinen nach ihm, so wird der Löwe brüllen, auch wenn er noch so müde ist.[111] (Abb. 14)

Peter de Mendelssohn (1908–1982), *Einhorn singt im Regen,* 1952

– 14 –
Gerhard Kreische und Herbert Thiele: *Umschlagzeichnung,*
Peter de Mendelssohn: *Einhorn singt im Regen. Zauber und Zwiespalt der englischen Welt,* Berlin 1952

Wir beschränken uns also auf ein Element, das in *erster Linie* übernommen wurde: das Einhorn als *phallisches Symbol,* als *„Meraviglia"*-Gestalt, als magisch-erotische Allegorie, als Hauptsymbol in pansexualistischen Emblemen. Schon bei den Kirchenvätern heißt es („manieristisch genug"): *„In uterum Virginis singulare deposuit omnipotentiae cornu"* [In den Schoß der Jungfrau legte er das einzigartige Horn der Allmacht]. Wir werden an die erotischen Metaphern der Nonnen-Mystik im 16. Jahrhundert erinnert.[112]

Gustav René Hocke (1908–1985), *Die Welt als Labyrinth,* 1957

So sprach das Einhorn zur Jungfrau auf dem Rupertsberge: „Was ist, wird zerstört werden, und was nicht ist, wird erbaut werden." Das Einhorn, Gefährte und Beschützer der Reinen, erblickt das Geheimnis.[113]

Reinhold Schneider (1903–1958), *Pfeiler im Strom,* 1958

In dem Augenblick, als der Spaziergänger dachte, es nicht länger aushalten zu können, wandte Eva den Kopf zum Einhorn und lispelte: „Schönes Sonnentier, wie schläfst du süß! Dir bringe ich still meinen liebsten Gruß! Auf Wiedersehen! Auf Wiedersehen! Du kannst ruhig alles befehlen! Ich diene!"
Dann entfernte sich Eva, und der Beobachter knackte mit den Knien und bewegte sich geräuschvoll, und das Einhorn erhob sich erschreckt und flüchtete der keuschen Eva hinterher.[114]

Marcel van de Velde (1898–1964), *Die wundersame Begegnung im Pathoekewald,* 1964

Schau das Bild an, Orli, die Jungfrau, bis zum Hals im blauen Tuchgehäuse sitzend, und an ihrer Seite kniet weiß das Einhorn, sein Kopf samt dem glatten Horn liegt in ihrem Schoß. Wie für eine Gemeinde so laut sagte er die in die Luft gemalte Schrift auf: Sobald diu jeger daz Ainhorn jagen haiszen si ain rain magt anesizzen alda oftermalen daz tir sain atzung nimbt. [...] Dann mußte sich Orli auf die Bank setzen und er legte seinen Kopf quer über ihre Schenkel. Und wartete, daß die Schrift erfüllet würde, auf die Jäger.[115]

Martin Walser (1927–2023), *Das Einhorn,* 1966

Das Einhorn schlüpfte lautlos in ein dichtes Gebüsch, als die Männer ihre Pferde wendeten; es folgte ihnen erst wieder, als sie schon ein gutes Stück voraus waren. Die beiden Männer ritten wortlos dahin, bis sie sich dem Waldrand näherten. Da fragte der zweite Jäger nachdenklich: „Warum sind sie bloß fortgegangen, was meinst du? Wenn es sie überhaupt je gegeben hat?"
„Was weiß ich! Die Zeiten ändern sich. Glaubst du, das heute sei eine gute Zeit für Einhörner?"
„Nein, aber ich weiß nicht, ob es überhaupt schon einmal einen Menschen gegeben hat, der dachte, seine Zeit sei für Einhörner die richtige. Und gerade kommt es mir so vor, als hätte ich darüber Geschichten gehört – aber da war ich müde vom Wein oder hab' an etwas anderes gedacht. Ach, lassen wir's. Wenn wir uns beeilen, dann reicht das Licht noch zur Jagd. Komm!"[116]

Peter S. Beagle (geb. 1939), *Das letzte Einhorn,* 1968

Das Einhorn ist kein fest umrissener Tatbestand, sondern ein vielfach variiertes Fabelwesen; so gibt es einhörnige Pferde, Esel, Fische, Drachen, Skarabäen usw. Es handelt sich darum hier, genauer gesagt, um das *Motiv der Einhörnigkeit.* In der *Chymischen Hochzeit* des Rosencreutz kommt ein schneeweißes Einhorn vor, das seine Reverenz vor einem Löwen macht. Das Unicorn, wie der Löwe, ist Symbol des Mercurius.[117]

Carl Gustav Jung (1875–1961), *Psychologie und Alchemie,* 1952

Aus dem Widerstreit zwischen Neugier und Ehrgeiz befreite mich das Einhorn. Es stand plötzlich vorm Strauch und spießte Blätter auf sein gewundenes Horn wie Warenhauspackerinnen Kassenzettel. Als ich erschrak, machte es sich unsichtbar. Es war so scheu, auch vor sich selbst, daß es am liebsten unsichtbar blieb. Diese Vorliebe kam mir gelegen. Nachdem es drei Dolden gefressen hatte, durfte ich aufsitzen. Das Fell war kurz wie bei Pferden, schimmelfarben, Körperbau und Gangarten waren auch pferdehaft, aber weicher, Auftrittserschütterungen teilten sich dem Hirn des Reiters vergleichsweise schmerzlos mit.[118]

Irmtraud Morgner (1933–1990), *Leben und Abenteuer der Trobadora Beatriz,* 1974

Aber warum haben sie zwischen die Lügenbücher auch den Band mit dem Einhorn gestellt?"
„Die Gründer der Bibliothek hatten offenbar seltsame Vorstellungen: Sie meinten wohl, daß jenes Buch, das von phantastischen Wesen in fernen Ländern handelt, zu den Lügen gehört, die von den Ungläubigen verbreitet werden ..."
„Ja, ist denn das Einhorn eine Lüge? Es ist doch ein äußerst graziles Tier von hohem Symbolwert! Ein Sinnbild Christi sowie der Keuschheit! Man kann es nur fangen, indem man eine Jungfrau in den Wald schickt, deren keuscher Geruch es anlockt, so daß es kommt und seinen Kopf in ihren Schoß legt und sich willig den Netzen der Jäger darbietet."
„So heißt es, mein lieber Adson. Aber viele neigen auch zu der Ansicht, daß es eine Erfindung heidnischer Fabeldichter ist."
„Wie schade!", rief ich enttäuscht. „Ich wäre gern einmal beim Spazierengehen im Walde einem Einhorn begegnet! Wozu geht man sonst im Walde spazieren?"
„Wer sagt denn, daß es nicht existiert? Aber vielleicht ist es ganz anders, als es in diesen Büchern dargestellt wird. Ein venezianischer Reisender fuhr in den fernen Osten, in Länder nahe besagtem Fons Paradisi, von welchem die Weltkarten künden, und sah dort Einhörner. Aber er fand sie plump und gemein und häßlich und schwarz.
Ich glaube, daß er wirkliche Tiere mit einem Horn auf dem Kopf gesehen hat. Es waren vermutlich die gleichen, von denen uns die Meister der antiken Weisheit (die niemals vollkommen irrten, da Gott ihnen Dinge zu sehen gewährte, die uns verborgen geblieben sind) eine erste getreue Beschreibung gegeben haben. Später ist diese Beschreibung dann, von Auctoritas zu Auctoritas weitergereicht, durch sukzessive Zutaten der Phantasie verändert worden, so daß die Einhörner schließlich zu edlen und anmutigen, weißen und sanften Tieren wurden. Darum merke: Geh niemals mit einer Jungfrau in einen Wald, in dem womöglich ein Einhorn lebt, denn das Tier könnte dem unseres venezianischen Augenzeugen ähnlicher sein als dem dieses Buches!"

„Aber wie kam es, daß Gott den Meistern der antiken Weisheit die Offenbarung der wahren Natur des Einhorns gewährte?“
„Nicht die Offenbarung, sondern die Erfahrung. Sie hatten das Glück, in einem Lande geboren zu sein, wo Einhörner lebten, beziehungsweise zu einer Zeit, da es auch hier in diesem Lande noch Einhörner gab.“
[...]
„Also kann man höhere Wahrheiten aussprechen, selbst wenn man dem Buchstaben nach lügt“, sagte ich. „Trotzdem finde ich es sehr schade, daß Einhörner, wie sie hier dargestellt sind, nicht existieren oder nicht existiert haben oder nicht eines Tages existieren werden.“
„Wir dürfen der göttlichen Allmacht keinerlei Grenzen setzen, und so Gott wollte, könnten gewiß auch Einhörner existieren. Aber tröste dich, sie existieren in diesen Büchern, die uns wenn nicht von wirklichen, so doch von möglichen Wesen künden.“[119]

Umberto Eco (1932–2016),
Der Name der Rose, 1980

Wenn Sie verreisen und sich in den Hotelbüchern eintragen mit Namen und Adresse. Was geben Sie da als Ihren Beruf an?“
„Da möchte ich Ihnen eine Antwort geben, die vielleicht für Sie etwas scherzhaft klingt. Aber die doch einen tieferen Bezug hat. Ich nenne mich nämlich dann weder Gelehrter noch Schriftsteller noch so etwas, sondern Unicornologe, Forscher von Einhörnern. Das Einhorn ist ein Symbol, das mir ganz persönlich sehr am Herzen liegt.“[120]

Wolfgang Frommel (1902–1986),
im Gespräch mit Klaus Figge, 1981

Eine Lichtung. Lianen. Eine Horde Affen schnatternd in den Bäumen. Vorsichtig treten zwei Einhörner aus dem Urwald wie aus einem Kinderlied: Mironton, der Mann, und Mirontaine, die Frau. Sie sind nackt und schämen sich ihrer Nacktheit nicht. Die Gestalt die eines edlen Pferdes. Aber das Horn an der Stirn: zierlich gedrechselt. Die Farbe: schneeweiß, Traumfarbe für einen Schimmel, für ihn unerreichbar. Schlanke Fesseln, rosige Nüstern. Beide Einhörner treten in die Mitte der Lichtung.
Dort sitzen oder stehen drei Affen, nicht Menschenaffen, eine kleinere, wendige Rasse. Das Schnattern in den Bäumen verstummt zuerst, schwillt aber dann wieder mächtig an: Bewunderung muß sich Luft schaffen. Das scheueste Tier der Erde, das Einhorn, hier gleich gedoppelt auf der Lichtung! Und auch nach äffischen Begriffen zauberhaft schön! Fast so schön wie ein Affe, denken die Affen.[121]

Wilhelm Muster (1916–1994),
Die Hochzeit der Einhörner, 1981

Wir hatten die Freude und Ehre, Jorge Luis Borges hier zu bewirten – die Begegnung mit einem Dichter ist fast so selten geworden wie jene mit einem beinahe ausgestorbenen oder sogar mythischen Tier, dem Einhorn etwa.[122]

Ernst Jünger (1895–1998), Tagebuch,
27. Oktober 1982

Und außerdem gibt es da noch dieses Einhorn, das das Gute sein kann und das Böse, die Keuschheit und der Tod, das, wenn die wilde Jagd eröffnet wird, mit einer Jungfrau als Lockmittel gefangen wird, andererseits aber, wenn es selbst der Jäger ist, zu einer Scheingestalt des Todes wird, die den Menschen verfolgt. Mit seinem Horn wird es „die Völker stoßen, an allen Enden der Erde.“
[...]
Wenn ich meinen Blick vor allem verschließe außer den Hufen in diesem Schoß, dann sehe ich, daß sie da wie in einer dunklen Öffnung stehen oder liegen. Auch das Einhorn sieht die Frau nicht an. Seine Augen sind weit geöffnet, dabei aber beseligt. Es hat sich ihr anheimgegeben. Der Gedanke, daß dieses geheimnisvolle einsame Horn eine bestialische Waffe sein muß, ist verflogen.[123]

Cees Nooteboom (geb. 1933),
Die Dame mit dem Einhorn, 1983

Etwas Hellweißes schimmerte auf dem Boden. Vorsichtig traten sie näher.
Es war das Einhorn und es war tot. Harry hatte nie etwas so Schönes und so Trauriges gesehen. Seine langen, schlanken Beine ragten verquer in die Luft und seine perlweiße Mähne lag ausgebreitet auf den dunklen Blättern.[124]

Joanne K. Rowling (geb. 1965),
Harry Potter und der Stein der Weisen, 1997

Oh! Wilde Ziegen ...“ – „Nein, Obelix, das sind Einhörner.“[125] (Abb. 15)

Jean-Yves Ferri (geb. 1959),
Der Papyrus des Cäsar, 2015

– 15 –
Didier Conrad: *Ein Einhorn verfolgt römische Soldaten,*
in: Jean-Yves Ferri: *Der Papyrus des Cäsar,*
Asterix, Bd. 36, Berlin und Köln 2015, S. 27

Hinweis zur Dokumentation „Die Spur des Einhorns" im vorliegenden Band

Die beigefügten Zeugnisse aus Naturkunde, Religion, Reiseberichten und Literatur aus 2500 Jahren stellen eine Hommage an die Kunstfigur des Einhorns dar. Die hierfür verwendete zitierende Kulturtechnik ist ein prägendes Element des zeitgemäßen kulturellen Schaffens und nach § 51 a UrhG gestattet.

Die Schreibweise der Texte folgt – außer bei Übersetzungen und wenn die Wiedergabe in den Anmerkungen als modernisiert gekennzeichnet ist – weitgehend buchstabengetreu den Quellen. Es gibt folgende Ausnahmen: Die in frühneuzeitlichen oder barocken Drucken verwendete Kennzeichnung eines Umlauts durch ein über den Vokal gestelltes kleines „e" wurde in heute übliche Umlautbuchstaben verändert; die mit einem Überstrich markierte Auslassung, für eine Buchstabendopplung oder einen fehlenden Endbuchstaben, wurde ergänzt; die Verwendung eines „v" statt eines „u" wurde heutiger Schreibweise angeglichen, ebenso wenn „z" auch ein „tz" meinen kann und umgekehrt.

1 *Die Bibel oder die ganze Heilige Schrift nach der deutschen Übersetzung D. Martin Luthers,* durchgesehen im Auftrag der deutschen Kirchenkonferenz, 14. Aufl., Stuttgart 1901, S. 696 f. – „Farre" ist ein althochdeutsches Wort für Stier.

2 Ebd., S. 546.

3 Ebd., S. 169 f.

4 Ebd., S. 566.

5 Ebd., S. 863.

6 *Photius. Bibliothèque,* Bd. 1: *„Codices" 1–84,* hrsg. und übers. von René Henry, Paris 1959, S. 143 f.; aus dem Französischen übersetzt von Céline Véronique Marten.

7 Aristoteles: *Über die Teile der Lebewesen. Aristoteles, Werke in deutscher Übersetzung,* Bd. 17: *Zoologische Schriften 2,* übers. und erl. von Wolfgang Kullmann, Bd. 1, Berlin 2007, S. 64 (Buch 3, Kap. 2, 663 a25–34).

8 Megasthenes: The Kartazon, in: *Megasthenes' Indica. A New Translation of the Fragments with Commentary,* übers. und hrsg. von Richard Stoneman, London und New York 2021, S. 46 f., hier S. 46 (Buch 1, F 16); aus dem Englischen übersetzt von Michael Philipp.

9 Gongyang Gao, Redaktion von Gongyang Shou und Meister Huwu: Das 14. Jahr von Herrscher Ai Gong, in: *Gongyang Zhuan* (Die Chronik van Gongyang), 2./1. Jahrhundert v. u. Z, https://ctext.org/gongyang-zhuan/ai-gong-shi-si-nian/zhs, aufgerufen am 6.1.2025; aus dem Chinesischen übersetzt von Chen Min Loh.

10 C. Plinius secundus d. Ä.: *Naturkunde,* 8. Buch: *Zoologie. Landtiere,* hrsg. und übers. von Roderich König in Zusammenarbeit mit Gerhard Winkler, München 1976, S. 65 (31, 76).

11 Physiologus: Vom Einhorn, in: *Der Physiologus. Tiere und ihre Symbolik,* übertr. und erl. von Otto Seel, 6. Aufl., Zürich [u. a.] 1992, S. 35 f.

12 Aelian: Die Natur der Tiere, in: Hörisch 2005, S. 36 f., hier S. 37; Übers. von Aelian: *On the Characteristics of Animals,* übers. von Alwyn Faber Scholfield, Bd. 1, London und Cambridge 1958, S. 272 (4,52), 288 f. (16,20).

13 Basilius von Caesarea: *Homilia in Psalmos,* 28,6, Übersetzung zit. n. Einhorn 1998, S. 366.

14 Ambrosius: *Enarrationes in Psalmos Davidicos, Patrologia Latina* 14, 1099; aus dem Lateinischen übersetzt von Michael Philipp.

15 Kosmas Indikopleustes: *Christliche Topographie.* Textkritische Analysen, Übersetzung, Kommentar, hrsg. von Horst Philipp Schneider, Turnhout 2010, S. 243 f.

16 *Isidori Hispalensis episcopi etymologiarum sive originum, libri XX,* hrsg. von Wallace Martin Lindsay, 2 Bde., Oxford 1911, Bd. 2, ohne Pag. (12, 2,12–13); aus dem Lateinischen übersetzt von Michael Philipp.

17 Johannes Damascenus: Barlaam und Josaphat, in: Hörisch 2005, S. 47 f.

18 Hildegard von Bingen: Naturkunde, in: Hörisch 2005, S. 49 f.; Übers. aus *Patrologia Latina* 197, 1317 f.; wesentl. verkürzt: Hildegard von Bingen: *Naturkunde. Das Buch von dem inneren Wesen der verschiedenen Naturen in der Schöpfung,* übers. und erl. von Peter Riethe, 2. Aufl., Salzburg 1974, S. 126.

19 Anonym: Der Jüngere Physiologus, in: *Frühe deutsche Literatur und lateinische Literatur in Deutschland 800–1150,* hrsg. von Walter Haug und Benedikt Konrad Vollmann, Frankfurt am Main 1991, Kap. 3: Vom Einhorn, S. 684–687, hier S. 687.

20 Thomas de Cantimpré (Thomas Cantimpratensis): *Bonum universale de apibus* (Bienenbuch), 1256–1263, Übersetzung zit. n. Einhorn 1998, S. 203.

21 Rudolf von Ems: *Weltchronik. Aus der Wernigeroder Handschrift,* hrsg. von Gustav Ehrismann, Berlin 1915, Vers 1767–1786 und 1793–1799, Prosaübersetzung zit. n. Weitbrecht 2021, S. 63 f.

22 Albertus Magnus: Über die Tiere, in: Hörisch 2005, S. 56 f., Übers. von: Albertus Magnus: *De animalibus libri XXVI.* Nach der Cölner Urschrift, hrsg. von Hermann Stadler, Bd. 2: Buch XIII–XXVI, Münster 1920, S. 1413, 1426.

23 Erich Köhler: Thibaut de Champagne, in: ders.: *Mittelalter II,* hrsg. von Dietmar Rieger, *Vorlesungen zur Geschichte der Französischen Literatur,* hrsg. von Henning Krauß und Dietmar Rieger, Bd. 1,2, 2. Aufl., Freiburg i. Breisgau. 2006, S. 30–36, hier S. 32. Siehe auch Theobald von Champagne: Chanson 31, in: *Les Poësies du roy de Navarre,* hrsg. von Pierre-Alexandre Lévesque de La Ravalière, Bd. 2, Paris: H. L. Guerin & J. Guerin 1742, S. 70–72, hier S. 70.

24 Jacob van Maerlant: Eenhoorn, in: ders.: *Het boek der natuur,* hrsg. von Peter Burger, 2. Aufl., Amsterdam 1995, S. 32–34, hier S. 33 f.; aus dem Niederländischen übersetzt von Michael Philipp.

25 Marco Polo: *Il milione. Die Wunder der Welt,* übers. aus altfranzösischen und lateinischen Quellen von Elise Guignard, 4. Aufl., Zürich 1986, S. 293 f.

26 *Gesta Romanorum. Das ist der Roemer Tat,* hrsg. von Adelbert Keller, Quedlinburg und Leipzig 1841, S. 129; aus dem Mittelhochdeutschen übersetzt von Michael Philipp.

27 Johann von Würzburg: *Wilhelm von Österreich,* in: Hörisch 2005, S. 69–71, hier S. 69; aus dem Mittelhochdeutschen übersetzt von Michael Philipp. Spätere Prosafassung: [Anonym nach Johann von Würzburg]: *Hie hebt sich an ein schoene vnd kurczweilige hystori zelesen von herczog Leuppold vnd seinem sun Wilhalm von oesterreich,* Augsburg: Anton Sorg 1481, fol. 72r f.

28 Heinrich Seuse: Vom würdigen Lobe der reinen Königin des Himmelreichs, in: ders.: *Büchlein der ewigen Weisheit,* Zweites Buch, in: *Heinrich Seuses Deutsche Schriften,* übertr. von Walter Lehmann, Bd. 2, Jena 1911, S. 58–62, hier S. 61 f.

29 Konrad von Megenberg: Von dem Einhorn, in: *Das Tierbuch des Konrad von Megenberg,* übertr. von Gerhard E. Sollbach, Dortmund 1989, S. 109–111, hier S. 110 f.

30 Treu 1981, S. 42–45.

31 Johannes Witte de Hese: Fahrt ins Heilige Land, in: Hörisch 2005, S. 66. – Zuerst: *Itinerarius Joannis de Hese presbiteri a Jherulem describens dispositiones terrarum insularum, montium et aquarum ac etiam quedam mirabilia et pericula per diversas partes mundi contingentia lucidissime enarrans* [1389], gedruckt u. a. Köln 1500, Deventer 1504, Antwerpen 1565; Edition in lateinischer Sprache: *Der Priester Johannes, zweite Abhandlung,* hrsg. von Friedrich Zarncke, *Abhandlungen der philologisch-historischen Classe der Königlich sächsischen Gesellschaft der Wissenschaft,* Bd. 8, Leipzig 1876, S. 159–171, hier S. 163.

32 [Anonym]: Ein hohes Lied, in: *Des Knaben Wunderhorn. Alte deutsche Lieder,* gesammelt von L. Achim von Arnim und Clemens Brentano, nach der Original-Ausgabe: Heidelberg 1806–1808 neu hrsg., Leipzig 1878, S. 714–719, hier S. 717.

33 Petrus Candidus: Monoceros, in: Candidus 1993, S. 22 f., hier S. 22. – Das Manuskript *De omnium animalium natura* befindet sich in der Biblioteca Apostolica Vaticana, Vatikanstadt (Urb. lat. 276).

34 Johann Schiltberger: *Als Sklave im Osmanischen Reich und bei den Tataren, 1394–1427,* hrsg. und eingeleitet von Ulrich Schlemmer, Wiesbaden 2008, Kapitel 65: Von einem Lindwurm und einem Einhorn, S. 213–221, hier S. 213 f. – Revidierte Edition der Ausg. Stuttgart 1983; Erstausgabe: Hans Schiltberger: *Reisebuch,* Augsburg: Anton Sorg um 1477.

35 Fabri 1996, S. 165. „Kalin" bezeichnet den einheimischen Führer der Pilgergruppe.

36 *Fratris Felicis Fabri Evagatorium in Terræ Sanctæ, Arabiæ et Egypti peregrinationem,* hrsg. von Konrad Dieterich Haßler, Bd. 2, Stuttgart 1843, S. 442; aus dem Lateinischen übersetzt von Michael Philipp.

37 Leonardo da Vinci: Intemperanza, in: ders.: Le Allegorie, in: ders.: *Frammenti letterari e filosofici,* hrsg. von Edmondo Solmi, Florenz 1908, S. 29–62, hier S. 38: Nr. 27; aus dem Italienischen übersetzt von Valentina Plotnikova.

38 Ulrich Pinder: *Der beschlossen gart des rosenkrantz marie,* Bd. 1, Nürnberg: Pinder 1505, fol. 65v; aus dem frühneuzeitlichen Deutsch modernisiert von Michael Philipp.

39 Sebastian Münster: Diese Fabel von dem Einhorn und Raben lehrt, dass man sich nicht überheben soll leiblicher Stärke, in: *Spiegel der wyßheit: durch kurtzwylige fabeln vil schöner sittlicher vnd Christlicher lere angebende [Speculum sapientiae],* aus dem Lateinischen übers. von B. S. M., Basel: Adam Petri 1520, fol. 40r–41r, hier fol. 40r f. (2. Buch, Kap. 18); aus dem frühneuzeitlichen Deutsch modernisiert von Michael Philipp.

40 Martin Luther: Predigt auf dem Schlosse zu Wittenberg [23.8.1532]. Evangelium von dem verlorenen Schaf [Lk 15,3–7], in: *D. Martin Luthers Werke. Kritische Gesamtausgabe,* [hrsg. von Joachim Karl Friedrich Knaake u. a.], Bd. 36 [Predigten des Jahres 1532], Weimar 1909, S. 270–286, hier S. 274; aus dem frühneuzeitlichen Deutsch modernisiert von Michael Philipp.

41 Brief von Antoinette de Saveuse an Lady Lisle, August (?) 1537, in: *Letters and Papers, Foreign and Domestic, of the Reign of Henry VIII.* Preserved in the Public Record Office, the British Museum, and elsewhere in England, Bd. 12,2, London 1862, S. 226 (Nr. 615); aus dem Englischen übersetzt von Céline Véronique Marten.

42 Julius Leopold Pasig: Luthers letzte Krankheit und Tod, in: ders.: *Dr. Martin Luthers letzte Lebenstage, Tod und Begräbniß. Eine Denkschrift zur dritthundertjährigen Gedächtnißfeier des Todestages Luther's. Nach den Quellen bearbeitet,* 2. Aufl. Leipzig 1846, S. 43–51, hier S. 46 f.

43 Varthema 1996, S. 77–79. Der erste Druck des 1508–1510 geschriebenen Reiseberichts erschien in italienischer Sprache unter dem Titel *Itinerario* 1510 in Rom, die erste Ausgabe in deutscher Sprache 1515 in Augsburg (siehe Kat. 40).

[44] François Rabelais: *Gargantua und Pantagruel,* übers. von Gottlob Regis, hrsg. von Ludwig Schrader, Bd. 2, München 1962, S. 43 (4. Buch, 4. Kapitel).

[45] Hans Schlaffer?: *Ein Schöner Bergreyen / von einem Einhorn. Ich sahe mir den Mayen mit roten Rößlein umbher stan,* Nürnberg: Friedrich Gutknecht 1555, fol. 2r–3r, Strophe 2–5, 8, 9; aus dem frühneuzeitlichen Deutsch modernisiert von Michael Philipp. – Eine gekürzte und sprachlich leicht modernistierte Fassung ohne Verfasserangabe unter der Nr. 339 in: *Alte hoch- und niederdeutsche Volkslieder, mit Abhandlung und Anmerkungen* [1845], hrsg. von Ludwig Uhland, Bd. 2, 3. Aufl., Stuttgart 1893, S. 197 f.

[46] Benvenuto Cellini: *Leben des Benvenuto Cellini, florentinischen Goldschmieds und Bildhauers, von ihm selbst geschrieben,* übers. von Johann Wolfgang von Goethe, hrsg. von Siegfried Seidel, Berlin 1979, S. 133.

[47] Clemens Jäger: *Ehrenspiegel des Hauses Österreich,* Buch 7, Augsburg 1559, Cgm 896, fol. 311r, Bayerische Staatsbibliothek, München; aus dem frühneuzeitlichen Deutsch modernisiert von Michael Philipp. – In der Handschrift steht „Costenz", ein alter Name für Konstanz; „Trachten" ist eine mittelhochdeutsche Bezeichnung für Speise. – Siehe Kat. 52.

[48] Adam Lonitzer: *Kreuterbůch. Von allerhand Bäumen, Stauden, Hecken, Kreutern, Früchten, vnnd Gewürtzen [...],* Frankfurt am Main: Christian Egenolffs Erben 1560, fol. 25r f.

[49] Conrad Gessner: Von dem Einhorn, in: ders.: *Thierbuoch, das ist ein kurtze Bschreybung aller vierfüssigen Thieren, so auff der Erden und in Wassern wonend, sampt jrer waren Conterfactur [...],* übers. von Conrad Forer, Zürich: Christoph Froschauer 1563, fol. 35v–39r, hier fol. 36r f., 37r, 38r; aus dem frühneuzeitlichen Deutsch modernisiert von Michael Philipp. – Siehe Kat. 44.

[50] *Caij Plinij Secundi / Des fürtrefflichen Hochgelehrten Alten Philosophi / Bücher und Schrifften / von der Natur / art und eigentschafft der Creaturen oder Geschöpffe Gottes [...],* bearb. von Johannes Heyden, Frankfurt am Main: Sigmund Feyerabend und Simon Markus Hütter 1565, S. 134; aus dem frühneuzeitlichen Deutsch modernisiert von Michael Philipp.

[51] Andrea Bacci: *Discorso dell'alicorno,* Florenz: Giorgio Marescotti 1573, S. 3; aus dem Italienischen übersetzt von Valentina Plotnikova. – Eine lateinische Ausgabe erschien 1598 in Stuttgart bei Markus Fürst unter dem Titel *De monocerote seu unicornu eiusque admirandis viribus et usu tractatus.*

[52] Brief von Maria, Königin von Schottland, an den Erzbischof von Glasgow, 8.5.1574, in: *Letters of Mary, Queen of Scots, and Documents Connected with Her Personal History,* hrsg. von Agnes Strickland, Bd. 1, London 1842, S. 182–193, hier S. 192; aus dem Englischen übersetzt von Céline Véronique Marten.

[53] André Thevet: De l'Île de Cadamoth, avec un gentil traité de la licorne, in: *La Cosmographie universelle d'André Thevet, cosmographe du Roi, illustrée de diverses figures des choses plus remarquables veuës par l'Auteur et incogneuës de nos Anciens et Modernes,* 2 Bde., Paris 1575, fol. 128r–131r, hier fol. 129r, 130r, 131r (Bd. 1, 5,5:); aus dem Französischen übersetzt von Céline Véronique Marten.

[54] Ambroise Paré: Discours de la mumie et la licorne, in: ders.: *Œuvres complètes,* hrsg. von Joseph-François Malgaigne, Nachdr. der Ausg. Paris 1840/41, Bd. 3, Genf 1970, S. 468–514; davon Discours de la licorne, S. 491–514; sowie Replique d'Ambroise Paré, Premier chirurgien du Roy, a la response faite contre son discours de la licorne, S. 515–519; hier S. 470 f., 471 f., 506, 516; aus dem Französischen übersetzt von Céline Véronique Marten. Erstdruck: *Discours d'Ambroise Paré, conseiller premier chirurgien du Roy, à scavoir, de la mumie, de la licorne, des venins, et de la peste,* Paris: Gabriel Buon 1582. – Die „flüchtiges Feuer" genannte Krankheit ist Herpes. – Siehe Kat. 54.

[55] Geofroy Linocier: *L'Histoire des plantes,* Paris: Charles Macé 1584, S. 717 f., Abb. S. 716; aus dem Französischen übersetzt von Céline Véronique Marten. – „Napellus" ist die lateinische Bezeichnung für die Heilpflanze Blauer Eisenhut.

[56] Edmund Spenser: *The Faerie Queene,* hrsg. von Albert C. Hamilton, London [u. a.] 1977, S. 209 (Buch 2, Canto 5, Str. 10); aus dem Englischen übersetzt von Céline Véronique Marten.

[57] William Shakespeare: *Timon von Athen,* in: *Shakespeare in deutscher Sprache,* hrsg. und zum Teil neu übers. von Friedrich Gundolf, Bd. 6, 2. Aufl. der neuen Ausg., Berlin 1925, S. 5–69, hier S. 54 (IV, 3).

[58] *Island – Fremdes Land. Das Reisebuch des Dithmar Blefken 1563–1565,* hrsg. von Gerhard Holzer und Robert Wallisch, Wien 2012, S. 65, 67. Lateinische Erstausgabe: Leiden: Henrik van Haestens 1607.

[59] Christoph Harant: *Der Christliche Ulysses, oder Weitversuchte Cavallier / Fürgestellt In der Denckwürdigen Bereisung so wol deß Heiligen Landes / Als vieler andrer morgenländischer Provintzen [...],* aus dem Tschechischen übers. von Johann Georg Harant, hrsg. von Christoph Wilhelm Harant, Nürnberg: Wolfgang Moritz Endter 1678, S. 645. – Das 1608 entstandene Manuskript wurde erst 1678 gedruckt.

[60] John Guillim: *A Display of Heraldrie. Manifesting A more easie accesse to the knowledge thereof than hath beene hitherto published by any, through the benefit of Method,* 3. Aufl., London: Thomas Cotes für Jacob Blome 1638, S. 186 (Sekt. 3, Kap. 14); aus dem Englischen übersetzt von Céline Véronique Marten.

[61] William Shakespeare: *Der Sturm,* in: *Shakespeare in deutscher Sprache,* hrsg. und zum Teil neu übers. von Friedrich Gundolf, Bd. 5, 2. Aufl. der neuen Ausg., Berlin 1925, S. 489–548, hier S. 528 (III, 3).

[62] Will of Sir Nathaniel Bacon, in: *Calender of State Papers. Domestic Series. Elizabeth and James I., Addenda, 1580–1625; Preserved in the State Paper Department of Her Majesty's Public Record Office,* London 1872, S. 541–544, hier S. 543; aus dem Englischen übersetzt von Céline Véronique Marten.

[63] Johann Coler: *Oeconomiæ oder Haußbuchs / sechste und Letzte Theil / zum Calendario Oeconomico & perpetuo gehörig. Pharmacopæus, oder Haußapoteck genant,* Wittenberg: Helwig 1615, 18. Buch (Von der Hausarzney), Kapitel 68 (Von der Kretze oder Schurff), Wie man den Schurff heraustreiben kann, S. 412 f., hier S. 412; 19. Buch (Von der Pestilenz), Kapitel 31 (Zwo sonderliche Arzneyen wider die Pest / und wenn einem sonsten mit Gifft vergeben were), S. 918–920, hier S. 919; Kapitel 35 (Was ein jederman bey sich tragen sol / wenn er ausgehet / auff das er daran rieche), S. 930–933, hier S. 930.

[64] Peter Lauremberg: Einhorn, in: ders.: *Acerra philologica. Das ist / Dritte hundert außerlesener / nützlicher / lustiger und denckwürdiger Historien und Discursen [...],* Rostock: Johann Hallervord 1637, S. 205 f.

[65] Alexander Ross: *Arcana Microcosmi. Or, The hid Secrets of Man's Body dicovered In an Anatomical Duel between Aristotle and Galen concerning the Parts thereof. As also, By a Discovery of the [...] Diseases, Symptomes & accidents of Man's Body [...],* London: Newcomb 1652, S. 127 f.; aus dem Englischen übersetzt von Michael Philipp.

[66] Joannes Jonstonus: Of the Unicorn, in: ders.: *An History of the Wonderful Things of Nature [...],* aus dem Lateinischen übers. [von John Rowland], London: John Streater 1657, S. 238–240, hier S. 238; aus dem Englischen übersetzt von Michael Philipp. – Siehe Kat. 94.

[67] Edward Topsell: Of the Unicorne, in: ders.: *The Historie of Foure-Footed Beastes,* London: William Jaggard 1607, S. 711–721, hier S. 712, 716 f.; aus dem Englischen übersetzt von Céline Véronique Marten.

[68] Daniel Casper von Lohenstein: *Sophonisbe. Trauerspiel,* Breslau: Jesaia Fellgibel 1680, S. 33.

[69] Pierre de Bourdeille de Brantôme: *Das Leben der galanten Damen,* übers. von Georg Harsdoerffer, Bd. 1, Leipzig 1979, S. 107. Das Buch erschien zuerst posthum unter dem Titel *Memoires de messire Pierre de Bourdeille, seigneur de Brantome. Contenans les vies des hommes illustres & grands capitaines estrangers de son temps,* Leiden: Jean Sambix d. J. 1665.

[70] Jerónimo Lobo: Von dem berühmten Einhorn / wo es zu finden / und wie es gestaltet sey, in: *P. Hieronymi eines Jesuiten in Portugal Neue Beschreibung und Bericht von der wahren Beschaffenheit 1. Des Mohrenlandes, sonderlich des Abyssinischen Käysersthums. 2. Des Ursprungs Nyli. 3. Wo das Einhorn zufinden. 4. Warumb der Abyssiner Käiser Priester Johannes genennet werde. 5. Wie das Rothe Meer beschaffen / und woher es diesen Namen habe. 6. Von unterschiedlichen Arten der Palmenbäume / und von ihrer Tugend und Nutzbarkeit. [...] in die Teutsche Sprach übers.,* Nürnberg: Christoff Gerhard 1670, S. 30–39, hier S. 36 f.

[71] Georg Albrecht: *Phoenix Germanus. Der Teutsche Foenix / sive Postilla symbolica: Das ist / Schrifft- und Natur-mässige Bilder-Postill darinnen durch das gantze Jahr, über ein jedes Evengelium ein besonders Thier, von Vögeln, Fischen [...],* Ulm und Frankfurt am Main: Johann Görlin 1670, S. 710, zit. n. Reinitzer/Ukena 1984, S. 317.

[72] *The Oxford Dictionary of Nursery Rhymes,* hrsg. von Iona und Peter Opie, Oxford 1997, Nr. 304; aus dem Englischen übersetzt von Michael Philipp.

[73] Adam Olearius: *Gottorffische Kunst-Kammer / Worinnen allerhand ungemeine Sachen, so theils die Natur / theils künstliche Hände hervor gebracht und bereitet. Vor diesem Aus allen vier Theilen der Welt zusammen getragen / Und vor einigen Jahren beschrieben / Auch mit behörigen Kupffern gezieret,* 2., verb. Aufl., Schleswig: Gottfriedt Schulz 1674, S. 9, 11.

[74] Thomas Browne: *Pseudodoxia epidemica, Das ist: Untersuchung derer Irrthümer / so bey dem gemeinen Mann / und sonst hin und wieder im Schwange gehen,* übers. von Christian Peganium gen. Rautner (d. i. Christian Knorr von Rosenroth), Leipzig: Christof Riegel 1680, S. 39. Das Buch erschien zuerst auf Englisch unter dem Titel *Pseudodoxia Epidemica. Or Enquiries into very many received tenents and commonly presumed truths,* London: Edward Dod 1646.

[75] Philipp von Zesen: Abriß / Eines Kopffs / von einem Einhorn / Der dem gemeinen Lauff der Natur zugegen / mit zwey Hörner versehen / und Anno 1684 in Grönland gefangen worden [Einblattdruck], ediert in: Reinitzer/Ukena 1984, Edition S. 312–315, hier S. 312, 314.

[76] *John Locke's Versuch über den menschlichen Verstand,* übers. und erl. von Julius Hermann von Kirchmann, bearb. von C. Th. Siegert, Bd. 2, 2. Aufl., Leipzig 1901, S. 23 (3,3, § 19).

[77] Andreas Gryphius: Sonnen-Kreiß auf ein Adeliches Beylager. Beantwortung des Hochzeit-Briefes, in: *Andreae Gryphii um ein merckliches vermehrte Teutsche Gedichte,* Breslau und Leipzig: Fellgiebel 1698, S. 57 f., hier S. 58.

[78] Gottfried Wilhelm Leibniz: *Neue Abhandlungen über den menschlichen Verstand, Philosophische Werke,* Bd. 3, übers. von Carl Schaarschmidt, 2. Aufl, Leipzig 1904, S. 297, 3,3, § 19: Von den allgemeinen Ausdrücken. – Das Buch hatte Leibniz 1704 fertiggestellt; es erschien erst posthum 1765 auf Französisch unter dem Titel *Nouveaux essais sur l'entendement humain,* in: *Oeuvres philosophiques, latines & françoises, de feu Mr. de Leibnitz. Tirées de ses manuscrits qui se conservent dans la bibliothèque royale à Hanovre,* hrsg. von Rudolf Eric Raspe, Amsterdam und Leipzig: Jean Schreuder 1765.

[79] *Gottfried Wilhelm Leibnitzens Protogaea Oder Abhandlung Von der ersten Gestalt der Erde und den Spuren der Historie in den Denkmaalen der Natur. Aus seinen Papieren,* hrsg. von Christian Ludwig Scheid, Leipzig und Hof: Johann Gottlieb Vierling 1749, S. 99 f. (§ 35) – Siehe Abb. S. 62.

[80] Johann Schröder: Unicornu fossile, in: *D. Johann Schröders vollständige und nutz-reiche Apotheke / Oder: Trefflich versehener Medicin-Chymischer höchstkostbarer Artzney-Schatz. Nebst D. Friedrich Hoffmanns darüber verfasseten herrlichen Anmerckungen,* aus dem Lateinischen übers. von Friedrich Hoffmann, 2., erw. Ausg., hrsg. von Georg Daniel Koschwitz, Frankfurt am Main und Leipzig: Johann Hoffmanns und Engelbert Strecks Witwen 1709, S. 529–533, hier S. 529, 530, 532. – Siehe Kat. 56.

[81] Felix Maurer: Von dem berühmten Einhorn / wo es zu finden / und wie es gestaltet sey, in: ders.: *Observationum curioso-physicarum pars altera. Oder: Besonderer Remarques und Anmerckungen der geheimen und Grossen Wunder der Welt in natürlichen Sachen / anderer Theil [...],* Frankfurt am Main und Leipzig: Johann Leonhard Buggel 1715, S. 448–453, hier S. 448, 450, 451, 453.

[82] Peter Pomet: Vom Einhorn, in: ders.: *Der aufrichtige Materialist und Specerey-Händler Oder Haupt- und allgemeine Beschreibung derer Specereyen und Materialien. Worinnen In dreyen Classen, der Kräuter, Thiere und Materialien, alles und iedes, womit die Physica, Chymia, Pharmacia [...] pflegen umzugehen, begriffen und enthalten ist,* Leipzig: Johann Ludwig Gleditsch und Moritz Georg Weidmann 1717: Vom Einhorn, Sp. 471 f., hier Sp. 471; sowie ders.: Vom Narwall, in: ebd., Sp. 585–590, hier Sp. 589 f.; zuerst französisch 1694. – Siehe Kat. 55.

[83] Christian Gryphius: Die Braut-Nacht. Auf Hn. v. Sch. und Fräul. v. N. Beylager, in: *Christiani Gryphii Poetische Wälder. Der I. Theil,* 3. Aufl., Breslau und Leipzig: Bleßing 1718, S. 572–574, hier S. 574.

[84] Einhorn, in: *Grosses vollständiges Universallexicon Aller Wissenschafften und Künste,* Bd. 8, Halle und Leipzig: Johann Heinrich Zedler 1734, Sp. 559–562, hier Sp. 560 f.

[85] Voltaire: *Die Prinzessin von Babylon,* in: *Voltaire's Werke in zeitgemäßer Auswahl,* 7. und 8. Teil, übers. von Adolf Ellissen, Leipzig 1844, S. 28.

[86] Balthasar Erhart: Einhorn/Monoceros/Unicornu, in: ders.: *Herrn Adami Loniceri [...] Vollständiges Kräuter-Buch und Künstliche Contrefeyungen der Bäumen, Stauden, Hecken, Kräutern, Geträyde, Gewürtzen [...],* Ulm: Albrecht Friedrich Bartholomäus 1737, S. 607–609, hier S. 608. – Von Erhart überarbeitete Ausgabe des Kräuterbuchs von Adam Lonitzer (1528–1586), Erstausgabe 1557, 1630 von Peter Uffenbach (1566–1635) erweitert.

[87] Philipp Ernst Spieß: Nachricht von einem kostbaren Kleinod, Eingehürn (Einhorn) genannt, welches das hochfürstliche Haus Brandenburg ehehin besessen hat, in: *Archivische Nebenarbeiten und Nachrichten vermischten Inhalts mit Urkunden,* Teil 1, Halle: Johann Jacob Gebauer 1783, S. 69–71, hier S. 69 f.

[88] Johann Christian Gottlieb Richter: Einhorn, in: ders.: *Ueber die fabelhaften Thiere. Ein Versuch,* Gotha: Justus Perthes 1797, S. 29–55, hier S. 30 f.

[89] Samuel Turner: *Gesandtschaftsreise an den Hof des Teshoo Lama durch Bootan und einen Theil von Tibet,* aus dem Englischen übers., Hamburg 1801, S. 189.

[90] Friedrich Justin Bertuch: Fabelhafte Thiere. No. 4. Das Einhorn, in: ders.: *Bilderbuch für Kinder enthaltend eine angenehme Sammlung von Thieren, Pflanzen, Blumen, Früchten, Mineralien [...],* Bd. 1, 2. Aufl., Weimar 1801, S. 175 (Abb.), 176 (Text).

[91] Richard Adams Locke: *Neueste Berichte vom Cap der guten Hoffnung über Sir John Herschel's höchst merkwürdige astronomische Entdeckungen, den Mond und seine Bewohner betreffend. Nebst kurzer Uebersicht einiger neu entdeckter und beobachteter Doppelsterne und Nebelflecken. Mit einem Essay von Edgar Allan Poe,* hrsg. von Peter Graf, Berlin 2017, S. 64 f.; zuerst als Artikelserie in der *New York Sun,* August 1835.

[92] Das tapfere Schneiderlein, in: *Kinder- und Hausmärchen. Gesammelt durch die Brüder Grimm. Vollständige Ausgabe auf Grundlage der dritten Auflage (1837),* hrsg. von Heinz Rölleke, Frankfurt am Main 1985, S. 107–115, hier S. 113 f. – Erstausg.: Von einem tapfern Schneider, in: *Kinder- und Haus-Märchen. Gesammelt durch die Brüder Grimm,* Bd. 1, 1. Aufl. Berlin 1812, S. 77–88, hier S. 81 f.

[93] John Stuart Mill: *System der deductiven und inductiven Logik. Eine Darlegung der Principien wissenschaftlicher Forschung, insbesondere der Naturforschung,* übers. von Jacob Heinrich Wilhelm Schiel, Braunschweig 1863, Bd. 2, S. 149.

[94] Johannes Leunis: *Synopsis der drei Naturreiche. Ein Handbuch für höhere Lehranstalten und für Alle, welche sich zugleich auf die zweckmäßige Weise das Selbstbestimmen der Naturkörper erleichtern wollen,* Bd. 1: *Zoologie,* Hannover 1844, S. 63.

[95] Adolf Ellissen: Noten zu der Erzählung: Die Prinzessin von Babylon, in: *Voltaire's Werke in zeitgemäßer Auswahl,* 7. und 8. Teil, übers. von dems., Leipzig 1844, S. 108–120, hier S. 110.

[96] Anonym: Licorne, in: *Dictionnaire des sciences occultes,* Bd. 1, hrsg. von Jacques-Paul Migne, gen. Abbé Migne, *Encyclopedie theologique,* Bd. 48, Paris 1846, Sp. 1005; aus dem Französischen übersetzt von Céline Véronique Marten.

[97] Bernhard Baader: Die Gründung des Klosters Holzkirchen, in: ders.: *Volkssagen aus dem Lande Baden und den angrenzenden Gegenden,* Bd. 1, Karlsruhe 1851, S. 373.

[98] Herman Melville: *Moby Dick oder Der Wal,* übers. von Richard Mummendey, München 1964, S. 188 f.

[99] John Wilhelm von Müller: *Das Einhorn vom geschichtlichen und naturwissenschaftlichen Standpunkte betrachtet,* Stuttgart 1852, S. 60.

[100] Karl Enslin: Das Einhorn, in: *Frankfurter Sagenbuch. Sagen und sagenhafte Geschichten aus Frankfurt am Main,* hrsg. von Karl Enslin, Frankfurt am Main 1856, S. 130.

[101] *Deutsches Sprichwörter-Lexikon. Ein Hausschatz für das deutsche Volk,* hrsg. von Karl Friedrich Wilhelm Wander, Bd. 1, Leipzig 1867, Sp. 789.

[102] Lewis Carroll: Durch den Spiegel und was Alice dort fand, in: ders.: *Alles über Alice,* übers. von Günther Flemming, Hamburg 2002, Kapitel 7: Der Löwe und das Einhorn, S. 244–256, hier S. 252 f.

[103] Luise Maria Hensel: Maria, in: dies.: *Lieder,* 4., verm. Aufl., Paderborn 1879, S. 280–285, hier S. 281. – Übersetzung des niederländischen Marienliedes „Ick weet eyne maget schone", das seit dem 16. Jahrhundert überliefert ist.

[104] Von den zwei Waisenkindern, in: *Litauische Volkslieder und Märchen. Aus dem preußischen und russischen Litauen,* gesammelt von August Leskien und Karl Brugman, Straßburg 1882, S. 401–404, hier S. 403.

[105] Hugo von Hofmannsthal: *Ödipus und die Sphinx,* in: ders.: *Gesammelte Werke in Einzelausgaben. Dramen II,* hrsg. von Herbert Steiner, Frankfurt am Main 1954, S. 271–417, hier S. 381 f.

[106] Rainer Maria Rilke: O dieses ist das Tier, das es nicht giebt, in: ders.: *Die Sonette an Orpheus. Zweiter Teil,* in: ders.: *Gedichte 1910 bis 1926,* hrsg. von Manfred Engel und Ulrich Fülleborn, *Werke. Kommentierte Ausgabe in vier Bänden,* hrsg. von Manfred Engel u. a., Bd. 2, Frankfurt am Main 1996, S. 258.

[107] Rainer Maria Rilke: Brief an Gräfin Margot Sizzo-Noris, 1.6.1923, in: ders.: *Die Briefe an Gräfin Sizzo 1921–1926,* erw. Neuausg., hrsg. von Ingeborg Schnack, Frankfurt am Main 1977, S. 65–68, hier S. 67 f.

[108] James Thurber: Das Einhorn im Garten, in: ders.: *Vom Mann, der die Luft anhielt und andere Geschichten,* übers. von Reinhard Kaiser, ausgew. von Hans Magnus Enzensberger, Frankfurt am Main 2006, S. 212–214, hier S. 212; zuerst in: *The New Yorker,* 21.10.1939, später in: James Thurber: *Fables for Our Time and Famoes Poems Illustrated,* New York 1940.

[109] Thomas Mann: Der Erwählte, in: ders.: *Der Erwählte / Bekenntnisse des Hochstaplers Felix Krull* [1951], Frankfurt am Main 1974, S. 7–260, hier S. 38 f.

[110] Heimito von Doderer: *Die Strudlhofstiege oder Melzer und die Tiefe der Jahre,* München 1951, S. 132 f.

[111] Peter de Mendelssohn: *Einhorn singt im Regen. Zauber und Zwiespalt der englischen Welt,* Berlin 1952, S. 12.

[112] Gustav René Hocke: *Die Welt als Labyrinth. Manier und Manie in der europäischen Kunst,* Hamburg 1957, S. 192 f.

[113] Reinhold Schneider: *Pfeiler im Strom,* Frankfurt am Main 1958, S. 183.

[114] Marcel van de Velde: De wondere Ontmoeting in het Pathoekebos, in: ders.: *Brugge, die wondere. Klassieke en onbekende Brugse Legenden,* Brugge 1964, S. 49–51, hier S. 51; aus dem Niederländischen übersetzt von Michael Philipp.

[115] Martin Walser: *Das Einhorn,* Frankfurt am Main 1966, S. 408 f.

[116] Peter S. Beagle: *Das letzte Einhorn* [1968], aus dem Amerikanischen übertr. von Jürgen Schweier, 2. Aufl., Stuttgart 1980, S. 20.

[117] Carl Gustav Jung: *Psychologie und Alchemie,* 2., rev. Aufl., Zürich 1952, S. 587. Die Erstausgabe erschien 1944.

[118] Irmtraud Morgner: *Leben und Abenteuer der Trobadora Beatriz nach Zeugnissen ihrer Spielfrau Laura. Roman in dreizehn Büchern und sieben Intermezzos* [1974], Frankfurt am Main 1990, S. 295.

[119] Umberto Eco: *Der Name der Rose* [1980], aus dem Italienischen übers. von Burkhart Kroeber, 31. Aufl., München und Wien 1984, S. 403–405.

[120] *Zeugen des Jahrhunderts. Wolfgang Frommel im Gespräch mit Klaus Figge,* Interview 26.–30.10.1981 in Amsterdam, Prod.-Nr. 6354/0830, Zweites Deutsches Fernsehen 1981, Typoskript, S. 158 f.

[121] Wilhelm Muster: Die Hochzeit der Einhörner, in: ders.: *Die Hochzeit der Einhörner,* Stuttgart 1981, S. 136–138, hier S. 136.

[122] Ernst Jünger: *Siebzig verweht III,* Stuttgart 1993, S. 191 f., hier S. 191.

[123] Cees Nooteboom: Die Dame mit dem Einhorn [1983], in: ders.: *Die Dame mit dem Einhorn. Europäische Reisen,* übers. von Helga van Beuningen, Frankfurt am Main 2000, S. 157–163, hier S. 158 f.

[124] Joanne K. Rowling: *Harry Potter und der Stein der Weisen* [1997], übers. von Klaus Fritz, Hamburg 2015, S. 208.

[125] Jean-Yves Ferri (Text) und Didier Conrad (Zeichnungen): *Der Papyrus des Cäsar* [2015], übers. von Klaus Jöken, *Asterix,* Bd. 36, Gütersloh 2022, S. 27.

Anhang

Anmerkungen zum Katalog der ausgestellten Werke

In vielerlei Gestalt. Ursprung und Wandlungen des Einhorns S. 84–103

1 Zu den Siegeln der Induskultur siehe Franke-Vogt 1987; explizit zum Einhorn: Grigson 1984; Atre 1985; During Caspers 1991; Franke-Vogt 2001; siehe auch Einhorn 1998, S. 40–43; Gerritsen 2011, S. 11–14. During Caspers 1991, die von einer Übernahme des Einhorn-Motivs aus der mesopotamischen Kultur ausgeht, hält das Objekt für eine symbolische Getreideähre, die durch Überlieferung verderbt ist. Zu den Ursprüngen der Vorstellungen vom Einhorn in Asien siehe auch Beer 1977, S. 67–72; Lavers 2010, S. 167–184; Gerritsen 2011, S. 11–25; zum Einhorn im Gebiet der heutigen Mongolei siehe Erööl-Erdene 2011.

2 Zur Frage der Profilansicht siehe Einhorn 1998, S. 28 f.

3 Diese Fassungen referiert nach Gerritsen 2011, S. 14–16; eine spätere, brahmanische Version aus dem *Mahabharata,* entstanden 3. Jahrhundert v. u. Z. – 3. Jahrhundert, ausführlich in Hörisch 2005, S. 12–18. Zum Einhorn in Indien als Ursprung der europäischen Vorstellungen siehe Einhorn 1998, S. 40–46.

4 Dies und das Folgende nach Prag 2021, Nr. 17; dort Nr. 16 das Relief *Der Buddha dreht das Rad des Gesetzes* aus dem 11. Jahrhundert.

5 Siehe Einhorn 1998, S. 46–48.

6 Siehe den Beitrag von Adrien Bossard im vorliegenden Band, S. 26–37.

7 Siehe *The Netsuke Handbook of Ueda Reikichi,* aus dem Japanischen bearb. von Raymond Bushell, Rutland 1961; dort Nr. 194 ein anderes Netsuke als Kirin.

8 Zum Einhorn in Persien siehe u. a. Ettinghausen 1950; Panaino 2001; Contadini 2003; sowie Kat. 74, 83, 85, 86.

9 Siehe Zakarīyā Ibn-Muḥammad al-Qazwīnī: *ʿAǧāʾib al-maḫlūqāt wa-ġarāʾib al-mauǧūdāt* (Die Wunder der Schöpfung und die Merkwürdigkeiten der existenten Dinge), 1280, Bayerische Staatsbibliothek München, Cod. arab. 464, fol. 184r f.; eine kritische Übersetzung der Textstelle zum Karkaddan bei Von Hees 2002, S. 207 f., mit ausführlichem Kommentar.

10 So etwa fol. 184r des Manuskripts Cod. arab. 464 der Bayerischen Staatsbibliothek München (wie Anm. 9), Abb. bei Von Hees 2002, S. 205. Sie zitiert auf S. 211 eine Textstelle von Hamadani über das Karkaddan: „Merkwürdig ist, daß es vier Beine und zwei Flügel hat. Das ist ungewöhnlich und mit dem Verstand nicht zu akzeptieren."

11 Zu Töpferware aus Iznik allgemein siehe *Iznik. The Pottery of Ottoman Turkey,* Ausst.-Kat. Türk ve Islam Eserleri Müzesi (Museum für türkische und islamische Kunst), Istanbul 1989; John Carswell: *Iznik Pottery,* London 1998; zu den Motiven: *Treasury of Turkish Designs. 670 Motifs from Iznik Pottery,* hrsg. von Azade Akar, New York 1988; zur Frage chinesischen Einflusses siehe John A. Pope: Chinese Influences on Iznik Pottery. A Re-Examination of an Old Problem, in: *Islamic Art in the Metropolitan Museum of Art,* hrsg. von Richard Ettinghausen, New York 1972, S. 125–139.

12 Zu zwei ähnlichen Objekten siehe Brüssel 2007, Nr. 277 und 278; letzteres mit dem ursprünglich dazugehörenden Ständer.

13 Kleinbronzen aus Luristan mit zweihörnigen Steinböcken befinden sich u. a. in den Musées royaux d'Art et d'Histoire, Brüssel: Pferdegeschirr, Inv.-Nr. IR.0042, Anhänger in Form eines Steinbocks, IR.0090, IR.0145; Halterung eines Schleifsteins, IR.0311.

14 In den 1960er Jahren in der Sammlung Foroughi, Teheran, siehe Einhorn 1998, S. 31, mit Abb.

15 Siehe Antoine-König 2019.

16 Siehe Chicago 2011, Nr. 77.

17 Siehe Paris 2002b, Nr. 29.

18 Siehe Picot 1913; Pastoureau 2011, S. 66–68 (Hirsch), 79–82 (Einhorn).

19 Siehe New York 1993a, Nr. 24.

20 Siehe Lambsprinck: De Lapide Philosophico, in: *Musæum hermeticum [...],* Frankfurt am Main: Lukas Jennis 1625, S. 10 f.

21 Siehe den Beitrag von Adrien Bossard im vorliegenden Band, S. 26–37.

Tier unter Tieren. Illustrationen zu Bibel, Heiligenlegenden und Mythen S. 104–127

1 Zu Darstellungen des Einhorns zu Genesis, Paradies und Sündenfall siehe Einhorn 1998, S. 153–161.

2 Zum Meister des Flämischen Boethius siehe McKendrick 2003; Hans-Collas/Schandel 2009, S. 222–255; Abb. 160–185; Brüssel 2011, S. 425–433.

3 Vermutlich gehörte die Tafel in den Zusammenhang einer astronomischen Uhr, siehe Von der Osten 1983, Nr. 77.

4 Siehe Karlsruhe 2019, Nr. 244–246. – 1516 erscheint ein Einhorn – mit Fohlen – in Baldungs Holzschnitt zum achten Gebot in: *Die zehe gebot in disem büch erclert und ußgelegt,* Straßburg: Johannes Grüninger 1516.

5 Ulrich Pinder: *Der beschlossen gart des rosenkrantz marie,* Bd. 1, Nürnberg: Pinder 1505, fol. 65v, siehe S. 352. – Der Gedanke geht auf Thomas de Cantimpré zurück, siehe Einhorn 1998, S. 158.

6 Zu diesem Manuskript siehe Orth 2003; Cousseau 2018, S. 55, 79, 163–167.

7 Zur Familie Roos siehe Jedding 1998, zu Cajetan Roos ebd., S. 269–280; zu Letzterem auch Bocchi/Bocchi 2004, S. 281–283.

8 Zu diesem Gemälde siehe Lehmann 2009.

9 In Barcelona befindet sich eine Folge von sechs großformatigen Gemälden von Cajetan Roos, siehe https://blog.museunacional.cat/en/a-previously-unexhibited-series-by-the-painter-cajetan-roos-or-gaetano-de-rosa/, aufgerufen am 28.2.2025.

10 Siehe Bocchi/Bocchi 2004, S. 283, Abb. GR.2, mit der falschen Betitelung *Noah fordert die Tiere zum Betreten der Arche auf.* – Eine andere Fassung von der *Schöpfung der Welt,* Johann Melchior Roos zugeschrieben, wurde 2015 bei Sotheby's versteigert, siehe https://www.sothebys.com/en/auctions/ecatalogue/2015/old-master-paintings-19th-century-n09303/lot.440.html, aufgerufen am 3.2.2025.

11 So etwa die Handschrift Augustinus: *De civitate Dei,* um 1460, Français 28, fol. 66v, Bibliothèque nationale de France, Paris. – Zum Einhorn und der Sintflut in der jüdischen Tradition siehe Einhorn 1998, S. 123–125; weiterführend Shemesh 2019.

12 Siehe Marquet 1995, S. 643–648.

13 Siehe *Biblia sacra veteris et novi testamenti. Secundum editionem vulgatam,* Basel: Thomas Guarinus 1578, S. 7.

14 Siehe Einhorn 1998, Nr. 505; Abb. S. 125.

15 Athanasius Kircher: *Ara Noe, in tres libros digesta,* Amsterdam: Johannes Janssonius 1675, nach S. 116; Abb. bei Gerritsen 2011, S. 170.

16 Christoph Harant: *Der Christliche Ulysses,* aus dem Tschechischen übers. von Johann Georg Harant, hrsg. von Christoph Wilhelm Harant, Nürnberg: Wolfgang Moritz Endter 1678, S. 645; das tschechische Manuskript entstand 1608.

17 Balthasar Erhart: *Herrn Adami Loniceri [...] Vollständiges Kräuter-Buch,* Ulm: Bartholomäus 1770, S. 608.

18 Johann Schröder: Unicornu fossile, in: *D. Johann Schröders vollständige und nutz-reiche Apotheke,* 2., erw. Ausg., aus dem Lateinischen übers. von Friedrich Hoffmann, hrsg. von Georg Daniel Koschwitz, Frankfurt am Main und Leipzig: Johann Hoffmanns und Engelbert Strecks Witwen 1709, S. 529–533, hier S. 530.

19 Jacobus de Voragine: Von Sanct Antonius, in: *Die Legenda aurea des Jacobus de Voragine,* übers. von Richard Benz, 11. Aufl., Gerlingen 1993, S. 121–126, hier S. 122. – Ein Einhorn findet sich in der *Legenda aurea* in der Erzählung: Von Sanct Barlaam und Josaphat, S. 943–958, die Einhorn-Episode auf S. 949 (siehe Kat. 88, 89).

20 Zum Meister des Todes siehe Camille 1996; Châtelet 2000, S. 100–103.

21 *Die Bibel oder die ganze Heilige Schrift nach der deutschen Übersetzung D. Martin Luthers,* durchgesehen im Auftrag der deutschen Kirchenkonferenz, 14. Aufl., Stuttgart 1901, S. 566. – In dieser Ausgabe der Luther-Übersetzung heißt es noch „Einhorn", in späteren ist daraus „das Horn des Wildstiers" geworden.

22 Zum Stephanus-Zyklus der Kathedrale von Auxerre siehe Weigert 2004, S. 81–103.

23 Siehe Hochner 2001; zum Orden des Stachelschweins bis zur Mitte des 15. Jahrhunderts siehe Kovács 1981.

24 Jacobus de Voragine: Von Sanct Stephanus, in: *Die Legenda aurea* 1993 (wie Anm. 19), S. 58–65, hier S. 63.

25 Der französische Text lautet: „Comment le corps s[aint] estien[n]e est delaissé au lieu de son martire / et exposé au bestes et par la divine puissance preservé".

26 Publius Ovidius Naso: *Metamorphosen,* hrsg. und übers. von Hermann Breitenbach, 2. Aufl., Zürich 1964, S. 675 und 733 (10,144 und 11,1–2).

27 Siehe Clara Portas: A propos de quelques mosaiques d'Orphée, in: Tourcoing 1994, S. 25–31, Nr. 2.

28 Vom Einhorn, in: Treu 1981, S. 42–45, hier S. 44 f.; siehe im vorliegenden Band S. 349.

29 Siehe *Ovide moralisé,* Ende 14. Jahrhundert, Français 871, fol. 196v, Bibliothèque nationale de France, Paris, siehe Einhorn 1998, Nr. 72A; Abb. 77; siehe auch ebd., S. 185–188; sowie zur Orpheus-Rezeption der Renaissance und später Ziegler 1950, dort zum Motiv Orpheus und die Tiere, S. 246, 251.

30 Die Kopie war lange Alessandro Varotari, gen. Il Padovanino, zugeschrieben, das Werk in der Wellington Collection galt bis zu einer genauen Untersuchung als Replik, siehe Tate-Harte/Joannides 2019.

Von der Verkündigung bis zur Auferstehung. Das Einhorn in der christlichen Bildwelt
S. 128–147

1 Siehe: *Krümme eines Bischofsstabs. Schlange und Falke greifen eine Gazelle an,* 1140–1200, Musée du Louvre, Paris, Inv.-Nr. OA 11227. – Zum Einhorn in der christlichen Bildwelt siehe u. a. Marienlexikon 1989, S. 304–308, sowie den Beitrag von Stefan Trinks im vorliegenden Band, S. 38–47.

2 So etwa Schönberger 1935/36, S. 191, 235. Siehe zum *Stab des heiligen Bonifatius* und dem *Stab des heiligen Godehard* (Dommuseum Hildesheim), beide im 12. bzw. Anfang des 13. Jahrhunderts in Sizilien entstanden, die Objektbeschreibungen von Holger Kemkes in: *Islam in Europa 1000–1250,* Ausst.-Kat. Dommuseum Hildesheim, 2022, Nr. 41 f. Kemkes lehnt die Identifikation als Einhorn ab.

3 Siehe Theresa Jäckh: Sizilien als Ort des kulturellen Austauschs, in: Hildesheim 2022 (wie Anm. 2), S. 33–40.

4 Zu diesem Manuskript siehe Morgan 1982, Nr. 98; Richard Barber: Introduction, in: Barber 1993, S. 7–16; Clark 2006, S. 241 f.; Christopher de Hamel: Introduction, in: De Hamel 2008, S. 5–24. Siehe für eine Übersetzung des gesamten Manuskripts ins Englische: Barber 1993. – Zum Einhorn in Bestiarien siehe u. a. Thierry Delcourt: La Licorne et l'éléphant, in: Troyes 2004, S. 54–65; allgemein zu Bestiarien siehe u. a. Baxter 1998; Heck/Cordonnier 2020, S. 9–107, dort zum Einhorn S. 410–417.

5 Honorius Augustodunensis: De nativitate Domini, in: ders.: *Speculum ecclesiae, Patrologia Latina* 172, 807–1107, hier 815–844, Zitat 819; aus dem Lateinischen übersetzt von Michael Philipp. Siehe dazu auch Einhorn 1998, S. 118 f.; Gotfredsen 1999, S. 58 f.

6 Zu diesem Manuskript siehe u. a. Stahl 1970; Paris 1998, bei Nr. 198.

7 Eine seltene Ausnahme findet sich in einem Antependium von etwa 1480 (Abb. S. 52), in dem „Adam" das Einhorn mit einem Speer tötet und „Eva" das Blut auffängt, eine Anverwandlung des auch in den *Gesta Romanorum* geschilderten Motivs (siehe S. 348 f; Abb. S. 52).

8 Siehe Einhorn 1998, S. 280.

9 Einhorn und Kreuzigung finden sich auch – in anderer Bedeutung – im *Stuttgarter Psalter* von 820–830 (Abb. S. 43).

10 Eine Zeichnung des Musterrapports findet sich in: *Ornamente der Gewebe,* gezeichnet und hrsg. von Friedrich Fischbach, Hanau 1874, Tafel 26 B: Lucchesisches Gewebe, 13./14. Jh., Vorlage in Berlin; diesem folgend in: Otto von Falke und Julius Lessing: *Kunstgeschichte der Seidenweberei,* Bd. 2, Berlin 1913, Abb. 472, Kommentar S. 91. – Ein nur schlecht erhaltenes, kleines Fragment des Lampas bewahrt das Deutsche Textilmuseum Krefeld, siehe Brigitte Tietzel: *Italienische Seidengewebe des 13., 14. und 15. Jahrhunderts,* Kataloge des Deutschen Textilmuseums Krefeld 1, Köln 1984, Nr. 141 (Italien um 1400).

11 Freeman 1976, S. 143, verweist auf die bei Fischbach 1874 (wie Anm. 10) abgebildete Zeichnung des Musterrapports.

12 Zum Defensorium siehe u. a. LCI 1968–1976, Bd. 1, S. 499–503.

13 Zum brennenden Busch siehe Gillen 1951.

14 Transkription und Übersetzungen nach Bonn 1977, S. 54 f. – Ähnlich hatte es bereits Thomas de Cantimpré im 13. Jahrhundert geschrieben (siehe S. 347).

15 Siehe Einhorn 1998, Nr. 320–408. Die Literatur zur Einhorn-Jagd im Hortus conclusus ist umfangreich, siehe u. a. Wyss 1960; Sälzle 1965, S. 288–318; Beer 1977, S. 101–111; Demus 1991; Rapp Buri/Stucky-Schürer 1995; Einhorn 1998, S. 275–308; Gotfredsen 1999, S. 62–73; Henning 1999; Bartl 2003; Gerritsen 2011, S. 118–124; Manuwald 2014; Weitbrecht 2018; Hubmann-Fellner 2021; Roling/Weitbrecht 2023, S. 57–66.

16 Siehe Einhorn 1998, S. 275–308.

17 Die biblischen Referenzen der Motive sind für die *Aurora consurgens* Hhld 6,10, die *Urna aurea* Ex 16,33, den *Fons signatus* Hhld 4,12.

18 Ergänzung laut Bornschein 2024, S. 273.

19 Zu den Glasgemälden Gitschmanns in der Freiburger Kartause und der Zusammenarbeit mit Baldung Grien siehe ausführlich Becksmann 2010, S. 563–598.

20 Siehe *Abbildung der Altar-Tafel in der Hospital Kirche zu Grimmenthal oder der Neuen Walfarth im Amte Maßfeld,* in: Friderich Rudolphi: *Gotha Diplomatica, Oder Ausführliche Historische Beschreibung Des Fürstenthums Sachsen-Gotha,* Bd. 2, Frankfurt am Main und Leipzig: Gensch 1717, nach S. 310. Davon ausgehend über die Mystische Einhorn-Jagd: Wolfgang Gresky: Wallfahrt eines Göttingers zur Maria mit dem Einhorn im Grimmenthal, in: *Göttinger Jahrbuch* 14 (1966), S. 113–125.

21 *D. Martin Luthers Werke. Kritische Gesamtausgabe* [hrsg. von Joachim Karl Friedrich Knaake u. a.], *Tischreden 1531–46,* Bd. 4: *Tischreden aus den Jahren 1538–1540,* Weimar 1916, S. 494 (in Nr. 4779); siehe auch Johannes Mötsch: Martin Luther und die Wallfahrt zu Grimmenthal, in: ders.: Wallfahrt, Verkehrswege und Brückenbau im Kontext der Grimmenthaler Wallfahrt, in: *Pilgern zu Wasser und zu Lande,* hrsg. von Hartmut Kühne und Christian Popp, Tübingen 2022, S. 79–96, hier S. 92 f.

22 Christoph Albrecht Erck: *Fortsetzung und Schluß Von dem Zustand Der im Pabstthum berühmten Hennebergischen Wallfahrt Zum Grimmenthal Nach der Reformation,* Meiningen: Johann Günther Scheidemantel 1748, ohne Pag. Dort auch das folgende Zitat. Erck berief sich auf den Kupferstich bei Rudolphi 1717 (wie Anm. 20) und auf die Publikation von Georg Paul Hönn: *Lexicon topographicum [...] des Fränkischen Craises [...],* Frankfurt und Leipzig: Johann Georg Lochner 1747, S. 400.

23 Siehe dazu und zum Folgenden Einhorn 1998, S. 327 f.

24 Zu dieser Ausgabe siehe Antwerpen 1996, S. 115.

25 Jacobus Bosius: *Crux triumphans et gloriosa, libris sex: ad sacrae et profanae historiae lucem, et Christianae pietatis augmentum utilissimis,* Antwerpen: Officina Plantiniana, Balthasar und Johannes Moretus 1617, 2. Buch, 5. Kapitel, S. 147–154: De Crucis signo, quod in quibusdam animalibus Deus collocavit.

26 Ebd., S. 148; siehe Justin der Märtyrer: Dialog mit dem Juden Trypho, in: *Des heiligen Philosophen und Martyrers Justinus Dialog mit dem Juden Tryphon,* aus dem Griechischen übers. von Philipp Hauser, Bibliothek der Kirchenväter, 1. Reihe, Bd. 33, Kempten und München 1917, S. 1–231, hier S. 150, allerdings mit der Übersetzung von Dtn 33,17: „Seine Schönheit ist die eines erstgeborenen Stieres, seine Hörner sind die eines einhörnigen Rindes."

27 Bosius 1617 (wie Anm. 25), S. 154, dort auch das folgende Zitat. Wie die folgenden Zitate aus dem Lateinischen übersetzt von Michael Philipp.

28 Ebd., S. 149.

29 Eine der seltenen Ausnahmen ist etwa ein Fußbodenmosaik von 1213 in San Giovanni Evangelista in Ravenna, das ein stehendes Einhorn mit kurzem Stirnhorn zeigt, siehe Einhorn 1998, Nr. 760, abgebildet bei Beer 1977, Abb. 54.

30 Bosius 1617 (wie Anm. 25), S. 149.

Augenzeugen und Naturforscher.
Das Einhorn in Reisebericht und Tierkunde
S. 148–169

1 Marco Polo: *Il milione. Die Wunder der Welt,* übers. aus altfranzösischen und lateinischen Quellen von Elise Guignard, 4. Aufl., Zürich 1986, S. 294; Marco Polos Beschreibung des Einhorns auf S. 348 im vorliegenden Band.

2 Siehe Marco Polo: *Livre des merveilles,* Français 2810, fol. 85r, Bibliothèque nationale de France, Paris. Die Illuminationen fertigte der Meister von Mazarine.

3 Die in dem kurz zuvor erschienenen Reisebuch des Jean de Mandeville, das zahlreiche Holzschnitt-illustrationen enthielt, beschriebene Fahrt in den Nahen und Fernen Osten war fiktiv, siehe *Das buch des ritters herr hannsen von monte villa,* aus dem Französischen übersetzt von Michel Velser, Augsburg: Anton Sorg 1481.

4 Zu Breydenbachs Reisebericht siehe v. a. Timm 2006; siehe auch Geck 1977, dort S. 50 f. die Aufstellung der Ausgaben; Niehr 2001; Bakker 2018.

5 Bernhard von Breydenbach: *Eyn vorred yn diß nachgende werck der fart vber mer zu de[m] heiligen grab vnsers herren ihesu cristi gen Jerusalem* [Peregrinatio in terram sanctam], Mainz: Erhard Reuwich 1486, fol. 122v. Nur in orthographischen Details abweichend von dieser deutschen Erstausgabe ist die Ausgabe Speyer um 1505 (Kat. 39), dort fol. 90r.

6 Fabri 1996, S. 165. – Zu Fabri siehe auch Bodemann 2005; Meyers 2008; Reichert 2018.

7 *Fratris Felicis Fabri Evagatorium in Terræ Sanctæ, Arabiæ et Egypti peregrinationem,* hrsg. von Konrad Dieterich Haßler, 3 Bde., Stuttgart 1843–1849, hier Bd. 2, S. 442; aus dem Lateinischen übersetzt von Michael Philipp. Diese Stelle wurde nicht in die deutsche Übersetzung (Fabri 1996) aufgenommen.

8 Zu diesen Narwalzähnen siehe Van Vlierden 1989.

9 Für ein Faksimile der italienischen Erstausgabe siehe Ludovico de Varthema: *Itinerario dallo Egypto alla India,* hrsg. von Enrico Musacchio, Bologna 1991. Zu Varthema siehe auch Folker Reichert: Ludovico de Varthema und sein Itinerar, in: Varthema 1996, S. 7–31.

10 Varthema 1996, S. 77 f. – Dort auch das folgende Zitat.

11 Das sog. Garrett Manuscript von Giovanni Marcanova (Princeton University Library) enthält eine lavierte Federzeichnung von etwa 1450, die einen freistehenden Käfig mit einigen Tieren, darunter ein Einhorn, und drei davor stehenden Betrachtern zeigt; siehe Einhorn 1998, Nr. 27 A; Abb. S. 168. – Zum ethnographischen Aspekt der Illustrationen Breus siehe Stephanie Leitch: Recuperating the Eyewitness. Jörg Breu's Images of Islamic and Hindu Culture in Ludovico de Varthema's Travels (Augsburg: 1515), in: dies.: *Mapping Ethnography in Early Modern Germany. New Worlds in Print Culture,* New York 2010, S. 10–145.

12 Siehe Adriaen van der Donck: *Beschryvinge van Nieuw-Nederlant […],* Amsterdam: Evert Nieuwenhof 1655.

13 Arnoldus Montanus: *De Nieuwe en Onbekende Weereld,* Amsterdam: Jacob Meurs 1671, S. 125 f.; aus dem Niederländischen übersetzt von Michael Philipp.

14 Zum Verhalten des Einhorns in der Brunftzeit siehe Aelian: Die Natur der Tiere, in: Hörisch 2005, S. 36 f., hier S. 36.

15 Siehe *Manier, Mythos und Moral. Niederländische Druckgraphik um 1600,* Ausst.-Kat. Staats- und Universitätsbibliothek Hamburg, 2014, zu den vier Kontinenten S. 106–113.

16 Die vollständige Version der Kontinente Van Kessels in München zeigt auf der Asientafel bei der Ansicht von „Soaukin" vier verschiedene Typen von Einhörnern sowie ein zweihörniges Pirassouppi nach Ambroise Paré und Pierre Pomet (siehe Kat. 55), siehe Ertz/Nitze-Ertz 2012, Nr. 87. Zur Münchner Version siehe u. a. Robert Bauernfeind: *Die Ordnung der Dinge durch die Malerei. Jan van Kessels Münchner Erdteile-Zyklus,* Phil. Diss. Augsburg 2015, https://opus.bibliothek.uni-augsburg.de/opus4/frontdoor/deliver/index/docId/3901/file/Diss_Bauernfeind.pdf, aufgerufen am 18.6.2025.

17 Cornelis de Bie: Ioannes van Kessel. Schilder van Antwerpen, oudt 35 jaer, in: ders.: *Het gulden cabinet vande edele vry schilder-const,* Antwerpen: Johannes Meyssens 1662, S. 409–411, hier S. 410; aus dem Niederländischen übersetzt von Michael Philipp.

18 Das ungedruckte Manuskript zitiert bei Frans Josef van den Branden: *Geschiedenis der Antwerpsche Schilderschool,* Antwerpen 1883, S. 1099; aus dem Niederländischen übersetzt von Michael Philipp. Eine englische Übersetzung in Groeneveld-Baadj 2012, S. 214.

19 Zu Gessners Tierkunde siehe u. a. Leu 2016, S. 174–231. Zu den Illustrationen in Gessners Werk siehe u. a. Leemann-van Elck 1935; Gmelig-Nijboer 1977, S. 77–83; Fischel 2009; zur Nachwirkung auf die Kunst siehe Ruoss 2019. Zur Rezeption der Einhorn-Abbildung Gessners durch Maria Stuart siehe den Beitrag von Barbara Drake Boehm im vorliegenden Band, S. 60–69, Abb. S. 64.

20 Zum Einhorn (und Fabeltieren) bei Gessner siehe u. a. Ley 1929, S. 58–60; Gmelig-Nijboer 1977, S. 97–120; Riedl-Dorn 1989; Fischel 2009, S. 61–64; Bamforth 2010; Leu 2016, S. 193, 204–209; Truitt 2017. Zum Fabeltier im Zusammenhang mit dem Einhorn siehe auch den Beitrag des Verfassers im vorliegenden Band, S. 12–25.

21 Conrad Gessner: Von dem Einhorn, in: ders.: *Thierbuoch, das ist ein kurtze Bschreybung aller vierfüssigen Thieren, so auff der Erden und in Wassern wonend, sampt jrer waren Conterfactur […],* übers. von Conrad Forer, Zürich: Christoph Froschauer 1563, fol. 35v–39r, hier fol. 36v; aus dem frühneuzeitlichen Deutsch modernisiert von Michael Philipp.

22 Ebd., fol. 36r.

23 Ebd., fol. 36r f.

24 Ebd., fol. 37r.

25 Brief von Conrad Gessner an Nikolaus Gerbel, 15.2.1551, in: Johann Fecht: *Historiae Ecclesiasticae Seculi A.N.C. XVI. Supplementum; Plurimorum Et Celeberrimorum Ex Illo Ævo Theologorum Epistolis,* Frankfurt am Main und Speyer: Christoph Olff; Durlach: Martin Müller 1684, S. 858; aus dem Lateinischen übersetzt von Annette Krüger.

26 Conrad Gessner: *Icones animalium quadrupedum viviparorum et oviparorum,* Zürich: Christoph Froschauer 1560, S. 34. Dort zum Einhorn S. 62. – Über den Auerochsen hatte Gessner bereits im ersten Band der *Tiergeschichte* geschrieben, siehe Conrad Gessner: De Uro, in: ders.: *Historiae animalium Lib. I. de Quadrupedibus viviparis,* Zürich: Christoph Froschauer 1551, S. 157–159.

27 Brief von Conrad Gessner an Achilles Pirmin Gasser, 19.3.1564, in: Karl Heinz Burmeister: *Achilles Pirmin Gasser 1505–1577. Arzt und Naturforscher, Historiker und Humanist,* Bd. 3: *Briefwechsel,* Wiesbaden 1975, S. 301–304, hier S. 303.

28 Brief von Conrad Gessner an Adolph Occo, 27.8.1565, in: ders.: *Epistolarum medicinalium […] libri III,* hrsg. von Hans Kaspar Wolf, Zürich: Christoph Froschauer 1577, fol. 75r–76r, hier fol. 75v; aus dem Lateinischen übersetzt von Michael Philipp.

29 Ebd., Übersetzung zit. n. Leu 2016, S. 205.

30 Conrad Gessner: *Historiae animalium Lib. IIII. […] de Piscium & Aquatilium animantium natura,* Zürich: Christoph Froschauer 1558, S. 247.

31 Abb. bei Gerritsen 2011, S. 165.

32 Albertus Magnus: *De animalibus libri XXVI.* Nach der Cölner Urschrift, hrsg. von Hermann Stadler, Bd. 2: Buch XIII–XXVI, Münster 1920, Buch 24, Kap. 1: De aquaticorum natura […], S. 1515–1550, hier S. 1540; aus dem Lateinischen übersetzt von Michael Philipp.

33 Zum Text von Thomas de Cantimpré über das Einhorn siehe u. a. Einhorn 1998, S. 202–208 u. ö.– Zu dem in seinem *Bienenbuch* erwähnten Horn des Einhorns in einer Kirche in Brügge siehe S. 347.

34 Aus dem Lateinischen übersetzt von Michael Philipp. Ich danke Angeline Peruch für die Transkription der lateinischen Handschrift.

35 Da die Buchseite beschnitten ist, fehlen einige Worte bzw. Wortendungen, der französische Text lautet mit Ergänzungen: „Un grant poisson qui a u[ng] [corne] / Ou front grant et perc[ent] / Et fet noier les g[ens]". Ich danke Angeline Peruch und Béatrice de Chancel-Bardelot für die Transkription und Übersetzung. Zu den Anweisungen für den Illuminator siehe Friedman 2004.

36 Zu Jacob van Maerlant siehe u. a. Nischik 1986; Peter Burger: Nawoord, in: Jacob van Maerlant: *Het boek der natuur,* hrsg. von Peter Burger, 2. Aufl., Amsterdam 1995, S. 123–152.

37 Jacob van Maerlant: Monocheros, in: ders.: *Der naturen bloeme* (Die Blüte der Natur), 1300, Staatsbibliothek zu Berlin – Preußischer Kulturbesitz, Abteilung Handschriften und Historische Drucke, Ms. germ. fol. 52, fol. 45r; aus dem Niederländischen übersetzt von Michael Philipp. – Ein Manuskript von *Der naturen bloeme* aus dem 14. Jahrhundert zeigt einen Narwal, der ein Boot angreift, British Library, London, Add. MS 11390, fol. 53v; Abb. in Einhorn 1998, S. 140.

38 Zu Caspar und Thomas Bartholin sowie zum Kopenhagener Arzt Ole Worm siehe u. a. Gotfredsen 1999, S. 162–166; Gerritsen 2011, S. 172–174; Roling/Weitbrecht 2023, S. 125–134.

39 Siehe Laurent Catelan: *Histoire de la nature, chasse, vertus, proprietez et usages de la lycorne,* Montpellier: Jean Pech 1624, dt. Ausg.: *Ein schöner newer Discurs / Von der Natur / Tugenden / Eigenschafften / und Gebrauch deß Einhorns,* Frankfurt am Main: Lucas Jennis 1625.

40 Siehe Caspar Bartholinus: De unicornu eiusque affinibus et succedaneis, in: ders.: *Opuscula quatuor singularia,* Kopenhagen: Georg Hantzsch 1628, fol. 1–48.

41 Siehe Thomas Bartholin: *De unicornu observationes novae,* 2. Ausg., Amsterdam: Heinrich Wetstein 1678, S. 271.

42 Ebd., S. 267; aus dem Lateinischen übersetzt von Michael Philipp.

43 Ebd., S. 11.

44 Siehe Nicolaes Tulp: *Observationes medicae,* 2., erw. Ausg., Amsterdam: Lodewijk Elzevier 1652, 4. Buch, Kap. 38, S. 394–400; die Abb. „Unicornum marinum" auf S. 395 zeigt einen ganzen Narwal sowie den Schädel von oben und unten und gibt den Hinweis, dieses Horn sei 9 ½ Fuß lang.

45 Siehe den Beitrag von Barbara Drake Boehm im vorliegenden Band, S. 60–69.

46 Über das verschollene Portrait ist nichts weiter bekannt, siehe Klemm 1986, Nr. 113.

47 Zur Linck-Sammlung und ihrem heutigen Standort Waldenburg siehe Budig 2015; Stoye/Ruprecht/Schmidt-Funke 2025.

48 Linck 1783–1787, Bd. 2, S. 179.

49 Johan Gottschalk Wallerius: *Mineralsystem, worin die Fossilien [...] beschrieben und durch Beobachtung, Versuche und Abbildung erläutert werden,* Bd. 2, erw. von D. Ernst Benjamin Gottlieb Hebenstreit, Berlin: Friedrich Nicolai 1783, S. 527 f.

50 Johann Georg Gmelin: *Reise durch Sibirien von dem Jahr 1738 bis zu Ende 1740.* Bd. 3, Göttingen: Abraham Vandenhoecks Witwe 1752, S. 164.

51 Siehe Krafft 2013 sowie ders.; 2015; 2016; 2018; Schalansky 2018; zum Fundort Nielbock 2010; siehe Abb. S. 62 im vorliegenden Band.

52 Michael Bernhard Valentini: *Museum Museorum, Oder Vollständige Schau-Bühne Aller Materialien und Specereÿen [...],* Frankfurt am Main: Johann David Zunner 1704, 3. Buch: Von allerhand Thieren, Kap. 30: Von dem wahren und gegrabenen Einhorn, S. 481–483, hier S. 482. Dort auch die folgenden Zitate.

53 Siehe Catelan 1624 (wie Anm. 39); Catelan 1625 (wie Anm. 39); Andrea Bacci: *Discorso dell'alicorno,* Florenz: Giorgio Marescotti 1573.

54 Valentini 1704 (wie Anm. 52), S. 482; Valentini schrieb „meslire", meinte aber melieren vom Französischen „mêler" für mischen oder vermengen.

Sagenhafte Kraft gegen Gift.
Das Einhorn in der Heilkunde
S. 170–181

1 Zum medizinischen Aspekt des Einhorns siehe vor allem Duffin 2017 mit zahlreichen Quellen; siehe auch Beer 1977, S. 159–183; Einhorn 1998, S. 338–346 (mit umfangreichen bibliogr. Angaben); Arnold 2003; Gerritsen 2007a; Fischer/Cossu Ferra Fischer 2011; Jochen Hörisch: Pharmakon und Idol. Das Einhorn als Heil und Heilung verheissendes Tier, in: Zürich 2013, S. 229–239; in der jüdischen Literatur des 16./17. Jahrhunderts Shemesh 2020.

2 Zum *Theuerdank,* dem monumentalsten Buchprojekt des 16. Jahrhunderts, siehe u. a. Heinz Engels, Elisabeth Geck und Heinrich Theodor Musper: *Kaiser Maximilians Theuerdank. Kommentar* [zum Faksimile der Erstausgabe von 1517], Plochingen und Stuttgart 1968; Füssel 2003; Wegener 2025.

3 Matthäus Schultes gründet seinen Text auf Sigmund von Birken: *Spiegel der Ehren des Höchstlöblichsten Kayser- und Königlichen Erzhauses Oesterreich,* Nürnberg: Johann Friedrich und Michael Endter 1668. Von Birkens Informationen fußen auf der umfangreichen handschriftlichen Biographie Maximilians I., die der Augsburger Stadtarchivar Clemens Jäger im Auftrag von Johann Jakob Fugger 1559 verfasst hat, das 7. Buch vom *Ehrenspiegel des Hauses Österreich* (Cgm 896, Bayerische Staatsbibliothek, München).

4 Conrad Gessner: Von dem Einhorn, in: ders.: *Thierbuoch, das ist ein kurtze Bschreybung aller vierfüssigen Thieren, so auff der Erden und in Wassern wonend, sampt jrer waren Conterfactur [...],* übers. von Conrad Forer, Zürich: Christoph Froschauer 1563 fol. 35v–39r, hier fol. 38r. Dort auch die folgenden Zitate; aus dem frühneuzeitlichen Deutsch modernisiert von Michael Philipp.

5 Ambroise Paré: De monstris et prodigiis, in: ders.: *Opera,* Paris: Jacques Du Puys 1582, Buch 34, S. 732–797, hier S. 790; aus dem Lateinischen übersetzt von Michael Philipp. Die Abb. zum Camphurch auf S. 791, auf S. 790 ist das ebenfalls von André Thevet erfundene zweihörnige Pirassouppi abgebildet.

6 Peter Pomet: Vom Einhorn, in: ders.: *Der aufrichtige Materialist und Specerey-Händler [...],* Leipzig: Johann Ludwig Gleditsch und Moritz Georg Weidmann 1717, Sp. 471 f., hier Sp. 471. Dort auch das folgende Zitat.

7 *D. Johann Schröders vollständige und nutz-reiche Apotheke [...],* 2., erw. Ausg., hrsg. von Georg Daniel Koschwitz, Frankfurt am Main und Leipzig: Johann Hoffmanns und Engelbert Strecks Witwen 1709, S. 73 f. (2. Buch, Kap. 77). Dort auch die folgenden Zitate.

8 Ebd. S. 362 (5. Buch).

9 Ebd. S. 366.

10 Diese Angaben nach Gutmann 1967–1971.

11 Siehe Bernhard Beyer: Die ersten hundert Jahre, in: Güttler 1988, S. 29–31, hier S. 31.

12 Abb. bei Duffin 2017, S. 212.

13 Zum Mörser als Gerätschaft der Apotheker siehe Heidelberg 2015, S. 194–201.

14 Zum Preisverfall siehe Schönberger 1935/36, S. 213–215, eine Preistabelle auf S. 214.

15 Für diese Information danke ich Andreas Gamerith.

16 Der Schrank ist beschrieben und abgebildet in Heidelberg 2015, S. 67 f.

17 Das Werbeblatt stammt aus der Sammlung des Oxforder Historikers Anthony Wood (1632–1695).

18 Dies und das Folgende aus dem Englischen übersetzt von Andreas Bredenfeld.

19 William Shakespeare: Romeo und Julia, in: ders.: *Shakespeare in deutscher Sprache,* hrsg. und zum Teil neu übers. von Friedrich Gundolf, Bd. 1, 2. Aufl. der neuen Ausg., Berlin 1925, S. 267–343, hier S. 334 (V, 1).

20 Anders dagegen der Arzt in William Hogarths um 1743 entstandenem satirischen Gemälde *Die Untersuchung* (The National Gallery, London), in dessen Sprechzimmer ein von Syphilis gezeichneter Patient sitzt. Am Schrank im Hintergrund ist ein großer Narwalzahn angebracht.

Wehrhaft und streitbar. Das Einhorn bei den Wilden Leuten und im Kampf gegen Tiere und Menschen S. 182–221

1 C. Plinius secundus d. Ä.: *Naturkunde*, 8. Buch: *Zoologie. Landtiere*, hrsg. und übers. von Roderich König in Zusammenarbeit mit Gerhard Winkler, München 1976, S. 65 (31, 76).

2 Gaius Julius Solinus: *Wunder der Welt*, lateinisch und deutsch, eingeleitet, übers. und kommentiert von Kai Brodersen, Darmstadt 2014, S. 301.

3 Einhorn 1998, Nr. 855, kennt sechs Einhorn-Aquamanilen, wobei eines durch einen späteren Hornzusatz aus einem Pferd in ein Einhorn verwandelt wurde.

4 Zum Meister der Berliner Passion siehe Weekes 2004, S. 25–59, zum Folgenden bes. S. 55–57.

5 Zu den Wilden Leuten allgemein siehe Bernheimer 1952; Hamburg 1963; New York 1980; G. Ulrich Großmann: Wilde Leute im Wandel der Zeiten, in: Nürnberg 2015, S. 204–220 (ohne Erwähnung des Einhorns); Mayr 2019; zu Wilder Frau und Einhorn: Einhorn 1998, S. 241–243; Christa Habiger-Tuczay: Wilde Frau, in: Müller 1999, S. 603–615; ebd., S. 617–626: Ernst Ralf Hintz: Der Wilde Mann. Ein Mythos vom Andersartigen; zum Geschlechteraspekt auf den Spielkarten von Meister E. S.: Wörner 2010, S. 351–364; zum Einfluss von Meister E. S.: Möller 1964; Cantzler 1990, S. 88–90; zum Motiv der Wilden Leute auf Tapisserien: Rapp Buri/Stucky-Schürer 1993, S. 52, 54 u. ö.

6 Transkription und Übersetzung nach Rapp Buri/Stucky-Schürer 1993, S. 122. Die i-Punkte sind zum Teil ergänzt.

7 Aelian: Über die Tiere, in: Hörisch 2005, S. 36 f., hier S. 37.

8 Weitere Blätter sind in den Uffizien erhalten. Eines davon, das auch ein springendes Einhorn zeigt, identifiziert das Tier mit dem gepunkteten Fell durch eine Beischrift als „panthera", siehe Degenhart 1955, Abb. 272.

9 Die Zuschreibung an Uccello ist nicht haltbar, siehe Pope-Hennessy 1969, S. 174, 176, Abb. XLIII/3.

10 *Isidori Hispalensis episcopi etymologiarum sive originum, libri XX*, hrsg. von Wallace Martin Lindsay, 2 Bde., Oxford 1911, Bd. 2, ohne Pag. (12, 2,12); aus dem Lateinischen übersetzt von Michael Philipp.

11 Wissenschaftliche Übersetzung in: Von Hees 2002, S. 207.

12 Adam Lonitzer: *Kreuterbůch. Von allerhand Bäumen, Stauden, Hecken, Kreutern, Früchten, vnnd Gewürtzen [...]*, Frankfurt am Main: Christian Egenolffs Erben 1560, fol. 25r.

13 Siehe Royal MS 2 B VII, fol. 190v, British Library, London.

14 Siehe Wischnitzer 1951, S. 153; Einhorn 1998, S. 123–126; zur Gegnerschaft von Löwe und Einhorn in der jüdischen Tradition siehe Jung 1952, S. 621 f.

15 *Die Bibel oder die ganze Heilige Schrift nach der deutschen Übersetzung D. Martin Luthers*, durchgesehen im Auftrag der deutschen Kirchenkonferenz, 14. Aufl., Stuttgart 1901, S. 169 f. – In dieser Ausgabe der Luther-Übersetzung heißt es noch „Einhorn", in späteren ist daraus „das Horn des Wildstiers" geworden.

16 Ebd., S. 566.

17 Die Synagoge von Gwoździec wurde im Zweiten Weltkrieg zerstört, eine Rekonstruktion aus dem Jahr 2013 befindet sich im Museum der Geschichte der polnischen Juden, POLIN, in Warschau, siehe https://web.archive.org/web/20210617122915/https://sztetl.org.pl/entowns/g/868-gwozdziec/112-synagogues-prayer-houses-and-others/84822-wooden-synagogue-gwozdziec, aufgerufen am 31.3.2025; für diesen Hinweis danke ich Matthias Daenschel.

18 Zu Mieusements Projekt siehe: Anne de Mondenard: *L'Album des monuments de France, le grand œuvre de Médéric Mieusement*, http://www2.culture.gouv.fr/culture/inventai/itiinv/cathedrale/docphotographes/mieusement.html, aufgerufen am 10.4.2025. Das Exponat wird nicht erwähnt im Ausstellungskatalog *Trésor des églises et objets d'art français appartenant aux musées. Exposés en 1889 au palais du Trocadéro*, 3 Bde., Paris 1889.

19 Von Bartsch 1801–1821, Bd. 7, Wien 1808, S. 515: Jean Duvet, Nr. 44: „Poison et contre-poison". Noch Bersier 1977, Nr. 73, gibt diesen Titel an.

20 Zu Leonardos Zeichnung siehe u. a. Dressen 2024, S. 20–23; Fagnart 2024.

21 Diego Angulo Íñiguez und Alfonso E. Pérez Sánchez: *Historia de la pintura española*, Bd. 1: *Escuela madrileña del primer tercio del siglo XVII*, Madrid 1969, S. 203–208, Tafel 150–152; Alfonso E. Pérez Sánchez: *Pintura barroca en España, 1600–1750*, Madrid 1992, S. 39, 92, 321; Fernando López Sánchez: 1678. Muerte del pintor Francisco Fernández, in: *Anales del Instituto de Estudios Madrileños* 58 (2018), S. 103–141.

22 Zum heiligen Georg in der Kunst siehe Freising 2001, bes. Sylvia Hahn: Die Ikonographie des hl. Georg. Darstellungen im Westen Europas, S. 77–91; siehe auch Hornu 2016; Regina Deckers: Der Drache in Mythologie und Kunst, in: Nürnberg 2015, S. 61–85.

23 Christies's, Online Auction 19030, 19.6.2020, Lot 57. Dieses Gemälde in: Hornu 2016, Nr. 44. Eine Illumination im *Stundenbuch der Katharina von Cleve*, um 1440 in Utrecht entstanden, zeigt Georg zu Pferd, wie er den Drachen sticht, während in der Marginale darunter die Jungfrau mit Einhorn gezeigt ist (The Morgan Library & Museum, New York, MS 917, S. 272).

24 Siehe New York 2005, Nr. 4–9 u. ö.; zur Rossstirn mit Hornaufsatz siehe Shepard 1930, S. 74.

25 Siehe Tallinn 2025, S. 64–68.

26 Siehe De la Moureyre 2010.

27 Siehe den Kupferstich von Israël Silvestre: *Veue de la maison de Sceaux (du côté de l'entrée) appartenant a Monseigneur Colbert*, 1675, https://israel.silvestre.fr/israel-silvestre/gravure-298-2/veue-de-la-maison-de-sceaux-du-cote-de-l-entree-appartenant-a-monseigneur-colbert, aufgerufen am 11.4.2025.

28 Siehe Roethlisberger 1967; Forti Grazzini 2007; Isola Bella 2013.

29 *Photius. Bibliothèque*, Bd. 1: *„Codices" 1–84*, hrsg. und übers. von René Henry, Paris 1959, S. 144; aus dem Französischen übersetzt von Céline Véronique Marten.

30 Zit. n. Ettinghausen 1950, S. 35; aus dem Englischen übersetzt von Michael Philipp.

31 Zit. n. Berlin 1971b, Nr. 417.

32 Hilka 1920, S. 233.

33 *Der Grosse Alexander aus der Wernigeroder Handschrift*, hrsg. von Gustav Guth, Berlin 1908, S. 82, Verse 5711–5713 und 5717 f.; die Handschrift aus dem Jahr 1397 befindet sich heute in der Biblioteka Jagiellońska in Krakau.

34 Zu diesem Aspekt siehe Ettinghausen 1950, S. 35–46: The Hunt of the Karkadann.

35 Siehe Johann Schiltberger: *Als Sklave im Osmanischen Reich und bei den Tataren, 1394–1427*, hrsg. und eingeleitet von Ulrich Schlemmer, Wiesbaden 2008, Kapitel 65: Von einem Lindwurm und einem Einhorn, S. 213–221, hier S. 213 f.

36 Von einem tapfern Schneider, in: *Kinder- und Haus-Märchen. Gesammelt durch die Brüder Grimm*, Bd. 1, 1. Aufl., Berlin 1812, S. 77–88.

37 Martin Montanus: Von einem König / Schneyder / Rysen / Einhorn und wilden Schwein, in: ders.: *Der Wegkürtzer [...]*, Straßburg 1557, fol. 18r–25v.

38 Siehe Lonitzer 1560 (wie Anm. 12), fol. 25r; Edmund Spenser: *The Faerie Queene*, hrsg. von Albert C. Hamilton, London [u. a.] 1977, S. 209 (Buch 2, Canto 5, Str. 10).

39 William Shakespeare: *Julius Caesar*, in: *Shakespeare in deutscher Sprache*, hrsg. und zum Teil neu übers. von Friedrich Gundolf, Bd. 1, 2. Aufl. der neuen Ausg., Berlin 1925, S. 105–172, hier S. 126 (II, 1).

40 Siehe z. B. Petrus de Raimbaucourt: *Von einem Löwen gejagt, hat das Einhorn sein Horn in einen Baum gebohrt*, in: Garnerus de Morolio (Schreiber): *Festtagsmissale*, 1323, 78 D 40, fol. 128v, KB Nationale Bibliotheek, Den Haag; siehe auch *St. Omer Psalter*, um 1330–um 1440, Yates Thompson MS 14, fol. 7r; Raimund von Peñafort: *Smithfield Decretals* (Dekrete Gregors IX.), 1375–1425, Royal MS 10 E IV, fol. 157r (Abb. S. 21 im vorliegenden Band), beide British Library, London.

41 Zu Barlaam und Josaphat siehe u. a. Jullian 1931; Aurenhammer 1959, S. 291–294; Einhorn 1972; Ott 1993; Einhorn 1998, S. 310–323; Gerritsen 2011, S. 99–101; Pater 2019; der vollständige Text in: *Die Legenda aurea des Jacobus de Voragine*, übers. von Richard Benz, 11. Aufl, Gerlingen 1993, S. 943–958: Von Sanct Barlaam und Josaphat, die Einhorn-Episode S. 949 f.; diese auch in: Hörisch 2005, S. 47 f.

42 Legenda aurea 1993 (wie Anm. 41), S. 949.

43 Johannes Damascenus: Barlaam und Josaphat, in: Hörisch 2005, S. 48; dort auch das folgende Zitat.

44 Für die Übersetzung des lateinischen Textes danke ich Wim Verbaal.

45 Zum Aufhocker siehe Ranke 1935; Grober-Glück 1965. Zur symbolischen Bedeutung von Wasserspeiern siehe Schymiczek 2006, S. 128–132; Linke 2011.

46 Siehe *Oratio ad suu[m] p[ro]priu[m] angelu[m]* [Gebetbuch Kaiser Maximilians I.], Augsburg: Johannes Schönsperger 1513, fol. 17r, https://www.digitale-sammlungen.de/de/view/bsb00087482?page=43, aufgerufen am 3.4.2025.

47 Siehe Winkler 1938, Tafel 19.

48 Die Interpretation von Dürers Radierung als Raub der Proserpina geht zurück auf Erwin Panofsky, der sie von einer Illumination in einem Manuskript zum Gedicht *Le Confort d'amy* von Guillaume de Machaut aus dem Jahr 1357 ableitete, auf der ein Wilder Mann mit Krone mit einer Frau auf einem Pferd nach links davonreitet, Français 1584, fol. 144r, Bibliothèque nationale de France, Paris, siehe Anton 1967, Abb. 8. – Zur Entführung von Frauen durch Wilde Männer siehe Mayr 2019, Anm. 26. Ein Kölner Minnekästchen aus dem dritten Viertel des 14. Jahrhunderts zeigt die Entführung einer Frau durch einen gänzlich behaarten Wilden Mann auf einem Pferd (Museum für Kunst und Gewerbe Hamburg), siehe Hamburg 1963, Nr. 47.

49 Zum Einhorn als Symbol der LGBTQIA+-Bewegung siehe den Beitrag von Annabelle Ténèze im vorliegenden Band, S. 70–81.

50 John Guillim: *A Display of Heraldrie. Manifesting A more easie accesse to the knowledge thereof than hath beene hitherto published by any, through the benefit of Method,* 3. Aufl., London: Thomas Cotes für Jacob Blome 1638, S. 186 (Sekt. 3, Kap. 14); aus dem Englischen übersetzt von Céline Véronique Marten. – Das Statement der LGBTQIA+-Community in einem Interview von Viktor Pilipenko: https://socportal.info/ua/news/veteran-viktor-pilipenko-po-spravzhnomu-evropeitcyami-stanemo-todi-koli-zmozhemo-vidchuvati-chuzhii-bil/, aufgerufen am 20.6.2025; siehe auch Svitlana Korniienko: Angry Beavers, Badgers, and Unicorns. Ukrainian Military Insignia, 24.6.2022, mit einer Stellungnahme von Anastasiya Levytska: https://birdinflight.com/en/inspiration/20220624-shevroni-ukrayinskih-vijskovih.html, aufgerufen am 20.6.2025.

51 In der ersten Ausstellung von *La Lotta* ließ sich ein Hund von der Skulptur täuschen. Er reagierte mit panikartigem Schwitzen, da er die Wärme des Gegenübers nicht mit dessen Reglosigkeit zusammenbringen konnte. Olaf Nicolai im Interview mit der Autorin, 18.6.2025.

52 *Noms de Guerres* erschien 2012 als Buch. Die Gedichte sind aber auch in Form einer Neon-Arbeit umgesetzt worden. Zwei von ihnen waren in einer Ausstellung 2012 in Leipzig im Nebenraum von *La Lotta* gezeigt: als Wandarbeit mit Neon, das Violett strahlt und in einem dunklen Raum von Weiß reflektiert wird.

53 Das Hörstück entstand für die documenta 14 (2017), siehe Olaf Nicolai: *In the Woods There is a Bird,* Schallplatte, Leporello, 31 × 31 cm, London 2017.

54 Zugleich ergibt sich durch diese Referenz im Zusammenhang mit der Farbwahl eine weitere: In Analogie zu den Schwarzhemden der italienischen Faschisten werden in Italien Rechtsterroristen auch als *i neri* (die Schwarzen) bezeichnet.

Kostbar, selten, staunenswert. Glanzstück der Kunst- und Wunderkammer S. 222–241

1 Zum Narwalzahn als Handelsobjekt siehe Dectot 2018, S. 16–18; im Mittelalter siehe Stein 2021; als Material und Kunstkammobjekt siehe u. a. Shepard 1930, S. 101–154; Schönberger 1935/36; Schoenberger 1951; Beer 1977, S. 159–182; Pluskowski 2017; Smith 2024; in Kunstkammern der Aufklärung siehe Spary 2019.

2 Siehe Shepard 1930, S. 106; Van Vlierden 1989, S. 5.

3 Guillelmo Sandionysiano Monacho (Guillaume de Saint-Denis): *Vita Sugerii abbatis, Patrologia Latina* 186, 1193–1208, hier 1197: „marinae belluae dentes mirae magnitudinis et non parvi pretii“.

4 Jacques Doublet: Discours contre ceux qui nient qu'il y ait eu des Licornes […], in: ders.: *Histoire de l'abbaye de Saint-Denis en France* (Chronik der Abtei von Saint-Denis in Frankreich), Paris: Jean de Heuqueville 1625, S. 320–324, hier S. 320; aus dem Französischen übersetzt von Michael Philipp.

5 Hieronymus Cardanus: *De rerum varietate,* Basel: Heinrich Petri 1557, S. 1164–1166, hier S. 1164 f.; aus dem Lateinischen übersetzt von Michael Philipp.

6 Felix Platter: *Tagebuch (Lebensbeschreibung) 1536–1567.* Im Auftrag der historischen und antiquarischen Gesellschaft zu Basel hrsg. von Valentin Lötscher, Basel und Stuttgart 1976, S. 282; aus dem Schweizerischen des 16. Jahrhunderts modernisiert von Michael Philipp. Die Ausführungen von John Johnston in seiner *Geschichte der wunderbaren Dinge der Natur* von 1657 (siehe S. 356) könnten auf Platters Schilderung zurückgehen.

7 Doublet 1625 (wie Anm. 4).

8 Siehe die Abbildungen von vier Siegeln des 14.–18. Jahrhunderts, im: Munsterbilzen 1887, vor der Pag.

9 Siehe Lodovico Guicciardini: *Descrittione di tutti i Paesi Bassi,* Antwerpen: Christoph Plantin 1588, S. 422; aus dem Italienischen übersetzt von Michael Philipp. Diese Beschreibung ist noch nicht in der ersten Ausgabe Antwerpen 1567 enthalten. Die niederländische Ausgabe Lowijs Guicciardijn: *Beschrijvinghe van alle de Neder-Landen anderssins ghenoemt Neder-Duytslandt,* übers. von Cornelis Kiliaan, Amsterdam: Willem Jansz. 1612, S. 390, gibt die Stelle etwas verkürzt wieder, erwähnt aber „eenen heelen Eenhoorn“ (ein ganzes Einhorn).

10 Zu Burgtonna siehe Wilhelm Ernst Tentzel: *Monatliche Unterredungen einiger guten Freunde von allerhand Büchern und andern annehmlichen Geschichten […],* Leipzig: J. Thomas Fritsch 1696, S. 383; zu Efringen Jörg 1962; zu Funden im 17. Jahrhundert in Württemberg: Carola Frey und Reinhard Ziegler: Zoologische und paläontologische Objekte, in: *Die Kunstkammer der Herzöge von Württemberg. Bestand, Geschichte, Kontext. Landesmuseum Württemberg,* Bd. 1, Ostfildern 2017, S. 185–219, hier S. 188–191; siehe auch Flubacher 2017.

11 Die Inschrift lautet: HER GEORG VON FRONSPERG HAT MICH GEBN/ HER CVNRADEN VON BAIMLBERG EBN/ HER CONRAD HAT MIT MIR VEREHRT/ HER ANDRESSEN VON THVNGEN WERT.

12 Aus dem frühneuzeitlichen Deutsch modernisiert von Michael Philipp.

13 Zit. n. Huber 2021, S. 266 f.; dort auch Angaben zu späteren Bezeichnungen des Objekts.

14 Siehe *Silber und Gold. Augsburger Goldschmiedekunst für die Höfe Europas,* Ausst.-Kat. Bayerisches Nationalmuseum, München 1994, Bd. 1, S. XXI. Zu Mair siehe auch Helmut Seling: *Die Augsburger Gold- und Silberschmiede 1529–1868. Meister, Marken, Werke.* Wissenschaftliche Mitarbeit Stephanie Singer, erw. und überarb. Neuaufl., München 2007, Nr. 1657; dort sind 19 Werke Mairs aufgeführt, das Reliquiar ist nicht darunter.

15 Zu Maria van Utrecht siehe Ida Nijenhuis: Utrecht, Maria van, in: *Digitaal Vrouwenlexicon van Nederland* (13.1.2014), https://resources.huygens.knaw.nl/vrouwenlexicon/lemmata/data/Utrecht, aufgerufen am 15.5.2025.

16 Adam Olearius: *Vermehrte Newe Beschreibung Der Muscowitischen und Persischen Reyse […],* Schleswig: Johan Holwein 1656, S. 172.

17 Siehe Bente Gundestrup: *Det Kongelige Danske Kunstkammer 1737,* Kopenhagen 1991–1995, Bd. 1, S. 298–300, etwa Nr. 766/331: „Een liiden flammet Daase af Eenhiørning“.

18 Ich danke Virginie Spenlé für die ikonographische Identifikation und wichtige Hinweise.

19 Siehe Lisa Thumm: Adriaen Collaert nach Maarten de Vos: Die Fünf Sinne, in: *Manier, Mythos, Moral. Niederländische Druckgraphik um 1600,* Ausst.-Kat. Staats- und Universitätsbibliothek Hamburg, 2014, Nr. 19.1–6.

20 Siehe Jan de Hond: Verschoppelingen van de schepping. Middeleeuwse associaties met de duivel, zonden en de dood, in: *Onderkruipsels. „Kleyne dierkens“ in kunst en wetenschap,* Ausst.-Kat. Rijksmuseum, Amsterdam 2022, S. 27–37.

21 Erst 2023 konnte Virginie Spenlé den Künstler anhand eines Objekts in Kopenhagen identifizieren und ihm eine Reihe von Werken u. a. in Berlin, Dresden, Schwerin, Stuttgart und Wien zuordnen, siehe Spenlé 2023.

22 Siehe den Tagungsband *Das Meer in der Kammer. Maritime Themen und Materialien in Kunstkammern der Frühen Neuzeit,* hrsg. von Robert Bauernfeind, Andreas Tacke und Michael Wenzel, Petersberg 2024.

23 Zum See-Einhorn siehe u. a. Gerritsen 2011, S. 165–168; Helas 2015.

24 Siehe Cornelis de Jode: Quiviræ Regnum cum aliis versus Boream, in: ders.: *Speculum Orbis Terræ,* Antwerpen 1593, fol. 26v. Kurz danach wird dieses See-Einhorn im Manuskript des sog. *Museums Kaiser Rudolfs II.* als Ölmalerei auf Pergament wiedergegeben, siehe Cod. Min.129, fol. 13r, Österreichische Nationalbibliothek, Wien.

25 Zu Kraer siehe *Nürnberger Goldschmiedekunst 1541–1868,* Bd. 1, Ausst.-Kat. Germanisches Nationalmuseum, Nürnberg 2007, S. 228 f.; *Deutsche Goldschmiedekunst vom 15. bis zum 20. Jahrhundert aus dem Germanischen Nationalmuseum,* Ausst.-Kat. Deutsches Goldschmiedehaus, Hanau 1987, Nr. 57. – In der Schatzkammer auf Burg Forchtenberg befinden sich auch mehrere Narwalzähne und zwei „lachende Einhörner“, aus Holz geschnitzte Pferdeköpfe mit Narwalzähnen als Stirnhorn, siehe Kopp 2014, Abb. 45 und 91–92.

26 Fürst Paul I. Esterhazy: [Testament, Abschnitt XIV.], Ungarisches Nationalarchiv/Staatsarchiv Budapest, zit. n. Kopp 2020, S. 142 und 155, Anm. 1.

27 Zu Richels siehe *Europäische Goldschmiedearbeiten,* Teil 3: *1600–1940,* Ausst.-Kat. Museum für Angewandte Kunst Frankfurt, Frankfurt am Main 2011, Nr. 43a.

Innige Gemeinschaft.
Das Einhorn und die Jungfrau
S. 242–275

1 Français 12562, Bibliothèque nationale de France, Paris; für eine Textedition siehe *Le Romans de la dame a la lycorne et du biau chevalier au Lyon. Ein Abenteuerroman aus dem ersten Drittel des XIV. Jahrhunderts,* hrsg. von Friedrich Gennrich, Dresden 1908; eine Übertragung in modernes Französisch: Koble 2021. Zu diesem Roman siehe Gennrich 1908; Taylor 1997.

2 Siehe Marie-Thérèse Gousset: Un aspect de la production courante des enlumineurs parisiens sous le règne de Philippe VI de Valois et de Blanche de Navarre. L'exemple du maître de la Dame à la licorne, in: *Traduire au XIVe siècle. Evrart de Conty et la vie intellectuelle à la cour de Charles V,* hrsg. von Joëlle Ducos und Michèle Goyens, Paris 2015, S. 435–444.

3 Die Wappen auf fol. 14v; siehe Anthime Fourrier: La Destinataire de la Dame à la licorne, in: *Mélanges de langue et de littérature médiévales, offerts à Pierre Le Gentil,* Paris 1973, S. 265–276. – Zu Blanka von Navarra siehe Catherine Bearne: *Lives and Times of the Early Valois Queens. Jeanne de Bourgogne. Blanche de Navarre. Jeanne d'Auvergne et de Boulogne,* London 1899, S. 155–286; Françoise Autrand: *Charles VI. La folie du roi,* Paris 1992, S. 19 f.

4 Siehe Patrick M. De Winter: *La Bibliothèque de Philippe le Hardi, duc de Bourgogne (1364–1404). Étude sur les manuscrits à peintures d'une collection princière à l'époque du „style gothique international",* Paris 1985, S. 164, Nr. 159 aus dem Inventar der Margarete von Mâle; S. 246 f., Nr. 29.

5 Siehe Anne-Marie Legaré: Les Cent Quatorze Manuscrits de Bourgogne choisis par le comte d'Argenson pour le roi Louis XV. Édition de la liste de 1748, in: *Bulletin du bibliophile* 2 (1998), S. 241–329, hier S. 252, 261 und S. 303 f., Nr. 71.

6 Siehe Gousset 2015 (wie Anm. 2), S. 441.

7 Siehe De Winter 1985 (wie Anm. 4), S. 246 f., 442.

8 Siehe ebd., S. 246 f.

9 Liegend und vollständig oder beinahe vollständig dargestellt ist das Einhorn auf fol. 2v, 5r und 10v.

10 Richard de Fournival: Das Einhorn. Die Macht des Geruchssinns, in: Fournival 2014, S. 26 f.

11 Unter anderem im Walters Art Museum, Baltimore, dem British Museum, London, und dem Metropolitan Museum of Art, New York, siehe Einhorn 1998, Nr. 287 A–H.

12 Siehe Einhorn 1998, S. 230 f., der sich bezieht auf Johannes Rathofer: Der „wunderbare Hirsch" der Minnegrotte, in: *Zeitschrift für deutsches Altertum und deutsche Literatur* 95 (1966), S. 27–42.

13 Zu einem anderen Minnekästchen mit Einhorn-Jagd (Historisches Museum Basel) siehe Gotha 1998, Nr. 18.

14 *Hadamars von Laber Jagd. Mit Einleitung und erklärendem Commentar,* hrsg. von Karl Stejskal, Wien 1880, S. 5; siehe auch Einhorn 1998, S. 293.

15 Transkription und Übersetzung nach Kohlhaussen 1928, Nr. 79.

16 Siehe Spicer 2019. Die drei Gemälde im Walters Art Museum, *Abreise der Helena und ihres Gefolges nach Cythera, Entführung der Helena von Cythera* und *Empfang der Helena in Troja,* werden auf um 1468 datiert.

17 Siehe Spicer 2019.

18 Für diesen Hinweis danke ich Uwe Kolbe und Karla Christina Torges.

19 Zum Einhorn in Chorgestühlen u. a. in Nantwich, Toledo und Maulbronn siehe Einhorn 1998, Nr. 157–160, 311.

20 Mit Dank an die Restauratorin Marion Böhl, Skulpturensammlung und Museum für Byzantinische Kunst, Berlin, und Hans Ulrich Kessler, vormals dort als Kurator tätig.

21 So etwa das prominent platzierte Fresko von Domenichino (eigentl. Domenico Zampieri): *Frau mit Einhorn,* 1604/05 (Palazzo Farnese, Rom).

22 Grec 1140, fol. 91v–97v, Bibliothèque nationale de France, Paris; Edition: *Physiologus,* hrsg. von Francesco Sbordone, Mailand u. a. 1936. Zu Sbordone siehe Einhorn 1998, S. 63, 71 f., 338 f. u. ö.

23 Petrus Candidus: Monoceros, in: Candidus 1993, S. 22 f., hier S. 22. – Siehe auch S. 350.

24 Bereits die Imprese des Herzogs Borso d'Este seit den 1450er Jahren zeigte ein Einhorn unter einer Palme, das sein Horn ins Wasser taucht, so etwa in einer Medaille von Antonio Marescotti von 1460, siehe Einhorn 1998, Nr. 77 G; Abb. S. 161. Zur Beziehung vom Einhorn zum Wasser siehe u. a. Einhorn 1998, S. 338–343, Nr. 77–88; Gerritsen 2011, S. 90–94; sowie den Beitrag von Stefan Trinks im vorliegenden Band, S. 38–47.

25 Siehe Christiane Lukatis: [Unbekannt: *Skizze eines Brunnens mit Einhorn und eines Ornaments,* um 1580, GS 17151], in: *Katalog der italienischen Handzeichnungen. Graphische Sammlung der Museumslandschaft Hessen Kassel,* bearb. von ders., hrsg. von Ernst Wegener, Best.-Kat. Museumslandschaft Hessen Kassel, 2009, https://handzeichnungen.museum-kassel.de/katalog/16_jahrhundert/toskana/gs_17151.html, aufgerufen am 9.12.2023. – Für den Hinweis auf die Zeichnung danke ich Volker Krahn.

26 Siehe etwa Marie Luise Gothein: *Geschichte der Gartenkunst,* Bd. 1: *Von Ägypten bis zur Renaissance in Italien, Spanien und Portugal,* Jena 1914, S. 217–369: Italien im Zeitalter der Renaissance.

27 Siehe Châtelet-Lange 1968; eine Abbildung auch bei Gerritsen 2011, S. 92.

28 Für anregende Gespräche zur Ikonographie des Teppichs danke ich Elke Koch, Stefan Trinks und Klaus Jürgen Scheuer. Letzterer sieht in der Darstellung eine Illustration zum Epos *Der Borte* (Der Gürtel) des Dietrich von der Glezze aus der zweiten Hälfte des 13. Jahrhunderts. Dort kommt allerdings kein Einhorn vor.

29 Zu diesen Themen siehe etwa Erwin Panofsky: *Hercules am Scheidewege und andere antike Bildstoffe in der neuen Kunst,* Berlin 1930; *Verkehrte Welt. Das Jahrhundert von Hieronymus Bosch,* Ausst.-Kat. Bucerius Kunst Forum, Hamburg, 2016, Nr. 57: Gillis Mostaert I. (1528–1598), Umkreis: *Der breite und der schmale Weg,* um 1580, Museum Catharijneconvent, Utrecht.

30 Siehe Ina Vanden Berghe und Maaike Vandorpe: *IKK-IRPA Analysis Report Unicorn Tapestry – St. Gotthardt Church, Brandenburg (DI2025.15786),* Institut royal du Patrimoine artistique, Brüssel, 28.7.2025, unveröffentlicht. Die Materialuntersuchung erfolgte im Zusammenhang mit der Restaurierung des Teppichs für diese Ausstellung durch Julia Zitzmann.

31 Für Hinweise zur Herstellungstechnik danke ich Monica Stucky-Schürer und Julia Zitzmann.

32 Siehe Betty Kurth: *Gotische Bildteppiche aus Frankreich und Flandern,* München 1923, Abb. 27–29.

33 Jagdhuhn 1983, S. 95, lokalisiert die Herstellung in Lüneburg, ohne nähere Ausführungen. Dort sind im 16. Jahrhundert die Weber Ambrosius und Frans van der Rust dokumentiert, zumindest Letzterer dürfte aus den Niederlanden stammen. Von diesen wurden mehrere Rücklaken gefertigt, siehe Klaus Alpers: Livische Figuren, Planeten-Götter und Wilde Männer. Historisch-archivalische Beiträge zu Lüneburger Kunstwerken, in: *Lüneburger Blätter* 23 (1977), S. 41–69, Tafel 9–20.

34 Brief des Magistrats der Stadt Brandenburg an den Gemeindekirchenrath von St. Gotthardt, 15.3.1901, Domstiftsarchiv Brandenburg (Havel), Depositum: Pfarrarchiv St. Gotthardt Brandenburg, Sign. BG 90/718, Nr. 11.

35 Brief von Pfarrer Walter Krause an die Arbeitsgemeinschaft für Kirchengeschichte, Archiv des Evangelischen Konsistoriums der Kirchenprovinz Berlin-Brandenburg, 25.7.1971, Domstiftsarchiv Brandenburg (Havel), NL. K 1, ohne Nr.

36 Walter Krause: *Zur Metaphysik der Virginität,* Privatdruck, 6 S., Göttlin über Rathenow 1970. Dort heißt es auf S. 2 f.: „Eine Welt ohne Tod und Schmerz kann niemals die Welt der Fleischlichkeit in ihrer jetzigen Gestalt gewesen sein. Sondern sie muß, das ist offensichtlich und wir dürfen nicht länger zögern diesem unausweichlichen Gedanken näherzutreten – sie muß jungfräulich gewesen sein."

37 Siehe Georges Callier: Vente des tapisseries de Boussac, in: *Bulletin monumental* 48 (Serie 5, Bd. 10) (1882), S. 567 f.; zur Familie Le Viste siehe Souchal 1983; Jean-Bernard de Vaivre: Autour de la Dame à la licorne et d'autres tentures, I: Antoine II. Le Viste, ses parents et alliés, in: *Monuments et mémoires de la fondation Eugène Piot* 93 (2014), S. 65–128; Patrice Foutakis: *À la lumière des manuscrits Le Viste, famille de la „Dame à la licorne",* Paris 2016.

38 Siehe Souchal 1983; Paris 2002a, S. 66–92; Decu Teodorescu 2010; Pastoureau/Taburet-Delahaye 2013, S. 84–109.

39 Siehe Joseph Joullietton: *Histoire de la Marche et du pays de Combrailles,* Bd. 2, Guéret 1815, S. 115; Edmond Du Sommerard: *Musée des thermes et de l'hôtel de Cluny. Catalogue et description des objets d'art de l'Antiquité, du Moyen Âge et de la Renaissance exposés au musée, Hôtel de Cluny,* Paris 1883, S. 678–680, Nr. 10346–10351.

40 Siehe Michel Pastoureau: „Quel est le roi des animaux". Le monde animal et ses représentations au Moyen Âge (XIe–XVe siècles), in: *Actes du 15e congrès de la Société des historiens médiévistes de l'enseignement supérieur public, 25–26 mai 1984,* Université Toulouse – Le Mirail, Toulouse 1985, S. 133–142; Pastoureau 2011, S. 63.

41 Recherche in der Siegeldatenbank Sigilla (https://sigilla.irht.cnrs.fr, aufgerufen am 25.1.2025): Siegel von Theobald II. und Karl III., genannt der Edelmütige, König von Navarra; Siegel von Leon VI. von Lusignan; Siegel von Odo IV. von Burgund.

42 Bei weniger als zehn in der Sigilla-Datenbank erfassten Siegeln befindet sich die Einhorn-Darstellung im Siegelfeld. In den meisten Fällen, bei rund zwanzig Siegeln, bildet das Einhorn oder das Brustbild eines Einhorns den oberen Abschluss der Helmzier.

43 Siehe Michel Popoff und Michel Pastoureau: *Armorial Grünenberg. Édition critique du fac-similé de l'armorial de Conrad Grünenberg (1483),* Mailand 2011; Christof Rolker: Turnier-Ordnung. Das Wappenbuch des Konrad Grünenberg, in: *Mittelalter. Zeitschrift des Schweizerischen Burgenvereins* 19 (2014), S. 26–33.

44 In der Sigilla-Datenbank aufgeführt: Siegel von Jean Rose, 1355, in den Archives nationales, S 2330 Nr. 13, Inv.-Nr. Douët d'Arcq 3445; Siegel von Aimon de Monchy, 1449, Archives départementales du Pas-de-Calais, Inv.-Nr. Support Artois 480.

45 Fragmente dieses Wappenteppichs, der um die Mitte des 14. Jahrhundert für eine im Südwesten Frankreichs lebende Familie gewebt wurde, befinden sich im Metropolitan Museum of Art, New York; im Rijksmuseum, Amsterdam; in der Burrell Collection in Glasgow und einigen anderen Institutionen, siehe New York 1993a, S. 85–93; Glasgow 2017, S. 230–236.

46 Mitteilung von Michel Pastoureau an die Verfasserin, 14.1.2025. – Verwendet wurden die Pigmente Hämatit (Rötel oder Roter Ocker), der seine Farbe dem hohen Anteil an Eisenoxid verdankt, Zinnober (ein Quecksilbersulfid) und Mennige (Bleitetraoxid).

47 Siehe die Hintergründe einiger Darstellungen des Lebens Christi und der Heiligen im *Livre d'images de Madame Marie,* Nouv. Acq. Fr. 16251, Bibliothèque nationale de France, Paris; siehe François Avril: Livre d'images de Madame Marie, in: Paris 1998, Nr. 199.

48 So etwa beim *Sankt-Ursula-Schrein* in der Schatzkammer der Kathedrale von Albi, siehe Hortense Rolland-Fabre: Les châsses en bois peint en France méridionale (XIIe–XVe siècles), in: *Mémoires de la société archéologique du Midi de la France* 82 (2022), S. 127–147. Siehe auch zu den vom Roman *Tristan und Isolde* inspirierten Wandgemälden in Saint-Floret (Département Puy-de-Dôme) Anne Courtillé: Les Peintures murales de style gothique en Auvergne, in: *Revue d'Auvergne* 89,4 (1975), S. 225–304; Claudio Lagomarsini und Ilaria Molteni: Dal manoscritto all'affresco. La „Compilation arthurienne" di Rustichello da Pisa e il ciclo di Saint-Floret, in: *Temi epici e cavallereschi in Italia. Tra letteratura e immagini (XII–XV secolo). Atti delle giornate di studi del 29–30 novembre 2018, Università di Losanna,* hrsg. von Ilaria Molteni und Irene Quadri, Lausanne 2021, S. 59–112.

49 Siehe Der heilige Antonius Abt, in: *Heures du maréchal de Boucicaut,* ms 2, fol. 35v, Musée Jacquemart-André, Paris; siehe Châtelet 2000, S. 270 f.; oder Der heilige Apollonius, in: *Heures dites de Joseph Bonaparte,* Latin 10538, fol. 302, Bibliothèque nationale de France, Paris; siehe Inès Villela-Petit: Heures dites de Joseph Bonaparte, in: Paris 2004b, Nr. 177.

50 Eines der zahlreichen weiteren Beispiele ist eine Miniaturmalerei des Jüngsten Gerichts der *Legenda aurea* von Jacobus de Voragine, ms 1111, fol. 6v, University Library, Glasgow (Mitteilung Séverine Lepape); zu dieser Handschrift siehe Neil Ripley Ker: *Medieval Manuscripts in British Libraries,* Bd. 2, Oxford 1977, S. 916–919; *The Glory of the Page. Medieval and Renaissance Illuminated Manuscripts from Glasgow University Library,* Ausst.-Kat. The Art Gallery of Ontario, Toronto 1987, S. 176 f.; Maurice Smeyers: *L'Art de la miniature flamande du VIIIe au XVIe siècle,* Tournai 1998, S. 209–211, Abb. 47; Dominique Vanwijnsberghe: Une représentation inédite de saint Donatien et sa place au sein de l'enluminure dite „pré-eyckienne", in: *Le Manuscrit enluminé. Études réunies en hommage à Patricia Stirnemann,* hrsg. von Claudia Rabel, Paris 2014, S. 167–191, hier S. 170–174, 186–190.

51 So etwa um 1410 beim Altar des Pierre de Wissant (Musée d'art et d'archéologie, Laon); siehe Inès Villela-Petit: Volet du retable de Pierre de Wissant, in: Paris 2004b, Nr. 202.

52 So etwa in einem *Jüngsten Gericht* in der Kirche von Ennezat (Département Puy-de-Dôme); siehe Marc Thibout: Les Peintures murales gothiques de l'église d'Ennezat, in: *La Revue des arts* 2 (1952), S. 85–90; Courtillé 1975 (wie Anm. 48); oder der Gewölbeausmalung der Marienkapelle in der Kathedrale Saint-Julien in Le Mans; siehe Yuko Katsutani: *Les Peintures murales de Saint-Bonnet-le-Château. Le programme dévotionnel et dynastique (fin XIVe–début XVe siècle),* Turnhout 2022, S. 120–133.

53 Im Bogenfeld des Glasfensters in der Chapelle de Bar; siehe De Chancel-Bardelot 2008, S. 38 f. – Oder auch im Wurzel-Jesse-Fenster in der Kathedrale von Sens von 1500–1503; siehe zuletzt Françoise Perrot: L'Arbre de Jessé de la cathédrale de Sens (1500–1503). Note d'iconographie, in: *La Métropole sénonaise. La première cathédrale gothique dans son contexte,* hrsg. von Jean-Luc Dauphin, Claire Pernuit-Farou und Lydwine Saulnier-Pernuit, Sens 2017, S. 383–395.

54 Siehe Laurent Hablot: Présences emblématiques dans la tenture de l'Apocalypse, in: *Apocalypse. La tenture de Louis d'Anjou,* hrsg. von Jacques Cailleteau und Francis Muel, Paris 2015, S. 27–41, hier S. 38: der Wechsel zwischen blauen und roten Hintergründen geht auf die buchmalerische Bildtradition des 13. und 14. Jahrhunderts zurück.

55 Siehe Élisabeth Antoine-König: Dais de Charles VII. Un anti-traite de Troyes?, in: Paris 2024a, Nr. 31. – Oder der mit Zahlen und Emblemen versehene Wandteppich der Wohltäterin Guigone de Salins von 1443, der sich bis heute in ihrer Wirkungsstätte, dem Hôtel-Dieu in Beaune, befindet; siehe Brigitte Maurice-Chabard und Bruno François: Tenture de saint Antoine, in: *Miroir du prince. La commande artistique des hauts fonctionnaires à la cour de Bourgogne 1425–1510,* Ausst.-Kat. Musée Rolin, Autun 2021, Nr. 23.

56 Siehe Chiara Valli: Un cielo rovente. Il fondo rosso negli affreschi figurativi lombardi del XV secolo, in: *Arte lombarda* 194,1 (2022), S. 5–15.

57 Siehe Paris 2010, S. 243–254, Anm. 113–123.

58 Den aktuellen Forschungsstand zu Jean d'Ypres resümiert Caroline Vrand: Jean d'Ypres, peintre et dessinateur, in: Paris 2019a, S. 26–43.

59 Siehe Nicole Reynaud: Le Maître des Très Petites Heures d'Anne de Bretagne, in: Paris 1993, S. 265–270.

60 Siehe Boehm 2020.

61 Siehe Danielle Gaborit-Chopin: Médaillon, jeune fille à la licorne, in: *Les Fastes du gothique. Le siècle de Charles V,* Ausst.-Kat. Galeries nationales du Grand Palais, Paris 1981, Nr. 185. Das Medaillon wird mit der Erwähnung eines Pokaldeckels in der Sammlung von Ludwig I. von Anjou in Verbindung gebracht.

62 Siehe Florence McCulloch: Le Tigre et le miroir. La vie d'une image, de Pline à Pierre Gringoire, in: *Revue des sciences humaines* 33 (1968), S. 149–160.

63 Zum Motiv des Spiegels und dieser Deutung siehe Einhorn 1998, S. 247–251.

64 Siehe Joullietton 1815 (wie Anm. 39), S. 155.

65 Siehe George Sand: *Jeanne,* Bd. 2, Brüssel 1844, S. 44; Cyprien Pérathon: Boussac, in: *Album historique et pittoresque de la Creuse,* hrsg. von Pierre Langlade, Aubusson 1847, S. 17–24, hier S. 24; Henri Aucapitaine: Note communiquée à M. du Sommerard, conservateur du musée de Cluny, sur les tapisseries du château de Boussac (Creuse), in: *Revue archéologique* 10 (1853), S. 175 f.

66 Siehe Du Sommerard 1883 (wie Anm. 39), S. 678–680.

67 Siehe Duhl/Fritz 2016; zitiert wird das um 1500 in Paris veröffentlichte Werk: *La Nef des folles selon les cinq sens de nature* (Das Narrenschiff nach den fünf Sinnen der Natur); siehe Séverine Lepape: Stultiferae naves, in: *Figures du fou. Du Moyen Âge aux romantiques,* Ausst.-Kat. Musée du Louvre, Paris 2024, Nr. 238.

68 Siehe Jan-Karel Steppe und Guy Delmarcel: Les Tapisseries du cardinal Erard de la Marck prince-évêque de Liège, in: *Revue de l'art* 25 (1974), S. 35–54, hier S. 43 f.

69 Siehe Carl Nordenfalk: Les Cinq Sens dans l'art du Moyen Âge, in: *Revue de l'art* 34 (1976), S. 25–28; Erlande-Brandenburg 1979; Erlande-Brandenburg 1993, S. 15–19.

Viele Eigenschaften, viele Bedeutungen.
Das Einhorn als Symbol
S. 276–311

1 Als Ausnahmen ziehen vier Einhörner den Wagen der Keuschheit etwa bei den flämischen Bildteppichen *Triumph der Keuschheit über die Liebe* und *Triumph des Todes über die Liebe* (Victoria and Albert Museum, London) oder in der Illumination des Meisters der Triumphe Petrarcas (Schule von Rouen), in: Francesco Petrarca: *Les Triomphes,* 1503, Français 594, fol. 102, Bibliothèque nationale de France, Paris. Siehe Einhorn 1998, Nr. 222 A, B und 218 D.

2 Siehe Francesco Petrarca: Die Triumphe, in: ders.: *Das lyrische Werk,* deutsch von Benno Geiger, Darmstadt u. a. 1958, S. 501–600, hier S. 537–546: Der Triumph der Keuschheit; die Erwähnung der Siegespalme S. 542; von Lucretia und Penelope S. 543.

3 So in St. James in Fulmer (Buckinghamshire) die Triumphe von Ruhm, Keuschheit, Liebe und Tod, siehe Cole 1993, Nr. 716–719.

4 Drei davon befinden sich in Kirchen, siehe Cole 1993, Nr. 242, 717, 2466, 2546; Vanden Bemden 1977, Abb. 1, 5, 7. – Für eine Einführung zu diesen niederländischen Glastondi siehe Timothy B. Husband: Introduction, in: New York 1995, S. 10–14; ebd., Nr. 81–84 und S. 161, Abb. 1–7: Zeichnungen und Glastondi der Triumphe nach Petrarca von Pieter Coecke van Aelst, 1530–1540. Die Zeichnung des Wagens der Castitas – mit Einhorn – in der École nationale supérieure des beaux-arts, Paris; das entsprechende Glasgemälde im Fitzwilliam Museum, Cambridge.

5 Zu diesem Manuskript siehe u. a. Kosmer 1973, S. 47–49; Bräm 1994, S. 39 f.; Cosnet 2012, S. 42 f.

6 Siehe Bräm 1994, S. 39; Einhorn 1998, S. 261; Richard H. Rouse und Mary A. Rouse: *Manuscripts and Their Makers. Commercial Book Producers in Medieval Paris 1200–1500,* Bd. 1, London 2000, S. 145 f.

7 Joan Diamond-Udovitch hat 1979 um die *Bible historiale* zehn weitere vom Papeleu-Meister illuminierte Bilderhandschriften gruppiert, die von dem 1295 datierten *La Somme le Roi* (Bibliothèque Mazarine, Paris, ms 870) bis zum *Missale* von 1320 (British Library, London, Harley MS 2891) reichen. Später wurde noch die Illumination des um 1332–1335 entstandenen *Miroir historial* (Spiegel der Geschichte) (Bibliothèque de l'Arsenal, Paris, Ms-5080 réserve) dem Papeleu-Meister zugeschrieben, siehe Bräm 1994, S. 40.

8 Für ein weiteres Beispiel, das der Pariser Handschrift vermutlich als Vorlage diente, siehe: Maître Honoré: *La Somme le roi,* 1290er Jahre, British Library, London, Add. MS 54180, siehe Charles Sterling: *La Peinture médiévale à Paris, 1300–1500,* Bd. 1, Paris 1987, S. 46.

9 Die Gottesfurcht, eine der sieben Geschenke des Heiligen Geistes, zerstört die Wurzel des Hochmuts und installiert an seiner statt die Demut; die wiederum zerstört die vier Zweige des Hochmuts. Siehe Reidemeister 2006, S. 62, Anm. 283.

10 Rudolf von Ems: *Weltchronik. Aus der Wernigeroder Handschrift,* hrsg. von Gustav Ehrismann, Berlin 1915, Vers 1783 (siehe S. 347). Zur negativen Charakteristik des Einhorns in der patristischen Literatur, u. a. als Sinnbild für Hochmut, siehe Cohn 1896/97, Bd. 2, S. 8–12, bes. S. 8 f.; siehe auch Tuve 1964, S. 62; Einhorn 1998, S. 263–266. Siehe auch *Spiegel der Weisheit* von Sebastian Münster, S. 350 f., und die Abb. zum *Buch der natürlichen Weisheit* von Ulrich von Pottenstein, S. 351, im vorliegenden Band.

11 Siehe Einhorn 1998, S. 257–259; Nr. 591–598; ohne den Teppich in den Fine Arts Museums of San Francisco (Inv.-Nr. 54.14.4).

12 *Die Satiren des Persius. Lateinisch und deutsch,* hrsg. von Otto Seel, 2., bearb. Aufl., München 1970, S. 47 (4,52).

13 Francesco Primaticcio (Entwurf), Jean und Pierre Le Bries (Wirker): *Danae,* 1540–1550, Kunsthistorisches Museum Wien. Siehe auch Französisch: *Fragment. Wappen von Luise von Savoyen und Charles d'Angoulême,* 1488–1515, Museum of Fine Arts, Boston.

14 Siehe Sigrid Ruby: *Mit Macht verbunden. Bilder der Favoritin im Frankreich der Renaissance,* Heidelberg 2017, S. 288; New York 2002, S. 270; Janet Cox-Rearick: *The Collection of Francis I. Royal Treasures,* Antwerpen 1995, S. 363–368.

15 Siehe Sophie Schneebalg-Perelman: Richesses du garde-meuble Parisien de François Ier. Inventaires inédits de 1542 et 1551, in: *Gazette des beaux-arts* 78 (1971), S. 253–304.

16 Die ausführlichsten Angaben zu Duvets Biographie bietet Catherine Chédeau: Jean Duvet. De l'orfèvre au graveur, de Dijon à Langres, in: Langres 2018, S. 228–231.

17 Siehe Robert-Dumesnil 1835–1871, Bd. 5, Nr. 27–49.

18 Etwa Francesco Rosselli (zugeschr.): *Triumph der Keuschheit,* um 1480–1490, siehe Hind 1938–1948, Nr. B II.1–6.

19 Etwa Meister der Triumphe des Petrarca: *Triumph der Keuschheit und der Vernunft,* Paris 1503 (siehe Anm. 1), siehe François Avril und Nicole Reynaud: *Les Manuscrits à peintures en France 1440–1520,* Paris 1993, Nr. 237.

20 Siehe *Les triumphes messire francoys petracque* [sic], translatez de langaige tuscan en francois, Paris: Barthélemy Vérard 1514, fol. 25v.

21 Ein Exemplar dieses Kupferstichs befindet sich im British Museum, London, Inv.-Nr. 1873,0809.687.

22 Siehe Eisler 1979, S. 122 f., Abb. 59; Von Bartsch 1801–1821, Bd. 15, S. 538.

23 [Francesco Colonna]: *Hypnérotomachie, ou Discours du songe de Poliphile,* Paris: Jacques Kerver 1546, fol. 59v.

24 Siehe Catherine Jenkins: *Prints at the Court of Fontainebleau, c. 1542–47,* Ouderkerk aan den IJssel 2017, JM 57.

25 Siehe ebd., JM 56; hinter Eva befindet sich ein Einhorn.

26 Siehe Robert-Dumesnil 1835–1871, Bd. 8, Nr. 66.

27 Siehe Paulette Choné: Suite de la Licorne. „Le Narrateur Exemplaire", in: Langres 2018, S. 266–269, hier S. 269.

28 Siehe *L'Entrée de François Premier, roy de France, en la cité de Lyon le 12 juillet 1515,* hrsg. von Georges Guigue, Lyon 1899, S. 32: „La unicorne blanche dicte Transquillité, désirant entrer dedens ledict parc & foy reposer an gyron de la vierge Paix, ainsy qu'est la nature de ladicte unicorne."

29 Siehe Eisler 1979, S. 122.

30 Siehe *L'Entrée à Rouen du roi et de la reine, Henri II et Catherine de Médicis, d'après la relation imprimée en 1550,* hrsg. von Auguste Beaucousin, Rouen 1882.

31 Diana kann als Allegorie oder Präfiguration der Jungfrau gelten, wie sich aus dem *Ovide moralisé* ableiten lässt, siehe Eisler 1979, S. 117 f.

32 Robert-Dumesnil 1835–1871, Bd. 5, Nr. 60.

33 Siehe Linzeler 1932, Nr. 73.

34 John Guillim: *A Display of Heraldrie. Manifesting A more easie accesse to the knowledge thereof than hath beene hitherto published by any, through the benefit of Method,* 3. Aufl., London: Thomas Cotes für Jacob Blome 1638, S. 186; aus dem Englischen übersetzt von Valentina Plotnikova. Siehe auch Kat. 92 und S. 355. Zum Einhorn in der Heraldik siehe Shepard 1930, S. 73–77; Einhorn 1998, S. 346–357.

35 Zur mittelalterlichen Heraldik allgemein siehe Laurent Hablot: *Manuel de héraldique emblématique médiévale,* Tours 2019.

36 Siehe Pastoureau 2011, S. 63–66.

37 Cod. Pal. Germ. 848, fol. 64, Universitätsbibliothek Heidelberg, siehe Lothar Voetz: *Der Codex Manesse. Die berühmteste Liederhandschrift des Mittelalters,* Darmstadt 2015. Siehe auch andere deutsche Wappenbücher, etwa das *Das Wappenbuch Conrads von Grünenberg* von um 1480 (Cgm 145, Bayerische Staatsbibliothek München), siehe Michel Popoff und Michel Pastoureau: *Armorial Grünenberg. Édition critique de l'armorial de Conrad Grünenberg (1483),* Mailand 2011.

38 Etwa die Familien Hoy aus Augsburg, Strölin aus Ulm und Biberach oder Tengen aus Baden, siehe André Herscher: Martin Schongauer, graveur-héraldiste, in: *Annuaire de la Société d'Histoire et d'Archéologie de Colmar* 38 (1991/92), S. 31–62, hier S. 38 f.

39 Über den Orden des Einhorns ist wenig bekannt. James III. ernannte Anselm Adornes zum Mitglied des Ordens. Ein Glasgemälde in der vor 1483 erbauten Jerusalemkapelle in Brügge zeigt ihn mit der Ordenskette, siehe Véronique Lambert: *The Adornes Domain and the Jerusalem Chapel in Bruges. A Remarkable Legacy from the Middle Ages,* Amsterdam 2018, S. 44.

40 Siehe Ian Halley Stewart: *The Scottish Coinage,* London 1955, S. 66, 70, 144, sowie Tafel IX, Nr. 121, und Tafel X, Nr. 139–141; John Donal Bateson: *Coinage in Scotland,* London 1997, S. 80, 82 f.; Jean Belaubre: *Dictionnaire de numismatique médiévale occidentale,* Paris 1996, S. 83, Artikel „licorne".

41 Siehe etwa den Brakteaten im Münzkabinett, Staatliche Museen zu Berlin, Inv.-Nr. 18205043.

42 Siehe Thierry Claerr: Le Rôle de Thielman Kerver dans l'évolution de la typographie à Paris à la fin du XVe siècle et au début du XVIe siècle, in: *Gens du livre et gens de lettres à la Renaissance,* hrsg. von Christine Bénévent, Isabelle Diu und Chiara Lastraioli, Turnhout 2014, S. 323–339.

43 Siehe Christian Meyer: *Catalogue des manuscrits notés du Moyen Âge conservés dans les bibliothèques publiques de France,* Bd. 4: *Collections du Nord-Pas de Calais et de Picardie,* Turnhout 2014, S. 119 f.; Hanno Wijsman: Graduel de Robert de Croÿ, in: Cambrai 2019, S. 148–151.

44 Siehe Marie-Claude Chaudonneret: *Fleury Richard und Pierre Révoil. La peinture troubadour,* Paris 1980; *L'Invention du passé. Histoires de cœur et d'épée en Europe, 1802–1850,* Ausst.-Kat. Musée des Beaux-Arts de Lyon, 2014, S. 58–65, 112–117.

45 Siehe Paris 1991a, Nr. 57; Jérôme Farigoule: Intérieurs et ornements gothiques, in: Paris 2019b, S. 224.

46 Rainulphe Comte d'Osmond war *aide de camp* (Adjutant) des Herzogs von Angoulême, Louis Antoine de Bourbon, Neffe von Ludwig XVIII. und Sohn des Grafen von Artois, des späteren Karl X.

47 Siehe Hector Lefuel: *François-Honoré-Georges Jacob-Desmalter. Ébéniste de Napoléon Ier et de Louis XVIII,* Paris 1925; Léon de Groër: *Les Arts décoratifs de 1790 à 1850,* Fribourg 1985, bes. S. 221 f.; Denise Ledoux-Lebard: *Le Mobilier français du XIXe siècle, 1795–1889. Dictionnaire des ébénistes et des menusiers,* Paris 1989, S. 267–372 zur Familie Jacob und Jacob-Desmalter; S. 347–353 zum Zeitraum 1813–1825.

48 Siehe *Le Dernier Sacre,* Ausst.-Kat. Galerie des Gobelins, Paris 2025.

49 Siehe ebd., Nr. 125 und S. 473.

50 Der Stab wurde am 18.6.2020 als historisches Monument eingestuft, siehe Emmanuel de Waresquiel: *Talleyrand, le prince immobile,* Paris 2003, Tafel II; ders.: *Talleyrand en son château de Valençay,* 2. Aufl., Paris 2023, S. 59. Den Titel Großkammerherr trug Talleyrand während des Ersten Kaiserreichs 1804–1809 und erneut während der Restauration 1822–1830.

51 Mündliche Mitteilung von Baron Joseph de Cassagne am 19.5.2025.

52 Siehe Kopenhagen 2018, Bd. 2, Nr. 327–330, 387.

53 Zu diesem Buch siehe Meir Waxman: *A History of Jewish Literature,* Bd. 2: *From the Twelfth Century to the Middle of the Eighteenth Century,* New York 1933, S. 596 f.; zu den Illustrationen: Gronemann 2019; dort bildet die Tabelle 1b alle der maximal 84 Illustrationen der fünf Handschriften und der gedruckten Ausgabe parallel ab.

54 Loewe 2004, Bd. 2, S. 620. Die folgenden Zitate dort S. 622 und 624; aus dem Englischen übersetzt von Michael Philipp.

55 Die hebräischen Begriffe nach Wischnitzer 1951, S. 152, die eine mögliche sprachliche Entwicklung vom Hirsch zum Einhorn anführt.

56 Einhorn 1998 nennt zehn Beispiele spätmittelalterlicher jüdischer Buchmalerei mit dem Einhorn als Sinnbild oder, häufiger, Schmuckmotiv, und bemerkt, es gebe keine Einhorn-Darstellung zur Bibel vor der christlichen Übersetzung der Septuaginta, siehe Einhorn 1998, S. 123; Nr. 444, 446, 552, 560, 679, 693, 729 A–C, 828; Abb. 47, 199.

57 Zum heute üblichen Begriff des Fabeltiers als Kennzeichnung nicht evidenzbasierter Tierphänomene siehe den Beitrag von Michael Philipp im vorliegenden Band, S. 12–25. Zum Einhorn in Fabeln und Parabeln siehe Einhorn 1998, S. 238–335.

58 Siehe: Joachim Camerarius: *Symbolorum & emblematum ex animalibus quadrupedibus [...],* Frankfurt am Main: Johann Ammon 1661, Titelkupfer. Die Erstausgabe erschien 1595 bei Paul Kaufmann in Nürnberg.

59 Johannes Sambucus: *Emblemata, et aliquot nummi antiqui operis [...]. Altera editio,* Antwerpen: Christoph Plantin 1566, S. 144; Übersetzung in: Henkel/Schöne 1996, Sp. 421.

60 Camerarius 1661 (wie Anm. 58), S. 15; aus dem Lateinischen übersetzt von Michael Philipp.

61 Siehe *Praeceps ira nocet* (Überstürzte Wut schadet), in: Daniel Meisner: *Thesaurus philo-politicus,* Buch 2, Teil 8, Frankfurt am Main: Eberhard Kieser 1631, S. 34. Gezeigt ist ein Einhorn, das einen Löwen jagen wollte und mit seinem Horn in einem Baum feststeckt – ein traditionsreiches Motiv, zu dem es auch eine Variante mit Bären gibt (siehe Abb. S. 21; Kat. 87; S. 354, 357, 361).

62 Zum *Thesaurus philo-politicus* siehe u. a. Herrmann/Kraft 1927; Eymann 1992.

63 Daniel Meisner: *Thesaurus philo-politicius,* Buch 6, Frankfurt am Main: Eberhard Kieser 1625, ohne Pag.

64 Zur Biographie von Gille siehe: Brandhuber/Fussl 2020.

65 So Brandhuber/Fussl 2020, S. 318; laut Einhorn 1998, S. 374, war das nicht der Fall. Zu Guidobald Graf von Thun siehe: Brandhuber/Tutsch-Bauer 2015, S. 83–98; *Erzbischof Guidobald Graf von Thun 1654–1668. Ein Bauherr für die Zukunft,* Ausst.-Kat. Residenzgalerie Salzburg, 2008.

66 Jacobus de Voragine: Von Sanct Christophoros, in: *Die Legenda aurea des Jacobus de Voragine,* übers. von Richard Benz, 11. Aufl., Gerlingen 1993, S. 498–503, hier S. 500. Im Epigramm zu diesem Emblem heißt es: „Die Welt besteht aus Plan, die Gestirne aus Tugenden. / Keinen anderen Wert tragen die Erde und der Himmel. / Von jeder Seite (der Waage) aus hatte die verdienstvollste Tugend Thuns Bestand; / Das Ansehen, das sie also beiden verlieh, jenes besitzt sie auch." Übersetzung zit. n. Brandhuber/Fussl 2020, S. 322.

67 Siehe http://nederland.corre-lalicorne.com/circuit-2.html, aufgerufen am 16.8.2025.

68 Siehe das Werbeplakat von 1889 in: Berneron-Couvenhes 2007, Tafel 2. – Möglicherweise hängt die Wahl des Logos wie der Benennung des Rennwagens La Licorne mit der Tapisseriefolge *La Dame à la licorne* (siehe Kat. 123.1–6) zusammen.

Aneignung, Identifikation, Verwendung. Das Einhorn in der Kunst seit dem 19. Jahrhundert
S. 312–335

1 Von Schack 1881, S. 153.

2 Lasius 1903, S. 92.

3 Ebd.

4 Fritz von Miller, zit. n. Gmelin 1907/08, hier S. 361.

5 Im Werkverzeichnis Mathieu 1976 werden erstmals für das Jahr 1885 Einhorn-Darstellungen aufgeführt (Nr. 321, 322, 330), siehe auch ebd. S. 157–162: Peris, Feen, Jungfrauen, Einhörner und Chimären.

6 Zu abstrakten Tendenzen bei Moreau siehe Cooke 2014, S. 185–191.

7 Siehe Armand Point: Florence. Botticelli, La Primavera, in: *Mercur de France* 17 (Januar 1896), S. 12–16, Widmung: „A l'ami Stuart Merril [sic]"; engl. Übers. in: *Symbolist Art Theories. A Critical Anthology,* hrsg. von Henri Dorra, Berkeley 1994, S. 272–275.

8 Zur kunsthandwerklichen Arbeit von Haute-Claire siehe Laurent 1997.

9 Stuart Merrill: La Princesse à la licorne, in: ders.: *Poèmes 1887–1897,* Paris 1897, S. 226, wieder in: *Armand Point et son œuvre,* hrsg. von Jacques Daurelle, Paris 1901, S. 49: „Lumineuse en sa robe où l'aurore a tremblé, / La Reine veut dompter, par le don du miracle, / La Licorne [...]." Übers. zit. n. Salzburg 2000, S. 129.

10 So in einem Brief oder einer Notiz, als Davies sich 1897 auf seiner zweiten Europareise in München aufhielt: „Arnold Böcklin is the biggest man in modern Germany", zit. n. Wright 1978, S. 36.

11 Siehe ebd., S. 116.

12 Wright 1978, S. 115, sieht in der Rückenfigur Davies' Ehefrau, in der Knienden seine neue Lebensgefährtin, im – vervierfachten – Einhorn eine Selbstdarstellung des Künstlers. Das Gemälde entstand zur Zeit der neuen Partnerschaft von Davies. So auch Perlman 1998, S. 166 f., der allerdings den ursprünglichen Titel des Gemäldes, *Legende,* auf den Schöpfungsbericht der Bibel bezieht.

13 Siehe Duncan Phillips: Arthur B. Davies. Designer of Dreams, in: Phillips 1924, S. 3–22, hier S. 15.

14 Eine Ausnahme ist ein flämisches Portrait eines Mannes mit Einhorn aus dem 16. Jahrhundert (Musée Jean de La Fontaine, Château-Thierry).

15 Siehe etwa die Tuschfederzeichnung *Der Gekrönte* (Städtische Galerie im Lenbachhaus, München) oder den Faksimiledruck *Der Schwächling* (Albertina, Wien), beide 1903.

16 Siehe Sylvester 1993, Nr. 559: *Le météore* (1944), Nr. 659: *La raison pure* (1948), Nr. 821: *Le cœur du monde* (1955), Nr. 986: *La belle idée* (1963/64).

17 Aurelie Nemours, undatierte Aufzeichnung, zit. n. Lemoine 2018, Bd. 2, S. 670; aus dem Englischen übersetzt von Michael Philipp.

18 Siehe Dresden 2022, Nr. 27, 28.

19 Siehe *10 Jahre Galerie Mitte 1979–1989, 8019 Dresden, Fetscherplatz 7,* Offsetdruck 1988, in: Arolsen 1993, S. 87; ebd., S. 86, das Hampel gewidmete Gedicht „Dresdner Traum, Neustädter Seite" von Barbara Köhler mit der Anfangszeile „Auf den Elbwiesen grast ein schwarzes Einhorn".

20 Schriftliche Mitteilung Angela Hampels vom 8.4.2025 an den Verfasser.

21 Rebecca Horn: Einhorn 1971, in: Hannover 1997, S. 56.

22 Jean Genet: *Tagebuch eines Diebes. Autobiographischer Roman* [1949], übertr. von Gerhard Hock und Helmut Voßkämpfer, Darmstadt 1963, S. 64 f. Der Bezug zu Genet zuerst bei Sandra Beate Reimann, in: Basel 2019, S. 16–19.

23 Siehe: The Bastille Interviews II. Paris 1993. Rebecca Horn with Stuart Morgan, in: New York 1993b, S. 25–30, hier S. 28.

Bibliographie

Abel 1919
Othenio Abel: Die Reste fossiler Tiere im Volksglauben und in der Sage, in: *Naturwissenschaften* 7,9 (1919), S. 141–146.
Alden Biesen 2018
Limburg tussen staf en troon. 1000 jaar graafschap Loon, Ausst.-Kat. Landcommanderij Alden Biesen, 2018.
Amsterdam 1985
Vom Leben im späten Mittelalter. Der Hausbuchmeister oder Meister des Amsterdamer Kabinetts, Ausst.-Kat. Rijksmuseum, Amsterdam 1985.
Amsterdam 2004a
Ebeltje Hartkamp-Jonxis und Hillie Smit: *European Tapestries in the Rijksmuseum*, Best.-Kat. Rijksmuseum, Amsterdam 2004.
Andree 1962
Rolf Andree: *Arnold Böcklin. Beiträge zur Analyse seiner Bildgestaltung*, Düsseldorf 1962.
Andree 1998
Rolf Andree: *Arnold Böcklin. Die Gemälde*, 2., erg. u. überarb. Aufl., Basel und München 1998.
Anfray 1964
Marcel Anfray: *La Cathédrale de Nevers et les églises gothiques du Nivernais*, Paris 1964.
Antoine-König 2019
Elisabeth Antoine-König: Verdures médiévales. Fleurs et jardins dans les tapisseries de la fin du Moyen Âge, in: *Nature et jardins de lice (XVe–XXIe siècle)*, hrsg. von Clémentine Mathurin, Nantes 2019, S. 35–44.
Anton 1967
Herbert Anton: *Der Raub der Proserpina. Literarische Traditionen eines erotischen Sinnbildes und mythischen Symbols*, Heidelberg 1967.
Antwerpen 1996
The Illustration of Books Published by the Moretuses, Ausst.-Kat. Museum Plantin-Moretus, Antwerpen 1996.
Appuhn 1964
Horst Appuhn: *Die Jagd als Sinnbild in der norddeutschen Kunst des Mittelalters*, Hamburg und Berlin 1964.
Arnold 2003
Ken Arnold: Skulls, Mummies and Unicorns' Horns. Medical Chemistry in Early English Museums, in: *Enlightening the British. Knowledge, Discovery and the Museum in the Eighteenth Century*, hrsg. von Robert G. W. Anderson u. a., London 2003, S. 74–80.
Arolsen 1993
Angela Hampel. Eine Künstlerin in Dresden, 1982 bis 1992, Ausst.-Kat. Galerie im Schloß Arolsen, 1993.
Arrabal 1981
Luce Arrabal: La Licorne en Espagne de 1500 à 1660. Quelques exemples pris dans l'iconographie et les lettres, in: *Iberica III. Cahiers ibériques et ibéro-américains de l'Université de Paris-Sorbonne*, 1981, S. 137–150.
As-Vijvers 2019
Anne Margreet W. As-Vijvers: Bloemen van betekenis. De interpretatie van de randversiering in Zuid-Nederlandse handschriften rond 1500, in: *De groene middeleeuwen. Duizend jaar gebruik van planten (600–1600)*, hrsg. von Claudine A. Chavannes-Mazel und Linda IJpelaar, 2. Aufl., Eindhoven 2019, S. 248–259.
Atre 1985
Shubhangana Atre: The Harappan Riddle of „Unicorn", in: *Bulletin of the Deccan College Post-Graduate and Research Institute* 44 (1985), S. 1–10.
Von Aufsess 1963
Alexa von Aufsess: *Die Altarwerkstatt des Paul Lautensack unter besonderer Berücksichtigung ihrer Verbindung zur Werkstatt des Pulkauer Altars*, Baden-Baden und Straßburg 1963.
Aurenhammer 1959
Hans Aurenhammer: *Lexikon der christlichen Ikonographie*, Bd. 1: *Alpha und Omega. Christus und die vierundzwanzig Ältesten*, Wien 1959.
Auxerre 2000
Histoire de Saint Etienne. La tenture de choeur de la cathédrale d'Auxerre, Ausst.-Kat. Musées d'Art et d'Histoire d'Auxerre, 2000.
Avignon 2004
Le Triomphe de l'amour. Eros en guerre. Une histoire amoureuse de l'humanité, Ausst.-Kat. Hôtel de Sade, Avignon 2004.
Bakker 2018
Boudewijn Bakker: Bernhard von Breydenbach and Erhard Reuwich of Utrecht. Pioneers in Theory and Practice of the Lifelike Printed Image, in: *Simiolus* 40,4 (2018), S. 231–257.
Bamforth 2010
Stephen Bamforth: On Gesner, Marvels and Unicorns, in: *Nottingham French Studies* 49,3 (2010), S. 110–145.
Bange 1949
Ernst Friedrich Bange: *Die deutschen Bronzestatuetten des 16. Jahrhunderts*, Berlin 1949.
Barber 1993
Bestiary. Being an English Version of the Bodleian Library, Oxford, M.S. Bodley 764, with All the Original Miniatures Reproduced in Facsimile, übers. und eingeleitet von Richard Barber, Woodbridge 1993.
Barber/Riches 1971
Richard Barber und Anne Riches: *A Dictionary of Fabulous Beasts*, London 1971.
Bartl 2003
Dominik Bartl: Eine kurze Heilsgeschichte. Zur Narration des Heidnischwerks mit der sakralen Einhornjagd von 1480, in: *Zeitschrift für Schweizerische Archäologie und Kunstgeschichte* 60 (2003), S. 233–256.
Von Bartsch 1801–1821
Adam von Bartsch: *Le Peintre Graveur*, 21 Bde., Wien 1801–1821.
Basel 1977
Arnold Böcklin 1827–1901. Gemälde, Zeichnungen, Plastiken. Ausstellung zum 150. Geburtstag, Ausst.-Kat. Kunstmuseum Basel, 1977.
Basel 1985
Die alten Bildteppiche im Historischen Museum Basel, Best.-Kat. Historisches Museum Basel, 1985.
Basel 1988
Christian Müller: *Hans Holbein d. J. Zeichnungen aus dem Kupferstichkabinett der Öffentlichen Kunstsammlung Basel*, Ausst.-Kat. Kunstmuseum Basel, 1988.
Basel 1996
Christian Müller: *Die Zeichnungen von Hans Holbein dem Jüngeren und Ambrosius Holbein*, Best.-Kat. Kupferstichkabinett der Öffentlichen Kunstsammlung Basel, *Beschreibender Katalog der Zeichnungen*, Bd. 3: *Katalog der Zeichnungen des 15. und 16. Jahrhunderts*, Teil 2A, 1996.
Basel 2001
Arnold Böcklin. Eine Retrospektive, Ausst.-Kat. Kunstmuseum Basel, 2001.
Basel 2003
Nach der Natur. Zeichnungen und druckgraphische Werke des 15. und 16. Jahrhunderts, Ausst.-Kat. Kunstmuseum Basel, 2003.
Basel 2006
Hans Holbein d. J. Die Jahre in Basel 1515–1532, Ausst.-Kat. Kunstmuseum Basel, 2006.
Basel 2009
Von Dürer bis Gober. 101 Meisterzeichnungen aus dem Kupferstichkabinett des Kunstmuseums Basel, Ausst.-Kat. Kunstmuseum Basel, 2009.
Basel 2019
Rebecca Horn. Körperphantasien, Ausst.-Kat. Museum Tinguely, Basel 2019.
Basel 2020
Lichtgestalten. Zeichnungen und Glasgemälde von Holbein bis Ringler, Ausst.-Kat. Kunstmuseum Basel, 2020.
Baxter 1998
Ron Baxter: *Bestiaries and Their Users in the Middle Ages*, Stroud 1998.
Becksmann 2010
Rüdiger Becksmann: *Die mittelalterlichen Glasmalereien in Freiburg im Breisgau*, Corpus vitrearum medii aevi, *Deutschland*, Bd. 2: *Baden und Pfalz*, hrsg. von Hartmut Scholz, Teil 2: *Ehemalige Standorte, Augustinermuseum, Anhänge, Tafeln*, Berlin 2010.
Beer 1977
Rüdiger Robert Beer: *Einhorn. Fabelwelt und Wirklichkeit*, 3. Aufl., München 1977.
Bencard 1989
Mogens Bencard: Two 17th-Century Eskimos at Rosenborg Palace, in: *The Mummies from Qilakitsoq. Eskimos in the 15th Century*, hrsg. von Jens Peder Hart Hansen und Hans Christian Gulløv, Kopenhagen 1989, S. 47–55.
Benoist/Decaix 2021
Licornes. Celles qui existent et celles qui n'existent pas, hrsg. von Jocelyn Benoist und Véronique Decaix, Paris 2021.
Berenson 1957
Bernard Berenson: *Italian Pictures of the Renaissance. A List of the Principal Artists and Their Works with an Index of Places. Venetian School*, 2 Bde., London 1957.
Bergau 1885
Rudolf Bergau: *Inventar der Bau- und Kunst-Denkmäler in der Provinz Brandenburg*, Berlin 1885.
Berlin 1958
Heino Maedebach: *Deutsche Bildwerke aus sieben Jahrhunderten*, Best.-Kat. Staatliche Museen zu Berlin, Skulpturensammlung, 1958.
Berlin 1967
Tiere und Pflanzen in der Graphik, Ausst.-Kat. Stiftung Preußischer Kulturbesitz, Staatliche Museen zu Berlin, Kunstbibliothek, 1967.
Berlin 1971a
Kunsthandwerk der Dürerzeit und der deutschen Renaissance. Ausstellung anlässlich des 500. Geburtstages von Albrecht Dürer, Ausst.-Kat. Staatliche Museen zu Berlin, Kunstgewerbemuseum, Schloss Köpenick, 1971.
Berlin 1971b
Museum für Islamische Kunst Berlin, Staatliche Museen, Preußischer Kulturbesitz, Katalog 1971, Berlin 1971.
Berlin 1983
Kunst der Reformationszeit, Ausst.-Kat. Staatliche Museen zu Berlin, Altes Museum, 1983.
Berlin 1993
Drache, Phönix, Doppeladler. Fabelwesen in der islamischen Kunst, Ausst.-Kat. Staatliche Museen zu Berlin, Museum für Islamische Kunst, 1993.

Berlin 1994
Das Berliner Kupferstichkabinett. Ein Handbuch zur Sammlung, hrsg. von Alexander Dückers, 2. Aufl., Berlin 1994.

Berlin 2017
Anna webt Reformation. Ein Bildteppich und seine Geschichten, Ausst.-Kat. Staatliche Museen zu Berlin, Museum Europäischer Kulturen, 2017.

Bern 1970
Der Einhorn-Goldpokal der Rothschild, Jubiläumsauktion, Galerie Jürg Stuker, Bern 1970.

Berneron-Couvenhes 2007
Marie-Françoise Berneron-Couvenhes: *Les Messageries Maritimes. L'essor d'une grande compagnie de navigation française, 1851–1894, Histoire maritime,* Paris 2007.

Bernheimer 1952
Richard Bernheimer: *Wild Men in the Middle Ages. A Study in Art, Sentiment, and Demonology,* Cambridge, MA, 1952.

Bersier 1977
Jean-Eugène Bersier: *Jean Duvet. Le maître à la Licorne, 1485–1570?,* Paris 1977.

Bigwood 1993
Joan M. Bigwood: Aristotle and the Elephant Again, in: *The American Journal of Philology* 114,4 (Winter 1993), S. 537–555.

Blair 2017
Ann Blair: Humanism and Printing in the Work of Conrad Gessner. The 2016 Josephine Waters Bennett Lecture, in: *Renaissance Quarterly* 70,1 (2017), S. 1–43.

Blankenburg 1975
Wera von Blankenburg: *Heilige und dämonische Tiere. Die Symbolsprache der deutschen Ornamentik im frühen Mittelalter,* Reprint der Erstausgabe von 1943, Köln 1975.

Blisniewski 2006
Thomas Blisniewski: Die Jungfrau und das Einhorn. Eine Kölner Kissenplatte des späten Mittelalters im Museum Schnütgen Köln, in: *Kölner Museums-Bulletin. Berichte und Forschungen aus den Museen der Stadt Köln* 4 (2006), S. 4–11.

Blom 2010
Frans R. E. Blom: Picturing New Netherland and New York. Dutch-Anglo Transfer of New World Information, in: *The Dutch Trading Companies as Knowledge Networks,* hrsg. von Siegfried Huigen, Jan L. de Jong und Elmer Kolfin, Leiden 2010, S. 103–126.

Bocchi/Bocchi 2004
Gianluca Bocchi und Ulisse Bocchi: *Pittori di natura morta a Roma. Artisti stranieri 1630–1750,* Viadana (Mantua) 2004.

Bodemann 2005
Siegfried Bodemann: Die rot-schwarz-weiße Wüste des Felix Fabri. Wahrnehmung und Wissenstradition im Spätmittelalter, in: *Physica et historia. Festschrift für Andreas Kleinert zum 65. Geburtstag,* hrsg. von Susan Splinter u. a., Stuttgart 2005, S. 51–63.

Boehm 2017
Barbara Drake Boehm: The Universally Beloved Unicorn, in: Washington 2017, S. 32–37.

Boehm 2020
Barbara Drake Boehm: A Blessing of Unicorns. The Paris and Cloisters Tapestries, *The Metropolitan Museum of Art Bulletin* 78,1 (Sommer 2020).

Boehm/Holcomb 2012
Barbara Drake Boehm und Melanie Holcomb: Animals in Medieval Art, in: *Heilbrunn Timeline of Art History.* The Metropolitan Museum of Art, New York, Oktober 2021, zuletzt überarb. am 1.1.2012, https://www.metmuseum.org/toah/hd/best/hd_best.htm, aufgerufen am 10.7.2023.

Bonazzi/Bonazzi 2023
Antonio Bonazzi und Matteo Bonazzi: *Pisanello medaglista. La medaglia fusa nel Rinascimento. Come riconoscere gli originali / Pisanello, the Medalist. The Renaissance Cast Medal. Approach to Distinguish Originals,* Roseto degli Abruzzi 2023.

Bonn 1977
Kunst und Kunsthandwerk. Mittelalter und Neuzeit. Auswahlkatalog, Best.-Kat. Rheinisches Landesmuseum Bonn, 1977.

Bonn 1982
Fritz Goldkuhle, Ingeborg Krueger und Hans M. Schmidt: *Gemälde bis 1900,* Best.-Kat. Rheinisches Landesmuseum Bonn, 1982.

Bonnemain 2016
Bruno Bonnemain: Pierre Pomet (1658–1699) et son *Histoire des drogues* (1694 et 1735), in: *Revue d'histoire de la pharmacie* 64,391 (2016), S. 433–442.

Borchhardt 2017
Kerstin Borchhardt: *Böcklins Bestiarium. Mischwesen in der modernen Malerei,* Berlin [2017].

Borges 1982
Jorge Luis Borges: *Einhorn, Sphinx und Salamander. Buch der imaginären Wesen.* In Zusammenarbeit mit Margarita Guerrero. Nach den Übersetzungen von Ulla de Herrera und Edith Aron bearb. und erg. von Gisbert Haefs, *Gesammelte Werke,* Bd. 8, München und Wien 1982.

Borges 1993
Harald Borges: *Drache, Einhorn, Phönix. Über altchinesisches Denken,* Stuttgart 1993.

Bornschein 2023
Falko Bornschein: „Als aber die Zeit erfüllt war, sandte Gott seinen Sohn" (Gal 4,4). Zur Ikonografie der sakralen Einhornjagd am Beispiel des Tafelbildes aus der Zeit um 1480 im Erfurter Dom, in: *Theologie der Gegenwart* 66,4 (2023), S. 266–278.

Bornschein 2024
Falko Bornschein: Überlegungen zur Provenienz der Erfurter Tafeln mit Darstellungen der sakralen Einhornjagd, in: *Von Einhörnern und Drachentötern. Skulptur und Malerei des Spätmittelalters in Thüringen,* hrsg. von Sebastian Dohe und Friedrich Staemmler, Weimar 2024, S. 172–195.

Boschloo/Van der Sman/Sikkens 1993
Anton W. A. Boschloo, Gert Jan van der Sman und Mandy Sikkens: *Italian Paintings from the Sixteenth Century in Dutch Public Collections,* Florenz 1993.

Boston 2008
The Triumph of Marriage. Painted Cassoni of the Renaissance, Ausst.-Kat. Isabella Stewart Gardner Museum, Boston 2008.

Bräm 1994
Andreas Bräm: Buchmalerei des 13. und 14. Jahrhunderts in Frankreich, Flandern, Hennegau, Maasland und Lothringen. Literaturbericht 1970–1992, Teil I, in: *Kunstchronik. Monatsschrift für Kunstwissenschaft, Museumswesen und Denkmalpflege* 47,1 (1994), S. 35–46.

Brandhuber/Fussl 2020
Christoph Brandhuber und Maximilian Fussl: Iudicium Paridis. P. Paris Gille (1623–1701) aus dem Stift Michaelbeuern. Leben und Werk, in: *Studien und Mitteilungen zur Geschichte des Benediktinerordens und seiner Zweige* 131 (2020), S. 247–346.

Brandhuber/Tutsch-Bauer 2015
Christoph Brandhuber und Edith Tutsch-Bauer: *Kräuterkunst & Knochensäge. Medizin am Hof der Salzburger Barockfürsten,* hrsg. von Ursula Schachl-Raber, Salzburg und Wien 2015.

Braunschweig 1985
Stadt im Wandel. Kunst und Kultur des Bürgertums in Norddeutschland 1150–1650, 4 Bde., Ausst.-Kat. Braunschweigisches Landesmuseum, 1985.

Braunschweig 1997
Rudolf-Alexander Schütte: *Die Kostbarkeiten der Renaissance und des Barock. „Pretiosa und allerley Kunstsachen" aus den Kunst- und Raritätenkammern der Herzöge von Braunschweig-Lüneburg aus dem Hause Wolfenbüttel,* Best.-Kat. Herzog Anton Ulrich-Museum, Braunschweig 1997.

Brehm 1996
Christiane Brehm: *Der Raub der Proserpina. Studien zur Ikonographie und Ikonologie eines Ovidmythos von der Antike bis zur frühen Neuzeit,* Phil. Diss. Münster 1996, https://d-nb.info/995256748/34, aufgerufen am 27.3.2025.

Breslau 1905
Ausstellung von Goldschmiedearbeiten schlesischen Ursprunges oder aus schlesischem Besitze, Ausst.-Kat. Schlesisches Museum für Kunstgewerbe und Altertümer, Breslau 1905.

Brosens 2010
Koenraad Brosens: New Light on the Raes Workshop in Brussels and Rubens's Achilles Series, in: *Tapestry in the Baroque. New Aspects of Production and Patronage,* hrsg. von Thomas Patrick Campbell und Elizabeth A. H. Cleland, New York 2010, S. 20–34.

Bruemmer 1994
Fred Bruemmer: *The Narwhal. Unicorn of the Sea,* Shrewsbury 1994.

Brügge 1981
Vlaamse kunst op perkament. Handschriften en miniaturen te Brugge van de 12de tot de 16de eeuw, Ausst.-Kat. Gruuthusemuseum, Brügge 1981.

Brügge 1987
Brugge en de tapijtkunst, Ausst.-Kat. Gruuthusemuseum und Memlingmuseum, Brügge 1987.

Brüssel 2007
De Gilgamesh à Zénobie. Trésors de l'antiquité, Proche-Orient et Iran, Ausst.-Kat. Musées royaux d'Art et d'Histoire, Brüssel 2007.

Brüssel 2011
Miniatures flamandes 1404–1482, Ausst.-Kat. Bibliothèque royale Albert Ier, Brüssel 2011.

Brüssel 2019
Dalí & Magritte, Ausst.-Kat. Musées royaux des Beaux-Arts de Belgique, Brüssel 2019.

Budig 2015
Ulrike Budig: Das Museum Linckianum zu Leipzig und sein heutiger Standort – das Naturalienkabinett und Museum Waldenburg, in: *Sekretär. Beiträge zur Literatur und Geschichte der Herpetologie und Terrarienkunde* 15,1 (2015), S. 7–18.

Bürger 2011
Erfurt. Führer zu den kulturhistorischen Kostbarkeiten des Mittelalters, hrsg. von Stefan Bürger, Weimar 2011.

Bushart 1994
Bruno Bushart: *Die Fuggerkapelle bei St. Anna in Augsburg,* München 1994.

Bussmann 1966
Georg Bussmann: *Manierismus im Spätwerk Hans Baldung Griens. Die Gemälde der zweiten Straßburger Zeit,* Heidelberg 1966.

Byrne 1979
The Elizabethan Zoo. A Book of Beasts Both Fabulous and Authentic, Neuauflage der Ausgabe London 1926, hrsg. von Muriel St. Clare Byrne, Boston 1979.

Caesar 1989
Wolfgang Caesar: Das Einhorn. Fabeltier und Wunderdroge, in: *Deutsche Apothekerzeitung* 129,41 (1989), S. 2205–2211.

Caillois 1991
Roger Caillois: *Le Mythe de la licorne,* [Fontfroide-le-Haut] 1991.

Calberg 1960
Marguerite Calberg: Le Triomphe des vertus chrétiennes. Suite de huit tapisseries de Bruxelles du XVIe siècle, in: *Revue belge d'archéologie et histoire de l'art* 29,1 (1960), S. 3–36.

Cambrai 2019
Trésors, Ausst.-Kat. Le Labo, Cambrai 2019.
Camille 1996
Michael Camille: *Master of Death. The Lifeless Art of Pierre Remiet, Illuminator,* New Haven 1996.
Candidus 1993
Einhorn und Nachtigall. Die 200 schönsten Miniaturen aus dem Tierbuch des Petrus Candidus, Nachwort von Christoph Wetzel, Stuttgart und Zürich 1993.
Cantzler 1990
Christina Cantzler: *Bildteppiche der Spätgotik am Mittelrhein 1400–1550,* Tübingen 1990.
Caroutch 2002
Francesca Y. Caroutch: *La Licorne. Symboles, mythes et réalités,* Paris 2002.
Carrasco 2019
Julia Carrasco: *Der Sündenfall im Werk von Hans Baldung Grien. Ikonographie und Kontext,* Petersberg 2019.
De Chancel-Bardelot 2008
Béatrice de Chancel-Bardelot: *Dictionnaire de la cathédrale de Bourges,* Dijon 2008.
Châtelet 2000
Albert Châtelet: *L'Âge d'or du manuscrit à peintures en France au temps de Charles VI et les Heures du maréchal Boucicaut,* Paris und Dijon 2000.
Châtelet-Lange 1968
Liliane Châtelet-Lange: The Grotto of the Unicorn and the Garden of the Villa di Castello, in: *The Art Bulletin* 50,1 (März 1968), S. 51–58.
Cherry 1997
Fabeltiere. Von Drachen, Einhörnern und anderen mythischen Wesen, hrsg. von John Cherry, Stuttgart 1997.
Chicago 2011
Kings, Queens and Courtiers. Art in Early Renaissance France, Ausst.-Kat. Art Institute of Chicago, 2011.
Clark 2006
Willene B. Clark: *A Medieval Book of Beasts. The Second-Family Bestiary. Commentary, Art, Text and Translation,* Woodbridge 2006.
Clarke 1986
T[im] H. Clarke: *The Rhinoceros from Dürer to Stubbs. 1515–1799,* London 1986.
Cohn 1896/97
Carl Cohn: *Zur literarischen Geschichte des Einhorns,* Wissenschaftliche Beilage zum Jahresbericht der Elften Städtischen Realschule zu Berlin, 2 Bde., Berlin 1896/97.
Cole 1993
William Cole: *A Catalogue of Netherlandish and North European Roundels in Britain,* Corpus vitrearum medii aevi, *Great Britain, Summary catalogue,* Oxford 1993.
Colmar 1991
Le Beau Martin. Gravures et dessins de Martin Schongauer (vers 1450–1491), Ausst.-Kat. Musée d'Unterlinden, Colmar 1991.
Contadini 2003
Anna Contadini: A Bestiary Tale. Text and Image of the Unicorn in the *Kitāb Na't al-Ḥayawān* (British Library, or. 2784), in: *Muqarnas* 20 (2003), S. 17–33.
Contadini 2012
Anna Contadini: *A World of Beasts. A Thirteenth-Century Illustrated Arabic Book on Animals (the* Kitāb Na't al-Ḥayawān*) in the Ibn Bakhtīshū' Tradition,* Leiden und Boston 2012.
Cooke 2014
Peter Cooke: *Gustave Moreau. History Painting, Spirituality and Symbolism,* New Haven und London 2014.
Cordez 2012
Philippe Cordez: Materielle Metonymie. Thomas von Cantimpré und das erste Horn des Einhorns, in: *Präparate. Bildwelten des Wissens. Kunsthistorisches Jahrbuch für Bildkritik* 9,1 (2012), S. 85–92.
Cordez 2015
Philippe Cordez: *Schatz, Gedächtnis, Wunder. Die Objekte der Kirchen im Mittelalter,* Regensburg 2015.
Cosnet 2012
Bertrand Cosnet: La Transmission de l'iconographie des vertus dans les manuscrits italiens du 14e siècle. La réinvention de la *Somme le roi,* in: *Re-Inventing Traditions. On the Transmission of Artistic Patterns in Late Medieval Manuscript Illumination,* hrsg. von Joris Corin Heyder und Christine Seidel, Berlin 2012, S. 33–48.
Cousseau 2018
Marie-Blanche Cousseau: *Étienne Colaud et l'enluminure parisienne sous le règne de François Ier,* Tours 2018.
Cumming/Skelton/Quinn 1972
William P. Cumming, Raleigh A. Skelton und David B. Quinn: *Die Entdeckung Nordamerikas,* München [u. a.] 1972.
Dähnhardt 1907
Oskar Dähnhardt: *Sagen zum Alten Testament. Natursagen,* Bd. 1, Leipzig und Berlin 1907.
Dallas 2016
Art and Nature in the Middle Ages, Ausst.-Kat. Dallas Museum of Art, 2016.
Daniele 2013
Giulia Daniele: Un dipinto di Luca Longhi a Castel Sant'Angelo. Ritratto di Giulia Farnese?, in: *Storia dell'arte* 135 (2013), S. 8–17.
Davis 1933
Frank Davis: A Page for Collectors. A Great Berlin Collection. The von der Heydt Oriental Sculpture, in: *The Illustrated London News,* 9.9.1933, S. 406–408.
Dean 1914
Bashford Dean: *The Collection of Arms and Armor of Rutherfurd Stuyvesant, 1843–1909,* Privatdruck New York 1914.
Dectot 2018
Xavier Dectot: When Ivory Came from the Seas. On Some Traits of the Trade of Raw and Carved Sea-Mammal Ivories in the Middle Ages, in: *Animaux aquatiques et monstres des mers septentrionales (imaginer, connaître, exploiter, de l'Antiquité à 1600),* hrsg. von Catherine Jacquemard u. a., Anthropozoologica, Bd. 53,1, Paris 2018, S. 159–174.
Decu Teodorescu 2010
Carmen Decu Teodorescu: La Tenture de la Dame à la licorne. Nouvelle lecture des armoiries, in: *Bulletin monumental* 164,4 (2010), S. 357–367.
Degenhart 1955
Bernhard Degenhart: Dante, Leonardo und Sangallo. Dante-Illustrationen Guiliano da Sangallos in ihrem Verhältnis zu Leonardo da Vinci und zu den Figurenzeichnungen der Sangallo, in: *Römisches Jahrbuch für Kunstgeschichte* 7 (1955), S. 101–292.
Degenhart/Schmitt 1980
Bernhard Degenhart und Annegrit Schmitt: *Corpus der italienischen Zeichnungen 1300–1450,* Teil 1, *Süd- und Mittelitalien,* 4 Bde., Berlin 1980.
Dekkers 1977
Midas Dekkers: *Bestiarium. De eenhoorn, meermin, aspidochelone, manticore, mosseleend, pegasos, sater en andere fascinerende dieren uit de middeleeuwse beestenboeken,* Amsterdam 1977.
Delmarcel 1979
Guy Delmarcel: *The Triumph of the Seven Virtues* and Related Brussels Tapestries of the Early Renaissance, in: *Acts of The Tapestry Symposium November 1976,* hrsg. von Anna G. Bennett, San Francisco 1979, S. 155–169.
Demme/Schönemann/Eidam 1993
Faszination Mittelalter. Meisterwerke sakraler Kunst in Erfurt, mit 72 Fotografien von Dieter Demme und Texten von Herbert Schönemann und Hardy Eidam, Erfurt 1993.
Demus 1991
Otto Demus: *Die spätgotischen Altäre Kärntens.* Auf Grund von Vorarbeiten von Gertraud Müller-Gutenbrunn-Schimke und Elisabeth Herzig-Oberhaidacher, Klagenfurt 1991.
Den Haag 1979
Catalogus van de handschriften van het Rijksmuseum Meermanno-Westreenianum, hrsg. von Petrus Cornelis Boeren, Best.-Kat. Rijksmuseum Meermanno-Westreenianum, Den Haag 1979.
Den Haag 1994
Paulus Potter. Schilderijen, tekeningen en etsen, Ausst.-Kat. Mauritshuis, Den Haag 1994.
Den Haag 2005
Jet Pijzel-Dommisse: *Haags goud en zilver. Edelsmeedkunst uit de hofstad,* Ausst.-Kat. Kunstmuseum Den Haag, 2005.
Denver 2011
Angelica Daneo: *The Kress Collection at the Denver Art Museum,* Best.-Kat. Denver Art Museum, 2011.
Destombes/Gernez 1987
Marcel Destombes und Désiré Gernez: Un atlas nautique du XVIème siècle à la Bibliothèque Royale de la Haye (Pays-bas), in: Marcel Destombes: *Contributions sélectionnées à l'histoire de la cartographie et des instruments scientifiques,* hrsg. von Günter Schilder, Utrecht 1987, S. 141–151.
Deutsch 1986
Guy N. Deutsch: *Iconographie de l'illustration de Flavius Josèphe au temps de Jean Fouquet,* Leiden 1986.
Dibbits/Verslype/Wallert 2008
Taco Dibbits, Ige Verslype und Arie Wallert: Paulus Potters *Herders met vee.* Rijksmuseum versus Woburn Abbey, in: *Bulletin van het Rijksmuseum* 56,1/2 (2008), S. 66–81.
Dick 1978
Ernst S. Dick: [Rez. von Einhorn 1998], in: *The German Quarterly* 51,2 (1978), S. 197–199.
Dimand 1944
Maurice S. Dimand: *A Handbook of Muhammadan Art,* 2., verb. u. erw. Aufl., New York 1944.
Dinzelbacher 2000
Mensch und Tier in der Geschichte Europas, hrsg. von Peter Dinzelbacher, Stuttgart 2000.
Dordrecht 1988
Meesterlijk vee. Nederlandse veeschilders 1600–1900, Ausst.-Kat. Dordrechts Museum, 1988.
Doré 2010
Robert Doré: *Armand Point. De l'orientalisme au symbolisme,* Paris 2010.
Dorninger 2022
Maria E. Dorninger: Perceptions of the „Unknown"? Medieval and Early Modern Accounts of the Pilgrimage to Jerusalem, in: *On the Way to the „(Un)Known"? The Ottoman Empire in Travelogues (c. 1450–1900),* hrsg. von Doris Gruber und Arno Strohmeyer, Berlin und Boston 2022, S. 207–223.
Dotzler 1989
Bernhard Dotzler: Das Einhorn, das es gibt. Ein Diskussionsbeitrag, in: *Jahrbuch der Deutschen Schillergesellschaft* 33 (1989), S. 411–417.
Dresden 1925
Jean Louis Sponsel: *Das Grüne Gewölbe zu Dresden,* Bd. 1: *Geräte und Gefässe in Silber- und Goldfassung, aus Holz und Stein, Perlmutter und Muscheln, Ton und Glas, Bergkristall und Halbedelsteinen, Strausseneiern und Kokosnüssen,* Best.-Kat. Grünes Gewölbe, Dresden 1925.
Dresden 1980
Joachim Menzhausen: *Einführung in das Grüne Gewölbe,* 6., überarb. Aufl., Dresden 1980.

Dresden 1994
Das Grüne Gewölbe zu Dresden. Führer durch seine Geschichte und seine Sammlungen, hrsg. von Dirk Syndram, München und Berlin 1994.
Dresden 2013
Gudula Metze: *Ars nova. Frühe Kupferstiche aus Italien. Katalog der italienischen Kupferstiche von den Anfängen bis um 1530 in der Sammlung des Dresdener Kupferstich-Kabinetts,* Best.-Kat. Kupferstich-Kabinett, Staatliche Kunstsammlungen Dresden, 2013.
Dresden 2019
Der Dresdner Hofjuwelier Johann Heinrich Köhler. Dinglingers schärfster Konkurrent, Ausst.-Kat. Grünes Gewölbe, Staatliche Kunstsammlungen Dresden, 2019.
Dresden 2022
Angela Hampel. Das künstlerische Werk, Ausst.-Kat. Städtische Galerie Dresden, 2022.
Dressen 2024
Angela Dressen: Leonardo's Bestiary as a Reading Key for Moral Allegories, in: *L'idea* 1,1 (2024), S. 7–31.
Drostel 2007
Janina Drostel: *Einhorn, Drache, Basilisk. Fabelhafte Fabelwesen,* Ostfildern 2007.
Duchet-Suchaux/Pastoureau 2002
Gaston Duchet-Suchaux und Michel Pastoureau: *Le Bestiaire médiéval. Dictionnaire historique et bibliographique,* Paris 2002.
Ducke 2023
Astrid Ducke: Kaspar Memberger der Ältere. Der Arche-Noe-Zyklus für Fürsterzbischof Wolf Dietrich von Raitenau: Bau der Arche Noe, in: *Von 0 auf 100. Residenzgalerie Salzburg 1923–2023,* Ausst.-Kat. Residenzgalerie Salzburg 2023, S. 320 f.
Duffin 2015
Christopher J. Duffin: The Danny Jewel, in: *Jewellery History Today* 22 (Winter 2015), S. 6 f.
Duffin 2017
Christopher J. Duffin: „Fish", Fossil and Fake. Medicinal Unicorn Horn, in: *Geological Society, London, Special Publications* 452 (2017), S. 211–259, https://doi.org/10.1144/SP452.16, aufgerufen am 1.11.2023.
Duhl/Fritz 2016
Olga Anna Duhl und Jean-Marie Fritz: *Les Cinq Sens entre Moyen Âge et Renaissance. Enjeux épistémologiques et esthétiques,* Dijon 2016.
Dureau 2000
Yona Dureau: The Metamorphosis of a Signifier vs. an Iconic Signified. The Unicorn – A Case Study, in: *Semiotica* 128,1/2 (2000), S. 35–68.
During Caspers 1991
Elisabeth C. L. During Caspers: The Indus Valley „Unicorn". A Near Eastern Connection?, in: *Journal of the Economic and Social History of the Orient* 34,4 (1991), S. 312–350.
Düsseldorf 2004
Rebecca Horn, Bodylandscapes. Zeichnungen, Skulpturen, Installationen 1964–2004, Ausst.-Kat. K20 Kunstsammlung Nordrhein-Westfalen, Düsseldorf 2004.
Duve/Völker 1997
Karen Duve und Thies Völker: *Lexikon berühmter Tiere,* Frankfurt am Main 1997.
Eilhoff 2011
Klaus Eilhoff: Annäherung an Hans Baldung Griens „Die Erschaffung des Menschen und der Tiere", in: *Einhorn Jahrbuch Schwäbisch Gmünd* 2011, S. 111–120.
Einhorn 1972
Jürgen Werinhard Einhorn: Das Einhorn als Sinnzeichen des Todes. Die Parabel vom Mann im Abgrund, in: *Frühmittelalterliche Studien. Jahrbuch des Instituts für Frühmittelalterforschung der Universität Münster* 6 (1972), S. 381–417.
Einhorn 1981
Jürgen Werinhard Einhorn: Das Einhorn in der Graphik, in: *Graphische Kunst* 17 (1981), S. 43–47.
Einhorn 1997
Jürgen W[erinhard] Einhorn: Spiritalis unicornis. Nachträge zu Wort und Bild des Einhorns, in: *Revue des études sud-est européennes* 35,1/2 (1997), S. 33–61.
Einhorn 1998
Jürgen Werinhard Einhorn: *Spiritalis unicornis. Das Einhorn als Bedeutungsträger in Literatur und Kunst des Mittelalters,* 2., erw. Aufl., München 1998.
Einhorn 2003
Jürgen Werinhard Einhorn: Das Einhorn im franziskanischen Ambiente, in: *Wissenschaft und Weisheit* 66 (2003), S. 107–125.
Einhorn 2009
Jürgen Werinhard Einhorn: Die Entdeckung der abgetrennten Stickerei der Soester Lesepultdecke, in: *Soester Zeitschrift* 121 (2009), S. 67–75.
Eisler 1979
Colin T. Eisler: *The Master of the Unicorn. The Life and Work of Jean Duvet,* New York 1979.
Enenkel 2014
Karl A. E. Enenkel: The Species and Beyond. Classification and the Place of Hybrids in Early Modern Zoology, in: *Zoology in Early Modern Culture. Intersections of Science, Theology, Philology, and Political and Religious Education,* hrsg. von Karl A. E. Enenkel und Paul J. Smith, Leiden 2014, S. 57–148.
Erfurt 1992
Schätze aus Erfurter Kirchen, Ausst.-Kat. Galerie am Fischmarkt, Haus zum Roten Ochsen, Erfurt 1992.
Erfurt 2007
Wunder über Wunder. Wunderbares und Wunderliches im Glauben, in der Natur und in der Kunst, Ausst.-Kat. Kunsthalle Erfurt, 2007.
Erlande-Brandenburg 1979
Alain Erlande-Brandenburg: *Die Dame mit dem Einhorn,* Paris 1979.
Erlande-Brandenburg 1993
Alain Erlande-Brandenburg: *La Dame à la licorne,* Paris 1993.
Eröl-Erdene 2011
Chimiddorzh Eröl-Erdene: Animal Style Silver Ornaments of the Xiongnu Period, in: *Xiongnu Archaeology. Multidisciplinary Perspectives of the First Steppe Empire in Inner Asia,* hrsg. von Ursula Brosseder und Bryan K. Miller, Bonn 2011, S. 333–340.
Ertz/Nitze-Ertz 2012
Klaus Ertz und Christa Nitze-Ertz: *Jan van Kessel der Ältere, 1626–1679. Jan van Kessel der Jüngere, 1654–1708. Jan van Kessel der „Andere", ca. 1620 – ca. 1661. Kritische Kataloge der Gemälde,* Lingen 2012.
Esztergom 1965
Miklós Boskovits, Miklós Mojzer und András Mucsi: *Das Christliche Museum von Esztergom,* Budapest 1965.
Esztergom 1993
Christliches Museum Esztergom, hrsg. von Pál Cséfalvay, Budapest 1993.
Ettinghausen 1950
Richard Ettinghausen: *The Unicorn. Studies in Muslim Iconography,* Washington, D. C., 1950.
Eymann 1992
Klaus Eymann: Einführung, in: Daniel Meisner und Eberhard Kieser: *Politisches Schatzkästlein,* Faksimile-Neudruck der Ausgaben Frankfurt am Main 1625–1626 und 1627–1631, mit einer Einführung, Quellennachweisen und Registern von Klaus Eymann, 2 Bde., 4., verb. Aufl., Nördlingen 1992, Bd. 1, S. 3–34.
Faber 2008
Annette Faber: Von Bamberg nach Grimmenthal. Werke des Paul Lautensack in Thüringen, in: *Jahrbuch des Hennebergisch-Fränkischen Geschichtsvereins* 23 (2008), S. 141–167.
Fabri 1975
Voyage en Égypte de Félix Fabri, 1483, traduit du latin, présenté et annoté par Jacques Masson, 3 Bde., Kairo 1975.
Fabri 1996
Felix Fabri: *Galeere und Karawane. Pilgerreise ins Heilige Land, zum Sinai und nach Ägypten 1483,* bearb. und mit einem Nachw. versehen von Herbert Wiegandt, Stuttgart u. a. 1996.
Fagnart 2024
Laure Fagnart: Dragon et lion combattant, in: *Léonard de Vinci et l'art de la gravure. Traduction, interprétation & réception,* Ausst.-Kat. Château royal d'Amboise 2024, S. 188–203.
Faidutti 1996
Bruno Faidutti: *Images et connaissance de la licorne (fin du Moyen-Âge – XIXème siècle),* 2 Bde., Phil. Diss. Paris 1996, http://www.faidutti.com/unicorn/unicorn.htm, aufgerufen am 10.2.2020.
Von Falke 1935
Otto von Falke: Ein Bischofstab islamischer Arbeit und seine Verwandten, in: *Pantheon* 16 (1935), S. 266–270.
Von Falke/Meyer 1935
Otto von Falke und Erich Meyer: *Romanische Leuchter und Gefässe, Giessgefässe der Gotik,* Berlin 1935.
Ferlach 1997
Alles Jagd ... eine Kulturgeschichte, Ausst.-Kat. Kärntner Landesausstellung, Schloß Ferlach, 1997.
Ferrara 1989
Berenice Giovannucci Vigi: *Museo della Cattedrale di Ferrara. Catalogo generale,* Bologna 1989.
Fischel 2009
Angela Fischel: *Natur im Bild. Zeichnung und Naturerkenntnis bei Conrad Gessner und Ulisse Aldrovandi,* Berlin 2009.
Fischer/Cossu Ferra Fischer 2011
Louis-Paul Fischer und Véronique Cossu Ferra Fischer: La Licorne et la corne de licorne chez les apothicaires et les médecins, in: *Histoire des sciences medicales* 45,3 (2011), S. 265–274.
Florenz 1989
Arti del Medio Evo e del Rinascimento. Omaggio ai Carrand, 1889–1989, Ausst.-Kat. Museo Nazionale del Bargello, Florenz 1989.
Florenz 1992
Il disegno fiorentino del tempo di Lorenzo il Magnifico, Ausst.-Kat. Gallerie degli Uffizi, Gabinetto Disegni e Stampe, Florenz 1992.
Florenz 2018
Gli avori del Museo Nazionale del Bargello, hrsg. von Ilaria Ciseri, Best.-Kat. Museo Nazionale del Bargello, Florenz 2018.
Flubacher 2017
Silvia Flubacher: Der Zahn der Zeit. Vom „gegrabenen Einhorn" oder wie der Elefant nach Deutschland kam, in: *Akteure, Tiere, Dinge. Verfahrensweisen der Naturgeschichte in der Frühen Neuzeit,* hrsg. von Silke Förschler und Anne Mariss, Köln u. a. 2017, S. 77–91.
Forti Grazzini 2007
Nello Forti Grazzini: Brussels Tapestries for Italian Customers. Cardinal Montalto's Landscapes with Animals Made by Jan II Raes and Catherine van den Eynde, in: *Cultural Exchange between the Low Countries and Italy (1400–1600),* hrsg. von Ingrid Alexander-Skipnes, Turnhout 2007, S. 239–265.
Fournival 2014
Richard de Fournival: *Das Liebesbestiarium,* aus dem Französischen des 13. Jahrhunderts übertragen und mit einem Essay vonRalph Dutli, Göttingen 2014.

Franke-Vogt 1987
Ute Franke-Vogt: Die Glyptik der Harappa-Kultur, in: *Vergessene Städte am Indus. Frühe Kulturen in Pakistan vom 8.–2. Jahrtausend v. Chr.,* Ausst.-Kat. Krönungssaal im Rathaus, Aachen 1987, S. 187–195.
Franke-Vogt 2001
Ute Franke-Vogt: Das Einhorn in der Induskultur, in: *Beiträge zur Vorderasiatischen Archäologie. Winfried Orthmann gewidmet,* hrsg. von Jan-Waalke Meyer, Mirko Novák und Alexander Pruß, Archäologisches Institut der Johann Wolfgang Goethe-Universität, Frankfurt am Main 2001, S. 66–73.
Frankfurt am Main 2022
Vor Dürer. Kupferstich wird Kunst. Deutsche und niederländische Kupferstiche des 15. Jahrhunderts aus der Graphischen Sammlung des Städel Museums, Ausst.-Kat. Städel Museum, Frankfurt am Main 2022.
Freeman 1976
Margaret B. Freeman: *The Unicorn Tapestries,* New York 1976.
Freeman 1983
Margaret B. Freeman: *La Chasse à la licorne. Prestigieuse tenture française des Cloisters,* Lausanne und Paris 1983.
Freising 2001
Sanct Georg. Der Ritter mit dem Drachen, Ausst.-Kat. Diözesanmuseum Freising, 2001.
Frenz 2017
Lothar Frenz: *Nashörner. Ein Portrait,* Berlin 2017.
Friedman 2004
John Block Friedman: „Monstres qui a ii mamelles bloe“. Illuminator's Instructions in a MS of Thomas of Cantimpré, in: *Journal of the Early Book Society for the Study of Manuscripts and Printing History* 7 (2004), S. 11–32.
Friedrich 2001
Verena Friedrich: *Der Domberg zu Erfurt,* Passau 2001.
Furlan 1973
Caterina Furlan: I trionfi della Collezione Kress. Una proposta attributiva e divagazioni sul tema, in: *Arte veneta* 27 (1973), S. 81–90.
Füssel 2003
Stephan Füssel: *Kaiser Maximilian und die Medien seiner Zeit. Der Theuerdank von 1517. Eine kulturhistorische Einführung,* Köln 2003.
Gaffron 1989
Norma Gaffron: *Unicorns. Opposing Viewpoints,* San Diego 1989.
Gebhardt/Ludwig 2005
Harald Gebhardt und Mario Ludwig: *Von Drachen, Yetis und Vampiren. Fabeltieren auf der Spur,* München 2005.
Geck 1977
Elisabeth Geck: Nachwort, in: Bernhard von Breydenbach: *Die Reise ins Heilige Land. Ein Reisebericht aus dem Jahre 1483,* übertr. und Nachw. von Elisabeth Geck, Faks.-Druck. der dt. Ausg. Mainz 1486, veränd. und erw. Ausg., Wiesbaden 1977, S. 47–56.
Genf 1996
Jean Duvet. Le Maître à la licorne, Ausst.-Kat. Cabinet des Estampes, Musée d'art et d'histoire, Genf 1996.
Gennrich 1908
Friedrich Gennrich: Einleitung, in: *Le Romans de la Dame à la lycorne et du biau chevalier au lyon. Ein Abenteuerroman aus dem ersten Drittel des XIV. Jahrhunderts,* hrsg. von dems., Dresden 1908, S. 5–126.
Gerritsen 2002
Willem P. Gerritsen: Perikelen van een edel dier, in: *Kunstschrift* 46,2 (2002), S. 18–23.
Gerritsen 2007a
Willem P. Gerritsen: De eenhoorn en de apothekers. Opvattingen omtrent de antitoxische werking van „eenhoornhoorn“ in het laatste kwart van de 16e en het eerste kwart van de 17e eeuw, in: *Gewina* 30 (2007), S. 1–10.
Gerritsen 2007b
Willem P. Gerritsen: Ludovico de Varthema and the Unicorns in Mecca (1504), in: *O ye Gentlemen. Arabic Studies on Science and Literary Culture. In honour of Remke Kruk,* hrsg. von Arnoud Vrolijk und Jan P. Hogendijk, Leiden and Boston 2007, S. 3–13.
Gerritsen 2008
Willem P. Gerritsen: *De vijf levens van een dier dat niet bestaat. De eenhoorn in het zoeklicht van de cultuurgeschiedenis,* Leiden 2008.
Gerritsen 2011
Willem P. Gerritsen: *Het spoor van de eenhoorn. De geschiedenis van een dier dat niet bestaat,* Leiden 2011.
Giengen 1995
Das Einhorn. Mythos, Märchen, Fabel, Ausst.-Kat. Schranne, Giengen an der Brenz 1995.
Gillen 1951
Otto Gillen: Busch (brennender Busch), in: *Reallexikon zur Deutschen Kunstgeschichte,* RDK, Bd. 3 (1951), Sp. 240–253, in: RDK Labor, https://www.rdklabor.de/wiki/Busch_(brennender_Busch), aufgerufen am 8.7.2025.
Giogoli 2024
Kathrin Giogoli: *Studien zu Robinet Testard. Ein französischer Buchmaler zwischen Tradition und Moderne,* Phil. Diss. Berlin 2024, https://refubium.fu-berlin.de/bitstream/handle/fub188/43706/Dissertation_Giogoli.pdf?sequence=3&isAllowed=y, aufgerufen am 22.11.2024.
Glasgow 2017
Elizabeth Cleland und Lorraine Karafel: *Glasgow Museums. Tapestries from the Burrell Collection,* London und New York 2017.
Gmelig-Nijboer 1977
Caroline Aleid Gmelig-Nijboer: *Conrad Gessner's „Historia Animalium“. An Inventory of Renaissance Zoology,* Phil. Diss. Utrecht 1977.
Gmelin 1907/08
Leopold Gmelin: Die Ausstellung „München 1908“. Schluß des Abschnittes Raumkunst; Metallarbeiten usw., in: *Kunst und Handwerk. Zeitschrift für Kunstgewerbe und Kunsthandwerk* 58,12 (1907/08), S. 353–377.
Göbel 1928–1934
Heinrich Göbel: *Wandteppiche,* 3 Teile in 6 Bdn., Leipzig 1928–1934.
Godbey 1939
Allen H. Godbey: The Unicorn in the Old Testament, in: *The American Journal of Semitic Languages and Literatures* 56,3 (Juli 1939), S. 256–296.
Goecke 1912
Theodor Goecke: *Die Kunstdenkmäler von Stadt und Dom Brandenburg,* Die Kunstdenkmäler der Provinz Brandenburg, Bd. 2.3, Berlin 1912.
Le Goff 2005
Jacques Le Goff: *Ritter, Einhorn, Troubadoure. Helden und Wunder des Mittelalters,* München 2005.
Görig 2014
Klaus Görig: *Der Einhornteppich in der Sankt Gotthardt-Kirche zu Brandenburg an der Havel. Beschreibung und Deutung,* Privatdruck Berlin 2014.
Gormans 1999
Andreas Gormans: *Geometria et ars memorativa. Studien zur Bedeutung von Kreis und Quadrat als Bestandteile mittelalterlicher Mnemonik und ihrer Wirkungsgeschichte an ausgewählten Beispielen,* Phil. Diss. Aachen 1999, https://publications.rwth-aachen.de/record/61189/files/Gormans_Andreas.pdf, aufgerufen am 29.7.2024.
Gotfredsen 1999
Lise Gotfredsen: *The Unicorn,* New York 1999.
Gotha 1994
Gotteswort und Menschenbild. Werke von Cranach und seinen Zeitgenossen, Teil 1: *Malerei, Plastik, Graphik, Buchgraphik, Dokumente,* Ausst.-Kat. Schloß Friedenstein, Gotha 1994.
Gotha 1995
Sammlung der Plastik, 1150–1850, Best.-Kat. Schlossmuseum Gotha, 1995.
Gotha 1998
Jahreszeiten der Gefühle. Das Gothaer Liebespaar und die Minne im Spätmittelalter, Ausst.-Kat. Schloß Friedenstein, Gotha 1998.
Gould 1886
Charles Gould: *Mythical Monsters,* London 1886.
Graff 1923
Hellmuth Graff: *Die Darstellungen der sakralen Einhornjagd in der altdeutschen Kunst,* Typoskript, Phil. Diss. Münster 1923.
Gramaccini/Meier 2009
Norberto Gramaccini und Hans Jakob Meier: *Die Kunst der Interpretation. Italienische Reproduktionsgraphik 1485–1600,* Berlin und München 2009.
Graumann 1995
Sabine Graumann: Pello venena procul. Zur medizinischen Bedeutung des Einhorns in der Vergangenheit, in: *Medizin im Museum. Jahrbuch der Medizinhistorischen Sammlung der Ruhr-Universität Bochum* 2 (1995), S. 35–58.
Gresky 1968
Wolfgang Gresky: Das Einhorn vom Medaillonteppich im Thuner Schlossmuseum und andere Schweizer Einhorn-Darstellungen, in: *Jahresbericht Historisches Museum Schloss Thun,* 1968, S. 5–18.
Grigson 1984
Caroline Grigson: Some Thoughts on Unicorns and Other Cattle Depicted at Mohenjo-Daro and Harappa, in: *South Asian Archaeology 1981. Proceedings of the Sixth International Conference of the Association of South Asian Archeologists in Western Europe,* Cambridge u. a. 1984, S. 166–169.
Grimes 2023
Kaitlin Grimes: Narwhal Ivory as the Arctic Colonial Speciality of the Kingdom of Denmark-Norway, in: *Journal 18. A Journal of Eighteenth-Century Art and Culture* 16 (Herbst 2023), https://www.journal18.org/6983, aufgerufen am 20.8.2024.
Grober-Glück 1965
Gerda Grober-Glück: Aufhocker und Aufhocken nach den Sammlungen des Atlas der deutschen Volkskunde, in: *Rheinisches Jahrbuch für Volkskunde* 15/16 (1965), S. 117–143.
Groeneveld-Baadj 2012
Nadia Groeneveld-Baadj: A World of Materials in a Cabinet without Drawers. Re-Framing Jan van Kessels „The Four Parts of the World“, in: *Meaning in Materials 1400–1800, Netherlands Yearbook for History of Art* 62 (2012), S. 202–237.
Groeneveld-Baadj 2016
Nadia Groeneveld-Baadj: *Jan van Kessel I (1626–79). Crafting a Natural History of Art in Early Modern Antwerp,* London und Turnhout 2016.
Gronemann 2019
Simona Gronemann: *Story of* Meshal Haqadmoni *and Its Extant Copies in 15th Century Ashkenaz,* Wiesbaden 2019.
Güntert 1930
Hermann Güntert: Einhorn, in: *Handwörterbuch des deutschen Aberglaubens,* Bd. 2, hrsg. von Hanns Bächtold-Stäubli, photomechanischer Nachdruck der Ausgabe Berlin und Leipzig 1930, Berlin 2000, Sp. 708–711.
Günther 1967
Klaus Günther: Das Einhorn. Die eklektische, natur- und symbolgeschichtliche Betrachtung eines Fabeltieres, in: *Sitzungsberichte der Gesellschaft Naturforschender Freunde zu Berlin* N. F. 7,1–3 (1967), S. 1–36.

Güstrow 2006
Schloss Güstrow. Prestige und Kunst 1556–1636, Ausst.-Kat. Schloss Güstrow, 2006.
Gutmann 1965
Siegfried Gutmann: *Interessantes über das Einhorn*, Ettlingen 1965.
Gutmann 1967–1971
Siegfried Gutmann: *Deutsche Einhorn-Apotheken*, 3 Bde., Ettlingen 1967–1971.
Güttler 1988
Helga Güttler: *Die Einhorn-Apotheke zu Frankfurt am Main 1637–1987*, Frankfurt am Main 1988.
Hagenmaier 2003
Winfried Hagenmaier: *Das Einhorn. Eine Spurensuche durch die Jahrtausende*, München 2003.
Hahlbrock 1976
Peter Hahlbrock: *Gustave Moreau oder Das Unbehagen in der Natur*, Berlin 1976.
Halle 1961
Deutsche Bildnisse 1500–1800. Ausstellung der Lucas-Cranach-Kommission beim Ministerium für Kultur, Ausst.-Kat. Staatliche Galerie Moritzburg, Halle an der Saale 1961.
Halm 1921
Philipp Maria Halm: *Adolf Daucher und die Fuggerkapelle bei St. Anna in Augsburg*, München und Leipzig 1921.
Hamburg 1963
Die Wilden Leute des Mittelalters, Ausst.-Kat. Museum für Kunst und Gewerbe, Hamburg 1963.
De Hamel 2008
Book of Beasts. A Facsimile of MS Bodley 764, Einführung von Christopher de Hamel, Oxford 2008.
Hannover 1997
Rebecca Horn. The Glance of Infinity, Ausst.-Kat. Kestner-Gesellschaft, 2 Bde., Hannover 1997.
Hans-Collas/Schandel 2009
Ilona Hans-Collas und Pascal Schandel: *Manuscrits enluminés des anciens Pays-Bas méridionaux*, Bd. 1: *Manuscrits de Louis de Bruges*, Paris 2009.
Hathaway 1982
Nancy Hathaway: *The Unicorn*, Harmondsworth und New York 1982.
HDF
F. W. H. Hollstein: *Dutch and Flemish Etchings, Engravings, and Woodcuts, ca. 1450–1700*, Bd. 12: *Masters and Monogrammists of the 15th century*, Amsterdam o. J.
Heck/Cordonnier 2020
Christian Heck und Rémy Cordonnier: *Bestiarium. Das Tier in mittelalterlichen Handschriften*, Darmstadt [2020].
Von Hees 2002
Syrinx von Hees: *Enzyklopädie als Spiegel des Weltbildes. Qazwīnīs Wunder der Schöpfung. Eine Naturkunde des 13. Jahrhunderts*, Wiesbaden 2002.
Heidelberg 2015
Elisabeth Huwer: *Das Deutsche Apotheken-Museum. Schätze aus zwei Jahrtausenden Kultur- und Pharmaziegeschichte*, 3., überarb. Aufl., Best.-Kat. Deutsches Apotheken-Museum, Heidelberg 2015.
Hein 1967
Wolfgang-Hagen Hein: *Die deutsche Apotheke. Bilder aus ihrer Geschichte*, 2. Aufl., Stuttgart 1967.
Heinz 1974
Günther Heinz: Malerei der Renaissance in Österreich, in: *Renaissance in Österreich*, 3., verb. Aufl., Ausst.-Kat. Schloß Schallaburg, Schollach-Schallaburg 1974, S. 461–475.
Helas 2015
Philine Helas: Der „See-Einhorn-Fisch". Ein Tier zwischen Legende und Naturwissenschaft, in: *Assoziationsraum Wunderkammer. Zeitgenössische Künste zur Kunst- und Naturalienkammer der Franckeschen Stiftungen zu Halle*, Ausst.-Kat. Franckesche Stiftungen zu Halle, 2015, S. 110–123.
Henkel/Schöne 1996
Emblemata. Handbuch zur Sinnbildkunst des XVI. und XVII. Jahrhunderts, hrsg. von Arthur Henkel und Albrecht Schöne, Stuttgart [u. a.] 1996.
Henning 1999
Uta Henning: Zur „mystischen Einhornjagd" in Friesach. „Gut Jäger durch Himmels Thron". Eine spätmittelalterliche Bild- und Liedmetapher, in: *Carinthia I* 189 (1999), S. 177–199.
Herne 2018
Irrtümer und Fälschungen in der Archäologie, Ausst.-Kat. LWL-Museum für Archäologie, Westfälisches Landesmuseum, Herne 2018.
Herrmann/Kraft 1927
Fritz Herrmann und Leonhard Kraft: Einleitung, in: *Daniel Meissners Thesaurus philopoliticus (Politisches Schatzkästlein). Die 830 Städtebilder*, neu hrsg. und eingeleitet von dens., Heidelberg 1927, Bd. 1, S. V–XLIV.
's-Hertogenbosch 2003
Monsters & fabeldieren. 2500 jaar geschiedenis van randgevallen, Ausst.-Kat. Noordbrabants Museum, 's-Hertogenbosch 2003.
Von Heusinger 1994
Christian von Heusinger: Ein unerkanntes Kartenspiel des Meisters E. S., in: *Le Beau Martin. Études et mises au point*. Actes du colloque organisé par le Musée d'Unterlinden à Colmar les 30 septembre, 1er et 2 octobre 1991, hrsg. von Albert Châtelet, Straßburg 1994, S. 215–221.
Hilka 1920
Der altfranzösische Prosa-Alexanderroman. Nach der Berliner Bilderhandschrift, nebst dem lateinischen Original der Historia de preliis (Rezension J2), hrsg. von Alfons Hilka, Halle an der Saale 1920.
Hind 1938–1948
Arthur M. Hind: *Early Italian Engraving. A Critical Catalogue with Complete Reproduction of All the Prints Described*, 7 Bde., London 1938–1948.
Hochner 2001
Nicole Hochner: Louis XII and the Porcupine. Transformations of a Royal Emblem, in: *Renaissance Studies* 15,1 (März 2001), S. 17–36.
Hocke 1957
Gustav-René Hocke: *Die Welt als Labyrinth*, Reinbek 1957.
Höfler 2007
Janez Höfler: *Der Meister E. S. Ein Kapitel europäischer Kunst des 15. Jahrhunderts*, 2 Bde., Regensburg 2007.
Hofstätter 1978
Hans H. Hofstätter: *Gustave Moreau. Leben und Werk*, Köln 1978.
Hollstein 1954 ff.
Hollstein's German Engravings, Etchings and Woodcuts 1400–1700, Ouderkerk aan den IJssel und Amsterdam u. a. 1954 ff.
Hornu 2016
The Glory of Saint George. Man, Dragon and Death, Ausst.-Kat. Musée des Arts Contemporains, Le Grand-Hornu, Hornu bei Mons 2016.
Hörisch 1989
Jochen Hörisch: Das Einhorn als Symbol des schönen Scheins, in: *Der Schein des Schönen*, hrsg. von Dietmar Kamper und Christoph Wulf, Göttingen 1989, S. 452–464.
Hörisch 2005
Jochen Hörisch: *Das Tier, das es nicht gibt. Eine Text- & Bild-Collage über das Einhorn*, München 2005.
Huber 2021
Andrea Huber: Das *Eingehurn* des Domherrn Andreas von Thüngen, in: *Renaissancen in Franken. Die Epoche des Fürstbischofs Konrad von Thüngen (1519–1540)*, hrsg. von Dieter J. Weiß und Erich Schneider, Neustadt an der Aisch 2021, S. 251–276.
Hubmann-Fellner 2021
Bibiana Hubmann-Fellner: *Die Mystische Einhornjagd im hortus conclusus. Entschlüsselung einer spätgotischen Bildkomposition*, Masterarbeit Graz 2021, https://unipub.uni-graz.at/obvugrhs/download/pdf/5947150?originalFilename=true, aufgerufen am 18.5.2024.
Hünemörder 1968
Christian Hünemörder: Die Bedeutung und Arbeitsweise des Thomas von Chantimpré und sein Beitrag zur Naturkunde des Mittelalters, in: *Medizinhistorisches Journal* 3 (1968), S. 345–357.
Hutchison 1972
Jane Campbell Hutchison: *The Master of the Housebook*, New York 1972.
Isola Bella 2013
The Tapestries of Isola Bella. Sixteenth-Century Flemish Masterpieces, Best.-Kat. Palazzo Borromeo, Isola Bella 2013.
Istanbul 1979
Islamic Miniature Painting, Ausst.-Kat. Topkapı Sarayı Museum, Istanbul 1979.
Izumi 2004
Masato Izumi: Unicornis asianus und der geheiligte Eros, in: *Zeitschrift für Literaturwissenschaft und Linguistik* 34 (2004), S. 41–59.
Jackson 2004
William Jackson: The Use of Unicorn Horn in Medicine, in: *The Pharmaceutical Journal* 273 (Dezember 2004), S. 925–927.
Jagdhuhn 1983
Georg Jagdhuhn: Der Einhornteppich in der Brandenburger St. Gotthardtkirche. Ein höchst seltenes Stück mittelalterlicher Gobelinweberei, in: *Brandenburger Blätter* 4 (1983), S. 93–95.
Jedding 1998
Hermann Jedding: *Johann Heinrich Roos. Werke einer Pfälzer Tiermalerfamilie in den Galerien Europas*, Mainz 1998.
Jones 1912
Edward Alfred Jones: *Objects in Gold & Silver and Limoges Enamels in the Collection of the Baroness James de Rothschild*, London 1912.
Jones 2005
Tanja L. Jones: Classical Chastity and Chivalric Tradition. Pisanello's Portrait Medal of Cecilia Gonzaga, in: *Athanor* 23 (2005), S. 15–23.
Jörg 1962
Erwin Jörg: Das Einhorn im Volksglauben, in: *Beiträge zur naturkundlichen Forschung in Südwestdeutschland* 21 (1962), S. 3–5, Tafel 1.
Joubert/Lefébure/Bertrand 1995
Fabienne Joubert, Amaury Lefébure und Pascal-François Bertrand: *Histoire de la tapisserie en Europe du Moyen Âge à nos jours*, Paris 1995.
Jourdan 2001
Jean-Pierre Jourdan: Allégories et symboles de l'âme et de l'amour du beau. Essai sur l'iconographie des tapisseries à sujets allégoriques à la fin du Moyen Âge. La tapisserie de Persée et la tapisserie des dames à la licorne, in: *Le Moyen Âge. Revue d'histoire et de philologie* 107,3/4 (2001), S. 455–480.
Jullian 1931
René Jullian: Un nouveau monument sculpté de la légende de Saint Barlaam, in: *Mélanges d'archéologie et d'historie* 48 (1931), S. 170–184.
Jung 1952
Carl Gustav Jung: *Psychologie und Alchemie* [1944], 2., überarb. Aufl., Zürich 1952.
Kaiser 2019
Raphaela Kaiser: *Das popkulturelle Einhorn. Eine Diskursanalyse von Einhornbildern in sozialen Medien*, Masterarbeit Klagenfurt 2019, https://netlibrary.aau.at/obvuklhs/download/pdf/5336558?originalFilename=true, aufgerufen am 17.7.2023.

Kallinich 1984
Günter Kallinich: *Schöne alte Apotheken*, 3. Aufl., München 1984.
Kaminski-Menssen 1995
Gabriele Kaminski-Menssen: Zur Ikonographie und Ikonologie des Einhorns in Frühchristlicher Zeit, in: *Städel-Jahrbuch* N. F. 15 (1995), S. 19–34.
Kammel 2004
Frank Matthias Kammel: Niedersachsen in Thüringen. Das Erfurter Einhornretabel und die thüringische Tafelmalerei in der ersten Hälfte des 15. Jahrhunderts, in: *Malerei und Skulptur des späten Mittelalters und der frühen Neuzeit in Norddeutschland. Künstlerischer Austausch im Kulturraum zwischen Nordsee und Baltikum*, hrsg. von Hartmut Krohm und Uwe Albrecht, Wiesbaden 2004, S. 143–158.
Kammel 2009
Frank Matthias Kammel: Gehörnt. Das Geweih als Trophäe, Apotropaion und Zierrat, in: *Vom Ansehen der Tiere*, hrsg. von Christine Kupper, Nürnberg 2009, S. 132–147.
Kappler 1980
Claude Kappler: *Monstres, demons et merveilles à la fin du Moyen Âge*, Paris 1980.
Karlsruhe 1970
Spätgotik am Oberrhein. Meisterwerke der Plastik und des Kunsthandwerks 1450–1530, Ausst.-Kat. Badisches Landesmuseum, Karlsruhe 1970.
Karlsruhe 2001
Spätmittelalter am Oberrhein, Teil 1: *Maler und Werkstätten 1450–1525*, Ausst.-Kat. Staatliche Kunsthalle Karlsruhe, 2001.
Karlsruhe 2019
Hans Baldung Grien. Heilig unheilig, Ausst.-Kat. Staatliche Kunsthalle Karlsruhe, 2019.
Kässer 1989
Heide Kässer: Das Einhorn auf mittelalterlichen Textilien an fünf Beispielen aus dem Bayerischen Nationalmuseum, in: *Textilarbeit und Unterricht*, 1989, S. 19–28, Abb. 1–6.
Kemperdick 2004
Stephan Kemperdick: *Martin Schongauer. Eine Monographie*, Petersberg 2004.
Kendrick 1924
Albert Frank Kendrick: Quelques remarques sur les tapisseries de la Dame à la licorne du musée de Cluny, in: *Actes du congrès international d'histoire de l'art de 1921*, Paris 1924, Bd. 3, S. 662–666.
Kevelaer 1987
Maria – mater fidelium. Mutter der Glaubenden. Madonnen von 1350–1800, Ausst.-Kat. zum Marianischen-Mariologischen Weltkongress, Kevelaer 1987.
Kiel 1985
Fabeltiere, Ausst.-Kat. Zoologisches Museum der Universität Kiel, 1985.
Kindschi Garský/Hirsch-Luipold 2020
Christus in natura. Quellen, Hermeneutik und Rezeption des Physiologus, hrsg. von Zbyněk Kindschi Garský und Rainer Hirsch-Luipold, Berlin und Boston 2020.
Klemm 1986
Christian Klemm: *Joachim von Sandrart. Kunst-Werke und Lebens-Lauf*, Berlin 1986.
Klingender 1971
Francis D. Klingender: *Animals in Art and Thought to the End of the Middle Ages*, London 1971.
Knipping 1939/40
John B. Knipping: *De iconografie van de Contra-Reformatie in de Nederlanden*, 2 Bde., Hilversum 1939/40.
Koble 2021
Nathalie Koble: *La Dame à la licorne et le beau chevalier*. Roman, traduction du moyen français, Paris 2021.
Kochan 1988
Detlef C. Kochan: Einhorn und Dame. Zur Legende des Einhorn-Fanges in der literarischen Tradition, in: *Wandlungen des Literaturbegriffs in den deutschsprachigen Ländern seit 1945*, hrsg. von Gerhard P. Knapp und Gerd Labroisse, Amsterdam 1988, S. 183–235.
Koechlin 1924
Raymond Koechlin: *Les Ivoires gothiques français*, 3 Bde., Paris 1924.
Kofod 1988
Helmer Kofod: *Enhjørningen i exlibriskunsten / The Unicorn in the Art of Bookplates*, Frederikshavn 1988.
Kohlhaussen 1928
Heinrich Kohlhaussen: *Minnekästchen im Mittelalter*, Berlin 1928.
Koldeweij 2015
Anna Cecilia Koldeweij: Van kunstkamer tot museumzaal. De nagelaten collective van Michael Wellby, in: *Vind Magazine* 17 (2015), S. 32–37.
Köln 1988
„Tarocchi". Menschenwelt und Kosmos. Ladenspelder, Dürer und die „Tarock-Karten des Mantegna", Ausst.-Kat. Wallraf-Richartz-Museum Köln, 1988.
Kopenhagen 2018
Jørgen Hein: *Ivories and Narwhal Tusks at Rosenborg Castle. Catalogue of Carved and Turned Ivories and Narwhal Tusks in the Royal Danish Collection 1600–1875*, 2 Bde., Kopenhagen 2018.
Kopp 2014
Margit Kopp: *Die Esterházy Schatzkammer auf der Burg Forchtenstein*, Mitteilungen aus der Sammlung Privatstiftung Esterházy, Bd. 2, Eisenstadt 2014.
Kopp 2020
Margit Kopp: „Ich besitze auch einige Seltenheiten ...". Ausgewählte Goldschmiedearbeiten der Esterházy-Schatzkammer und ihre Farbfassungen, in: *Farbfassungen auf Gold und Silber*, hrsg. von Theresa Witting und Ulrike Weinhold, Dresden 2020, S. 142–157.
Kosmer 1973
Ellen Virginia Kosmer: *A Study of the Style and Iconography of a Thirteenth-Century „Somme le Roi" (British Museum Ms. Add. 54180) with a Consideration of Other Illustrated „Somme" Manuscripts of the Thirteenth, Fourteenth and Fifteenth Centuries*, Phil. Diss. New Haven 1973.
Kovács 1981
Éva Kovács: L'Ordre du Camail des ducs d'Orléans, in: *Acta historiae artium Academiae Scientiarum Hungaricae* 27 (1981), S. 225–231.
Krafft 2013
Fritz Krafft: Alt und jung. Die Kontakte zwischen Otto von Guericke und Gottfried Wilhelm Leibniz. „Virtutes mundanae" und „Einhorn", in: *Gottfried Wilhelm Leibniz (1646–1716) und die gelehrte Welt Europas um 1700*, hrsg. von Berthold Heinecke und Ingrid Kästner, Aachen 2013, S. 233–260.
Krafft 2015
Fritz Krafft: Gottfried Wilhelm Leibniz oder Otto von Guericke? Protogaea oder Experimenta nova Magdeburgica? Die Rekonstruktion des vermeintlichen Einhorns von Quedlinburg, in: *Sudhoffs Archiv. Zeitschrift für Wissenschaftsgeschichte* 99,2 (2015), S. 166–208.
Krafft 2016
Fritz Krafft: Die Mär um das vermeintlich Guerickesche Einhorn, in: *Monumenta Guerickiana. Zeitschrift der Otto-von-Guericke-Gesellschaft e. V.* 25/26 (2016), S. 37–56.
Krafft 2018
Fritz Krafft: *Einhorn – unicornu fossile. Belegstellen für die Nachrichten und Berichte über den angeblich Guerickeschen oder Leibnizschen Fund eines vermeintlichen Einhorn-Skeletts nahe Quedlinburg im Jahre 1663 und deren nicht durch Quellen belegte Ausschmückungen*, Oktober 2018, https:/www.researchgate.net/publication/328343030, aufgerufen am 10.10.2024.
Krakau 1972
Jerzy Szablowski: *Die flämischen Tapisserien im Wawelschloß zu Krakau. Der Kunstschatz des Königs Sigismund II. August Jagello*, Best.-Kat. Wawel-Schloss, Krakau 1972.
Kretzenbacher 1978
Leopold Kretzenbacher: *Mystische Einhornjagd. Deutsche und slawische Bild- und Wortzeugnisse zu einem geistlichen Sinnbild-Gefüge*, Sitzungsberichte der Bayerischen Akademie der Wissenschaften, Bd. 6, München 1978, http://publikationen.badw.de/de/007604326, aufgerufen am 23.1.2020.
Künstle 1926
Karl Künstle: *Ikonographie der christlichen Kunst*, Bd. 1: *Prinzipienlehre, Hilfmotive, Offenbarungstatsachen*, Freiburg im Breisgau 1926.
Kurth 1926
Betty Kurth: *Die deutschen Bildteppiche des Mittelalters*, 3 Bde., Wien 1926.
Landwehr 1972
John Landwehr: *German Emblem Books 1531–1888. A Bibliography*, Utrecht 1972.
Langres 2018
Langres à la Renaissance, Ausst.-Kat. Musée d'art et d'histoire de Langres, 2018.
Lasius 1903
Arnold Böcklin. Aus den Tagebüchern von Otto Lasius (1884–1889), hrsg. von Maria Lina Lasius, Berlin 1903.
Laue 2023
Der Rothschild Olifant / The Rothschild Oliphant, hrsg. von Georg Laue, München 2023.
Laurent 1997
Stéphan Laurent: Armand Point. Un art décoratif symboliste, in: *Revue de l'art* 116,2 (1997), S. 89–94.
Lavers 2010
Chris Lavers: *Das Einhorn. Natur, Mythos, Geschichte*, Darmstadt 2010.
Lawrence 2019
Natalie Lawrence: Greenland Unicorns and the Magical Alicorn, in: *The Public Domain Review*, 19.9.2019, https://publicdomainreview.org/essay/greenland-unicorns-and-the-magical-alicorn, aufgerufen am 22.1.2020.
LCI 1968–1976
Lexikon der christlichen Ikonographie, begr. von Engelbert Kirschbaum, hrsg. von Wolfgang Braunfels, 8 Bde., Freiburg im Breisgau [u. a.] 1968–1976.
Lechner 1978
Gregor Martin Lechner: Die mystische Einhorn-Jagd als Allegorie der Verkündigung, in: *Jagd einst und jetzt. Niederösterreichische Landesausstellung*, Ausst.-Kat. Schloß Marchegg, 1978, S. 27–41, 258–266.
Leemann-van Elck 1935
Paul Leemann-van Elck: *Der Buchschmuck in Conrad Gessners naturgeschichtlichen Werken*, Bibliothek des Schweizer Bibliophilen 2,4, Bern 1935.
Lehmann 2009
Evelyn Lehmann: *Das große Kasseler Tierbild. Das barocke „Thierstück" von Johann Melchior Roos, die Kasseler Menagerie und einiges mehr über Mensch und Tier*, Petersberg 2009.
Lehrs 1908–1934
Max Lehrs: *Geschichte und kritischer Katalog des deutschen, niederländischen und französischen Kupferstichs im XV. Jahrhundert*, 9 Bde., Wien 1908–1934.
Leiden 2003
De eenhoorn en de geleerden. Het debat over het bestaan van de eenhoorn van de zestiende tot de negentiende eeuw, Ausst.-Kat. Universiteitsbibliotheek Leiden, 2., verb. Ausg. 2003.
Leipzig 2006
Olaf Nicolai. Arbeiten / Works 2003–2006, Ausst.-Kat. Galerie Eigen + Art, Leipzig 2006.

Leitch 2010
Stephanie Leitch: *Mapping Ethnography in Early Modern Germany. New Worlds in Print Culture,* New York 2010.
Lemoine 2018
Serge Lemoine: *Aurelie Nemours. Catalogue raisonné,* 2 Bde., Mailand 2018.
L'Engle 2008
Susan L'Engle: Depictions of Chastity. Virtue Made Visible, in: *Chastity. A Study in Perception, Ideals, Opposition,* hrsg. von Nancy van Deusen, Leiden 2008, S. 87–126.
Lens 2020
Soleils noirs, Ausst.-Kat. Louvre Lens, 2020.
Lens 2023
Animaux fantastiques. Du merveilleux dans l'art, Ausst.-Kat. Louvre Lens, 2023.
Leu 2016
Urs B. Leu: *Conrad Gessner (1516–1565). Universalgelehrter und Naturforscher der Renaissance,* Zürich 2016.
Ley 1929
Willy Ley: *Konrad Gesner* [sic]. *Leben und Werk,* München 1929.
Lieb 1952
Norbert Lieb: *Die Fugger und die Kunst,* Bd. 1: *Im Zeitalter der Spätgotik und frühen Renaissance,* München 1952.
Linck 1783–1787
Johann Heinrich Linck: *Index Musaei Linckiani, oder kurzes systematisches Verzeichniß der vornehmsten Stücke der Linckischen Naturaliensammlung zu Leipzig,* 3 Bde., Leipzig: Buchhandlung der Gelehrten 1783–1787.
Lindemann 2013
Bernd Wolfgang Lindemann: Böcklins Bäume. Nadelbäume in der Malerei, in: *Jahrbuch der Berliner Museen* 55 (2013), S. 57–64.
Linke 2011
Guido Linke: Die Wasserspeier, in: *Das Freiburger Münster,* hrsg. vom Freiburger Münsterbauverein, Regensburg 2011, S. 211–213.
Linnebach 1991
Andrea Linnebach: *Arnold Böcklin und die Antike. Mythos, Geschichte, Gegenwart,* München 1991.
Linzeler 1932
André Linzeler: *Graveurs du seizième siècle,* Bd. 1: *Androuet du Cerceau – Leu,* Inventaire du fonds français, Teil 1, Paris 1932.
List 1993
Claudia List: *Tiere. Gestalt und Bedeutung in der Kunst,* Stuttgart 1993.
Loewe 2004
Meshal Haqadmoni. Fables from the Distant Past. A Parallel Hebrew–English Text, hrsg. und übers. von Raphael Loewe, 2 Bde., Oxford u. a. 2004.
London 1980
George Wingfield Digby: *Victoria & Albert Museum. The Tapestry Collection. Medieval and Renaissance,* Best.-Kat. Victoria and Albert Museum, London 1980.
London 2003
Gothic. Art for England 1400–1547, Ausst.-Kat. Victoria and Albert Museum, London 2003.
Loomis 1938
Roger Sherman Loomis: *Arthurian Legends in Medieval Art,* London und New York 1938.
Loriquet 1882
Charles Loriquet: *Tapisseries de la cathédrale de Reims. Histoire du roy Clovis (XVe siècle), histoire de la Vierge (XVIe siécle),* Paris und Reims 1882.
Los Angeles 1990
Rebecca Horn. Diving through Buster's Bedroom, Ausst.-Kat. Museum of Contemporary Art, Los Angeles 1990.
Los Angeles 1994
La Gravure française à la Renaissance à la Bibliothèque nationale de France, Ausst.-Kat. Armand Hammer Museum of Art and Cultural Center, Los Angeles 1994.
Los Angeles 2000
Painting on Light. Drawings and Stained Glass in the Age of Dürer and Holbein, Ausst.-Kat. The J. Paul Getty Museum, Los Angeles 2000.
Los Angeles 2019
Book of Beasts. The Bestiary in the Medieval World, Ausst.-Kat. The J. Paul Getty Museum, Los Angeles 2019.
Los Angeles 2021
Holbein. Capturing Character, Ausst.-Kat. The J. Paul Getty Museum, Los Angeles 2021.
Löwen 2016
In Search of Utopia. Art and Science in the Era of Thomas More, Ausst.-Kat. M – Museum Leuven, Löwen 2016.
Luz 1987
Christiane Luz: [Einleitung], in: *Das exotische Tier in der europäischen Kunst,* Ausst.-Kat. Institut für Auslandsbeziehungen im Zoologisch-Botanischen Garten Wilhelma, Stuttgart 1987, S. 6–21.
Lyall 2000
Sutherland Lyall: *Die Dame mit dem Einhorn,* London 2000.
Madrid 1974
Antonio Bermejo de la Rica: *La mitología en el Museo del Prado,* Best.-Kat. Museo nacional del Prado, Madrid 1974.
Madrid 1985
Museo Nacional del Prado. Catálogo de las pinturas, Best.-Kat. Museo nacional del Prado, Madrid 1985.
Mainz 1992
Die Reise nach Jerusalem. Bernhard von Breydenbachs Wallfahrt ins Heilige Land, Ausst.-Kat. Gutenberg-Museum, Mainz 1992.
Mainz 1997
Christiane Stukenbrock: *Niederländische Gemälde des 16. und 17. Jahrhunderts,* Best.-Kat. Landesmuseum Mainz, 1997.
Manuwald 2014
Henrike Manuwald: Die „Einhornjagd im hortus conclusus". Ein marianisches Bildmotiv zwischen Narrativierung und Diagrammatisierung, in: *Zeitschrift für Literaturwissenschaft und Linguistik* 44 (2014), S. 127–148.
Marienlexikon 1989
Marienlexikon, hrsg. von Remigius Bäumer und Leo Scheffczyk, Bd. 2: *Chaldäer – Gréban,* St. Ottilien 1989.
Van Marle 1931
Raimond van Marle: *Iconographie de l'art profane au Moyen-Âge et à la Renaissance,* 2 Bde., Den Haag 1931.
Marquet 1995
Marena Marquet: Kaspar Membergers Sintflut zyklus – eine „Copie nach Bassano"?, in: *Mitteilungen der Gesellschaft zur Salzburger Landeskunde* 135 (1995), S. 637–688.
Martin 1926
Henry Martin: La Somme le Roi. Reproduction des miniatures du manuscrit 870 de la Bibliothèque Mazarine, XIIIe siècle, in: *Les Trésors des bibliothèques de France,* hrsg. von Richard Cantinelli und Émile Dacier, Bd. 1, Paris 1926, S. 43–57.
Mathieu 1976
Pierre-Louis Mathieu: *Gustave Moreau. Leben und Werk mit Œuvrekatalog,* Stuttgart u. a. 1976.
Maurer 2009
Gudrun Maurer: *Ars longa, vita brevis? Zum letzten offiziellen Bildprogramm am spanischen Hof und Goyas Königsporträts um 1800,* Berlin 2009.
Mayr 2019
Vincent Mayr: Wilde Leute, in: *Reallexikon zur Deutschen Kunstgeschichte,* in: RDK Labor (2019), http://www.rdklabor.de/w/?oldid=102154, aufgerufen am 10.2.2020.
McKendrick 2003
Scot McKendrick: Master of the Flemish Boethius, in: *Illuminating the Renaissance. The Triumph of Flemish Manuscript Painting in Europe,* Ausst.-Kat. The J. Paul Getty Museum, Los Angeles 2003, S. 309–311.
Menzhausen 1973
Joachim Menzhausen: *Der Goldschmied Elias Geyer,* Dresden 1973.
De Meûter/Vanwelden 1999
Ingrid De Meûter und Martine Vanwelden: *Oudenaardse wandtapijten van de 16de tot de 18de eeuw,* Tielt 1999.
Meyers 2008
Jean Meyers: Le „Rhinocéros" de Frère Félix Fabri. Autopsie d'un passage de l' „Evagatorium" (II, 7, fol. 39 B-40 A), in: *Rursus* [online] 3 (2008), http://journals.openedition.org/rursus/221, aufgerufen am 26.11.2024.
Miller 1960/61
Genevieve Miller: The Unicorn in Medical History, in: *Transactions & Studies of the College of Physicians of Philadelphia* 28 (1960/61), S. 80–93.
Minneapolis 1994
Candace J. Adelson: *European Tapestry in the Minneapolis Institute of Arts,* Best.-Kat. Minneapolis Institute of Arts, 1994.
Mittmann/Tabori 2019
Heike Mittmann und Claudia Tabori: *Freiburger Münster. Faszinierende Welt der Wasserspeier,* Freiburg im Breisgau 2019.
Mode 2005
Heinz Mode: *Fabeltiere und Dämonen. Die Welt der phantastischen Mischwesen* [1973], Leipzig 2005.
Molitor 2008
Stephan Molitor: Natternzungen im Silberschatz. Zu merkwürdigen Zimelien im Hinterlassenschafts-inventar Graf Eberhards III. von Württemberg († 1417) und ihrer Deutung (mit Edition), in: *Die Visconti und der deutsche Südwesten. Kulturtransfer im Spätmittelalter,* hrsg. von Peter Rückert und Sönke Lorenz, Ostfildern 2008, S. 317–333.
Möller 1964
Lise Lotte Möller: Die Wilden Leute in der Graphik des ausgehenden Mittelalters, in: *Philobiblon. Eine Vierteljahrsschrift für Buch- und Graphiksammler* 8,4 (1964), S. 260–272.
Morgan 1982
Nigel J. Morgan: *A Survey of Manuscripts Illuminated in the British Isles,* Teil 4: *Early Gothic Manuscripts,* 2 Bde., London 1982.
Mötsch/Reißland 2018
Johannes Mötsch und Ingrid Reißland: *Grimmenthal. Ein (fast) vergessener Wallfahrtsort und seine Geschichte,* Leipzig 2018.
De la Moureyre 2010
Françoise de la Moureyre: *Le Sculpteur Jean-Baptiste Théodon (1645–1713). Sa* Compagne de Diane *retrouvée, ses* Combats d'animaux *à Sceaux, son* Martyre de saint Victor *en grand péril,* 7.3.2010, https://www.latribune-delart.com/le-sculpteur-jean-baptiste-theodon-1645-1713-sa-compagne-de-diane-retrouvee-ses-combats-d-animaux-a?lang=fr, aufgerufen am 5.8.2025.
Mravik 1978
László Mravik: *Oberitalienische Quattrocento-Gemälde,* Best.-Kat. Museum der Bildenden Künste, Budapest; Christliches Museum, Esztergom, Budapest 1978.
Mülheim 1984
Meisterwerke aus der Ostdeutschen Galerie Regensburg. Malerei und Plastik, Ausst.-Kat. Städtisches Museum Mülheim, 1984.

Müllenmeister 1981
Kurt J. Müllenmeister: *Meer und Land im Licht des 17. Jahrhunderts,* 3 Bde., Bremen 1981.
Von Müller 1853
John Wilhelm von Müller: *Das Einhorn vom geschichtlichen und naturwissenschaftlichen Standpunkte betrachtet,* Stuttgart 1853.
Müller 1982
Christian Müller: *Studien zur Darstellung und Funktion „wilder Natur" in deutschen Minnedarstellungen des 15. Jahrhunderts,* Phil. Diss. Tübingen 1982.
Müller 1999
Dämonen, Monster, Fabelwesen, hrsg. von Ulrich Müller, St. Gallen 1999.
München 1969
Schack-Galerie. Vollständiger Katalog, hrsg. von den Bayerischen Staatsgemäldesammlungen, 2 Bde., München 1969.
München 1986
Meister E. S. Ein oberrheinischer Kupferstecher der Spätgotik, Ausst.-Kat. Staatliche Graphische Sammlung München, 1986.
München 1987
„In uns selbst liegt Italien". Die Kunst der Deutsch-Römer, Ausst.-Kat. Haus der Kunst, München 1987.
München 1990
Alfred Kubin 1877–1959, Ausst.-Kat. Städtische Galerie im Lenbachhaus, München 1990.
München 1991
Martin Schongauer. Das Kupferstichwerk, Ausst.-Kat. Staatliche Graphische Sammlung München, 1991.
München 2009
Herbert W. Rott: *Sammlung Schack. Katalog der ausgestellten Gemälde,* hrsg. von den Bayerischen Staatsgemäldesammlungen, München 2009.
München 2023
Flowers Forever. Blumen in Kunst und Kultur, Ausst.-Kat. Kunsthalle München 2023.
München 2024
Jugendstil Made in Munich, Ausst.-Kat. Kunsthalle München, 2024.
Munsterbilzen 1887
Henri van Neuss: *Inventaire des archives du chapitre noble de Munsterbilzen,* Hasselt 1887.
New York 1980
The Wild Man. Medieval Myth and Symbolism, Ausst.-Kat. The Metropolitan Museum of Art, New York 1980.
New York 1993a
Adolfo Salvatore Cavallo: *Medieval Tapestries in the Metropolitan Museum of Art,* Best.-Kat. The Metropolitan Museum of Art, New York 1993.
New York 1993b
Rebecca Horn, Ausst.-Kat. Solomon R. Guggenheim Museum, New York 1993.
New York 1994
The Currency of Fame. Portrait Medals of the Renaissance, Ausst.-Kat. The Frick Collection, New York 1994.
New York 1995
The Luminous Image. Painted Glass Roundels in the Lowlands 1480–1560, Ausst.-Kat. The Metropolitan Museum of Art, New York 1995.
New York 1998
Adolfo Salvatore Cavallo: *The Unicorn Tapestries at the Metropolitan Museum of Art,* Best.-Kat. The Metropolitan Museum of Art, New York 1998.
New York 2002
Tapestry in the Renaissance. Art and Magnificence, Ausst.-Kat. The Metropolitan Museum of Art, New York 2002.
New York 2005
The Armored Horse in Europe, 1480–1620, Ausst.-Kat. The Metropolitan Museum of Art, New York 2005.
New York 2006
Lions, Dragons and Other Beasts. Aquamanilia of the Middle Ages, Vessels for Church and Table, Ausst.-Kat. Bard Graduate Center for Studies in the Decorative Arts, Design, and Culture, New York 2006.
New York 2007
Tapestry in the Baroque. Threads of Splendor, Ausst.-Kat. The Metropolitan Museum of Art, New York 2007.
New York 2016
Mythic Creatures. And the Impossibly Real Animals Who Inspired Them, Ausst.-Kat. American Museum of Natural History, New York 2016.
New York 2019
Making Marvels. Science and Splendor at the Courts of Europe, Ausst.-Kat. The Metropolitan Museum of Art, New York 2019.
Nickel 1982
Helmut Nickel: About the Sequence of the Tapestries in *The Hunt of the Unicorn* and *The Lady with the Unicorn,* in: *Metropolitan Museum Journal* 17 (1982), S. 9–14.
Niehr 2001
Klaus Niehr: „als ich das selber erkundet vnd gesehen hab". Wahrnehmung und Darstellung des Fremden in Bernhard von Breydenbachs „Peregrinationes in Terram Sanctam" und anderen Pilgerberichten des ausgehenden Mittelalters, in: *Gutenberg-Jahrbuch* 76 (2001), S. 269–300.
Nielbock 2010
Ralf Nielbock: *Die Einhornhöhle. Die Welt der Einhörner, Höhlenbären und Neandertaler,* München 2010.
Nigg 1999
The Book of Fabulous Beasts. A Treasury of Writings from Ancient Times to the Present, hrsg. von Joseph Nigg, New York [u. a.] 1999.
Nischik 1986
Traude-Marie Nischik: *Das volkssprachliche Naturbuch im späten Mittelalter. Sachkunde und Dinginterpretation bei Jacob van Maerlant und Konrad von Megenberg,* Tübingen 1986.
Nizza 2002
Les Della Robbia. Sculptures en terre cuite émaillée de la Renaissance italienne, Ausst.-Kat. Musée national Message Biblique Marc Chagall, Nizza 2002.
Norman 1980
Alexander Vesey B. Norman: *The Rapier and Small-Sword, 1460–1820,* London 1980.
Nürnberg 1989
Die Grafen von Schönborn. Kirchenfürsten, Sammler, Mäzene, Ausst.-Kat. Germanisches Nationalmuseum, Nürnberg 1989.
Nürnberg 2015
Monster. Fantastische Bilderwelten zwischen Grauen und Komik, Ausst.-Kat. Germanisches Nationalmuseum, Nürnberg 2015.
Odenius 1972
Oloph Odenius: Der Mann im Brunnen und der Mann im Baum. Ein ikonographischer Beitrag, in: *Festschrift für Robert Wildhaber. Zum 70. Geburtstag am 3. August 1972,* hrsg. von Walter Escher, Basel 1972, S. 477–486, Abb. 1–3.
Orth 2003
Myra Orth: Les Puys en images. L'illustration des palinods de Rouen dans les manuscrits de la Bibliothèque Nationale de France (ms. fr. 379 et 1539), in: *Première poésie française de la Renaissance. Autour des Puys poétiques normands.* Actes du colloque, Rouen, 30 septembre–2 octobre 1999, hrsg. von Jean-Claude Arnould und Thierry Mantovani, Paris 2003, S. 51–74.
Ortner 1998
Alexandra Ortner: *Petrarcas „Trionfi" in Malerei, Dichtung und Festkultur. Untersuchung zur Entstehung und Verbreitung eines florentinischen Bildmotivs auf* cassoni *und* deschi da parto *des 15. Jahrhunderts,* Weimar 1998.
Ott 1993
Norbert H. Ott: Anmerkungen zur Barlaam-Ikonographie. Rudolfs von Ems „Barlaam und Josaphat" in Malibu und die Bildtradition des Barlaam-Stoffs, in: *Die Begegnung des Westens mit dem Osten.* Kongreßakten des 4. Symposions des Mediävistenverbandes in Köln 1991 aus Anlaß des 1000. Todesjahres der Kaiserin Theophanu, hrsg. von Odilo Engels und Peter Schreiner, Sigmaringen 1993, S. 365–385.
Oxford 1956
Karl Theodore Parker: *Catalogue of the Collection of Drawings in the Ashmolean Museum,* Bd. 2: *Italian Schools,* Oxford 1956.
Oxford 1981
Eastern Ceramics and Other Works of Art from the Collection of Gerald Reitlinger, Ausst.-Kat. The Ashmolean Museum, Oxford 1981.
Oxford 1992
Nicholas Penny: *Catalogue of European Sculpture in the Ashmolean Museum. 1540 to the Present Day,* Bd. 2: *French and Other European Sculpture (Excluding Italian and British),* Oxford 1992.
Palomino 1988
Antonio Acisclo Palomino de Castro y Velasco: *El museo pictórico y escala óptica,* Bd. 3: *El parnaso español pintoresco laureado* [1724], Madrid 1988.
Panaino 2001
Antonio Panaino: Between Mesopotamia and India. Some Remarks About the Unicorn Cycle in Iran, in: *Mythology and Mythologies. Methodological Approaches to Intercultural Influences,* hrsg. von Robert M. Whiting, Helsinki 2001, S. 149–179.
Panofsky 1939
Erwin Panofsky: *Studies in Iconology,* New York 1939.
Panofsky 1948
Erwin Panofsky: *Albrecht Dürer,* 2 Bde., 3. Aufl., London 1948.
Van Panthaleon van Eck-Kampstra 1963/64
Anna van Panthaleon van Eck-Kampstra: Jacob van Maerlants „Der naturen bloeme". Twee notities over Handschriften, in: *Het Boeck* 3,36 (1963/64), S. 222–232.
Paris 1886
Monuments historiques. Cathédrales de France et Musée de sculpture comparée, photographiés par Mieusement, Ausst.-Kat. Palais du Trocadéro, Paris 1886.
Paris 1967
Vingt ans d'acquisitions au Musée du Louvre, 1947–1967, Ausst.-Kat. Orangerie des Tuileries, Paris 1967.
Paris 1972
L'École de Fontainebleau, Ausst.-Kat. Galeries Nationales d'Exposition du Grand Palais, Paris, 1972.
Paris 1990
Peintures, cartons, aquarelles, etc., exposés dans les galeries du Musée Gustave Moreau, hrsg. von Geneviève Lacambre, Paris 1990.
Paris 1991a
Un âge d'or des arts décoratifs, 1814–1848, Ausst.-Kat. Galeries nationales du Grand Palais, Paris 1991.
Paris 1991b
Martin Schongauer. Maître de la gravure rhénane vers 1450–1491, Ausst.-Kat. Musée du Petit Palais, Paris 1991.
Paris 1991c
Le Trésor de Saint-Denis, Ausst.-Kat. Musée du Louvre, Paris 1991.
Paris 1993
Les Manuscrits à peinture en France 1440–1520, Ausst.-Kat. Bibliothèque nationale de France, Paris 1993.
Paris 1996
Tous les savoirs du monde. Encyclopédies et bibliothèques, de Sumer au XXIe siècle, Ausst.-Kat. Bibliothèque nationale de France, Paris 1996.

Paris 1998
L'Art au temps des rois maudits. Philippe le Bel et ses fils, 1285–1328, Ausst.-Kat. Galeries nationales du Grand Palais, Paris 1998.
Paris 1999
Gisèle Lambert: *Les Premières Gravures italiennes. Quattrocento – début du cinquecento. Inventaire de la collection du département des Estampes et de la Photographie,* Best.-Kat. Bibliothèque nationale de France, Paris 1999.
Paris 2001
L'Étrange et le merveilleux en terres d'Islam, Ausst.-Kat. Musée du Louvre, Paris 2001.
Paris 2002a
Fabienne Joubert: *Musée national du Moyen Âge, Thermes de Cluny. La tapisserie médiévale,* Paris 2002.
Paris 2002b
Sur la terre comme au ciel. Jardins d'Occident à la fin du Moyen Âge, Ausst.-Kat. Musée de Cluny – musée national du Moyen Âge, Paris 2002.
Paris 2003a
Gustave Moreau. Mythes & Chimères. Aquarelles et dessins secrets du musée Gustave-Moreau, Ausst.-Kat. Musée de la Vie romantique, Paris 2003.
Paris 2003b
Ivoires médiévaux Ve–XVe siècle, hrsg. von Danielle Gaborit-Chopin, Best.-Kat. Musée du Louvre, département des Objets d'art, Paris 2003.
Paris 2004a
Ivoires. De l'Orient ancien aux temps modernes, Ausst.-Kat. Musée du Louvre, Paris 2004.
Paris 2004b
Paris 1400. Les arts sous Charles VI, Ausst.-Kat. Musée du Louvre, Paris 2004.
Paris 2004c
Jean-Pierre Reverseau: *Armes et armures de la Couronne au musée de l'Armée,* Best.-Kat. Musée de l'Armée, Paris 2004.
Paris 2005
Bestiaire médiéval. Enluminures, Ausst.-Kat. Bibliothèque nationale de France, Paris 2005.
Paris 2007
Claude d'Anthenaise: *Le Cabinet de Diane au Musée de la Chasse et de la Nature,* Best.-Kat. Musée de la Chasse et de la Nature, Paris 2007.
Paris 2009
Musée de Cluny. Musée national du Moyen Âge. Le guide, Best.-Kat. Musée de Cluny – musée national du Moyen Âge, Paris 2009.
Paris 2010
France 1500. Entre Moyen Âge et Renaissance, Ausst.-Kat. Galeries nationales du Grand Palais, Paris 2010.
Paris 2014a
Vermeilleux! L'argent doré de Strasbourg du XVIe au XIXe siècle, Ausst.-Kat. Galerie J. Kugel, Paris 2014.
Paris 2014b
Voyager au Moyen Âge, Ausst.-Kat. Musée de Cluny – musée national du Moyen Âge, Paris 2014.
Paris 2016
Aventuriers des mers. VIIe–XVIIe siècle. De Sindbad à Marco Polo. Méditerranée – océan Indien, Ausst.-Kat. Institut du monde arabe, Paris 2016.
Paris 2017
Le Verre. Un Moyen Âge inventif, Ausst.-Kat. Musée de Cluny – musée national du Moyen Âge, Paris 2017.
Paris 2019a
Mystérieux coffrets. Estampes au temps de la Dame à la licorne, Ausst.-Kat. Musée de Cluny – musée national du Moyen Âge, Paris 2019.
Paris 2019b
Paris romantique 1815–1848, Ausst.-Kat. Petit Palais, Musée des Beaux-Arts de la Ville de Paris, 2019.
Paris 2022a
Le Moyen Âge mis en lumière. Parcours et collections du Musée de Cluny, Best.-Kat. Musée de Cluny – musée national du Moyen Âge, Paris 2022.
Paris 2022b
Toulouse 1300–1400. L'éclat d'un gothique méridional, Ausst.-Kat. Musée de Cluny – musée national du Moyen Âge, Paris 2022.
Paris 2024a
Les Arts en France sous Charles VII (1422–1461), Ausst.-Kat. Musée de Cluny – musée national du Moyen Âge, Paris 2024.
Paris 2024b
Le Goût de la Renaissance. Un dialogue entre collections, Ausst.-Kat. Hôtel de la Marine, Paris 2024.
Paris 2024c
Gustave Moreau. Le Moyen Âge retrouvé, Ausst.-Kat. Musée Gustave Moreau, Paris 2024.
Pastoureau 2011
Michel Pastoureau: *Bestiaires du Moyen Âge,* Paris 2011.
Pastoureau/Taburet-Delahaye 2013
Michel Pastoureau und Élisabeth Taburet-Delahaye: *Les Secrets de la licorne,* Paris 2013.
Pater 2019
Jonathan Pater: A Man Fleeing from a Unicorn Falls into a Well with a Dragon. Parables in the Legend of Barlaam and Josaphat, in: *Parabelproject. Blogs over vroegchristelijke en vroegrabbijnse parabels,* 15.7.2019, https://parabelproject.nl/a-man-fleeing-from-a-unicorn-falls-into-a-well-with-a-dragon-parables-in-the-legend-of-barlaam-and-josaphat-2/, aufgerufen am 7.10.2020.
Perlman 1998
Bennard B. Perlman: *The Lives, Loves, and Art of Arthur B. Davies,* Albany 1998.
Philipp 2021
Michael Philipp: Das Einhorn zügeln. Ein Kupferstich von Agostino Veneziano, in: *Close Reading. Kunsthistorische Interpretationen vom Mittelalter bis in die Moderne. Festschrift für Sebastian Schütze,* hrsg. von Stefan Albl, Berthold Hub und Anna Frasca-Rath, Berlin 2021, S. 88–95.
Phillips 1924
Arthur B. Davies. Essays on the Man and His Art, hrsg. von Duncan Phillips, Washington, D. C., und Cambridge, MA, 1924.
Piani 2009
Michele Piani: Un unicorno cinese a Constantinopoli?, in: *La parola del passato* 64 (2009), S. 226–234.
Picot 1913
Émile Picot: *Le Cerf allégorique dans les tapisseries et les miniatures,* Paris 1913.
Piwocka 2015
Magdalena Piwocka: The Story of Noah and the Story of the Babel Tower from the Tapestry Collection of King Sigismund Augustus, in: *Folia historiae artium* N. F. 13 (2015), S. 73–118.
Pluskowski 2017
Aleksander Pluskowski: Narwhals or Unicorns? Exotic Animals as Material Culture in Medieval Europe, in: *Cambridge University Press online,* 25.1.2017, https://www.cambridge.org/core/journals/european-journal-of-archaeology/article/abs/narwhals-or-unicorns-exotic-animals-as-material-culture-in-medieval-europe/23DAD0724CE1D3C55A34950AE30E6BDF, aufgerufen am 20.11.2023.
Pontbriand 2008
Deirdre Pontbriand: *Unicornucopia. The Unicorn as Collected Object,* Masterarbeit New York 2008, https://repository.si.edu/handle/10088/8795, aufgerufen am 7.10.2020.
Pope 1938
A Survey of Persian Art from Prehistoric Times to the Present, hrsg. von Arthur Upham Pope, 6 Bde., London und New York 1938.
Pope-Hennessy 1969
John Pope-Hennessy: *Paolo Uccello. Complete Edition,* 2. Ausg., London 1969.
Posen 2016
The Painting and Sculpture Galleries of the National Museum in Poznan, hrsg. von Maria Gołąb und Adam Soćko, 2., verb. Ausg., Posen 2016.
Pouvreau 2014
Florent Pouvreau: *Du poil et de la bête. Iconographie du corps sauvage en Occident à la fin du Moyen Âge (XIIIe–XVIe siècles),* Paris 2014.
Prag 2021
The Buddha Up Close, Ausst.-Kat. Nationalgalerie, Prag 2021.
Prieß 1984
Elisabeth Prieß: „Die Einhörner". Vom Zitat zum Symbol. Die Rolle des Ornaments bei Gustave Moreau, in: *Alte und Moderne Kunst* 29,196/197 (1984), S. 1–7.
Pugnet 2012
Natacha Pugnet: Maïder Fortuné. Spectres, in: *20/27* 6 (2012), S. 268–285.
Québec 2012
Art et nature au Moyen Âge, Ausst.-Kat. Musée national des beaux-arts du Québec, 2012.
Rall-Niu 1980
Jutta Rall-Niu: Drachen, Phoenix, Einhorn und Schildkröte. Die vier heiligen Tiere in der chinesischen Mythologie, in: *Symbolon* N. F. 5 (1980), S. 143–151.
Ranke 1935
Friedrich Ranke: Der Huckup [1922], in: ders.: *Volkssagenforschung. Vorträge und Aufsätze,* Stuttgart 1935, S. 39–69.
Rapp Buri/Stucky-Schürer 1993
Anna Rapp Buri und Monica Stucky-Schürer: *Zahm und wild. Basler und Straßburger Bildteppiche des 15. Jahrhunderts,* 3. Aufl., Mainz 1993.
Rapp Buri/Stucky-Schürer 1995
Anna Rapp Buri und Monica Stucky-Schürer: Verena Zollers Wirkteppich von 1554 im Benediktinerkloster Sarnen OW. Das Weiterleben der Basler Wirkkunst in den Familien der Zürcher Reformatoren, in: *Zeitschrift für Schweizerische Archäologie und Kunstgeschichte* 52,3 (1995), S. 137–152.
Rasmussen 1984
Jörg Rasmussen: Kunz von der Rosen in der Fuggerkapelle, in: *Zeitschrift des Deutschen Vereins für Kunstwissenschaft* 38 (1984), S. 47–53.
Regensburg 2010
Alfred Kubins Nebenwelten. Von Morphiumteufeln und Vogelmenschen, Ausst.-Kat. Kunstforum Ostdeutsche Galerie, Regensburg 2010.
Reichert 2018
Folker Reichert: Mit Felix Fabri im Heiligen Land und auf dem Sinai. Maximin von Rappoltstein, in: *Die Welt des Frater Felix Fabri,* hrsg. von Folker Reichert und Alexander Rosenstock, Weißenhorn 2018, S. 201–217.
Reichholf 2012
Josef H. Reichholf: *Einhorn, Phönix, Drache. Woher unsere Fabeltiere kommen,* Frankfurt am Main 2012.
Reidemeister 2006
Johann Reidemeister: *Superbia und Narziß. Personifikation und Allegorie in Miniaturen mittelalterlicher Handschriften,* Turnhout 2006.
Reinitzer 1981
Heimo Reinitzer: Die philologische Einhorn-Jagd. Bemerkungen zu J. W. Einhorns *Spiritalis Unicornis,* in: *Daphnis* 10,2/3 (1981), S. 397–413.

Reinitzer 1982
Heimo Reinitzer: *Der verschlossene Garten. Der Garten Marias im Mittelalter,* Wolfenbüttel 1982.
Reinitzer/Ukena 1984
Heimo Reinitzer und Peter Ukena: Das Königs-Einhorn. Ein Einblattdruck von Philipp von Zesen, in: *All Geschöpf ist Zung' und Mund. Beiträge aus dem Grenzbereich von Naturkunde und Theologie,* Vestigia Bibliae, Bd. 6, hrsg. von Heimo Reinitzer, Hamburg 1984, S. 309–319.
Reyer 2021
Heinz-Ulrich Reyer: *Rendezvous der Fabelwesen. Drache, Einhorn & Co. zwischen Mythos und Wirklichkeit,* Darmstadt 2021.
Richter 1937
George Martin Richter: *Giorgio da Castelfranco Called Giorgione,* Chicago 1937.
Riedl-Dorn 1989
Christa Riedl-Dorn: *Wissenschaft und Fabelwesen. Ein kritischer Versuch über Conrad Gessner und Ulisse Aldrovandi.* Mit einem Beitrag von Helmuth Grössing, Wien und Köln 1989.
Rieger 2006
Angelica Rieger: *Der Alexanderroman. Ein Ritterroman über Alexander den Großen. Handschrift 78.C.1 des Kupferstichkabinetts Preußischer Kulturbesitz Berlin,* Wiesbaden 2006.
Robert-Dumesnil 1835–1871
Alexandre-Pierre-François Robert-Dumesnil: *Le Peintre-Graveur français,* 11 Bde., Paris 1835–1871.
Robinson 1961
Margaret W. Robinson: *Fictitious Beasts. A Bibliography,* London 1961.
Roethlisberger 1967
Marcel Roethlisberger: La Tenture de la Licorne dans la Collection Borromée, in: *Oud Holland* 82,3 (1967), S. 85–115.
Rohrmoser 1987
Albin Rohrmoser: Malerei um 1600, in: *Fürstbischof Wolf Dietrich von Raitenau. Gründer des barocken Salzburg,* Ausst.-Kat. Residenz-Neugebäude und Dommuseum Salzburg, 1987, S. 234–239.
Roling 2010
Bernd Roling: *Drachen und Sirenen. Die Rationalisierung und Abwicklung der Mythologie an den europäischen Universitäten,* Leiden und Boston 2010.
Roling 2014
Bernd Roling: Der Wal als Schauobjekt. Thomas Bartholin (1616–1680), die dänische Nation und das Ende der Einhörner, in: *Zoology in Early Modern Culture. Intersections of Science, Theology, Philology, and Political and Religious Education,* hrsg. von Karl A. E. Enenkel und Paul J. Smith, Leiden 2014, S. 172–196.
Roling/Weitbrecht 2023
Bernd Roling und Julia Weitbrecht: *Das Einhorn. Geschichte einer Faszination,* München 2023.
Rorimer 1962
James J. Rorimer: *The Unicorn Tapestries at the Cloisters,* New York 1962.
Ross 2014
Elizabeth Ross: *Picturing Experience in the Early Printed Book. Breydenbach's Peregrinatio from Venice to Jerusalem,* University Park, PA, 2014.
Rouen 1928
Maurice Allinne: *Catalogue des faïences anciennes (Espagne, Italie, France, Asie-Mineure),* Best.-Kat. Musée des Antiquités de la Seine-Inférieure, Rouen 1928.
Ruoss 2019
Mylène Ruoss: Conrad Gessners Einfluss auf die nachreformatorische Kunst, in: *Conrad Gessner (1516–1565). Die Renaissance der Wissenschaften / The Renaissance of Learning,* hrsg. von Urs B. Leu und Peter Opitz, Berlin 2019, S. 195–233.
Rupp 1953
Friedrich Rupp: Ein deutsches Minnekästchen der Spätgotik, in: *Jahrbuch der Kunsthistorischen Sammlungen in Wien* 50 (1953), S. 107–120.
Rush 2021
Katherine Rush: Ivory Casket with Scenes from Medieval Romances, in: *Smarthistory* 12.7.2021, https://smarthistory.org/ivory-casket-with-scenes-from-medieval-romances/, aufgerufen am 20.11.2023.
Salzburg 2000
Die Maler der Seele. Der idealistische Symbolismus in Frankreich, Ausst.-Kat. Rupertinum, Museum für moderne und zeitgenössische Kunst, Salzburg 2000.
Sälzle 1965
Karl Sälzle: *Tier und Mensch, Gottheit und Dämon. Das Tier in der Geistesgeschichte der Menschheit,* München 1965.
St. Pölten 2015
Meisterwerke aus dem Keresztény Múzeum Esztergom, Ausst.-Kat. Diözesanmuseum St. Pölten, 2015.
Sartor 1912
Marguerite Sartor: *Les Tapisseries, toiles peintes et broderies de Reims,* Reims 1912.
Savigny 1986
Sophie Savigny: Note sur la tenture de Robert de Lenoncourt de la cathédrale de Reims, in: *Histoire, économie et société* 5,3 (1986), S. 347–352.
Von Schack 1881
Adolf Friedrich von Schack: *Meine Gemäldesammlung. Nebst einem Anhang, enthaltend ein vollständiges Verzeichnis der Gemäldesammlung nach Nummern,* 5. Aufl., Stuttgart 1881.
Schalansky 2018
Judith Schalansky: Guerickes Einhorn, in: dies.: *Verzeichnis einiger Verluste,* Berlin 2018, S. 65–82.
Schmidt/Schmidt 1984
Heinrich Schmidt und Margarethe Schmidt: *Die vergessene Bildersprache christlicher Kunst. Ein Führer zum Verständnis der Tier-, Engel und Mariensymbolik,* 3. Aufl., München 1984.
Schmidtke 1968
Dietrich Schmidtke: *Geistliche Tierinterpretation in der deutschsprachigen Literatur des Mittelalters (1100–1500),* 2 Bde., Berlin 1968.
Schoch/Mende/Scherbaum 2001
Rainer Schoch, Matthias Mende und Anna Scherbaum: *Albrecht Dürer. Das druckgraphische Werk,* Bd. 1: *Kupferstiche, Eisenradierungen und Kaltnadelblätter,* München 2001.
Schönberger 1935/36
Guido Schönberger: Narwal – Einhorn. Studien über einen seltenen Werkstoff, in: *Städel-Jahrbuch* 9 (1935/36), S. 167–247.
Schoenberger 1951
Guido Schoenberger: A Goblet of Unicorn Horn, in: *The Metropolitan Museum of Art Bulletin* New Series 9,10 (Juni 1951), S. 284–288.
Schöpf 1988
Hans Schöpf: *Fabeltiere,* Graz 1988.
Schrenk 1993
Sabine Schrenk: Der Elias-Behang in der Abegg-Stiftung, in: *Begegnung von Heidentum und Christentum im spätantiken Ägypten,* Internationales Kolloquium. Seminar für klassische Archäologie der Universität Bern und Abegg-Stiftung (Riggisberg), 17./18.5.1991, Riggisberger Berichte, Bd. 1, Riggisberg 1993, S. 167–181.
Schröder 1935
Albert Schröder: *Leipziger Goldschmiede aus fünf Jahrhunderten (1350–1850),* Leipzig 1935.
Schubring 1923
Paul Schubring: *Cassoni. Truhen und Truhenbilder der italienischen Frührenaissance. Ein Beitrag zur Profanmalerei im Quattrocento,* 2 Bde., 2., erw. Aufl., Leipzig 1923.
Schumacher 2001
Yves Schumacher: *Tiermythen und Fabeltiere. Mythologische Streifzüge durch die Tierwelt der Schweiz,* Bern 2001.
Schwäbisch Gmünd 1999
Das Einhorn. Mythos und Signet, Ausst.-Kat. Museum für Natur & Stadtkultur im Prediger, Schwäbisch Gmünd 1999.
Schwäbisch Gmünd 2020
The Last Unicorn. Das Einhorn im Spiegel der Popkultur, Ausst.-Kat. Museum im Prediger, Schwäbisch Gmünd 2020.
Schwerin 1990
Kunst der Renaissance, Ausst.-Kat. Staatliches Museum Schwerin, 1990.
Schwerin 2010
Die Erschaffung der Tiere. Tiere in der niederländischen Kunst des Manierismus und Frühbarock und an den wandfesten Dekorationen des Schlosses zu Güstrow. Katalog zum Bestand der Kunstsammlungen, Schlösser und Gärten Staatliches Museum Schwerin, hrsg. von Dirk Blübaum und Regina Erbentraut, Schwerin 2010.
Schymiczek 2006
Regina E. G. Schymiczek: *Höllenbrut und Himmelswächter. Mittelalterliche Wasserspeier an Kirchen und Kathedralen,* Regensburg 2006.
Sciortino 2023
Cassandra Sciortino: Armand Point's *The Princess and the Unicorn,* in: *Paragone. Past and Present* 4,1 (2023), S. 70–90.
Seelig 2021
Gero Seelig: Marten de Vos. Einhorn, 1572, in: *Gemalte Tiere. Ein Bilder- und Lesebuch mit 61 Meisterwerken aus sieben Jahrhunderten,* hrsg. von Kirsten Claudia Voigt und Lothar Schirmer, München 2021, Nr. 5.
Shemesh 2019
Abraham Ofir Shemesh: Unicorns and Flying Dragons in Noah's Ark. The Bible Story According to Medieval and Modern European Works of Art, in: *Arquivo Maaravi. Revista Digital de Estudos Judaicos da UFMG* 13,24 (Mai 2019), S. 193–206, https://periodicos.ufmg.br/index.php/maaravi/article/view/14519/pdf, aufgerufen am 29.11.2021.
Shemesh 2020
Abraham Ofir Shemesh: The Magic Tumbler for the Plague. Alicorn and Its Medical-Occult Uses in 16th–17th Century Jewish Literature, in: *Arquivo Maaravi. Revista Digital de Estudos Judaicos da UFMG* 14,26 (Mai 2020), S. 1–14, https://periodicos.ufmg.br/index.php/maaravi/article/view/21725/20352/pdf, aufgerufen am 20.8.2024.
Shepard 1930
Odell Shepard: *The Lore of the Unicorn,* London 1930.
Sherman 1919
Frederic Fairchild Sherman: *American Painters of Yesterday and Today,* Privatdruck New York 1919.
Sigalas 2018
Vanessa Sigalas: The Whole (New) World in a Cup. The Atheneum's Narwhal-and-Ivory Cup, in: *Kunsttexte.de* 4 (2018), S. 1–23, https://edoc.hu-berlin.de/handle/18452/20413, aufgerufen am 20.8.2024.
Smets 2024
Leon Smets: *Studieopdracht Topstukgehalte Pelgrimstaf van Sint-Amor uit de kerkschat van de O.-L.-Vrouw Tenhemel-opnemingskerk van Munsterbilzen,* ungedr. Typoskript, 6 S., 2024.
Smith 1985
Paul J. Smith: Rabelais et la licorne, in: *Revue belge de philologie et d'histoire* 63,3 (1985), S. 477–503.

Smith 2024
Charlotte Colding Smith: Holy Ribs, Unicorn Horns and Floating Ambergris. The Whale in Private and Public Collections in the Early Modern Period, in: *Das Meer in der Kammer. Maritime Themen und Materialien in Kunstkammern der Frühen Neuzeit,* hrsg. von Robert Bauernfeind, Andreas Tacke und Michael Wenzel, Petersberg 2024, S. 127–142.

Souchal 1983
Geneviève Souchal: „Messeigneurs Les Vistes“ et La „Dame à la licorne“, in: *Bibliothèque de l'École des chartes* 141,2 (1983), S. 209–267.

Spary 2019
Emma C. Spary: On the Ironic Specimen of the Unicorn Horn in Enlightened Cabinets, in: *Journal of Social History* 52,4 (Sommer 2019), S. 1033–1060, https://doi.org/10.1093/jsh/shz005, aufgerufen am 19.7.2023.

Spenlé 2023
Virginie Spenlé: Der Rothschild-Olifant. Ein Meisterwerk des Straßburger Elfenbeinkünstlers Johann Michael Egner, in: Laue 2023, S. 8–75.

Spicer 2019
Joaneath Spicer: *The Abduction of Helen.* A Monumental Series Celebrating the Wedding of Caterina Corner in 1468, in: *The Journal of the Walters Art Museum* 74 (2019), https://journal.thewalters.org/volume/74/essay/the-abduction-of-helen-venetian-spalliere-celebrating-the-wedding-of-catarina-corner-1468/, aufgerufen am 4.8.2025.

Von Spieß 1937–1942
Karl von Spieß: *Marksteine der Volkskunst,* 2 Bde., Berlin 1937–1942.

Springer 1884
Anton Heinrich Springer: Über den Physiologus des Leonardo da Vinci, in: *Berichte über die Verhandlungen der königlich sächsischen Gesellschaft der Wissenschaften zu Leipzig, Philologisch-historische Klasse* 36 (1884), S. 244–271.

Squizzato/Tasso 2017
Alessandra Squizzato und Francesca Tasso: *Gli avori Trivulzio. Arte, studio e collezionismo antiquario a Milano fra XVIII e XX secolo,* Padua 2017.

Stafski 1958
Heinz Stafski: *Aus alten Apotheken,* 2. Aufl., München 1958.

Stahl 1970
Harvey Stahl: Le Bestiaire de Douai [MS. 711, Bibl. mun. Douai], in: *Revue de l'art* 8 (1970), S. 6–16.

Stammler 1965
Spätlese des Mittelalters, Bd. 2: *Religiöses Schrifttum,* aus den Handschriften hrsg. und erl. von Wolfgang Stammler, Berlin 1965.

Stange 1958
Alfred Stange: *Der Hausbuchmeister. Gesamtdarstellung und Katalog seiner Gemälde, Kupferstiche und Zeichnungen,* Baden-Baden 1958.

Starbird 2006
Margaret Starbird: *De vrouw met de albasten kruik. Maria Magdalena en de betekenis van de graal,* 2. Aufl., Deventer 2006.

Stein 2021
Chantal Stein: Medieval Naturalia. Identification, Iconography, and Iconology of Natural Objects in the Late Middle Ages, in: *Medievalista online,* Januar 2021, https://paperity.org/p/266268259/medieval-naturalia-identification-iconography-and-iconology-of-natural-objects-in-the, aufgerufen am 6.12.2023.

Stetkevych 2002
Jaroslav Stetkevych: In Search of the Unicorn. The Onager and the Oryx in the Arabic Ode, in: *Journal of Arabic Literature* 33,2 (2002), S. 79–130.

Stoye/Ruprecht/Schmidt-Funke 2025
350 Jahre Linck-Sammlung. Geschichte und Zeugnisse Leipziger Sammlungskultur, hrsg. von Fanny Stoye, Michael Ruprecht und Julia A. Schmidt-Funke, Leipzig 2025.

Stuhlfauth 1944
Georg Stuhlfauth: Der Einhornaltar aus Kloster Dambeck, in: *Marburger Jahrbuch für Kunstwissenschaft* 13 (1944), S. 171–186.

Sylvester 1993
René Magritte. Catalogue Raisonné, hrsg. von David Sylvester, Bd. 3: *Oil Paintings, Objects and Bronzes, 1949–1967,* London 1993.

Taburet-Delahaye/de Chancel-Bardelot 2018
Élisabeth Taburet-Delahaye und Béatrice de Chancel-Bardelot: *The Lady and the Unicorn,* Paris 2018.

Tagliatesta 2007
Francesca Tagliatesta: Iconography of the Unicorn from India to the Italian Middle Ages, in: *East and West* 57,1/4 (Dezember 2007), S. 175–191.

Tallinn 2025
Ükssarvik Võlumetsas / Unicorn in the Magical Forest, Ausst.-Kat. Art Museum of Estonia – Niguliste Museum, Tallinn 2025.

Tampere 2006
Painters of the Soul. Symbolism in France, Ausst.-Kat. Tampere Art Museum, 2006.

Tate-Harte/Joannides 2019
Alice Tate-Harte und Paul Joannides: „Orpheus Enchanting the Animals“. History, Conservation, Technique and Attribution, in: *Tiziano. Processi creativi e restauri – Kermes. La rivista del restauro* 114/115 (April–September 2019), S. 127–136.

Taylor 1997
Jane H. M. Taylor: Le Roman de la Dame à la Lycorne et du Biau Chevalier au Lyon. Text, Image, Rubric, in: *French Studies* 51,1 (Januar 1997), S. 1–18.

Teixeira 2002
Dante Martins Teixeira: *A „Alegoria dos Continentes“ de Jan van Kessel „o Velho“, 1626–1679. Uma visão seiscentista da fauna dos quatro cantos do mundo,* [Rio de Janeiro] 2002.

De Tervarent 1958
Guy de Tervarent: *Attributs et symboles dans l'art profane 1450–1600. Dictionnaire d'un langage perdu,* Bd. 1, Genf 1958.

De Tervarent 1968
Guy de Tervarent: *Les Animaux symboliques dans les bordures des tapisseries bruxelloises au XVIe siècle,* Brüssel 1968.

Thijs 2013
Marie Cécile Thijs: *Characters,* hrsg. von ders., René Put und Brigitte Gootink, Eindhoven 2013.

Thuja 1984
Aleke Thuja: *Dem Einhorn auf der Spur,* Kiel 1984.

TIB
The Illustrated Bartsch, begr. von Walter L. Strauss, New York 1978 ff.

Timm 2006
Frederike Timm: *Der Palästina-Pilgerbericht des Bernhard von Breidenbach und die Holzschnitte Erhard Reuwichs. Die „Peregrinatio in terram sanctam“ (1486) als Propagandainstrument im Mantel der gelehrten Pilgerschrift,* Stuttgart 2006.

Tokio 2013
La Dame à la licorne et l'art européen autour de 1500 dans les collections du Musée de Cluny, Paris, Ausst.-Kat. The National Art Center, Tokio 2013.

Torres 2017
Louisa Torres: *Licorne. Animal fabuleux,* Paris 2017.

Tourcoing 1994
Les Métamorphoses d'Orphée, Ausst.-Kat. Musée des Beaux-Arts, Tourcoing 1994.

Treu 1981
Physiologus. Frühchristliche Tiersymbolik, aus dem Griechischen übers. und hrsg. von Ursula Treu, 2. Aufl., Berlin 1981.

Troyes 2004
Bestiaire du Moyen Âge. Les animaux dans les manuscrits, Ausst.-Kat. Médiathèque de l'agglomération troyenne, Troyes 2004.

Truitt 2017
James Truitt: *Monoceros. What Conrad Gessner's Discussion of the Unicorn Tells Us About Natural History in Renaissance Europe,* 18.9.2017, https://blog.library.si.edu/blog/2017/09/18/monoceros-conrad-gessners-discussion-unicorn-tells-us-natural-history-renaissance-europe/#.X33CrFJxeUm, aufgerufen am 7.10.2020.

Tschemlitsch 1975
Günther Tschemlitsch: *Zorzo, genannt Giorgione. Der Genius und sein Bannkreis,* Wien 1975.

Turnhout 2024
Hybriden. Samengestelde wezens uit fabels, mythen en legenden / Hybrids. Composite Creatures from Fables, Myths and Legends, Ausst.-Kat. Cultuurhuis de Warande, Turnhout 2024.

Tuve 1964
Rosemond Tuve: Notes on the Virtues and Vices, Part II, in: *Journal of the Warburg and Courtauld Institutes* 27 (1964), S. 42–72.

Umbreit 1946
Erzgebirgische Märchenausstellung, nach einer Idee von Egon Umbreit, Entwurf Helmtraud Wunderwald, Eibenstock [1946].

Utica 1962
Arthur B. Davies, 1862–1928. A Centennial Exhibition, Ausst.-Kat. Munson-Williams-Proctor Institute, Utica 1962.

De Vaivre 1974
Jean-Bernard de Vaivre: A propos d'une tapisserie aux armes de Beaufort-Comminges, in: *Bulletin monumental* 132,4 (1974), S. 297–302.

Vanden Bemden 1977
Yvette Vanden Bemden: Rondels representant les Triomphes de Pétrarque, in: *Revue belge d'archéologie et histoire de l'art* 46 (1977), S. 5–22.

Van den Bosch 1999
Frank van den Bosch: *Middeleeuwse Bestiaria. Hun invloed op kunst en literatuur tussen 500–1500 AD,* 1999, http://users.skynet.be/bestiaria/titelblad.htm, aufgerufen am 7.10.2020.

Varthema 1996
Ludovico de Varthema: *Reisen im Orient,* eingel., übers. und erl. von Folker Reichert, Sigmaringen 1996.

Verrand 2014
La Maison musée de Gustave Moreau, hrsg. von Laurence Verrand, Paris 2014.

Vianden 1995
Vlaamse wandtapijten. Vijf eeuwen traditie, Ausst.-Kat. Kasteel van Vianden, 1995.

Vinken u. a. 2000
Brandenburg. Handbuch der deutschen Kunstdenkmäler. Georg Dehio, bearb. von Gerhard Vinken u. a., München 2000.

Van Vlierden 1989
Marieke van Vlierden: De eenhoorns van Sint-Marie, in: *Bulletin van het Rijksmuseum* 37,1 (1989), S. 5–13.

Von den Steinen 1965
Wolfram von den Steinen: *Homo caelestis. Das Wort der Kunst im Mittelalter,* 2 Bde., Bern und München 1965.

Von der Osten 1983
Gert von der Osten: *Hans Baldung Grien. Gemälde und Dokumente,* Berlin 1983.

Walsh 1985
Amy L. Walsh: *Paulus Potter. His Works and Their Meaning,* mschr. Phil. Diss. New York 1985.

Washington 1973
Early Italian Engravings from the National Gallery of Art, Ausst.-Kat. National Gallery of Art, Washington, D. C., 1973.
Washington 1999
From Schongauer to Holbein. Master Drawings from Basel and Berlin, Ausst.-Kat. National Gallery of Art, Washington, D. C., 1999.
Washington 2017
Narwhal. Revealing an Arctic Legend, Ausst.-Kat. Smithsonian Institution's National Museum of Natural History, Washington, D. C., 2017.
Watteeuw/Iterbeke 2018
De besloten hofjes van Mechelen. Laatmiddeleeuwse paradijstuinen ontrafeld, hrsg. von Lieve Watteeuw und Hannah Iterbeke, Veurne 2018.
Weekes 2004
Ursula Weekes: *Early Engravers and Their Public. The Master of the Berlin Passion and Manuscripts from Convents in the Rhine-Maas Region, ca. 1450–1500,* London 2004.
Wegener 2025
Dennis Wegener: *Kaiser Maximilians I. Theuerdank von 1517 bis 1693. Seine Entstehung und seine Bearbeitung durch Burkard Waldis und Matthäus Schultes,* Paderborn 2025.
Wehrhahn-Stauch 1958
Liselotte Wehrhahn-Stauch: Einhorn, in: *Reallexikon zur Deutschen Kunstgeschichte,* RDK Bd. 4 (1958), Sp. 1504–1544, in: RDK Labor, http://www.rdklabor.de/w/?oldid=100338, aufgerufen am 21.1.2020.
Weigert 2004
Laura Weigert: *Weaving Sacred Stories. French Choir Tapestries and the Performance of Clerical Identity,* Ithaca [u. a.] 2004.
Weitbrecht 2018
Julia Weitbrecht: „Thou hast heard me from the horns of the unicorns". The Biblical Unicorn in Late Medieval Religious Interpretation, in: *Interfaces* 5 (2018), S. 49–64.
Weitbrecht 2021
Julia Weitbrecht: Zur Faszinations- und Wissensgeschichte des Einhorns. Mensch-Tier-Beziehungen in historischer Perspektive, in: *Geschichtsdidaktische Perspektive auf die „Vormoderne". Fachwissenschaft und Fachdidaktik im Dialog,* hrsg. von Sebastian Barsch, Kiel 2021, S. 57–68.
Welch 1987
Stuart Cary Welch: *The Islamic World,* The Metropolitan Museum of Art, Bd. 11, New York 1987.
Wellmann 1905
Max Wellmann: Einhorn, in: *Paulys Realencyclopädie der classischen Altertumswissenschaft (RE),* Bd. 5.2, Stuttgart 1905, Sp. 2114 f.
Wendt 1980
Herbert Wendt: *Die Entdeckung der Tiere. Von der Einhorn-Legende zur Verhaltensforschung,* München 1980.
Wernicke 1883
D. Heinrich Otte: *Handbuch der kirchlichen Kunst-Archäologie des deutschen Mittelalters,* bearb. von Ernst Wernicke, Bd. 1, 5. Aufl., Leipzig 1883.
Wernicke 1885
Ernst Wernicke: St. Gotthardt, in: Bergau 1885, S. 241–252.
Wernicke 1894
Ernst Wernicke: Ein Antependium der St. Gotthardt-Kirche zu Brandenburg, in: *Jahresbericht des Historischen Vereins zu Brandenburg* 21–25 (1894), S. 1–14.
White 1954
The Book of Beasts. Being a Transl. from a Latin Bestiary of the Twelfth Century, hrsg. von T[erence] H[anbury] White, London 1954.
Wien 1962
Europäische Kunst um 1400, Ausst.-Kat. Kunsthistorisches Museum, Wien 1962.
Wien 2011a
Schaurig schön. Ungeheuerliches in der Kunst, Ausst.-Kat. Kunsthistorisches Museum, Wien 2011.
Wien 2011b
Tafelfreuden in der Kunst. 38 Werke aus dem Kunsthistorischen Museum in Wien, Best.-Kat. Kunsthistorisches Museum, Wien 2011.
Williamson 1986
John Williamson: *The Oak King, the Holly King, and the Unicorn. The Myths and Symbolism of the Unicorn Tapestries,* New York 1986.
Winkler 1938
Friedrich Winkler: *Die Zeichnungen Albrecht Dürers,* Bd. 3: *1510–1520,* Berlin 1938.
Winkler 1999
Anke Winkler: Die Jerisauer Kasel. Beispiel eines hochmittelalterlichen, liturgischen Prunkgewandes, in: *Museum und Kunstsammlung Schloß Hinterglauchau. Festschrift zur Wiedereröffnung der Kapelle „St. Marien" zu Schloß Hinterglauchau 1999,* Schriftenreihe Museum und Kunstsammlung Schloß Hinterglauchau, Bd. 11, Glauchau 1999, S. 63–68.
Wischnewsky 2011
Jenny Wischnewsky: Die Jagd nach dem Einhorn. Zum Sinnbild der Menschwerdung Christi in der Malerei des Mittelalters, in: *Historische Konzeptionen von Körperlichkeit. Interdisziplinäre Zugänge zu Transformationsprozessen in der Geschichte,* hrsg. von Stephan Theilig, Berlin 2011, S. 13–36.
Wischnitzer 1951
Rachel Wischnitzer: The Unicorn in Christian and Jewish Art, in: *Historia Judaica* 13 (1951), S. 141–156.
Wittenberg 2019
Verehrt. Geliebt. Vergessen. Maria zwischen den Konfessionen, Ausst.-Kat. Stiftung Luthergedenkstätten in Sachsen Anhalt, Augusteum, Lutherstadt Wittenberg, 2019.
Wodarg 1925
Elisabeth Wodarg: *Die Glasgemälde der ehemaligen Kartause zu Freiburg i. Br. vom Beginn des 16. Jahrhunderts,* mschr. Phil. Diss. Freiburg im Breisgau 1925.
Van Woelderen-van Nievelt 1974
Charlotte Gerhardina van Woelderen-van Nievelt: *De eenhoorn in het zoeklicht,* Den Haag 1974.
Worms 1927
Georg Swarzenski: *Die Kunstsammlung im Heylshof zu Worms. Beschreibender Katalog,* Best.-Kat. Heylshof, Worms 1927.
Wörner 2010
Ulrike Wörner: *Die Dame im Spiel. Spielkarten als Indikatoren des Wandels von Geschlechterbildern und Geschlechterverhältnissen an der Schwelle zur Frühen Neuzeit,* Münster u. a. 2010.
Wright 1978
Brooks Wright: *The Artist and the Unicorn. The Lives of Arthur B. Davies, 1862–1928,* New City, NY, 1978.
Wyss 1960
Robert L. Wyss: Vier Hortus Conclusus-Darstellungen im Schweizerischen Landesmuseum, in: *Zeitschrift für Schweizerische Archäologie* 20 (1960), S. 113–124, Tafel 47–52.
Yerres 2018
La Porte des rêves. Un regard symboliste, Ausst.-Kat. Propriété Caillebotte, Yerres 2018.
Zajadacz-Hastenrath 1971
Salome Zajadacz-Hastenrath: Fabelwesen, in: *Reallexikon zur deutschen Kunstgeschichte,* RDK, Bd. 6 (1971), Sp. 739–816, in: RDK Labor, https://www.rdklabor.de/wiki/Fabelwesen, aufgerufen am 1.5.2024.
Ziegeler 1982
Hans-Joachim Ziegeler: Der betrachtende Leser. Zum Verhältnis von Text und Illustration in Kaiser Maximilians I. „Teuerdank", in: *Literatur und bildende Kunst im Tiroler Mittelalter. Die Iwein-Fresken von Rodenegg und andere Zeugnisse der Wechselwirkung von Literatur und bildender Kunst,* hrsg. von Egon Kühebacher, Innsbruck 1982, S. 67–110.
Ziegler 1950
Konrat Ziegler: Orpheus in Renaissance und Neuzeit, in: *Form und Inhalt. Kunstgeschichtliche Studien. Otto Schmitt zum 60. Geburtstag am 13. Dezember 1950,* hrsg. von Hans Wentzel, Stuttgart 1950, S. 239–256.
Zijlstra-Mondt 2022
Marjolein M. Zijlstra-Mondt: The *Unicornus Marinum* of Dr Nicolaes Tulp. A Scottish Sea-Unicorn Adrift, in: *Figurations animalières à travers les textes et l'image en Europe du Moyen Âge à nos jours. Essais en hommage à Paul J. Smith,* hrsg. von Alisa van de Haar und Annelies Schulte Nordholt, Leiden und Boston 2022, S. 210–220.
Zin 2011
Monika Zin: The Parable of „The Man in the Well". Its Travels and Its Pictorial Traditions from Amaravati to Today, in: *Art, Myths and Visual Culture of South Asia,* Warsaw Indological Studies, Bd. 4, hrsg. von Piotr Balcerowicz, Neu-Delhi 2011, S. 33–93.
Zischka 1977
Ulrike Zischka: *Zur sakralen und profanen Anwendung des Knotenmotivs als magisches Mittel, Symbol oder Dekor. Eine vergleichend-volkskundliche Untersuchung,* München 1977.
Zürich 1941
Asiatische Kunst. Indien, Tibet, China, Korea, Japan, Ausst.-Kat. Kunstgewerbemuseum Zürich, 1941.
Zürich 2013
Animali. Tiere und Fabelwesen von der Antike bis zur Neuzeit, Ausst.-Kat. Schweizerisches Nationalmuseum im Landesmuseum Zürich, 2013.
Zürich 2022
Wege der Kunst. Wie die Objekte ins Museum kommen, Ausst.-Kat. Museum Rietberg, Zürich 2022.
Zweite 1980
Armin Zweite: *Marten de Vos als Maler. Ein Beitrag zur Geschichte der Antwerpener Malerei in der zweiten Hälfte des 16. Jahrhunderts,* Berlin 1980.

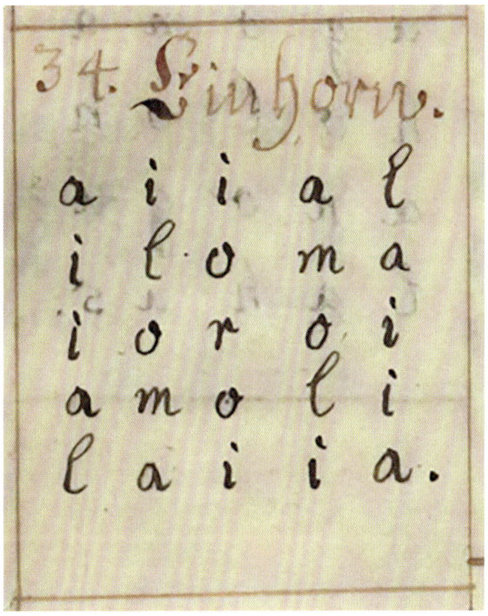

In einem esoterischen Buch sammelte ein fiktiver, Abraham von Worms genannter jüdischer Gelehrter angeblich im 15. Jahrhundert Zaubersprüche in magischen Quadraten. Darunter waren auch solche, um „Allerley Dinge als Schlößer, Paläste, Häuser, Gärthen, Städte, Thiere, Vögel, und in Summa, was nicht gegenwärtig [ist,] erscheinent [zu] machen“. Eine Abschrift aus dem 18. Jahrhundert zeigt im 27. Kapitel des vierten Buchs unter der Nr. 34 an, mit welchen Worten ein Einhorn herbeigerufen werden kann.

Magia Abraham oder Underricht von der Heiligen Cabala, 18. Jahrhundert, Mscr. Dresd. N.111, S. 267 (Detail), Zitat S. 263, SLUB Dresden

Autorinnen und Autoren

Barbara Drake Boehm

seit 2022 Paul and Jill Ruddock Curator Emerita am The Met Cloisters in New York; Studium am Wellesley College, Promotion am Institute of Fine Arts der New York University; 2012–2015 Direktorin des Programms für kuratorische Studien am Institute of Fine Arts; ab 1983 am Metropolitan Museum of Art, New York, zunächst als kuratorische Assistentin; 1998 dort Kuratorin, seit 2015 Paul and Jill Ruddock Seniorkuratorin im The Met Cloisters; zahlreiche Ausstellungen am Metropolitan Museum of Art, darunter *Enamels of Limoges* (1995), *Prayerbook for a Queen. The Hours of Jeanne d'Evreux* (2000); *Prague. The Crown of Bohemia* (2005), *Jerusalem 1000–1400. Every People Under Heaven* (2016); am The Met Cloisters Kuratorin der Ausstellung zum 75. Jahr des Bestehens *Search for the Unicorn* (2013) mit Untersuchungen zur dortigen Tapisserieserie *Einhorn-Jagd;* weitere ihrer Ausstellungen dort u. a. *The Game of Kings. Medieval Ivory Chessmen from the Isle of Lewis* (2011), *Small Wonders. Medieval Boxwood Carvings* (2017) sowie *The Colmar Treasure. A Medieval Jewish Legacy* (2019).

Adrien Bossard

seit 2018 Direktor des Musée départemental des arts asiatiques in Nizza und seit 2020 des dortigen Ausstellungszentrums Espace culturel départemental Lympia; Studium der Kunstgeschichte und Archäologie mit dem Schwerpunkt China an der Sorbonne, Chinesisch am Institut national des langues et civilisations orientales sowie Geschichte an der École des hautes études en sciences sociales in Paris; 2014–2017 Direktor des Musée Archéologique de l'Oise, danach Kurator der chinesischen archäologischen Sammlungen am Musée Guimet in Paris; kuratierte u. a. die Ausstellungen *Le Monde vu d'Asie* am Musée Guimet (2018), *Les Matières du temps* am Louvre-Lens (2018), am Espace culturel départemental Lympia *Pierre Soulages. La puissance créatrice* (2020) und *Vasarely. D'un art programmatique au numérique* (2023); am Musée départemental des arts asiatiques *Hokusai. Voyage au pied du mont Fuji* (2022), *Tatouages du monde flottant* (2023), *Tintin, Hergé & Tchang* (2024), *Sanyu. La ligne à l'œuvre* (2025) und *Sumō. L'équilibre absolu* (2025).

Béatrice de Chancel-Bardelot

seit 2014 conservatrice générale du patrimoine am Musée de Cluny – musée national du Moyen Âge in Paris; Studium des Archivwesens und der Paläographie an der École nationale des chartes sowie an der École du Louvre in Paris; 1988–1992 Kuratorin an den Musées d'Angers, 1992–1998 in der Abteilung für Skulptur am Musée du Louvre tätig, 1998–2010 Direktorin der Musées de Bourges; 2010–2014 Leiterin des Forschungsprogramms zum Musée des Monuments français von Alexandre Lenoir am Institut national d'histoire de l'art in Paris; seit 1989 Lehrtätigkeit an der École du Louvre; zahlreiche Publikationen zur mittelalterlichen Skulptur, Beteiligung an vielen Ausstellungen wie *L'Art au temps des rois maudits* (1998) und *France 1500* (2010) im Grand Palais, Paris; zu den von ihr kuratierten Ausstellungen zählen *Un musée révolutionnaire. Le musée des Monuments français d'Alexandre Lenoir* am Musée du Louvre (2016), *Toulouse 1300–1400. L'éclat d'un gothique méridional* am Musée de Cluny (2022).

Séverine Lepape

seit 2019 Direktorin des Musée de Cluny – musée national du Moyen Âge in Paris; Archivarin, Paläographin und conservatrice générale du patrimoine; Studium an der École nationale des chartes, Promotion über das Wurzel-Jesse-Motiv in Frankreich und England vom 13. bis 17. Jahrhundert; 2005–2014 Kuratorin für Druckgraphik und Zeichnungen des 15./16. Jahrhunderts an der Bibliothèque nationale de France, 2014–2019 Kuratorin in der Graphikabteilung des Musée du Louvre für die Sammlung Edmond de Rothschild; Lehraufträge an der École du Louvre, der École nationale des chartes und dem Institut national du patrimoine; Forschungen zur mittelalterlichen Ikonographie und Druckgraphik, zur Buchmalerei und zu gedruckten illustrierten Büchern; Kuratorin zahlreicher Ausstellungen, darunter am Musée du Louvre *Les Origines de l'estampe en Europe du Nord 1400–1470* (2013), *Albrecht Altdorfer* (2020); am Musée de Cluny *Mystérieux coffrets. Estampes au temps de „La Dame à la licorne"* (2019) und *Les Arts en France sous Charles VII, 1422–1461* (2024).

Michael Philipp

seit 2016 Chefkurator des Museums Barberini in Potsdam; Studium der Neueren Geschichte, Sozial- und Wirtschaftsgeschichte und Literaturwissenschaft in Hamburg; 1995–2005 Lektor in Amsterdam und Berlin; 2007–2016 Kurator am Bucerius Kunst Forum in Hamburg; dort kuratierte er u. a. die Ausstellungen *Schrecken und Lust. Die Versuchung des heiligen Antonius von Hieronymus Bosch bis Max Ernst* (2008), *Zwischen Himmel und Hölle. Die Kunst des Mittelalters von der Gotik bis Baldung Grien* (2009), *Rubens, van Dyck, Jordaens. Barock aus Antwerpen* (2010), *Dionysos. Rausch und Ekstase* (2013) und *Verkehrte Welt. Das Jahrhundert des Hieronymus Bosch* (2016); am Museum Barberini Kurator der Ausstellungen *Hinter der Maske. Künstler in der DDR* (2017), *Dürfen Kommunisten träumen? Die Galerie im Palast der Republik. Eine Dokumentation* (2017), *Van Gogh. Stillleben* (2019), *Sonne. Die Quelle des Lichts in der Kunst* (2023), *Wolken und Licht. Impressionismus in Holland* (2023).

Valentina Plotnikova

seit 2024 wissenschaftliche Volontärin am Museum Barberini in Potsdam; 2020–2024 kuratorische Assistenz an der Galerie für zeitgenössische Kunst Bode, Berlin; Studium der Kunstgeschichte an der Humboldt-Universität zu Berlin; Masterarbeit *Künstliches Licht als Protagonist der Malerei in den Großstadt-Nachtansichten von Lesser Ury* (2024); 2009 bis 2015 Studium der Internationalen Beziehungen an der Freien Universität Berlin und am Moskauer Staatlichen Institut für Internationale Beziehungen, Masterarbeit *Soft Power Index. Germany and Russia* (2015); 2015–2019 Arbeit im Bereich International Public Relations; Autorin in den Ausstellungskatalogen *Maurice de Vlaminck. Rebell der Moderne* (2024) und *Avantgarde. Max Liebermann und der Impressionismus in Deutschland* (2026); kuratorische Assistenz bei den Ausstellungen *Mit offenem Blick. Der Impressionist Pissarro* (2025), *Einhorn. Das Fabeltier in der Kunst* (2025) und *Avantgarde. Max Liebermann und der Impressionismus in Deutschland* (2026) sowie bei der Vorbereitung von *Symphonien der Farbe. Signac und der Neoimpressionismus* (2026).

Annabelle Ténèze

seit 2023 Direktorin des Louvre-Lens, wo sie die neue Präsentation der Galerie du temps gestaltete; Studium an der École nationale des chartes und am Institut national du patrimoine in Paris; Abschlussarbeit über das Ausstellen zeitgenössischer Kunst; 2006 Kuratorin für Zeichnungen und Druckgraphik am Musée national Picasso, Paris; 2012–2017 Direktorin des Musée d'art contemporain de la Haute-Vienne – Château de Rochechouart, Kuratorin der dortigen Ausstellungen *Eduardo T. Basualdo. Nervio* (2013), *Carolee Schneemann. Then and Now. Œuvres d'histoire* (2013), *On ira loin. Laure Prouvost* (2015) und *Raoul Hausmann. Dadasophe. De Berlin à Limoges* (2016); 2017–2023 Direktorin von Les Abattoirs, Musée – Frac Occitanie Toulouse; dort Kuratorin der Ausstellungen *Eduardo Chillida. Zero Gravity* (2018), *La Dame à la licorne. Médiévale et si contemporaine* (2021) und *Niki de Saint Phalle. Les Années 1980 et 1990. L'Art en liberté* (2022); zu ihren jüngsten Projekten im Louvre-Lens zählen die Ausstellungen *S'habiller en artiste. L'artiste et le vêtement* (2025) und *Gothiques* (2025).

Stefan Trinks

seit 2017 Privatdozent am Institut für Kunst- und Bildgeschichte der Humboldt-Universität zu Berlin und Leiter des Kunstressorts der *Frankfurter Allgemeinen Zeitung;* Studium der Kunstgeschichte, Geschichte sowie der Klassischen und Mittelalterlichen Archäologie in Bamberg und Berlin; dort Promotion mit einer Dissertation zur frühen Skulptur des spanischen Pilgerwegs nach Santiago de Compostela sowie Habilitation zum Thema eigenbewegter Stoffe im Mittelalter und der Moderne; Publikationen zur Kunst des 5. bis 20. Jahrhunderts, darunter *Antike und Avantgarde. Skulptur am Jakobsweg im 11. Jahrhundert. Jaca – León – Santiago* (2012), *Transformatio et Continuatio – Forms of Change and Constancy of Antiquity in the Iberian Peninsula* (mit Horst Bredekamp, 2017), *Glaubensstoffe und Geschichtsgewebe. Belebte Tücher in der mittelalterlichen und modernen Kunst* (2024); Lehrstuhlvertretungen u. a. an der Technischen Universität Dresden und der Humboldt Universität zu Berlin; Associated Member des Exzellenzclusters „Bild – Wissen – Gestaltung" und kooptiertes Mitglied der Berlin-Brandenburgischen Akademie der Wissenschaften.

Ortrud Westheider

seit 2016 Direktorin des Museums Barberini in Potsdam; Promotion über Max Beckmann, 1994–2001 tätig an der Hamburger Kunsthalle, der Kunsthalle Bremen und dem Westfälischen Landesmuseum in Münster; ab 2002 Kuratorin, 2006–2016 Direktorin des Bucerius Kunst Forums in Hamburg, dort Kuratorin zahlreicher Ausstellungen, darunter *Max Beckmann. Menschen am Meer* (2003), *Frida Kahlo* (2006), *Matisse. Menschen, Masken, Modelle* (2009), *Marc Chagall. Lebenslinien* (2010), *Rodtschenko. Eine neue Zeit* (2013), *Mondrian. Farbe* (2014) und *Picasso. Fenster zur Welt* (2016); am Museum Barberini Kuratorin der Ausstellungen *Impressionismus. Die Kunst der Landschaft* (2017), *Max Beckmann. Welttheater* (2018), *Gerhard Richter. Abstraktion* (2018), *Wege des Barock. Die Nationalgalerien Barberini Corsini in Rom* (2019), *Monet. Orte* (2020), *Impressionismus in Russland. Aufbruch zur Avantgarde* (2020) und *Modigliani. Moderne Blicke* (2024); 2020 Einrichtung der Präsentation der Sammlung Hasso Plattner im Museum Barberini und Veröffentlichung des Sammlungskatalogs *Impressionismus. Die Sammlung Hasso Plattner.* Derzeit Vorbereitung der Ausstellung *Netzwerke des Impressionismus.*

Abbildungsnachweis

Katalogstrecke

Rijksmuseum, Amsterdam: Kat: 26, 71, 89, 115
Museum Plantin-Moretus, Antwerpen – UNESCO World Heritage Site: Kat. 37, 38
Rebecca Horn Moontower Foundation, Bad König: Kat. 158
Historisches Museum Basel/Allan Eaton: Kat. 13
Kunstmuseum Basel, Kupferstichkabinett: Kat. 112, 136

akg-images, Berlin/Orsi Battaglini: Kat. 73

bpk, Berlin: Kunstgewerbemuseum, SMB/Lothar Lambach: Kat. 17 • The Metropolitan Museum of Art, New York: Kat. 75, 153 • GrandPalaisRmn/Daniel Arnaudet: Kat. 27, 124 • GrandPalaisRmn/Jean-Gilles Berizzi: Kat. 24, 111 • GrandPalaisRmn/Gérard Blot: Kat. 62, 94 • GrandPalaisRmn/Sylvie Chan-Liat: Kat. 149 • GrandPalaisRmn/Jean-Yves et Nicolas Dubois: Kat. 79 • Ministère de la Culture – Médiathèque du Patrimoine et de la Photographie, Dist. GrandPalaisRmn/Séraphin-Médéric Mieusement: Kat. 76 • GrandPalaisRmn/Franck Raux: Kat. 123.6 • GrandPalaisRmn/Michel Urtado: Kat. 8, 30, 39, 123.1–5 • Scala: Kat. 88

Staatliche Museen zu Berlin, Kupferstichkabinett, Public Domain Mark 1.0: Kat. 84 • Dietmar Katz: Kat. 68
Staatliche Museen zu Berlin, Museum für Asiatische Kunst/CC BY-SA 4.0: Kat: 1
Staatliche Museen zu Berlin, Museum für Islamische Kunst/CC BY-SA 4.0: Christian Krug: Kat. 74 • Johannes Kramer: Kat. 83
Staatliche Museen zu Berlin, Skulpturensammlung und Museum für Byzantinische Kunst/CC BY-SA 4.0/ Charlen Christoph: Kat. 119
Staatsbibliothek zu Berlin – Preußischer Kulturbesitz, Abteilung Handschriften und Historische Drucke: Kat. 40, 42, 44, 46, 48, 54, 56, 141, 143
LVR-LandesMuseum Bonn: Kat. 32
Herzog Anton Ulrich-Museum, Braunschweig: Ann-Katrin Senff: Kat. 70 • B. P. Keiser: Kat. 97
Ludwig Roselius Museum, Bremen/Patric Leo: Kat. 107
Image Studio MRAH, Brüssel: Kat. 4
Szépművészeti Múzeum – Museum of Fine Arts, Budapest, 2025: Kat. 78
Le Labo – Cambrai, bibliothèque classée de l'agglomération de Cambrai: Kat. 137
House of the Book, Den Haag: Kat. 33
KB Nationale Bibliotheek, Den Haag: Kat. 41, 47
Denver Art Museum: Kat: 125
Musée des Beaux-Arts de Dijon/François Jay: Kat. 130.5

Grünes Gewölbe, Staatliche Kunstsammlungen Dresden: J. Lösel: Kat. 99 • J. Karpinski: Kat. 105
Kupferstich-Kabinett, Staatliche Kunstsammlungen Dresden: A. Diesend: Kat. 67, 69 • C. Micksch: Kat. 72
Wartburg-Stiftung, Eisenach/Rainer Salzmann: Kat. 14
Angermuseum Erfurt/Dirk Urban, Zentrale Restaurierungswerkstätten: Kat. 16
Dombauamt, Bildarchiv, Erfurt/Falko Behr, Erfurt: Kat. 34
Keresztény Múzeum / Christliches Museum, Esztergom/Attila Mudrák: Kat. 113
Ministero della Cultura – Musei del Bargello, Florenz: Kat. 110
Esterházy Privatstiftung, Burg Forchtenstein – Esterházy Schatzkammer, K 135/Foto im Lohnbüro: Kat. 106
Historisches Museum Frankfurt, Frankfurt am Main: Kat. 57
Freiburger Münsterbauverein e. V., Freiburg, Fotoarchiv/ Claudia Tabori: Kat. 90
Friedenstein Stiftung Gotha/Lutz Ebhardt: Kat. 36
Deutsches Apotheken Museum, Heidelberg/Claudia Sachße: Kat. 59
Museum und Kunstsammlung Schloss Hinterglauchau/CC BY-NC-SA: Kat. 31
The Royal Danish Collection, Schloss Rosenborg, Kopenhagen: Kat. 100, 101
Tate, London: Kat. 157
Victoria and Albert Museum, London: Kat. 53, 121
Biblioteca Nacional de España, Madrid: Kat. 20
Photographic Archive Museo Nacional del Prado, Madrid: Kat. 25, 43
GDKE, Landesmuseum Mainz/U. Rudischer: Kat. 126
Bayerisches Nationalmuseum, München/Bastian Krack: Kat. 147
Bayerische Staatsgemäldesammlungen, München: Kat. 146
Kerkfabriek Onze-Lieve-Vrouw-Tenhemelopnemingskerk, Munsterbilzen: Kat. 95
The Jewish Theological Seminary, New York: Kat. 140
The Metropolitan Museum of Art, New York: Kat: 6, 64, 80, 85
Germanisches Nationalmuseum, Nürnberg/Georg Janßen: Kat. 60
The Ashmolean Museum: Kat. 98 • University of Oxford: Kat: 7, 81
The Bodleian Libraries, University of Oxford: Kat. 28, 61
Bibliothèque nationale de France, Paris: Kat. 15, 18, 22, 23, 29, 86, 109, 128, 132, 133
Frits Lugt Collection, Fondation Custodia, Paris: Kat. 127
Musée de la Chasse et de la Nature, Paris: Kat. 19
Petit Palais, musée des Beaux-arts de la Ville de Paris: Kat. 138
Muzeum Narodowe w Poznaniu, Posen: Kat. 148
Kunstforum Ostdeutsche Galerie, Regensburg: Kat. 152
Castel Sant'Angelo, Stanza di Paolo III, Rom: Kat. 120
Musée des Antiquités, Rouen: Kat. 116
Residenzgalerie Salzburg/Fotostudio Ulrich Ghezzi, Oberalm: Kat. 21
Staatliches Museum Schwerin SSGK/Ulrich Pfeuffer: Kat. 10
LIECHTENSTEIN. The Princely Collections, Vaduz – Wien: Kat. 118
Syndicat Mixte du Pays de Valençay en Berry: Kat. 139
Bibliothèque municipale de Valenciennes: Kat. 45
Museum Naturalienkabinett Waldenburg/Barbara Proschak: Kat. 50

Albertina, Wien: Kat. 63, 77, 91, 117, 130.1 – 130.4, 130.6, 131
KHM-Museumsverband, Wien: Kat. 49, 66
MAK, Wien: Kat. 5 • Georg Mayer: Kat. 3 • Ingrid Schindler: Kat. 65
Herzog August Bibliothek, Wolfenbüttel: Kat. 51, 55
Museum Heylshof, Worms/U. Felden: Kat. 35
Museum Rietberg, Zürich/Rainer Wolfsberger: Kat. 2
Zisterzienserstift Zwettl/Julia Leeb: Kat. 58

Lucile Audouy, Paris: Kat. 150, 151
Kunstsammlungen Graf von Schönborn: Kat. 104
Marie Cécile Thijs, courtesy SmithDavidson Gallery: Kat. 11, 12

Galerie Bernard De Leye, Brüssel: Kat. 96
Courtesy Galerie EIGEN + ART, Leipzig/Berlin, Foto: Uwe Walter, Berlin: Kat. 93
S. Franses, London: Kat. 129
Kunstkammer Georg Laue, München: Kat. 102, 103

Privatsammlung – Adornes Estate, Brügge: Kat. 82
Privatsammlung, courtesy Sayn-Wittgenstein Fine Art, New York: Kat. 9
Privatsammlungen: Kat. 154, 155, 156

Alexandra Llaurency, Avon: Kat. 114, 134, 135
Hans-Uwe Salge, Brandenburg an der Havel: Kat. 122
Jens Ziehe, Berlin: Kat. 52, 87, 92, 108, 142, 144, 145

Vergleichsabbildungen

Alamy Stock Photo, Abingdon: History and Art Collection: S. 348, Abb. 3 • Lebrecht Music & Arts: S. 363, Abb. 13

Rijksmuseum, Amsterdam: S. 29, Abb. 5; S. 55, Abb. 10
ASTÉRIX®- OBÉLIX®- IDÉFIX®/© 2025 LES ÉDITIONS ALBERT RÉNÉ: S. 366, Abb. 15
Dr. Jörn Günther Rare Books AG, Basel: S. 41, Abb. 4
Historisches Museum Basel/Maurice Babey: S. 49, Abb. 1; S. 50, Abb. 3

akg-images, Berlin: S. 41, Abb. 5 • British Library: S. 21, Abb. 13; S. 22, mittlere Reihe, erste Abb. v. l.; S. 351, Abb. 6

bpk, Berlin: British Library Board: S. 14, obere Reihe, zweite Abb. v. l. • Staatliche Kunstsammlungen Dresden/Andreas Diesend: S. 17, Abb. 9 • GrandPalais-Rmn/Thierry Ollivier: S. 28, Abb. 3 • The Metropolitan Museum of Art, New York: S. 31, Abb. 12 • GrandPalais-Rmn/Jean-Gilles Berizzi: S. 33, Abb. 16 • Philadelphia Museum of Art/Art Resource, NY: S. 33, Abb. 18 • GrandPalaisRmn/René-Gabriel Ojéda: S. 71, Abb. 1

Bridgeman Images, Berlin: From the British Library archive: S. 15, Abb. 5; S. 40, Abb. 2 • Pictures from History/David Henley: S. 35, Abb. 21 • Fitzwilliam Museum, Cambridge: S. 40, Abb. 3 • Paul Maeyaert. All rights reserved 2025: S. 56, Abb. 11

Staatliche Museen zu Berlin, Kupferstichkabinett/ Dietmar Katz: S. 44, Abb. 10
Staatsbibliothek zu Berlin – Preußischer Kulturbesitz: S. 352, Abb. 7
Burgerbibliothek Bern (Sign. Cod. 318, *Physiologus Bernensis* [https://www.e-codices.unifr.ch/en/list/one/bbb/0318]): S. 39, Abb. 1
Museum of Fine Arts, Boston, 2025: S. 51, Abb. 5
Benediktinerkloster Muri-Gries, Bozen/Peter Daldos: S. 49, Abb. 2 (o.)

Harvard-Yenching Library, Cambridge, MA (Sign. T 1075 2340): S. 31, Abb. 11
Cleveland Museum of Art: S. 27, Abb. 1; S. 32, Abb. 14
Koninklijke Bibliotheek – National Library of the Netherlands, Den Haag (Sign. KW 78D40): S. 22, mittlere Reihe, vierte Abb. v. l.
Bibliothèque municipale de Douai: S. 22, obere Reihe, zweite Abb. v. l.
Wartburg-Stiftung, Eisenach/Rainer Salzmann: S. 14, obere Reihe, dritte Abb. v. l.
Museum Folkwang, Essen/ARTOTHEK: S. 14, vierte Abb. v. l.

Biblioteca Medicea Laurenziana, Florenz – IT-FI0100: S. 62, Abb. 3
Scala, Florenz: Digital image, The Museum of Modern Art, New York: S. 74, Abb. 6 • Laurent Lecat/CMN: S. 77, Abb. 12 • Pascal Lemaitre/CMN: S. 54, Abb. 9

CSG CIC Glasgow Museums Collection: S. 53, Abb. 8
Museum für Kunst und Gewerbe, Hamburg: S. 73, Abb. 5
Wadsworth Atheneum Museum of Art, Hartford/Allen Phillips: S. 65, Abb. 7
Universitätsbibliothek Heidelberg (Sign. Cod. Pal. germ. 848): S. 46, Abb. 14
The Linda Hall Library of Science, Engineering & Technology, Kansas City: S. 62, Abb. 4
Schloss Rosenborg, Kopenhagen: S. 46, Abb. 16
Königliche Bibliothek zu Kopenhagen: S. 14, untere Reihe, zweite Abb. v. l.; S. 22, mittlere Reihe, dritte Abb. v. l.; untere Reihe, erste Abb. v. l.
Bildarchiv Monheim, Krefeld: S. 43, Abb. 9
Leiden University Libraries: S. 15, Abb. 4
Museum of Liverpool: S. 61, Abb. 2 (u.)
Victoria and Albert Museum, London: S. 32, Abb. 13; S. 61, Abb. 2 (o.); S. 64, Abb. 5; S. 65, Abb. 8
Wellcome Collection, London: S. 67, Abb. 12
The Trustees of the British Museum, London: S. 27, Abb. 2; S. 44, Abb. 11
The J. Paul Getty Museum, Los Angeles (Sign. Ms. 100, fol. 11, 2007.16.11): S. 22, obere Reihe, vierte Abb. v. l. u. S. 42, Abb. 6
Research Library, The Getty Research Institute, Los Angeles: S. 66, Abb. 9; S. 353, Abb. 8
Bayerische Staatsbibliothek München: Sign. Res/2 Phyt. 25, S. 345: S. 14, untere Reihe, vierte Abb. v. l. • Sign. 4 H.nat. 157, S. 195: S. 66, Abb. 11 • Sign. 2 L.impr.c.n.mss. 76, fol. 115r: S. 350, Abb. 5 • Sign. Phyt. 405, S. 716: S. 354, Abb. 9
Bayerisches Nationalmuseum, München: Bastian Krack: S. 15, Abb. 6 • Karl-Michael Vetters: S. 42, Abb. 7
Museum Schnütgen/Rheinisches Bildarchiv, Köln: S. 51, Abb. 4
Beinecke Rare Book & Manuscript Library, Yale University, New Haven: S. 22, untere Reihe, dritte Abb. v. l.; S. 349, Abb. 4
The Metropolitan Museum of Art, New York: S. 13, Abb. 1; S. 23, Abb. 16; S. 28, Abb. 4, S. 29, Abb. 6; S. 57, Abb. 12; S. 61, Abb. 1; S. 64, Abb. 6
The Morgan Library & Museum, New York: S. 22, obere Reihe, dritte Abb. v. l.; S. 347, Abb. 2
The Ashmolean Museum, University of Oxford: S. 19, Abb. 11; S. 23, Abb. 15

The Bodleian Libraries, University of Oxford: S. 14, mittlere Reihe, zweite Abb. v. l.; S. 22, obere Reihe, erste Abb. v. l.; S. 22, untere Reihe, zweite u. vierte Abb. v. l.; S. 344, Abb. 1
Bibliothèque nationale de France, Paris: S. 22, mittlere Reihe, zweite Abb. v. l.; S. 23, Abb. 17; S. 66, Abb. 10; S. 68, Abb. 14 u. 15; S. 362, Abb. 12
Bibliothèque Sainte-Geneviève, Paris: S. 14, mittlere Reihe, erste Abb. v. l.
Templon, Paris: S. 76, Abb. 11
Katz Auction, Prag: S. 36, Abb. 23
Galleria Borghese, Rom/Mauro Coen: S. 16, Abb. 8
Château de Sceaux – Musée départemental/CD92/ Pascal Lemaître: S. 20, Abb. 12
National Museum of Korea, Seoul (Inv. Nr. Duksu3063): S. 34, Abb. 20

Cantor Arts Center at Stanford University: Stanford Family Collections: S. 30, Abb. 8 • Given in memory of her late parents, Dr. and Mrs. Wu Yueh (Dr. Wu Yueh, The Honorable Chief Justice of the Supreme Court, and State Senator, Republic of China) by Miss Wu Shu-Chen: S. 32, Abb. 15

Statens Historiska Museer, Stockholm: S. 30, Abb. 9
Landesamt für Denkmalpflege im Regierungspräsidium Stuttgart/Jochen Ansel: S. 45, Abb. 12
Württembergische Landesbibliothek, Stuttgart: S. 43, Abb. 8
Nationales Palastmuseum, Taipeh, @www.npm.gov.tw/ National Palace Museum, CC BY 4.0: S. 30, Abb. 10
TNM Image Archives, Tokio: S. 35, Abb. 22
ROM – Royal Ontario Museum, Toronto, Canada: S. 29, Abb. 7
Library of Congress, Rare Book and Special Collections Division, Washington, D. C.: S. 67, Abb. 13
Biblioteca Apostolica Vaticana, Vatikanstadt, 2025: S. 42, Abb. 7
National Museum of Asian Art, Smithsonian Institution, Washington, D. C.: S. 33, Abb. 17
Smithsonian Libraries and Archive, Washington, D. C.: S. 357, Abb. 10
KHM-Museumsverband, Wien: S. 46, Abb. 15
MAK, Wien/Ingrid Schindler: S. 14, mittlere Reihe, dritte Abb. v. l.
ÖNB/Wien (Sign. Cod. 1840): S. 14, untere Reihe, dritte Abb. v. l.
Museum Aargau, Sammlung Wildegg: S. 49, Abb. 2 (u.)
Museum Heylshof, Worms/U. Felden: S. 14, untere Reihe, vierte Abb. v. l.
Schweizerisches Nationalmuseum, Zürich (Inv.-Nr. LM-1959): S. 52, Abb. 6
Zentralbibliothek Zürich: (Sign. Ms Rh hist 161, S. 25, https://doi.org/10.7891/e-manuscripta-681): S. 14, obere Reihe, erste Abb. v. l.

Manuel Cohen: S. 58, Abb. 13
The Estate of Noah Davis. Courtesy The Estate of Noah Davis and David Zwirner: S. 74, Abb. 7
CNCS/Pascal François: S. 72, Abb. 2
Suzanne Husky: S. 80, Abb. 14
Jean-Louis Losi: S. 79, Abb. 13
Luc Schrobiltgen: S. 73, Abb. 4
Christie's Images Limited, 2013: S. 75, Abb. 8
Wikimedia Commons, Public Domain: S. 13, Abb. 2; S. 14, untere Reihe, erste Abb. v. l.; S. 16, Abb. 7; S. 18, Abb. 10; S. 361, Abb. 11

Aus folgenden Publikationen wurden Abbildungen entnommen:

The Dark Monarch. Magic and Modernity in British Art, Ausst.-Kat. Tate St. Ives, 2009, Tafel 1: S. 76, Abb. 10
Peter de Mendelssohn: *Einhorn singt im Regen. Zauber und Zwiespalt der englischen Welt,* Berlin 1952, Umschlag: S. 364, Abb. 14

Details wurden auf folgenden Seiten verwendet:

S. 2 (Kat. 71), S. 85 (Kat. 9), S. 105 (Kat. 24), S. 129 (Kat. 34), S. 149 (Kat. 43), S. 171 (Kat. 57), S. 183 (Kat. 64), S. 223 (Kat. 105), S. 243 (Kat. 118), S. 277 (Kat. 125.1), S. 313 (Kat. 153)

Nicht in allen Fällen war es möglich, die Inhaber der Urheberrechte ausfindig zu machen oder zu erreichen. Berechtigte Ansprüche werden selbstverständlich im Rahmen der üblichen Vereinbarungen abgegolten.

Impressum

Diese Publikation erscheint anlässlich der Ausstellung

Einhorn. Das Fabeltier in der Kunst
Museum Barberini, Potsdam
25. Oktober 2025 – 1. Februar 2026

Licorne. L'animal fabuleux dans l'art
Musée de Cluny – musée national du Moyen Âge, Paris
13. März – 12. Juli 2026

Herausgegeben von
Béatrice de Chancel-Bardelot, Séverine Lepape, Michael Philipp, Nerina Santorius, Ortrud Westheider

Ausstellung:
Michael Philipp, Béatrice de Chancel-Bardelot

Katalog:
Michael Philipp, Béatrice de Chancel-Bardelot

Kuratorische Assistenz:
Valentina Plotnikova

Redaktion:
Michael Philipp, Valentina Plotnikova

Bildredaktion:
Anna Heling, Céline Véronique Marten, Valentina Plotnikova

Museum Barberini, Potsdam

Direktorin:
Ortrud Westheider
Referentin der Direktorin:
Dorothee Entrup
Kaufmännische Leiterin:
Janine Meyer
Chefkurator:
Michael Philipp
Kuratorin und Sammlungsleiterin Impressionismus:
Nerina Santorius
Wissenschaftliche Mitarbeiterin Provenienzrecherche:
Linda Hacka
Wissenschaftliche Mitarbeiterin:
Sterre Barentsen
Wissenschaftliche Volontärinnen:
Julia Keinath, Valentina Plotnikova
Projektmanager Netzwerke des Impressionismus:
Jörg Schulze
Registrars:
Annelies Legein, Anna Seidel
Studentische Mitarbeiterinnen:
Anna Heling, Céline Véronique Marten, Leonie Schmidt
Presse und Marketing:
Achim Klapp, Esther Franken, Marte Kräher, Valerie Maul, Carolin Stranz
Digitalisierung und Informationssicherheit:
Stefan Scholze
IT-Administration:
Sebastian Semmler
IT Systems & Process Administrator:
Sandra Frank-Kaspuhl
Bildung und Inspiration:
Dorothee Entrup, Isabel Acosta, Andrea Schmidt
Studentische Mitarbeiterin Bildung und Inspiration:
Benedicta von Wissmann
Veranstaltungsmanagement:
Patrick Slawinski
Gästemanagement:
Catrin Berendsen, Anja Freundt, Mikel Artazcoz Garcia, Elisa Pjerrza, Roswitha Waldheim
Finanzmanagement:
Nadine Müller, Irina Palant
Buchhaltung:
Heike Kraeft
Ticketing:
Yvonne Benesch, Daniela Schaube
Personalverwaltung:
Julia Pauline Nowak
Studentische Mitarbeiterin Verwaltung:
Muriel Helene Seidler
Sicherheit:
Nikolaos Dokalis, Verena Daub
Haustechnik:
Carsten Loeper, Frank Altmann, Dennis Kokert

In Zusammenarbeit mit:

Konservatorische Betreuung:
Felicitas Klein, Berlin
Friederike Beseler, Berlin
Ausstellungsgestaltung:
Philipp Ricklefs, Berlin
BrücknerAping, Büro für Gestaltung, Bremen
Museumsshop:
Museum Barberini. Der Shop, Jörg Klambt
Transporte:
Hasenkamp, Berlin

Musée de Cluny –
musée national du Moyen Âge, Paris

Direktorin:
Séverine Lepape
Geschäftsführung:
Marie-France Cocheteux, Axel Villechaize
Finanzen:
Eugénia Bellier
Registrar:
Rachel Beaujean-Deschamps, Lora Houssaye
Dokumentation:
Eric Landgraf, Isabelle Leunuque
Bildung und Vermittlung:
Françoise Chatillon-Pierron, Stéphanie Jeanpierre-Chappon
Kommunikation und Kooperationen:
Aline Damoiseau, Mathilde Fouillet
Sponsoring:
Aurianne Ortiz
Instandhaltung:
Eric Buys
Sicherheit:
Alexandra Hernandez, Pascal Bolin

GrandPalaisRmn

Präsident:
Didier Fusillier
Stellvertretender Generaldirektor:
Christophe Chauffour
Stellvertretende Generaldirektorin:
Nathalie Blanc-Guelpa
Leitung künstlerisches Programm und Produktion:
Agnès Wolff, Vincent David, Nastasia Eyot, Marianne Lepouzé, Oniniaina Rakotonanahary
Leitung Öffentlichkeitsarbeit und Kommunikation:
Delphine Jeammet, Cléa Richon, Florence Le Moing, Hannah-Marie Seidl, Clémence de Joussineau
Publikationen:
Sophie Laporte, Claire Bonnevie, Hugues Charreyron, Enzo Dizarn, Élise Vanhaecke

In Zusammenarbeit mit
Ausstellungsgestaltung Musée de Cluny:
Flavio Bonuccelli
Graphik:
Antoine Robaglia
Beleuchtung:
Raymond Belle

Katalog

1. Auflage 2025

produktsicherheit@penguinrandomhouse.de
(Vorstehende Angaben sind zugleich Pflichtinformationen nach GPSR.)

Projektleitung Verlag: Markus Eisen
Graphische Gestaltung und Satz: BrücknerAping, Büro für Gestaltung, Bremen
Lektorat: Clemens von Lucius, Berlin
Übersetzungen aus dem Englischen und Französischen: Andreas Bredenfeld
Herstellung: Cilly Klotz
Lithographie: Reproline Genceller, München
Druck und Bindung: Printer Trento, Trento
Schrift: Neue Haas Grotesk, Lexicon No2A
Papier: 150 g/qm Garda Matt Ultra

FSC www.fsc.org MIX Papier | Fördert gute Waldnutzung FSC® C015829

Penguin Random House Verlagsgruppe
FSC® N001967

Printed in Italy

Bibliografische Information der Deutschen Nationalbibliothek:
Die Deutsche Nationalbibliothek verzeichnet diese Publikation in der Deutschen Nationalbibliografie; detaillierte bibliografische Daten sind im Internet über http://dnb.dnb.de abrufbar.

ISBN 978-3-7913-7799-5
(Deutsche Buchhandelsausgabe)
ISBN 978-3-7913-7612-7
(Englische Buchhandelsausgabe)
ISBN 978-3-7913-9150-2
(Deutsche Museumsausgabe, Museum Barberini, Potsdam)
ISBN 978-3-7913-9151-9
(Englische Museumsausgabe, Museum Barberini, Potsdam)

www.prestel.de